Direito Civil

Facilitado

O GEN | Grupo Editorial Nacional – maior plataforma editorial brasileira no segmento científico, técnico e profissional – publica conteúdos nas áreas de concursos, ciências jurídicas, humanas, exatas, da saúde e sociais aplicadas, além de prover serviços direcionados à educação continuada.

As editoras que integram o GEN, das mais respeitadas no mercado editorial, construíram catálogos inigualáveis, com obras decisivas para a formação acadêmica e o aperfeiçoamento de várias gerações de profissionais e estudantes, tendo se tornado sinônimo de qualidade e seriedade.

A missão do GEN e dos núcleos de conteúdo que o compõem é prover a melhor informação científica e distribuí-la de maneira flexível e conveniente, a preços justos, gerando benefícios e servindo a autores, docentes, livreiros, funcionários, colaboradores e acionistas.

Nosso comportamento ético incondicional e nossa responsabilidade social e ambiental são reforçados pela natureza educacional de nossa atividade e dão sustentabilidade ao crescimento contínuo e à rentabilidade do grupo.

Rubem Valente

Direito Civil *Facilitado*

Prefácio
Ministra Nancy Andrighi

2ª edição
Revista, atualizada e reformulada

- Fechamento desta edição: *28.04.2022*

- **Atendimento ao cliente: (11) 5080-0751 | faleconosco@grupogen.com.br**

Editora Forense Ltda.
Uma editora integrante do GEN | Grupo Editorial Nacional
Travessa do Ouvidor, 11 – Térreo e 6º andar
Rio de Janeiro – RJ – 20040-040
www.grupogen.com.br

- Capa: Danilo Oliveira

- **CIP – BRASIL. CATALOGAÇÃO NA PUBLICAÇÃO.**
SINDICATO NACIONAL DOS EDITORES DE LIVROS, RJ.

V249d
2. ed.

Valente, Rubem
Direito civil facilitado / Rubem Valente. – 2. ed., rev., atual. e reform. – Rio de Janeiro: Método, 2022.
624 p.; 23 cm.

Inclui bibliografia
ISBN 978-65-5964-550-3

1. Direito civil – Brasil. I. Título.

22-76593 CDU: 347(81)

Meri Gleice Rodrigues de Souza – Bibliotecária – CRB-7/6439

Esta obra de Direito Civil é dedicada, amorosamente,
a Deus; aos meus pais (Jorge Valente e Rosa Valente); à minha saudosa avó
(Avany Rocha);
aos meus irmãos (Jorge Valente Filho e Juliana Valente); à minha companheira
de todas as horas (Cinthia Sá Teles)
e a todos que direta ou indiretamente colaboraram
para o êxito deste trabalho.

APRESENTAÇÃO

Dispor-se a adquirir conhecimento, em qualquer área da vida, a qualquer momento. Essa é uma das mais nobres condutas do ser humano.

E se essa sublime disposição for acrescida da ventura de contar com um bom livro nas mãos, as luzes se acendem: a trilha, às vezes difícil, em direção ao atingimento dos objetivos se transforma em um caminho iluminado, encantador e fácil de percorrer.

Foi essa convicção, caro leitor, que me levou a aceitar, com imensa alegria, o convite que o querido Rubem Valente me fez para estar aqui, intrometido nestas páginas, retardando, por alguns segundos, o início da agradável experiência que você terá ao somar à sua vontade de se aprimorar o acesso a um instrumento – esta obra – pensado para facilitar que atinja seu objetivo.

Neste livro, o autor – um raro caso de professor talentoso, doutrinador desenvolto e advogado de primeira linha – exibe a excelência da arte de transmitir conhecimento de modo preciso.

Numa só sequência, você, leitor, será posto em contato com os principais institutos do Direito Civil, dos alicerces da Teoria Geral aos tijolos derradeiros do Direito das Sucessões. Isso sem prejuízo do apuro técnico, sempre sintonizado com a complexidade da dinâmica das relações jurídicas e com a mais recente posição da jurisprudência.

Tudo afinado com as expectativas de um público que se prepara para alcançar o sucesso profissional na área jurídica e que, para tanto, contará com destaques como *fique ligado!*, *tome nota!* e *observação!*, além de quadros sinóticos, de referências ao posicionamento doutrinário de grandes nomes do Direito Civil e da constante demonstração a respeito do funcionamento, na prática, dos institutos, que são objeto do estudo.

É esse primoroso conjunto que o aguarda nas páginas seguintes. Não perca mais tempo comigo.

Salomão Viana
Juiz Federal e Professor de Direito Processual Civil da UFBA

PREFÁCIO DA 2ª EDIÇÃO

O Direito Civil é, sem dúvida, uma das matérias mais densas no âmbito jurídico, com institutos tradicionais e complexos, inseridos em uma sociedade pós-moderna e, cada vez mais, pragmática.

Sintetizar tamanho ramo do direito com uma precisão dogmática e científica exige expressivo domínio da matéria e uma didática singular, virtudes que são muito bem demonstradas pelo Professor Rubem Valente na presente obra, cujo prefácio de sua segunda edição tenho a felicidade de elaborar.

Nesta nova edição, o autor se preocupou em trazer atualizações legislativas, doutrinárias e jurisprudenciais relevantes que sobrevieram nesses seis anos desde a primeira publicação e são de conhecimento obrigatório pelos candidatos aos concursos públicos e ao exame da Ordem dos Advogados do Brasil, bem como por todos os profissionais que atuam na área do Direito Civil.

Dentre as inúmeras novidades, cito algumas que chamaram a minha atenção, a fim de que o leitor possa compreender o que lhe aguarda.

Ao tratar sobre os direitos da personalidade, o autor comenta a Lei n. 14.228/2021, que segue a tendência de ampliar a proteção conferida pelo ordenamento jurídico aos animais; explica a discussão doutrinária e jurisprudencial travada em relação à existência ou não do direito ao esquecimento; e aborda julgados recentes do Superior Tribunal de Justiça sobre o direito à imagem.

O Professor examina, ainda, previsões específicas referentes à pandemia de Covid-19, como a Lei n. 14.010/2020, cujas alterações trazidas são abordadas pelo autor no âmbito do direito das obrigações, dos contratos, do direito das coisas e do direito de família e sucessões.

A obra, ademais, está atualizada com os enunciados da mais recente Jornada de Direito Civil, realizada em 2018, dispondo, por diversas vezes, de comentários redigidos pelo autor com a didática que lhe é peculiar.

Tenho certeza de que, assim como a primeira, esta nova edição do primoroso trabalho do Professor Rubem Valente ajudará milhares de alunos a compreender o Direito Civil de uma forma dinâmica e horizontal.

Verão de 2022

Nancy Andrighi
Ministra do Superior Tribunal de Justiça

PREFÁCIO DA 1ª EDIÇÃO

Fiquei extremamente honrado com o convite para elaborar o prefácio da obra do professor Rubem Valente.

A tarefa a que se propôs o autor está à altura da sua competência.

Não é simples produzir um livro que, primando pelo cuidado técnico e pesquisa cuidadosa, passe em revista os diversos institutos do Direito Civil, desde a sua Teoria Geral até o Direito das Sucessões.

É missão para poucos.

Especialmente se considerarmos a dimensão desse especial ramo do Direito Privado, podemos aquilatar, com razoável precisão, o alcance da tarefa empreendida.

"O Direito Civil", lembra Marcos Bernardes de Mello, "sempre foi o mais importante ramo do Direito. Constituiu-se no caldo de cultura onde, a partir do século XVIII, principalmente por força do Code Napoleón, na França, da Pandectística, na Alemanha, que culminou com o BGB, e do Codice Civile, na Itália, o Direito viu nascer, desenvolver-se e consolidar-se, a Ciência Jurídica através de obras notáveis consubstanciadas nos famosos tratados, comentários, cursos e manuais, que se tornaram clássicos e dominaram a cultura jurídica desde então".

Em verdade, um livro desta natureza condensa anos de dedicação e trabalho, além de exigir um conhecimento teórico avançado.

Mas, confesso, não apenas pelo valor técnico da obra me senti honrado.

É dignificante poder prefaciar o trabalho de um autor que transmite, em suas aulas, tanta alegria e desenvoltura.

É perceptível o amor devotado ao Direito Civil, que emana das lições do professor Rubem.

Nesse diapasão, se você adiciona ao conhecimento teórico, proveniente de uma profunda pesquisa, o sublime sentimento de afeto pelo trabalho desempenhado, o resultado não poderia ser outro, senão o êxito.

E, especialmente nos dias de hoje, em que a vida exige dinamismo, uma obra desta natureza é um alento, na medida em que o professor e advogado Rubem Valente assume o compromisso de não condenar ao cadafalso da indiferença o apuro técnico e o valor da investigação científica.

Paro por aqui, querido(a) leitor(a), pois não poderia suprimir mais valiosos minutos – meus e seus –, que, certamente, melhor serão consumidos sorvendo as valiosas lições desta obra.

Congratulações ao autor e à editora!

Pablo Stolze
Membro da Academia Brasileira de Direito Civil

SUMÁRIO

INTRODUÇÃO

O sistema social vigente é fruto do protagonismo da burguesia nascente que converteu sua capacidade de trabalho, por meio do comércio, inicialmente nos burgos, em poder econômico e, na sequência, em poder político, consolidando uma nova ordem social com o objetivo de expandir os ideais liberais como forma de diminuir a interferência do Estado na economia e estabelecer o poder do capital. Nesse cenário, o paradigmático *Code de France* surge, em 1804, como o primeiro grande código da era moderna – corolário dos valores da Revolução Francesa.

Tudo o que se desejava nessa época era combater o absolutismo estatal, ou seja, o particular deveria ser autônomo, a propriedade privada era valor inalienável, o juiz deveria, tão somente, realizar o trabalho de subsunção da norma. Afinal, os juízes, em regra, compunham a classe da vulnerada aristocracia. Nesse contexto, a presença do Estado foi combatida, expurgada do direito civil. As relações civis seriam entre pessoas livres e iguais, sendo que a presença do Estado, nessa seara, era considerada invasiva, já que, no entender da época, afetaria a liberdade e a igualdade das partes. Houve, nesse momento, a clara separação do direito entre público e privado.

Após o Código Civil francês, o Código Civil alemão foi o segundo grande código da era moderna. Nesse contexto, o referencial histórico dos códigos francês e alemão era o individualismo e o patrimonialismo, pois era necessário naquele momento tutelar, sobretudo, o patrimônio e o indivíduo.

Nesse cenário, sob a forte influência das grandes codificações citadas, surge, no Brasil, o projeto de Código Civil proposto por Clóvis Beviláqua, em 1899, aprovado depois de longos debates e emendas, apenas em 1916, entrando em vigor no ano de 1917. Os valores que norteavam o Código Civil eram os daquela época. Logo, os principais valores norteadores do aludido diploma foram o patrimonialismo e o individualismo. Silvio Rodrigues (2002) dá o exemplo da tutela, colocação de um menor órfão em uma família substituta, sendo que dos 24 artigos que tratavam do tema, no Código de 1916, 23 se referiam ao patrimônio do menor e apenas um artigo tratava do tutor. O CC/1916 nasceu para regulamentar todas as relações privadas. Trazia consigo a intenção de regulamentar todas, sem exceção. Quando entrou em vigor, começaram a surgir conflitos de interesses privados não regulados expressamente. Nesse momento, décadas de 1930 e 1940, as cartas constitucionais não regulavam matéria de direito privado, mormente porque passou a surgir uma evidente divisão entre direito público e privado. Exemplo disso foi o apelido que se deu à Constituição Federal, "Carta Política", porque tinha o papel de regular especificamente a estrutura política e administrativa do Estado.

O CC/1916 era chamado, nessa época, diante do exposto, por razões evidentes, de "Constituição do direito privado". Isso porque as cartas políticas não versavam sobre direito privado, sendo que o CC/1916 se tornara um eixo normativo que servia de referência para todas as relações privadas. Outro fato marcante, que reforça o supra-afirmado, foi simplesmente uma Lei Ordinária, no caso o multicitado Código Civil de 1916, ter sobrevivido a seis Constituições, sem que nenhuma tornasse a matéria do Código Cvil com elas incompatível. Essa era a prova de que havia um sistema de direito privado fora da Constituição, sem sequer se preocupar com ela. O código era, portanto, a grande norma, que irradiava aos microssistemas jurídicos, como o Código de Águas, Estatuto da Mulher Casada, Lei de Registros Públicos etc. Dessa forma, sempre que surgia uma nova relação jurídica que não tinha previsão no ordenamento, erigia-se um microssistema para preservar as ideais do CC/1916, ou seja, o individualismo e o patrimonialismo.

Nessa ordem de ideias, a estrutura do direito civil brasileiro, historicamente, foi sempre infraconstitucional, voltada ao patrimônio da pessoa individualmente considerada. Esse quadro permaneceu até a data de 1988, quando do advento da Constituição Federal. Esta abandonou o caráter neutro e indiferente das que lhe antecederam, inspirada pelo neoconstitucionalismo, chamou para si a responsabilidade de regulamentar não só o direito público, mas também o privado. A Constituição de 1988, como pontuado anteriormente, abandonando a neutralidade e indiferença das cartas anteriores, implantou uma nova tábua axiológica. Em razão dessa realidade, buscou estabelecer critérios para que não ocorressem abusos, sendo que os pilares antigos foram mantidos, porém todos sofreram modificações, devido aos novos padrões sociais, econômicos e jurídicos. Depois do movimento de constitucionalização do direito civil, da influência direta dos vetores constitucionais na compreensão dos institutos de direito privado, foi reconhecida a absoluta incompatibilidade do Código de 1916 e dos seus ideais com a norma constitucional. Havia uma absoluta incompatibilidade. Por essa razão, cresceu a necessidade de sancionar um novo código e esse novo código veio em 2002 (TEPEDINO, 2003).

Dessa maneira, o Código Civil de 2002 deu nova roupagem ao direito privado, atualizando-o e elevando-o ao nível das legislações mais desenvolvidas e avançadas acerca do tema. A partir dessa nova perspectiva, que traduz uma realidade pós-positivista, o direito civil, portanto, enriqueceu-se principalmente com três novos princípios: Função Social, Boa-fé e Equilíbrio Econômico ou das prestações (LOTUFO, 2002).

Na verdade, os três novos princípios forjados sob o impacto das atuais ideias de sociedade e solidarismo que a ordem constitucional valorizou, modificou estruturalmente as relações entre os particulares. Essa nova conjuntura, por sua vez, representa a influência direta de valores assumidos por um novo movimento constitucional ocorrido após a Segunda Guerra Mundial. As constituições democráticas, desde então – e no Brasil não ocorre diferente –, são, basicamente, amparadas no tripé: Dignidade da Pessoa Humana, Igualdade Substancial e Solidarismo Social. A tábua de valores da Constituição, portanto, configura-se bem diferente daqueles paradigmas do Código oitocentista. Esses vetores constitucionais, inegavelmente, refletiram-se no Código Civil.

Assim, hoje, o direito civil deve ser compreendido à luz da Constituição Federal, sendo certo que interpretar o direito civil conforme o que vem da CF/1988 é entendê-los segundo novas diretrizes. E quais são essas diretrizes? Socialidade, Eticidade e Operabilidade. Assim afirmou o pai do CC/2002, Miguel Reale, quando apresentara exposição de motivos da referida lei. Assim, percebe-se nitidamente o direito civil deslocando o foco do individual para o coletivo. Não é somente o indivíduo que importa, mas sim uma coletividade e, quando não, a própria sociedade. De mais a mais, é um grande passo para o direito que desde sua origem fundamenta-se no sujeito singularizado e que, agora, assume valores que refletem um processo histórico de consagração e construção dos direitos humanos e sociais[1].

---

[1] É importante frisar que esses três princípios não devem ser aplicados de forma separada, ao revés, somente podem ser vistos no ordenamento jurídico em conjunto uma vez que são interdependentes e, juntos, realizam o vetor dignidade humana na esfera civil. Renan Lotufo ao ressaltar a importância dos valores no Código Civil de 2002 comenta que o Código, pelas suas próprias raízes metodológicas e filosóficas (eticidade-socialidade-praticidade), não tem a aspiração de ser um código fechado. É um código que está permeado por valores que vão contra o puro individualismo e ao individualismo exacerbado. É um código que está imbuído do que o Professor Reale chamou de princípios da socialidade, ou seja, todos os valores do código encontram um balanço entre o valor do indivíduo e o valor da sociedade. Não exacerba o social tanto quanto procura não exacerbar o individualismo (p. 27).

1

NOÇÕES INTRODUTÓRIAS AO DIREITO CIVIL

Desde os primórdios da humanidade, em qualquer agrupamento social, o fenômeno jurídico sempre esteve presente mesmo que por meio do direito consuetudinário. Daí a noção criada pelos doutrinadores romanos antigos de que não há sociedade sem direito. É necessário, portanto, em sociedade, que existam normas jurídicas (regra de conduta, princípios fundamentais e gerais do direito), pautando a atuação do indivíduo nas suas relações com outros indivíduos, seja na família, entre particulares, ou até mesmo perante o Estado.

Nesse sentido, fica evidente que a vida em sociedade é norteada por regras jurídicas como, também, pela ética, reconhecidamente de zoneamento mais amplo que o direito, uma vez que compreende as normas jurídicas e as normas morais racionalizadas ou ditas universais. Embora as normas jurídicas possuam um conteúdo ético, a ética e a moral possuem um parâmetro mais amplo de previsão que o próprio direito.

Nesse cenário, a teoria do mínimo ético, desenvolvida pelo jusfilósofo alemão Jellinek, pontua que o direito está inserido na moral e apresenta normas com o conteúdo ético mínimo para uma existência harmônica em sociedade.

O círculo a seguir representa, de forma mais ampla, o campo da moral, a qual contém todas as normas reguladoras da vida em sociedade. O círculo menor, que representa o direito, abrange somente aquelas dotadas de força coercitiva institucionalizada. Nesse sentido, o direito pode ser concebido como um fenômeno social ligado essencialmente à ética.

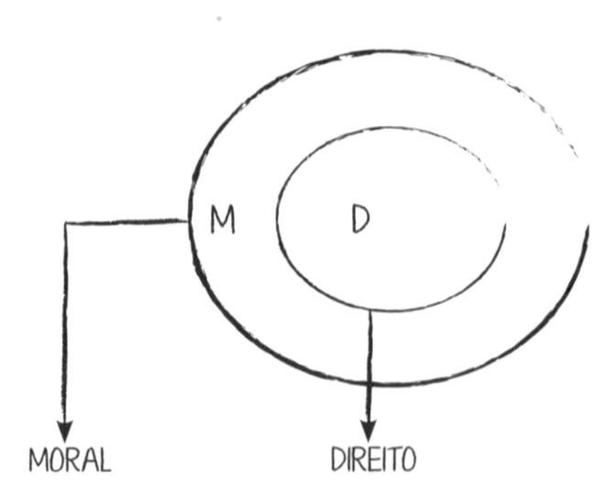

Moral e direito, na qualidade de normas de conduta, possuem espaço de aplicação comum. A principal diferença reside no fato de que a sanção jurídica é institucionalizada, portanto é coercitiva e precedida de um procedimento predeterminado, geral, publicizado e aplicado por uma autoridade competente. Assim, as normas jurídicas atuam, principalmente, no campo exterior do indivíduo, ensejando, muitas vezes, medidas repressivas (coativas) do aparelho estatal, enquanto as normas morais residem no foro íntimo das pessoas, ensejando reprovação predominante da própria consciência.

A principal ciência que estuda o fenômeno jurídico é o direito. Não há unanimidade com relação ao conceito do que vem a ser o Direito, sendo, o termo, polissêmico. Assim, existem vários sentidos para a palavra direito, sendo a acepção sociológica de Radbruch bastante didática, uma vez que destaca o direito como um sistema de normas gerais e positivas que regulam a vida em sociedade. A palavra direito, por sua vez, origina-se do termo em latim *directum*, que pode ser interpretada como "aquilo que é reto", que está de acordo com a lei. A palavra "lei", aqui, deve ser interpretada no sentido amplo como a aplicação da justiça; do que é justo – da concreção de valores sociais – como assevera Carré Malberg, e não como legalismo, o que pode vir a ser, nessa linha de reflexão, uma forma sutil de autoritarismo. Estado de Direito, portanto, tem a ver com a concreção de valores sociais como direitos individuais, coletivos e difusos e não se confunde com o Estado de Legalidade:

O Vocábulo **direito** possui, como já anunciado antes, reconhecidamente, múltiplos significados (polissemia ou polivalência semântica) e aplicações, dos quais destacam-se os seguintes sentidos:

a) **Defesa ou Afirmação do Direito** – quando um indivíduo sustenta as suas faculdades e repele injusta agressão aos seus poderes;

b) **Aplicação do Direito** – ocasião em que, por exemplo, um juiz dirime a controvérsia invocando a norma ditada pelo Poder Público;

c) **Direito de um País** – refere-se ao conjunto de normas jurídicas de um País, ou seja, seu ordenamento jurídico;

d) **Ramo do Direito** – alusão aos princípios e normas que compõem um ramo institucional do Direito: direito civil, direito penal, direito administrativo etc.;

e) **Ideal de Justiça** – na hipótese de crise da ordem jurídica com a consequente crítica aos mandamentos legislados, diante do afastamento da essência do direito, busca-se alcançar um ideal de justiça.

O autor Miguel Reale, a respeito do tema, destaca que o direito significa tanto o ordenamento jurídico – sistema de normas ou regras jurídicas que traça aos cidadãos determinadas formas de comportamento, conferindo-lhes possibilidade de agir, como o tipo de ciência do direito ou Jurisprudência. Considera o doutrinador, ainda, a estrutura tridimensional (fato-valor-norma) do direito, segundo a qual, relaciona-se a três aspectos ou dimensões:

a) **Aspecto Normativo:** o direito como ordenamento, sistema de normas, e sua respectiva ciência;

b) **Aspecto Fático:** o direito como fato ou fenômeno social; analisado em sua efetividade social, cultural e histórica;

c) **Aspecto Axiológico:** o direito em seu aspecto ideológico como valor de justiça.

Portanto, nessa perspectiva filosófica, a teoria do conhecimento jurídico desenvolvida por Reale, que remonta a concepção de Aristóteles e estrutura o Código Civil em vigor, o direito não se resume a normas, regras de conduta e princípios, mas na conjunção e interação constante de uma tríade de forças: normas, ideologias e fatos sociais.

A criação do direito objetiva, primordialmente, a realização da justiça. Juristas, filósofos e sociólogos há muito tempo buscam um consenso sobre a definição do que é o direito. Direito é, pois, nesse cenário, em suma, o **princípio de adequação da pessoa à vida social**. Para fins didáticos, pode-se afirmar que corresponde ao conjunto de normas gerais e positivas que regulam a vida em sociedade. Assim, a norma jurídica ou a lei caracteriza-se pelos seguintes aspectos, segundo estruturação apontada por Flávio Tartuce (2021):

a) **Genérico:** indistinta aplicação a todos os indivíduos;

b) **Imperatividade:** é um imperativo, em regra, impondo deveres e condutas para os membros da coletividade;

c) **Permanência:** perdura até que seja revogada;

d) **Competência:** deve emanar da autoridade competente, com respeito ao processo adequado de elaboração;

e) **Autorizante:** conceito contemporâneo que traz a ideia de um “autorizamento” (autoriza ou não autoriza determinada conduta), estando superada a tese de que não há norma sem sanção (Hans Kelsen).

Podemos identificar o fenômeno jurídico na lei, como exteriorização do comando do Estado; integrando-se na consciência do indivíduo, que pauta sua conduta pelos *standards* jurídicos; no anseio de justiça, renunciando certa cota de liberdade em troca de garantias, como ideal eterno de humanidade; e implícito na necessidade de contenção de condutas para a convivência harmônica em sociedade. Assim, o direito instrumentaliza uma espécie de pacto social entre cidadãos e o estado para garantir a vida humana em sociedade.

O direito é comumente dividido na dicotomia direito positivo e direito natural. O sistema de normas legais compõe o **direito positivo** (dever-ser) no sentido de que é posto, legalizado na sociedade. Trata-se de um conjunto de regras e princípios jurídicos que pautam a vida social de determinado povo em determinada época.

Do outro lado, encontra-se o **direito natural** (ser), utópico, que, em tese, é universal e eterno, fonte de inspiração para o direito positivo, que se ampara na sujeição ao direito natural para que a regra realize o ideal de justiça e tenha legitimidade. Portanto, o direito natural é a expressão destes critérios de justo, absoluto e de direito ideal.

Há, por outro lado, uma evidente diferença entre o "ser", o mundo das ciências naturais, do mundo da natureza, e do "dever ser", do mundo jurídico, das ciências humanas. Enquanto no mundo jurídico, sujeito ao "dever ser", existe a imprevisibilidade dos fenômenos em razão da inteligência criativa e instabilidade do comportamento humano, que permite certa margem de liberdade na escolha da conduta, relacionado ao livre-arbítrio; na natureza em si, onde impera o "ser", os fenômenos estão sujeitos às leis físicas imutáveis. O direito, portanto, ao contrário das ciências da natureza, é a ciência do "dever ser", de prescrição de condutas e valores éticos, que representam a maturidade do mínimo ético de um grupo, relacionados a uma sociedade em um dado momento; sujeita a influências históricas, culturais e ideológicas.

1.1 FONTES DO DIREITO

Fonte do direito é aquilo que dá origem, produz, origina, é a causa da norma jurídica. Prevalece na doutrina o entendimento de que são fontes do direito: os **Princípios Gerais de Direito**; a **Lei**; a **Jurisprudência**; e o **Costume**.

1.1.1 Princípios gerais do direito

São diretrizes implícitas que norteiam todo o sistema jurídico na condição de fontes subsidiárias. Com base em tais princípios, o intérprete investiga o pensamento da cultura jurídica, com a fixação da orientação geral do ordenamento jurídico, trazendo-os ao caso concreto.

Os princípios gerais do direito, também chamados de princípios informativos, constituem noções ou máximas elementares de justiça, sendo, por conseguinte, aquelas normas incorporadas ao patrimônio cultural e jurídico da nação, permitindo ao juiz suprir a deficiência legislativa com a adoção de um cânon, de um padrão ético, que o legislador não chegou a ditar sobre a forma de preceito, mas que se extrai do espírito do sistema jurídico. Maria Helena Diniz sustenta que são cânones que não foram ditados, explicitamente, pelo legislador, mas que estão contidos de forma imanente na norma. Tais princípios são usados como método de preenchimento de lacuna da lei, conforme previsão do art. 4º da LINDB, Lei de Introdução às Normas do Direito Brasileiro (Decreto-lei n. 4.657/42).

Cabe aqui pontuar que tais princípios não se confundem com os chamados princípios fundamentais, expressos na norma, que por sua vez, considerando o modelo jurídico contemporâneo vigente, o pós-positivismo ou neoconstitucionalismo, possuem força normativa e, por serem expressos na lei, não estão relacionados com o preenchimento de lacunas. São, na verdade, considerando o pensamento de Canotilho, espécies de norma jurídica e, por isso, são passíveis de subsunção (aplicação da norma-princípio ao fato jurídico) e não de integração (preenchimento de lacunas). Por exemplo, o princípio da presunção de inocência no direito penal, da proteção do hipossuficiente no direito do consumidor, bem como o princípio da pluralidade dos modelos familiares no direito de família. Humberto Àvila, considerando uma teoria geral dos princípios, denomina os princípios gerais de direito de postulados.

Exemplos de princípios gerais do direito são as conhecidas máximas do antigo direito romano, já naquela época usados como técnica de colmatação ou preenchimento de lacuna, quais sejam, "suum cuique tribuere" (dar a cada um o que é seu); "alterum nom laedere" (não lesar a ninguém) e "honeste vivere" (viver honestamente). O Código Civil de 2002 (Lei n. 10.406/2002), nesse contexto – Miguel Reale já demonstrava na exposição de motivos da codificação privada – possui, como princípios gerais, os seguintes ditames: socialidade, eticidade e operabilidade.

a) **Socialidade:** está relacionada com a superação do caráter individualista e egoísta da codificação anterior. Significa que os direitos devem ser legitimados numa perspectiva coletiva, funcional. Traz a noção de que a exacerbação dos direitos, de forma egoística, conduz a uma ideia de abuso. Não é por outra razão que o Código Civil de 2002, em seu art. 187, inaugurou o preceito de ilicitude por abuso do direito ou desvio de finalidade. Também concebeu função social aos principais institutos jurídicos do direito privado como o contrato, a empresa, a propriedade, a posse, a família e à responsabilidade civil.

b) **Eticidade:** o fundamento da eticidade consiste em priorizar a lealdade, a cooperação, a boa-fé e demais critérios éticos nas relações privadas. A eticidade traz a noção de que as expectativas criadas nas relações devem ser atendidas no espírito de integridade e em acordo com a confiança despertada (tutela da confiança). Assim, confere maior poder ao juiz para encontrar a solução mais justa ou equitativa no caso concreto, a exemplo da concepção de inadimplemento contratual por violação de deveres anexos, implícitos, inerentes ao princípio da boa-fé (Enunciado 24 do Conselho de Justiça Federal - I Jornada de Direito Civil: "Em virtude do princípio da boa-fé, positivado no art. 422 do novo Código Civil, a violação dos deveres anexos constitui espécie de inadimplemento, independentemente de culpa").

c) **Operalidade:** a rigor, tem dois significados, como assevera Flávio Tartuce (2021), sendo associada a simplicidade, tendência de facilitar a interpretação e aplicação dos institutos jurídicos previsto na codificação, bem como tem sentido de efetividade. Reforça a noção de que o direito é feito para ser efetivado, executado. Encontra-se implicitamente ligada à ideia de concretude. Para tanto, não se deve normatizar em abstrato, mas, tanto quanto possível, buscar a maior resolutividade e equilíbrio nas relações jurídicas.

1.1.2 Lei

Lei ou legislação (do latim, *legere*, que significa "aquilo que se lê") corresponde a uma norma ou conjunto de normas jurídicas emanadas do Poder Legislativo ou, em alguns casos, do chefe do Poder Executivo. São regras de conduta que regem as relações sociais, sancionadas pelo direito, de caráter permanente, geral e abstrato.

Existem, no mundo, basicamente, dois modelos de ordenamento jurídico. As nações latinas, inclusive o Brasil, adotam, em regra, a escola de tradição romano-germânica - *civil law* -, de base legislativa, modelo fundado no primado da Lei, do direito positivado, escrito. Assim, a lei é fonte primária do sistema jurídico. Nesse sentido, o princípio da legalidade está consagrado na CF/88, art. 5º, II, pelo qual se aduz que ninguém é obrigado a fazer ou deixar de fazer algo senão em virtude de lei. Contudo, importante destacar, tem havido uma valorização do costume jurisprudencial no direito pátrio, especialmente, a partir da introdução da súmula vinculante (art. 103-A da CF/88 - Emenda Constitucional n. 45 de 2004) e da incrementação da teoria dos precedentes judiciais (por exemplo, nos arts. 926, § 2º, e 927 do CPC/2015) pelo diploma processual civil emergente. O que aproxima nosso sistema jurídico do modelo *common law*. De outra banda, a tradição dos povos anglo-saxões - *common law* - tem o direito pautado de forma prevalente nos costumes jurisprudenciais (os precedentes jurisprudenciais constituem a principal fonte do direito). A tendência no Brasil, portanto, é de que os precedentes judiciais sejam cada vez mais valorizados.

Importante destacar, nesse contexto, o relevante critério hermenêutico da norma jurídica contido no art. 5º da LINDB: "Na aplicação da lei, o juiz atenderá aos fins sociais a que ela se dirige e às exigências do bem comum". Ressalte-se que a interpretação precede a aplicação da norma. Dessa forma, a interpretação tem a finalidade principal de buscar o sentido e alcance do enunciado normativo (texto da norma) e deve ser sociológica-teleológica: atender aos fins sociais e às exigências do bem comum, como, por exemplo, a Função Social do Contrato (art. 421 do CC); a Função Social da Propriedade (art. 1.228, § 1º, do CC); e a Função Social da família (art. 1.513 do CC). O que coaduna com o art. 8º do CPC/2015.

1.1.3 Jurisprudência

Do latim: *jus* (justo) e *prudentia* (prudência). A rigor, jurisprudência significa "a ciência da lei". Consiste nas decisões judiciais reiteradas em determinada matéria, formando um padrão de interpretação passível de subsidiar futuros julgados. É a força dos exemplos.

Nos sistemas jurídicos que adotam o *civil law*, na forma pura, o juiz decide baseado na "harmonia com a lei e a sua consciência", no seu livre convencimento, sendo irrelevante que a decisão contrarie outra que já tenha sido já tomada pelo mesmo ou por outro tribunal, ainda que de categoria superior. O juiz interpreta e aplica a lei com ampla liberdade e nos limites da lei. Em tese, o juiz é, pessoalmente, desideologizado, sendo guiado pelo direito positivo, tendo, obviamente que fundamentar suas decisões de forma adequada (art. 489 do CPC/2015).

Por outro lado, no sistema do *common law*, o magistrado é norteado pelos costumes e julgados anteriores, gozando de caráter ideologicamente mais impositivo que a própria lei.

fique ligado!

*No direito brasileiro, chama-se **súmula** o verbete que registra (na forma de breve enunciado) a interpretação pacífica ou majoritária adotada por um tribunal a respeito de tema específico. Possui as finalidades de tornar pública a jurisprudência para a sociedade, além de promover a uniformidade entre as decisões. Por força da Emenda Constitucional n. 45/2004 foi incluído o art. 103-A na Constituição Federal que permitiu a aprovação de súmula vinculante (pelo STF) aos órgãos do poder judiciário e à administração pública direta e indireta, nas esferas federal, estadual ou municipal.*

1.1.4 Costume

Os regramentos sociais resultantes de condutas repetidas, de forma generalizada e prolongada, arraigados, impondo certa convicção de obrigatoriedade, a depender da sociedade analisada ou cultura particular, denominam-se costumes.

Na prática, para que o costume tenha relevância jurídica, deve preencher dois requisitos: prática social reiterada do comportamento (uso objetivo); e o *animus*, que consiste na convicção subjetiva ou psicológica de obrigatoriedade desses comportamentos enquanto representativos de valores éticos. A título ilustrativo, pode-se destacar o do cheque pré(pós)-datado que, pela letra da lei, como título de crédito, constitui ordem de pagamento à vista, mas que, em razão da prática comercial, torna-se uma conduta exigível somente na data de seu vencimento, conforme o posicionamento dominante da jurisprudência pátria. Nesse caso, o costume foi incorporado à jurisprudência a partir de princípios fundamentais pertinentes às relações obrigacionais, por exemplo, o princípio da boa-fé.

Não se pode prever ou determinar o surgimento do direito consuetudinário, com base nos costumes, pois é oriundo do uso ou hábito da sociedade que, com reiterados atos, apresenta influência no mundo jurídico. Nesse sentido, algumas normas jurídicas consuetudinárias, pela falta de uso, deixam de ser aplicadas; outras, após serem incorporadas pelo costume jurisprudencial, podem ser positivadas transformando-se em lei.

1.2 DICOTOMIA ENTRE O DIREITO PÚBLICO E O DIREITO PRIVADO

Entre as normas jurídicas positivadas podemos destacar uma classificação, principalmente para fins didáticos, uma vez que o fenômeno jurídico deve ser encarado como um todo. Essa classificação que vem desde a Roma antiga indica a separação entre o **direito público** e o **direito privado**. Nesse caso, a utilidade predominante da norma deve ser considerada - se ela atende a interesses privados ou públicos.

Diversos critérios foram propostos para fundamentar essa dicotomia. Prevalece, contudo, a ideologia de que o direito público é o que corresponde às coisas do Estado, regulando as relações de um Estado com outro Estado, a ordem pública, ou as relações do Estado com seu povo, imperando o interesse público sobre o privado; direito privado, em outro viés, o que pertence à utilidade das pessoas, isto é, regula as relações entre pessoas singulares, nas quais se prioriza o interesse de ordem particular. No direito privado, portanto, predomina a autonomia privada, enquanto no direito público a legalidade de forma mais estrita, que desagua na ideia de supremacia do interesse público sobre o privado.

Há, nessa dicotomia, com certa frequência, entrelaçamento no que concerne tais normas ditas de direito público e privado, a ponto de, muitas vezes, identificarem-se regras relativas ao direito público nos complexos legais de direito privado. Igualmente, diplomas de natureza privada envolvem inequivocamente preceitos de direito público. Dessa forma, a partir do fenômeno intitulado constitucionalização do direito privado, irradiação das normas constitucionais no tecido normativo infraconstitucional-civil, especialmente a partir da Constituição Federal de 1998, podemos encontrar muito do direito civil na Constituição. Nesse sentido, institutos de direito privados mais relevantes estão consagrados no art. 5º da CF/88 como direitos fundamentais, inclusive. É o denominado caminho metodológico do direito civil constitucional. Percebe-se, portanto, que, hoje, os institutos de direito público e privado interpenetram-se na constituição. Ressalte-se, porém, que essa classificação, direito público e privado, pode auxiliar na compreensão da aplicação de certos princípios e regras típicas de um ou do outro ramo do direito.

Dessa forma, observa-se que do direito civil, centro do direito privado, destacaram-se outros ramos. Integram, hoje, o direito privado, por exemplo: o direito civil, o direito comercial, o direito agrário, o direito marítimo, bem como o direito do trabalho, o direito do consumidor e o direito aeronáutico. Há divergência no tocante ao direito do trabalho, pois alguns o colocam no elenco do direito público ou numa terceira categoria. Os demais ramos, via de regra, pertencem ao direito público. É importante notar que o Código Civil de 2002 reuniu as obrigações civis e mercantis, promovendo a unificação parcial do direito privado (o que toca a parte geral e o direito obrigacional). Assim, os institutos jurídicos constantes na parte geral e no livro de obrigações do CC/2002, de uma forma ou de outra, aplicam-se a todas as relações de direito privado.

tome nota!

DIREITO PRIVADO	DIREITO PÚBLICO
Direito Civil	Direito Constitucional
Direito Comercial	Direito Administrativo
Direito Agrário	Direito Tributário
Direito Marítimo	Direito Penal
Direito do Trabalho	Direito Processual (civil e penal)
Direito do Consumidor	Direito Internacional (público e privado)
Direito Aeronáutico	Direito Ambiental

1.3 O FENÔMENO DA CODIFICAÇÃO

Um código é uma lei em sentido material que traz a disciplina fundamental e completa do ramo do direito de que trata. A referida unidade legislativa é influenciada por leis acessórias ao código, chamadas de "leis extravagantes". Existem diferenças estruturais entre as denominações: código, consolidação e compilação. Vamos a elas:

a) **Compilação:** agrupamento de normas já existentes em ordem cronológica;

b) **Consolidação:** também é um agrupamento de normas já existentes, mas não de forma cronológica. Corresponde a um agrupamento da matéria feito de forma sistemática, por assunto;

c) **Codificação:** contrapõe-se às anteriores na medida em que há um agrupamento de normas que serão elaboradas simultaneamente para disciplinar determinada matéria, regidas por princípios harmônicos. É extremamente valorativa, uma vez que todas as normas que serão elaboradas devem ser submetidas a valores, paradigmas comuns a respeito dos temas e relações jurídicas específicas abordadas.

fique ligado!

Codificar o direito é coordenar as normas pertinentes às relações jurídicas de uma só natureza, criando um corpo de princípios e regras, dotados de unidade e deduzidos sistematicamente. É o que se observa no Código Civil, no Código Penal e nos Códigos de Processo, por exemplo.

NOÇÕES INTRODUTÓRIAS AO DIREITO CIVIL	
FONTES DO DIREITO	**I. Princípios Gerais do Direito:** máximas elementares de justiça. São cânones que não foram ditados, explicitamente, pelo legislador, mas que estão contidos de forma imanente na norma. Na exposição de motivos do CC/2002, por exemplo, ficou evidenciado que a codificação privada segue os seguintes princípios gerais: **a) Socialidade:** prima pela prevalência dos valores coletivos sobre os individuais. Significa que os direitos devem ser legitimados numa perspectiva coletiva e funcional; **b) Eticidade:** consiste em priorizar a equidade, a boa-fé, a justa causa e demais critérios éticos nas relações privadas; **c) Operabilidade:** associada a simplicidade, tendência de facilitar a interpretação e aplicação dos institutos jurídicos previsto na codificação bem como tem sentido de efetividade. **II. Lei:** regras de conduta que regem as relações sociais, sancionadas pelo direito, de caráter permanente, imperativo, autorizante, geral e abstrato. **III. Jurisprudência:** decisões judiciais reiteradas em determinada matéria, formando um padrão de interpretação passível de subsidiar futuros julgados. **IV. Costume:** regramentos sociais resultantes de condutas repetidas, de forma generalizada e prolongada, impondo certa convicção de obrigatoriedade.
DICOTOMIA ENTRE O DIREITO PÚBLICO E O DIREITO PRIVADO	• **Direito Público:** regula as relações de um Estado com outro Estado, ou as relações do Estado com seu povo, imperando o interesse público sobre o privado. • **Direito Privado:** regula as relações entre pessoas singulares, nas quais prioriza-se o interesse de ordem particular (autonomia privada da vontade).
O FENÔMENO DA CODIFICAÇÃO	Codificar o direito é coordenar as regras pertinentes às relações jurídicas de uma só natureza, criando um corpo de princípios, dotados de unidade e deduzidos sistematicamente.

jurisprudência

Recurso Extraordinário n. 201.819 (Informativo n. 405 do STF): "A Turma, concluindo julgamento, negou provimento a recurso extraordinário interposto contra acórdão do Tribunal de Justiça do Estado do Rio de Janeiro que mantivera decisão que reintegrara associado excluído do quadro da sociedade civil União Brasileira de Compositores – UBC, sob o entendimento de que fora violado o seu direito de defesa, em virtude de o mesmo não ter tido a oportunidade de refutar o ato que resultara na sua punição – v. Informativos ns. 351, 370 e 385. Entendeu-se ser, na espécie, hipótese de aplicação direta dos direitos fundamentais às relações privadas. Ressaltou-se que, em razão de a UBC integrar a estrutura do ECAD – Escritório Central de Arrecadação e Distribuição, entidade de relevante papel no âmbito do sistema brasileiro de proteção aos direitos autorais, seria incontroverso que, no caso, ao restringir as possibilidades de defesa do recorrido, a recorrente assumira posição privilegiada para determinar, preponderantemente, a extensão do gozo e da fruição dos direitos autorais de seu associado. Concluiu-se que as penalidades impostas pela recorrente ao recorrido extrapolaram a liberdade do direito de associação e, em especial, o de defesa, sendo imperiosa a observância, em face das peculiaridades do caso, das garantias constitucionais do devido processo legal, do contraditório e da ampla defesa. Vencidos a Min. Ellen Gracie, relatora, e o Min. Carlos Velloso, que davam provimento ao recurso, por entender que a retirada de um sócio de entidade privada é solucionada a partir das regras do estatuto social e da legislação civil em vigor, sendo incabível a invocaçã o do princípio constitucional da ampla defesa" (STF, RE 201.819/RJ, Rel. Min. Ellen Gracie, Rel. p/ o acórdão Min. Gilmar Mendes, j. 11.10.2005).

2

ESTRUTURA FUNDAMENTAL DO DIREITO CIVIL

O direito civil rege as relações entre os particulares desde antes mesmo da concepção do indivíduo, por exemplo, no caso dos filhos ainda não concebidos de pessoas indicadas pelo testador (art. 1.799 do CC/2002), até sua morte, marcando a abertura da sucessão (art. 1.784) e ainda depois dela, por exemplo, na proteção da memória do morto (art. 12, parágrafo único). É o direito comum, do cotidiano. Toda a vida social, na verdade, é permeada pelo direito civil. Costumava-se dizer, inclusive, antes da vigência da CF/88, que permitiu, efetivamente, a constitucionalização do direito civil, que o Código Civil era a "Constituição do homem comum". Assim, o direito civil disciplina os direitos e deveres das pessoas, na sua qualidade de esposo ou esposa, pai ou filho, credor ou devedor, alienante ou adquirente, proprietário ou possuidor, condômino ou vizinho, testador ou herdeiro etc.

No direito civil, estruturam-se as relações puramente pessoais-patrimoniais, a exemplo das relações creditícias, contratos e responsabilidade civil, assim como as relações patrimoniais-reais, a exemplo dos direitos reais (art. 1.225 do CC/2002 e outros) e, ainda, direitos existenciais, como os direitos da personalidade etc. Pode-se afirmar que o objeto do direito civil, em apertada síntese, é a tutela da pessoa, natural ou jurídica, disciplinando suas relações na família, questões existenciais e patrimoniais pertinentes, na empresa, o domínio sobre as coisas, a propriedade e seus desdobramentos, as relações pessoais creditícias, nos mais variados ambientes, a vontade negocial e a responsabilidade civil decorrente do contrato ou da lei, bem como a transmissão do patrimônio em razão da morte, fundamentadas em fatos jurídicos condizentes com interesses juridicamente tuteláveis.

Devido à complexidade e ao enorme desenvolvimento das relações da vida civil, não é mais possível limitar o estudo do direito civil ao respectivo Código.

Muitos dispositivos legais concernentes às pessoas, aos bens e suas relações encontram-se regulados em leis extravagantes e na própria Constituição Federal, as quais não deixam de pertencer ao direito civil. O Código Civil trata dessas matérias não com exclusividade, mas subordinando-se hierarquicamente aos ditames constitucionais, que traçam os princípios básicos norteadores do direito privado.

Nesse sentido, percebe-se que a complexidade e o dinamismo das relações sociais determinaram a criação, no país, de verdadeiros microssistemas jurídicos, decorrentes da edição de leis especiais de grande abrangência, como, por exemplo, o Estatuto do Idoso ou, mais recentemente, o Estatuto da Pessoa com Deficiência.

Mesmo com o advento do Código Civil de 2002, continuam em vigor, no que não conflitarem, a Lei do Divórcio (somente a parte processual), o Estatuto da Criança e do Adolescente, Código de Defesa do Consumidor, a Lei n. 8.245/91 (Lei do Inquilinato) etc. (*vide* CC, arts. 732, 2.033, 2.036 e 2.043).

Em linhas gerais, consoante exposição de motivos do Código Civil de 2002, verifica-se que o mencionado diploma legal apresenta as seguintes características:

fique atento!

- *Mantém o Código Civil como lei básica, embora não global, do direito privado, transferindo para legislação especial questões em processo de amadurecimento ou complexas por sua natureza como como o biodireito, o direito eletrônico etc.*
- *Realiza, parcialmente, a unificação do direito privado no que concerne à parte geral e à parte obrigacional.*
- *Consolida nova principiologia, valorizando a eticidade, a socialidade e a operabilidade.*
- *Estrutura um sistema com cláusulas gerais, de caráter significativamente genérico e abstrato, propositadamente com conceitos jurídicos indeterminados, geralmente normas-princípio, cujos valores devem ser preenchidos pelo julgador, no caso concreto, por exemplo, os arts. 13, 113, 187, 421, 422, 927 e 1.228, § 1º, do citado Código Civil.*
- *Exclui de seu texto matéria de ordem processual, exceto quando intrinsecamente ligada à de natureza material.*

É imperioso destacar que as cláusulas gerais, talvez a mais importante e inovadora característica da codificação privada, surgiram basicamente da ideia de que as leis como normas de comportamento rígidas e fechadas, definidoras de tudo e para todos os casos, abstratamente, são insuficientes e levam seguidamente a situações de grave injustiça. Embora tenham, num primeiro momento, as cláusulas gerais ou abertas, causado certa insegurança, pelo poder que transferiram aos julgadores e intérpretes da norma, convivem, no entanto, harmonicamente no sistema jurídico, gerando dinamicidade interpretativa diante das mudanças dos fatos sociais.

Em sua estrutura, o Código de 2002 manteve a sistemática do Código Civil de 1916, seguindo o modelo germânico preconizado por Savigny, na medida em que coloca as matérias em ordem metódica, divididas em uma Parte Geral, com três livros, disciplinando institutos gerais das relações privadas, e uma Parte Especial, com cinco livros, tratando dos institutos específicos das mais variadas relações jurídicas de direito privado, num total de 2.046 artigos, organizados assim:

a) **PARTE GERAL** – Das Pessoas; Dos Bens; e Dos Fatos Jurídicos;
b) **PARTE ESPECIAL** – Direito das Obrigações; Direito de Empresa; Direito das Coisas; Direito de Família; e Direito das Sucessões.

Sobre a estrutura objetiva do código, como anunciado, pode-se afirmar que a parte geral trata, principalmente, dos elementos gerais de uma relação jurídica de direito privado: pessoas (sujeito); bens (objeto) e fatos jurídicos (vínculo jurídico). Na parte especial corporifica relações jurídicas de circulação de riquezas (obrigacionais e sucessórias); afetivas (extrapatrimoniais); e reais (exercício dos poderes de domínio sobre as coisas).

QUADRO SINÓTICO

ESTRUTURA FUNDAMENTAL DO DIREITO CIVIL	
ESTRUTURA DO DIREITO CIVIL DE ACORDO COM O CÓDIGO DE 2002	No direito civil, estruturam-se as relações puramente pessoais-patrimoniais, a exemplo das relações creditícias, contratos e responsabilidade civil, também as relações patrimoniais-reais, a exemplo dos direitos reais (art. 1.225 do CC/2002) e, ainda, direitos existenciais, como os direitos da personalidade etc. Pode-se afirmar que o objeto do direito civil, em apertada síntese, é a tutela da pessoa, natural ou jurídica, disciplinando suas relações na família, questões existenciais e patrimoniais pertinentes, na empresa, o domínio sobre as coisas, a propriedade e seus desdobramentos, as relações pessoais creditícias, nos mais variados ambientes, a vontade negocial e a responsabilidade civil decorrente do contrato ou da lei, bem como a transmissão do patrimônio em razão da morte – fundamentadas em fatos jurídicos condizentes com interesses juridicamente tuteláveis Em sua estrutura, o Código de 2002 é organizado em: a) **PARTE GERAL** – Das Pessoas; Dos Bens; e Dos Fatos Jurídicos; b) **PARTE ESPECIAL** – Direito das Obrigações; Direito de Empresa; Direito das Coisas; Direito de Família; e Direito das Sucessões.

3

LEI DE INTRODUÇÃO ÀS NORMAS DO DIREITO BRASILEIRO

3.1 NOÇÕES GERAIS

A **Lei de Introdução às Normas do Direito Brasileiro (LINDB)** (nomenclatura atribuída por força da Lei n. 12.376/2010, que alterou o Decreto-lei n. 4.657/42), anteriormente denominada Lei de Introdução ao Código Civil (LICC), é uma norma de superdireito ou sobredireito (*Lex Legum*), ou seja, define a aplicação de outras normas. Nesse sentido, a Lei de Introdução não versa sobre normas de conduta em si, pois esse não é exatamente o seu objeto, mas sim, estruturalmente, sobre a criação, interpretação e aplicação das normas jurídicas.

Embora, por tradição, inaugurada pelo Código Civil Napoleônico de 1804, a lei de introdução seja considerada uma lei anexa (ao Código Civil), porque naquela oportunidade objetivou facilitar a assimilação do *Code de France* ao sistema jurídico francês, é, hoje, no Brasil, indiscutivelmente autônoma, pois tem caráter universal, aplicando-se a todos os ramos do direito, e não pode ser mais considerada acessória ao Código Civil. Acompanha a Codificação privada, simplesmente, porque se trata do diploma referencial para o direito privado (e, hoje mais do que nunca, para o público também). Inclusive, a Lei n. 13.655/2018 introduziu enunciados normativos (arts. 20 a 30 da LINDB), claramente, sobre normas de direito administrativo, vale dizer, normas concernentes à atuação dos agentes públicos e aos atos administrativos, notadamente sobre segurança hermenêutica.

Na realidade, a LINDB constitui um repositório de normas preliminares à totalidade do ordenamento jurídico nacional, razão pela qual houve, há alguns anos, alteração de sua nomenclatura (Lei n. 12.376/2010), na qual o referido diploma legal deixou de ser denominado Lei de Introdução ao Código Civil. Destina-se, portanto, a orientar todos os ramos do direito, salvo naquilo que for regulado de forma diferente em legislação específica. Estrutura, basicamente, a criação, interpretação e aplicação das normas jurídicas: arts. 1º e 2º: vigência das leis; art. 3º: obrigatoriedade; art. 4º: integração; art. 5º: interpretação; art. 6º: conflitos da lei no tempo; arts. 7º a 19: subsistência da norma no espaço; arts. 20 a 30: segurança hermenêutica na Administração Pública para os agentes públicos e atos administrativos.

Outrossim, a LINDB, de certo modo, é o Estatuto do Direito Internacional Privado (conjunto de normas internas de um país, instituídas especialmente para definir a aplicabilidade das normas locais ou estrangeiras em determinado caso). Dessa forma, suas principais funções são:

- Determinar o início da obrigatoriedade das leis (art. 1º).
- Regular a vigência e a eficácia das normas jurídicas (arts. 1º e 2º).
- Impor a eficácia geral e abstrata da obrigatoriedade, inadmitindo a ignorância da lei vigente (art. 3º).
- Traçar os mecanismos de integração ou colmatação da norma legal para a hipótese de lacuna normativa (art. 4º).
- Delimitar os critérios de hermenêutica, de interpretação da lei (art. 5º).
- Regulamentar o direito intertemporal (art. 6º).
- Regulamentar o direito internacional privado no Brasil (arts. 7º a 17), no tocante: às normas relacionadas à pessoa e à família (arts. 7º e 11); aos bens (art. 8º); às obrigações (art. 9º); à sucessão (art. 10); à competência da autoridade judiciária brasileira (art. 12); à prova dos fatos ocorridos em país estrangeiro (art. 13); à prova da legislação de outros países (art. 14); à execução da sentença proferida por juiz estrangeiro (art. 15); à proibição do retorno (art. 16); aos limites da aplicação da lei e atos jurídicos de outro país no Brasil (art. 17); e, finalmente, aos atos civis praticados por autoridades consulares brasileiras no estrangeiro (arts. 18 e 19).
- Tratar sobre segurança hermenêutica na Administração Pública para os agentes públicos e atos administrativos (arts. 20 a 30, incluídos pela Lei n. 13.655/2018).

3.2 PRINCÍPIOS FUNDAMENTAIS DA LINDB

- **Princípio da hierarquia:** lei de hierarquia superior revoga lei de hierarquia inferior. Nesse desiderato, uma lei ordinária não sobrevive a uma disposição constitucional que a contrarie, bem como uma norma regulamentar não subsiste quando ofende uma disposição legislativa.
- **Princípio da obrigatoriedade (art. 3º da Lei de Introdução):** a lei, uma vez em vigor, vincula sincronicamente, de acordo com a abrangência des-

ta, a todos, posto que é ordem dirigida à vontade geral. É a obediência e submissão de todos ao seu império, sem distinção de categoria social, de nível de cultura ou de grau de inteligência. Em outras palavras, nenhuma pessoa pode se furtar à sua obediência; ninguém pode se escusar de cumprir a lei alegando que não a conhece. É a proibição da alegação de erro de direito. Contudo, essa proibição é relativizada, em certos casos, quando há lei especial que autorize. Por exemplo, no direito penal, no art. 8º da Lei de Contravenções Penais (Lei 3.688/41) e no art. 65, II, do Código Penal (CP) (nesse caso como atenuante da pena). No Direito Civil, objeto do nosso estudo, também é possível, como no caso do art. 1.561 do Código Civil (CC), casamento putativo (nulo ou anulável celebrado de boa-fé) ou na hipótese do art. 139, III, do mesmo Código (quando for motivo principal do negócio), como acontece na situação de compra de uma casa de veraneio em área *non aedificandi*, em que é proibido construir para tornar o imóvel compatível.

fique atento!

LINDB, art. 3º: "Ninguém se escusa de cumprir a lei, alegando que não a conhece".

É a proibição da alegação de "erro de direito". Essa proibição é relativizada. Por exemplo, no direito penal, art. 8º da Lei de Contravenções Penais (Lei 3.688/41); art. 65, II, do CP (atenuante da pena). No direito civil também é possível, por exemplo, no art. 1.561 do CC (casamento putativo – nulo ou anulável celebrado de boa-fé). Ex.: casamento com a irmã (erro de fato ou de direito). Art. 139, III, do CC (quando for motivo principal do negócio). Ex.: casa de veraneio em área non aedificandi. *Trata-se da aplicação de lei especial, portanto não viola o princípio da obrigatoriedade. Com relação ao conteúdo em si, as normas podem ser: a) cogentes: questões de ordem pública, as quais não podem ser alteradas pela vontade das partes; b) dispositivas: o conteúdo pode ser alterado de acordo com a autonomia privada (algumas normas de direito privado). Ex.: art. 490 do CC ("frete grátis"). CC, art. 490: "Salvo cláusula em contrário, ficarão as despesas de escritura e registro a cargo do comprador, e a cargo do vendedor as da tradição".*

- **Princípio da continuidade (art. 2º da Lei de Introdução):** a lei é uma ordem permanente, logo contínua. Todavia, não se confundem, por óbvio, continuidade e eternidade, o que seria incompatível com a natureza contingente de qualquer realização humana. Especialmente nos regimes jurídicos em que a primazia das fontes do direito tem assento na supremacia da lei escrita – como é o caso do modelo romano/germânico –, deve-se ter em conta que um começo certo e um fim precisamente caracterizado com relação à vigência da norma tem sentido somente em razão de um fato que o legislador reconhece como hábil a esse resultado, que é, exatamente, a revogação. Assim, só uma lei, tácita ou expressamente, pode revogar outra. Em síntese, o sistema jurídico brasileiro não admite a revogação pelo desuso, o chamado desuetudo. Um bom exemplo remete ao crime de bigamia (art. 235 do CP), tendo em vista que, culturalmente, no Brasil, é relativamente comum a existência de uniões poliafetivas ou simultâneas, o que suscita amplos debates na seara familiarista. A bigamia, a despeito dos aspectos culturais, não deixou ainda, pelas razões expostas, de ser crime.

- **Princípio da Irretroatividade (*tempus regit actum*, art. 6º da Lei de Introdução):** a lei regula os atos praticados durante seu período de vigência. Esse princípio dá a ideia de que a lei nova não atinge os fatos anteriores ao início de sua vigência. Em regra, portanto, a lei alcança fatos pendentes e futuros. Contudo, excepcionalmente, essa regra pode ser afastada, impondo-se a retroatividade da lei nova para alcançar fatos pretéritos, desde que haja previsão legal. Em consequência, os fatos anteriores à vigência da lei nova regulam-se pela lei do tempo em que foram praticados, respeitados, valendo para o futuro tanto quanto para o passado, o direito adquirido, o ato jurídico perfeito e a coisa julgada (art. 5º, XXXVI, da Constituição Federal de 88 – CF/88 – e art. 6º da LINDB) tendo em conta a certeza e a segurança jurídica.

Direito adquirido (art. 6º, § 2º, da LINDB) é o direito material ou imaterial já incorporado ao patrimônio de uma pessoa natural, jurídica ou ente despersonalizado, por exemplo, um benefício previdenciário desfrutado por alguém. Ressalte-se, por oportuno, que, com o advento de uma nova Constituição, o direito adquirido anteriormente não está protegido contra ela, salvo se a própria Constituição assim o desejar (STF, ADI 248/RJ). Assim, não existe discussão a respeito não haver direito adquirido contra o que estabelece o poder constituinte originário. Contudo, no tocante às emendas constitucionais, há controvérsias, prevalecendo a tese de que existe direito adquirido contra emenda constitucional, conforme se extrai do art. 60, § 4º, IV, c/c o art. 5º, XXXVI, da CF/88 (STF, ADI 939/DF).

O ato jurídico perfeito (art. 6º, § 1º, da LINDB), por sua vez, é aquele já consumado, fruto de manifestação de vontade lícita e aperfeiçoada, por exemplo, um contrato instantâneo já celebrado.

Já a coisa julgada (art. 6º, § 3º, da LINDB) é a decisão judicial prolatada, da qual não cabe mais recurso. Há coisa julgada material quando ocorre apreciação de mérito. Nesse sentido, por exemplo, não há coisa julgada nos procedimentos de jurisdição voluntária.

Em suma, o direito adquirido, na verdade, é o mais amplo dessas categorias jurídicas, de certa forma, englobando as demais. Nessa perspectiva, Flávio Tartuce adverte que, por conta da ponderação de princípios ou balanceamento, técnica adequada para a solução de choque (antinomia) entre normas-princípio (art. 489, § 2º, do CPC/2015), normas abertas e com aplicação casuística, a proteção de tais categorias não é absoluta, por exemplo, os casos envolvendo ações de investigação de paternidade julgadas improcedentes por ausência de provas em momento em que não era possível realizar o exame de DNA (STJ, REsp 226.436/PR). Assim, a restrição da coisa julgada oriunda de demandas reputadas improcedentes por insuficiência de prova não deve prevalecer para inibir a busca da identidade genética pelo investigando (Enunciado 109 da I Jornada de Direito Civil do CJF: "A restrição da coisa julgada oriunda de demandas reputadas improcedentes por insuficiência de prova não deve prevalecer para inibir a busca da identidade genética pelo investigando"). Nesse aspecto, é importante saber que a admissão de reanálise dos casos de investigação de paternidade depende, conforme entendimento estabilizado pela Terceira Turma do Superior Tribunal de Justiça (STJ), da demonstração de insuficiência de provas no primeiro processo ou de dúvida razoável sobre a existência de fraude em teste de DNA.

tome nota!

Do direito adquirido distinguem-se a **expectativa de direito** *(esperança decorrente de um interesse juridicamente tutelável, resulta de um fato aquisitivo incompleto) e as* **faculdades legais** *(poder concebido ao indivíduo pela lei do qual ele ainda não fez nenhum uso). Nesse mesmo sentido, não se deve confundir o* **ato jurídico de trato sucessivo** *(continuativo) com* **o ato jurídico perfeito**, *sendo o ato jurídico de trato sucessivo aquele cujos efeitos se renovam no tempo, por exemplo, o casamento. A esse respeito fica a* **dúvida sobre qual lei aplicar** *quando uma nova lei entra vigor, revogando a anterior. O CC/2002 dispõe (art. 2.035) que se deve aplicar* **a lei do tempo do ato** *para as questões* **relativas a validade/ requisitos**, *e quanto aos* **efeitos** *do ato jurídico continuativo* **a lei mais atual**. *A alteração do regime de bens prevista no § 2º do art. 1.639 do CC/2002, por exemplo, inovação com relação ao Código anterior, é permitida nos casamentos realizados na vigência da legislação anterior* **por se tratar de efeitos** *patrimoniais e não dos requisitos para casar (Enunciado 260 da III Jornada de Direito Civil do CJF).*

3.3 VIGÊNCIA E REVOGAÇÃO DAS NORMAS JURÍDICAS

Assim como o ser humano, as leis são dotadas de um ciclo vital: nascem, aplicam-se e permanecem em vigor até serem revogadas. Tais fases correspondem, respectivamente, à determinação do início de sua vigência (incidência), à continuidade de sua vigência e à cessação de sua vigência.

O processo de criação da lei passa, basicamente, por três estágios:

1. **Elaboração ou de iniciativa:** a competência é, em regra, distribuída na forma do art. 61, *caput*, da Constituição Federal.
2. **Promulgação:** nada mais é que um atestado da existência válida da lei e de sua executoriedade. Torna a lei autêntica e perfeita.
3. **Publicação:** embora nasça com a promulgação, a lei só entra em vigor após sua publicação no *Diário Oficial.* Logo, é um requisito de obrigatoriedade da lei. Nessa fase há a divulgação do conteúdo normativo, permitindo a todos sua leitura e estudo. O início da vigência, comumente denominado incidência da norma jurídica, pode ser imediato, na data de sua publicação, ou pode ocorrer em uma data especialmente designada como o momento inicial da vigência, o *dies a quo*.

Com a publicação, geralmente seguida de um prazo para adaptação à lei, denominada vacância (ou *vacatio legis*), tem-se o início da vigência da lei, que se estende até sua revogação ou o advento do prazo final de validade. Torna-se, então, obrigatória, pois, como é sabido, em regra, ninguém pode escusar-se de cumpri-la alegando que não a conhece (LINDB, art. 3º). Terminado o processo de sua produção, a norma já é considerada válida. Primeiro a norma precisa existir validamente. A vigência, por outro lado, é uma qualidade temporal da norma: o período que delimita seu período de validade.

Conforme dispõe o art. 8º da Lei Complementar (LC) 95/98, por questão de segurança jurídica, é preferível que a norma traga, expressamente, o período de vacância da lei, salvo se esta for de pequena repercussão social. Nessa hipótese, a lei determinará, em seu bojo, expressamente, sua incidência imediata. Em conformidade com a Lei de Introdução, a lei, havendo omissão do legislador quanto ao período de vacância, entrará em vigor, no território nacional (art. 1º, *caput*, da LINDB), em 45 dias; nos estados estrangeiros, a obrigatoriedade da lei brasileira, quando admitida, inicia-se três meses depois de oficialmente publicada (art. 1º, § 1º, da LINDB). Portanto, no âmbito externo, a obrigatoriedade da lei brasileira, quando admitida (em geral quando cuida de atribuições de ministros, embaixadores, cônsules, convenções de direito internacional etc.), inicia-se três meses depois de oficialmente publicada e não em 45 dias, como ocorre no território brasileiro.

De acordo com o art. 8º, § 1º, da LC 95/98, a forma de contagem do prazo para a entrada em vigor das leis que estabelecem o período de vacância far-se-á com a data da inclusão da data da publicação e do último dia do prazo, entrando em vigor no dia subsequente a sua consumação integral. Em conformidade com a doutrina majoritária, não importa que a data final seja um feriado ou final de semana. A Lei entra em vigor mesmo assim, não há prorrogação para o dia útil seguinte. Dessa forma, não se aplica, no que toca o período de vacância da lei, a regra pertinente a contagem dos prazos que envolvem o direito civil material, vale dizer, o disposto no art. 132 do CC/02. Por exemplo, o Código de Processo Civil (Lei n. 13.105/2015 - CPC) foi publicado em 17 de março de 2015 e entrou em vigor, após um ano de vacância, no dia 18 de março de 2016.

tome nota!

Se, no decorrer da vacatio legis, *surgir nova publicação do texto legal, para correção de erros materiais ou falha de ortografia, o prazo da obrigatoriedade, aplicável somente à parte corrigida ou emendada, começará a correr da nova publicação (LINDB, art. 1º, § 3º). A razão de ser da norma é que o texto seja conhecido sem necessidade de edição de nova lei. Isso porque, quando a lei a ser corrigida já está em vigor, as correções são consideradas lei nova.*

Assim, se a lei já entrou em vigor, quaisquer modificações, que serão consideradas lei nova, tornam-se obrigatórias após o decurso da vacatio legis *(LINDB, art. 1º, § 4º). Dessa forma, os direitos adquiridos na sua vigência têm de ser resguardados, não sendo atingidos pela publicação do texto corrigido, uma vez que, mesmo com incorreções, possui força obrigatória.*

Ao aplicar a lei, admite-se que o juiz possa corrigir eventuais erros materiais, desde que evidentes, especialmente os de ortografia. Contudo, não poderá sanar os erros substanciais, que podem alterar o sentido do dispositivo legal, sendo imprescindível, nesse caso, nova publicação.

Outro detalhe importante: a contagem do prazo para entrada em vigor das leis que estabeleçam período de vacância difere da contagem de prazos do CPC (art. 224). Devem-se incluir a data da publicação e a do último dia do prazo, entrando em vigor no dia subsequente a sua consumação integral (art. 8.º, § 1º, da LC 95/98, com redação dada pela LC 107/2001). No caso do CC/2002, sua publicação ocorreu em 11 de janeiro de 2002. O primeiro dia do prazo foi 10 de janeiro e o último, sendo o prazo de um ano, 10 de janeiro do ano seguinte. Assim, o novo Código entrou em vigor no dia 11 de janeiro de 2003.

Sobre a eficácia da norma, que remete à possibilidade de produção concreta de efeitos, pode-se medi-la pelo grau de ineficácia. Sobre esse critério, eficácia pode ser entendida de duas maneiras:

1. **Social:** relaciona à produção de efeitos no mundo dos fatos sociais, à capacidade que a norma apresenta de atingir a finalidade para a qual foi criada, dominando os fatos e subsumindo-os à lei. Nesse sentido, existem leis em vigor que possuem baixa eficácia social, porque, na prática, não são aplicadas. Por exemplo, a norma (Decreto-lei 3.688/41, art. 58) que tipifica a loteria intitulada jogo do bicho como infração criminal.
2. **Técnica:** a possibilidade de produção de efeitos, considerando a validade formal (procedimento) ou substancial (conteúdo) da norma, por exemplo, o art. 7º, I, da CF/88, que cuida da proteção contra a despedida arbitrária. A eficácia técnica está comprometida, posto que a matéria deve ser regulada por lei complementar.

Como anunciado anteriormente, o intervalo entre a data da publicação da lei e sua entrada em vigor denomina-se ***vacatio legis*** ou, simplesmente, período de vacância da lei. Pode-se afirmar, em síntese, que existem três hipóteses de *vacatio legis*:

1. Estabelecimento de data posterior para início de efeitos.
2. Período para entrar em vigor de 45 dias após publicada (no território nacional), em face de omissão quanto ao prazo de vacância.
3. Norma pendente de regulamentação, explícita ou implicitamente (normas de eficácia limitada).

A respeito do tema, cabe ainda reforçar que, como já pontuado, uma questão é persistente em concursos públicos: se é possível alterar a lei, durante o período de vacância, a fim de corrigir algum erro. A resposta é, reforce-se, positiva. Nesse caso, a norma corretiva deve ser publicada a fim de corrigir equívocos do legislador. Nessa hipótese, renova-se o prazo de vacância no que se refere à alteração promovida. Contudo, como já mencionado, se a lei já estiver em vigor, a norma corretiva deve ser considerada lei nova (art. 1º, § 3º, da LINDB). Cumpre observar que, malgrado parte da doutrina tome "vigor" por "vigência" e vice-versa, como expressões sinônimas algumas vezes, importa atentar para a diferenciação conceitual proposta no art. 2º da LINDB, estabelecendo que: "Não se destinando à vigência temporária, a lei terá vigor até que outra a modifique ou revogue".

O texto merece destaque ao relacionar claramente "vigência" ao aspecto temporal da norma, a qual, no período (de vigência), tem vigor. Ora, o vigor de uma norma tem a ver com sua imperatividade, com sua força vinculante. Tanto que, embora a citada regra da Lei de Introdução determine o vigor da norma até sua revogação, existem importantes efeitos de uma norma revogada (e que, portanto, perdeu a vigência ou o tempo de validade), enfatizando que vigor e vigência designam qualidades distintas.

Assim, **vigência** coaduna com o tempo de duração da lei, ao passo que **vigor** está relacionado a sua força vinculante. Se um contrato foi celebrado durante sua vigência do código anterior e tiver que ser examinado, hoje, quanto a sua validade, deverá ser aplicado o Código revogado (art. 2.035 do CC/2002, em sua primeira parte). Consequentemente, significa aplicar uma lei sem vigência (revogada), mas que terá vigor.

fique ligado!

É possível que uma norma tenha vigor, seja obrigatória, mesmo sem estar no período de vigência, fenômeno jurídico denominado genericamente ***ultratividade*** *da norma.*

Súmula 112 (STF): "O imposto de transmissão 'causa mortis' é devido pela ***alíquota vigente ao tempo da abertura da sucessão"****.*

Outro fenômeno jurídico de grande importância, relacionado com vigência e revogação, é o da repristinação, que consiste na restauração da norma revogada pela revogação da norma revogadora. Frise-se que há vedação de sua existência no ordenamento brasileiro, por força do § 3º do art. 2º da LINDB. A lei revogada não se restaura pela simples revogação da lei revogadora, salvo se a nova lei revogadora afirmar expressamente que ocorre (§ 3º do art. 2º) a "ressuscitação" (repristinação) da primeira norma revogada.

tome nota!

Existe, no direito brasileiro, a repristinação? Conforme o art. 2º da LINDB:

> *Não se destinando à vigência temporária, a lei terá vigor até que outra a modifique ou revogue. [...]*
>
> *§ 3º Salvo disposição em contrário, a lei revogada não se restaura por ter a lei revogadora perdido a vigência.*

Portanto, a resposta é NÃO, mas admite-se o chamado efeito repristinatório, que ocorre em situações especiais.

O nosso direito, portanto, não admite, como regra, a repristinação, que é a restauração da lei revogada, automaticamente, pelo fato de a lei revogadora ter sido também revogada ou perdido sua vigência. Contudo, há o chamado efeito repristinatório, restaurador da primeira norma revogada, em duas situações típicas:

1. Quando a lei revogadora for declarada inconstitucional ou for concedida a suspensão cautelar da norma (conforme previsão da Lei 9.868/99, que versa sobre controle de constitucionalidade). Nesse caso, é importante observar que, ao declarar a inconstitucionalidade de lei ou ato normativo, e tendo em vista as razões de segurança jurídica ou de excepcional interesse social, poderá o Supremo Tribunal Federal (STF) modular a eficácia da norma, no sentido de restringir os efeitos daquela declaração de inconstitucionalidade, ou decidir que ela só terá eficácia a partir de seu trânsito em julgado ou de outro momento que venha a ser fixado (art. 27 da Lei 9.868/99). Nessa linha de raciocínio, não se pode confundir, frise-se, a **repristinação**, fenômeno jurídico vedado na Lei de Introdução, com o **efeito repristinatório tácito**, previsto expressamente no art. 11, § 2º, da Lei 9.868/99, bem como nos julgamentos de mérito em sede de controle de constitucionalidade, que declaram a inconstitucionalidade de norma sem modular os efeitos da decisão.
2. A outra situação ocorre quando o efeito repristinatório é previsto pela norma revogadora. Por exemplo, o instituto da separação, em tese, revogado pela Emenda Constitucional (EC) 66/2010 e repristinado pelo CPC/2015 (art. 693).

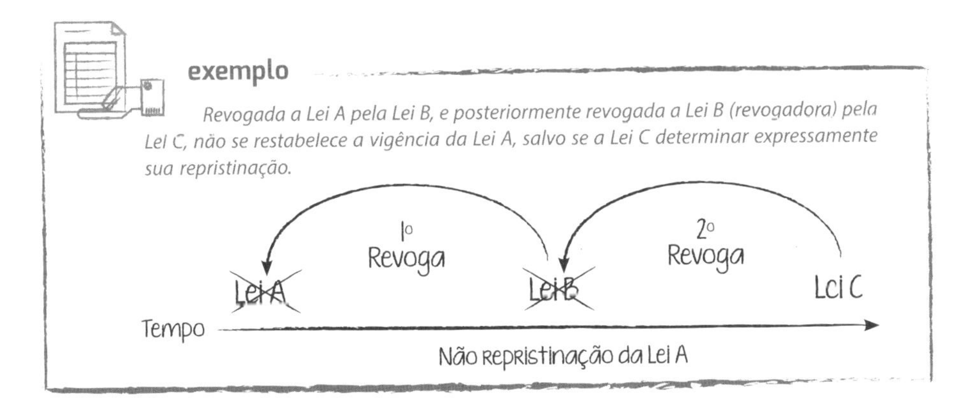

Ainda sobre a vigência, importa destacar que, em casos especiais, a lei pode ter vigência temporária. Esta cessará, então, por causas intrínsecas, tais como:

- **Advento do termo fixado para sua duração:** algumas leis, por sua natureza, são destinadas a viger apenas durante certo período, como as leis orçamentárias. Outras prefixam expressamente sua duração.
- **Implemento de condição resolutiva:** a lei perde sua vigência em virtude do implemento de uma condição. Trata-se de lei especial vinculada ao término

de situação determinada, como no período de guerra, por exemplo. São chamadas de leis circunstanciais.

- **Consecução de seus fins:** quando a finalidade da lei é alcançada, cessa sua vigência. Assim, a lei que concedeu indenização a familiares de pessoas envolvidas na Revolução de 1964 perdeu a eficácia no momento em que as indenizações foram pagas.

As hipóteses previstas acima caracterizam a **caducidade da lei**. Sem necessidade de norma revogadora, o que excepciona a regra do princípio da continuidade, a lei perde seus efeitos pela superveniência de uma causa prevista em seu próprio texto ou quando seus pressupostos fáticos desaparecem. Por exemplo, a lei que se destina ao combate de determinada doença (malária, dengue, Aids etc.), estabelecendo normas de proteção, pode deixar de existir em virtude do avanço da medicina ou de medidas sanitárias que interrompam o ciclo da doença.

Contudo, é importante repisar que o simples fato de uma norma estar em desuso, por si só, não acarreta a perda de sua eficácia jurídica enquanto não for revogada por outra. Portanto, as leis de vigência permanente, sem prazo de duração, perduram até que ocorra sua revogação, não podendo ser extintas pelo costume, jurisprudência, regulamento, decreto, portaria ou simples avisos.

Pelo princípio da continuidade, a lei somente perde a eficácia em razão de uma força contrária a sua vigência. Nessa linha de ideias, a **revogação** consiste na supressão da força obrigatória da lei, destituindo-a de eficácia. Para tanto, só é possível que haja revogação por meio de outra lei, da mesma hierarquia ou de hierarquia superior. Se, por exemplo, a norma é de natureza constitucional, somente pelo processo de emenda à Constituição pode ser modificada ou revogada (CF, art. 60). Entretanto, um decreto revoga-se por outro decreto, mas também pode ser revogado por lei, que é de hierarquia superior.

A lei nova que revoga a anterior retira, obviamente, do ordenamento jurídico o decreto que a regulamentou. O princípio da hierarquia das normas não tolera que uma lei ordinária sobreviva a uma disposição constitucional que a contrarie ou que uma norma regulamentar subsista em ofensa a disposição legislativa. Nesse contexto, com a promulgação da Constituição de 1988, toda a legislação anterior conflitante com suas disposições autoexecutáveis perdeu a validade. Não se trata, propriamente, de revogação das leis anteriores e contrárias à Constituição; apenas deixaram de existir no plano do ordenamento jurídico por haverem perdido seu fundamento de validade: a lei maior do Estado.

Excepcionalmente, a perda da eficácia da lei pode decorrer, também, da decretação de sua inconstitucionalidade pelo STF, cabendo ao Senado suspender-lhe a execução (art. 52, X, da CF).

Hodiernamente, é possível suprir a falta de regulamentação subsequente da lei mediante a impetração de mandado de injunção no Poder Judiciário, previsto no art. 5º, LXXI, da CF/88, por todo aquele que se julgue prejudicado pela omissão legislativa e pela impossibilidade de exercer os direitos constitucionalmente previstos.

Voltando à temática da revogação, o termo, de forma genérica, indica a ideia da cessação da existência da norma obrigatória, podendo abranger duas espécies:

1. **Ab-rogação:** revogação total. Consiste na supressão total da norma anterior. O CC/2002, no art. 2.045, constante das Disposições Transitórias, revoga, sem qualquer ressalva e, portanto, integralmente, o Código anterior (de 1916). Ab-rogada uma lei, ela simplesmente desaparece e é inteiramente substituída pela lei revogadora, ou simplesmente se anula, a partir do momento em que entra em vigor a que a sub-rogou.
2. **Derrogação:** revogação parcial. Atinge só uma parte da norma, que permanece em vigor no restante. Derrogada, a lei não fenece, não sai de circulação jurídica, mas é amputada nas partes ou dispositivos atingidos. Somente os dispositivos revogados perdem a obrigatoriedade.

Quanto à forma de sua execução, a revogação da lei pode ser:

- **Expressa:** quando a lei nova declara, de modo taxativo e inequívoco, que a lei anterior, ou parte dela, fica revogada (LINDB, art. 2º, § 1º, primeira parte). É a modalidade de revogação mais segura, pois evita dúvidas e obscuridades. Por esse motivo, o art. 9º da LC 95/98 dispõe que expressamente a cláusula de revogação deverá enumerar as leis ou disposições legais revogadas.
- **Tácita:** quando, apesar de não haver declaração expressa, o texto da lei nova mostra-se incompatível com a lei antiga ou regula inteiramente a matéria de que tratava a lei anterior (art. 2º, § 1º, última parte). Aqui, a revogação ocorre indiretamente. A característica principal da revogação tácita é a incompatibilidade das disposições novas com as já existentes. Na impossibilidade de coexistirem normas contraditórias, aplica-se o critério cronológico, segundo o qual "lei posterior revoga a anterior". Critério da prevalência da norma mais recente. Incompatível, também, é a lei nova, de caráter amplo e geral, que passa a regular inteiramente a matéria versada na lei anterior, vindo a lei revogadora, nesse caso, substituir inteiramente a antiga.

Desse modo, se toda uma matéria é submetida a nova regulamentação, desaparece inteiramente a lei anterior que tratava do mesmo assunto. Da mesma forma, a modificação de redação no texto de um dispositivo legal constitui modo usado pelo legislador para revogá-lo, derrogá-lo, ab-rogá-lo ou destituí-lo do fundamento de validade (para os casos de modificações constitucionais incompatíveis com o texto legal). Por fim, se a lei nova regula a matéria de que trata a lei anterior e não reproduz determinado dispositivo, entende-se que este foi revogado. Em regra, pois, um novo estado de coisas revoga automaticamente qualquer regra de direito que com ele seja incompatível.

Superados os critérios cronológico e hierárquico, destinados a solucionar antinomias aparentes ou conflitos normativos, vejamos agora o critério da especialidade. A norma especial revoga a geral quando disciplina, de forma diversa, o mesmo assunto (leis especiais revogam leis gerais).

Não obstante, o art. 2º, § 2º, da Lei de Introdução prescreve que "a lei nova, que estabeleça disposições gerais ou especiais a par das já existentes, não revoga nem modifica a lei anterior".

O dispositivo valida, assim, a coexistência das normas de caráter geral com as de caráter especial. Havendo incompatibilidade, é possível a revogação da lei geral pela especial ou a da lei especial pela geral.

A norma especial, em linha de princípio, revoga a geral quando, destinada a alterá-la, referir-se ao mesmo assunto. Contudo, não a revoga quando, em vez de alterá-la, destinar-se a lhe conferir força. Com isso, não se pode acolher de modo absoluto a fórmula "lei especial revoga a geral", pois, casuisticamente, pode perfeitamente ocorrer que a especial introduza uma exceção ao princípio geral, que deve coexistir ao lado deste.

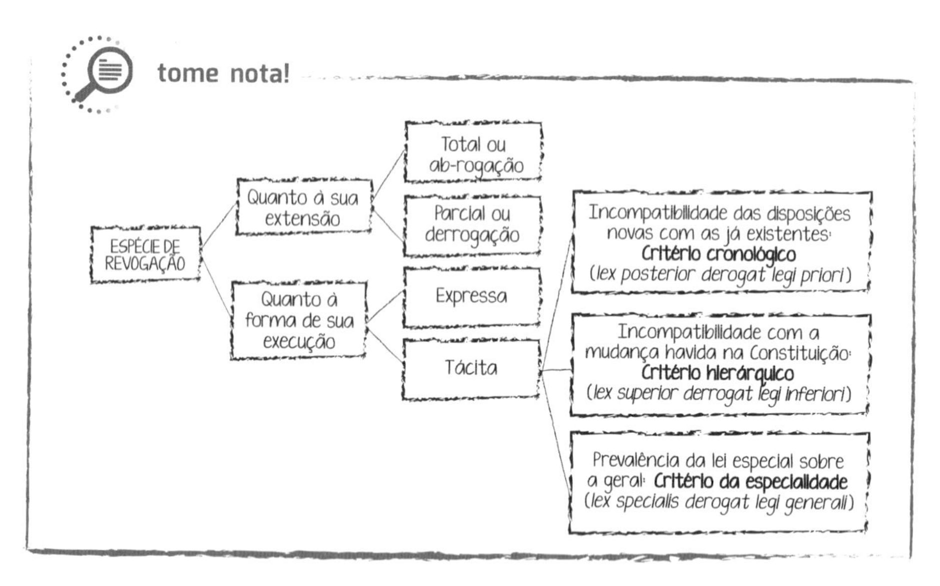

3.4 CONFLITO DE NORMAS (ANTINOMIAS)

O Estado procura meios de resolver qualquer problema que ameace a segurança. Para a promoção da segurança jurídica, impera a exigência de unicidade, coerência e completude do ordenamento jurídico, evitando que as infrações às normas fiquem sem sanção, e garantindo que toda punição seja feita na proporção do agravo. A busca dessa integração do sistema evita lacunas e antinomias, as quais põem em jogo toda a harmonia do ordenamento jurídico e, em última análise, da própria sociedade.

A antinomia jurídica é um conflito entre normas. Pode ser aparente ou real:

- **Antinomia aparente:** é a situação que pode ser resolvida com base nos critérios mencionados anteriormente: critério cronológico (a norma posterior prevalece sobre a anterior); critério da especialidade (a norma especial prevalece sobre a geral); critério hierárquico (a norma superior prevalece sobre a inferior). Quando o conflito de normas envolve apenas um dos referidos critérios, diz-se que se trata de antinomia de primeiro grau. Será de segundo grau quando envolver dois deles. Na última hipótese, se o conflito se verificar entre uma norma especial-anterior e outra geral-posterior, prevalecerá o critério da especialidade, aplicando-se a primeira norma; se ocorrer entre norma superior-anterior e outra inferior-posterior, prevalecerá o hierárquico, aplicando-se também a primeira.
- **Antinomia real:** é o conflito que não pode ser solucionado com a utilização dos aludidos critérios. Ocorre, por exemplo, entre uma norma superior-geral e outra norma inferior-especial. Não sendo possível dirimir o conflito ante a dificuldade de apurar qual a norma predominante, a antinomia será solucionada por meio dos mecanismos destinados a suprir as lacunas da lei (LINDB, arts. 4º e 5º).

Outra classificação das antinomias refere-se ao direito interno e ao direito externo:

- **Antinomia de direito interno:** aquela cujo conflito se apresenta entre normas de direito interno, dentro do ordenamento jurídico de determinado país.
- **Antinomia de direito externo**: nela, o conflito se dá entre normas de direito internacional.

Existem, também, as antinomias total-total, total-parcial e parcial-parcial:

- **Antinomia total-total:** quando duas normas são inteiramente conflitantes.
- **Antinomia total-parcial:** é aquela em que a totalidade de uma norma entra em conflito com parte de outra norma.
- **Antinomia parcial-parcial:** ocorre quando parte do texto de uma norma conflita com parte do texto de outra.

Em arremate, outra classificação importante é entre antinomia própria e imprópria:

- **Própria:** a contradição se dá entre as próprias normas.
- **Imprópria:** aquela em que o conflito se dá quando comparadas as normas com os valores, fins, princípios e a semântica. Pode ser:

- **Antinomia teleológica:** quando há conflito entre os meios e os fins da norma. Isto é, os fins visados pela norma são frustrados porque os meios não lhes são apropriados (p. ex.: art. 7º, IV, da CF, comparado com a lei do salário mínimo).
- **Antinomia valorativa:** hipótese em que os valores presentes em diferentes normas entram em conflito uns com os outros. Exemplo: direito à vida x liberdade religiosa (doação de sangue das Testemunhas de Jeová).
- **Antinomia principiológica:** conflito entre princípios expressos em cada norma.
- **Antinomia semântica:** a antinomia existe em razão de diferentes significados que as palavras podem expressar. Exemplo: a posse pode ter significados distintos no direito civil e no direito administrativo.

3.5 PREENCHIMENTO DE LACUNAS (INTEGRAÇÃO DAS NORMAS JURÍDICAS)

O direito é dinâmico e está em constante movimento, acompanhando a evolução da vida social, que traz em si novos fatos e conflitos. Entretanto, os textos legislativos devem ser concisos e seus conceitos devem prever enunciados generalistas.

Diante dessa conjuntura, obviamente que, na elaboração das leis, o legislador não consegue prever todas as situações para o presente e para o futuro, as quais reclamam solução por parte do juiz – responsável pela aplicação da lei ao caso concreto – mesmo quando se depare com situações não previstas de modo específico na norma. Daí que surgem as lacunas.

De acordo com Maria Helena Diniz, as lacunas podem ser:

- **lacunas normativas ou lógicas:** ausência de normas regulamentadoras;
- **lacunas fáticas:** embora existam normas regulamentadoras, os fatos sociais contrariam seu conteúdo;
- **lacunas valorativas:** existem normas, porém em desacordo com os valores assumidos pela sociedade;
- **lacuna ontológica:** presença da norma, mas que não possui eficácia social;
- **lacuna axiológica:** presença da norma cuja aplicação é injusta em face dos valores do ordenamento;
- **lacuna de antinomia:** choque de duas normas válidas no ordenamento jurídico.

Como não pode eximir-se de proferir decisão sob o pretexto de que a lei é omissa (***princípio do non liquet*** – que, no direito romano, permitia ao pretor eximir-se de julgar alegando que o caso não estava suficientemente claro), o magistrado deve integrar suas lacunas. Integração é, por conseguinte, o movimento do juiz na busca de elementos para solucionar o caso concreto, utilizando-se de mecanismos indicados pela ciência jurídica, constituindo modos de explicitação da integridade, da plenitude do sistema jurídico.

As técnicas de colmatação ou preenchimento de lacunas da lei já estão previstas no próprio ordenamento jurídico (art. 4º da LINDB), daí a afirmação de que a lei possui lacuna, mas o ordenamento jurídico não. Sobre a proibição do non liquet, vejamos o CPC/2015, art. 140: "O juiz não se exime de decidir sob a alegação de lacuna ou obscuridade do ordenamento jurídico". Ao lado disso, presume-se que o juiz conhece todas as leis: Narra mihi factum, dabo tibi jus *(narra-me os fatos que te darei o direto). Exceção prevista no art. 376 do CPC: "A parte que alegar direito municipal, estadual, estrangeiro ou consuetudinário provar-lhe-á o teor e a vigência, se assim o juiz determinar". Sobre o tema, o pensamento doutrinário dominante, ao interpretar a questão, vai no sentido de que, se não for a lei do seu estado ou município, do julgador, é que precisa de prova. Em complemento, também não precisa de prova a lei de país do Mercosul (protocolo de Las Leñas – cooperação jurídica).*

O fundamento da **integração** (também denominada **colmatação)** traduz, como anunciado anteriormente, que a lei pode ser lacunosa, mas o sistema jurídico não. Isso porque o juiz, utilizando-se dos aludidos mecanismos, promove a integração das normas jurídicas, não deixando nenhum caso concreto sem solução (plenitude lógica do sistema).

A própria lei, prevendo a possibilidade de inexistir norma jurídica adequada ao caso concreto, indica ao juiz os meios de suprir a omissão, prescrevendo o art. 4º da LINDB: "Quando a lei for omissa, o juiz decidirá o caso de acordo com a analogia, os costumes e os princípios gerais de direito".

Portanto, o juiz não se exime de decidir sob a alegação de lacuna ou obscuridade do ordenamento jurídico (art. 140 do CPC/2015).

Nesse contexto, o art. 8º da Lei n. 13.105/2015 - CPC - indica que:

> Ao aplicar o ordenamento jurídico, o juiz atenderá aos fins sociais e às exigências do bem comum, resguardando e promovendo a dignidade da pessoa humana e observando a proporcionalidade, a razoabilidade, a legalidade, a publicidade e a eficiência.

3.5.1 Analogia

A analogia figura em primeiro lugar na hierarquia de utilização dos mecanismos de integração do sistema jurídico. Os demais mecanismos somente podem ser utilizados se a analogia não puder ser aplicada, isso porque o direito brasileiro consagra a supremacia da lei escrita sobre as demais fontes do direito.

Consiste em aplicar ao caso, sem previsão legal, previsão normativa expressa que rege situação análoga. Encontra amparo no adágio romano *ubi eadem ratio, ibi idem jus* (quando se verifica a mesma razão da lei, deve haver a mesma solução "ou mesma disposição legal"), que expressa o princípio de igualdade de tratamento para situações semelhantes, aplicando-se a mesma regra de direito. Se a regra para um dos fatos já tem previsão no sistema jurídico, deve ser aplicada ao caso equivalente.

tome nota!

Para o emprego da analogia, é necessária a presença de três requisitos:

1. inexistência de dispositivo legal prevendo e disciplinando a hipótese do caso concreto;
2. semelhança entre a relação não contemplada e a regulada na lei;
3. identidade de fundamentos lógicos e jurídicos no ponto comum às duas situações.

Costuma-se, por outro lado, distinguir a analogia legis *(legal) da analogia* juris *(jurídica).*

- **Analogia *legis*:** consiste na aplicação de uma única norma existente, destinada a reger caso semelhante. Sua fonte é a norma jurídica isolada, que é aplicada a casos idênticos.
- **Analogia *juris*:** baseia-se na junção de um conjunto de normas para obter elementos que permitam sua aplicação ao caso similar *sub judice*. Trata-se de um processo mais complexo, em que se busca a solução em uma pluralidade de normas, em um instituto ou acervo de diplomas legislativos, transpondo a ideologia para o caso controvertido. Por envolver o ordenamento jurídico como um todo, pode ser considerada a autêntica analogia.

No direito penal e no direito tributário, a analogia só pode ser usada *in bonam partem*, para beneficiar o réu ou o contribuinte, o que não deve ser confundido com interpretação ampliativa. Aqui não há lacuna, por exemplo, na hipótese de lesão e estado de perigo, no que concerne ao teor do art. 157, § 2º. Vejamos o Enunciado 148 da III Jornada de Direito Civil do CJF: "Ao 'estado de perigo' (art. 156) aplica-se, por analogia, o disposto no § 2º do art. 157". Se o mesmo raciocínio, porém, for aplicado para a lesão usuária (disciplinada na Lei de Usura – Decreto 22.626/33), teremos, portanto, interpretação ampliativa (há subsunção e não integração), pois se trata do mesmo instituto jurídico.

Cumpre reforçar, portanto, a diferença entre analogia e interpretação extensiva para que não haja confusão. Enquanto na analogia se recorre a uma norma assemelhada do sistema jurídico, em razão da inexistência de norma adequada à solução do caso concreto, na **interpretação extensiva** amplia-se o âmbito de aplicação de uma norma existente, disciplinadora de determinada situação de fato, a situações não expressamente previstas, mas contempladas pelo seu espírito, mediante uma interpretação menos literal. Configura-se, por exemplo, quando o juiz, interpretando o art. 25 do CC, estende à companheira ou companheiro a legitimidade conferida ao cônjuge do ausente para ser seu curador.

3.5.2 Costume

O costume é composto por dois elementos: uso ou prática reiterada de um comportamento (elemento externo ou material); e convicção de sua obrigatoriedade (elemento interno ou psicológico). Seu conceito decorre da prática uniforme, constante, pública e geral de determinado ato, com a convicção de sua necessidade. Essa convicção, que é o fundamento da obrigatoriedade do costume, deve ser geral, cultivada por toda a sociedade, observada por uma parcela ponderável da comunidade ou, ao menos, mantida por uma categoria especial de pessoas.

Para que deixe de ser um simples costume e se converta em costume jurídico, é necessário que a autoridade judiciária tome conhecimento de sua existência e o aplique, declarando-o obrigatório. Assim, é imperativo que o costume se consagre pela prática judiciária, predominando a tese da confirmação jurisprudencial, em oposição à da confirmação legislativa (que exige a confirmação do legislador, exagerando o papel deste).

O costume pode ser:

- ***Secundum legem***: com previsão expressa na lei. Possui eficácia reconhecida pelo direito positivo, como nos casos mencionados, dentre outros, nos arts. 1.297, § 1º, 596 e 615 do CC. Deixa de ser costume propriamente dito, passando a ter caráter de verdadeira lei.
- ***Contra legem***: aquele que se opõe à lei. A lei só se revoga ou se modifica por outra lei. Em regra, o costume não pode contrariar a lei. De acordo com a doutrina dominante, o costume contrário à aplicação da lei não tem o poder de revogá-la, não existindo mais a chamada **desuetudo** (não aplicação da lei em virtude do desuso). O costume *contra legem* revela-se incompatível com a tarefa do Estado e com o princípio de que as leis só se revogam por outras.
- ***Praeter legem***: quando supre a omissão normativa, como prevê o art. 4º da LINDB. Costume *praeter legem* é um dos expedientes a que deve recorrer o juiz para sentenciar quando a lei é omissa. Cita-se como exemplo o costume do pagamento com cheque pré-datado, e não como ordem de pagamento à vista, afastando a existência de crime.

3.5.3 Princípios gerais do direito

Os princípios gerais do direito correspondem a regras que se encontram na consciência dos povos e são universalmente aceitas, mesmo que não escritas. Devem ser buscados pelo juiz caso não consiga preencher a lacuna por meio da analogia nem dos costumes.

Estejam ou não incluídos no direito positivo, tais princípios possuem caráter genérico, orientando a compreensão, aplicação e integração do sistema jurídico como um todo. A grande maioria está implícita no sistema jurídico civil, como o de que "ninguém pode valer-se da própria torpeza", o de que "a boa-fé se presume", o de que "ninguém pode transferir mais direitos do que tem", o de que "se deve favorecer mais aquele que procura evitar um dano do que aquele que busca realizar um ganho" etc. No entanto, algumas regras passaram a integrá-lo, como a de que ninguém pode lesar outrem (CC, art. 186), a que veda o enriquecimento sem causa (arts. 1.216, 1.220, 1.255, 876 etc.) e a que não admite escusa ao cumprimento da lei por não a conhecer (LINDB, art. 3º).

Para que possam ser empregados como norma de direito supletório, os princípios gerais do direito devem ser reconhecidos como direito aplicável, dotados, assim, de juridicidade. Os tribunais, quando o objeto do contrato é imoral, aplicam o princípio do direito segundo o qual "ninguém pode valer-se da própria torpeza". O citado princípio foi contemplado pelo legislador no art. 150 do CC, que reprime o dolo ou torpeza bilateral.

Em arremate, frise-se que, a despeito de algumas máximas jurídicas abarcarem princípios gerais do direito, com eles não se confundem. As máximas são adágios ou brocardos, fórmulas concisas representativas de uma experiência secular, sem valor jurídico próprio, mas dotados de valor pedagógico. Exemplos de máximas que contêm princípios gerais de direito: "o acessório segue o principal", "não obra com dolo quem usa de seu direito", *testis unus testis nullus* (uma só testemunha não é nenhuma) etc.

fique ligado!

Importante observar, acerca da teoria dos princípios (Humberto Ávila), a seguinte tipologia:

1. Princípios fundamentais (possuem força normativa): *previstos na norma, portanto não há lacuna quando o princípio fundamental é aplicado ao fato jurídico no caso concreto. Nessa hipótese, estamos diante da subsunção do fato ao direito e não há que falar em lacuna. Há, portanto, nessas hipóteses, subsunção e não integração (preenchimento de lacuna). Exemplos de princípios fundamentais: presunção de inocência; proteção do hipossuficiente; pluralidade dos modelos familiares.*

2. Postulados (princípios gerais ou meramente informativos): *Maria Helena Diniz afirma que são cânones que não foram ditados, explicitamente, pelo legislador, mas que estão contidos de forma imanente na norma. Os princípios, tidos como método de preenchimento de lacuna, conforme previsão do art. 4º da LINDB, são os princípios gerais e não os fundamentais, que, como dito, possuem força normativa. Nesse sentido, a doutrina dominante vai apontar como princípios gerais, por exemplo, os princípios jurídicos consagrados pelo direito romano, já como técnica de integração desde tempos mais recuados:* honeste vivere *(viver honestamente);* alterum non laedere *(não lesar a ninguém);* suum cuique tribuere *(dar a cada um o que é seu).*

3.5.4 Equidade

A equidade, considerada em sua acepção lata, confunde-se com o ideal de justiça. No entanto, em sentido estrito, consiste na aplicação pelo magistrado da norma mais adequada ao caso *sub judice* quando devidamente autorizado pela lei para colmatação de lacunas. A equidade não constitui meio supletivo de preenchimento de vazios legais, sendo mero recurso auxiliar da aplicação da lei.

É utilizada apenas quando a lei expressamente o permite. Logo, o juiz só decidirá por equidade nos casos previstos em lei (art. 140, parágrafo único, do CPC/2015).

A lei é uma regra geral e abstrata, logo o legislador não consegue prever todas as hipóteses de incidência, razão pela qual pode a lei tornar-se obsoleta perante a sociedade, afastando-se de sua função genuína de realizar a justiça. Desse modo, equidade é a flexibilização da lei no caso concreto, para que ela possa cumprir sua intenção de promoção da justiça, aplicável, geralmente, aos casos de conceitos vagos ou quando a lei formula várias alternativas e deixa a escolha a critério do juiz.

A título ilustrativo, pode-se citar o art. 1.586 do CC, que autoriza o juiz a regular a situação dos filhos em relação aos pais de forma diferente dos critérios legais, se houver motivos graves e a bem do menor.

Podem ser destacadas as seguintes espécies de equidade:

- **Legal:** possui previsão expressa na norma, a qual estabelece várias possibilidades de soluções. O art. 1.584 do CC, no seu § 5º, por exemplo, permite que o juiz, na separação judicial ou no divórcio, atribua a guarda dos filhos a um dos genitores ou a terceiro que revele compatibilidade com a natureza da medida, de preferência levando em conta o grau de parentesco e a relação de afinidade e afetividade.
- **Judicial:** aquela em que o legislador, explícita ou implicitamente, dirige ao magistrado a atribuição de decidir por equidade, como na hipótese do art. 1.740, II, do CC, que permite ao tutor "reclamar do juiz que providencie, como houver por bem, quando o menor haja mister correção".

No contexto da equidade, não há que confundir decidir "com" e "por" equidade. Decidir com equidade é decidir com justiça – na concepção ampla de ideal de justiça –, objetivo final de todo julgado. Decidir por equidade significa julgar sem se ater à legalidade estrita, motivado apenas pela convicção íntima, devidamente autorizado pelo legislador para casos específicos.

3.6 EFICÁCIA DA LEI NO ESPAÇO

A lei se destina a regular as ações humanas dentro das fronteiras do Estado cuja soberania reflete. A validade da lei, em regra, não ultrapassa o território coberto pela bandeira da nação, nem a soberania desta tolera que uma disposição legal de procedência estrangeira seja imposta aquém de seus limites extremos.

O princípio da territorialidade, todavia, não é absoluto. Muitas vezes, dentro dos limites territoriais de um Estado, surge a necessidade de regular a relação entre nacionais e estrangeiros. Outrossim, sem violar a noção fundamental do princípio da soberania da lei, fora de seus limites territoriais, poderá ser chamada a exercer a função disciplinadora das relações jurídicas – é o que se denomina **extraterritorialidade da lei**.

O fenômeno da globalização, marcado pelo crescente intercâmbio entre indivíduos pertencentes a Estados diferentes, transforma seus elementos, além de integrantes da própria nação, em membros da comunidade internacional – agrupamento humano muito mais vasto do que a ideia de reunião de membros do Estado de origem. Essa realidade leva os Estados a permitir que a lei estrangeira, em determinadas hipóteses, tenha eficácia em seu território, sem comprometer a soberania nacional, admitindo, assim, o sistema da extraterritorialidade.

A LINDB, do art. 7º ao art. 19, traz regras de direito internacional público e privado. Esses dispositivos tratam, especialmente, dos limites territoriais da aplicação da lei brasileira e da lei estrangeira; dos princípios da territorialidade e da extraterritorialidade. No âmbito processual, devem ser observadas as normas dos arts. 21 e seguintes do CPC/2015. Observar que:

- **Pelo sistema da territorialidade**, a norma jurídica aplica-se ao território do Estado, estendendo-se às embaixadas, consulados, navios de guerra onde quer se encontrem, navios mercantes em águas territoriais ou em alto-mar, navios estrangeiros (menos os de guerra em águas territoriais), aeronaves no espaço aéreo do Estado e barcos de guerra onde quer que se encontrem. O Brasil segue o sistema da territorialidade moderada.
- **Pelo sistema da extraterritorialidade**, a norma jurídica é aplicada no território de outro Estado, segundo princípios e convenções internacionais. A norma estrangeira passa a integrar momentaneamente o direito nacional, para solucionar determinado caso submetido a apreciação. Há, inclusive, um privilégio pelo qual certas pessoas escapam à jurisdição do Estado em cujo território se achem, submetendo-se à jurisdição do seu país, por exemplo, os diplomatas, pois representam a vontade de um Estado soberano.

A situação jurídica que rege o estrangeiro, situado em outro Estado, pelas leis de seu país de origem ou do domicílio denomina-se estatuto pessoal. Dispõe, a propósito, o art. 7º da LINDB: "A lei do país em que domiciliada a pessoa determina as regras sobre o começo e o fim da personalidade, o nome, a capacidade e os direitos de família".

tome nota!

*Verifica-se que, pela lei atual, o estatuto pessoal funda-se na lei do país onde a pessoa é domiciliada (*lex domicilii*). Frise-se, ao contrário do que dispunha a anterior, que se baseava na nacionalidade. O conceito de domicílio é dado pela* lex fori *(lei do foro competente, da jurisdição onde se deve processar a demanda). Em casos específicos, portanto, o juiz aplicará o direito alienígena no lugar do direito interno. Para tanto, o magistrado ater-se-á à noção de domicílio assentada nos arts. 70 e seguintes do CC.*

Exemplificando: se uma brasileira e um estrangeiro residente em seu país pretenderem contrair matrimônio no Brasil, tendo ambos 20 anos de idade, e a lei do país de origem do noivo exigir o consentimento dos pais para o casamento de menores de 22 anos, como acontece na Argentina, precisará ele exibir tal autorização, por aplicar-se no Brasil a lei de seu domicílio. No entanto, dispensável será a autorização se o noivo estrangeiro aqui tiver domicílio, aplicando-se a lei brasileira. Assim, o Estado será competente para resolver pendências relativas à pessoa que se situar em seu território. Contudo, o estatuto pessoal prioriza a lei do domicílio do estrangeiro nas seguintes hipóteses:

- Relações jurídicas atinentes ao começo e ao fim da personalidade, ao nome, à capacidade e aos direitos de família (LINDB, art. 7º).
- Bens móveis que o proprietário tiver consigo ou se destinarem ao transporte para outros lugares (art. 8º, § 1º).
- Penhor (art. 8º, § 2º).
- Capacidade de suceder (art. 10, § 2º).
- Competência da autoridade judiciária (art. 12).

atenção!

Sobre o princípio da territorialidade mitigada, tem-se como regra que a lei brasileira se aplica no território brasileiro. Exceções são admitidas, apenas, expressamente referidas por lei. Excepcionalmente, portanto, a lei brasileira se aplica no estrangeiro e vice-versa. Exemplo: LINDB, art. 18, §§ 1º e 2º (lei brasileira aplicada no estrangeiro):

> *Art. 18. Tratando-se de brasileiros, são competentes as autoridades consulares brasileiras para lhes celebrar o casamento e os mais atos de Registro Civil e de tabelionato, inclusive o registro de nascimento e de óbito dos filhos de brasileiro ou brasileira nascido no país da sede do Consulado.*
>
> *§ 1º As autoridades consulares brasileiras também poderão celebrar a separação consensual e o divórcio consensual de brasileiros, não havendo filhos menores ou incapazes do casal e observados os requisitos legais quanto aos prazos, devendo constar da respectiva escritura pública as disposições relativas à descrição e à partilha dos bens comuns e à pensão alimentícia e, ainda, ao acordo quanto à retomada pelo cônjuge de seu nome de solteiro ou à manutenção do nome adotado quando se deu o casamento.*
>
> *§ 2º É indispensável a assistência de advogado, devidamente constituído, que se dará mediante a subscrição de petição, juntamente com ambas as partes, ou com apenas uma delas, caso a outra constitua advogado próprio, não se fazendo necessário que a assinatura do advogado conste da escritura pública.*

O CPC/2015, no art. 21, igualmente aponta para a regra de competência pelo domicílio, inclusive da pessoa jurídica estrangeira:

> Art. 21. Compete à autoridade judiciária brasileira processar e julgar as ações em que:
>
> I – o réu, qualquer que seja a sua nacionalidade, estiver domiciliado no Brasil;

II – no Brasil tiver de ser cumprida a obrigação;

III – o fundamento seja fato ocorrido ou ato praticado no Brasil.

Parágrafo único. Para o fim do disposto no inciso I, considera-se domiciliada no Brasil a pessoa jurídica estrangeira que nele tiver agência, filial ou sucursal.

A regra geral do domicílio comporta exceção. A LINDB (art. 8º) e o CPC/2015 (art. 23) admitem a ocorrência da *lex rei sitae* (lei da situação da coisa) para qualificar os bens e regular as relações a eles concernentes, como a partilha de bens de estrangeiros situados no país, embora determine que se aplique a lei do domicílio do proprietário quanto aos móveis que trouxer ou se destinarem a transporte para outros lugares. Dispõe o § 2º do mencionado art. 8º que o penhor é regulado pela norma do domicílio que tiver a pessoa em cuja posse se encontre a coisa apenhada.

Ademais, no que tange às obrigações, aplicar-se-á a lei do país em que se constituírem, segundo dispõem o art. 9º da LINDB e a regra *locus regit actum*. No mesmo sentido, a prova dos fatos ocorridos em país estrangeiro rege-se pela lei que nele vigorar (art. 13).

Se a decisão for proferida no exterior para ser executada no Brasil, dependerá do preenchimento dos requisitos mencionados no art. 15 da LINDB:

- proferida por juiz competente;
- terem sido as partes citadas ou haver-se legalmente verificado a revelia;
- haver transitado em julgado (não caber mais recurso) e estar revestida das formalidades necessárias para a execução no lugar em que foi proferida;
- ter sido traduzida por intérprete autorizado;
- ter sido homologada pelo STJ (a EC 45 acrescentou ao art. 105, I, da CF a alínea *i*, estabelecendo a competência do STF para a homologação de sentenças estrangeiras e a concessão de *exequatur* às cartas rogatórias, anteriormente atribuída, pelo citado art. 15 da LINDB, ao STF).

O controle desses requisitos, também denominado juízo de delibação, não visa ao reexame do mérito da questão, mas somente ao exame formal do cumprimento daqueles requisitos, bem como da inocorrência de ofensa à ordem pública e à soberania nacional, para que se imprima eficácia à decisão estrangeira no território brasileiro. Já com relação ao cumprimento de carta rogatória estrangeira (não tem caráter executório) e execução do título executivo extrajudicial (constituído fora do Poder Judiciário) oriundo de Estado estrangeiro, desnecessário o juízo de delibação.

Destaque-se, ainda, que o CPC determina que a ação proposta perante tribunal estrangeiro não impede que a autoridade judiciária brasileira conheça da mesma causa e das que lhe são conexas, ressalvadas as disposições em contrário de tratados internacionais e acordos bilaterais em vigor no Brasil (art. 24). A pendência de causa perante a jurisdição brasileira não impede a homologação de sentença judicial estrangeira quando exigida para produzir efeitos no Brasil (art. 24, parágrafo único).

Entretanto, não compete à autoridade judiciária brasileira o processamento e o julgamento da ação quando houver cláusula de eleição de foro exclusivo estrangeiro em contrato internacional, arguida pelo réu na contestação (art. 25).

tome nota!

Decisão judicial estrangeira pode ser cumprida no Brasil? Sim, na forma dos arts. 960 a 965 do CPC/2015. Na Súmula 420 do STF temos a oportuna advertência: "Não se homologa sentença proferida no estrangeiro sem prova do trânsito em julgado". Contudo, há entendimento de que a Súmula 420 do STF não tem mais aplicação, pois o art. 963, III, do CPC/2015 exige como requisito indispensável à homologação que a sentença seja eficaz no país em que foi prolatada, e não necessariamente que haja provas de que tenha transitado em julgado. Inclusive, foi o entendimento adotado pelo STJ na Sentença Estrangeira Contestada (SEC) 14.812-EX. Cuidado, pois, se a matéria estiver sub judice *no Brasil, aplicar-se-á o disposto no art. 24, parágrafo único, do CPC. A sentença estrangeira não será homologada pelo STJ se ofender a coisa julgada brasileira (art. 963, IV, do CPC). Outrossim, cabe aos juízes federais processar e julgar a execução de sentença estrangeira, após a homologação (art. 109, X, da CF/88).*

Por fim, importante registrar que o chamado Código de Bustamante, convenção de direito internacional privado cujo projeto foi elaborado em 1925 pelo jurista cubano Sánchez de Bustamante y Sirven, constitui uma sistematização das normas de direito internacional privado. O Brasil ratificou o Código, que passou a integrar, com ressalvas, conforme preceitua seu art. 2º, o sistema jurídico nacional no tocante aos chamados conflitos de lei no espaço. Apesar de ratificado, a LINDB deixou de consagrar as regras fundamentais de sua orientação. Assim, a referida convenção somente pode ser invocada como direito positivo brasileiro quando os conflitos envolverem um brasileiro e um nacional de Estado signatário da Convenção de Havana de 1928.

QUADRO SINÓTICO

LEI DE INTRODUÇÃO ÀS NORMAS DO DIREITO BRASILEIRO	
NOÇÕES GERAIS	Destina-se, por conseguinte, a orientar todos os ramos do direito, salvo naquilo que for regulado de forma diferente em legislação específica. As principais funções da LINDB são: a) determinar o início da obrigatoriedade das leis (art. 1º); b) regular a vigência e eficácia das normas jurídicas (arts. 1º e 2º); c) impor a eficácia geral e abstrata da obrigatoriedade, inadmitindo a ignorância da lei vigente (art. 3º);

<table>
<tr><th colspan="2">LEI DE INTRODUÇÃO ÀS NORMAS DO DIREITO BRASILEIRO</th></tr>
<tr><td>NOÇÕES GERAIS</td><td>d) traçar os mecanismos de integração da norma legal para a hipótese de lacuna normativa (art. 4º);
e) delimitar os critérios de hermenêutica, de interpretação da lei (art. 5º);
f) regulamentar o direito intertemporal (art. 6.º);
g) regulamentar o direito internacional privado no Brasil (arts. 7º a 17), no tocante: às normas relacionadas à pessoa e à família (arts. 7º e 11); aos bens (art. 8º); às obrigações (art. 9º); à sucessão (art. 10); à competência da autoridade judiciária brasileira (art. 12); à prova dos fatos ocorridos em país estrangeiro (art. 13); à prova da legislação de outros países (art. 14); à execução da sentença proferida por juiz estrangeiro (art. 15); à proibição do retorno (art. 16); aos limites da aplicação da lei e atos jurídicos de outro país no Brasil (art. 17); e, finalmente, aos atos civis praticados por autoridades consulares brasileiras praticados no estrangeiro (arts. 18 e 19).</td></tr>
<tr><td>PRINCÍPIOS ATRIBUÍDOS ÀS NORMAS</td><td>Princípio da hierarquia: lei de hierarquia superior revoga lei de hierarquia inferior.
Princípio da obrigatoriedade: a lei, uma vez em vigor, vincula a todos, posto que é ordem dirigida à vontade geral. Ninguém pode se escusar de cumprir a lei alegando que não a conhece.
Princípio da continuidade: a lei é uma ordem permanente, logo contínua.
Princípio da irretroatividade (tempus regit actum): a lei regula os atos praticados durante seu período de vigência. A retroatividade pode ser:
• máxima (restitutória ou restitutiva): a lei nova abrange a coisa julgada (sentença irrecorrível) ou os fatos jurídicos consumados;
• média: a lei nova atinge os direitos exigíveis mas não realizados antes de sua vigência;
• mínima (temperada ou mitigada): a lei nova atinge apenas os efeitos dos fatos anteriores, verificados após a data em que ela entra em vigor.</td></tr>
<tr><td>VIGÊNCIA E REVOGAÇÃO DAS NORMAS JURÍDICAS</td><td>As leis são dotadas de um ciclo vital: nascem, aplicam-se e permanecem em vigor até serem revogadas.
O processo de criação da lei passa, basicamente, por três estágios: elaboração ou iniciativa, promulgação e publicação. Assim, a lei só entra em vigor após sua publicação no Diário Oficial.
Em conformidade com o art. 1º da LINDB, a lei, salvo disposição contrária, começa a vigorar em todo o país 45 dias depois de oficialmente publicada.
No âmbito externo, a obrigatoriedade da lei brasileira, quando admitida, inicia-se três meses depois de oficialmente publicada.
Vacatio legis ou período de vacância é o intervalo entre a data da publicação da lei e a sua entrada em vigor.
Vigência coaduna com o tempo de duração da lei, ao passo que vigor está relacionado a sua força vinculante.
É possível que uma norma tenha vigor, seja obrigatória, mesmo sem estar no período de vigência (ultratividade da norma).
Repristinação consiste na restauração da norma revogada pela revogação da norma revogadora. A lei revogada não se restaura pela simples revogação da lei revogadora, salvo se a nova lei afirmá-lo expressamente.</td></tr>
</table>

LEI DE INTRODUÇÃO ÀS NORMAS DO DIREITO BRASILEIRO	
VIGÊNCIA E REVOGAÇÃO DAS NORMAS JURÍDICAS	**Repristinação** consiste na restauração da norma revogada pela revogação da norma revogadora. A lei revogada não se restaura pela simples revogação da lei revogadora, salvo se a nova lei afirmá-lo expressamente. **Revogação** é a supressão da força obrigatória da lei, destituindo-a de eficácia. Para tanto, só é possível que haja revogação por meio de outra lei, da mesma hierarquia ou de hierarquia superior. Espécies e formas: • **Ab-rogação:** supressão total da norma anterior. • **Derrogação:** revogação parcial. • **Expressa:** quando a lei nova declara. • **Tácita:** o texto da lei nova mostra-se incompatível com a lei antiga ou regula inteiramente a matéria de que tratava a lei anterior.
CONFLITO DE NORMAS (ANTINOMIAS)	A antinomia jurídica é um conflito entre normas. Pode ser: • **Antinomia aparente:** pode ser resolvida com base nos critérios: a) **cronológico** (a norma posterior prevalece sobre a anterior); b) **da especialidade** (a norma especial prevalece sobre a geral); e c) **hierárquico** (a norma superior prevalece sobre a inferior). • **Antinomia real:** solucionada por meio dos mecanismos destinados a suprir as lacunas da lei.
PREENCHIMENTO DE LACUNAS (INTEGRAÇÃO DAS NORMAS JURÍDICAS)	O juiz não se exime de decidir sob a alegação de lacuna ou obscuridade do ordenamento jurídico, devendo utilizar a analogia, os costumes e os princípios gerais do direito. • **Analogia:** aplica-se ao caso (sem previsão legal) de previsão normativa expressa que rege situação análoga. Pode ser: ***analogia legis*** (norma jurídica isolada é aplicada a casos idênticos) ou ***analogia juris*** (junção de um conjunto de normas). • **Costume:** prática uniforme, constante, pública e geral de determinado ato, com a convicção de sua necessidade. Divide-se em: *secundum legem* (possui eficácia reconhecida pelo direito positivo), *contra legem* (o costume contrário à aplicação da lei não tem o poder de revogá-la) e *praeter legem* (supre a omissão normativa). • **Princípios gerais do direito:** regras que se encontram na consciência dos povos e que são universalmente aceitas, mesmo que não escritas. • **Equidade:** não constitui meio supletivo de preenchimento de vazios legais, sendo mero recurso auxiliar da aplicação da lei. É utilizada apenas quando a lei expressamente o permite.
EFICÁCIA DA LEI NO ESPAÇO	**Pelo sistema da territorialidade**, a norma jurídica aplica-se ao território do Estado. **Pelo sistema da extraterritorialidade**, a norma jurídica é aplicada no território de outro Estado, segundo princípios e convenções internacionais. A lei do país em que for domiciliada a pessoa determina as regras sobre o começo e o fim da personalidade, o nome, a capacidade e os direitos de família (art. 7º da LINDB).

jurisprudência

1. RECURSO ESPECIAL. CIVIL. PROCESSUAL CIVIL. AÇÃO MONITÓRIA. COBRANÇA. DÍVIDA DE JOGO. CASSINO NORTE-AMERICANO. POSSIBILIDADE. ART. 9º DA LEI DE INTRODUÇÃO ÀS NORMAS DO DIREITO BRASILEIRO. EQUIVALÊNCIA. DIREITO NACIONAL E ESTRANGEIRO. OFENSA À ORDEM PÚBLICA. INEXISTÊNCIA. ENRIQUECIMENTO SEM CAUSA. VEDAÇÃO. TRIBUNAL ESTADUAL. ÓRGÃO INTERNO. INCOMPETÊNCIA. NORMAS ESTADUAIS. NÃO CONHECIMENTO. PRESCRIÇÃO. SÚMULA N. 83/STJ. CERCEAMENTO DE DEFESA. OCORRÊNCIA (STJ, REsp 1628974/SP, Rel. Ministro Ricardo Villas Bôas Cueva, Terceira Turma, julgado em 13.06.2017, DJe 25.08.2017).

2. PROCESSO CIVIL. INVESTIGAÇÃO DE PATERNIDADE. REPETIÇÃO DE AÇÃO ANTERIORMENTE AJUIZADA, QUE TEVE SEU PEDIDO JULGADO IMPROCEDENTE POR FALTA DE PROVAS. COISA JULGADA. MITIGAÇÃO. DOUTRINA. PRECEDENTES. DIREITO DE FAMÍLIA. EVOLUÇÃO. RECURSO ACOLHIDO (STJ, REsp 226.436/PR 1999/0071498-9, Rel. Ministro Sálvio de Figueiredo Teixeira, Quarta Turma, data de julgamento: 28.06.2001; DJ 04.02.2002 p. 370; RBDF, 11/73; RDR, 23/354; RSTJ, 154/403).

4

PESSOA NATURAL OU FÍSICA

4.1 CONCEITO

Toda pessoa tem, como característica principal, a possibilidade de ser sujeito de direito. Explicita o Código Civil, logo em seu art. 1º:

> Toda pessoa é capaz de direitos e deveres na ordem civil.

A pessoa natural é o ser humano com vida, aquele ente dotado de estrutura biopsicológica, sendo a própria justificativa e fundamento da ciência jurídica, que é feita pelo homem e para o homem. E a nenhum ser humano é possível subtrair a qualidade de pessoa, enquanto sujeito de direitos, primando pela dignidade da pessoa humana, o fundamento principal da República Federativa do Brasil, princípio estruturador de todo o sistema jurídico.

Como o ser humano é sujeito das relações jurídicas, e a personalidade a faculdade a ele reconhecida, diz-se que toda pessoa é dotada de **personalidade**. Ter personalidade civil, portanto, significa ter **aptidão genérica para adquirir direitos e contrair obrigações ou deveres na ordem civil**. É pressuposto para a inserção e atuação da pessoa na ordem jurídica.

O conceito de personalidade é construído segundo a teoria clássica, que a relaciona com capacidade de direito. Personalidade seria, então, o atributo "jurídico" do fato de ser pessoa, uma projeção social da personalidade psíquica. A personalidade, também, pode ser traduzida como o valor ético emanado do princípio da dignidade da pessoa humana e da consideração pelo direito civil do ser humano em sua complexidade, relacionando-se a direitos que tocam somente à pessoa natural (direitos da personalidade, segundo parcela da doutrina que exclui a Pessoa Jurídica de seu âmbito).

Ao sujeito de direito, o sistema atribui a qualidade de ser titular de direitos e contrair obrigações, além de poder exigir o cumprimento dos direitos que possua, podendo figurar nas mais diferentes relações jurídicas. Todo aquele que nasce com vida torna-se uma pessoa, ou seja, adquire personalidade. Esta é, portanto, qualidade ou atributo do ser humano entregue pelo direito, consagrada na legislação civil e nos direitos constitucionais de vida, liberdade e igualdade. A personalidade, como atributo da pessoa humana, está a ela indissoluvelmente ligada. Sua duração é a da vida. Desde que vive e enquanto vive, o ser humano é dotado de personalidade.

O Código Civil distingue a pessoa natural dos entes morais (pessoas jurídicas), conferindo-lhe, igualmente, personalidade. Saliente-se, em virtude da importância do tema, que a terminologia **pessoa física** adquiriu destaque na legislação sobre Imposto de Renda, bem como nos Projetos de Código Civil, não foi mantida no Código de 2002 e na CF/88, optando-se pela designação "pessoa natural".

Se a toda pessoa, e aos entes morais por elas criados, a ordem jurídica concede personalidade, não a confere, porém, a outros seres vivos. Em atenção ao indivíduo que delas desfruta, a lei protege as coisas inanimadas. Igualmente, os animais são defendidos de maus-tratos e da caça, em época de cria, assim como determinadas espécies em extinção. No entanto não são, por isso, portadores de personalidade, nem têm um direito a tal. Gozam sobretudo de proteção especial, amparados por legislação específica, decorrente da própria tutela jurídica do meio ambiente.

4.2 EXISTÊNCIA E AQUISIÇÃO DE PERSONALIDADE

A aquisição da personalidade decorre do nascimento com vida, nos termos do art. 2º do Código Civil. Quando o ar entra nos pulmões, fazendo com que a pessoa respire, após separada do ventre materno, diz-se que nasceu com vida (aferível pelo Exame de Docimasia Hidrostática de Galeno). Mesmo que morra em seguida, há aquisição de personalidade e, consequentemente, possibilidade de ser sujeito de direitos, podendo, por exemplo, transmitir patrimônio aos herdeiros.

tome nota!

- *Sobre a temática em análise, importante destacar alguns conceitos correlatos.*
- ***Capacidade civil plena** – é a capacidade de direito somada a capacidade de fato. Capacidade de direito é a aptidão genérica para ser titular de direitos e deveres na esfera civil. Toda pessoa tem capacidade de direito. Capaz, de fato, é quem pode exercer, pessoalmente, os atos da vida civil. Em outras palavras, tem capacidade de fato quem não sofre qualquer tipo de incapacidade (consoante disciplina dos arts. 3º e 4º do CC).*
- ***Personalidade** – é atributo da pessoa natural, vale dizer, toda pessoa é sujeito de direito e tem personalidade. Ter personalidade significa ter capacidade de direito e, além disso, significa ter proteção fundamental atinente aos direitos da personalidade. Nesse aspecto, convém destacar que capacidade é um conceito patrimonial, podendo ser exercido por entes despersonalizados, por exemplo, condomínio edilício, massa falida, espólio, sociedade de fato etc. Por essa razão, a personalidade não pode ser relacionada, exclusivamente, com a capacidade civil.*

- ***Legitimação*** – *capacidade especial para a prática de determinado ato ou negócio jurídico. Exemplo: outorga conjugal para vender imóvel, sob pena de anulabilidade do contrato (arts. 1.647, I, e 1.649 do CC/2002); venda de ascendente para descendente – há necessidade de autorização dos demais descendentes e do cônjuge (art. 496 do CC).*
- ***Legitimidade*** – *é a capacidade processual (art. 17 do CPC/2015).*

Na atualidade, a temática mencionada anteriormente apresenta desdobramentos relevantes no que se refere ao momento de formação da personalidade, haja vista o intenso desenvolvimento das ciências biomédicas, razão pela qual merecerá maior destaque, na sequência, problemática em que serão abordadas as teses jurídicas que buscam elucidar a questão, notadamente, acerca da situação jurídica do chamado nascituro.

Antes de adentrar no mérito das teorias mencionadas, faz-se necessário conceituar o termo "nascituro". **Nascituro** é a pessoa que está por nascer, que já foi concebida, mas que, ainda, encontra-se no ventre materno.

fique ligado!

*O nascituro não se confunde com o **concepturo**, que não foi concebido ainda. É o caso da chamada prole eventual, isto é, aquele que será gerado, concebido, a quem se permite deixar benefício em testamento, desde que venha a ser concebido nos dois anos subsequentes à morte do testador (art. 1.800, § 4º, do CC).*

A discussão em torno da condição jurídica do nascituro dá-se, em parte, em razão da delimitação do momento em que se inicia a existência humana. A polêmica doutrinária é travada, tamb ém, por conta da imprecisão conceitual do art. 2º do CC, ao prescrever que os direitos do nascituro estão a salvo desde a concepção, mas que, ao mesmo tempo, relaciona a formação da personalidade ao nascimento com vida.

posicionamento doutrinário

A despeito de os nascituros não serem pessoas, têm proteção jurídica, ensejando dúvidas sobre o início da personalidade. Por conta disso, três teorias tentam harmonizar essas regras, enfrentando a questão sob diferentes prismas. São elas:

1. Natalista *(Caio Mário, Sílvio Rodrigues, Sílvio Venosa) – a personalidade civil somente se inicia no nascimento com vida, independentemente de viabilidade ou de forma humana, nos moldes da orientação do art. 2º do CC. Consequentemente, o natimorto (aquele que nasce sem vida) não adquire personalidade. Portanto, o nascituro tem mera expectativa de direito, sem reconhecer-lhe personalidade. Nesta Teoria, a personalidade do nascituro não é condicional; apenas certos efeitos de determinados direitos dependem do nascimento com vida, notadamente os direitos patrimoniais materiais, como a doação e a herança. Nesses casos, o nascimento com vida é elemento do negócio jurídico que diz respeito à sua eficácia total, aperfeiçoando-a;*

***2. Teoria da Personalidade Condicional** (Arnoldo Wald, Clóvis Beviláqua, Washington de Barros) – a personalidade existe desde a concepção, sob a condição de nascer com vida. Com isso, a aquisição de direitos pelo nascituro se operaria sob forma de condição suspensiva. Na hipótese de não se verificar nascimento com vida não haveria personalidade. Critica-se a referida teoria na medida em que conduz ao entendimento de que o nascituro não tem direitos efetivos, mas apenas direitos eventuais sob condição, isto é, mera expectativa de direitos; e comete um desacerto ao falar em condição, pois, tecnicamente, só se pode considerar condição uma cláusula voluntária (*conditio facti*), não existindo em nosso ordenamento a denominada condição legal (*conditio iuris*) (CC, art. 121);*

***3. Concepcionista** (Pontes de Miranda; Teixeira de Freitas; Francisco Amaral) – o nascituro tem personalidade jurídica, é a pessoa que está por nascer. Os direitos que teria, porém, seriam somente os personalíssimos e os da personalidade. A teoria concepcionista enfrenta, dentre outras, as seguintes críticas: que o legislador, ao consignar, no art. 2º do Código Civil, que "a lei põe a salvo, desde a concepção, os direitos do nascituro", em verdade, pretendeu referir-se à expectativa, e não a direito. Assim, a proteção de direito do nascituro é uma proteção de expectativa, transformando-se em direito se houver nascimento com vida; que a proteção ao nascituro possui fundamento constitucional, sendo desarrazoado falar em direitos civis, que o legislador pretendeu condicionar ao nascimento com vida. Sem dúvida, é a tese dominante na jurisprudência. **Exemplos**:*

i) Dano moral no Caso Rafinha Bastos e Wanessa Camargo (STJ, REsp 1.487.089/SP).

ii) Indenização ao nascituro como lesado indireto pela morte do pai (STJ, REsp 931.556/RS).

iii) Indenização do DPVAT pela morte do nascituro (STJ, REsp 1120676/SC). Ver, também, informativo 547 do STJ.

iv) Ultrassom do nascituro divulgado pela clínica (TJ-RJ, AP. Cível 0000776-53.2011.8.19.0052) em publicidade sem autorização. Ação indenizatória do nascituro representado pela mãe. O levantamento da indenização dá-se só depois do nascimento com vida.

A teoria concepcionista é aquela, portanto, que sustenta que o nascituro já é pessoa humana, sendo que essa tese tem ganhado mais espaço nos tribunais, inclusive na própria legislação brasileira, a exemplo da lei de alimentos gravídicos (Lei n. 11.804/2008), a despeito da polêmica sobre a titularidade destes alimentos e da terminologia da própria lei vez que os alimentos não são devidos ao estado de gravidez e sim a uma pessoa, e de decisões do STJ que admitiram o dano moral ao nascituro (STJ, REsp 399.028/SP) e, até mesmo, pagamento de DPVAT (STJ, REsp 399.028/SP). pela morte de nascituro. Por outro lado, o STF não tem posição definida a respeito das referidas teorias, hora seguindo a teoria natalista, hora a concepcionista (STF, RE 99.038/MG; Rcl 2040/DF e ADI 3.510). Nesse sentido, é importante destacar que, apesar da controvérsia, a corrente concepcionista é a que prevalece entre os doutrinadores contemporâneos. Contudo, é preciso muito cuidado com relação a questões de concursos públicos sobre a temática, notadamente questões de múltipla escolha, pois muitas bancas examinadoras cobram o assunto de acordo com o entendimento mais próximo da literalidade do art. 2º do Código Civil, ou seja, a corrente natalista. Tudo vai depender de como o examinador pergunte. Caso não seja levantada polêmica sobre o tema, nem se pergunte sobre o posicionamento dominante da jurisprudência e da doutrina, o mais acertado é responder em acordo com a tese natalista.

É importante esclarecer, contudo, que o direito à vida é conferido ao nascituro pela Constituição da República (no *caput* do art. 5º) e reiterado pela Lei n. 8.069/90 – Estatuto da Criança e do Adolescente (art. 7º), impondo a salvaguarda do nascimento, mediante o reconhecimento do direito à assistência pré-natal, disponibilizando-se condições saudáveis para o desenvolvimento da gestação. Ao lado disso, percebe-se que a teoria concepcionista, conforme preleciona Flávio Tartuce, remete ao projeto de Código Civil elaborado por Teixeira de Freitas, que considerava juridicamente nascida a pessoa formada no ventre materno. Essa questão levanta outra controvérsia: a proteção ao nascituro alcança o embrião de laboratório? Destaque-se que, apesar da Lei de Biossegurança, Lei n. 11.105/2005, tutelar a integridade física do embrião, permitiu (art. 5º) a utilização de células-tronco embrionárias com finalidade científica e terapêutica, desde que tais embriões sejam considerados inviáveis. Em 2008, inclusive, o STF reconheceu a constitucionalidade do dispositivo em foco (ADIn 3.510). A despeito da controvérsia, parece-nos mais acertada a tese de que nascituro é aquele que foi concebido, mas ainda não nasceu, então, a proteção abrange o embrião pré-implantatório, *in vitro* ou criopreservado – mesmo não estando em vias de nascer (o que ocorre com a implantação uterina). Nesse sentido, a melhor doutrina destaca que, a despeito da constitucionalidade do citado art. 5º da Lei de Biossegurança, a utilização de células-tronco, nesse caso, se dá de forma excepcional, pois diz respeito a embriões inviáveis – situação comparável a uma espécie de presunção de morte –, sendo que, numa ponderação de valores, o interesse coletivo, no caso, científico e terapêutico, deve prevalecer. Dessa forma, tal dispositivo legal não choca com a essência da própria Lei de Biossegurança, tampouco com a tese concepcionista.

Por outro lado, o Código Civil, aparentemente, pretendeu adotar a teoria natalista, pois seria a mais prática, apesar da predominância inequívoca da teoria concepcionista no pensamento jurídico contemporâneo. Sendo assim, muito embora o nascituro não seja pessoa, nessa perspectiva, o ordenamento jurídico, independentemente da corrente adotada, confere proteção aos seus direitos e interesses, que serão, seguindo a linha de raciocínio proposta acima, adquiridos desde que se nasça com vida.

Como conclusão lógica, numa interpretação mais aproximada da lei, percebe-se que a personalidade jurídica inicia no nascimento com vida. Nesse aspecto, dois são os requisitos de sua caracterização: o nascimento e a vida. Ocorre o **nascimento** quando o feto é separado do ventre materno, de forma natural ou com o auxílio de recursos obstétricos. Para preencher a condição do nascimento, é necessário e suficiente que se desfaça a unidade biológica, de forma a constituírem dois corpos em economia orgânica própria. A **vida** é caracterizada no instante em que se opera a primeira troca oxicarbônica no meio ambiente. Desde que tenha respirado, viveu, ainda que pereça em seguida. A entrada de ar nos pulmões denota a vida.

A partir desse momento, afirma-se a personalidade civil. Passa a existir uma pessoa em que se integram direitos e obrigações. Antes, havia, tão somente, direitos meramente potenciais, para cuja constituição dever-se-ia aguardar o fato do nascimento e a aquisição da personalidade.

tome nota!

O Enunciado 2 da I Jornada de Direito Civil explica que "sem prejuízo dos direitos da personalidade nele assegurados, o art. 2º do Código Civil não é sede adequada para questões emergentes da reprogenética humana, que deve ser objeto de um estatuto próprio".

Como anunciado anteriormente, na verdade, a Lei sobre o tema, apesar de lacunosa em alguns aspectos, já existe, é a Lei n. 11.105/2005 (Lei de Biossegurança). Contudo, o Código Civil traz normas sobre o assunto, no art. 1.597, envolvendo a presunção de paternidade: "Presumem-se concebidos na constância do casamento os filhos: I – nascidos cento e oitenta dias, pelo menos, depois de estabelecida a convivência conjugal; II – nascidos nos trezentos dias subsequentes à dissolução da sociedade conjugal, por morte, separação judicial, nulidade e anulação do casamento; III – havidos por fecundação artificial homóloga, mesmo que falecido o marido; IV – havidos, a qualquer tempo, quando se tratar de embriões excedentários, decorrentes de concepção artificial homóloga; V – havidos por inseminação artificial heteróloga, desde que tenha prévia autorização do marido".

Essa presunção, na redação do Código Civil, é exclusiva do casamento. Contudo, para o STJ (REsp 23/PR), essa presunção de paternidade também se aplica à união estável (concepção sexual e artificial). Por isso, a pessoa humana não é o ente biologicamente criado. É o ente dotado de estrutura biopsicológica (pessoa natural ou pessoa humana).

Sobre o art. 5º da Lei n. 11.105/2005 (Lei de Biossegurança), vejamos:

"Art. 5º É permitida, para fins de pesquisa e terapia, a utilização de células-tronco embrionárias obtidas de embriões humanos produzidos por fertilização in vitro e não utilizados no respectivo procedimento, atendidas as seguintes condições: I – sejam embriões inviáveis; ou II – sejam embriões congelados há 3 (três) anos ou mais, na data da publicação desta Lei, ou que, já congelados na data da publicação desta Lei, depois de completarem 3 (três) anos, contados a partir da data de congelamento.

§ 1º Em qualquer caso, é necessário o consentimento dos genitores."

Importante reforçar que o reconhecimento da constitucionalidade do citado dispositivo não é contrário à tese concepcionista, por ser exceção e, também, por se tratar de ponderação de interesses, levando em consideração que os embriões são inviáveis e o interesse é coletivo (científico e terapêutico).

Na mesma linha de raciocínio, o crime de aborto (arts. 124 a 128 do CP), considerado pela legislação penal crime contra a "pessoa", comprova a proteção dos direitos da personalidade do nascituro – um valor inerente a todo o sistema. Por outro lado, o STF, vem flexibilizando essa norma, a partir de ponderação de interesses, conforme exemplos: i) no caso de feto anencefálico (STF, ADPF 54/DF); ii) até o terceiro mês de gestação: falta de lesividade para persecução penal (STF, HC 124.306/RJ); iii) O STJ estabeleceu que no caso da síndrome de "body stalk" o aborto é permitido por analogia (EREsp. 1.467.888/GO).

A título de curiosidade, vale registrar que algumas legislações adotam regras diferenciadas, exigindo outros requisitos para a aquisição da personalidade. Na França e na Holanda, por exemplo, exige-se que o nascido seja viável, que tenha vitalidade, sendo apto para a vida. Na Espanha, além de ser necessária a forma humana, o art. 30 do Código Civil espanhol impõe que deve permanecer vivo por, pelo menos, 24 horas. A legislação brasileira, ao conferir a qualidade de pessoa ao ser humano nascido com vida, independentemente de outras exigências, respeita, com mais amplitude, o princípio da dignidade.

4.3 CAPACIDADE JURÍDICA

Consoante destacado anteriormente, a personalidade jurídica tem a ver com a potencialidade para adquirir direitos ou contrair deveres na ordem civil (art. 1º do CC). O limite dessa potencialidade é a **capacidade jurídica**. Reconhecida às pessoas naturais e jurídicas, a capacidade é uma espécie de medida jurídico-patrimonial da personalidade.

Em seu art. 1.º, o Código Civil, portanto, relaciona o conceito de capacidade com o de personalidade, ao evidenciar que toda "pessoa é capaz de direitos e deveres na ordem civil". Ter personalidade é sinônimo de ter capacidade para ser titular de direitos e deveres. Personalidade e capacidade completam-se: de nada valeria a personalidade sem a capacidade jurídica, que se ajusta ao conteúdo daquela, na mesma e certa medida em que a utilização do direito integra a ideia de ser alguém titular dele. Por outro lado, como evidenciado anteriormente, é possível ter capacidade sem personalidade, como ocorre com alguns entes despersonalizados como condomínio edilício, massa falida, espólio, sociedade de fato etc. Então, qual seria a diferença entre os entes despersonalizados e os personalizados? Basicamente, a proteção fundamental aos direitos da personalidade. Assim, percebe-se que o conceito de capacidade, embora ligado a personalidade, tem um viés patrimonial, enquanto a proteção fundamental dos direitos da personalidade, por sua vez, evidencia a medida existencial da personalidade. Os direitos da personalidade, destaque-se, serão tratados em momento oportuno, mais adiante.

Personalidade jurídica, portanto, é uma aptidão genérica com viés patrimonial e existencial. Toda pessoa, como consequência lógica, tem personalidade, e, por conseguinte, tem capacidade, seja um adulto ou uma criança. Todavia, embora relacionados, tais atributos não se confundem, uma vez que a capacidade pode sofrer limitação.

Enquanto a personalidade é um valor, a capacidade é a projeção desse valor, isto é, pode-se ser mais ou menos capaz, mas não se pode ser mais ou menos pessoa.

Examinando, detidamente, a capacidade jurídica, pode-se afirmar que tal conceito possui, como pontuado anteriormente, desdobramentos relevantes, conforme segue abaixo.

a) **Capacidade de direito ou de gozo (art. 1º do CC):** pode ser, ainda, denominada **capacidade de aquisição de direitos**. Consiste na aptidão potencial de ser titular de direitos patrimoniais e obrigações. Seu termo inicial, na concepção natalista, é o nascimento, perdurando até a morte. Estende-se à pessoa jurídica, aos privados de discernimento e aos infantes em geral, independentemente de seu grau de desenvolvimento mental, podendo, assim, herdar bens deixados por seus pais, receber doações etc. Só não há capacidade de aquisição de direitos onde falta personalidade, como no caso do nascituro para a corrente natalista.

b) **Capacidade de exercício ou de fato:** aptidão para exercer pessoalmente os direitos. Possuidora da capacidade de fato, a pessoa poderá agir juridicamente, por atos próprios ou mediante representante voluntário, praticando, livremente, atos da vida civil. Ao contrário da capacidade de direito, nem todas as pessoas a possuem. Com o intuito de proteger determinadas pessoas, malgrado não lhes negue a capacidade de adquirir direitos, por faltarem alguns requisitos materiais, como maioridade, saúde, desenvolvimento mental etc., a lei retira-lhes o poder de se autodeterminarem, de exercer pessoal e diretamente os atos da vida civil pessoal, exigindo a participação de outra pessoa, que as representa ou assiste. A capacidade de fato é a medida de proteção ao incapaz, que, destituído da plenitude de discernimento, necessita de auxílio para a prática dos atos da vida civil (representação ou assistência). Assim, os recém-nascidos (absolutamente incapazes) e os que por causa transitória ou permanente não puderem exprimir sua vontade (relativamente incapazes), por exemplo, possuem apenas a capacidade de direito, podendo, por exemplo, herdar. Contudo, como não têm a capacidade de fato ou de exercício para propor qualquer ação em defesa da herança recebida, precisam ser representados ou assistidos, pelos pais ou curadores, respectivamente.

observação

Conforme o art. 198 do Código Civil, não corre prescrição, apenas, contra os absolutamente incapazes. A melhor doutrina critica uma omissão relevante do Estatuto da Pessoa com Deficiência – EPD (Lei n. 13.146/2015), que, nesse sentido, deveria prever suspensão da prescrição dos relativamente incapazes, pois os atos praticados pelos relativamente incapazes (art. 171 do CC) são anuláveis e não nulos, portanto, produzem efeitos até a decisão da ação anulatória. Isso porque o EPD reduziu a uma hipótese, apenas, os casos de incapacidade absoluta (menores de 16 anos, art. 3º do CC).

Enquanto a capacidade de direito é estática, todas as pessoas têm sem distinção, a capacidade de fato é dinâmica – algumas pessoas não têm (os incapazes, arts. 3º e 4º do CC). Aquele que possui as duas espécies de capacidade, é dotado da **capacidade civil plena**, que corresponde à efetiva possibilidade, concedida pela ordem jurídica, de que o titular de um direito atue, no plano concreto, sozinho, sem qualquer auxílio de terceiros.

É imperioso, ainda, diferenciar capacidade de legitimação. Capacidade é a aptidão para a prática em geral dos atos jurídicos (genérica). **Legitimação** é um *plus* na capacidade, requisito específico exigido para a prática de determinados atos da vida civil. Sinônimo de legitimidade para parte da doutrina, conquanto para outra banda legitimidade é capacidade processual. Perante uma situação jurídica específica, a legitimação consiste em exigências especiais estabelecidas por lei. Dessa forma, o cego não pode fazer testamento particular, o juiz não pode comprar bens da hasta que presidir, o tutor não pode adquirir bens do tutelado, irmãos não podem se casar, cônjuges não podem praticar os atos do art. 1.647 do Código Civil sem a autorização do outro, exceto no regime da separação absoluta, ainda que dotados de capacidade civil plena etc.

4.4 INCAPACIDADE

A Teoria das Incapacidades regulamenta os meios de realização de direitos por parte de certas pessoas, as quais, apesar de possuírem em sua totalidade a capacidade de direito, não têm, de forma temporária ou definitiva, meios físico-mentais para gerir sua existência sem que corram graves riscos. Assim, o direito implementa mecanismos de proteção para gerir a existência jurídica dos incapazes, exigindo que estas pessoas sejam **representadas** ou **assistidas** nos atos jurídicos em geral. Por conseguinte, o incapaz será representado ou assistido por seus pais, por tutor ou por curador, na forma da lei (art. 71 do CPC/2015).

O incapaz reclama um tratamento diferenciado, tendo em vista que não possui o mesmo quadro de compreensão da vida e dos atos cotidianos das pessoas plenamente capacitadas. É a pura aplicação do princípio da isonomia, segundo o qual o ordenamento deve tratar os iguais igualmente e os desiguais diferentemente, na medida em que se desigualam. Segundo Silvio Rodrigues, a incapacidade revela o reconhecimento da inexistência, numa pessoa, daqueles requisitos que a lei acha indispensáveis para que ela exerça os seus direitos.

No direito brasileiro, com o nascimento, todos se tornam capazes de adquirir direitos (art. 1º do CC), inexistindo, por conseguinte, incapacidade de direito. Há somente incapacidade de fato, de ação ou de exercício, com a concessão de direitos diferenciados, e não por meio da retirada da plena capacidade - capacidade de agir pessoal e diretamente. Nesse sentido, incapacidade é a restrição legal ao exercício dos atos da vida civil, imposta pela lei somente aos que, excepcionalmente, necessitam de proteção, pois a capacidade é a regra.

O direito positivo contempla, objetivamente, as hipóteses de restrição da plena capacidade, esclarecendo ser excepcional a limitação ao exercício dos atos da vida civil. Até mesmo a sistemática da interdição requer uma interpretação restritiva, não sendo possível maximizar as hipóteses de incapacidade para atingir pessoas capacitadas plenamente. Tais incapacidades são decorrentes, na maioria das vezes, de causas naturais provenientes da idade, da saúde e do desenvolvimento mental e intelectual, que impedem o exercício pessoal de direitos.

observação

O EPD estabelece um novo procedimento de ação de curatela. O CPC/2015 trata do procedimento em análise entre os arts. 747 e 758, *como procedimento de jurisdição voluntária, com objetivo de reconhecer a incapacidade relativa. Admite, nesse sentido, decisão por equidade, pois tais procedimentos não estão presos à legalidade estrita. Terminologias diferentes são empregadas. O que o NCPC chama de interdição, o EPD (arts. 84 e 85) denomina curatela. A limitação da curatela, importante destacar,* **é somente para os atos PATRIMONIAIS e NEGOCIAIS.** *A curatela não alcança os atos existenciais,* **tais como sexualidade, trabalho, voto.**

Ainda sobre o regime de incapacidades, observa-se que a Incapacidade se desdobra em:

I. **Incapacidade Civil Absoluta (art. 3º do CC):** acarreta a proibição total, pelo incapaz, do exercício do direito. A vedação abarca a prática de qualquer ato jurídico ou a participação em qualquer negócio jurídico. Estes serão praticados ou celebrados pelo representante legal do absolutamente incapaz (pais, tutores ou curadores), sob pena de nulidade. Absolutamente incapazes devem, consequentemente, ser representados por quem de direito. Os atos praticados pelos absolutamente incapazes são nulos de pleno direito, nos termos do art. 166, I, do Código Civil, não podendo ser ratificados, pois tal vício não convalesce, podendo o juiz assim declará-los de ofício. Protege-se, entretanto, a boa-fé de terceiros. São absolutamente incapazes os **menores de 16 anos**: há presunção de imaturidade para a prática de atos da vida civil. No entanto, sua vontade pode ser considerada para o direito de família, conforme previsão de Enunciado 138 formulado na III Jornada de Direito Civil do CJF, "a vontade dos absolutamente incapazes, na hipótese do inc. I do art. 3º é juridicamente relevante na concretização de situações existenciais a eles concernentes, desde que demonstrem discernimento bastante para tanto". Merece destaque que as demais causas de incapacidade civil absoluta (enfermos e deficientes mentais sem discernimento para prática de atos civis; e aqueles que, mesmo por causa transitória, não puderem exprimir sua vontade) foram revogadas pela Lei n. 13.146/2015 (Estatuto da Pessoa com Deficiência). Não há, portanto, mais qualquer hipótese de incapacidade associada, diretamente, a qualquer tipo de deficiência. O EPD, nesse sentido, incorpora as ideias da Convenção de Nova York, promovendo uma mudança de paradigma no sentido de substituir, em certa medida, o vetor dignidade-vulnerabilidade, por dignidade-liberdade com relação às pessoas com deficiência. As pessoas com deficiência devem ser consideradas incapazes nas mesmas condições das que não possuem deficiência. Exemplo: a surdo-mudez não gera, por si só, incapacidade.

II. **Incapacidade Civil Relativa (art. 4.º do CC):** A incapacidade relativa corresponde a uma zona intermediária entre a incapacidade absoluta e a capacidade plena. Como pontuado anteriormente, o EPD trouxe mudanças importantes na disciplina da matéria. Os que não podem exprimir vontade (art. 4º, III, do

CC), por exemplo, como as outras hipóteses do art. 4º do CC, serão relativamente incapazes. Mesmo com elevado grau de alienação mental, a pessoa, com absoluta falta de discernimento, não será considerada absolutamente incapaz. O relativamente incapaz, quando não puder exprimir vontade, assim, terá um curador. Mas os poderes do curador serão estabelecidos na sentença da ação de curatela. O juiz estabelecerá um projeto terapêutico individualizado. **O curador pode ser representante ou assistente para o relativamente incapaz, a depender do caso concreto.** Não há mais, importante destacar, uma relação implicacional entre relativa incapacidade e assistência. Os atos praticados pelos relativamente incapazes são anuláveis (art. 171 do CC), nesse sentido, admitem convalidação. Também produzem efeitos até que sobrevenha a decisão da ação anulatória. Vejamos as hipóteses de incapacidade relativa:

a) **Maiores de 16 e menores de 18:** idade reduzida em relação ao antigo código. Antes, a previsão era de 16 a 21 anos. Se dolosamente ocultaram sua idade quando inquiridos ou, ainda, declararam-se maiores, não podem se eximir de uma obrigação, em razão da proteção da boa-fé de terceiro. Logo, o ato foi praticado por relativamente incapaz, nestas hipóteses, mas não será anulado (art. 180 do CC). Por outro lado, o negócio continuará passível de anulação se a parte contrária conhecia a idade do menor. Portanto, dois requisitos, cumulativamente, são exigidos para incidência do art. 180: i) a má-fé do menor; e ii) a boa-fé da contraparte.

b) **Os ébrios habituais, os viciados em tóxicos (toxicômanos):** designa-se um curador para cuidar de seus interesses, graduado conforme o comprometimento mental do agente. Merece destaque que não basta, aqui, o consumo eventual ou mesmo frequente para retirar da pessoa a capacidade civil plena, exigindo-se, para tanto, que o vício comprometa a sua capacidade de condução da própria vida, fazendo-se necessária a assistência por um terceiro para a realização dos atos civis.

c) **Pródigo:** a pessoa que gasta imoderadamente seu patrimônio, podendo, potencialmente, reduzir-se à miséria. A prodigalidade restringe a validade dos atos à anuência de um assistente. Contudo, refere-se apenas àqueles que importem disposição patrimonial e que extrapolem a mera administração de seus bens. Proteção amparada na **Teoria do Estatuto Jurídico do Patrimônio Mínimo** desenvolvida por Luiz Edson Fachin, que procura garantir um mínimo existencial como forma de garantia da dignidade. Nesse caso, o pródigo não é simplesmente quem gasta muito, mas quem gasta comprometendo a sua subsistência. Não, necessariamente, da família (protegida pela legítima).

d) **Aqueles que, por causa permanente ou transitória, não puderem exprimir sua vontade:** aqueles que, temporariamente, não possam expressar sua vontade, a exemplo de uma pessoa em coma induzido. Essa é uma inovação trazida pela Lei n. 13.146/2015 (Estatuto da Pessoa com Deficiência). Antes, tal hipótese era causa de incapacidade civil absoluta.

Um erro muito comum, nesse contexto, é pensar que o idoso não goza de capacidade civil plena. Portanto, a pessoa maior de 60 anos tem plena capacidade jurídica. Assim, pode, por exemplo, casar, administrar seu patrimônio e não pode ser internado em asilo sem o seu consentimento. Caso exista algum impedimento no exercício dos direitos da vida civil, determinante de incapacidade, deve o legitimado promover a ação de interdição. Somente após a sentença de interdição, o idoso perde a capacidade civil plena.

fique ligado!

"1. A condição de idoso e o acometimento de doença incurável à época da celebração do contrato de convivência, por si, não é motivo de incapacidade para o exercício de direito ou empecilho para contrair obrigações, quando não há elementos indicativos da ausência de discernimento para compreensão do negócio jurídico realizado. 2. Com o aumento da expectativa de vida do povo brasileiro, conforme pesquisa do IBGE, com a notória recente melhoria na qualidade de vida dos idosos e, com os avanços da medicina, não é razoável afirmar que a pessoa maior de 60 anos não tenha capacidade para praticar os atos da vida civil. Afirmar o contrário afrontaria diretamente o princípio da dignidade da pessoa humana e o da igualdade" (STJ, REsp 1.383.624/MG, 3ª Turma, Rel. Min. Moura Ribeiro, j. 02.06.2015).

Nesse desiderato, o art. 2º do Estatuto do Idoso (Lei n. 10.741/2003) promove que:

> Art. 2º O idoso goza de todos os direitos fundamentais inerentes à pessoa humana, sem prejuízo da proteção integral de que trata esta Lei, assegurando-se-lhe, por lei ou por outros meios, todas as oportunidades e facilidades, para preservação de sua saúde física e mental e seu aperfeiçoamento moral, intelectual, espiritual e social, em condições de liberdade e dignidade.

O art. 4º do Código Civil, em seu parágrafo único, dispõe sobre os silvícolas, prescrevendo que "a capacidade dos indígenas será regulada por legislação especial".

Segundo Pablo Stolze e Rodolfo Pamplona Filho, a Lei n. 6.001/73 considera-o, em princípio, agente absolutamente incapaz, reputando nulos os atos praticados sem a devida representação. Ressalta a lei, todavia, a hipótese de o índio demonstrar discernimento, aliado à inexistência de prejuízo em virtude do ato praticado, pelo que, aí, poderá ser considerado plenamente capaz para os atos da vida civil. Cumpre ainda fixar que a lei determina que os índios, enquanto não integrados à sociedade, não estão obrigados à inscrição do nascimento. Este poderá ser feito em livro próprio do órgão federal de assistência aos índios.

tome nota!

Na Lei n. 6.001/73, Estatuto do Índio, o índio da selva (silvícola) é tratado como absolutamente incapaz. Mas isso não se aplica ao índio incorporado aos hábitos sociais (empregado, político, estudante universitário etc.). Destaque-se, que a proteção individual do índio é feita pela Funai, enquanto a coletiva é do Ministério Público Federal.

Diante do exposto, a melhor doutrina afirma não ser razoável a premissa de absoluta incapacidade dos índios, como parece evidenciar a legislação especial. Nesse sentido, apenas em hipóteses excepcionais, devidamente comprovadas, deve ser reconhecida sua completa falta de discernimento, para efeito de obter a invalidade dos atos por si praticados. Assim, a melhor disciplina sobre a matéria seria considerar o índio, se inserido na sociedade, portanto, como plenamente capaz. A situação jurídica do índio seria "situação verificável judicialmente", inclusive com a necessária dilação probatória de tal condição.

Acerca da temática deste tópico, o Estatuto da Pessoa com Deficiência destacou, em seu art. 2º, que:

> Considera-se pessoa com deficiência aquela que tem impedimento de longo prazo de natureza física, mental, intelectual ou sensorial, o qual, em interação com uma ou mais barreiras, pode obstruir sua participação plena e efetiva na sociedade em igualdade de condições com as demais pessoas.

Ademais, o art. 4º cuida, especificamente, da promoção de sua igualdade:

> Toda pessoa com deficiência tem direito à igualdade de oportunidades com as demais pessoas e não sofrerá nenhuma espécie de discriminação.

É imperioso destacar que o citado Estatuto estabeleceu a palavra "impedimento", e não "incapacidade". Logo, deficiência não é sinônimo de incapacidade. Nesse sentido, o art. 6º prescreve que:

A deficiência não afeta a plena capacidade civil da pessoa, inclusive para:

I - casar-se e constituir união estável;

II - exercer direitos sexuais e reprodutivos;

III - exercer o direito de decidir sobre o número de filhos e de ter acesso a informações adequadas sobre reprodução e planejamento familiar;

IV - conservar sua fertilidade, sendo vedada a esterilização compulsória;

V - exercer o direito à família e à convivência familiar e comunitária; e

VI - exercer o direito à guarda, à tutela, à curatela e à adoção, como adotante ou adotando, em igualdade de oportunidades com as demais pessoas.

tome nota!

A curatela serve para quem não pode exprimir vontade, tendo ou não deficiência. Bem como para os pródigos e os ébrios e viciados em tóxicos. Quem pode exprimir vontade não se aproxima da curatela, mas pode se submeter à tomada de decisão apoiada.

Nesse âmbito, o EPD, art. 85, dispõe: "A curatela afetará tão somente os atos relacionados aos direitos de natureza patrimonial e negocial.

> *§ 1º A definição da curatela não alcança o direito ao próprio corpo, à sexualidade, ao matrimônio, à privacidade, à educação, à saúde, ao trabalho e ao voto.*
>
> *§ 2º A curatela constitui medida extraordinária, devendo constar da sentença as razões e motivações de sua definição, preservados os interesses do curatelado.*
>
> *§ 3º No caso de pessoa em situação de institucionalização, ao nomear curador, o juiz deve dar preferência a pessoa que tenha vínculo de natureza familiar, afetiva ou comunitária com o curatelado".*

A consequência disso é que, individualmente, a pessoa portadora de deficiência deve ser avaliada para que se possa medir o grau de sua capacidade jurídica, objetivando assegurar e promover, em condições de igualdade, o exercício dos direitos e das liberdades fundamentais por pessoa com deficiência, visando à sua inclusão social e cidadania (art. 1º do Estatuto).

Na sequência, o § 1º do art. 2º determina que:

A avaliação da deficiência, quando necessária, será biopsicossocial, realizada por equipe multiprofissional e interdisciplinar e considerará:

I – os impedimentos nas funções e nas estruturas do corpo;

II – os fatores socioambientais, psicológicos e pessoais;

III – a limitação no desempenho de atividades; e

IV – a restrição de participação.

fique ligado!

> *Como anunciado anteriormente, cumpre registrar que não há qualquer hipótese de incapacidade, hoje, associada diretamente a qualquer tipo de deficiência. O EPD, nesse sentido, incorpora as ideias da Convenção de Nova York. O simples fato de se ter deficiência, não gera presunção de incapacidade. As pessoas com deficiência devem ser consideradas incapazes nas mesmas condições das que não possuem deficiência.*
>
> *As pessoas com deficiência física ou mental, que puderem exprimir vontade, serão consideradas, portanto, capazes. A lei, porém, reservou cuidados especiais para estas pessoas, sem atingir sua capacidade. Trata-se da Tomada de Decisão Apoiada (art. 1.783-A do CC).*

4.4.1 O reconhecimento das incapacidades e a ação de interdição

Como a capacidade jurídica é regra e a incapacidade, consequentemente, uma exceção, esta exige prova incontestável, cabal de sua configuração. Da análise dos arts. 3º e 4º do Código Civil, extraímos dois diferentes critérios que determinam a incapacidade: **objetivo** (critério etário) e o **subjetivo** (critério psicológico).

Quando a incapacidade decorre do critério etário, sua comprovação é mais fácil, pois demonstrada a idade, naturalmente, decorrem os efeitos jurídicos da incapacidade, vinculando todos os atos praticados pelo titular. No entanto, em se tratando do critério psicológico, exige-se o reconhecimento judicial da causa geradora da incapacidade, por meio de sentença a ser proferida em ação específica de interdição ou curatela de interditos.

Cabe relembrar, nesse momento, que as hipóteses de incapacidade contempladas em lei são taxativas, não cabendo interpretação ampliativa, objetivando para alcançar casos não previstos expressamente, porquanto toda interdição é medida judicial que atinge valores constitucionalmente preservados, direitos e garantias fundamentais, como a liberdade e a intimidade, além do exercício de cidadania do interditado.

observação

O CPC/2015, art. 751, dispõe: "O interditando será citado para, em dia designado, comparecer perante o juiz, que o entrevistará minuciosamente acerca de sua vida, negócios, bens, vontades, preferências e laços familiares e afetivos e sobre o que mais lhe parecer necessário para convencimento quanto à sua capacidade para praticar atos da vida civil, devendo ser reduzidas a termo as perguntas e respostas.

§ 1º Não podendo o interditando deslocar-se, o juiz o ouvirá no local onde estiver (...)" *(grifos nossos)*

CPC, art. 752: "Dentro do prazo de 15 (quinze) dias contado da entrevista, o interditando poderá impugnar o pedido.

§ 1º O Ministério Público intervirá como fiscal da ordem jurídica.

§ 2º O interditando poderá constituir advogado, e, caso não o faça, deverá ser nomeado curador especial.

§ 3º Caso o interditando não constitua advogado, o seu cônjuge, companheiro ou qualquer parente sucessível poderá intervir como assistente".

A interdição somente é justificável em nome das próprias necessidades do interditando, sendo-lhe asseguradas a igualdade substancial e a não discriminação. Aponta-se para a necessidade de que toda e qualquer interdição estar fundada na proteção da dignidade do próprio interditando, e não de terceiros, sejam parentes ou não. Com base nessas necessidades especiais do interditando, o juiz pode reconhecer a incapacidade, privando-lhe da capacidade plena, ocasião em que lhe nomeará um Curador.

A Ação de Interdição ou Curatela de Interditos (arts. 747 a 758 do CPC/2015) é um procedimento judicial, de jurisdição voluntária, pelo qual se investiga e se declara o grau de incapacidade de pessoa maior, para o fim de ser representada ou assistida por curador.

fique ligado!

Uma questão precisa ser levantada, a princípio, pois o CPC/2015 e o EPD entram, aparentemente, em rota de colisão. O CPC teve validade primeiro, mas entrou em vigor depois, pois teve um período de vacatio *maior. Houve uma discussão, inicialmente, a respeito de qual norma teria revogado a outra. Contudo, prevalece a tese, atualmente, a despeito da informação divergente no site oficial do planalto e no site oficial do senado, da harmonização das referidas normas; da harmonização das duas leis quanto ao tema, pois não houve revogação expressa e as normas, na verdade, estão pareadas, não se chocam, embora tratem da mesma temática. Esse é o posicionamento mais consentâneo, da melhor doutrina, sobre o assunto.*

Por meio dela, pode o juiz flexibilizar, inclusive, o grau de incapacidade jurídica da pessoa, ao perceber que existem elementos, por mínimos que sejam, de compreensão e discernimento. Admite-se, assim, que a sentença estabeleça uma gradação da incapacidade jurídica (art. 755, I e II, do CPC/2015), reconhecendo diferentes graus de incapacidade, a depender dos elementos probatórios colhidos no procedimento, segundo o estado e o desenvolvimento mental do interdito, suas características pessoais, potencialidades, habilidades, vontades e preferências, independentemente do pedido formulado pelo autor. A depender do grau de interdição, o juiz poderia estar privando uma pessoa do exercício do direito ao trabalho, à educação e à liberdade.

Possuem legitimidade para manejo da ação o(a) cônjuge ou companheiro(a), os parentes ou tutores, o representante da entidade em que se encontra abrigado o interditando, bem como o Ministério Público (art. 747 do CPC/2015). O rol é taxativo, mas não obedece a uma ordem preferencial.

Com relação ao juízo competente para processar e julgar a ação de interdição, prevalece o lugar do domicílio ou residência do interditando, justificado pela natureza protetiva da ação. A recomendação que o processo tramite no lugar onde reside o próprio interditando facilita, inclusive, a colheita de provas, a realização do interrogatório e a realização da perícia médica obrigatória. As demais ações contra o incapaz, serão propostas no foro de domicílio de seu representante ou assistente (art. 50 do CPC/2015).

Uma vez proferida a sentença, esta tem natureza declaratória (art. 755 do CPC/2015), pois a falta de discernimento surge, por exemplo, com a alienação mental. A perícia médica comprova a situação psíquica existente e a sentença reconhece. Logo, não é a decisão judicial que cria a incapacidade. Não obstante, Fredie Didier entende ser constitutiva, por estabelecer nova situação jurídica da pessoa. Por outro lado, Maria Helena Diniz afirma que a sentença de interdição tem natureza mista, sendo, concomitantemente, constitutiva e declaratória: declaratória no sentido de declarar a incapacidade de que o interditando é portador e, ao mesmo tempo constitutiva de uma nova situação jurídica quanto à capacidade da pessoa que, então, será considerada legalmente interditada.

fique ligado!

A possibilidade de instituição de curatela da pessoa com deficiência, prevista no art. 84, § 1º, do EPD, não parece suficiente para oferecer uma proteção satisfatória, pois não afeta a validade dos atos praticados anteriormente ao decreto da curatela.

4.4.2 Tomada de decisão apoiada

O instituto da tomada de decisão apoiada foi incluído pela multicitada Lei n. 13.146/2015 (Lei Brasileira de Inclusão da Pessoa com Deficiência). Tal diploma normativo teve o mérito de deixar de considerar incapaz a pessoa portadora de transtorno mental.

Entrementes, em situações concretas, pode ser necessário um auxílio para que o portador de deficiência - seja ela qual for - exerça plenamente a sua capacidade. Assim, sem qualquer confusão com os institutos da tutela ou da curatela, mas com fundamento em alguns dos seus regramentos (ex.: a prestação de contas segue as disposições referentes à curatela - art. 1.783-A, § 11, do CC), foi criada a tomada de decisão apoiada, um negócio jurídico fundado no art. 1.783-A do Código Civil:

> Art. 1.783-A. A tomada de decisão apoiada é o processo pelo qual a pessoa com deficiência elege pelo menos 2 (duas) pessoas idôneas, com as quais mantenha vínculos e que gozem de sua confiança, para prestar-lhe apoio na tomada de decisão sobre atos da vida civil, fornecendo-lhes os elementos e informações necessários para que possa exercer sua capacidade.

Com efeito, na tomada de decisão apoiada (TDA), ao contrário da curatela, a pessoa conserva a capacidade de fato, obtendo maior autonomia para a prática de atos da vida civil. Contudo, somente ficará privada de realizar determinados atos - descritos no termo, homologados pelo Magistrado e registrados em cartório -, desacompanhada dos apoiadores.

enunciado

Enunciado 640 da VIII Jornada de Direito Civil - "A tomada de decisão apoiada não é cabível, se a condição da pessoa exigir aplicação da curatela."

No pedido para a formulação da tomada de decisão apoiada, a pessoa com deficiência deverá apresentar um termo, com a devida indicação dos apoiadores aptos (art. 1.783-A, § 2º, do CC), em que constem os limites de apoio a ser oferecido, bem como os compromissos dos apoiadores, inclusive o de respeitar a vontade, os direitos e os interesses da pessoa que devem apoiar. Deve, ainda, fazer constar o prazo de vigência do acordo (§ 1º).

enunciado

Enunciado 639 da VIII Jornada de Direito Civil – "A opção pela tomada de decisão apoiada é de legitimidade exclusiva da pessoa com deficiência. A pessoa que requer o apoio pode manifestar, antecipadamente, sua vontade de que um ou ambos os apoiadores se tornem, em caso de curatela, seus curadores."

Merece destaque o fato de que, antes de se pronunciar a respeito do pedido de tomada de decisão apoiada, o juiz deverá ser assistido por uma equipe multidisciplinar e após a oitiva do Ministério Público, ouvir o requerente e os apoiadores (§ 3º). A decisão do juiz terá validade e efeitos perante terceiros, sem qualquer restrição, desde que esteja inserida nos limites do apoio acordado (§ 4º). Todavia, o terceiro pode exigir que os apoiadores contra assinem o contrato ou acordo, especificando, por escrito, sua função em relação ao apoiado (§ 5º).

Outro momento que merece atenção do Magistrado, ouvido o Ministério Público, é quando negócio jurídico possa trazer um risco ou prejuízo relevante ou, ainda, na hipótese de divergência de opiniões entre a pessoa apoiada e os apoiadores (§ 6º).

Por sua vez, se o apoiador agir com negligência, exercer pressão indevida ou não adimplir as obrigações assumidas, poderá a pessoa apoiada ou qualquer outra pessoa apresentar denúncia ao Ministério Público ou ao juiz (§ 7º). Sendo procedente a denúncia, o juiz deverá destituir o apoiador e nomear pessoa diversa, desde que ouvido o apoiado e que seja de seu interesse (§ 8º).

O término do acordo poderá ser requerido a qualquer tempo pela pessoa apoiada (§ 9º). O apoiador também poderá solicitar a sua exclusão do processo de tomada de decisão apoiada, mas o seu desligamento ficará condicionado à manifestação do juiz sobre a matéria (§ 10).

4.4.3 A cessação da incapacidade e a emancipação

A incapacidade, via de regra, cessa com o fim da causa que lhe determinou ou com a aquisição da maioridade civil aos 18 anos, operando a aquisição da **plena capacidade jurídica.** Cessa, portanto, a situação de incapacidade e o indivíduo é autorizado a praticar, pessoal e diretamente, todo e qualquer ato jurídico. Ocorre de forma automática, ou seja, independentemente de qualquer ato judicial.

Tratando-se de incapacidade por causa psíquica, desaparecendo a causa incapacitante, deve o interdito, o curador ou o Ministério Público requererem ao juiz o **Levantamento da Curatela,** conforme as regras do art. 756 do Código de Processo Civil de 2015. Constatada por perícia, o juiz levantará a interdição. O art. 104 da Lei n. 6.015/73 (Lei de Registros Públicos), inclusive, determina que a decisão que levantar a interdição deve ser averbada.

Além das hipóteses elencadas, existe a possibilidade de antecipação dos efeitos da maioridade civil, por meio do instituto da **emancipação**, previsto no art. 5º do Código Civil. Mediante a emancipação, os efeitos da maioridade civil (e não a maioridade propriamente dita) para pessoas relativamente incapazes, que ainda não atingiram os 18 anos de idade, são outorgados, tornando-as plenamente capazes para a prática dos atos da vida civil, sem necessidade de assistência ou representação.

fique ligado!

A maioridade civil não gera exoneração automática da prestação de alimentos. **STJ, Súmula 358:** *"O cancelamento de pensão alimentícia de filho que atingiu a maioridade está sujeito à decisão judicial, mediante contraditório, ainda que nos próprios autos".*

tome nota!

A emancipação constitui ato jurídico que antecipa os efeitos da aquisição da maior idade e da consequente capacidade civil plena. O menor, assim, deixa de ser incapaz e passa a ser capaz. Em regra, a capacidade civil plena é atingida pelo critério etário ou pelo levantamento da curatela. Lembrando que, no caso da emancipação, o menor não deixa de ser menor. Nesse sentido, o Enunciado 530 da VI Jornada de Direito Civil do CJF dispara: "A emancipação, por si só, não elide a incidência do Estatuto da Criança e do Adolescente".

Nesse jaez, cessa para o menor de 18 e maior de 16 anos a incapacidade jurídica. É, pois, uma antecipação da capacidade de fato, dotando o menor de capacidade jurídica plena. De acordo com a sistemática do CC/2002, a emancipação pode se apresentar em três espécies distintas:

a) **Voluntária:** por ato unilateral dos pais, ou de um deles na falta do outro, sempre em benefício do menor. É um ato irrevogável e feito por meio de escritura pública, registrada no Cartório do Registro Civil do lugar onde está assentado o registro da pessoa emancipada. Nessa hipótese de emancipação, os pais continuam respondendo pelos atos ilícitos dos filhos;

b) **Judicial:** concedida pelo juiz, ouvido o tutor, desde que o menor tenha pelo menos 16 anos completos. Nem sempre satisfeito com o encargo que lhe foi imposto, com o fito de evitar emancipações destinadas a livrar o tutor do ônus que lhe foi atribuído, a norma determina que tal espécie deve ser submetida ao crivo do magistrado, evitando prejuízos ao menor. O tutor, desse modo, não pode emancipar diretamente o tutelado;

c) **Legal:** quando o menor vem a praticar determinado ato reputado incompatível com a sua condição de incapaz, como: 1) casamento (a separação, a viuvez ou mesmo a anulação do casamento, para o cônjuge de boa-fé, não geram retorno à menoridade), inclusive daquele que não tem, ainda, 16 anos (para evitar imputação de crime ou em caso de gravidez); 2) exercício de cargo ou emprego público efetivo; 3) colação de grau em curso de ensino superior; 4) estabelecimento civil, comercial ou existência de relação de emprego (para maiores de 16 anos) que gerem economia própria.

fique ligado!

O filho emancipado faz cessar a responsabilidade civil dos pais? Não há previsão expressa na codificação privada a respeito do tema. Se a emancipação é voluntária, por ato próprio, ou judicial, a responsabilidade civil dos pais, segundo a doutrina majoritária, é solidária. Já a emancipação legal gera a exoneração da responsabilidade dos pais. Nessa linha de raciocínio, o Enunciado 41 da I Jornada de Direito Civil do CJF aduz: "A única hipótese em que poderá haver responsabilidade solidária do menor de 18 anos com seus pais é ter sido emancipado nos termos do art. 5º, parágrafo único, inc. I, do novo Código Civil". No que concerne à perspectiva da jurisprudência superior, entende-se, de igual forma, que "a emancipação voluntária, diversamente da operada por força de lei, não exclui a responsabilidade civil dos pais pelos atos praticados por seus filhos menores" (STJ, AgRg no Ag 1.239.557/RJ, 4ª Turma, Rel. Min. Maria Isabel Gallotti, j. 09.10.2012). Por razões evidentes, busca-se evitar que os pais se utilizem da emancipação como meio de afastar a responsabilidade civil que lhes é legalmente imposta pelos atos do filho, uma vez que a emancipação é DEFINITIVA, IRRETRATÁVEL E IRREVOGÁVEL, embora caiba anulação por vício (erro ou dolo, por exemplo).

4.5 EXTINÇÃO DA PESSOA NATURAL

A extinção da pessoa natural, nos termos do art. 6º do Código, ocorre com a morte, evento que faz cessar toda e qualquer atividade vital do indivíduo. Para fins de transplante de órgãos, considera-se suficiente a morte encefálica. Com a morte, fica completo o ciclo vital da pessoa humana, extinguindo-se, automaticamente, a sua personalidade jurídica juntamente com seus direitos.

Todavia, mesmo após a extinção da pessoa, subsistirá a sua vontade, por exemplo, para os fins do que, eventualmente, tiver o falecido disposto em testamento ou codicilo, bem como no que concerne ao destino do corpo, se, em vida, ocorreu expressa manifestação de vontade própria.

observação

A Lei de Registros Públicos, em seu art. 88, dispõe: "Poderão os Juízes togados admitir justificação para o assento de óbito de pessoas desaparecidas em naufrágio, inundação, incêndio, terremoto ou qualquer outra catástrofe, quando estiver provada a sua presença no local do desastre e não for possível encontrar-se o cadáver para exame. (Renumerado do art. 89 pela Lei n. 6.216, de 1975).

Parágrafo único. Será também admitida a justificação no caso de desaparecimento em campanha, provados a impossibilidade de ter sido feito o registro nos termos do art. 85 e os fatos que convençam da ocorrência do óbito".

Tal situação jurídica é apelidada de morte real sem cadáver. Nesse caso, haverá certidão de óbito. Lembrando que todas essas situações acima podem gerar pré-moriência (os herdeiros recebem a herança) ou comoriência (presunção de simultaneidade de óbitos), instituto jurídico que será analisado na sequência deste capítulo.

Para o reconhecimento da **morte real**, em regra, exige-se uma declaração médica da ocorrência da morte encefálica, para que seja, então, lavrada a necessária certidão de óbito. Não obstante, existe a possibilidade de ocorrência da morte em situações excepcionais, atípicas, nas quais não seja possível localizar o corpo do indivíduo. É a chamada **morte presumida,** que pode ser:

a) **Com declaração de ausência:** nas ocasiões em que a lei autoriza a abertura da sucessão definitiva (art. 6º do CC);

b) **Sem declaração de ausência:** em situações que for extremamente provável a morte para quem estava em perigo de vida e, se alguém, desaparecido em campanha ou feito prisioneiro, não for encontrado até dois anos após o término da guerra (art. 7º do CC). Procede-se, nesse caso, como anunciado anteriormente, mediante **Justificação,** consoante procedimento estabelecido na Lei de Registros Públicos, com a finalidade de promover o assento de óbito por meio de provas indiretas.

fique ligado!

Juridicamente, a morte produz vários efeitos civis, por exemplo, dissolve o casamento (art. 1.571 do CC); abre a sucessão (art. 1.784 do CC); extingue o poder familiar; extingue a punibilidade da ação penal (art. 107, I, do CP); suspende o processo (art. 313 do CPC/2015) e os prazos processuais etc. A Lei de Transplantes (Lei n. 9.434/97), importante destacar, fixa o momento da morte como sendo a morte encefálica (cerebral). Nesse sentido, a morte depende de declaração médica: é a morte real (à luz do exame do cadáver) com certidão de óbito a ser registrado no Cartório de Registro Civil das Pessoas Naturais (art. 9º, inciso I, do CC). E se não houver médico no local? Não havendo médico no local, conforme o art. 79 da LRP (Lei n. 6.015/73), serão necessárias as declarações de óbito de duas pessoas qualificadas que tiverem presenciado ou verificado a morte: a) o chefe de família, a respeito de sua mulher, filhos, hóspedes, agregados e fâmulos; b) a viúva, a respeito de seu marido, e de cada uma das pessoas indicadas no número antecedente; c) o filho, a respeito do pai ou da mãe; o irmão, a respeito dos irmãos e demais pessoas de casa, indicadas no item "a" ; o parente mais próximo maior e presente; d) o administrador, diretor ou gerente de qualquer estabelecimento público ou particular, a respeito dos que nele faleceram, salvo se estiver presente algum parente em grau acima indicado; e) na falta de pessoa competente, nos termos dos números anteriores, a que tiver assistido aos últimos momentos do finado, o médico, o sacerdote ou vizinho que do falecimento tiver notícia; f) a autoridade policial, a respeito de pessoas encontradas mortas. E se o cadáver não for localizado? Situações de morte presumida sem declaração de ausência. Nesse aspecto, o art. 7º do CC enuncia dois casos de morte presumida, sem declaração de ausência: a) desaparecimento do corpo da pessoa, sendo extremamente provável a morte de quem estava em perigo de vida; b) Desaparecimento de pessoa envolvida em campanha militar ou feito prisioneiro, não sendo encontrado até dois anos após o término da guerra.

Dentro do tópico em exame, cabe ainda analisar o instituto da **comoriência**, citado anteriormente, aplicado nos casos em que não se pode definir com precisão a ordem cronológica das mortes de pessoas que faleceram em uma mesma situação (comorientes). Presume-se haverem falecido no mesmo instante. Em outras palavras, morrendo duas ou mais pessoas simultaneamente, diante do estado de dúvida, não sendo possível indicar, com precisão, quem precedeu a morte de quem, abre-se a comoriência, considerando-se que morreram concomitantemente.

A consequência fundamental da comoriência projeta-se no direito das sucessões, no qual a comoriência impede a transmissão de qualquer direito entre as pessoas comorientes. Em caso de serem parentes, não sucedem um ao outro, abrindo-se cadeias sucessórias distintas. Somente haverá comoriência entre pessoas sucessíveis entre si, pois não há nenhum interesse para o direito civil na determinação da ordem de óbitos em relação a pessoas que não travam qualquer relação jurídica de transmissão de direitos. Caso se trate de comoriência entre ascendente e descendente, ou entre irmãos, reconhece-se o direito de representação (disciplinada entre os arts. 1.851 a 1.856 do CC), sucessão por estirpe, aos descendentes e aos filhos dos irmãos (Enunciado 610 da VII Jornada de Direito Civil): "Nos casos de comoriência entre ascendente e descendente, ou entre irmãos, reconhece-se o direito de representação aos descendentes e aos filhos dos irmãos".

Outro instituto que merece destaque é o da **ausência**, que consiste no desaparecimento de uma pessoa de seu domicílio, sem dar notícias do lugar onde se encontra, nem deixar procurador para administrar seus bens, acarretando, por essa razão, dúvida a respeito de sua sobrevivência. Não basta o desaparecimento de uma pessoa para a sua configuração. A ausência reclama uma declaração judicial, em procedimento especial de jurisdição voluntária (onde não há partes, não há lide e nem pretensão resistida de interesses) (arts. 49 e 744 e s. do CPC/2015).

No CC/16, o ausente era considerado absolutamente incapaz, disposição que não foi repetida pelo CC/2002, razão pela qual, só por estar desaparecida, a pessoa não deixa de ter capacidade para a vida civil onde quer que se encontre. A necessidade de ter um representante (curador) decorre da impossibilidade de administrar seus bens.

A declaração de ausência, no que diz respeito à tutela dos bens, é organizada em três etapas distintas:

I. **Curatela dos bens do ausente (arts. 22 a 25):** inicia-se mediante provocação, por meio de petição inicial de qualquer interessado (parentes sucessíveis, sócios, credores, pessoas que têm pretensão contra o ausente) ou do MP. A ação será proposta no último domicílio do ausente (art. 49 do CPC/2015). Na sequência, o juiz deverá arrecadar os bens abandonados e nomear curador (art. 744 do CPC/2015), mesmo que o ausente tenha deixado procurador, acaso este não possa ou não queira mais exercer o mandato. Desde que não separado judicialmente ou de fato, por mais dois anos, o cônjuge do ausente terá prioridade para ser o curador. Subsidiariamente, poderão ser nomeados os ascendentes e, em seguida, os descendentes. Inexistindo qualquer desses, o juiz escolherá um curador. Após nomeado, receberá do juiz poderes e obrigações especiais, ficando responsável pela administração e conservação do patrimônio do ausente, pelo que receberá uma gratificação e terá ressarcido do que gastou no exercício da curadoria. É proibido ao curador adquirir bens do ausente, em função do conflito de interesses. Finda a arrecadação, o juiz mandará publicar editais na rede mundial de computadores, no sítio do tribunal a que estiver vinculado e na plataforma de editais do Conselho Nacional de Justiça, onde permanecerá por um ano, ou, não havendo sítio, no órgão oficial e na imprensa da comarca, durante um ano, reproduzida de dois em dois meses, anunciando a arrecadação e chamando o ausente a entrar na posse de seus bens (art. 745 do CPC/2015). Cessa a curadoria caso o ausente reapareça, compareça seu procurador ou, ainda, haja notícia inequívoca de seu óbito;

II. **Sucessão provisória (arts. 26 a 36):** findo o prazo previsto no edital, poderão os interessados requerer a abertura da sucessão provisória (art. 745, § 1º, do CPC/2015). Fase que se instaura após o decurso de um ano da arrecadação ou, caso o ausente tenha deixado procurador, passados três anos. É uma administração dos bens do ausente (não mero depósito), com o objetivo de preservá-los, de modo que não sejam alterados mais do que o necessário, já que o desaparecido pode estar vivo. Depende de pedido dos interessados. Não havendo qualquer dos interessados mencionados, o MP pode requerer a sucessão provisória. Os efeitos da sentença que a determina só ocorrem após 180 dias de sua publicação. Entretanto, imediatamente após transitada em julgado, ocorre a abertura do testamento e do inventário, como se o ausente fosse falecido. Não comparecendo herdeiro ou interessado para requerer a abertura do inventário, após 30 dias do trânsito em julgado, a massa de bens do ausente será considerada como herança jacente. Os herdeiros que se imitirem na posse dos bens devem prestar garantia pignoratícia ou hipotecária, com exceção do cônjuge, dos ascendentes e dos descendentes. Os que não prestarem a devida garantia, ficarão impedidos de ter a posse dos bens, mas receberão a metade dos rendimentos da sua cota. Cônjuges, ascendentes e descendentes receberão a integralidade dos frutos produzidos pelos bens que administram. Os outros herdeiros, a metade. Nessa fase, não se poderá alienar os imóveis do ausente. Reaparecendo o ausente e provado que a ausência foi injustificada e voluntária, perderá os frutos;

III. **Sucessão definitiva (arts. 37 a 39):** etapa que ocorre após dez anos do trânsito em julgado da sentença que concedeu a abertura da sucessão provisória. Aqui, levantam-se as garantias prestadas. Caso o ausente tenha 80 anos e esteja sumido há, pelo menos, cinco anos, poderá acontecer a sucessao definitiva, sem que seja necessário cumprir o prazo de dez anos. Após o trânsito em julgado da sentença que concede a sucessão definitiva dos bens, declara-se a morte presumida. Se o ausente retornar, ou algum de seus descendentes ou ascendentes, nos 10 anos seguintes à abertura da sucessão definitiva, receberá os bens no estado em que se encontrarem, os que foram sub-rogados em seu lugar ou o preço que os herdeiros houverem recebido.

Outrossim, a ausência pode gerar efeitos familiares. Após a declaração da morte presumida, o casamento resta dissolvido – consequência inovadora, não tratada no Código Civil de 1916, nem tampouco admitida anteriormente pela doutrina. Se houver filhos menores órfãos e ambos os pais estiverem ausentes, os menores devem ser postos em tutela.

4.6 INDIVIDUALIZAÇÃO DA PESSOA NATURAL

A individualização da pessoa natural é de essencial importância. Os sujeitos das diversas relações devem ser individualizados, perfeitamente identificados como titulares de direitos e deveres na ordem civil. Essa identificação é igualmente fundamental ao Estado e a terceiros, para maior segurança dos negócios e da convivência familiar e social. Os principais elementos individualizadores da pessoa natural são:

a) **Nome:** designação que distingue a pessoa das demais, identificando-a no seio da sociedade;
b) **Estado:** indica a posição na família e na sociedade política;
c) **Domicílio:** corresponde à sede jurídica.

A seguir, será feita uma abordagem pormenorizada de cada um desses elementos individualizadores da pessoa natural.

4.6.1 Nome

É a designação ou sinal exterior pelo qual a pessoa se identifica no seio da família e da sociedade, integrando a personalidade e individualizando a pessoa. Em sentido amplo, **nome** indica o nome completo. Destacam-se, no estudo do nome, um **aspecto público** e um **aspecto individual**.

a) **Aspecto público:** o Estado tem interesse que as pessoas sejam perfeita e corretamente identificadas na sociedade pelo nome. Por esse motivo, regulamenta o seu uso na Lei dos Registros Públicos (Lei n. 6.015/73);
b) **Aspecto individual:** direito ao nome. Poder atribuído ao seu possuidor de por ele designar-se e de reprimir abusos cometidos por terceiros. Com efeito, o art. 16 do Código Civil disciplina que "toda pessoa tem direito ao nome, nele compreendidos o prenome e o sobrenome", abrangendo o direito de **usá-lo** e de **defendê-lo** contra usurpação, como no caso de direito autoral, e contra exposição ao ridículo. As ações de proteção desses direitos podem ser propostas independentemente da ocorrência de dano material, bastando haver interesse moral.

As ações relativas ao uso do nome podem ser:

I. **Retificação:** objetiva preservar o verdadeiro nome;
II. **Contestação:** para impedir a utilização indevida por terceiro ou que exponha ao desprezo público.

Assim como o nome, a tutela jurídica, abrange o **pseudônimo** (art. 19 do CC), propiciando direito à indenização em caso de má utilização, inclusive em propaganda comercial, ou com o intuito de obter proveito político, artístico, eleitoral ou religioso.

No tocante à **natureza jurídica do nome**, há divergências doutrinárias que invocam, dentre as várias teorias existentes, a da propriedade e a do direito da personalidade. A teoria mais aceita e que melhor define a natureza jurídica do nome é a que o considera um **direito da personalidade**, ao lado de outros, como o direito à vida, à honra, à liberdade etc.

Indubitavelmente, o nome representa um direito inerente à pessoa humana e constitui, portanto, um direito da personalidade. O Código Civil de 2002, de forma inovadora, assim disciplinou, dedicando um capítulo próprio aos direitos da personalidade, nele incluso o direito e a proteção ao nome e ao pseudônimo (arts. 16 a 19).

4.6.2 Estado

Estado é o modo particular de existir, constituindo a soma das qualificações da pessoa na sociedade hábeis a produzir efeitos jurídicos. É uma situação jurídica resultante de certas qualidades inerentes à pessoa. A terminologia provém do latim *status*, empregada pelos romanos para designar os vários predicados integrantes da personalidade. O estado liga-se intimamente à pessoa e, por isso, constitui a sua imagem jurídica.

Na Roma antiga, o direito atribuía grande importância ao estado das pessoas. O estado da pessoa era característica particular que determinava a capacidade. O *status* desmembrava-se em três aspectos: liberdade, cidade e família.

No direito moderno, perduram somente os dois últimos, nacionalidade (ou estado político) e o estado familiar. Contudo, influenciada pela tríplice divisão adotada no direito romano, a doutrina, em geral, distingue três ordens de estado:

a) **Individual ou físico:** critério orgânico, que diz respeito às particularidades da constituição física do indivíduo, as quais exercem influência sobre a sua capacidade civil (homem, mulher, maioridade, menoridade etc.);
b) **Familiar:** o estado familiar enfoca o papel do indivíduo na família, em relação ao matrimônio (solteiro, casado, viúvo, divorciado) e ao parentesco, por consanguinidade ou afinidade (pai, filho, irmão, sogro, cunhado etc.). Tal situação produz efeitos jurídicos diversos, conferindo a quem nela se encontra direitos e/ou obrigações;
c) **Político:** advém da posição do indivíduo na sociedade política, podendo ser nacional (nato ou naturalizado) ou estrangeiro, como exposto no art. 12 da Constituição Federal. Nessa linha, cumpre diferenciar nacionalidade de cidadania. Para o direito brasileiro, **cidadania** é a qualidade de possuir e exercer direitos políticos. Logo, cidadão e eleitor são palavras sinônimas em nossa Constituição. Aquele que tenha nacionalidade, mas não seja eleitor, consequentemente não será cidadão.

As principais características ou atributos do Estado são:

a) **Indivisibilidade** – o estado é único, do mesmo modo como não podemos ter mais de uma personalidade. Por isso, não obstante composto de elementos plúrimos, diz-se que é **uno** e **indivisível**. Ninguém pode ser, simultaneamente, casado e solteiro, maior e menor, brasileiro e estrangeiro. Uma exceção à regra é a obtenção de dupla nacionalidade constitui, que deve seguir os rigorosos critérios constitucionais;

b) **Indisponibilidade** - como reflexo da personalidade, o estado civil, constitui relação fora de comércio, sendo **inalienável** e **irrenunciável**. Todavia, isso não impede a sua mutação diante de fatos estranhos à vontade humana ou como emanação dela, desde que preenchidos os requisitos legais. Em decorrência, menor pode tornar-se maior, solteiro pode passar a casado, este pode tornar-se viúvo etc. Os elementos integrantes podem ser modificados, sem prejuízo da unidade substancial, que é inalterável;

c) **Imprescritibilidade** - o estado é elemento integrante da personalidade e, assim, nasce com a pessoa, permanecendo com ela até sua morte. Inadmissível, portanto, que se perca ou se adquira o estado pela prescrição ou, ainda, por usucapião. Por isso, as ações de estado são imprescritíveis.

O estado civil, como preleciona Maria Helena Diniz, recebe proteção jurídica de **ações de estado**, tendo por escopo criar, modificar ou extinguir um estado, ao constituir um novo, sendo, por isso, personalíssimas, intransmissíveis e imprescritíveis, requerendo, sempre, a intervenção estatal. É o que se dá, por exemplo, com a interdição, separação judicial, divórcio, anulação de casamento etc., que resultam de sentença judicial.

4.6.3 Domicílio

Ao direito interessa fixar um local onde, presumivelmente, as pessoas serão encontradas, denominado **domicílio** ou **foro**. Consiste na sede jurídica da pessoa, local onde sua presença é presumida, praticando atos da vida civil.

A palavra domicílio tem raiz na palavra *domus*, que significa casa. Os romanos entendiam que era o lugar onde a pessoa se estabelecia permanentemente, em que, inclusive, cultuavam os antepassados (eram enterrados na propriedade familiar - daí resulta a noção inicial do bem de família).

O Código Civil de 2002 manteve os mesmos critérios do Código anterior, organizando-os mais adequadamente.

De início, é preciso que sejam diferenciados três conceitos:

I. **Morada:** lugar onde a pessoa se estabelece **temporariamente**. Caracteriza-se por ser passageiro. Ex.: morar em Salvador por seis meses;

II. **Residência:** local em que a pessoa se estabelece **habitualmente**. O indivíduo pode ter várias residências. Ex.: pessoa que reside na cidade e passa finais de semana, com frequência, em sua casa de campo. Terá duas residências;

III. **Domicílio:** lugar onde a pessoa estabelece residência **com ânimo definitivo**, transformando-o no centro de sua vida jurídica. Esse conceito compreende o de residência, tendo em vista que há a exigência de habitualidade (**elemento objetivo**). Ademais, é preciso a existência do ânimo definitivo, de estabelecer-se com interesse de transformar o lugar em centro de sua vida jurídica (**elemento subjetivo**). Com isso, domicílio é a soma da residência (*quid facti*) com a qualificação legal (*quid juris*). É o caso, por exemplo, da pessoa que passa os fins de semana no sítio, mas tem a sua vida jurídica na residência da cidade.

O domicílio, em verdade, trata-se de um vínculo jurídico qualificado estabelecido com o local em que fixa residência habitual, pois abrange as relações sociais e jurídicas de uma pessoa, identificado como o lugar onde pode ser encontrada para responder por suas obrigações.

Para que ocorra a **mudança de domicílio** (art. 74), deve haver a mudança da residência, aliada ao ânimo de mudança. A pessoa pode perder o domicílio, não só pela sua mudança, mas também por outras disposições. Normalmente, as hipóteses de perda do domicílio são: determinação legal (domicílio legal) que prejudique o anterior; e vontade ou eleição das partes (domicílio voluntário ou de eleição), como, por exemplo, na execução das obrigações contratuais (art. 78 do CC).

No tocante à possibilidade do **domicílio múltiplo**, esta é admitida no Brasil (arts. 71 e 72 do CC), seguindo a doutrina alemã. O art. 71 do CC dita que:

> Se, porém, a pessoa natural tiver diversas residências, onde, alternadamente, viva, considerar-se-á domicílio seu qualquer delas.

Dessa forma, tendo mais de um domicílio, considera-se como domiciliada a pessoa onde for encontrada.

súmula

Na linha da pluralidade de domicílios, o Supremo Tribunal Federal editou a Súmula 483: "É dispensável a prova da necessidade, na retomada de prédio situado em localidade para onde o proprietário pretende transferir residência, salvo se mantiver, também, a anterior, quando dita prova será exigida".

O domicílio civil possui algumas espécies, quais sejam:

a) **De origem** – primeiro domicílio de uma pessoa, o qual coincide com o domicílio dos pais, visto que o incapaz recebe, legalmente, o domicílio de seus representantes;
b) **Comum/Convencional/Voluntário/Geral (art. 70)** – soma da residência com o *animus*/vontade/opção de que seja o local principal de suas atividades (centro de referência jurídica). Elemento material = residência; elemento anímico ou psicológico = ânimo de permanência (oposto de transitoriedade);

c) **Profissional (art. 72)** - especial modalidade de domicílio restrita a aspectos da vida profissional da pessoa física. Local onde a pessoa exerce sua profissão. O domicílio profissional não afasta o domicílio geral;

d) **Aparente ou Ocasional (art. 73)** - teoria desenvolvida por Henri de Page (civilista belga). Ficção legal criada em face de pessoas que não tenham residência habitual. Seu domicílio será o local em que se encontrarem. **Exemplo:** Andarilhos e pessoas que trabalham no circo;

e) **De Eleição ou Especial (art. 78 do CC)** - local designado pelas partes para que se discutam questões advindas de uma relação contratual. A regra geral é que a ação fundada em direito pessoal ou em direito real sobre bens móveis será proposta no foro de domicílio do réu (art. 46 do CPC/2015). Nas relações contratuais, por outro lado, as partes podem eleger o foro.

súmula

Nesse sentido é a Súmula do STF 335: "É válida a cláusula de eleição do foro para os processos oriundos do contrato".

No contrato de consumo, em geral, há um desequilíbrio contratual, logo, os contratos são de adesão. Assim, a cláusula eletiva de foro, se atentatória aos direitos do consumidor, é nula de pleno direito (art. 51, IV, do CDC). A nulidade da cláusula de eleição de foro, em contrato de adesão, pode ser declarada de ofício pelo juiz, que declinará de competência para o juízo de domicílio do réu. Além disso, para que tenha validade o foro de eleição, deve ser fruto de escolha real. Nos contratos de adesão não pode haver uma imposição em prejuízo do aderente. Saliente-se, por fim, que é possível escolher um foro, mas não um juízo;

f) **Legal ou Necessário (art. 76)** - é o domicílio obrigatório de determinadas pessoas naturais: 1) **Incapaz** (domicílio de seu representante ou assistente); 2) **Preso** (onde cumpre pena; enquanto o preso estiver cumprindo simples prisão cautelar, ainda não está cumprindo sentença, não havendo domicílio legal); 3) **Servidor Público** (onde exerce permanentemente as suas funções, ou seja, só tem domicílio necessário o servidor que exerce função permanente); 4) **Juiz** (comarca onde judica); 5) **Militar** (lugar que está servindo); 6) **Marítimo** (marinheiro da marinha mercante - local da matrícula do navio); 7) **Agentes Diplomáticos** (art. 77 - quando citados no exterior, alegarem extraterritorialidade sem designar onde têm, no seu país, domicílio, poderão ser demandados no Distrito Federal ou no último ponto do território brasileiro que tiveram domicílio).

Quanto à Pessoa Jurídica (art. 75), o Código Civil cuida das regras genéricas do domicílio das pessoas jurídicas de direito público. A disposições específicas estão na CF/88. As pessoas jurídicas de direito privado terão seu domicílio no local previsto no estatuto ou no contrato social, sendo o local de sua sede.

súmula

Na mesma temática, a Súmula 363 do STF manifesta que: "A pessoa jurídica de direito privado pode ser demandada no domicílio da agência, ou estabelecimento, em que se praticou o ato".

O Código de Processo Civil trata do foro competente para a pessoa jurídica da seguinte forma:

> Art. 53. É competente o foro:
>
> [...]
>
> III – do lugar:
>
> a) onde está a sede, para a ação em que for ré pessoa jurídica;
>
> b) onde se acha agência ou sucursal, quanto às obrigações que a pessoa jurídica contraiu;
>
> c) onde exerce suas atividades, para a ação em que for ré sociedade ou associação sem personalidade jurídica.

QUADRO SINÓTICO

PESSOA NATURAL OU FÍSICA	
CONCEITO	**Pessoa natural** é o ser humano com vida, aquele ente dotado de estrutura biopsicológica. Toda pessoa é dotada de **personalidade**. Ter personalidade civil, portanto, significa ter **aptidão genérica para adquirir direitos e contrair obrigações ou deveres na ordem civil.**
EXISTÊNCIA E AQUISIÇÃO DE PERSONALIDADE	A aquisição da personalidade decorre do nascimento com vida. Quando o ar entra nos pulmões, fazendo com que a pessoa respire, após separada do ventre materno, diz-se que nasceu com vida (aferível pelo Exame de Docimasia Hidrostática de Galeno). **Nascituro** é a pessoa que está por nascer, que já foi concebida, mas que, ainda, encontra-se no ventre materno. O nascituro não se confunde com o **concepturo**, que não foi concebido ainda.
CAPACIDADE JURÍDICA	Reconhecida às pessoas naturais e jurídicas, a capacidade é uma espécie de medida jurídica da personalidade. **Capacidade de direito ou de gozo:** aptidão potencial de ser titular de direitos patrimoniais e obrigações. **Capacidade de exercício ou de fato:** aptidão para exercer pessoalmente os direitos.

PESSOA NATURAL OU FÍSICA	
INCAPACIDADE	Mecanismos de proteção para gerir a existência jurídica dos incapazes, exigindo que sejam **representadas** ou **assistidas** nos atos jurídicos em geral. A incapacidade desdobra-se em: **a) Incapacidade civil absoluta:** proibição total, pelo incapaz, do exercício do direito, sob pena de nulidade. São absolutamente incapazes os **menores de 16 anos.** **b) Incapacidade civil relativa:** permite que o incapaz pratique atos da vida civil, desde que assistido por seu representante legal, sob pena de anulabilidade. São relativamente incapazes: **maiores de 16 e menores de 18; os ébrios habituais, os viciados em tóxicos (toxicômanos); pródigo**; e **aqueles que, por causa permanente ou transitória, não puderem exprimir sua vontade.**
RECONHECIMENTO DAS INCAPACIDADES E AÇÃO DE INTERDIÇÃO	As hipóteses de incapacidade contempladas em lei são taxativas, não cabendo interpretação ampliativa, objetivando para alcançar casos não previstos expressamente, porquanto toda interdição é medida judicial que atinge valores constitucionalmente preservados, direitos e garantias fundamentais, como a liberdade e a intimidade, além do exercício de cidadania do interditado. A **ação de interdição ou curatela** de Interditos (arts. 747 e s. do CPC/2015) é um procedimento judicial, de jurisdição voluntária, pelo qual se investiga e se declara total ou parcialmente a incapacidade de pessoa maior, para o fim de ser representada ou assistida por curador.
CESSAÇÃO DA INCAPACIDADE E EMANCIPAÇÃO	A situação de incapacidade cessa quando o indivíduo é autorizado a praticar, pessoal e diretamente, todo e qualquer ato jurídico, operando a aquisição **da plena capacidade jurídica.** Tratando-se de incapacidade por causa psíquica, desaparecendo a causa incapacitante, deve o interdito, o curador ou o Ministério Público requererem ao juiz o **levantamento da curatela.** Por meio do instituto da **emancipação,** os efeitos da maioridade civil para pessoas relativamente incapazes, que ainda não atingiram os 18 anos de idade, são outorgados, tornando-as plenamente capazes para a prática dos atos da vida civil, sem necessidade de assistência ou representação. Pode ser: **a) Voluntária:** por ato unilateral dos pais, ou de um deles na falta do outro, sempre em benefício do menor. **b) Judicial:** concedida pelo juiz, ouvido o tutor, desde que o menor tenha pelo menos 16 anos completos. **c) Legal:** quando o menor vem a praticar determinado ato reputado incompatível com a sua condição de incapaz: **casamento**; **exercício de cargo ou emprego público efetivo**; **colação de grau em curso de ensino superior**; **estabelecimento civil, comercial ou existência de relação de emprego que gerem economia própria**.

PESSOA NATURAL OU FÍSICA	
EXTINÇÃO DA PESSOA NATURAL	Com a morte, fica completo o ciclo vital da pessoa humana, extinguindo-se, automaticamente, a sua personalidade jurídica juntamente com seus direitos. Para o reconhecimento da **morte real**, exige-se uma declaração médica da ocorrência da morte encefálica. A **morte presumida** pode ser: **a) Com declaração de ausência:** nas ocasiões em que a lei autoriza a abertura da sucessão definitiva (art. 6º); **b) Sem declaração de ausência:** em situações que for extremamente provável a morte para quem estava em perigo de vida e, se alguém, desaparecido em campanha ou feito prisioneiro, não for encontrado até dois anos após o término da guerra (art. 7º). Morrendo duas ou mais pessoas simultaneamente, diante do estado de dúvida, não sendo possível indicar, com precisão, quem precedeu a morte de quem, abre-se a **comoriência**, considerando-se que morreram concomitantemente. A **ausência** consiste no desaparecimento de uma pessoa de seu domicílio, sem dar notícias do lugar onde se encontra, nem deixar procurador para administrar seus bens, acarretando, por essa razão, dúvida a respeito de sua sobrevivência. A declaração de ausência, no que diz respeito à tutela dos bens, é organizada em três etapas distintas: **Curatela dos bens do ausente; sucessão provisória;** e **sucessão definitiva**.
INDIVIDUALIZAÇÃO DA PESSOA NATURAL	**I. Nome:** designação ou sinal exterior pelo qual a pessoa se identifica no seio da família e da sociedade, integrando a personalidade e individualizando a pessoa. A tutela jurídica abrange o **pseudônimo**, propiciando direito à indenização em caso de má utilização. **II. Estado:** soma das qualificações da pessoa na sociedade hábeis a produzir efeitos jurídicos. **III. Domicílio:** sede jurídica da pessoa. Para que ocorra a **mudança de domicílio**, deve haver a mudança da residência, aliada ao ânimo de mudança. Se a pessoa natural tiver diversas residências, onde, alternadamente, viva, considerar-se-á domicílio seu, qualquer delas (**domicílio múltiplo**). O domicílio civil possui algumas espécies, quais sejam: **de origem** (primeiro domicílio de uma pessoa); **voluntário** (opção de que seja o local principal de suas atividades); **profissional** (local onde a pessoa exerce sua profissão); **aparente** (local em que se encontre); **de eleição** (local designado pelas partes para que se discutam questões advindas de uma relação contratual); e **legal** ou **necessário** (obrigatório de determinadas pessoas naturais).

5

DIREITOS DA PERSONALIDADE

A Declaração dos Direitos do Homem, de 1789 e de 1948, das Nações Unidas, bem como a Convenção Europeia de 1950, reconheceram os direitos da personalidade como categoria de direito subjetivo. No âmbito do direito privado brasileiro, sua evolução tem se mostrado lenta, com tutela em leis especiais e principalmente na jurisprudência, a quem coube a tarefa de desenvolver a proteção à intimidade do ser humano, sua imagem, seu nome, seu corpo e sua dignidade.

O advento da Constituição Federal de 1988 foi o grande marco para a proteção dos direitos da personalidade, referindo-se expressamente no art. 5º, X, nestes termos: "São invioláveis a intimidade, a vida privada, a honra e a imagem das pessoas, assegurado o direito a indenização pelo dano material ou moral decorrente de sua violação".

fique ligado!

É importante observar que o dispositivo constitucional faz menção à pessoa, e não ao "homem". Trata-se de conquista do movimento feminista, paradigma que marca a pós-modernidade jurídica, ao tempo que consagra a dignidade da pessoa humana (art. 1º, III, da CF/88) como o mais importante vértice do ordenamento jurídico brasileiro.

O Código Civil de 2002 trouxe, como principal inovação, a existência de um capítulo dedicado exclusivamente aos direitos da personalidade. Houve clara mudança axiológica da codificação – de um código agrário e conservador (que só abarcava os direitos subjetivos reais e obrigacionais), patrimonialista, para outro que se preocupa substancialmente com o indivíduo – em sintonia com a CF/88. Sua localização destacada aponta que o ser humano é o protagonista do novo sistema, consoante importante tese do direito privado contemporâneo, qual seja, a da despatrimonialização ou repersonalização do direito privado.

tome nota!

O CC, entre os arts. 1º e 39, cuida da pessoa natural como sujeito de direito. Nesse sentido, o art. 1º do CC/2002 aduz: "Toda pessoa é capaz de direitos e deveres na ordem civil". Algumas observações precisam ser consideradas a respeito:

- *A expressão "deveres" é mais técnica, porque existem deveres que não são obrigações.*
- *A expressão "ordem civil" remete à diretriz da "socialidade".*
- *O dispositivo associa a pessoa à capacidade de direito ou de gozo (possibilidade de ser sujeito de direito)*

É importante destacar, nesse contexto, que "pessoa", para o Direito, notadamente o Direito Civil, portanto, é simplesmente quem tem personalidade. Em outras palavras, quem tem capacidade de direito – aspecto patrimonial – somada à proteção fundamental dos direitos da personalidade – aspecto existencial da personalidade.

No capítulo dos Direitos da Personalidade (arts. 11 a 21 do CC), o legislador considerou, segundo a linha filosófica do Código Civil – tendo em vista a teoria do conhecimento jurídico baseada no culturalismo e na teoria tridimensional do Direito, de Miguel Reale, coordenador do grupo de juristas que elaborou a codificação privada –, salvaguardar sob múltiplos aspectos, desde a proteção dispensada ao nome e à imagem até o direito de disposição do próprio corpo para fins científicos ou altruísticos.

tome nota!

Os mecanismos de proteção da pessoa humana, no âmbito do direito privado, autorizam (art. 12 do CC) o recurso às tutelas: a) ***ressarcitória*** *(indenização ou reparação não pecuniária por danos); b)* ***repressiva*** *(cessação da lesão); e c)* ***inibitória*** *(cessação da ameaça ou lesão). O juiz pode, por exemplo, aplicar, de ofício inclusive, as técnicas de tutela específica. O magistrado pode conceder, ampliar, reduzir, substituir, inclusive* ex officio, *todas as medidas indutivas, coercitivas, mandamentais ou sub-rogatórias necessárias para assegurar o cumprimento de ordem judicial, inclusive nas ações que tenham por objeto prestação pecuniária. Isso porque há um interesse público subjacente no cumprimento da decisão judicial (poder geral de efetivação das decisões – art. 139, IV, do CPC/2015). Um bom exemplo é o famoso caso Carolina Dieckman e o programa "Pânico na TV", quando a atriz foi reiteradamente assediada para "calçar as sandálias da humildade", símbolo pejorativo e jocoso de um dos quadros do programa. O juiz estabeleceu, como medida coercitiva, multa e medida de afastamento, até que proibiu mencionar o nome dela, sob pena de extinção do programa. A atriz ainda ganhou uma indenização pelos danos morais a ela causados.*

5.1 CONCEITO

Os direitos de personalidade são os direitos que têm por objeto os atributos físicos, psíquicos e morais da pessoa em si, bem como em suas projeções sociais, com o fim de proteger a essência e a existência do ser humano. Aqueles constituídos pela estrutura base dos direitos do ser humano, consubstanciada em valores não redutíveis pecuniariamente, inerentes aos seus caracteres essenciais, incluindo os direitos à vida; à integridade psicofísica; à honra; à intimidade; ao sossego; a um ambiente de vida humano, sadio e ecologicamente equilibrado; à sexualidade; à qualidade de vida, entre outros.

Fundamentalmente, os direitos de personalidade impõem um conteúdo mínimo de direitos imprescindíveis para o desenvolvimento da personalidade do indivíduo. Ao colidirem com os de índole patrimonial ou com valorização econômica, pela sua natureza de direitos extrapatrimoniais, os direitos da personalidade devem prevalecer em detrimento daqueles. Francisco Amaral define os direitos da personalidade como direitos subjetivos que têm por objeto os bens e os valores essenciais da pessoa, nos seus aspectos físico, moral e intelectual.

5.2 DIREITOS DA PERSONALIDADE X LIBERDADES PÚBLICAS

Os direitos da personalidade, por serem inerentes ao ser humano, precedem o direito positivado. Consequentemente, deve o Estado reconhecê-los e protegê-los, primando por assegurar a plenitude dos direitos do ser humano e do cidadão, além da ampla cidadania e da dignidade da pessoa humana, concretizando os ditames do diploma constitucional, por meio do art. 5º, IV, V e X, da CF.

As liberdades públicas, por seu turno, dependem, necessariamente, de positivação para que assim sejam consideradas. Quanto ao conteúdo, estas se inserem em categorias transindividuais (econômicas e sociais, por exemplo), enquanto os direitos da personalidade têm caráter individual.

5.3 NATUREZA JURÍDICA

Consistem em poderes que o homem exerce sobre a sua própria pessoa, caracterizados como *tertium genus* de direito subjetivo, de índole fundamental (*vide* art. 5º, § 2º, e art. 1º, III, da CF). Seu objeto não é a própria personalidade, mas sim as manifestações especiais de suas projeções (físicas, psíquicas e morais), consideradas dignas de tutela jurídica, uma vez que devem ser resguardadas de qualquer ofensa. Nesse âmbito, o Enunciado 274 da IV Jornada de Direito Civil do CJF assevera:

> Os direitos da personalidade, regulados de maneira não exaustiva pelo Código Civil, são expressões da cláusula geral de tutela da pessoa humana, contida no art. 1º, inciso III, da Constituição (princípio da dignidade da pessoa humana). Em caso de colisão entre eles, como nenhum pode sobrelevar os demais, deve-se aplicar a técnica da ponderação.

Duas correntes cuidam dos fundamentos jurídicos dos direitos da personalidade: a **positivista** (ou tipificadora), que somente identifica como direitos da personalidade aqueles reconhecidos pelo Estado – condição que lhes daria força jurídica, não aceitando, assim, a existência de direitos inatos à condição humana. Seu fundamento único seria a norma jurídica, pois ética, religião, história, política e ideologia não passariam de aspectos de uma mesma realidade. Por outro lado, a corrente **jusnaturalista** entende os direitos da personalidade como atributos inerentes à condição humana. São faculdades exercitadas naturalmente pelo homem.

5.4 ORIGEM E EVOLUÇÃO

A história dos direitos da personalidade aponta três elementos históricos que contribuíram de forma decisiva para o desenvolvimento da sua teoria:

I. **O advento do Cristianismo:** por enfatizar a existência digna do homem filho de Deus, reconhecendo um vínculo interior e superior, acima das circunstâncias políticas, afastando-se das determinações romanas como requisitos para o conceito de pessoa (*status libertatis, status civitatis* e *status familiae*). Exaltava o indivíduo, distinguindo-o da coletividade e dotando-o de livre-arbítrio. O cristianismo está associado à dignidade da pessoa humana e tem sua expansão, principalmente, a partir da Segunda Guerra Mundial. Remete à doutrina de São Tomás de Aquino e de Santo Agostinho, bem como à filosofia (de Immanuel Kant, por exemplo). A CF/88 traz uma "noção kantiana" de dignidade, considerando o valor intrínseco do ser humano, que deve ser entendido como um fim em si mesmo, e nunca como meio.

II. **A Escola do Direito Natural:** por apontar para a existência de direitos inatos ao ser humano, unidos à sua natureza de forma absoluta.

III. **A Filosofia Iluminista:** por primar pela valorização do indivíduo no contexto estatal.

5.5 TITULARIDADE

O titular dos direitos da personalidade, por excelência, é o ser humano. Muito embora alcance também os nascituros, que, mesmo destituídos de personalidade, têm direitos ressalvados desde a concepção. Igualmente, apesar de uma concepção originalmente antropocêntrica dos direitos da personalidade, tutelam as pessoas jurídicas no que diz respeito aos atributos que lhes são reconhecidos (nome e outros sinais distintivos, imagem, segredo, criações intelectuais, entre outros), refletindo-se nos valores societários.

fique ligado!

A Constituição não faz distinção entre pessoa natural e pessoa jurídica ao dispor sobre o direito à honra e à imagem, não podendo haver interpretação restritiva a esse respeito, por se tratar de direitos fundamentais. O mesmo ocorre no inciso V do art. 5º do texto constitucional (indenização por dano moral e à imagem). Por ausência de estrutura biopsicológica, pode-se afirmar – esse é o entendimento da melhor doutrina – que a pessoa jurídica não é, propriamente, "titular" dos direitos da personalidade, inerentes à pessoa humana, mas o art. 52 do CC adverte que "aplica-se às pessoas jurídicas, no que couber, a proteção dos direitos da personalidade".

súmula

É o entendimento consagrado na jurisprudência, por meio da Súmula 227 do STJ: "A pessoa jurídica pode sofrer dano moral".

Destaque-se que a corrente doutrinária divergente, encabeçada por Gustavo Tepedino, restringe a titularidade dos direitos da personalidade ao ser humano por três motivos:

I. Sua positivação tem origem na Constituição alemã, que dispõe expressamente que "a dignidade da pessoa humana é inviolável".

II. Configura dano patrimonial, e não moral, a lesão ao nome da pessoa jurídica, uma vez que ela só tem honra objetiva (externa ao sujeito – respeito, consideração, apreço) e o prejuízo é unicamente material.

III. Estender os direitos da personalidade a ecossistema, animais e pessoas jurídicas significa desmerecê-los, desvalorizá-los. Os fundamentos seriam diversos, apesar de a pessoa natural e a pessoa jurídica serem sujeitos de direito. Ademais, essa extensão não se adaptaria à trajetória e à função dos direitos da personalidade no ordenamento.

tome nota!

Após diversas reivindicações de entidades de proteção animal, a recente Lei n. 14.228/2021 trouxe importante disciplina sobre a temática dos direitos dos animais ao proibir a eliminação de cães e gatos pelos órgãos de controle de zoonoses, canis públicos e estabelecimentos oficiais congêneres (art. 1º). Por conseguinte, a eutanásia passa a ser permitida somente em casos específicos, sob pena de o infrator sujeitar-se às punições da Lei de Crimes Ambientais (Lei n. 9.605/98), conforme previsto no art. 2º da Lei n. 14.228/2021:

> *Art. 2º Fica vedada a eliminação da vida de cães e de gatos pelos órgãos de controle de zoonoses, canis públicos e estabelecimentos oficiais congêneres, com exceção da eutanásia nos casos de males, doenças graves ou enfermidades infectocontagiosas incuráveis que coloquem em risco a saúde humana e a de outros animais.*

> *§ 1º A eutanásia será justificada por laudo do responsável técnico pelos órgãos e estabelecimentos referidos no* caput *deste artigo, precedido, quando for o caso, de exame laboratorial.*
>
> *§ 2º Ressalvada a hipótese de doença infectocontagiosa incurável, que caracterize risco à saúde pública, o animal que se encontrar na situação prevista no* caput *deste artigo poderá ser disponibilizado para resgate por entidade de proteção dos animais.*

5.6 CARACTERÍSTICAS

As características são usualmente destacadas como forma de diferenciar os direitos de personalidade dos demais direitos subjetivos. Não obstante, pensar os direitos de personalidade como direitos subjetivos significa promover a proteção da pessoa humana em toda situação em que haja ofensa ao seu valor.

Caracterizam os **direitos da personalidade:**

a) **Caráter absoluto:** consequência de sua oponibilidade ***erga omnes*** (contra todos). Com isso, não quer dizer que são ilimitáveis, a pretensão é que será dirigida a certa(s) pessoa(s). Nesse ponto, são relativos, incidindo a razoabilidade, em caso de colisão de interesses.

b) **Inatos:** porque decorreriam do jusnaturalismo.

c) **Generalidade:** outorgados a todas as pessoas. Por meio dos direitos da personalidade, todos os seus titulares estão protegidos. Caráter necessário dos direitos da personalidade.

d) **Extrapatrimonialidade:** ainda que sua lesão gere efeitos econômicos (dano moral), caracterizam-se pela ausência de conteúdo patrimonial direto.

e) **Indisponibilidade:** por ser essencial, a pessoa dele não pode dispor. Abrange tanto a **intransmissibilidade** (não se admite a cessão do direito de um sujeito para outro) quanto a **irrenunciabilidade** (ninguém pode dispor de sua vida, sua intimidade, sua imagem). O ordenamento relativiza a indisponibilidade, na medida em que o art. 11 do CC admite restrição voluntária, desde que atendidos os seguintes requisitos: 1) não pode ser permanente; 2) não pode ser genérico; 3) não pode violar a dignidade do titular. Nesse sentido, os enunciados da Jornada de Direito Civil prelecionam que os direitos da personalidade podem sofrer limitações voluntárias, desde que não sejam permanentes nem gerais, ainda que não especificamente previstas em lei, não podendo ser exercidos com abuso de direito de seu titular, contrariamente à boa-fé objetiva e aos bons costumes. O Superior Tribunal de Justiça entende que o direito de ação por dano moral possui natureza patrimonial e, como tal, transmite-se aos sucessores da vítima (REsp 978.651/SP). Ademais, explana Sérgio Cavalieri Filho que o art. 11 é expresso quanto à intransmissibilidade dos direitos da personalidade, bem como o parágrafo único do art. 20, que confere legitimidade ao cônjuge, aos ascendentes e aos descendentes para resguardarem a imagem do *de cujus*, a boa fama e a respeitabilidade, abrange as ofensas causadas após o falecimento, caso em que os herdeiros vão a juízo por direito próprio. Não se confunde, assim, com a situação em que a postulação é realizada em decorrência daquele sentimento próprio da vítima já morta, pois se trata da incorporação ao patrimônio dos herdeiros do direito que nasceu e foi reconhecido pela própria vítima, a qual não teve chance de ingressar com a ação. Os Enunciados 4, da I Jornada de Direito Civil, e 139, da III Jornada de Direito Civil do CJF, respectivamente, a respeito do tema, por fim, disciplinam que:

Enunciado 4: "O exercício dos direitos da personalidade pode sofrer limitação voluntária, desde que não seja permanente nem geral".

Enunciado 139: "Os direitos da personalidade podem sofrer limitações, ainda que não especificamente previstas em lei, não podendo ser exercidos com abuso de direito de seu titular, contrariamente à boa-fé objetiva e aos bons costumes".

f) **Impenhorabilidade:** os direitos da personalidade são inerentes à pessoa humana e dela inseparáveis e, por essa razão, indisponíveis, não podendo ser penhorados, pois a constrição é o ato inicial da venda forçada determinada pelo juiz para satisfazer o crédito do exequente. Contudo, a indisponibilidade não é absoluta, podendo alguns deles terem o seu uso cedido para fins comerciais mediante retribuição pecuniária, como o direito autoral e o direito de imagem, por exemplo. Portanto, os reflexos patrimoniais dos referidos direitos podem ser penhorados. Diante da ausência de conteúdo econômico, resta impedida a penhora dos direitos da personalidade, mas o crédito deles decorrentes pode, sim, ser objeto de constrição. Da mesma forma, pode-se admitir a penhora dos créditos da cessão de uso do direito à imagem.

g) **Vitaliciedade:** com a morte, ocorre a extinção dos direitos da personalidade. No entanto, mesmo após a morte, alguns desses direitos são resguardados, como o respeito ao morto, à sua honra ou memória e ao seu direito moral de autor. O art. 12, parágrafo único, do CC prevê que os parentes podem sofrer o chamado **dano reflexo**, em caso de lesão aos direitos que seriam da personalidade da pessoa morta. Cuida-se, em verdade, da proteção aos direitos da personalidade dos parentes, que são lesados indiretamente, não se tratando de sucessão, em exceção ao princípio da indisponibilidade. Os legitimados para requerer o dano são, subsidiariamente, os cônjuges, qualquer parente em linha reta, ou colateral até o quarto grau.

observação

O Código Civil, em seu art. 12, aduz que:

> *Pode-se exigir que cesse a ameaça, ou a lesão, a direito da personalidade, e reclamar perdas e danos, sem prejuízo de outras sanções previstas em lei.*
>
> *Parágrafo único. Em se tratando de morto, terá legitimação para requerer a medida prevista neste artigo o cônjuge sobrevivente, ou qualquer parente em linha reta, ou colateral até o quarto grau.*

O dispositivo trata do chamado dano reflexo ou em ricochete, uma vez que as pessoas citadas no referido artigo de lei seriam lesados indiretos pelo vínculo afetivo e de parentesco com a vítima direta. É importante notar que, aqui, não se aplica a denominada ordem de vocação hereditária, instituto do direito sucessório. Trata-se, no plano processual, de legitimidade autônoma ordinária. Há, portanto, pedido de direito próprio em nome próprio. Um bom exemplo envolve o famoso caso da biografia do jogador de futebol Garrincha, que teve sua intimidade violada em biografia não autorizada escrita pelo biografista e jornalista Ruy Castro (STJ, REsp 521.697/RJ).

Ainda sobre o tema, é importante destacar outra questão relevante: em se tratando do direito de imagem do morto, os colaterais estão excluídos. Segundo o art. 20 do CC:

> *Salvo se autorizadas, ou se necessárias à administração da justiça ou à manutenção da ordem pública, a divulgação de escritos, a transmissão da palavra, ou a publicação, a exposição ou a utilização da imagem de uma pessoa poderão ser proibidas, a seu requerimento e sem prejuízo da indenização que couber, se lhe atingirem a honra, a boa fama ou a respeitabilidade, ou se se destinarem a fins comerciais.*
>
> *Parágrafo único. Em se tratando de morto ou de ausente, são partes legítimas para requerer essa proteção o cônjuge, os ascendentes ou os descendentes.*

Dentre lesados indiretos, cumpre destacar que o CC deixou de mencionar entre os legitimados o companheiro, limitando-se ao "cônjuge", o que não tem impedido a doutrina de reconhecer, acertadamente, sua legitimidade. O Enunciado 275 da IV Jornada de Direito Civil do CJF, nesse sentido, assevera: "O rol dos legitimados de que tratam os arts. 12, parágrafo único, e 20, parágrafo único, do Código Civil também compreende o companheiro".

Registre-se, como anunciado anteriormente, que os colaterais são excluídos como legitimados no parágrafo único do art. 20 do CC. Por oportuno, cumpre salientar que, por unanimidade, o plenário do Supremo Tribunal Federal julgou procedente a Ação Direta de Inconstitucionalidade (ADI) n. 4.815 e declarou inexigível a autorização prévia para a publicação de biografias. Seguindo o voto da relatora, ministra Cármen Lúcia, a decisão dá interpretação conforme a Constituição da República aos arts. 20 e 21 do Código Civil, em consonância com os direitos fundamentais à liberdade de expressão das atividades intelectual, artística, científica e de comunicação, independentemente de censura ou licença de pessoa biografada, relativamente a obras biográficas literárias ou audiovisuais (ou de seus familiares, em caso de pessoas falecidas). Obviamente, conforme narrado anteriormente, que o biografista responde por eventuais danos causados ao biografado em seus relatos, bem como aos envolvidos na biografia.

Por término, é importante constatar que os direitos da personalidade projetam-se além da vida do seu titular. Nesse aspecto, a violação à honra do morto, por exemplo, não interfere sobre a esfera existencial da pessoa já falecida, mas produz efeitos no meio social. Não imputar consequências a uma violação dessa monta poderia não apenas causar conflitos, mas também reduzir a eficácia da proteção fundamental dos direitos da personalidade, o que vai na contramão dos vetores fundamentais do sistema jurídico. Em razão disso, há uma evidente necessidade de se proteger post mortem *a personalidade, como valor objetivo, reservando a outras pessoas uma extraordinária legitimidade para pleitear a adoção das medidas necessárias a inibir, interromper ou remediar a violação.*

h) **Imprescritibilidade:** não há prazo para seu exercício, tampouco se extinguem pelo não uso. Inexiste perda pelo decurso do tempo, pelo uso ou pela inércia na pretensão de defendê-los. Todavia, embora violado um direito da personalidade, a pretensão à sua reparação, por ter caráter patrimonial, está sujeita aos prazos prescricionais estabelecidos em lei.

5.7 ESPÉCIES

Os direitos personalíssimos não possuem um rol taxativo (*numerus clausus*), são meramente exemplificativos (*numerus apertus*). Entre os mais importantes, destacam-se:

a) **Vida:** o mais fundamental direito humano, o bem supremo, sem o qual não há razão de ser dos demais, pois constitui sua origem e seu suporte. Preexiste ao direito e deve ser respeitada por todos. Sua extinção põe fim à condição de ser humano e a todas as manifestações jurídicas que se apoiam nessa condição. Trata-se de direito à vida, e não sobre a vida, de modo que seu titular não pode cercear esse direito. O direito à vida deve ser entendido como o direito ao respeito à vida do próprio titular e de todos. É de extrema importância a sua defesa contra os riscos de sua destruição.

b) **Integridade física:** o Código Civil regulamenta da seguinte forma:

   I. **Princípio do consentimento informado (art. 15):** envolve o direito do paciente de saber qual é o tratamento ou a cirurgia recomendada pelo médico e as suas consequências, para que a opção seja feita com consciência. A responsabilidade do profissional de saúde, assim, não é só quanto à técnica, mas também quanto à informação. Destaque-se que toda a produção jurídica dos últimos anos, no que concerne a responsabilidade médica, tem sido no sentido da obtenção da concordância do paciente para qualquer espécie de tratamento (não só no que envolver risco de morte). Na relação médico-paciente, portanto, tem-se ressaltado cada vez mais a necessidade de participação do enfermo nas decisões concernentes ao seu tratamento. Essa participação, inclusive, é importante notar, não se restringe a uma autorização genérica para a realização dos procedimentos médicos necessários ou dirigidos à cura, mas a um consentimento informado em relação a cada passo ou etapa da terapia. Somente em situações excepcionais, resultantes da ponderação com outros interesses constitucionalmente protegidos, poderá haver a submissão de pessoa a tratamento médico compulsório. Por exemplo, é o caso da internação compulsória de criminosos que sofrem de certos distúrbios psiquiátricos, instituídos com foco na tutela do direito à saúde do próprio paciente e da coletividade. De outro modo, o consentimento do paciente deve ser sempre buscado, fornecendo-se a ele, de modo claro e transparente, toda a informação relevante sobre o tratamento e seus potenciais efeitos, positivos ou negativos, além de alternativas eventualmente disponíveis. Ao arremate, nesse mesmo sentido, desponta o Enunciado 533 da VI Jornada de Direito Civil do CJF:

> O paciente plenamente capaz poderá deliberar sobre todos os aspectos concernentes a tratamento médico que possa lhe causar risco de vida, seja imediato ou mediato, salvo as situações de emergência ou no curso de procedimentos médicos cirúrgicos que não possam ser interrompidos.

fique ligado!

Uma questão polêmica sobre o tema em lide é o caso da transfusão de sangue envolvendo os adeptos da religião intitulada Testemunhas de Jeová, que não podem, de acordo com a sua crença, receber transfusão de sangue. A despeito disso, muitos de seus seguidores acabam sendo submetidos, contra a sua vontade, a procedimentos de transfusão, após serem sedados por médicos ou enfermeiros em hospitais e clínicas de todo o país. Do ponto de vista moral ou filosófico, a suposta supremacia do direito à vida não encontra fundamento jurídico em nossa Constituição Federal. A CF/88 não dá tratamento privilegiado à vida em face de outros interesses pessoais. Menciona o direito à vida no art. 5º, em conjunto a outros tantos direitos, como a igualdade, a segurança, a propriedade e a própria liberdade religiosa. Resta evidente, portanto, que nosso texto constitucional eximiu-se de estabelecer qualquer hierarquia entre a vida e os outros direitos individuais. A questão é controversa, sendo que a doutrina tem assentado alguns critérios sobre a legitimidade da recusa à transfusão de sangue, conforme preceitua o Enunciado 403 da V Jornada de Direito Civil do CJF:

> *O direito à inviolabilidade de consciência e de crença, previsto no art. 5º, VI, da Constituição Federal, aplica-se também à pessoa que se nega a tratamento médico, inclusive transfusão de sangue, com ou sem risco de morte, em razão do tratamento ou da falta dele, desde que observados os seguintes critérios: a) capacidade civil plena, excluído o suprimento pelo representante ou assistente; b) manifestação de vontade livre, consciente e informada; e c) oposição que diga respeito exclusivamente à própria pessoa do declarante.*

II. **Limites à disposição do corpo (art. 13):** só por motivo de saúde, se houver exigência médica, pode haver a diminuição permanente da integridade física. Abrange as cirurgias plásticas e as lipoaspirações, por exemplo, uma vez que o teor do art. 13 do CC contempla tanto o bem-estar físico quanto o psíquico (Enunciado 6 da I Jornada de Direito Civil do CJF). O Enunciado 532 do CJF aponta para a possibilidade de disposição gratuita do corpo para fins exclusivamente científicos, nos termos dos arts. 11 e 13 do CC. A disposição do corpo não pode, ainda, ser contrária aos bons costumes (por exemplo, tatuagens e *piercings* seriam legais, enquanto a dilaceração do próprio corpo por conta de uma tendência fruto de uma doença psiquiátrica, intitulada *wannabe*, por exemplo, seria, por óbvio, ilegítima). O direito ao próprio corpo abrange tanto a sua integralidade como as partes dele destacáveis e sobre as quais se exerce o direito de disposição. Após a morte, pode haver disposição gratuita do corpo para objetivos altruísticos ou científicos, no todo ou em parte (um bom exemplo de disposição parcial é a doação de órgãos). O parágrafo único do art. 13 do CC autoriza, de forma expressa, a disposição do próprio corpo com objetivo de transplante, direcionando a sua regulamentação para Lei n. 9.434/97, que trata da "doação" de órgãos tanto em vida quanto após a morte. A lei em foco traz diversos requisitos específicos para essa "doação". Por exemplo, no que se refere às "doações" em vida para pessoas que não sejam cônjuges ou parentes do doador, a Lei n. 10.211/2001 alterou o art. 9º da Lei n. 9.434/97 e, nesses casos, passou a exigir a autorização judicial, desnecessária apenas em caso de medula óssea. Outra questão relevante: havendo suspeita de morte violenta oriunda de crime, a lei obriga a realização de necropsia.

tome nota!

Um exemplo didático e marcante acerca dos limites à disposição do próprio corpo, ventilado pela doutrina nacional, bem explicitado por Anderson Schreiber, é o caso da cantora mexicana Glória Trevi. Acusada em seu país por crime de corrupção de menores, ela foi detida no Brasil pela Polícia Federal. No período em que aguardava extradição para o México, descobriu que havia engravidado durante a carceragem. Lembrando que ela não tinha direito a receber visitas íntimas. O fato foi amplamente divulgado pela imprensa e gerou especulações de corrupção ou mesmo de estupro por parte dos agentes federais brasileiros. A cantora, ainda, levantou a inusitada tese de que teria havido uma inseminação artificial por meio de uma caneta, pois seu marido havia sido preso juntamente com ela em cela próxima. A cantora negou-se a realizar exame de DNA com intuito de auferir a paternidade da criança. Ocorreu que sua placenta foi coletada no momento do parto e congelada para a posterior realização do exame, tudo com a chancela do Supremo Tribunal Federal, que, por meio da técnica do sopesamento, em homenagem ao direito fundamental à honra (art. 5º, X, da CF) e à imagem de policiais federais acusados de estupro da extraditanda, nas dependências da Polícia Federal, e o direito à imagem da própria instituição, em confronto com o alegado direito da reclamante à intimidade, à autonomia do próprio corpo, no caso, uma parte destacada deste. Por fim, descobriu-se que a paternidade do filho dela era do próprio marido, o que induz a uma suposta visita íntima ilegal (Rcl 2.040 QO/DF, Tribunal Pleno, Rel. Min. Neri da Silveira, j. 21.02.2002). Ao arremate, o Enunciado 274 da IV Jornada de Direito Civil do CJF aduz:

> *Os direitos da personalidade, regulados de maneira não exaustiva pelo Código Civil, são expressões da cláusula geral de tutela da pessoa humana, contida no art. 1º, inciso III, da Constituição (princípio da dignidade da pessoa humana). Em caso de colisão entre eles, como nenhum pode sobrelevar os demais, deve-se aplicar a técnica da ponderação.*

observação

O transexualismo foi concebido, inicialmente, como uma patologia ou doença, uma variação da wannabe, *patologia psiquiátrica associada a um desvio de identidade sexual no sentido de rejeitar o próprio fenótipo com uma tendência à automutilação e à autodestruição, conforme Resolução n. 1.955/2010 do Conselho Federal de Medicina. Nesse sentido, a cirurgia de transgenitalização era permitida após tratamento psicológico/psiquiátrico, sendo parte da terapêutica de tais supostas doenças. Contudo, cristalizou-se na jurisprudência brasileira a despatologização da situação da pessoa trans, sendo recomendada a substituição da expressão "transexualíssimo", que indica patologia, por "transexualidade". O Enunciado 276 da IV Jornada de Direito Civil do CJF, no sentido proposto, consolidou a tese de que: "O art. 13 do Código Civil, ao permitir a disposição do próprio corpo por exigência médica, autoriza as cirurgias de transgenitalização, em conformidade com os procedimentos estabelecidos pelo Conselho Federal de Medicina, e a consequente alteração do prenome e do sexo no registro civil". Inclusive, o STJ permitiu a alteração do sexo no registro civil sem a necessidade de realização de cirurgia (REsp 1.626.739/RS). Na sequência, o próprio STF confirmou a tese da despatologização da transexualidade, inclusive com decisum com repercussão geral (RE 670.422/RS).*

O CC, ainda sobre o tema lide, primeiro dispõe sobre o corpo em vida e, na sequência, disciplina a sua disposição após a morte. O dispositivo legal em comento exige a gratuidade do ato de disposição e, nesse sentido, afasta a possibilidade de exploração econômica do cadáver. Outro aspecto relevante é que a validade do ato está atrelada a um objetivo científico ou altruístico. Um bom exemplo a esse respeito seria a transferência do cadáver para universidades, com objetivo de permitir o estudo e a pesquisa por parte dos alunos das áreas biomédicas. A outra questão remete aos transplantes de órgãos post mortem. *Disciplinados pela Lei n. 9.434/97 (a Lei do Transplante), que dispõe, em seu art. 4º, que "a retirada de tecidos, órgãos e partes do corpo de pessoas falecidas para transplantes ou outra finalidade terapêutica, dependerá da autorização do cônjuge ou parente, maior de idade, obedecida a linha sucessória, reta ou colateral, até o segundo grau inclusive, firmada em documento subscrito por duas testemunhas presentes à verificação da morte". Nesse aspecto, é importante destacar que o dispositivo legal em análise é regulamentado pelo Decreto n. 9.175/2017, que exige o consentimento livre e esclarecido dos familiares expressamente consignado em um termo específico de autorização. A seu turno, a nova redação dada pela Lei n. 10.211/2001 ao art. 4º da Lei n. 9.434/97 tem sido interpretada no sentido de que o aval da família se faz necessário mesmo nos casos em que o morto tenha deixado expressa autorização para o transplante.*

> *JURISPRUDÊNCIA (STJ). RECURSO ESPECIAL. AÇÃO ORDINÁRIA. 1. DISCUSSÃO TRAVADA ENTRE IRMÃS PATERNAS ACERCA DA DESTINAÇÃO DO CORPO DO GENITOR. ENQUANTO A RECORRENTE AFIRMA QUE O DESEJO DE SEU PAI, MANIFESTADO EM VIDA, ERA O DE SER CRIOPRESERVADO, AS RECORRIDAS SUSTENTAM QUE ELE DEVE SER SEPULTADO NA FORMA TRADICIONAL (ENTERRO). 2. CRIOGENIA. TÉCNICA DE CONGELAMENTO DO CORPO HUMANO MORTO, COM O INTUITO DE REANIMAÇÃO FUTURA. 3. AUSÊNCIA DE PREVISÃO LEGAL SOBRE O PROCEDIMENTO DA CRIOGENIA. LACUNA NORMATIVA. NECESSIDADE DE INTEGRAÇÃO DA NORMA POR MEIO DA ANALOGIA (LINDB, ART. 4º). ORDENAMENTO JURÍDICO PÁTRIO QUE, ALÉM DE PROTEGER AS DISPOSIÇÕES DE ÚLTIMA VONTADE DO INDIVÍDUO, COMO DECORRÊNCIA DO DIREITO AO CADÁVER, CONTEMPLA DIVERSAS NORMAS LEGAIS QUE TRATAM DE FORMAS DISTINTAS DE DESTINAÇÃO DO CORPO HUMANO EM RELAÇÃO À TRADICIONAL REGRA DO SEPULTAMENTO. NORMAS CORRELATAS QUE NÃO EXIGEM FORMA ESPECÍFICA PARA VIABILIZAR A DESTINAÇÃO DO CORPO HUMANO APÓS A MORTE, BASTANDO A ANTERIOR MANIFESTAÇÃO DE VONTADE DO INDIVÍDUO. POSSIBILIDADE DE COMPROVAÇÃO DA VONTADE POR QUALQUER MEIO DE PROVA IDÔNEO. LEGITIMIDADE DOS FAMILIARES MAIS PRÓXIMOS A ATUAREM NOS CASOS ENVOLVENDO A TUTELA DE DIREITOS DA PERSONALIDADE DO INDIVÍDUO* POST MORTEM. *4. CASO CONCRETO: RECORRENTE QUE CONVIVEU E COABITOU COM SEU GENITOR POR MAIS DE 30 (TRINTA) ANOS, SENDO A MAIOR PARTE DO TEMPO EM CIDADE BEM DISTANTE DA QUE RESIDEM SUAS IRMÃS (RECORRIDAS), ALÉM DE POSSUIR PROCURAÇÃO PÚBLICA LAVRADA POR SEU PAI, OUTORGANDO-LHE AMPLOS, GERAIS E IRRESTRITOS PODERES. CIRCUNSTÂNCIAS FÁTICAS QUE PERMITEM CONCLUIR QUE A SUA MANIFESTAÇÃO É A QUE MELHOR TRADUZ A REAL VONTADE DO* DE CUJUS. *5. CORPO DO GENITOR DAS PARTES QUE JÁ SE ENCONTRA SUBMETIDO AO PROCEDIMENTO DA CRIOGENIA HÁ QUASE 7 (SETE) ANOS. SITUAÇÃO JURÍDICA CONSOLIDADA NO TEMPO. POSTULADO DA RAZOABILIDADE. OBSERVÂNCIA. 6. RECURSO PROVIDO (STJ, REsp 1693718/RJ, Rel. Min. Marco Aurélio Bellizze, Terceira Turma, julgado em 26.03.2019, DJe 04.04.2019).*

fique ligado!

A nova redação dada pela Lei n. 10.211/2001 tem sido interpretada no sentido de que o aval da família se faz necessário mesmo nos casos em que o morto tenha deixado expressa autorização para o transplante. Tal legislação tem recebido severas críticas da doutrina, posto que a autonomia corporal do indivíduo ficaria à mercê de terceiros, o que caracterizaria a inconstitucionalidade do enunciado normativo em comento, em razão da violação do valor constitucional da dignidade humana, que pressupõe, conforme ensina Anderson Schreiber, a autodeterminação individual em tudo aquilo que não gere risco para si ou para a coletividade. Nessa linha de intelecção, o Enunciado 277 da IV Jornada de Direito Civil do CJF dispõe:

> *O art. 14 do Código Civil, ao afirmar a validade da disposição gratuita do próprio corpo, com objetivo científico ou altruístico, para depois da morte, determinou que a manifestação expressa do doador de órgãos em vida prevalece sobre a vontade dos familiares, portanto, a aplicação do art. 4º da Lei n. 9.434/97 ficou restrita à hipótese de silêncio do potencial doador.*

c) **Integridade psíquica:** Como anunciado anteriormente, o rol dos direitos da personalidade, contemplados tanto no Código Civil quanto na Constituição Federal, não são taxativos. Disso resulta que a ausência de previsão expressa no CC não impede que outros vieses da personalidade humana sejam protegidos, tendo em vista a aplicação direta do art. 1º, III, da CF/88, como é o caso do direito à integridade psíquica, o direito ao esquecimento, dentre outros. Nesse sentido, o mencionado dispositivo funciona como verdadeira cláusula geral de tutela da pessoa humana. O direito à integridade psíquica, portanto, merece a proteção jurídica e inclui, de acordo com a melhor doutrina, o direito à liberdade – inclusive de pensamento –, à intimidade, à privacidade, ao segredo e o direito referente à criação intelectual.

tome nota!

Lei do **Bullying**

A Lei n. 13.185/2015 instituiu o Programa de Combate à Intimidação Sistemática (bullying), considerando como tal todo ato de violência física ou psicológica, que ocorra sem motivação evidente, de forma intencional e repetitiva, praticado por indivíduo ou grupo, contra uma ou mais pessoas, objetivando intimidá-la ou agredi-la, causando dor e angústia à vítima, em uma relação de desequilíbrio de poder entre as partes envolvidas (§ 1º do art. 1º).

Essa lei surgiu após um clamor social em busca de medidas mais efetivas de conscientização e de combate à violência física ou psicológica sistemática ocorrida no âmbito das escolas, dos trabalhos ou nos círculos sociais em geral que causam degradação psíquica nas vítimas, ao ponto de algumas delas, de tão humilhadas e discriminadas, optarem pelo suicídio ou pelo isolamento.

Estará caracterizado o bullying quando houver violência física ou psicológica em atos de intimidação, humilhação ou discriminação, tais como: ataques físicos; insultos pessoais; comentários sistemáticos e apelidos pejorativos; ameaças por quaisquer meios; grafites depreciativos; expressões preconceituosas; isolamento social consciente e premeditado; e pilhérias (art. 2º). Portanto, a intimidação sistemática pode se dar de forma: verbal, moral, sexual, social, psicológica, física, material ou virtual (art. 3º).

I. **Direito às criações intelectuais:** exteriorização da liberdade d e pensamento. Também é abordado no art. 5º, XXVII a XXIX, da CF. Regula-se, ainda, pela Lei n. 9.610/98 (direitos autorais) e pela Lei n. 9.279/96 (propriedade intelectual). Há duas classes de interesse nos direitos autorais: os morais e os patrimoniais. Os primeiros é que configuram efetivos direitos da personalidade e que, por isso, não se transmite a nenhum título. Nesse aspecto, os direitos do autor possuem, apesar da natureza híbrida, uma natureza jurídica diferente da propriedade, *sui generis*, visto que o objeto do direito das coisas é constituído por bens corpóreos com valor econômico.

II. **Direito à privacidade (art. 5º, X, da CF):** relaciona-se à vida particular da pessoa natural. O direito à intimidade é uma de suas manifestações, referindo-se a um ambiente da vida privada mais profundo que a privacidade (nesta se insere a família, aspectos que não possuem relevância para o interesse coletivo, por exemplo, orientação religiosa ou sexual). É como se a privacidade fosse um círculo grande que abrangesse o círculo, menor e concêntrico, da intimidade. O elemento fundamental do direito à intimidade é a exigibilidade de respeito ao isolamento de cada ser humano, que não pretende abrir certos aspectos de sua vida a terceiros. É o direito de estar só. O art. 21 do CC garante ao lesionado a adoção, pelo juiz, de providências necessárias para impedir ou estancar a violação à vida privada. Tal inviolabilidade é garantida somente às pessoas naturais.

III. **Direito ao segredo:** integra um círculo, também concêntrico, intermediário entre a intimidade e a privacidade. Possui três esferas: **segredo das comunicações** (correspondência, telefone e comunicação telegráfica); **segredo doméstico** (reservado aos recônditos do lar e da vida privada; relaciona-se também à inviolabilidade do domicílio); **segredo profissional** (protege-se a pessoa que revelou algum segredo a terceiro, por circunstância de sua atividade profissional). O segredo pode ser flexibilizado em razão do interesse público, como é o caso da quebra do sigilo, autorizada por decisão judicial devidamente fundamentada, bancário e telefônico.

observação

A Lei Geral de Proteção de Dados Pessoais (LGPD) – Lei n. 13.709/2018 – dispõe sobre o tratamento de dados pessoais, inclusive nos meios digitais, por pessoa natural ou por pessoa jurídica de direito público ou privado, com o objetivo de proteger os direitos fundamentais de liberdade e de privacidade e o livre desenvolvimento da personalidade da pessoa natural, tendo como fundamentos: "I – o respeito à privacidade; II – a autodeterminação informativa; III – a liberdade de expressão, de informação, de comunicação e de opinião; IV – a inviolabilidade da intimidade, da honra e da imagem; V – o desenvolvimento econômico e tecnológico e a inovação; VI – a livre iniciativa, a livre concorrência e a defesa do consumidor; e VII – os direitos humanos, o livre desenvolvimento da personalidade, a dignidade e o exercício da cidadania pelas pessoas naturais" (art. 2º da Lei n. 13.709/2018).

IV. **Direito ao Esquecimento:** a VI Jornada de Direito Civil consagrou, no Enunciado 531: "A tutela da dignidade da pessoa humana na sociedade da informação inclui o direito ao esquecimento". Com isso, os parentes da pessoa falecida, por exemplo, têm o direito de não ter a imagem do *de cujus* veiculada nos meios televisivos, inclusive por meio de tutela judicial inibitória (Enunciado 576 da VII Jornada de Direito Civil). Nessa linha de raciocínio, o Enunciado 576 do CJF arremata que: "O direito ao esquecimento pode ser assegurado por tutela judicial inibitória". Na interessante justificativa do enunciado doutrinário citado, aduzem os juristas da VII Jornada de Direito Civil: "Recentemente, o STF entendeu ser inexigível o assentimento de pessoa biografada relativamente a obras biográficas literárias ou audiovisuais (ADIn 4.815), asseverando que os excessos devem ser coibidos repressivamente (por meio do direito de resposta, de uma indenização por danos morais ou pela responsabilização criminal por delito contra a honra). Com isso, o STF negou o direito ao esquecimento (este reconhecido no Enunciado 531 da VI Jornada de Direito Civil) quando em confronto com a liberdade de publicar biografias, mas sem eliminar a possibilidade de seu reconhecimento em outros casos concretos. É hora, pois, de reafirmar a existência do direito ao esquecimento. Esta é a posição conciliadora de Gustavo Tepedino ("Opinião doutrinária acerca da interpretação conforme a Constituição dos arts. 20 e 21 do CO", Organizações Globo, 15.06.2012, p. 25), ao afirmar que o direito ao esquecimento cede espaço ao interesse público inerente à publicação de biografias. Sobretudo, mais do que ser reconhecido, o caso concreto pode exigir que o direito ao esquecimento seja protegido por uma tutela judicial inibitória, conforme admitiu o STJ em dois precedentes (REsp 1.334.097/RJ e REsp 1.335.153/RJ). Isso porque a violação do direito à honra não admite a *restitutio in integrum*. A compensação financeira apenas ameniza o abalo moral, e o direito de resposta proporcional ao agravo sofrido também é incapaz de restaurar o bem jurídico violado, visto ser impossível restituir o *status quo*. Como afirma Marinoni, "é dever do juiz encontrar, dentro de uma moldura, a técnica processual idônea à proteção do direito material, de modo a assegurar o direito fundamental a uma tutela jurisdicional efetiva (art. 5º, XXXV, CF/88). Disso se conclui que não se pode sonegar a tutela judicial inibitória para resguardar direitos dessa natureza, pois nenhuma outra é capaz de assegurá-los de maneira tão eficiente". Em recente julgado, o STJ decidiu que o direito ao esquecimento não pode prevalecer ante o "evidente interesse social no cultivo à memória histórica e coletiva de delito notório, incabível o acolhimento da tese do direito ao esquecimento para o fim de proibir qualquer veiculação futura de matérias jornalísticas relacionadas ao fato criminoso, sob pena de configuração de censura prévia, vedada pelo ordenamento jurídico pátrio" (STJ, REsp 1.736.803/RJ, 3ª Turma, Rel. Min. Ricardo Villas Bôas Cueva, j. 28.04.2020, *DJe* 04.05.2020).

fique ligado!

Como justificativa do Enunciado 531 do CJF, a doutrina reunida na VI Jornada de Direito Civil apontou que: "Os danos provocados pelas novas tecnologias de informação vêm-se acumulando nos dias atuais. O direito ao esquecimento tem sua origem histórica no campo das condenações criminais. Surge como parcela importante do direito do ex--detento à ressocialização. Não atribui a ninguém o direito de apagar fatos ou reescrever a própria história, mas apenas assegura a possibilidade de discutir o uso que é dado aos fatos pretéritos, mais especificamente o modo e a finalidade com que são lembrados". Na mesma linha de intelecção, o STJ (REsp 1.334.097/RJ) reconheceu o direito ao esquecimento a um homem inocentado da acusação de envolvimento na chacina da Candelária, o que foi noticiado pelo programa Linha Direta, da Rede Globo, naquela oportunidade, mencionando a pessoa em comento, um policial, como suposto partícipe da chacina, sendo que ele já havia sido absolvido criminalmente. Houve, no caso, tutela inibitória, proibição de seu nome ser associado à chacina por qualquer meio, bem como reparação civil – indenização de R$ 50.000,00 (cinquenta mil reais).

d) **Integridade moral:** nela se inserem:

I. **Direito à honra:** necessariamente atrelada à natureza humana, manifestando-se sob duas formas: **objetiva** (reputação, bom nome e fama que a pessoa possui na sociedade); e **subjetiva** (sentimento pessoal de estima, consciência da própria dignidade);

II. **Direito à imagem:** como ensina Anderson Schreiber, o direito à imagem tem a ver com o controle que cada pessoa detém sobre sua representação externa, abrangendo qualquer tipo de reprodução de sua imagem ou de sua voz. Protege, nesse sentido, principalmente, os casos de violação, a forma plástica da pessoa natural, com seus reflexos. É também um direito fundamental (art. 5º, X, da CF), que admite cessão de uso, porém seus limites devem ser rigidamente fixados pela autorização expressa do seu titular. O Código Civil, a respeito do tema, tratou da imagem conjuntamente com a honra, deixando de reconhecer autonomia ao direito à imagem. Nessa linha de raciocínio, uma interpretação literal do art. 20 do CC sugere que uma pessoa somente poderia se insurgir contra os usos não autorizados da sua imagem se "lhe atingirem a honra, a boa fama ou a respeitabilidade, ou se se destinarem a fins comerciais". Nesse aspecto, a proteção da imagem dependeria da configuração de uma lesão à honra ou de uma finalidade comercial. Ao revés, a própria CF/88 reconhece a autonomia do direito à imagem (art. 5º, X). E é dessa forma que deve ser interpretada a Súmula n. 403 do STJ, a qual aduz que "independe de prova do prejuízo a indenização pela publicação não autorizada de imagem de pessoa com fins econômicos ou comerciais". O dispositivo legal em comento (art. 20 do CC), portanto, deve ser interpretado conforme a Constituição Federal. Em 2020, o STJ entendeu ser possível a utilização da imagem de torcedor inserido no contexto de uma torcida, situação que não induz a reparação por danos morais "se não configurada a projeção, a identificação e a individualização da pessoa nela representada" (STJ, REsp 1.772.593/RS, 3ª Turma, Rel. Min. Nancy Andrighi, j. 16.06.2020, *DJe* 19.06.2020).

Outra questão relevante diz respeito à omissão do CC no que pertine ao frequente choque entre o direito à imagem e a liberdade de informação, direito fundamental, sendo que, conforme o multicitado art. 20 do CC, não seria possível divulgar a imagem de uma pessoa sem a sua autorização, ainda que o fato retratado fosse verídico e houvesse legítimo interesse na circulação da informação no meio social, salvo no caso de ser necessária a divulgação à administração da justiça ou à manutenção da ordem pública. Nesse aspecto, a doutrina estabelece balizas para a correta interpretação do sentido e alcance do dispositivo legal em comento.

enunciados

O Enunciado 587 da VII Jornada de Direito Civil destaca que: "O dano à imagem restará configurado quando presente a utilização indevida desse bem jurídico, independentemente da concomitante lesão a outro direito da personalidade, sendo dispensável a prova do prejuízo do lesado ou do lucro do ofensor para a caracterização do referido dano, por se tratar de modalidade de dano in re ipsa*".*

Já o Enunciado 279 do CJF dispõe que: "A proteção à imagem deve ser ponderada com outros interesses constitucionalmente tutelados, especialmente em face do direito de amplo acesso à informação e da liberdade de imprensa. Em caso de colisão, levar-se-á em conta a notoriedade do retratado e dos fatos abordados, bem como a veracidade destes e, ainda, as características de sua utilização (comercial, informativa, biográfica), privilegiando-se medidas que não restrinjam a divulgação de informações".

III. Direito ao nome: é tutela do direito à identificação pessoal. Nesse aspecto, o CC (art. 16) esclarece que o nome é composto por prenome e sobrenome (chamado também de patronímico). Existe também o agnome – partícula diferenciadora entre pessoas que possuem o mesmo nome na mesma família. Exemplo: júnior, neto etc. Importante destacar que o pseudônimo, nome fictício criado para atividades lícitas (exemplo: Silvio Santos, Fernando Pessoa, Suzana Vieira), não faz parte do nome. Contudo, goza da mesma proteção (art. 19 do CC). Também é importante não confundir o pseudônimo com o apelido público e notório. A lei, inclusive, autoriza a quem tiver um apelido público e notório (art. 58 da Lei n. 6.015/73), também chamado de hipocorístico, a sua inclusão no nome ou mesmo a substituição do prenome. Exemplo: Xuxa, Lula, Pelé. A proteção jurídica do nome envolve três aspectos fundamentais, conforme salienta Anderson Schreiber: i) o direito de ter um nome, que é, na verdade, um poder-dever, tendo em vista o caráter compulsório do registro de nascimento, já que ninguém pode deixar de ostentar um nome como signo que o identifica no meio social; ii) o direito de interferir no próprio nome, que é a faculdade de obter a alteração do próprio nome nas hipóteses em que a lei assim autoriza; e iii) o direito de impedir o uso indevido do próprio nome por terceiros (arts. 17 e 18 do CC). Sobre a matéria, como regra, aplica-se o princípio da imutabilidade do nome. Contudo, existem variadas situações previstas na legislação brasileira em que o nome pode ser alterado. Vejamos: i) a retificação da grafia do nome em virtude do erro no registro; ii) a tradução do nome estrangeiro em casos de naturalização; iii) a alteração do prenome suscetível de expor o seu titular ao ridículo; iv) a alteração ou a substituição do prenome com a inclusão de apelido público notório; v) a alteração do nome em virtude de adoção e reconhecimento de paternidade (alteração do estado de filiação); vi) a alteração do nome no primeiro ano após a maioridade civil desde que não prejudique os nomes de família; vii) a possibilidade de adoção do sobrenome de padrasto ou madrasta; viii) a substituição do prenome em razão de proteção à testemunha de crime; ix) a mudança de sexo; x) o casamento; dentre outra situações. Nessa linha de raciocínio, conclui-se que o nome, no direito civil contemporâneo, tende a concretizar a autonomia existencial da pessoa humana. Trata-se, portanto, do que a melhor doutrina hoje intitula de direito à identidade pessoal, que abrange não só o nome, mas as diferentes formas por meio das quais a pessoa humana é representada no meio social. Ainda sobre o tema, o CC disciplina, mesmo que sem autorização, que não se pode usar o nome alheio em propaganda comercial (art. 18). O citado dispositivo legal deve ser interpretado, contudo, como norma puramente exemplificativa, pois são muitas situações em que a utilização não autorizada do nome alheio pode ser considerada indevida, por exemplo, o uso não autorizado do nome de alguém em propaganda eleitoral (não comercial) como evidência de apoio a determinado candidato.

observação

Em julgado paradigmático, o STF decidiu que: "i) o transgênero tem direito fundamental subjetivo à alteração de seu prenome e de sua classificação de gênero no registro civil, não se exigindo, para tanto, nada além da manifestação de vontade do indivíduo, o qual poderá exercer tal faculdade tanto pela via judicial como diretamente pela via administrativa; ii) essa alteração deve ser averbada à margem do assento de nascimento, vedada a inclusão do termo 'transgênero'; iii) nas certidões do registro não constará nenhuma observação sobre a origem do ato, vedada a expedição de certidão de inteiro teor, salvo a requerimento do próprio interessado ou por determinação judicial; iv) efetuando-se o procedimento pela via judicial, caberá ao magistrado determinar de ofício ou a requerimento do interessado, a expedição de mandados específicos para a alteração dos demais registros nos órgãos públicos ou privados pertinentes, os quais deverão preservar o sigilo sobre a origem dos atos" (STF, Tribunal Pleno, ADI 4.275, j. 1º.03.2018 e RE 670.422, j. 15.08.2018).

5.8 PROTEÇÃO

O Pacto de São José da Costa Rica estabelece que os Estados se comprometam a respeitar e garantir os direitos da personalidade. A proteção pode ser (art. 12 do CC): **preventiva**, fazendo cessar a ameaça (por meio de ação cautelar ou ordinária com multa cominatória) ou **repressiva** (por meio de imposição de sanção civil - indenização - ou ainda penal). A CF/88, por sua vez, consagra garantias específicas (remédios constitucionais) para proteção daqueles direitos da personalidade que configurem liberdades públicas.

Observa-se, portanto, que a tutela dos direitos de personalidade deve ser integral, garantindo a sua proteção em qualquer situação, em prol da dignidade humana. As medidas protetivas devem ser ajuizadas pelo ofendido ou pelo lesado indireto. Para a pessoa falecida, a legitimidade para requerer a tutela dos direitos da personalidade está disciplinada no parágrafo único do art. 12 do CC (o cônjuge, qualquer parente em linha reta sem distinção de grau ou então colaterais até o quarto grau).

As medidas de proteção podem ser de natureza preventiva, cautelar, objetivando suspender os atos que ofendam a integridade física, intelectual e moral, ajuizando-se, em seguida, a ação principal ou de natureza cominatória, com fundamento nos institutos de Direito Processual Civil, destinadas a evitar a concretização da ameaça de lesão. Pode também ser movida desde logo a ação de indenização por danos materiais e morais, de natureza repressiva, com pedido de antecipação de tutela, como tem sido admitido.

Outras sanções, previstas em lei, também são possíveis contra o ofensor. O art. 12, por exemplo, prevê o mecanismo da tutela inibitória. Essa tutela se faz acompanhar, no enunciado do artigo, de um meio já tradicional de tutela dos direitos de personalidade, que é a **responsabilidade civil**.

A experiência estrangeira tem demonstrado que, somente por meio dos institutos tradicionais do Direito Civil, não há como oferecer à personalidade uma tutela eficaz. O desenvolvimento tecnológico e a atual dinâmica social criam uma demanda de proteção à pessoa humana que deve ser efetivada com novos instrumentos, a partir de uma ação integrada de todo o ordenamento jurídico.

enunciados

Sobre a temática abordada no presente capítulo, é importante registrar alguns enunciados doutrinários do CJF que consagram teses importantes:

I Jornada de Direito Civil - Enunciado 1

"A proteção que o Código defere ao nascituro alcança o natimorto no que concerne aos direitos da personalidade, tais como: nome, imagem e sepultura."

I Jornada de Direito Civil - Enunciado 5

"1) As disposições do art. 12 têm caráter geral e aplicam-se, inclusive, às situações previstas no art. 20, excepcionados os casos expressos de legitimidade para requerer as medidas nele estabelecidas; 2) as disposições do art. 20 do novo Código Civil têm a finalidade específica de regrar a projeção dos bens personalíssimos nas situações nele enumeradas. Com exceção dos casos expressos de legitimação que se conformem com a tipificação preconizada nessa norma, a ela podem ser aplicadas subsidiariamente as regras instituídas no art. 12."

III Jornada de Direito Civil – Enunciado 138

"A vontade dos absolutamente incapazes, na hipótese do inc. I do art. 3º é juridicamente relevante na concretização de situações existenciais a eles concernentes, desde que demonstrem discernimento bastante para tanto."

III Jornada de Direito Civil – Enunciado 140

"A primeira parte do art. 12 do Código Civil refere-se às técnicas de tutela específica, aplicáveis de ofício, enunciadas no art. 461 do Código de Processo Civil, devendo ser interpretada com resultado extensivo."

IV Jornada de Direito Civil – Enunciado 273

"Tanto na adoção bilateral quanto na unilateral, quando não se preserva o vínculo com qualquer dos genitores originários, deverá ser averbado o cancelamento do registro originário de nascimento do adotado, lavrando-se novo registro. Sendo unilateral a adoção, e sempre que se preserve o vínculo originário com um dos genitores, deverá ser averbada a substituição do nome do pai ou mãe naturais pelo nome do pai ou mãe adotivos."

IV Jornada de Direito Civil – Enunciado 274

"Os direitos da personalidade, regulados de maneira não exaustiva pelo Código Civil, são expressões da cláusula geral de tutela da pessoa humana, contida no art. 1º, inc. III, da Constituição (princípio da dignidade da pessoa humana). Em caso de colisão entre eles, como nenhum pode sobrelevar os demais, deve-se aplicar a técnica da ponderação."

IV Jornada de Direito Civil – Enunciado 275

"O rol dos legitimados de que tratam os arts. 12, parágrafo único, e 20, parágrafo único, do Código Civil também compreende o companheiro."

IV Jornada de Direito Civil – Enunciado 276

"O art. 13 do Código Civil, ao permitir a disposição do próprio corpo por exigência médica, autoriza as cirurgias de transgenitalização, em conformidade com os procedimentos estabelecidos pelo Conselho Federal de Medicina, e a consequente alteração do prenome e do sexo no Registro Civil."

IV Jornada de Direito Civil – Enunciado 277

"O art. 14 do Código Civil, ao afirmar a validade da disposição gratuita do próprio corpo, com objetivo científico ou altruístico, para depois da morte, determinou que a manifestação expressa do doador de órgãos em vida prevalece sobre a vontade dos familiares, portanto, a aplicação do art. 4º da Lei n. 9.434/97 ficou restrita à hipótese de silêncio do potencial doador."

IV Jornada de Direito Civil – Enunciado 278

"A publicidade que divulgar, sem autorização, qualidades inerentes a determinada pessoa, ainda que sem mencionar seu nome, mas sendo capaz de identificá-la, constitui violação a direito da personalidade."

IV Jornada de Direito Civil – Enunciado 279

"A proteção à imagem deve ser ponderada com outros interesses constitucionalmente tutelados, especialmente em face do direito de amplo acesso à informação e da liberdade de imprensa. Em caso de colisão, levar-se-á em conta a notoriedade do retratado e dos fatos abordados, bem como a veracidade destes e, ainda, as características de sua utilização (comercial, informativa, biográfica), privilegiando-se medidas que não restrinjam a divulgação de informações."

V Jornada de Direito Civil – Enunciado 398

"As medidas previstas no art. 12, parágrafo único, do Código Civil podem ser invocadas por qualquer uma das pessoas ali mencionadas de forma concorrente e autônoma."

V Jornada de Direito Civil – Enunciado 399

"Os poderes conferidos aos legitimados para a tutela post mortem *dos direitos da personalidade, nos termos dos arts. 12, parágrafo único, e 20, parágrafo único, do CC, não compreendem a faculdade de limitação voluntária."*

V Jornada de Direito Civil – Enunciado 400

"Os parágrafos únicos dos arts. 12 e 20 asseguram legitimidade, por direito próprio, aos parentes, cônjuge ou companheiro para a tutela contra lesão perpetrada post mortem.*"*

V Jornada de Direito Civil – Enunciado 401

"Não contraria os bons costumes a cessão gratuita de direitos de uso de material biológico para fins de pesquisa científica, desde que a manifestação de vontade tenha sido livre, esclarecida e puder ser revogada a qualquer tempo, conforme as normas éticas que regem a pesquisa científica e o respeito aos direitos fundamentais."

V Jornada de Direito Civil – Enunciado 402

"O art. 14, parágrafo único, do Código Civil, fundado no consentimento informado, não dispensa o consentimento dos adolescentes para a doação de medula óssea prevista no art. 9º, § 6º, da Lei n. 9.434/97 por aplicação analógica dos arts. 28, § 2º (alterado pela Lei n. 12.010/2009), e 45, § 2º, do ECA."

V Jornada de Direito Civil – Enunciado 403

"O direito à inviolabilidade de consciência e de crença, previsto no art. 5º, VI, da Constituição Federal, aplica-se também à pessoa que se nega a tratamento médico, inclusive transfusão de sangue, com ou sem risco de morte, em razão do tratamento ou da falta dele, desde que observados os seguintes critérios: a) capacidade civil plena, excluído o suprimento pelo representante ou assistente; b) manifestação de vontade livre, consciente e informada; e c) oposição que diga respeito exclusivamente à própria pessoa do declarante."

V Jornada de Direito Civil – Enunciado 404

"A tutela da privacidade da pessoa humana compreende os controles espacial, contextual e temporal dos próprios dados, sendo necessário seu expresso consentimento para tratamento de informações que versem especialmente o estado de saúde, a condição sexual, a origem racial ou étnica, as convicções religiosas, filosóficas e políticas."

V Jornada de Direito Civil – Enunciado 405

"As informações genéticas são parte da vida privada e não podem ser utilizadas para fins diversos daqueles que motivaram seu armazenamento, registro ou uso, salvo com autorização do titular."

VI Jornada de Direito Civil – Enunciado 533

"O paciente plenamente capaz poderá deliberar sobre todos os aspectos concernentes a tratamento médico que possa lhe causar risco de vida, seja imediato ou mediato, salvo as situações de emergência ou no curso de procedimentos médicos cirúrgicos que não possam ser interrompidos."

VIII Jornada de Direito Civil – Enunciado 613

"A liberdade de expressão não goza de posição preferencial em relação aos direitos da personalidade no ordenamento jurídico brasileiro."

QUADRO SINÓTICO

DIREITOS DA PERSONALIDADE	
CONCEITO	São os direitos que têm por objeto os atributos físicos, psíquicos e morais da pessoa em si, bem como em suas projeções sociais, com o fim de proteger a essência e a existência do ser humano.
CARACTERÍSTICAS	a) **Caráter absoluto:** consequência de sua oponibilidade *erga omnes* (contra todos). b) **Generalidade:** outorgados a todas as pessoas. c) **Extrapatrimonialidade:** ausência de conteúdo patrimonial direto. d) **Indisponibilidade:** por ser essencial, a pessoa dele não pode dispor. Abrange tanto a **intransmissibilidade** (não se admite a cessão do direito de um sujeito para outro) quanto a **irrenunciabilidade** (ninguém pode dispor de sua vida, sua intimidade, sua imagem). e) **Impenhorabilidade:** diante da ausência de conteúdo econômico, resta impedida a penhora dos direitos da personalidade, mas o crédito deles decorrentes pode, sim, ser objeto de constrição. f) **Vitaliciedade:** com a morte, ocorre a extinção dos direitos da personalidade. g) **Imprescritibilidade:** não há prazo para seu exercício, tampouco se extinguem pelo não uso. h) **Inatos:** porque decorreriam do Jusnaturalismo.
ESPÉCIES	a) **Vida:** O direito à vida deve ser entendido como o direito ao respeito à vida do próprio titular e de todos. b) **Integridade física:** abrange tanto a integralidade do corpo como as partes dele destacáveis e sobre as quais se exerce o direito de disposição. c) **Integridade psíquica:** inclui o direito à liberdade, inclusive de pensamento, à intimidade, à privacidade, ao segredo e o direito referente à criação intelectual. d) **Integridade moral:** nela se inserem: **Direito à honra:** objetiva (reputação) e subjetiva (sentimento pessoal de estima); Direito à imagem: protege a forma plástica da pessoa natural; e **Direito ao nome:** identificação pessoal.
PROTEÇÃO	A proteção pode ser: **preventiva**, fazendo cessar a ameaça (por meio de ação cautelar ou ordinária com multa cominatória); ou **repressiva** (por meio de imposição de sanção civil – indenização – ou, ainda, penal).

6

PESSOA JURÍDICA

Diante da impossibilidade de realizar, por si só, certas atividades e atingir determinadas finalidades que ultrapassam suas forças e limites, a pessoa natural precisa se unir a outras pessoas humanas, formando grupos com finalidade própria. Explorar uma atividade de forma coletiva tem como características: a necessidade, a eficiência por meio da divisão do trabalho e a cooperação.

Portanto, da imprescindibilidade da cooperação de mais de uma pessoa para a consecução de determinada atividade, surge a necessidade de atribuir personalidade jurídica a agrupamentos humanos. A essas entidades, o ordenamento jurídico empresta autonomia e independência, dotando-as de estrutura própria e personalidade jurídica distinta daqueles que a instituíram.

O ordenamento jurídico atribui personalidade e, consequentemente, capacidade para titularizar relações jurídicas e praticar atos da vida civil a entes morais, surgidos a partir da vontade humana. Assim, diferentemente das pessoas naturais que são fruto de um processo biopsicológico, nasce a pessoa jurídica como decorrência de um fenômeno cultural e social, acepção utilizada pelos Direitos brasileiro, italiano, alemão e espanhol.

6.1 CONCEITO

A solução vislumbrada pelo Estado para limitar os riscos pessoais nos investimentos em atividades econômicas foi a criação de uma estrutura jurídica, o instituto da **pessoa jurídica** ou, mais exatamente, a criação das sociedades personificadas. Surge, então, um ente autônomo com direitos e obrigações próprias, que não se confunde com a pessoa de seus membros. Nessa linha, registre-se o teor do art. 49-A, incluído no Código Civil pela Lei n. 13.874/2019 (Lei da Liberdade Econômica):

> Art. 49-A. A pessoa jurídica não se confunde com os seus sócios, associados, instituidores ou administradores.
>
> Parágrafo único. A autonomia patrimonial das pessoas jurídicas é um instrumento lícito de alocação e segregação de riscos, estabelecido pela lei com a finalidade de estimular empreendimentos, para a geração de empregos, tributo, renda e inovação em benefício de todos.

Assim, a pessoa jurídica é o grupamento humano criado na forma da lei e dotado de personalidade jurídica própria, com capacidade de ser sujeito de direitos e obrigações, objetivando a realização de fins comuns. Caracteriza-se, principalmente, pela atuação na vida jurídica com personalidade diversa da dos indivíduos que a compõem. Toda a utilidade da pessoa jurídica reside, de fato, na distinção entre o seu patrimônio e os patrimônios de seus integrantes, que, em regra, não respondem pelas obrigações contraídas pelo ente moral. Ao contrário da pessoa humana, que deve ser sempre reputada um fim em si mesma, a pessoa jurídica é um instrumento do ordenamento para a realização de determinados fins socialmente relevantes. O CC, nesse sentido, apresenta uma classificação abrangente das pessoas jurídicas, que toma em conta o regime jurídico ao qual se submetem, entre: a) pessoas jurídicas de direito privado (art. 44 do CC); e b) pessoas jurídicas de direito público, estas classificadas como de direito público interno (art. 41 do CC) e de direito público externo (art. 42 do CC). Nesse contexto, o Código Civil se limita a enumerar as pessoas jurídicas de direito público interno, sem disciplinar seu regime jurídico, matéria afeita ao campo do direito público. Aponta, nessa esteira: a) os entes políticos que integram a estrutura da Federação (União, Estados, Distrito Federal e Municípios); b) os Territórios Federais (desprovidos de autonomia política, por integrarem a União, embora sejam dotados de personalidade jurídica própria); c) as autarquias; d) as associações públicas; concluindo com e) uma amplíssima referência às "demais entidades de caráter público criadas por lei". Por outro lado, nada impede que o legislador, ao criar novas espécies de pessoas jurídicas de direito público, lhes atribua estrutura de direito privado e, em outras palavras, determine que sejam regidas pelas normas do Código Civil, naquilo que forem compatíveis com a natureza pública da entidade. Nesse contexto, editou-se o Enunciado 141 da III Jornada de Direito Civil, que aduz: "A remissão do art. 41, parágrafo único, do Código Civil às pessoas jurídicas de direito público, a que se tenha dado estrutura de direito privado, diz respeito às fundações públicas e aos entes de fiscalização do exercício profissional".

As pessoas jurídicas de direito público externo, por sua vez, são os Estados soberanos. O direito internacional público, contudo, trata de outros tipos de entidades, notadamente as organizações internacionais, às quais o art. 42 também reconhece personalidade jurídica. É o caso da Organização das Nações Unidas (ONU) e do Mercado Comum do Sul (Mercosul).

tome nota!

A denominada desconsideração da personalidade constitui uma forma de alcançar diretamente o patrimônio de seus sócios ou administradores. A doutrina, sobre o instituto jurídico em comento, utiliza expressões como disregard doctrine, *ou, ainda,* lifting the corporate veil, *que consiste numa suspensão episódica da autonomia patrimonial da pessoa jurídica ("erguer o véu") para atingir quem estiver por trás de sua utilização. Nesse sentido, importa destacar que a Lei n. 13.874/2019 deu nova roupagem ao art. 50 do CC:*

> *Em caso de abuso da personalidade jurídica, caracterizado pelo desvio de finalidade ou pela confusão patrimonial, pode o juiz, a requerimento da parte, ou do Ministério Público quando lhe couber intervir no processo, desconsiderá-la para que os efeitos de certas e determinadas relações de obrigações sejam estendidos aos bens particulares de administradores ou de sócios da pessoa jurídica beneficiados direta ou indiretamente pelo abuso. (Redação dada pela Lei n.13.874, de 2019)*
>
> *§ 1º Para os fins do disposto neste artigo, desvio de finalidade é a utilização da pessoa jurídica com o propósito de lesar credores e para a prática de atos ilícitos de qualquer natureza. (Incluído pela Lei n. 13.874, de 2019)*
>
> *§ 2º Entende-se por confusão patrimonial a ausência de separação de fato entre os patrimônios, caracterizada por: (Incluído pela Lei n. 13.874, de 2019)*
>
> *I – cumprimento repetitivo pela sociedade de obrigações do sócio ou do administrador ou vice-versa; (Incluído pela Lei n. 13.874, de 2019)*
>
> *II – transferência de ativos ou de passivos sem efetivas contraprestações, exceto os de valor proporcionalmente insignificante; e (Incluído pela Lei n. 13.874, de 2019)*
>
> *III – outros atos de descumprimento da autonomia patrimonial. (Incluído pela Lei n. 13.874, de 2019)*
>
> *§ 3º O disposto no* caput *e nos §§ 1º e 2º deste artigo também se aplica à extensão das obrigações de sócios ou de administradores à pessoa jurídica. (Incluído pela Lei n. 13.874, de 2019)*
>
> *§ 4º A mera existência de grupo econômico sem a presença dos requisitos de que trata o* caput *deste artigo não autoriza a desconsideração da personalidade da pessoa jurídica. (Incluído pela Lei n. 13.874, de 2019)*
>
> *§ 5º Não constitui desvio de finalidade a mera expansão ou a alteração da finalidade original da atividade econômica específica da pessoa jurídica. (Incluído pela Lei n. 13.874, de 2019)*

A união de pessoas, muitas vezes, é imprescindível para o empreendedorismo. Essas pessoas investem parte de seus patrimônios para a formação de pessoas jurídicas, o que gera o aumento da arrecadação de tributos para o Estado, promove a oferta de empregos e incrementa o desenvolvimento econômico e social das comunidades.

posicionamento doutrinário

Para Maria Helena Diniz, a pessoa jurídica é verdadeira unidade de pessoas naturais ou patrimônios, que visa à consecução de certos fins, reconhecida como sujeito de direitos e obrigações. Na mesma linha, Carlos Roberto Gonçalves leciona que a pessoa jurídica é proveniente de um fenômeno histórico e social. Consiste, portanto, num conjunto de pessoas ou de bens dotado de personalidade jurídica própria e constituído na forma da lei para a consecução de fins comuns. São entidades a que a lei confere personalidade, capacitando-as a serem sujeitos de direitos e obrigações.

6.2 CARACTERÍSTICAS

Os elementos caracterizadores da pessoa jurídica podem ser elencados como autênticos requisitos para a sua constituição:

I. **Personalidade própria:** distinta da personalidade de seus instituidores;
II. **Patrimônio próprio** e independente;
III. **Estrutura organizacional própria:** diversa de seus integrantes;
IV. **Objetivos comuns de seus membros:** ou seja, a vontade humana criadora, que, comumente, é a produção de riquezas e lucro;
V. **Publicidade de sua constituição**;
VI. **Licitude de seus propósitos**.

6.3 NATUREZA JURÍDICA

As teorias da personalidade jurídica, basicamente, podem ser reunidas em duas correntes: a das teorias negativistas e a das teorias afirmativas:

a) **Teorias negativistas:** consideravam uma massa de bens objeto de propriedade comum, inadmitindo a existência da personalidade da pessoa jurídica. Negavam a existência concreta das pessoas jurídicas, pois vislumbravam, tão somente, um patrimônio sem sujeito. O direito positivo se afasta dessa corrente, predominando, nos ordenamentos civis modernos, a tese afirmativista;
b) **Teorias afirmativas, realistas ou organicistas:** enxergam a existência real de grupos sociais com interesses próprios, aos quais o ordenamento jurídico não poderia negar a qualidade de sujeito nas relações jurídicas. Podem ser divididas em:
   I. **Teorias da ficção:** decorrem da **ficção legal** e da **ficção doutrinária**. Para a primeira, desenvolvida por Savigny, a pessoa jurídica constitui uma criação artificial da lei e só o homem poderia ser capaz de titularizar relações jurídicas. Para a segunda, criada pelos juristas, as críticas às teorias da ficção apontam que as pessoas jurídicas não são criadas pelo Estado, mas confirmadas por ele;
   II. **Teorias da realidade:** dividem-se em:
      a. **Teoria da realidade objetiva ou orgânica (*Zitelman*):** do ponto de vista objetivo, a pessoa jurídica é tão pessoa quanto as pessoas naturais. É uma realidade sociológica, um ser com vida própria, que nasce por imposição das forças sociais. Logo a pessoa jurídica não é abstrata, mas formada de *corpus* (conjunto de bens) e *animus* (vontade do instituidor). A teoria é criticada, pois os grupos sociais não têm vida própria, personalidade (no sentido de valor), que é característica do ser humano;
      b. **Teoria da realidade técnica (*Ihering*):** é a teoria mais aceita hoje em dia, inclusive pelo ordenamento jurídico brasileiro. A personificação dos grupos sociais é expediente de ordem técnica, a forma encontrada pelo

direito para reconhecer a existência de grupos de indivíduos, que se unem na busca de fins determinados. Não obstante sua personalidade seja conferida pelo Direito, a pessoa jurídica possui existência real. O art. 18 do CC/16 e art. 45 do CC/2002 estabelecem expressamente que a existência da pessoa jurídica se inicia com a inscrição de seus atos constitutivos no respectivo registro, prova cabal de que, para o direito pátrio, a personificação da pessoa jurídica é construção da técnica jurídica (tanto que seus efeitos podem ser suspensos em casos determinados, por meio da desconsideração);

c. **Teoria da realidade das instituições jurídicas (*Hauriou*):** assim como a personalidade humana derivava do direito, poderia ser atribuída a certos entes (agrupamentos de pessoas ou destinações de patrimônios), organizados para a realização de uma ideia socialmente útil, a partir do desejo, da vontade das pessoas naturais, que lhe deram vida. Considera as pessoas jurídicas como organizações sociais destinadas a um serviço ou ofício e, por isso, personificadas.

As duas últimas teorias, por explicarem o fenômeno jurídico da pessoa jurídica com mais solidez, possuem maior prestígio e aceitação na doutrina contemporânea. É importante ressaltar, todavia, que, independentemente da teoria adotada, e dentro de uma perspectiva civil-constitucional, a pessoa jurídica deve primar pela observância ao **princípio da dignidade da pessoa humana**, mola mestra do sistema jurídico brasileiro. Ademais, deve desempenhar uma **função social**, uma vez que, no cumprimento de suas atividades finalísticas, encontra limites na razoabilidade e na proporcionalidade, sob pena de incidir em abuso de direito, conforme dispõe o art. 187 do Código Civil.

A **função social da empresa** é, nessa linha de entendimento, a distribuição de responsabilidade social à organização, com a atribuição de um conteúdo ético às atividades empresariais, proporcionais às suas forças, com escopo de engajar as pessoas jurídicas na garantia de uma qualidade básica de vida digna. É a razão de ser da Constituição quando estabeleceu diretrizes ao exercício da atividade econômica, coibindo o uso do poder empresarial abusivo, de forma a evitar danos ao consumidor, ao meio ambiente, aos deficientes físicos, aos menos providos de cultura etc.

6.4 REQUISITOS PARA A CONSTITUIÇÃO DA PESSOA JURÍDICA

O começo da existência da pessoa jurídica será conferido pelo ordenamento jurídico, ao contrário da pessoa natural, que, em razão de sua estrutura biopsicológica, tem o início da sua personalidade, em tese, com o nascimento com vida (art. 2º do CC). Tratando-se de pessoa jurídica de direito público, a personalidade é conferida pela norma jurídica (em sentido amplo). Em outro viés, a pessoa jurídica de direito privado ganha personalidade com o registro do ato constitutivo no órgão competente. Depende, assim, da vontade humana.

O art. 46 do CC, a seu turno, especifica as informações que devem ser declaradas no registro do ato constitutivo da pessoa jurídica, quais sejam:

> I – a denominação, os fins, a sede, o tempo de duração e o fundo social, quando houver;
>
> II – o nome e a individualização dos fundadores ou instituidores, e dos diretores;
>
> III – o modo por que se administra e representa, ativa e passivamente, judicial e extrajudicialmente;
>
> IV – se o ato constitutivo é reformável no tocante à administração, e de que modo;
>
> V – se os membros respondem, ou não, subsidiariamente, pelas obrigações sociais;
>
> VI – as condições de extinção da pessoa jurídica e o destino do seu patrimônio, nesse caso.

A existência das pessoas jurídicas de direito público decorre da lei, do ato administrativo, bem como de fatos históricos, de previsão constitucional e de tratados internacionais, sendo regidas pelo direito púbico, e não pelo Código Civil. Na presente obra, serão abordadas as regras para as pessoas jurídicas de direito privado. Requisitos para a sua constituição:

I. **Vontade humana criadora:** depende da intenção de criar uma entidade distinta da de seus membros, não podendo surgir de determinação estatal. A vontade humana convergente, ligada por uma intenção comum (*affectio societatis*), constituída por duas ou mais pessoas, materializa-se no ato de constituição, que deve ser escrito;

II. **Observância das condições legais:** o ato constitutivo é requisito formal exigido pela lei e pode ser: **estatuto** (em se tratando de associações - pessoa jurídicas sem fins lucrativos); **contrato social** (para sociedades simples ou empresárias, anteriormente denominadas civis e comerciais); e **escritura pública** ou **testamento** (quando forem fundações, art. 62 do CC). Após o registro do ato constitutivo, inicia-se a existência legal da pessoa jurídica de direito privado (art. 45 do CC). Até então, o grupamento de pessoas não passava de mera "sociedade de fato" ou "sociedade não personificada", equiparada por alguns ao nascituro, que já foi concebido, mas que só adquirirá personalidade se nascer com vida. O registro pode depender, em casos específicos, de autorização ou aprovação do Poder Executivo, como as seguradoras, as instituições financeiras, as administradoras de consórcio etc. No caso dos partidos políticos, além do registro civil, que lhe confere personalidade, devem registrar-se no TSE. Os sindicatos, por sua vez, além do registro civil, devem registrar-se no Ministério do Trabalho para adquirirem personalidade (Súmula n. 677 do STF: "Até que lei venha a dispor a respeito, incumbe ao Ministério do Trabalho proceder ao registro das entidades sindicais e zelar pela observância do princípio da unicidade");

III. **Licitude dos seus objetivos:** o requisito da licitude do objetivo é indispensável para a formação da pessoa jurídica, devendo, ainda, ser determinado e possível. Objetivos ilícitos ou nocivos constituem causa de extinção da pessoa jurídica (art. 69). A importância da limitação da vontade se dá pela garantia de obediência dos negócios ao ordenamento jurídico. Nas sociedades em geral, civis ou comerciais, o objetivo principal é o lucro pelo exercício da atividade. Nas fundações, os fins podem ser religiosos, morais, culturais ou de assistência (art. 62, parágrafo único), sendo-lhes possível se prestar a outras finalidades, desde que afastado o caráter lucrativo. O propósito lucrativo é característica das sociedades (art. 981 do CC), consistindo, portanto, em traço distintivo marcante entre essa espécie de pessoa jurídica e as associações. Trata-se de entendimento cristalizado no Enunciado 534 da VI Jornada de Direito Civil do CJF: "As associações podem desenvolver atividade econômica, desde que não haja finalidade lucrativa". Nas associações (art. 53 do CC), os objetivos colimados podem ser de natureza cultural, educacional, esportiva, religiosa, filantrópica, recreativa, moral etc.

Repise-se que, diferentemente das pessoas naturais (cujo registro civil tem natureza puramente declaratória), o registro dos atos constitutivos da pessoa jurídica tem natureza constitutiva, revelando-se verdadeiro instrumento de reconhecimento de sua personalidade jurídica, a qual inexistia antes. Com o registro, a pessoa jurídica é dotada de personalidade jurídica e estrutura patrimonial próprias, autônomas, distintas de seus instituidores.

O processo de constituição da pessoa jurídica é um ato complexo, composto por atos subjetivos e objetivos que se unem no sentido do reconhecimento de uma personalidade jurídica autônoma e independente, conferida pelo regular registro. A constituição se divide em duas fases distintas:

I. **Formação do ato constitutivo:** que consiste nos atos concretos praticados pelos sócios, formação de estatutos etc.;

II. **Registro público:** com a inscrição do ato constitutivo no órgão competente.

O Código Civil (art. 45, parágrafo único) oferta o prazo decadencial de três anos, contados da publicação de sua inscrição no registro, para a anulação do ato constitutivo por defeito próprio. Nos casos de dissolução ou cassação da autorização de funcionamento, o cancelamento do registro da pessoa jurídica só se promove depois de encerrada sua liquidação (art. 51), mediante averbação.

A pessoa jurídica de direito privado, nesse sentido, como revela Anderson Schreiber (2019, p. 45), tem sua origem no ato de manifestação de vontade de uma pessoa humana, que se consubstancia no ato constitutivo da pessoa jurídica. A partir de então, afirma-se já existir o ente moral; em termos mais técnicos, o negócio jurídico fundante já se revela válido e eficaz. Daí por que se afigura possível falar, por exemplo, em sociedade não personificada. O início da personalidade jurídica, no entanto, requer a inscrição do ato constitutivo da pessoa jurídica no registro competente, momento no qual se dá a efetiva dissociação patrimonial entre o ente abstrato e seus criadores. Eventual defeito do ato de constituição da pessoa jurídica, seja formal ou substancial, importará sua *anulabilidade*, submetida, de acordo com o parágrafo único do art. 48 do CCB, como visto, ao prazo decadencial trienal. O termo *a quo* para a contagem do referido prazo é a data da publicação do ato de inscrição no registro.

6.5 CAPACIDADE E REPRESENTAÇÃO DA PESSOA JURÍDICA

O ordenamento jurídico reconhece a capacidade das pessoas jurídicas como consequência natural e lógica da sua personalidade. De nada adiantaria conferir aptidão genérica para adquirir direitos e contrair obrigações (personalidade) sem a aptidão específica para exercê-los (capacidade).

É de bom alvitre esclarecer que a proteção à personalidade da pessoa jurídica não se destina a maximizar o seu desempenho econômico, mas, precipuamente, objetiva tutelar a realização de suas funções sociais. Sob diversos aspectos, todavia, nota-se a disparidade prático-jurídica entre a pessoa natural e a pessoa jurídica. Enquanto a pessoa física encontra, na sua capacidade, a expansão plena de sua alteridade ou de seu poder de ação, tendo proteção avançada, preferencial e privilegiada do sistema jurídico, a pessoa jurídica, pela própria natureza, tem o poder jurídico limitado aos direitos de ordem patrimonial.

Essa limitação é relativa, na medida em que nada obsta que a pessoa jurídica, eventualmente, busque indenização por dano extrapatrimonial, conforme previsão do art. 52 do Código Civil. Por sua vez, um direito à imagem dos produtos empresariais é reconhecido, em razão da evidente aproximação da imagem com a publicidade, protegendo-se, assim, de forma mais efetiva, a atividade exercida. A ampliação da tutela dos direitos da personalidade para proteger, também, no que couber, as atividades desempenhadas pelas pessoas jurídicas é fruto do atributo da elasticidade da citada categoria de direitos.

observação

O Código Civil não apenas coloca a pessoa jurídica ao lado da pessoa natural, mas regula a primeira à imagem e à semelhança da segunda. As sociedades, as associações, as fundações e todas as demais espécies de entes abstratos detêm personalidade em sentido patrimonial, ou seja, possuem aptidão para a aquisição de direitos e obrigações. Não gozam, porém, da especial proteção que o ordenamento jurídico reserva ao núcleo essencial da condição humana, o legislador não poderia atrair para o âmbito da pessoa jurídica um sistema de tutela concebido, inspirado e desenvolvido sempre com olhos voltados ao humano. A extensão mostra-se mesmo impraticável em certos aspectos, como no tocante às normas que regulam aspectos da integridade física (arts. 13 a 15 do CC), absolutamente incompatíveis com as pessoas jurídicas, que, como visto, são entes morais e não possuem uma estrutura biopsicológica. Nesse aspecto, o Enunciado 286 da IV Jornada de Direito Civil do CJF desponta que: "Os direitos da personalidade são direitos inerentes e essenciais à pessoa humana, decorrentes de sua dignidade, não sendo as pessoas jurídicas titulares de tais direitos". É importante esclarecer que o art. 52 do CC não afirma que as pessoas jurídicas têm direitos da personalidade. O que o art. 52 aduz é que as pessoas jurídicas possuem somente a proteção dos direitos da personalidade, no que couber, tendo em vista sua ausência de estrutura biopsicológica. Sobre o assunto, a Súmula n. 227 do STJ aponta que: "A pessoa jurídica pode sofrer dano moral". Tecnicamente, o enunciado de súmula em comento não se atenta, como visto, às sutilezas do art. 52 do CC. Sobre o assunto, vejamos:

> *Em boa verdade, a Súmula n. 227 constitui solução pragmática à recomposição de danos de ordem material de difícil liquidação – em regra, microdanos – potencialmente resultantes do abalo à honra objetiva da pessoa jurídica (...). Cuida-se, com efeito, de resguardar a credibilidade mercadológica ou a reputação negocial da empresa, que poderiam ser paulatinamente fragmentadas por violações a sua imagem, o que, ao fim e ao cabo, conduziria a uma perda pecuniária na atividade empresarial (STJ, REsp 1.258.389/PB, 4ª Turma, Rel. Min. Luis Felipe Salomão, j. 17.12.2013).*

A pessoa jurídica adquire personalidade com o registro do ato constitutivo, ao contrário da pessoa natural, para a qual basta a existência fática. Caso não haja registro, será considerada sociedade despersonificada ou de fato. Prevê o art. 986 do CC que, enquanto não inscritos os atos constitutivos, reger-se-á a sociedade, subsidiariamente e no que com ela forem compatíveis, com as normas das sociedades simples.

Em regra, o registro tem natureza constitutiva, podendo ocorrer na junta comercial (sociedade empresária) ou no registro civil de pessoas jurídicas (demais pessoas jurídicas de direito privado). Algumas exceções ao local de registro podem ser citadas: registro da sociedade simples de advogados (OAB), partidos políticos (TSE) e entidades sindicais (Ministério do Trabalho).

Diante da impossibilidade de manifestar diretamente (*per si*) sua vontade, a pessoa jurídica deve ser representada, ativa e passivamente, tanto nos atos judiciais como nos extrajudiciais, por uma pessoa física. Para Pontes de Miranda, tal termo não seria o correto, em razão de ser comumente utilizado para pessoas incapazes, devendo ser utilizado o vocábulo "presentação".

O termo "representação" era expressamente utilizado no Código Civil de 1916. O Código atual suprimiu a expressão, ao dispor, somente, que obrigam a pessoa jurídica os atos constitutivos dos administradores (art. 47), exercidos nos limites de seus poderes definidos no ato constitutivo. Em outro momento, o CC/2002 dispôs que as pessoas jurídicas de direito público interno são civilmente responsáveis por atos dos seus prepostos que nessa qualidade causem danos a terceiros, ressalvado direito regressivo contra os causadores do dano, se houver, por parte destes, culpa ou dolo (art. 43).

fique ligado!

O art. 43 do CC, ao tratar da responsabilidade civil das pessoas de direito público interno, reproduz, substancialmente, o § 6º do art. 37 da CF/88: "As pessoas jurídicas de direito público e as de direito privado prestadoras de serviços públicos responderão pelos danos que seus agentes, nessa qualidade, causarem a terceiros, assegurado o direito de regresso contra o responsável nos casos de dolo ou culpa". A responsabilidade da pessoa jurídica de direito público, portanto, independe de culpa, bastando que a atuação de um agente público, nessa qualidade – ou seja, no exercício da função administrativa –, tenha causado danos à vítima. O dispositivo legal em comento destaca, também, a possibilidade de exercício de direito de regresso por parte do Estado contra o agente causador do dano, nesse caso, condicionada à demonstração de que este agiu com culpa, de acordo com as regras gerais de responsabilidade civil (art. 186 c/c art. 927 do CC).

Saliente-se que, se houver atuação excessiva, exorbitando os poderes de representação, a pessoa jurídica não se vincula. Entretanto, respondem os agentes pessoalmente pelos prejuízos causados a terceiros, em razão dos abusos cometidos, diferentemente do abuso que pode gerar a desconsideração da própria personalidade jurídica (art. 50).

O ato constitutivo da pessoa jurídica, genericamente denominado **estatuto,** designará quem a representa e confere, portanto, o poder de vontade para criar o seu órgão representativo. Tal disposição reforça a ideia de que o contato com o mundo real exige a presença de órgãos que o estabeleçam, porquanto seu querer seja resultante da exteriorização das vontades individuais de seus membros, em conformidade com as finalidades estatutárias.

6.6 RESPONSABILIDADE CIVIL E PENAL DA PESSOA JURÍDICA

Da atividade diuturna da pessoa jurídica, em sua relação com terceiros, é possível que, mediante os atos praticados pelos seus representantes, integrantes, prepostos, empregados ou prestadores de serviços, decorram danos (patrimoniais ou extrapatrimoniais). Ocorrendo esse dano, nasce o dever de reparar integralmente o prejuízo sofrido pela vítima.

A responsabilidade pessoal e integral das pessoas jurídicas pelos seus atos resulta de sua autonomia e independência. A própria Constituição prevê que a pessoa jurídica responderá pelos seus atos, sem desconsiderar a responsabilização individual de seus dirigentes, conforme dispõe o § 5º do art. 173:

> § 5º A lei, sem prejuízo da responsabilidade individual dos dirigentes da pessoa jurídica, estabelecerá a responsabilidade desta, sujeitando-a às punições compatíveis com sua natureza, nos atos praticados contra a ordem econômica e financeira e contra a economia popular.

Destaque-se que a responsabilidade da pessoa jurídica, também chamada de **responsabilidade empresarial** (art. 47 do CC), pode ocorrer da violação de obrigações previstas em negócios jurídicos (**responsabilidade contratual**) ou da infringência de deveres legais ou sociais, consistentes estes nos princípios gerais do direito (**responsabilidade extracontratual** ou **aquiliana**), por conta, principalmente, do princípio da boa-fé objetiva.

observação

O administrador constitui, em realidade, o órgão de gestão da pessoa jurídica e tem a responsabilidade de manifestar a vontade desta. Cumpre destacar, como anunciado antes, que não se está, aqui, diante do fenômeno da representação, posto que o administrador não é pessoa diversa que atua em nome da pessoa jurídica, e sim da verdadeira presentação, já que o administrador é um órgão integrante da pessoa jurídica. A vida da pessoa jurídica, contudo, limita-se aos atos praticados pelo administrador dentro dos limites dos poderes que lhe foram atribuídos pelo ato constitutivo. Por outro lado, a ineficácia do ato praticado em excesso de poderes não frustra a confiança dos terceiros que se relacionam com a pessoa jurídica, em razão da publicidade conferida ao ato constitutivo pelo registro. Registre-se que, conforme Enunciado 145 da III Jornada de Direito Civil do CJF, "o art. 47 não afasta a aplicação da teoria da aparência". Assim, é merecedora de proteção a confiança legítima investida por terceiro diante de circunstâncias objetivas que indiquem que a pessoa que celebra o negócio em nome da pessoa jurídica efetivamente possui poderes para fazê-lo. Nessa situação, a pessoa jurídica restará vinculada à conduta do administrador aparente, tal qual ocorreria se celebrado por administrador regularmente dotado de poderes. Assim, é pacífico o entendimento de que há responsabilidade das pessoas jurídicas pelas obrigações assumidas por quem está regularmente investido nos poderes de representação e administração. Não obstante, a controvérsia surge quando há a prática de atos em nome da sociedade extrapolando os limites da representação ou, até mesmo, sem poderes para tanto. Adota-se o princípio da boa-fé, com vistas à proteção de terceiros de boa-fé. Dessa forma, responsabiliza-se a sociedade mesmo não se tratando de ato próprio.

fique ligado!

O art. 49 do CC, a rigor, dispõe sobre a acefalia da pessoa jurídica, ou seja, da falta de administrador, independentemente da razão. Em regra, o próprio Estatuto disciplina mecanismos para superação dessa situação. Contudo, no caso de o Estatuto ser omisso, ou de uma forma ou de outra, pode-se não conseguir, por meios internos, superar a falta de administrador, com evidentes prejuízos à pessoa jurídica. Nessa hipótese, recai sobre o Poder Judiciário, mediante provocação de qualquer interessado, a prerrogativa de nomear um administrador provisório, para atuar até a escolha de um novo administrador pelos órgãos da própria pessoa jurídica, em caráter definitivo.

Aplica-se, pois, a responsabilidade empresarial decorrente da **teoria da aparência**. A pessoa jurídica responde pelos atos que seus integrantes ou prepostos (em sentido amplo) praticam, aparentemente, em seu nome, ainda que extrapolando os limites dos poderes que detinha, salvo se o prejudicado conhecia tal situação, uma vez que o ordenamento não admite que a pessoa de beneficie de sua própria torpeza.

No âmbito da **pessoa jurídica de direito público**, a responsabilidade do Estado e de suas entidades, segundo o art. 37, § 6º, da Constituição, é objetiva, com esteio na **teoria do risco administrativo**. Desnecessário, por conseguinte, perquirir o elemento anímico (culpa). O prejudicado não precisa provar a culpa (em sentido amplo) do agente público que causou o dano, bastando provar a conduta, o dano e o nexo causal entre um e outro. A responsabilidade estatal objetiva foi ampliada para também alcançar as pessoas jurídicas de direito privado prestadoras de serviço público, por meio do regime de concessão e permissão de serviço público, atingindo, portanto, todo e qualquer particular que esteja no exercício de atribuição pública.

Frise-se a possibilidade de a Administração Pública exercer o direito de regresso contra o agente causador do dano, desde que tenha agido com culpa ou dolo, ressarcindo-se do prejuízo sofrido. A responsabilidade do agente, ao contrário da estatal, é subjetiva, devendo o poder público, necessariamente, comprovar a culpa do seu servidor para que possa vir a ser reembolsado da quantia dispendida. Nesse sentido, o art. 43 do Código Civil:

> As pessoas jurídicas de direito público interno são civilmente responsáveis por atos dos seus agentes que nessa qualidade causem danos a terceiros, ressalvado direito regressivo contra os causadores do dano, se houver, por parte destes, culpa ou dolo.

posicionamento doutrinário

Questiona-se, todavia, sobre a controvérsia acerca da responsabilidade civil do Estado em hipótese de omissão. A respeito da temática, Anderson Schreiber (2019, p. 35) esclarece que:

> *Em um país cujo ordenamento é pródigo no reconhecimento de direitos (inclusive em face do poder público), mas tão carente em políticas públicas no sentido de protegê-los e efetivá-los, adverte-se que a imputação aos entes públicos dos danos decorrentes de suas omissões poderia conduzir a uma espécie de panresponsabilização do Estado. No afã de evitar esse cenário, parte da doutrina passou a advogar que a responsabilidade dos entes públicos por omissão seria subjetiva, dependendo da prova da culpa, entendimento que atenta contra a expressa opção constitucional pela responsabilidade objetiva. Há, ainda, autores que propõem distinção entre a) a omissão genérica do Estado (por exemplo, falta de segurança pública) e b) a omissão específica do Estado (ausência de reação do policial que testemunhou o assalto), defendendo que, na primeira hipótese, a responsabilidade civil dependeria de prova da culpa. A rigor, a construção é útil, mas o tema nada tem com a culpa. A responsabilidade civil do Estado é sempre objetiva, por força da norma constitucional. O que se impõe é a verificação do nexo de causalidade entre o dano sofrido e a omissão administrativa. Assim, havendo uma causa capaz de romper o nexo entre a omissão do ente público e o dano sofrido pela vítima, impõe-se o afastamento da responsabilidade do Estado.*

observação

De acordo com o art. 48 do CC, pode a pessoa jurídica ser administrada por mais de uma pessoa, situação que coloca em xeque como se dá a composição da vontade da pessoa jurídica. Nesse sentido, cabe ao ato constitutivo disciplinar essa matéria, disciplinar se haverá votação, o quórum que deve ser observado, entre outras questões. Na omissão do ato constitutivo, o CC dispõe que a vontade da pessoa jurídica será formada por meio da maioria dos votos dos administradores presentes no momento da decisão. O parágrafo único do citado artigo de lei fixa o prazo decadencial de três anos para eventual anulação da decisão que não observe os critérios legais ou estatutários de formação da vontade em caso de administração coletiva. Contudo, o dispositivo excepciona o prazo decadencial de quatro anos previsto de modo geral para a anulação em caso de erro, dolo ou fraude contra credores (art. 178 do CC), ou seja, quando tais atos forem praticados no contexto de formação da vontade de pessoa jurídica, o prazo é reduzido para três anos. Por outro lado, o enunciado normativo não menciona os demais vícios do consentimento: coação, estado de perigo e lesão. No estado de perigo e na lesão, o pressuposto de que o negócio imponha uma excessiva onerosidade às partes parece torná-los inconciliáveis com a situação mencionada aqui. Já a coação pode perfeitamente se verificar no processo deliberatório dos administradores. Aplica-se, portanto, analogicamente, o prazo trienal à hipótese de coação, por identidade de fundamento. Por término, o parágrafo único inclui a simulação no prazo trienal, hipótese de nulidade do negócio jurídico (art. 167 do CC), que fundamenta-se na tentativa de estabilização das relações internas da pessoa jurídica.

Diametralmente oposta é a responsabilidade civil da **pessoa jurídica de direito privado**. Esta se submete ao regime geral da responsabilidade subjetiva (arts. 186 e 927, *caput, do CC*), sendo imperioso comprovar, além da conduta da empresa, o dano sofrido e o nexo de causalidade, a culpa de seu agente (sócio ou preposto).

Toda e qualquer pessoa jurídica de direito privado responde civilmente pelos seus atos, tenha ou não finalidade lucrativa (como associações e fundações), de modo que a vítima tenha reparado o seu prejuízo. Essa responsabilidade incide sobre a integralidade do seu patrimônio, afastados, de regra, os bens pertencentes aos sócios.

No que tange à **responsabilidade penal**, trata-se de uma tendência de rompimento com o tradicional princípio *societas delinquere non potest*, pelo qual a pessoa jurídica não poderia praticar delitos, dada a impossibilidade de se lhe reconhecer a atuação dolosa. Nesse diapasão, o art. 225, § 3º, da Constituição afirma que as condutas e as atividades lesivas ao meio ambiente sujeitarão os infratores, pessoas físicas ou jurídicas, a sanções penais e administrativas, independentemente da obrigação de reparar os danos causados.

Por sua vez, o art. 21 da Lei dos Crimes Ambientais (Lei n. 9.605/98) estabelece que as sanções penais aplicáveis às pessoas jurídicas poderão ser de multa, de restrição de direitos, de interdição temporária de estabelecimento de obra ou atividade, de prestação de serviços à comunidade ou mesmo de suspensão total ou parcial de atividades.

jurisprudência

O STF tem posicionamento no sentido de admitir a responsabilidade penal exclusiva da pessoa jurídica, independentemente da cominação de punição de pessoa física, conforme se verifica no Informativo 714:

> *Crime ambiental: absolvição de pessoa física e responsabilidade penal de pessoa jurídica*
>
> *1) É admissível a condenação de pessoa jurídica pela prática de crime ambiental, ainda que absolvidas as pessoas físicas ocupantes de cargo de presidência ou de direção do órgão responsável pela prática criminosa. Com base nesse entendimento, a 1ª Turma, por maioria, conheceu, em parte, de recurso extraordinário e, nessa parte, deu-lhe provimento para cassar o acórdão recorrido. Neste, a imputação aos dirigentes responsáveis pelas condutas incriminadas (Lei n. 9.605/98, art. 54) teria sido excluída e, por isso, trancada a ação penal relativamente à pessoa jurídica. Em preliminar, a Turma, por maioria, decidiu não apreciar a prescrição da ação penal, porquanto ausentes elementos para sua aferição. Pontuou-se que o presente recurso originara-se de mandado de segurança impetrado para trancar ação penal em face de responsabilização, por crime ambiental, de pessoa jurídica. Enfatizou-se que a problemática da prescrição não estaria em debate, e apenas fora aventada em razão da demora no julgamento. Assinalou-se que caberia ao magistrado, nos autos da ação penal, pronunciar-se sobre essa questão. Vencidos os Ministros Marco Aurélio e Luiz Fux, que reconheciam a prescrição. O min. Marco Aurélio considerava a data do recebimento da denúncia como fator interruptivo da prescrição. Destacava que não poderia interpretar a norma de modo a prejudicar aquele a quem visaria beneficiar. Consignava que a lei não exigiria a publicação da denúncia, apenas o seu recebimento e, quer considerada a data de seu recebimento ou de sua devolução ao cartório, a prescrição já teria incidido. (RE 548181/PR, Rel. Min. Rosa Weber, 06.08.2013).*
>
> *Crime ambiental: absolvição de pessoa física e responsabilidade penal de pessoa jurídica*
>
> *2) No mérito, anotou-se que a tese do STJ, no sentido de que a persecução penal dos entes morais somente se poderia ocorrer se houvesse, concomitantemente, a descrição e imputação de uma ação humana individual, sem o que não seria admissível a responsabilização da pessoa jurídica, afrontaria o art. 225, § 3º, da CF. Sublinhou-se que, ao se condicionar a imputabilidade da pessoa jurídica à da pessoa humana, estar-se-ia quase que a subordinar a responsabilização jurídico-criminal do ente moral à efetiva condenação da pessoa física. Ressaltou-se que, ainda que se concluísse que o legislador ordinário não estabelecera por completo os critérios de imputação da pessoa jurídica por crimes ambientais, não haveria como pretender transpor o paradigma de imputação das pessoas físicas aos entes coletivos. Vencidos os Ministros Marco Aurélio e Luiz Fux, que negavam provimento ao extraordinário. Afirmavam que o art. 225, § 3º, da CF não teria criado a responsabilidade penal da pessoa jurídica. Para o Min. Luiz Fux, a mencionada regra constitucional, ao afirmar que os ilícitos ambientais sujeitariam "os infratores, pessoas físicas ou jurídicas, a sanções penais e administrativas", teria apenas imposto sanções administrativas às pessoas jurídicas. Discorria, ainda, que o art. 5º, XLV, da CF teria trazido o princípio da pessoalidade da pena, o que vedaria qualquer exegese a implicar a responsabilidade penal da pessoa jurídica. Por fim, reputava que a pena visaria à ressocialização, o que tornaria impossível o seu alcance em relação às pessoas jurídicas. (RE 548181/PR, Rel. Min. Rosa Weber, 06.08.2013)*

6.7 CONSEQUÊNCIAS DA PERSONIFICAÇÃO

A atribuição de personalidade jurídica é um instrumento dado à pessoa jurídica para que esta alcance seus fins, independentemente da teoria adotada sobre a natureza jurídica. Ter a condição de pessoa significa ser dotado de alguns atributos:

a) **Nome:** identificação da entidade, distinguindo-a das demais. Pelo nome, as partes vinculam-se no mundo jurídico;

b) **Nacionalidade:** revela se a pessoa jurídica é nacional ou estrangeira, juntamente com suas consequências. Por exemplo, uma empresa estrangeira não pode ser proprietária de emissora de televisão no país (art. 222 da Constituição);

c) **Domicílio:** local onde funciona sua sede ou filiais. É o lugar onde pratica suas atividades habituais, onde pode ser demandada pelos credores, para fins de cunho tributário e processual (fixar competência territorial do juiz). Será o lugar onde funcionarem as respectivas diretorias e administrações (art. 75, IV, do CC);

súmula

Acerca da temática, a Súmula n. 363 do Supremo Tribunal Federal proclama que "a pessoa jurídica de direito privado pode ser demandada no domicílio da agência, ou estabelecimento, em que se praticou o ato".

d) **Capacidade contratual:** poder de praticar atos jurídicos válidos. É o poder ou a atribuição que a parte tem que lhe permite contratar;

e) **Capacidade processual:** capacidade de figurar como parte em um processo judicial;

f) **Existência distinta e independente da dos seus sócios:** a pessoa jurídica tem personalidade autônoma, distinta, independente. Está diretamente relacionada com a autonomia patrimonial;

g) **Princípio da autonomia patrimonial:** existência de um patrimônio próprio que responderá pelas obrigações da sociedade. Em caso de execução, o patrimônio dos sócios, regra geral, não será afetado.

6.8 GRUPOS DESPERSONALIZADOS

A pessoa física adquire personalidade por meio do nascimento com vida. Por outro lado, para que possa existir juridicamente, a pessoa jurídica depende do registro do seu ato constitutivo no órgão competente, sem o qual é considerada **sociedade despersonificada** (despersonalizada, de fato, irregular ou mera associação).

Por sua vez, diferentemente das pessoas jurídicas, as sociedades de fato são entidades que se formam independentemente da vontade dos seus membros ou em virtude de um ato jurídico que os vincule a determinados bens, sem que haja a *affectio societatis*. Contudo, mesmo não tendo personalidade jurídica, podem gozar de capacidade processual e ter legitimidade ativa e passiva para acionar e serem acionadas em juízo. Ademais, podem praticar atos jurídicos, titularizando direitos e obrigações, mas só podem praticá-los no cumprimento essencial de sua função ou de acordo com o que a lei expressamente autoriza.

Entes despersonalizados representam uma mera relação contratual disciplinada pelo estatuto ou contrato social, ou seja, o conjunto de direitos e obrigações, de pessoas e de bens, sem personalidade jurídica, porém com capacidade processual, mediante representação.

exemplo

Massa falida (síndico), herança jacente/vacante (curador), espólio (inventariante), sociedade sem personalidade jurídica (a quem couber a administração dos bens) e condomínio (síndico ou administrador).

A sociedade irregular ou de fato encontra amparo no art. 986 do Código Civil disciplina, no livro concernente ao direito de empresa, como "sociedade não personificada": "Enquanto não inscritos os atos constitutivos, reger-se-á a sociedade, exceto por ações em organização, pelo disposto neste Capítulo, observadas, subsidiariamente e no que com ele forem compatíveis, as normas da sociedade simples".

A atribuição ou não de personalidade jurídica está vinculada a dois critérios: **a regularidade de constituição e o tipo societário**. Três são as possibilidades que podem levar à despersonificação:

I. não possui ato constitutivo escrito;
II. possui ato constitutivo, mas não foi levado a registro;
III. possui ato constitutivo registrado, mas este não produz efeitos.

6.9 CLASSIFICAÇÃO DA PESSOA JURÍDICA

a) **Quanto à nacionalidade:** a pessoa jurídica se vincula ao ordenamento jurídico que lhe conferiu personalidade, classificando-se como nacional ou estrangeira. Se constituída sob as leis brasileiras, será nacional. Do contrário, tratar-se-á de pessoa jurídica estrangeira, que deve obediência à lei nacional de sua origem, conquanto suas agências ou filiais no Brasil estejam sob o império da lei nacional, inclusive no que diz respeito à autorização para funcionamento.

b) **Quanto à estrutura interna:**

   I. **Corporações (*universitas personarum*):** é um conjunto ou uma reunião de pessoas visando à realização de fins internos, estabelecidos pelos sócios, em prol do bem dos seus membros. As corporações dividem-se em associações e sociedades (simples ou empresárias).

II. **Associações (arts. 53 a 61 do CC):** união de pessoas naturais sem fins econômicos, como menciona o art. 53, mas sim religiosos, morais, culturais, filantrópicos, desportivos ou recreativos. Necessário esclarecer que a lei não veda o lucro nas associações. A finalidade econômica não é sinônimo de lucratividade. O eventual lucro auferido será revertido em proveito da própria pessoa jurídica, ao contrário da sociedade, cuja destinação do lucro é a partilha entre os sócios. A concepção de que a associação deve ser uma entidade necessariamente altruística é equivocada. Admite-se, portanto, que as associações desenvolvam atividades de caráter econômico, desde que não haja a *finalidade lucrativa* (*animus lucrandi*). O propósito lucrativo é característica das sociedades (art. 981), sendo, inclusive, um traço distintivo relevante com relação às associações. Ainda sobre o tema, o parágrafo único do artigo em comento esclarece que nas associações, diferentemente do que ocorre nas sociedades, não se estabelecem entre os associados direitos e obrigações recíprocos: o vínculo jurídico do associado se dá direta e exclusivamente com a própria associação, nos termos do estatuto. A Constituição assegura, em seu art. 5º, inciso XVII, a plena liberdade de associação, vedada a de caráter paramilitar. Acrescenta, ainda, em seu inciso XX, que "ninguém poderá ser compelido a associar-se ou a permanecer associado". A liberdade de associação constitui, assim, direito fundamental, mas que se sujeita, naturalmente, à ponderação em caso de conflito com outros direitos fundamentais.

enunciado

Nesse sentido, o Enunciado 534 da VI Jornada de Direito Civil do CJF: "As associações podem desenvolver atividade econômica, desde que não haja finalidade lucrativa".

No tocante às associações, a CF/88 consagrou a intervenção mínima do Estado, bem como o direito associativo, como se infere na simples leitura do art. 8º, consagrando a autonomia associativa. Na mesma linha de intelecção, o art. 57, do Código Civil, com a alteração promovida pela Lei n. 11.127/2005, passou a dispor que a exclusão do associado só é admissível havendo justa causa, obedecido o disposto no estatuto e o direito de ampla defesa. É relevante pontuar que as associações, quando expressamente autorizadas, têm legitimidade para representar os seus associados em juízo ou fora dele. Em determinados casos, a lei legitima a associação a atuar na defesa dos interesses dos seus associados. Como visto, o art. 57 do CC versa sobre a exclusão *do associado*, com base em dois requisitos: a) **ter fundamento em uma justa causa;** e b) **observar procedimento que assegure direito de defesa e de recurso, nos termos previstos no estatuto**. Nesse sentido, é vedada a exclusão arbitrária do associado, tanto no aspecto substancial como no processual, o que, inclusive, atentaria contra o direito fundamental à liberdade de associação. O enunciado normativo em comento traz um conceito jurídico indeterminado, qual seja, a *justa causa* para a exclusão. A justa causa, aqui, segundo a melhor doutrina, está associada à prática tanto de condutas incompatíveis com a finalidade social e o correto funcionamento da associação como daquelas que atentem contra os valores fundamentais da ordem jurídica, desde que de algum modo relacionadas à associação. Ao lado disso, o procedimento de exclusão deve estar previsto no estatuto, que deve proporcionar, por força do art. 57 do CC, meios para o exercício do direito de defesa e de recurso. Pode-se mencionar, ainda, a necessidade de respeito ao contraditório. Em síntese, deve o estatuto prever um *devido processo*, um *justo processo*, sob pena de nulidade da decisão. Isso inclusive tem a ver com a tese da incidência direta dos direitos e garantias fundamentais, neste caso, a possibilidade da incidência de princípios constitucionais, ligados a direitos fundamentais, por conta da força normativa dos princípios, inclusive, independentemente de regras infraconstitucionais que os regulamente. Na situação em lide, entram em cena os princípios processuais/constitucionais do devido processo legal e da ampla defesa. Trata-se de projeção dos direitos fundamentais processuais sobre as relações privadas. Registre-se que a exigência de um processo justo não importa a observância das regras do processo judicial, devendo-se sempre atentar para as particularidades das estruturas associativas.

III. Sociedades: têm finalidade econômica e visam ao lucro, o qual deve ser repartido entre os sócios. Dividem-se em simples e empresárias. As **sociedades simples** (arts. 982 e 983 do CC) são constituídas, em geral, por profissionais de uma mesma área ou por prestadores de serviços técnicos, que oferecem pessoalmente serviços de natureza intelectual, artística, científica, literária ou de cooperativa. Sua natureza é essencialmente não mercantil. Eventualmente, caso venham a praticar atos próprios de empresários, não descaracteriza sua situação, pois o que se considera é a atividade principal por eles exercida. As **sociedades empresárias** tendem ao exercício de atividade mercantil, relacionada com atividade econômica organizada para a produção ou circulação de bens e serviços. Executam, por isso, atividade própria de empresário sujeita ao registro de empresas mercantis previsto no art. 967, bem como aos modelos societários contemplados em lei. O art. 981 disciplina que o contrato de sociedade é celebrado por pessoas que reciprocamente se obrigam a contribuir, com bens ou serviços, para o exercício de atividade econômica e a partilha, entre si, dos resultados. Em relação à sociedade simples, a empresária possui estrutura e atividade desenvolvida mais complexas.

IV. Fundações (*universitas bonorum* - arts. 62 a 69 do CC): nas corporações, os bens correspondem a um elemento secundário. O patrimônio consiste apenas em um meio para a realização de um fim. Para as fundações, a reunião de bens é a sua razão de ser, desfrutando de objetivos externos, estabelecidos pelo instituidor. Diz-se que a fundação é um patrimônio personificado, ou seja, é uma afetação patrimonial dotada de personalidade jurídica, por vontade de seu titular, mediante escritura pública ou testamento (art. 62), destinada a uma finalidade específica. Na fundação, é proibida a distribuição de lucros. Compõem-se de dois elementos: o patrimônio e o fim. Somente poderão constituir-se para fins de assistência social; cultura, defesa e conservação do patrimônio histórico e artístico; educação; saúde; segurança alimentar e nutricional; defesa, preservação e conservação do meio ambiente e promoção do desenvolvimento sustentável; pesquisa científica, desenvolvimento de tecnologias alternativas, modernização de sistemas de gestão, produção e divulgação de informações e conhecimentos técnicos e científicos; promoção da ética, da cidadania, da democracia e dos direitos humanos; e atividades religiosas. Tal limitação foi introduzida no Código para impedir a instituição de fundações para fins menos nobres ou fúteis. Nesse sentido, a fundação pode ser definida como uma espécie de pessoa jurídica que se forma pela afetação de determinados bens a certos fins preestabelecidos pelo seu instituidor. Ao contrário da associação, portanto, que nasce de uma conjunção de esforços pessoais, uma verdadeira união de pessoas em torno de um mesmo fim (*universitas personarum*), o elemento dominante nas fundações é o material, consubstanciado na afetação de bens em torno de uma finalidade comum (*universitas bonorum*). Contudo, apesar de se tratar de um patrimônio afetado, a finalidade a que se dirige a fundação deverá representar a satisfação de interesse humano. O parágrafo único do art. 62 do CC destaca as finalidades para as quais podem ser constituídas fundações, quais sejam:

I - assistência social; II - cultura, defesa e conservação do patrimônio histórico e artístico; III - educação; IV - saúde; V - segurança alimentar e nutricional; VI - defesa, preservação e conservação do meio ambiente e promoção do desenvolvimento sustentável; VII - pesquisa científica, desenvolvimento de tecnologias alternativas, modernização de sistemas de gestão, produção e divulgação de informações e conhecimentos técnicos e científicos; VIII - promoção da ética, da cidadania, da democracia e dos direitos humanos; IX - atividades religiosas.

fique ligado!

Em sua redação original, o parágrafo único do art. 62 do CC se referia apenas a fundações com fins religiosos, morais, culturais ou de assistência. A Lei n. 13.151/2015 expandiu sensivelmente esse rol. Apesar de o texto afirmar, contudo, que a fundação "somente" poderá ser constituída para esses fins, a doutrina defendeu, desde o primeiro momento, uma interpretação ampliativa, uma vez que o objetivo da norma é o de evitar a criação de fundações para fins ilegítimos, finalidade suficientemente resguardada pela atuação fiscalizatória do Ministério Público (art. 69 do CC). Nessa linha de raciocínio, pois, desponta o Enunciado 9 da I Jornada de Direito Civil do CJF, indicando que o art. 62, parágrafo único, do CC, "deve ser interpretado de modo a excluir apenas as fundações com fins lucrativos".

observação

Sobre a atuação do Ministério Público Estadual com relação às fundações, deve-se levar em consideração o que segue:

> *7. O controle engendrado pelo Ministério Público, consoante prevê o art. 26 do Código Civil/2002 e os arts. 1.199 a 1.204 do CPC, realiza-se mediante exame do balanço anual, recebido dos órgãos diretivos da Fundação, o qual possibilita, com considerável precisão, a aferição acerca da vida patrimonial, econômica e financeira da instituição fiscalizada. 8. A consecução dos objetivos finalísticos da Fundação é acompanhada pela Curadoria, a quem incumbe velar, na acepção mais ampla da palavra, qual seja, proteger, zelar e cuidar, a fim de que a fundação cumpra de forma eficiente os seus desígnios. 9. Consectariamente, a ampliação conceitual do vocábulo "velar", inserto no art. 26 do Código Civil de 1916 e reproduzido no art. 66 do novel Código Civil de 2002, justifica-se pela proporcionalidade entre os encargos atribuídos e os meios postos à disposição para a consecução daqueles, sob pena de inocuidade do "dever-poder" atribuído ao Ministério Público no exercício de quão importante mister. 10. À luz da legislação atinente à matéria, afere-se anomalia na administração da fundação, revela-se razoável que os interessados e, especialmente, o Ministério Público, no exercício de seu mister, sejam legitimados à propositura de ações judiciais aptas a coibir eventuais ingerências, possibilitando à fundação o cumprimento de sua finalidade precípua (...) (STJ, REsp 776.549/MG, 1ª Turma, Rel. Min. Luiz Fux, j. 15.05.2007).*

A constituição de uma fundação é ato formal, que passa por quatro fases:

1) **Ato de dotação ou de instituição:** destinação de bens livres, com indicação dos fins a que se destinam. Realizada por escritura pública ou por testamento;
2) **Elaboração dos estatutos:** pode ser direta ou própria (pelo próprio instituidor) ou fiduciária (feita por pessoa designada pelo instituidor que seja de sua confiança);
3) **Aprovação dos estatutos:** devem ser aprovados pelo Ministério Público;
4) **Registro:** indispensável para conferir existência legal da fundação, fazendo-se no Registro Civil das Pessoas Jurídicas.

As fundações extinguem-se em três casos (art. 69 do CC e art. 765 do CPC/2015):

1) quando se tornar ilícita, impossível ou inútil a sua finalidade;
2) quando se vencer o prazo de sua existência, se previsto em estatuto;
3) quando impossível de serem mantidas. Aqui, o patrimônio remanescente será incorporado a outra fundação de igual ou semelhante finalidade ou terá o destino previsto pelo instituidor no ato constitutivo.

Com o advento da Lei n. 10.825/2003, o art. 44 do Código Civil passou a considerar as **organizações religiosas** e os **partidos políticos** como pessoas jurídicas de direito privado. Nesse sentido, o § 1º do art. 44 estabelece que são livres a criação, a organização, a estruturação interna e o funcionamento das organizações religiosas, sendo vedado ao poder público negar-lhes reconhecimento ou registro dos atos constitutivos e necessários ao seu funcionamento. O § 3º do dispositivo em debate prevê, ainda, que os partidos políticos serão organizados e funcionarão conforme o disposto em lei específica.

Outra novidade, desta vez trazida pela Lei n. 12.441/2011, foi a inclusão do inciso VI das **Empresas Individuais de Responsabilidade Limitada (Eireli)** no rol de pessoas jurídicas de direito privado. No panorama anterior, a pessoa que exercia sozinha a atividade econômica organizada respondia pessoalmente pelos débitos da pessoa jurídica. Por conseguinte, a responsabilidade passara a ser limitada ao patrimônio da empresa.

Ao reboque, recente inovação legislativa trazida pela Lei n. 14.195/2021 (conversão da Medida Provisória n. 1.040/2021), em seu art. 41, determinou que: "as empresas individuais de responsabilidade limitada existentes na data da entrada em vigor desta Lei serão transformadas em sociedades limitadas unipessoais independentemente de qualquer alteração em seu ato constitutivo". Assim, **a denominada Sociedade Limitada Unipessoal (SLU) passou a ocupar o lugar da EIRELI no cenário jurídico brasileiro, posto que a SLU possui a segurança jurídica de uma sociedade, sem a exigência de um capital social mínimo, como ocorria com a EIRELI**. Nesse sentido, a MP n. 1.085/2021, em seu art. 20, VII, baniu expressamente a EIRELI no ordenamento jurídico brasileiro.

c) **Quanto à função (órbita de sua atuação ou regime):**

O art. 40 do Código Civil classifica as pessoas jurídicas no que tange às funções exercidas:

I. Pessoas jurídicas de direito público: contam com a presença fundamental do poder público. Dividem-se em: de **direito público externo** (Estados estrangeiros, inclusive a Santa Sé e organismos internacionais, ou seja, todas as pessoas que forem regidas pelo direito internacional público); de **direito público interno** (administração direta – União, Estados, Distrito Federal, Municípios – e administração indireta – autarquias, fundações públicas e demais entidades de caráter público criadas por lei e regidas pelo direito administrativo). Serão assim classificadas, ainda que tenham estrutura de direito privado: fundações públicas e entes de fiscalização do exercício profissional.

II. Pessoas jurídicas de direito privado: corporações – associações, sociedades simples e empresárias, partidos políticos, organizações religiosas e sindicatos –; e **fundações particulares** (art. 44 do CC; arts. 511 e 512 da CLT; art. 8º da CF). As empresas públicas e as sociedades de economia mista, a despeito de fazerem parte da administração pública indireta, são dotadas de personalidade jurídica de direito privado (Decreto-lei n. 200/67), sujeitando-se ao regime próprio das empresas privadas (art. 173, § 1º, da CF).

tome nota!

O art. 44 do Código Civil enumera as pessoas jurídicas de direito privado, quais sejam: a) associações; b) sociedades; c) fundações; d) organizações religiosas; e) partidos políticos. É importante reforçar que as sociedades são pessoas jurídicas constituídas com objetivo de lucro para distribuição entre seus sócios. Sua disciplina é traçada no Livro II da Parte Especial do Código Civil, que, procedendo a uma parcial reunificação do direito privado, dedicou-se ao direito da empresa, em que, apesar do nome, se cuida também das sociedades simples ou não empresárias. Tradicionalmente, a doutrina majoritária, é importante pontuar, extrai do art. 981 do CCB a exigência de que as sociedades sejam, em regra, pluripessoais, ou, em outras palavras, constituídas por mais de um sócio, admitindo-se a unipessoalidade, apenas, em hipóteses excepcionais. Nesse contexto, a Lei n. 13.247/2016 alterou o Estatuto da Advocacia, introduzindo em seu art. 15 a figura da sociedade unipessoal de advocacia, inovação que reacendeu o debate quanto à pertinência, no plano teórico, da exigência de pluripessoalidade como característica essencial das sociedades. Tal discussão já havia entrado em pauta com a introdução, em 2011, das chamadas Eirelis. As Eirelis, criadas pela Lei n. 12.441/2011, que, a rigor, não consistem em sociedades, possuem composição unipessoal (art. 980-A do CCB). É importante destacar, nesse sentido, que, por meio da Eireli, permite-se que o titular da empresa desenvolva sua atividade com um patrimônio separado do seu próprio, diversamente do que ocorre, em regra, no caso do empresário individual e sem a necessidade de recorrer a um sócio. Contudo, é importante observar que a Lei n. 13.874/2019 incluiu os §§ 1º e 2º ao art. 1.052 do CCB, passando a prever que a sociedade limitada pode ser constituída por uma ou mais pessoas.

enunciado

Enunciado 280 da IV Jornada de Direito Civil do CJF dispõe que: "Por força do art. 44, § 2º, consideram-se aplicáveis às sociedades reguladas pelo Livro II da Parte Especial, exceto às limitadas, os arts. 57 e 60, nos seguintes termos: a) em havendo previsão contratual, é possível aos sócios deliberar a exclusão de sócio por justa causa, pela via extrajudicial, cabendo ao contrato disciplinar o procedimento de exclusão, assegurado o direito de defesa, por aplicação analógica do art. 1.085; b) as deliberações sociais poderão ser convocadas por iniciativa de sócios que representem 1/5 (um quinto) do capital social, na omissão do contrato. A mesma regra aplica-se na hipótese de criação, pelo contrato, de outros órgãos de deliberação colegiada". As fundações são as pessoas jurídicas que se formam pela afetação de determinados bens a certos fins preestabelecidos pelo seu instituidor. São reguladas logo após as associações, entre os arts. 62 e 69 do Código Civil. As organizações religiosas e os partidos políticos não configuram, a rigor, espécies de pessoas jurídicas, justificando-se sua presença no art. 44 em razão de sua relevância social. Trata-se, em verdade, de modalidades de associações dotadas de particularidades em seus regimes jurídicos: "Os partidos políticos, os sindicatos e as associações religiosas possuem natureza associativa, aplicando-se-lhes o Código Civil" (Enunciado 142 da III Jornada de Direito Civil do CJF).

A recente Lei n. 14.193/2021 instituiu a Sociedade Anônima do Futebol (S.A.F), estabelecendo, em seu art. 1º, que é a "companhia cuja atividade principal consiste na prática do futebol, feminino e masculino, em competição profissional". Diferencia-se, portanto, do clube, nos termos do § 1º, inciso I, do mesmo artigo, uma vez que este consiste em associação civil, regida pela Lei n. 10.406, de 10 de janeiro de 2002 (Código Civil), dedicada ao fomento e à prática do futebol. Por sua vez, caso a associação desenvolva atividade futebolística de forma habitual e profissional, poderá ser inscrita no Registro Público de empresas mercantis da respectiva sede, hipótese em que será considerada empresária para todos os efeitos (art. 971, parágrafo único, do Código Civil).

6.10 DESCONSIDERAÇÃO DA PERSONALIDADE JURÍDICA

A atribuição de personalidade jurídica às empresas permite uma separação patrimonial entre os bens do ente coletivo e os individuais de cada sócio. Assim, o manto protetor da personalização confere proteção do patrimônio dos sócios, respondendo a pessoa jurídica pelas suas dívidas e obrigações com o seu próprio patrimônio.

Não obstante, diante da utilização inadequada da pessoa jurídica, desvinculando-se da sua finalidade, pela prática de atos ilícitos ou abusos, jurisprudência e doutrina começaram a perceber a necessidade de afastar o manto protetivo para atingir o patrimônio pessoal dos sócios. Dessa forma, origina-se a **teoria da desconsideração da personalidade jurídica**, ou *disregard of the legal entity*.

Por intermédio da desconsideração, constatado o desvirtuamento da finalidade, fraude, abuso de direito ou confusão patrimonial entre empresa e sócios, o juiz decreta a suspensão temporária da eficácia do ato constitutivo da pessoa jurídica, permitindo que o patrimônio dos sócios satisfaça diretamente as obrigações que não puderam ser atendidas pelo patrimônio da empresa.

O CC/2002 sofreu alteração legislativa com relação ao tema, inicialmente, por força da Medida Provisória n. 881/2019 e, na sequência, da Lei da Liberdade Econômica (Lei n. 13.874/2019), que pouco alterou conteúdo da citada MP n. 881/2019. A supracitada lei inseriu no CC o art. 49-A e parágrafo único: "A pessoa jurídica não se confunde com os seus sócios, associados, instituidores ou administradores. Parágrafo único. A autonomia patrimonial das pessoas jurídicas é um instrumento lícito de alocação e segregação de riscos, estabelecido pela lei com a finalidade de estimular empreendimentos, para a geração de empregos, tributo, renda e inovação em benefício de todos". Tal enunciado normativo destaca, com clareza, uma premissa fundamental acerca da temática, qual seja, a autonomia (jurídica e existencial) da pessoa jurídica com relação às pessoas físicas que dela fazem parte. Além disso, ao estabelecer, em seu parágrafo único, o fundamento da autonomia patrimonial, qual seja, o de "estimular empreendimentos, para a geração de empregos, tributo, renda e inovação em benefício de todos", reforça, inclusive, o princípio da função social da empresa. Destaca, ainda que indiretamente, o caráter episódico e excepcional da desconsideração da personalidade jurídica.

observação

(...) tratando-se de regra de exceção, de restrição ao princípio da autonomia patrimonial da pessoa jurídica, a interpretação que melhor se coaduna com o art. 50 do Código Civil é a que relega sua aplicação a casos extremos, em que a pessoa jurídica tenha sido instrumento para fins fraudulentos, configurado mediante o desvio da finalidade institucional ou a confusão patrimonial. 2. O encerramento das atividades ou dissolução, ainda que irregulares, da sociedade não são causas, por si só, para a desconsideração da personalidade jurídica, nos termos do Código Civil (STJ, EREsp 1.306.553/SC, 2ª Seção, Rel. Min. Maria Isabel Gallotti, j. 10.12.2014).

A desconsideração da personalidade jurídica é o instituto jurídico, portanto, concebido como forma de permitir o salto sobre a pessoa jurídica para alcançar diretamente o patrimônio de seus sócios ou administradores, beneficiados direta ou indiretamente pelo abuso. Como anunciado anteriormente, consiste em "erguer o véu da pessoa jurídica" para atingir quem estiver por trás de sua utilização. O art. 50 do Código Civil, com redação dada pela Lei da Liberdade Econômica, trata do tema, filiando-se, como já acontecia antes, à chamada teoria maior da desconsideração, que exige, para que se atinja o patrimônio dos sócios ou administradores, a caracterização do abuso da personalidade jurídica, pelo desvio de finalidade ou pela confusão patrimonial. O abuso é tratado, aqui, como visto, sob lente objetiva, relacionando-se com desvio de finalidade e confusão patrimonial. À teoria maior opõe-se a chamada teoria menor da desconsideração, menos exigente, sendo possível com a simples constatação de que a pessoa jurídica funciona como obstáculo ao ressarcimento de danos. É a corrente consagrada, por exemplo, no direito do consumidor, direito ambiental, e no direito do trabalho. O Código de Defesa do Consumidor, norma pioneira sobre o tema, pareceu acolher a teoria maior na primeira parte do caput *do art. 28, quando menciona "abuso de direito, excesso de poder, infração da lei, fato ou ato ilícito ou violação dos estatutos ou contrato social". Contudo, especialmente no § 5º do art. 28, o CDC deixa clara a filiação à teoria menor da desconsideração, uma vez que alude simplesmente ao obstáculo para a reparação de danos.*

jurisprudência

O STJ decidiu que:

> *A teoria menor da desconsideração, acolhida em nosso ordenamento jurídico excepcionalmente no Direito do Consumidor e no Direito Ambiental, incide com a mera prova de insolvência da pessoa jurídica para o pagamento de suas obrigações, independentemente da existência de desvio de finalidade ou de confusão patrimonial. Para a teoria menor, o risco empresarial normal às atividades econômicas não pode ser suportado pelo terceiro que contratou com a pessoa jurídica, mas pelos sócios e/ou administradores desta, ainda que estes demonstrem conduta administrativa proba, isto é, mesmo que não exista qualquer prova capaz de identificar conduta culposa ou dolosa por parte dos sócios e/ou administradores da pessoa jurídica. A aplicação da teoria menor da desconsideração às relações de consumo está calcada na exegese autônoma do § 5º do art. 28 do CDC, porquanto a incidência desse dispositivo não se subordina à demonstração dos requisitos previstos no* caput *do artigo indicado, mas apenas à prova de causar, a mera existência da pessoa jurídica, obstáculo ao ressarcimento de prejuízos causados aos consumidores (STJ, REsp 279.273/SP, 3ª Turma, Rel. p/ acórdão Min. Nancy Andrighi, j. 04.12.2003; no mesmo sentido, mais recentemente: STJ, EREsp 1.658.568/RJ, 3ª Turma, Rel. Min. Nancy Andrighi, j. 16.10.2018).*

Cumpre registrar que, embora seja aplicado, comumente, às sociedades, o instituto da desconsideração está positivado, do ponto de vista topológico, nas disposições gerais sobre as pessoas jurídicas, a evidenciar sua incidência sobre toda e qualquer modalidade de ente moral, uma vez que estejam presentes os seus requisitos. Nesse sentido, "as pessoas jurídicas de direito privado sem fins lucrativos ou de fins não econômicos estão abrangidas no conceito de abuso da personalidade jurídica" (Enunciado 284 da IV Jornada de Direito Civil do CJF).

Muito embora a desconsideração ter sido concebida para permitir que credores da pessoa jurídica alcançassem o patrimônio dos sócios ou administradores, hoje, admite-se a teoria para justificar o movimento inverso: "É cabível a desconsideração da personalidade jurídica denominada 'inversa' para alcançar bens de sócio que se valeu da pessoa jurídica para ocultar ou desviar bens pessoais, com prejuízo a terceiros" (Enunciado 283 da IV Jornada de Direito Civil do CJF). Do ponto de vista processual, o Código de Processo Civil de 2015 inovou ao regular o chamado *incidente de desconsideração da personalidade jurídica*, tratada nos arts. 133 a 137. Sobre o tema, é importante esclarecer, ainda, que o STJ fixou orientação entendendo que, no caso da Teoria Menor prevista no CDC, a desconsideração não atinge o patrimônio do administrador que não integra o quadro societário da pessoa jurídica. No entanto, o patrimônio dos administradores que não sejam sócios pode ser atingido no caso da incidência da teoria maior da desconsideração, disciplinada pelo art. 50 do Código Civil (STJ, REsp 1.862.557/DF).

posicionamento doutrinário

A respeito da temática em lide, Anderson (2019, p. 40) vaticinava acerca do multicitado art. 50 e seus parágrafos do CCB, inicialmente, com a redação dada pela MP n. 881/2019:

"(...) o § 1º define o que se deve entender por desvio de finalidade, aludindo à utilização dolosa da pessoa jurídica para a) lesar credores e b) praticar atos ilícitos de qualquer natureza. Apesar do conectivo 'e', não se trata de requisitos cumulativos, bastando o uso da pessoa jurídica em um ou outro sentido para a caracterização do desvio de finalidade. A exigência de dolo, no entanto, é criticável: dificulta excessivamente a aplicação da desconsideração e atrela o art. 50 a uma perspectiva subjetivista, que enxerga a desconsideração como uma sanção a um mal feito, afastando-se da abordagem contemporânea do abuso do direito como exercício de uma situação jurídica subjetiva em dissonância com a sua finalidade normativa – como parecia ter sido a intenção do legislador na versão original do Código Civil, ao optar pelo emprego da expressão desvio de finalidade. Ainda em relação a essa matéria, a MP n. 881/2019 estabelece que a mera alteração da atividade originariamente desenvolvida pela pessoa jurídica não implica, per se, desvio de finalidade (art. 50, § 5º). A segunda hipótese de abuso da personalidade jurídica, a confusão patrimonial, é detalhada no § 2º do art. 50 – também introduzido pela MP n. 881/2019 –, que alude à ausência de separação de fato entre os patrimônios dos sócios e da pessoa jurídica."

Como antes foi sustentado, a Medida Provisória n. 881 adotava um modelo subjetivo e agravado, pois somente o dolo e não a simples culpa geraria a configuração desse primeiro elemento da desconsideração. Nesse sentido, argumentava-se, entre os defensores da norma, que o elemento doloso para a aplicação da desconsideração estava consolidado no âmbito da jurisprudência do Superior Tribunal de Justiça, o que não é verdade. Porém, como se verá, a Corte tem exigido o dolo apenas para os casos de encerramento irregular das atividades, quando a empresa as encerra sem honrar com as suas obrigações e altera formalmente as informações perante os órgãos competentes (STJ, EREsp 1.306.553/SC).

Como anunciado anteriormente, a teoria da desconsideração da personalidade jurídica não se presta a aniquilar o princípio da separação patrimonial entre a sociedade e seus sócios. Muito pelo contrário, como visto, serve como mola propulsora da funcionalização da pessoa jurídica. É, sobretudo, uma forma de adequar a pessoa jurídica aos fins para os quais foi criada, garantindo suas atividades e coibindo o uso indevido e propósitos ilegítimos. Não ocorre, importante frisar, a extinção da pessoa jurídica, mas seu aperfeiçoamento, pois responsabiliza o sócio que abusou, por fraude ou por confusão patrimonial, da própria personalidade que lhe foi reconhecida pelo ordenamento.

O Código Civil, em seu art. 50, prescreve que:

> Art. 50. Em caso de abuso da personalidade jurídica, caracterizado pelo desvio de finalidade ou pela confusão patrimonial, pode o juiz, a requerimento da parte, ou do Ministério Público quando lhe couber intervir no processo, desconsiderá-la para que os efeitos de certas e determinadas relações de obrigações sejam estendidos aos bens particulares de administradores ou de sócios da pessoa jurídica beneficiados direta ou indiretamente pelo abuso. (Redação dada pela Lei n. 13.874, de 2019)

Merece destaque, também, o § 4º do artigo em comento, que afastou a possibilidade de desconsideração da personalidade jurídica pela mera identificação de grupo econômico, exigindo, também, a presença dos requisitos do desvio de finalidade ou da confusão patrimonial nesses casos. Outra alteração elogiável: aplicar a desconsideração da personalidade jurídica a partir da mera configuração de grupo econômico vai no sentido contrário das diretrizes do instituto (destitui as fronteiras entre as diferentes personalidades jurídicas).

enunciados

No mesmo sentido proposto anteriormente, o Conselho da Justiça Federal publicou os Enunciados 7 e 146:

> *Enunciado 7 da I Jornada de Direito Civil do CJF – Art. 50: só se aplica a desconsideração da personalidade jurídica quando houver a prática de ato irregular e, limitadamente, aos administradores ou sócios que nela hajam incorrido;*
>
> *Enunciado 146 da III Jornada de Direito Civil do CJF (que não prejudica o anterior): nas relações civis, interpretam-se restritivamente os parâmetros de desconsideração da personalidade jurídica previstos no art. 50 (desvio de finalidade social ou confusão patrimonial).*

Com a desconsideração, é importante notar, a pessoa jurídica não entra em processo de liquidação tampouco é extinta automaticamente. Os efeitos da desconsideração são meramente patrimoniais e sempre relativos a obrigações determinadas, fundadas, por exemplo, em contrato ou em um ilícito civil.

Nesse aspecto, a desconsideração não se confunde com despersonificação. A **desconsideração** observa o **princípio da continuidade da empresa**, pois afasta episodicamente em função de fraude, abuso ou desvio de finalidade, tendendo a admitir a mantença posterior de suas atividades, após o ressarcimento dos prejuízos, desde que apresente condições jurídicas e estruturais. Resta evidente que a empresa é promotora do desenvolvimento de uma nação, porquanto movimenta a economia e gera empregos. O afastamento da personalidade deve ser temporário e tópico, perdurando, apenas no caso concreto, até que os credores se satisfaçam no patrimônio pessoal dos sócios infratores, verdadeiros responsáveis pelos ilícitos praticados.

Diametralmente oposta, a **despersonificação** traduz a própria extinção da personalidade, cancelando o seu registro. Em situações de excepcional gravidade, poderá justificar-se a despersonalização da pessoa jurídica, entendido tal fenômeno como extinção compulsória, pela via judicial, da personalidade jurídica.

O Superior Tribunal de Justiça encara a Teoria da Desconsideração da Personalidade Jurídica, frise-se, sob duas vertentes:

I. **Forte (Maior):** adotada pelo Código Civil. Exige prova do abuso (seja por desvio de finalidade ou confusão patrimonial), não se contentando com a mera insolvência da pessoa jurídica;

II. **Fraca (Menor):** adotada pelo Código de Defesa do Consumidor. Basta a simples insolvência para autorizar a desconsideração.

Na temática da desconsideração, é importante, ainda, lembrar da citada **desconsideração inversa**, reconhecida pelo STJ, principalmente, em casos de direito de família, e acolhida no Código de Processo Civil de 2015 (art. 133, § 2º), segundo a qual, provado o abuso, o juiz pode desconsiderar a pessoa natural para atingir o patrimônio da pessoa jurídica da qual ele seja sócio. Por exemplo, o empresário sócio de uma empresa bem-sucedida alega, de forma abusiva, não ter patrimônio pessoal para pagar pensão alimentícia.

Nesse aspecto, é importante saber, há orientação no STJ dispondo que, para a desconsideração da personalidade jurídica, não se exige prova da inexistência de bens do devedor (STJ, REsp 1.729.554/SP).

O Código de Processo Civil de 2015 trouxe todo um tópico dedicado ao **Incidente de Desconsideração da Personalidade Jurídica,** o qual será instaurado a pedido da parte ou do Ministério Público, quando lhe couber intervir no processo (art. 133), podendo, inclusive, ser instaurado em sede de Juizados Especiais (art. 1.062). Caso seja acolhido o pedido de desconsideração, a alienação ou a oneração de bens, havida em fraude de execução, será ineficaz em relação ao requerente (art. 137).

6.11 EXTINÇÃO DA PESSOA JURÍDICA

A existência legal das pessoas jurídicas de direito privado resulta do registro de seu ato constitutivo no órgão competente (art. 45 do CC), mas o seu término pode decorrer de diversas causas, especificadas nos arts. 54, VI, segunda parte;

69; 1.028, II; 1.033; e seguintes do Código Civil. As pessoas jurídicas de direito público, por outro lado, como são criadas ou sua autorização decorre da lei, somente por força da própria lei serão extintas.

fique ligado!

O art. 54 do CC, enumera expressamente as matérias essenciais sobre as quais o estatuto deve se pronunciar. Contudo, não exclui a aplicação subsidiária do art. 46 do CC, que estabelece os requisitos do ato constitutivo das pessoas jurídicas em geral, naquilo que se mostre compatível com as associações. Por exemplo, exige-se que o estatuto se pronuncie sobre se os associados respondem, ou não, subsidiariamente pelas obrigações contraídas pela associação (art. 46, V). A ausência dos requisitos legais acarreta a nulidade do estatuto.

As modalidades de extinção, conforme a natureza e a origem, podem ser:

a) **Convencional:** ocorre pela vontade (deliberação) de seus membros, conforme quórum previsto nos estatutos ou na lei. O art. 1.033 prevê que a sociedade se dissolve, na sociedade por prazo indeterminado, por deliberação da maioria absoluta (inciso III) ou, na de prazo determinado, quando há consenso unânime dos sócios (inciso II);

b) **Legal (arts. 1.028, II; 1.033; e 1.034):** a lei determina os motivos como, *verbi gratia*, a decretação da falência (Lei n. 11.101/2005), a morte dos sócios (art. 1.028) ou o desaparecimento do capital nas sociedades de fins lucrativos. Nas associações, o capital não é requisito de sua existência, logo perdura mesmo após o desaparecimento do capital;

c) **Administrativa:** algumas pessoas jurídicas dependem de **autorização** do poder público. Se esta **for cassada** (art. 1.033), seja por infração à disposição de ordem pública ou por prática de atos contrários aos fins declarados no seu estatuto (art. 1.125), bem como por se tornar ilícita, é impossível ou inútil a sua finalidade (art. 69, primeira parte). Pode, nesses casos, haver provocação de qualquer do povo ou do Ministério Público (CPC/2015, art. 765);

d) **Judicial:** configurados quaisquer dos casos de dissolução previstos em lei ou no estatuto, especialmente quando a entidade se desvia dos fins para os quais se constituiu, mas continua a existir, nasce o direito de um dos sócios ingressar em juízo, requerendo a extinção. O art. 1.034 do Código Civil disciplina que a sociedade pode ser dissolvida judicialmente, a requerimento de qualquer dos sócios, quando:

   I. anulada a sua constituição;

   II. exaurido o fim social, ou verificada a sua inexequibilidade.

fique ligado!

O rol do citado artigo é meramente ***exemplificativo****, pois a pessoa jurídica pode ser dissolvida por sentença, se necessário, em qualquer das hipóteses previstas nos arts. 69, primeira parte; 1.028, II; 1.033; e 1.035.*

O processo de extinção da pessoa jurídica é operacionalizado pela **dissolução** e pela **liquidação**:

I. **Dissolução:** Dissolve-se a pessoa jurídica com o pagamento das dívidas e partilha do patrimônio remanescente entre os sócios. Se, porventura, inexistir previsão do destino dos bens no ato constitutivo (contrato social ou estatuto), a divisão e a partilha serão feitas de acordo com os princípios que regem a partilha dos bens da herança jacente (CPC/2015, arts. 738 e ss.);

II. **Liquidação:** dispõe o art. 51 do Código Civil que, nos casos de dissolução da pessoa jurídica ou cassada a autorização para seu funcionamento, "ela subsistirá para os fins de liquidação, até que esta se conclua". Algumas pessoas jurídicas, para preservação do interesse público, não se submetem a falência, devendo passar pelo processo de liquidação extrajudicial perante a instituição reguladora, como, por exemplo, as operadoras de planos de saúde (Agência Nacional de Saúde Suplementar) e bancos (Banco Central).

O cancelamento do registro da pessoa jurídica produzirá ***efeitos ex nunc*** (não retroage), evitando, com isso, causar prejuízos a interesses de terceiros que com ela negociaram. Vale destacar, inclusive, que o cancelamento da inscrição da pessoa jurídica no registro não se promove com a dissolução, mas sim depois de **encerrada sua liquidação**, nos termos do art. 51, § 3º.

observação

Como pontuado, o art. 51 do CC versa sobre a extinção da pessoa jurídica. Ocorrendo qualquer causa de extinção, a personalidade jurídica do ente moral não se extingue imediatamente. Ingressa a pessoa jurídica em fase de liquidação, na qual se opera a realização do ativo, o pagamento do passivo e a destinação adequada do patrimônio remanescente. Diante disso, a personalidade jurídica subsiste durante a liquidação, possibilitando à pessoa jurídica a realização dos atos necessários nessa fase. Em atenção à publicidade do procedimento, os parágrafos do artigo em comento exigem a averbação da dissolução no registro competente e, uma vez encerrada a liquidação, o cancelamento da inscrição da pessoa jurídica.

Além dessas hipóteses, é intuitivo pontuar que o falecimento do sócio é causa extintiva das empresas individuais, conquanto não seja das sociedades. Nestas, os herdeiros terão direito ao recebimento das cotas ou ações correspondentes, podendo dar continuidade à empresa, salvo disposição expressa em contrário.

Ademais, uma última causa de extinção da pessoa jurídica pode ser apontada: a **violação da função social da empresa**. A pessoa jurídica tem uma função na sociedade. Caracterizada a nocividade, impossibilidade de sua manutenção (quando seu fim real não coincidir com o fim declarado), se a finalidade estiver sendo perseguida por meios ilícitos ou quando a existência se tornar contrária à ordem pública, haverá violação de sua função social.

QUADRO SINÓTICO

PESSOA JURÍDICA	
CONCEITO	Grupamento humano criado na forma da lei e dotado de personalidade jurídica própria, com capacidade de ser sujeito de direitos e obrigações, objetivando a realização de fins comuns.
CARACTERÍSTICAS	• **Personalidade própria:** distinta da personalidade de seus instituidores; • **Patrimônio próprio** e independente; • **Estrutura organizacional própria:** diversa de seus integrantes; • **Objetivos comuns de seus membros:** a vontade humana criadora, que, comumente, é a produção de riquezas e lucro; • **Publicidade de sua constituição**; • **Licitude de seus propósitos**.
REQUISITOS PARA A CONSTITUIÇÃO DA PESSOA JURÍDICA	• **Vontade humana criadora:** intenção de criar uma entidade distinta da de seus membros. • **Observância das condições legais:** o ato constitutivo é requisito formal exigido pela lei. • **Licitude dos seus objetivos:** objetivos ilícitos ou nocivos constituem causa de extinção da pessoa jurídica.
RESPONSABILIDADE CIVIL E PENAL DA PESSOA JURÍDICA	I. A responsabilidade pessoal e integral das pessoas jurídicas pelos seus atos resulta de sua autonomia e independência. II. A **responsabilidade empresarial** (art. 47), pode ocorrer da violação de obrigações previstas em negócios jurídicos **(responsabilidade contratual)** ou da infringência de deveres legais ou sociais, consistentes estes nos princípios gerais do direito **(responsabilidade extracontratual ou aquiliana)**, por conta, principalmente, do princípio da boa-fé objetiva. III. Esta se submete ao regime geral da responsabilidade subjetiva (arts. 186 e 927, *caput*), sendo imperioso comprovar, além da conduta da empresa, o dano sofrido e o nexo de causalidade, bem como a culpa de seu agente (sócio ou preposto). IV. No âmbito da **pessoa jurídica de direito público**, a responsabilidade do Estado e de suas entidades, segundo o art. 37, § 6º, da Constituição, é objetiva, com esteio na **Teoria do Risco Administrativo:** o prejudicado não precisa provar a culpa (em sentido amplo) do agente público que causou o dano, bastando provar a conduta, o dano e o nexo causal entre um e outro. No que tange à **responsabilidade penal**, as condutas e atividades lesivas ao meio ambiente sujeitarão os infratores, pessoas físicas ou jurídicas, a sanções penais e administrativas, independentemente da obrigação de reparar os danos causados.

PESSOA JURÍDICA	
GRUPOS DESPERSONALIZADOS	Para que possa existir juridicamente, a pessoa jurídica depende do registro do seu ato constitutivo no órgão competente, sem o qual, é considerada **sociedade despersonificada** (despersonalizada, de fato, irregular ou mera associação). Mesmo não tendo personalidade jurídica, podem gozar de capacidade processual e ter legitimidade ativa e passiva para acionar e serem acionadas em juízo.
CLASSIFICAÇÃO DA PESSOA JURÍDICA	• **Quanto à nacionalidade:** nacional ou estrangeira. • **Quanto à estrutura interna:** – **Corporações** (*universitas personarum);* – **Associações** (união de pessoas naturais com fins religiosos, morais, culturais, filantrópicos, desportivos ou recreativos); – **Sociedades** (têm finalidade econômica e visam lucro, o qual deve ser repartido entre os sócios. Dividem-se em **Sociedades Simples** e **Sociedades Empresárias**); – **Fundações** (*universitas bonorum)* – uma afetação patrimonial dotada de personalidade jurídica, por vontade de seu titular, mediante escritura pública ou testamento, destinada a uma finalidade específica. • **Quanto à função:** pessoas jurídicas de direito público e pessoas jurídicas de direito privado.
DESCONSIDERAÇÃO DA PERSONALIDADE JURÍDICA	Por intermédio da desconsideração, constatado o desvirtuamento da finalidade, fraude, abuso de direito ou confusão patrimonial entre empresa e sócios, o juiz decreta a suspensão temporária da eficácia do ato constitutivo da pessoa jurídica, permitindo que o patrimônio dos sócios satisfaça diretamente as obrigações que não puderam ser atendidas pelo patrimônio da empresa.
EXTINÇÃO DA PESSOA JURÍDICA	• **Convencional:** ocorre pela vontade (deliberação) de seus membros. • **Legal:** a lei determina os motivos, como, por exemplo, a decretação da falência, a morte dos sócios ou desaparecimento do capital nas sociedades de fins lucrativos. • **Administrativa:** autorização de funcionamento cassada, seja por infração a disposição de ordem pública ou prática de atos contrários aos fins declarados no seu estatuto, bem como por se tornar ilícita, impossível ou inútil a sua finalidade. • **Judicial:** em geral, quando anulada a sua constituição, exaurido o fim social ou verificada a sua inexequibilidade. O processo de extinção da pessoa jurídica é operacionalizado pela **dissolução** (pagamento das dívidas e partilha do patrimônio remanescente entre os sócios) e pela **liquidação** (liquidação extrajudicial perante a instituição reguladora).

7

BENS

7.1 NOÇÕES GERAIS

Para a ciência jurídica, considerando a teoria da relação jurídica, os seres humanos são sujeitos de direito, enquanto os bens são objetos do direito. Portanto, "bem" é o interesse juridicamente tutelado pela norma. Nessa linha de intelecção, Caio Mário (2020, p. 343) definia "bem", genericamente, como tudo que nos agrada. Nesse sentido, o dinheiro é um bem, como o é a casa, a herança de um parente, a faculdade de exigir uma prestação; bem é, ainda, a alegria de viver o espetáculo de um pôr-do-sol, um trecho musical; bem é o nome do indivíduo, sua qualidade de filho, o direito à sua integridade física e moral. Contudo, nessa acepção, nem todos são bens jurídicos. São bens jurídicos, antes de tudo, os de natureza patrimonial. O instituto jurídico "bem", portanto, possui semelhança de significados semântico e jurídico. Assim, em outras palavras, "bem" pode ser concebido como aquilo que o titular do direito pretende; quer alcançar.

posicionamento doutrinário

Existe, porém, certa controvérsia doutrinária com relação ao conceito de bens. Destacam-se duas posições, que apontam para a distinção entre bem e coisa:

1ª corrente: *define* **coisa** *como gênero, tudo o que está externo ao homem; que não é humano.* ***Bem*** *seria uma espécie de coisa. Em outras palavras, todas as coisas úteis e raras, com valor econômico, sendo, pois, susceptível de apropriação. Esta teoria é criticada por não poder se enquadrar os direitos não patrimoniais no conceito de bem (direito à vida, à integridade física etc.).*

2ª corrente: *entende que* **bem** *é gênero, compreendendo tudo o que possa estar na relação jurídica como objeto, tendo ou não valor econômico.* **Coisa** *é espécie, abrangendo os bens que têm valor econômico. Em tese, a teoria falha por não contemplar as coisas fora de comércio, pois não têm* *valor econômico, e fala-se, mesmo assim, em coisa. A lua e as estrelas, por exemplo, são coisas, mas não são bens, porque são insuscetíveis de apropriação. Essa corrente nos parece que foi adotada pelo Código Civil, que traz somente o conceito de bens e as coisas como as dotadas de valor econômico. A posição de Washington de Barros Monteiro (2009) é a de que, adotada a terminologia única de bens, o Código acabou com a citada celeuma jurídica, superando a discussão. Pablo Stolze e Rodolfo Pamplona (2012) defendem que o conceito de coisa fica restrito à materialidade, sendo que o termo "bem" tem significado mais amplo (de relação jurídica).*

Destaque-se que este capítulo cuida somente daqueles dotados de caráter patrimonial. Os bens não patrimoniais já foram estudados no capítulo Direitos da Personalidade.

O conceito de bem remete, necessariamente, ao de patrimônio. **Patrimônio** é o conjunto de todos os bens com conteúdo pecuniário, composto, assim, por todas as relações jurídicas dotadas de valor econômico. Hodiernamente, a doutrina tem repensado esse conceito, para conceber a expressão patrimônio de maneira adjetiva: **patrimônio jurídico**, que é mais ampla em relação à gama de relações jurídicas tuteladas pelo direito.

7.2 CLASSIFICAÇÃO DOS BENS

7.2.1 Bens considerados em si mesmos

a) **Bens corpóreos e incorpóreos:** não têm previsão legal. Os primeiros têm existência física, concreta, e os últimos não são percebidos pelos sentidos.

b) **Bens móveis e imóveis (arts. 79 a 84):**

- **Móveis**: o art. 82 define os bens móveis como os bens suscetíveis de movimento próprio, ou de remoção por força alheia, sem alteração de sua substância ou da destinação econômico-social. A movimentação pode ser por força própria (semovente) ou por força alheia. Os animais, portanto, são, tecnicamente, bens semoventes. De acordo com as novas tendências da doutrina e da jurisprudência sobre a temática, há um crescente reconhecimento da necessidade de reservar tratamento jurídico diferenciado aos animais.

observação

De um lado, é certo que os animais não são sujeitos de direito, portanto, não podem figurar como titulares de direitos ou obrigações; de outra banda, é cada vez mais difícil manter o tratamento atribuído aos animais pelo Código Civil brasileiro, que os qualifica simplesmente como bens móveis. É importante ter em vista a legislação protetiva dos "direitos dos animais", que os animais, nesse sentido, conquanto objeto de direito, são destinatários se não de relações afetivas – as quais, em teoria, somente poderiam ser estabelecidas entre dois sujeitos –, ao menos, de aspirações afetivas da pessoa humana. Por essa razão, os animais são considerados participantes da realização de interesses existenciais humanos. Merece destaque, nesse aspecto, o Direito português, que passou, por meio da Lei n. 8/2017, a dispor, no Código Civil (art. 201-B): "Os animais são seres vivos dotados de sensibilidade e objeto de proteção jurídica em virtude da sua natureza". Assim, há uma discussão se os animais poderiam ser sujeitos de direito ou, como é o caso do BGB alemão, um terceiro gênero especial (Código Civil alemão, art. 90-A). No Brasil, há o Projeto de Lei n. 351/2015, do Senado, seguindo a mesma linha do Direito alemão. Na jurisprudência, por sua vez, são encontradas decisões que aplicam, nas ações de divórcio, as mesmas regras, por analogia, da guarda de filhos para os animais de estimação do casal (STJ, REsp 1.713.167/SP). Em síntese, três correntes doutrinárias digladiam-se sobre a temática. A primeira quer levar os animais à condição de "pessoa" e, nesse sentido, sujeito de direito, dando proteção ao animal em si, e não apenas como objeto (na condição de patrimônio de seu proprietário ou de direito difuso como forma de proteção ao meio ambiente sustentável). A segunda corrente, a seu turno, separa o conceito de pessoa e sujeito de direito sem personalidade (teoria adotada pelo Direito alemão). É a corrente à qual este autor se filia, entendida como aquela que prosperará nos próximos anos. E a razão é bem simples: considerando a teoria da relação jurídica, "bem" não pode ser sujeito de direito, sendo que existem, na ordem jurídica, como visto, entes despersonalizados com capacidade (atributo da pessoa), conquanto, de igual forma, podem existir entes despersonalizados com proteção existencial, já que o animal não tem aptidão para exercer capacidade jurídica (aspecto material da personalidade), mas são seres sencientes. Por fim, na terceira corrente, os animais, mesmo de estimação, são considerados como bens semoventes.

jurisprudência

"Os animais de companhia possuem valor subjetivo único e peculiar, aflorando sentimentos bastante íntimos em seus donos, totalmente diversos de qualquer outro tipo de propriedade privada. Dessarte, o regramento jurídico dos bens não se vem mostrando suficiente para resolver, de forma satisfatória, a disputa familiar envolvendo os pets, visto que não se trata de simples discussão atinente à posse e à propriedade." Portanto, embora não seja possível aplicar o instituto da guarda, típico do direito de família, sem subvertê-lo, concluiu-se que:

> *Na dissolução da entidade familiar em que haja algum conflito em relação ao animal de estimação, independentemente da qualificação jurídica a ser adotada, a resolução deverá buscar atender, sempre a depender do caso em concreto, aos fins sociais, atentando para a própria evolução da sociedade, com a proteção do ser humano e do seu vínculo afetivo com o animal (STJ, REsp 1.713.167/SP, 4ª Turma, j. 19.06.2018).*

Ainda sobre os bens móveis, estes se subclassificam em:

I. **Pela própria natureza:** os semoventes e os sem movimento próprio;

II. **Por antecipação:** "atualmente", são imóveis, mas possuem finalidade última como móveis, de modo que se antecipa a sua mobilidade. Exemplo: plantações para corte;

III. **Por determinação legal:** são considerados bens móveis para efeitos legais (art. 83): 1) as energias que tenham valor econômico (novidade no CC, mas já constava no sistema jurídico, quando se falava de furto de energia, ou seja, considerando-a como bem móvel); 2) os direitos reais sobre objetos móveis e as ações correspondentes; 3) os direitos pessoais de caráter patrimonial e respectivas ações. O **penhor agrícola**, por definição legal, é considerado bem imóvel, e não móvel, pois a colheita e a safra se agregam ao solo. Logo, é direito real sobre objetos imóveis, em exceção à regra do art. 83, inciso III, registrado no Cartório de Imóveis. Nesse sentido, o legislador, ao qualificar como bens móveis uma série de bens que, por sua natureza imaterial, não poderiam ser absorvidos pelos critérios empregados no artigo antecedente, lhes confere regime mais dinâmico que aquele reservado aos bens imóveis, facilitando especialmente a transferência de sua titularidade.

fique ligado!

Pelo art. 84, enquanto não forem incorporados na construção, os materiais a ela destinados, conservam sua qualidade de móveis, readquirindo-a quando provenientes da demolição de algum prédio. Entrementes, não perdem o caráter de imóveis os materiais provisoriamente separados de um prédio, para nele se reempregarem (inciso II do art. 81). Assim, quanto aos materiais destinados à construção, não basta o mero propósito de emprego na obra para convertê-los em bens imóveis, sendo necessária sua efetiva incorporação ao bem em construção. De outra banda, uma vez demolida total ou parcialmente a obra, operando-se a separação definitiva dos bens, estes passam a ser reputados bens móveis. Recorde-se, contudo, que, em sendo provisória a separação, incide a norma do art. 81, II, do Código, que preserva a natureza imóvel do bem.

- **Imóveis:** são aqueles que não podem ser mobilizados, transportados ou removidos sem a sua destruição no todo ou em parte.

fique ligado!

O art. 79 do CC/2002 afirma que "são bens imóveis o solo e tudo quanto se lhe incorporar natural ou artificialmente", não fazendo discriminação quanto às acessões naturais, físicas ou intelectuais, como fazia o CC/2016 (art. 43, I a III). Assim, consideram-se bens imóveis por natureza tanto o solo como tudo o que a ele se incorpora naturalmente (acessões naturais), como as árvores. O Código Civil em vigor se refere, ainda, aos bens que se incorporam ao solo artificialmente, por força do engenho humano (acessões humanas), como prédios e viadutos. A partir daí, uma celeuma doutrinária foi estabelecida acerca da permanência, no novo diploma legal, da antiga classe dos bens imóveis por acessão intelectual. O Enunciado 11 da I Jornada de Direito Civil do CJF, nesse aspecto, esclarece que: "Não persiste no novo sistema legislativo a categoria dos bens imóveis por acessão intelectual, não obstante a expressão 'tudo quanto se lhe incorporar natural ou artificialmente', constante da parte final do art. 79 do Código Civil". O legislador, portanto, substituiu a imobilização por acessão intelectual pelo instituto das pertenças, positivado no art. 93 do CC.

Sobre os bens imóveis, é importante notar que estes possuem a seguinte subclassificação:

I. **Por natureza:** não podem ser movimentados sem ruptura. São o solo e tudo o que lhe agregue naturalmente;

II. **Artificialmente, por:** 1. **Acessão física:** plantações e construções que se prendam por fundação ao solo. Uma tenda, por exemplo, não se prende ao solo. O art. 81, I, do CC afirma que as edificações que, separadas do solo, mas conservando a sua unidade, forem removidas para outro local, não perdem a qualidade de imóveis; 2. **Acessão intelectual:** coisas móveis que são imobilizadas, enquanto estiverem a serviço do imóvel. Por exemplo, o maquinário na fazenda agrícola e o estabelecimento empresarial. O art. 79 do CC afirma que são bens imóveis o solo e tudo quanto se lhe incorporar natural ou artificialmente. Ressalta-se que, não obstante o Enunciado 11 da I Jornada de Direito Civil do CJF afirme que a categoria dos bens imóveis por acessão intelectual não persiste no novo sistema legislativo, a doutrina tradicional ainda cita essa categoria; 3. **Determinação legal:** o art. 80 do CC regula que se consideram imóveis para efeitos legais: os direitos reais sobre imóveis e as ações que os asseguram, bem como o direito à sucessão aberta. O artigo em foco, como visto, versa sobre os bens imóveis por determinação legal, direitos reputados como bens imóveis por um artifício do legislador, com objetivo de atribuir maior gravidade, solenidade e segurança à sua transmissão. Já o art. 81 da codificação privada preserva a natureza imóvel de bens que sejam, temporariamente, dotados de mobilidade. Dessa forma, tanto as "edificações que, separadas do solo, mas conservando a sua unidade, forem removidas para outro local" como "os materiais provisoriamente separados de um prédio, para nele se reempregarem" são bens cuja destinação econômico-social é a utilização como bens imóveis.

c) **Bens fungíveis e infungíveis:** fundamentam-se na possibilidade (ou não) de substituição por outro equivalente. Tendo em conta antiga definição romana, as coisas fungíveis são as que se medem, se pesam ou se contam. Nesse sentido, afirma-se que os bens fungíveis não se identificam pela sua individualidade, mas pela quantidade e pela qualidade. De outra banda, os bens infungíveis têm individualidade própria, o que impede que o devedor entregue outros bens da mesma natureza em cumprimento à sua obrigação. São exemplos de bens fungíveis as laranjas que certo agricultor se obriga a entregar ao distribuidor de produtos agrícolas. É exemplo de bem infungível o quadro específico de um determinado artista plástico que um colecionador de arte adquire em leilão. O Código Civil ratificou a antiga noção que nega aos bens imóveis a possibilidade de serem fungíveis.

I. **Fungíveis:** podem ser substituídos por outros de mesma qualidade, quantidade e espécies. Sempre serão bens móveis (art. 85);

II. **Infungíveis:** por outro lado, não podem ser substituídos dessa forma. Conceito de extrema relevância para o direito das obrigações e na distinção entre os contratos de comodato e mútuo. A infungibilidade pode se dar pela natureza do bem, por ato de vontade do titular ou em função do valor histórico do bem.

fique ligado!

A distinção entre bens fungíveis e não fungíveis é extremamente relevante, produzindo efeitos jurídicos diferenciados. Nesse aspecto, pode-se mencionar alguns exemplos: a) o empréstimo de coisas fungíveis configura mútuo (art. 586 do CC), ao passo que o empréstimo de coisas não fungíveis constitui comodato (art. 579 do CC); b) o depósito de coisas fungíveis segue a disciplina do mútuo (art. 645 do CC); c) a fungibilidade das dívidas é requisito para que se opere a compensação (art. 369 do CC); e d) o legado de coisa fungível será cumprido ainda que tal coisa inexista entre os bens deixados pelo testador (art. 1.915 do CC).

d) **Bens consumíveis e inconsumíveis (art. 86):** o artigo de lei em comento distingue os bens móveis em consumíveis e inconsumíveis. Dessa forma, os bens consumíveis são aqueles em que o uso implica a destruição imediata de sua própria substância (*consumibilidade natural*), sendo também considerados consumíveis aqueles bens que se destinam à alienação (*consumibilidade jurídica*). Ao revés, os inconsumíveis são aqueles bens que admitem uso constante, ou seja, que não são destruídos ou descartados por conta de sua utilização. Podemos citar como exemplos de bens consumíveis os alimentos ou mesmo os livros destinados à venda numa livraria. De outra banda, se o mesmo livro não estiver à venda, e sim na propriedade de uma estudante, já configura bem inconsumível. Importante notar que os bens inconsumíveis podem estar sujeitos a uma deterioração gradativa pelo uso, no entanto, não os converte em bens consumíveis. Dessa maneira, embora os bens fungíveis sejam normalmente consumíveis, os conceitos de fungibilidade e consumibilidade não se confundem. A ideia de fungibilidade tem a ver com a relação entre bens da mesma natureza, diz respeito, nesse sentido, com a possibilidade de sua substituição, enquanto a consumibilidade leva em consideração, na verdade, a destinação do bem.

Sobre os bens consumíveis, é importante reforçar, pois, que há duas vertentes:

I. **Materialmente consumíveis:** fisicamente consumíveis, perdendo sua substância logo no primeiro uso. Por exemplo: giz, sabão, alimento;

II. **Juridicamente consumíveis:** bens de consumo, ou seja, aqueles destinados à alienação.

observação

O Código de Defesa do Consumidor aponta a classificação de bens em **duráveis** *e* **não duráveis**, *relevante para efeitos do seu art. 26 (prazo decadencial do direito de reclamar pelos vícios aparentes).*

e) **Bens divisíveis e indivisíveis (arts. 87 e 88):** outra distinção relevante trazida pelo Código Civil diz respeito aos bens divisíveis e indivisíveis. Juridicamente, são considerados divisíveis aqueles bens "que se podem fracionar sem alteração na sua substância, diminuição considerável de valor, ou prejuízo do uso a que se destinam" (art. 87 do CC). Nessa linha de intelecção, o art. 87 do CC combina os critérios (natural e econômico) para definir os bens divisíveis. O art. 88 do CC, a seu turno, esclarece que mesmo os bens que atendam a tais critérios podem ser reputados indivisíveis em determinadas circunstâncias. Assim, a *indivisibilidade legal* decorre de uma opção legislativa que diz respeito à preservação da unidade representada pelo bem, como ocorre com as partes comuns do condomínio edilício, por exemplo (art. 1.331, § 2º, do CC). De outra banda, a *indivisibilidade convencional* advém do exercício da autonomia privada das partes, para a satisfação de seus interesses, da manutenção de um estado de indivisão do bem que seria, *a priori*, divisível. Tal distinção, portanto, baseia-se na possibilidade ou não de fracionamento do bem sem a perda do seu valor econômico ou de sua finalidade.

tome nota!

A indivisibilidade, portanto, pode ser:

I. Física: *impossibilidade de fracionamento em várias partes, mantendo as mesmas qualidades das partes divisas;*

II. Legal: *mesmo materialmente divisível, a lei impõe sua indivisibilidade (ex.: lei de uso e ocupação do solo de um município que estipula a metragem mínima de um lote);*

III. Convencional: *mediante acordo entre as partes (ex.: proprietários de uma coleção convencionam que os itens só poderão ser vendidos conjuntamente);*

IV. Economicamente indivisíveis: *em virtude de seu aspecto econômico. Novidade trazida pelo Código. Por exemplo: dividir o terreno, respeitando os requisitos legais, mas deixando em uma das partes somente pedra, logo, não haverá o aproveitamento econômico ou utilitário, sendo assim, não podem ser divisíveis.*

f) **Bens singulares e coletivos (arts. 89 a 91):** ao tratar dos bens singulares e coletivos, a codificação privada definiu os bens singulares como os que se consideram *per se*, de forma independente dos demais. Singulares são, portanto, os bens tomados em sua individualidade. Já os denominados *bens coletivos* ou *universalidades* consistem no conjunto de bens singulares que, reunidos, adquirem uma unidade funcional e formam um todo orgânico. O Direito romano já contemplava duas espécies de universalidades: a) a universalidade de fato (*universitas facti*) e b) a universalidade de direito (*universitas juris*). Nessa esteira, o art. 90 do CC dispõe que constitui universalidade de fato "a pluralidade de bens singulares que, pertinentes à mesma pessoa, tenham destinação unitária". O critério, nesse caso, é funcional e relaciona-se com a destinação atribuída aos bens. Isso não quer dizer que o particular tenha dupla propriedade sobre os bens singulares e, cumulativamente, sobre a universalidade. Destaque-se, ainda, que o dispositivo exige que os bens sejam "pertinentes à mesma pessoa".

enunciado

No que concerne à pertinência subjetiva com relação às universalidades, a doutrina, todavia, suaviza a exigência referida no caput do art. 90 do CC. Nesse sentido, desponta o Enunciado 288 da IV Jornada de Direito Civil do CJF: "A pertinência subjetiva não constitui requisito imprescindível para a configuração das universalidades de fato e de direito".

Já a universalidade de direito (universitas juris)*, a seu turno, forma-se não pela reunião de bens, mas sim pela reunião de relações jurídicas. A universalidade de direito decorre, necessariamente, de determinação legal (por exemplo, a herança e o patrimônio). Registre-se a controvertida exigência de que tais relações sejam de titularidade de uma mesma pessoa. Para a universalidade de direito formada pelo complexo de situações jurídicas subjetivas patrimoniais de titularidade de uma pessoa denomina-se patrimônio. A ordem jurídica confere a esse conjunto de direitos de conteúdo mutável um tratamento unitário para que possa, nessa qualidade, promover interesses merecedores de tutela, sendo o exemplo mais* *evidente de função desempenhada pelo patrimônio o de servir como garantia geral para os credores (art. 391 do CC). O patrimônio, segundo a melhor doutrina, deve ser entendido como uma universalidade de direito. Nada impede que uma mesma pessoa seja titular de mais de um patrimônio, convivendo o patrimônio geral com o patrimônio separado (ou patrimônio de afetação), protegido com o objetivo de realizar uma função específica. Um bom exemplo de patrimônio separado pode ser visto na Lei de Incorporações Imobiliárias (Lei n. 4.591/64), art. 31-A, que faculta a criação de um patrimônio afetado à consecução da incorporação e à entrega das unidades imobiliárias aos adquirentes.*

A classificação supra é de suma importância para o direito privado – por exemplo, a venda de 100 cabeças de gado é individualmente considerada (venda por unidade). De outra banda, envolve-se o rebanho, isso quer dizer que todos os bens foram coletivamente considerados. Assim, não fará diferença a morte de alguns ou o nascimento de outros, já que todos os bens são considerados em seu conjunto.

tome nota!

I. Singulares: *analisados isoladamente, mesmo estando integrantes de uma coletividade ou universalidade de fato. Logo, são considerados em sua individualidade. Interessa para a teoria da empresa;*

II. Coletivos: *considerados em sua coletividade (a que se dá destinação unitária). Apresentam-se em duas categorias:*

a) Universalidade de fato: *a pluralidade de bens singulares que, pertencentes à mesma pessoa, tenham destinação unitária. Os bens que a constituem podem ser objeto de relações jurídicas próprias, nos termos do art. 90. Exemplos: biblioteca e rebanho;*

b) Universalidade de direito: *conjunto de relações jurídicas dotadas de valor econômico de uma pessoa. Exemplos: patrimônio e sucessão aberta.*

7.2.2 Bens reciprocamente considerados

Aqui, estudam-se os bens principais e os acessórios. No Código Civil de 1916, existia uma regra, no art. 59, afirmando que a sorte do acessório seguia a do principal. Tal dispositivo não foi repetido no novo Código, o que leva à conclusão de que, às vezes, o acessório segue, outras vezes, não segue o principal. Para saber quando isso ocorre, é preciso distinguir as espécies de bens acessórios (arts. 92 a 97).

fique ligado!

É importante destacar que as benfeitorias devem resultar da ação voluntária de melhorar a coisa. Nesse aspecto, relaciona-se com a vedação ao enriquecimento sem causa, razão pela qual só se cogita de sua invocação quando a obra ou despesa é oriunda da atuação humana. Dessa maneira, não se consideram benfeitorias "os melhoramentos ou acréscimos sobrevindos ao bem sem a intervenção do proprietário, possuidor ou detentor" (art. 97 do CC), como ocorre no exemplo do bem imóvel que passa a ter uma bela vista por conta da demolição de viaduto situado à sua frente.

Os bens podem ser classificados não apenas quando considerados em si mesmos, mas também quando considerados reciprocamente. Nesse sentido, o bem principal pode ser definido como aquele "que existe sobre si, abstrata ou concretamente" (art. 92 do CC, primeira parte). Por outro lado, considera bem acessório "aquele cuja existência supõe a do principal" (art. 92 do CC, segunda parte). A distinção entre bens principais e acessórios tem importantes consequências diante do denominado princípio da gravitação jurídica, segundo o qual aduz-se que o acessório segue a sorte do principal. Alguns tantos reflexos do princípio da gravitação podem ser pontuados: a) a obrigação de dar coisa certa abrange seus acessórios, ainda que não mencionados, exceto se o contrário resultar do título ou das circunstâncias do caso (art. 233 do CC); b) a nulidade da obrigação principal importa a nulidade da obrigação acessória, como se vê na disciplina da cláusula penal e do contrato de fiança; e c) a disposição de um crédito abrange todos os seus acessórios (art. 287).

tome nota!

Faz-se necessário consignar o que são bens principais e acessórios:

a) ***Principais**: bens que têm existência autônoma, não dependendo de outros bens para garanti-la;*

b) ***Acessórios**: dependem do principal para a sua existência. Em regra, o acessório segue o principal, exceto se houver previsão contratual diversa.*

7.2.2.1 Espécies de bens acessórios

É importante estabelecer a classificação dos bens acessórios em relação aos principais e as consequências decorrentes. A título ilustrativo, os contratos principais são determinantes na existência dos contratos acessórios (locação e fiança); ou, ainda, apesar de não separados do bem principal, os frutos e os produtos podem ser objeto de negócio jurídico (art. 95). Nessa esteira, frutos e produtos são utilidades que se retiram do bem principal. Os frutos são bens que se reproduzem periodicamente, sendo que sua separação da coisa principal não afeta a substância da mesma. Já os produtos, por outro lado, são bens cuja extração importa a gradual exaustão do bem principal. Assim, por exemplo, as pedras de uma pedreira ou o ouro de uma mina são produtos, enquanto o leite de uma vaca ou as maçãs de um pomar são frutos. O critério distintivo assenta, como se vê, na existência de um ciclo reprodutivo, que não degrada ou reduz o bem principal. Os frutos podem ser classificados em: i) percebidos ou colhidos, quando já destacados do bem principal; ii) pendentes, assim entendidos os que ainda não foram e ainda não deveriam ter sido separados do bem principal; e, finalmente, iii) percipiendos, quando já deveriam ter sido colhidos, mas não o foram. A distinção tem grande impacto, notadamente no que concerne os efeitos da posse (arts. 1.214 a 1.216 do CC). Os frutos podem ser ainda classificados em naturais, industriais e civis. Os frutos naturais são os que derivam da força orgânica da coisa principal. Já os frutos industriais são os que derivam do esforço humano. Por fim, os frutos civis são os rendimentos derivados da coisa, como juros, aluguéis e rendas.

tome nota!

I. Frutos: *utilidades que o bem principal, periodicamente, produz, cuja percepção não prejudica a sua substância. São, portanto, renováveis. Subclassificação:*

a) Quanto à natureza:

- **Natural:** *espontaneamente ofertado pela coisa, sem a participação humana. Ex.: plantação, cria de animal. As plantações não periódicas são produtos;*
- **Industrial:** *dependem da participação humana. Ex.: plantação gerenciada (plantada e colhida mecanicamente);*
- **Civil:** *relações jurídicas que geram frutos periódicos. O bem principal é uma relação jurídica. Ex.: locação e rendimentos.*

b) De acordo com a ligação física com o bem principal:

- **Pendentes:** *ainda não foram destacados do bem principal;*
- **Percebidos ou colhidos:** *já foram fisicamente separados;*
- **Percipiendos:** *não foram desconectados na época oportuna;*
- **Estantes:** *foram desligados, manuseados e estão prontos para comercialização;*
- **Consumidos:** *foram desconectados e consumidos. Não existem mais.*

fique ligado!

A partir dessa classificação, definem-se os direitos reais de retenção, de indenização e o dever de restituição. Diante disso, o possuidor de boa-fé goza do direito de retenção sobre os frutos percebidos e direito de indenização pelo custeio dos frutos pendentes. Em outra ótica, o possuidor de má-fé não tem direito de retenção, mas possui direito de indenização pelo custeio dos frutos pendentes.

II. **Produtos:** utilidades que o bem principal produz, cuja extração prejudica a sua substância. Não são dotados de periodicidade, por conseguinte, não são renováveis. Ex.: extração mineral (minério de ferro em relação ao solo).

a) **Pertenças (arts. 93 e 94):** a minoria da doutrina defende que as pertenças não têm autonomia. Segundo Orlando Gomes (2004), pertenças são coisas acessórias destinadas a conservar ou facilitar o uso das coisas principais, sem que dessas sejam partes integrantes, ou seja, não são partes integrantes, mas agregam algo ao bem principal, sem perder sua individualidade, condicionando a caracterização do bem principal. A pertença tem a particularidade de não seguir o principal (art. 94), salvo exceção legal, manifestação de vontade em contrário ou circunstâncias do caso. É um bem acessório que é posto a serviço do bem principal, ligando-se sem condicionar a sua existência. O bem principal é o mesmo sem a pertença. Exemplo: opcionais do carro. Exceção: caso de boa-fé objetiva – antes de comprar o carro, a pessoa verifica que o mesmo tem equalizador. Não poderá o vendedor, depois de concretizada a venda, se não ficou claro na contratação, querer retirar o bem sob a alegação de que a pertença não segue o principal. As pertenças, nesse sentido, devem contribuir para uma otimização da funcionalidade do bem principal (é o caso do fogão, indispensável para viabilizar a moradia em imóveis residenciais) ou, ao menos, para o seu embelezamento (como quadros de parede e estátuas de jardim). Tal destinação deve ser objeto de aferição por critérios objetivos. Nesse aspecto, o caráter duradouro dessa afetação afigura-se essencial para o estabelecimento da "relação de pertinencialidade". Por outro lado, é importante fazer a ressalva de que há uma diferenciação das pertenças em relação às chamadas *partes integrantes*, que perdem a sua autonomia ao serem incorporadas à essência de um outro bem, como a telha utilizada para compor o telhado de uma casa ou o motor acoplado a uma embarcação. Importante notar que o art. 94 do CC excluiu as pertenças da regra da gravitação jurídica aplicável aos demais bens acessórios. Desse modo, no Direito brasileiro, a venda de um imóvel residencial não abarca o fogão, o ar-condicionado ou os quadros que decoram suas paredes.

enunciado

O Enunciado 535 da VI Jornada de Direito Civil do CJF destaca: "Para a existência da pertença, o art. 93 do Código Civil não exige elemento subjetivo como requisito para o ato de destinação".

fique ligado!

O art. 233 determina que a obrigação de dar coisa certa abrange seus acessórios, embora não mencionados, salvo se o contrário resultar do título ou da circunstância do caso. O citado dispositivo deve ser harmonizado com o entendimento anterior, pois o acessório que vai com o principal é aquele que não se configura como pertença.

b) **Partes integrantes:** são bens que, integrados ao bem principal, formam com ele um todo, sendo desprovidos de existência material própria, não conservando sua individualidade. Por exemplo: o cimento, ao ser anexado ao muro, perde a sua individualidade (ao contrário das pertenças), ou seja, mesmo tendo existência autônoma, uma vez agregado ao muro, perde a sua autonomia, passando a ser parte integrante do muro.

jurisprudência

No caso dos autos, penso que há um bem principal, o automóvel Mercedes Benz ML 320 AB54, e também as pertenças, os aparelhos de adaptação para direção por deficiente físico (acelerador e freio manuais), a induzir a aplicação da regra insculpida no art. 94 do CC, segundo a qual aquela espécie de acessórios, as pertenças, não segue o destino do bem principal a que se vincula. É que o bem principal, o carro, tem "vida" absolutamente independente dos aparelhos de aceleração e frenagem manuais, que a ele se encontram acoplados tão somente para viabilizar a direção por condutor com condições físicas especiais. Se retirados esses aparelhos, o veículo mantém-se veículo, não perde sua função ou utilidade, ao revés, recupera sua originalidade. Situação diferente ocorre, por exemplo, com os pneus do referido carro, estes partes integrantes, cuja separação promoveria sua destruição ou danificação, devendo, portanto, seguir o destino do principal (STJ, REsp 1.305.183/SP, 4ª Turma, Rel. Min. Luis Felipe Salomão, j. 18.10.2016).

O equipamento de monitoramento acoplado ao caminhão consubstancia uma pertença, a qual atende, de modo duradouro, à finalidade econômico--social do referido veículo, destinando-se a promover a sua localização e, assim, reduzir os riscos de perecimento produzidos por eventuais furtos e roubos, a que, comumente, estão sujeitos os veículos utilizados para o transporte de mercadorias, caso dos autos. Trata-se, indiscutivelmente, de "coisa ajudante" que atende ao uso do bem principal. Desse modo, sua retirada do caminhão, tal como postulado pelo devedor fiduciante, por óbvio, não altera a natureza do bem principal, em nada prejudica sua função finalística, tampouco reflete uma depreciação econômica de tal monta que torne inviável, sob tal aspecto, a separação. Além disso, enquanto concebido como pertença, a destinação fática do equipamento de monitoramento em servir o caminhão não lhe suprime a individualidade e autonomia – o que permite, facilmente, a sua retirada –, tampouco exaure os direitos sobre ela incidentes, em especial, no caso, a propriedade (STJ, REsp 1.667.227/RS, 3ª Turma, Rel. Min. Marco Aurélio Bellizze, j. 26.06.2018).

III. **Benfeitorias (art. 96):** correspondem a obras realizadas pelo homem em um bem existente, com o propósito de conservação, melhoria ou embelezamento. Por conseguinte, não se consideram benfeitorias os melhoramentos ou acréscimos sobrevindos ao bem sem a intervenção do proprietário, possuidor ou detentor. Por exemplo: construir uma casa em um terreno é acessão; aumentar a garagem de uma casa é benfeitoria. Herdadas da tradição romana, as benfeitorias podem ser classificadas em: a) necessárias, b) úteis ou c) voluptuárias. São necessárias as benfeitorias que "têm por fim conservar o bem ou evitar que se deteriore" (art. 96, § 3º, do CC). Já as benfeitorias úteis são aquelas que "aumentam ou facilitam o uso do bem" (art. 96, § 2º, do CC). E, por fim, são voluptuárias "as de mero deleite ou recreio, que não aumentam o uso habitual do bem, ainda que o tornem mais agradável ou sejam de elevado valor" (art. 96, § 1º, do CC). No cotidiano, não raro, é difícil definir se uma obra foi feita com o propósito de incrementar o uso do bem ou para mera conservação da coisa. A classificação das benfeitorias tem grande relevância na disciplina da posse, dos contratos e de outras matérias. Por exemplo, o possuidor de má-fé tem direito a ser ressarcido das "benfeitorias necessárias" (art. 1.220), mas não das benfeitorias úteis e voluptuárias. Por sua vez, o locatário goza de direito de retenção no caso de benfeitorias necessárias ou, ainda, no caso de benfeitorias úteis realizadas com expresso consentimento do locador (art. 578), mas não no caso de benfeitorias voluptuárias.

tome nota!

Espécies de benfeitorias:

a) **Necessárias (§ 3º):** *buscam conservar ou evitar que o bem se deteriore. Normalmente, são aplicadas a situações emergenciais, como o conserto de um vazamento.*

b) **Úteis (§ 2º):** *aumentam ou facilitam o uso do bem. É o caso da construção de uma piscina.*

c) **Voluptuárias (§ 1º):** *para mero embelezamento ou deleite. Não aumentam o uso habitual da coisa, ainda que a tornem mais agradável ou sejam de elevado valor. Por exemplo: uma estátua no jardim.*

fique ligado!

Essa classificação é importante para a definição dos direitos de retenção, indenização e de levantar a coisa, previstos nos direitos reais. Para o possuidor de boa-fé: há o direito de retenção e de indenização pelas benfeitorias necessárias e úteis; assim como o direito de levantar (retirar) as voluptuárias, se não trouxer prejuízo para a substância do bem, ou, caso o proprietário queira mantê-las no bem principal, deve indenizar o possuidor. O possuidor de má-fé tem o direito de indenização unicamente pelas benfeitorias úteis.

7.2.3 Bens em relação ao seu titular

Baseiam-se na titularidade do domínio. Podem ser públicos ou particulares:

I. **Bens particulares:** pertencentes aos particulares;

II. **Bens públicos:** os bens de domínio nacional pertencentes às pessoas jurídicas de direito público interno. São os pertencentes ao poder público. Todos os outros bens são de domínio particular, seja qual for a pessoa a que pertencerem. Os bens públicos não estão sujeitos a usucapião (art. 102). O Código Civil, portanto, define os bens públicos a partir da natureza do seu titular. Se o titular do bem é alguma das pessoas de direito público interno, arroladas no art. 41 da codificação, o bem é, por essa razão, público. A Constituição elenca os bens da União e dos Estados, respectivamente, em seus arts. 20 e 26. Já os bens particulares são objeto de definição residual: qualificam-se como bens particulares todos aqueles que não sejam públicos. Os bens públicos se sujeitam a regime jurídico diferenciado, extraído de normas da Constituição, do capítulo correspondente do Código Civil e de leis especiais de direito público. Ainda sobre os bens públicos, o Código Civil traz a tripartição, dividindo os bens públicos em: i) de uso comum do povo, ii) de uso especial, e iii) dominicais. São considerados bens públicos de uso comum do povo aqueles que podem ser utilizados pela generalidade das pessoas, ainda que o acesso seja oneroso ou submetido a determinados requisitos. É o caso de "rios, mares, estradas, ruas e praças" (art. 99, I, do CC), entre outros. Já os bens públicos de uso especial são aqueles utilizados pela Administração Pública na persecução de seus fins, "tais como edifícios ou terrenos destinados a serviço ou estabelecimento da administração federal, estadual, territorial ou municipal, inclusive os de suas autarquias" (art. 99, II, do CC). Por fim, *os bens públicos dominicais* (ou *dominiais*) são definidos como aqueles "que constituem o patrimônio das pessoas jurídicas de direito público, como objeto de direito pessoal, ou real, de cada uma dessas entidades" (art. 99, III, do CC).

tome nota!

Os bens públicos podem ser (arts. 98 a 103):

a) ***De uso comum (art. 99, I):*** *de acesso e utilização franqueados a qualquer pessoa. Pode ser cobrado um valor para a sua conservação ou utilização, fato que não o descaracteriza, nos termos do art. 103. São impenhoráveis e inalienáveis, enquanto* *conservar a sua qualificação, na forma que a lei determinar; e imprescritíveis. Ex.: rios, mares, estradas, ruas e praças. Registre-se que a alienação de bens públicos depende de requisitos próprios contidos em leis especiais de cada ente federativo. Além disso, a utilização pela generalidade das pessoas, nota característica dos bens de uso comum do povo, não exclui a prerrogativa reservada à Administração Pública de instituir a cobrança de uma retribuição pelo uso, em geral destinada à própria conservação do bem. É o caso dos pedágios em rodovias e da cobrança para entrada em museus e parques públicos.*

b) ***De uso especial (art. 99, II):*** *utilizados pelo poder público para o desempenho da atividade pública. Também são impenhoráveis e inalienáveis, enquanto afetados ao serviço público, ou seja, enquanto conservarem sua qualificação, na forma que a lei determinar. Também são imprescritíveis. Ex.: edifícios ou terrenos destinados a serviço ou estabelecimento da administração federal, inclusive de suas autarquias.*

O Enunciado 287 da IV Jornada de Direito Civil do CJF/STJ prescreve que:

> *O critério da classificação de bens indicado no art. 98 do Código Civil não exaure a enumeração dos bens públicos, podendo ainda ser classificado como tal o bem pertencente a pessoa jurídica de direito privado que esteja afetado à prestação de serviços públicos.*

c) ***Bens dominicais (art. 99, III):*** *integram o patrimônio das pessoas jurídicas de direito público, como objeto de direito pessoal ou real, de cada uma dessas entidades. Fazem parte do "patrimônio comum" dessas pessoas jurídicas, destacando-se dos demais por exclusão. São alienáveis mediante autorização legislativa (art. 101), imprescritíveis e impenhoráveis. Não dispondo a lei em contrário, consideram-se dominicais os bens pertencentes às pessoas jurídicas de direito público a que se tenha dado estrutura de direito privado (art. 99, parágrafo único). Enquanto os bens públicos de uso comum do povo e os bens públicos de uso especial são dotados de inalienabilidade, os bens dominicais, por não estarem afetados a uma finalidade pública, podem ser alienados pelo ente público titular, observados os requisitos previstos em lei. Atualmente, é possível encontrar normas gerais acerca da alienação de bens públicos nos arts. 76 e 77 da Lei n. 14.133/2021.*

fique ligado!

> *(...) Segundo o art. 98 do CC/2002, são bens públicos aqueles pertencentes às pessoas jurídicas de direito público interno, e particulares, por exclusão, todos os demais. A despeito da literalidade do dispositivo legal, a doutrina especializada, atenta à destinação dada aos bens, considera também bem público aquele cujo titular é pessoa jurídica de direito privado prestadora de serviço público, quando o bem estiver vinculado à prestação desse serviço público. (...) Sob essa ótica, não obstante se trate de empresa pública, com personalidade jurídica de direito privado, ao atuar como agente financeiro dos programas oficiais de habitação e órgão de execução da política habitacional, explora serviço público, de relevante função social, regulamentado por normas especiais previstas na Lei n. 4.380/64 (STJ, AgInt no REsp 1.712.101/AL, 3ª Turma, Rel. Min. Paulo de Tarso Sanseverino, j. 15.05.2018).*

No mesmo sentido: STJ, REsp 1.448.026/PE, 3ª Turma, Rel. Min. Nancy Andrighi, j. 17.11.2016.

7.2.4 Bens em relação à sua suscetibilidade de alienação

Podem ser **alienáveis** ou **inalienáveis**. Os **inalienáveis** podem ser:

I. **Naturalmente inalienáveis: ou inapropriáveis por sua natureza;**
II. **Juridicamente inalienáveis ou legalmente inalienáveis:** impossibilidade que decorre da lei;
III. **Voluntariamente inalienáveis**: decorre de um ato de vontade. Exemplo: cláusulas de inalienabilidade. Estas, usualmente, vêm acompanhadas da incomunicabilidade e da impenhorabilidade. No Brasil, as cláusulas de inalienabilidade estão adstritas a casos de liberalidade (doação). Não obstante, há quem sustente, de forma minoritária, a inconstitucionalidade dessas disposições, em decorrência da limitação à circulação de bens.

Novidades da cláusula: **1**) o art. 1.911 incorporou entendimento sumulado pelo STF, no sentido de que a cláusula de inalienabilidade, imposta aos bens por ato de liberalidade, implica impenhorabilidade e incomunicabilidade. É evidente que o contrário não é verdade; **2**) o art. 1.848 orienta que, salvo se houver justa causa, declarada no testamento, não pode o testador estabelecer cláusula de inalienabilidade, impenhorabilidade e incomunicabilidade sobre os bens da legítima (parte que não se pode dispor na herança). Assim, para gravar a legítima, o testador tem que declarar a justa causa. Exemplo: vício em jogo; incapacidade para gerir os bens.

7.2.5 Bem de família

O tema do bem de família deve ser estudado sob a ótica do direito civil constitucional. Há dois tipos de bens de família:

I. **Bem de família voluntário (arts. 1.711 a 1.722):** tratado como uma limitação patrimonial pelo Código. É constituído por ato de vontade do casal, da entidade familiar ou de terceiro, mediante registro no Cartório de Imóveis. Poderão integrar a instituição do bem de família voluntário valores mobiliários ou rendas. O valor do bem de família voluntário não pode ultrapassar o teto de um terço do patrimônio líquido dos instituidores. O registro como bem de família possui os seguintes efeitos: **impenhorabilidade** (no tocante às dívidas posteriores ao registro, não abrangendo dívidas tributárias e condominiais relativas ao prédio); e **inalienabilidade** (pode ser relativizada pela manifestação de todos os interessados em sentido contrário);
II. **Bem de família legal (Lei n. 8.009/90):** o ordenamento jurídico, ao consagrar o princípio da dignidade da pessoa humana, também protege um patrimônio mínimo para a pessoa, daí a necessidade da instituição do bem de família, que é impenhorável, independentemente de escritura ou registro cartorário. É uma

proteção automática conferida pela lei ao imóvel residencial próprio do casal ou da entidade familiar, não respondendo por qualquer tipo de dívida civil, comercial, fiscal, entre outras (art. 1º).

súmulas

Súmula n. 364 do STJ: "O conceito de impenhorabilidade de bem de família abrange também o imóvel pertencente a pessoas solteiras, separadas e viúvas".

Súmula n. 449 do STJ: "A vaga de garagem que possui matrícula própria no registro de imóveis não constitui bem de família para efeito de penhora".

fique ligado!

Segundo o STJ (Súmula n. 205: "A Lei n. 8.009/90 aplica-se a penhora realizada antes de sua vigência") e o STF, a impenhorabilidade pode ser aplicada, até mesmo, em face de penhoras anteriores à vigência da lei, uma vez que a penhora é fase do procedimento de expropriação do bem, ou seja, enquanto não ocorrer a expropriação (alienação) do imóvel penhorado, o ato não se concretizou, sendo possível a incidência da norma protetiva (RE 497850/SP). No art. 3º da Lei n. 8.009/90, há exceções à impenhorabilidade, como créditos de pensão alimentícia. Inclusive, há muita discussão sobre a constitucionalidade dessas exceções. A proteção da Lei n. 8.009/90 é tão ampla que não estipula qualquer inalienabilidade, nem mesmo de patrimônio líquido mínimo para a sua estipulação, até porque é a própria lei que estipula a impenhorabilidade, independentemente de registro. No entanto, o STJ, mitigando o alcance hermenêutico do parágrafo único do art. 1º, tem admitido desmembramento do imóvel para efeito de penhora.

jurisprudência

Outras questões sobre o bem de família:

a) quanto à vaga de garagem, o STJ já firmou entendimento no sentido de que a impenhorabilidade só é possível se a vaga não tiver registro e matrícula próprios;

b) caso o indivíduo possua mais de uma residência, a proteção recairá sobre a de menor valor, como também é possível que haja desmembramento do único imóvel;

c) o STF entende ser possível a penhora de bem de família de fiador em contrato de locação (AI-AgR 666879/SP);

d) o STJ, no caso de indicação de bem a penhora, vem entendendo que a simples indicação não implicaria renúncia ao benefício da impenhorabilidade do bem de família. Isso não seria possível no caso de hipoteca, em virtude de expressa previsão legal;

e) o STJ entende que o devedor solteiro também goza da proteção do bem de família (Súmula n. 364);

f) o STJ destaca que a exceção à impenhorabilidade do bem de família previsto em lei ordinária não pode afetar direito reconhecido pela Constituição, como no caso da pequena propriedade rural (art. 5º, XXVI, da CF), nem pode ser afastada por renúncia, por tratar-se de princípio de ordem pública que visa à proteção da entidade familiar (REsp 470.935/RS).

QUADRO SINÓTICO

BENS	
NOÇÕES GERAIS	"Bem" é o interesse juridicamente tutelado pela norma. **Patrimônio** é o conjunto de todos os bens com conteúdo pecuniário.
CLASSIFICAÇÃO DOS BENS	a) **Bens corpóreos e incorpóreos:** distinguem-se pela existência física ou não. b) **Bens móveis e imóveis:** suscetíveis ou não de movimento próprio, ou de remoção por força alheia, sem alteração de sua substância ou da destinação econômico-social. c) **Bens fungíveis e infungíveis:** se podem ou não ser substituídos por outros de mesma qualidade, quantidade e espécies. d) **Bens consumíveis e inconsumíveis:** material ou juridicamente consumíveis. e) **Bens divisíveis e indivisíveis:** possibilidade ou não de fracionamento do bem sem a perda do seu valor econômico ou de sua finalidade. f) **Bens singulares e coletivos:** se considerados individualmente ou em sua coletividade. g) **Bens principais e acessórios:** se têm existência autônoma ou dependem do principal. h) **Bens particulares e públicos:** se pertencem aos particulares ou às pessoas jurídicas de direito público. i) **Bens alienáveis e inalienáveis:** se podem ser alienados.
BEM DE FAMÍLIA	a) **Bem de família voluntário:** constituído por ato de vontade do casal, da entidade familiar ou de terceiro, mediante registro no Cartório de Imóveis. b) **Bem de família legal:** proteção automática conferida pela lei ao imóvel residencial próprio do casal ou da entidade familiar, não respondendo por qualquer tipo de dívida civil, comercial, fiscal, entre outras.

8

FATO JURÍDICO, ATO JURÍDICO E NEGÓCIO JURÍDICO

8.1 NOÇÕES INTRODUTÓRIAS

Os conceitos de ato, fato e negócio jurídico são fundamentais na compreensão da estrutura do direito privado. Pode-se afirmar que a vida é uma sucessão de acontecimentos oriundos das forças da natureza ou da conduta humana. Nessa linha de raciocínio, como o valor dos acontecimentos não é igual, a norma jurídica surge para qualificar, adjetivar os fatos cotidianos, juridicizando-os. Assim, conforme entendimento da melhor doutrina, todos os fatos sociais são juridicamente relevantes, mas nem todos produzem efeitos jurídicos, provocando o nascimento, a modificação ou a extinção de relações jurídicas.

Todos os acontecimentos poderiam, assim, ser divididos em: a) **fatos jurídicos**, que produzem efeitos jurídicos; e b) **fatos não jurídicos**, que não produzem efeitos jurídicos. Nesse sentido, o casamento seria um exemplo de fato jurídico, enquanto um beijo consentido seria um exemplo de fato não jurídico.

fique ligado!

Não se pode confundir relevância jurídica com efeitos jurídicos, como fazia a doutrina clássica. As normas ditas autorizantes, traduzidas em liberdades protegidas pela ordem jurídica – como caminhar em uma praia, dirigir um veículo ou uma manifestação de afeto como um beijo – são fatos juridicamente relevantes, pois consubstanciam o exercício de uma liberdade constitucionalmente assegurada e emoldurada na lei. Basta imaginar, por exemplo, que o condutor de um veículo deve possuir uma habilitação prévia e deve respeitar as leis de trânsito; o beijo deve ser consentido e a dignidade sexual e o meio ambiente devem ser respeitados. Contudo, a despeito da relevância jurídica de tais situações, estas não constituem fato jurídico, pois não produzem efeitos jurídicos.

O fato jurídico traz, no seu bojo, a coercibilidade e, nesse sentido, a produção de efeitos jurídicos, distinguindo-se, por isso, do fato material (ajurídico), que não os produz. Em verdade, fruto da previsão normativa (regras ou princípios jurídicos), o fato jurídico gera a aquisição, a modificação, a extinção ou a manutenção de direitos. Conclui-se, com isso, que a doutrina majoritária brasileira enfatiza a figura do fato jurídico na induvidosa produtividade de seus efeitos.

Deduz-se, consequentemente, que todo fato, para ser considerado jurídico, deve passar por um **juízo de valoração**. Essa valoração é essencial para conferir coercibilidade a determinados acontecimentos, afinal, somente os fatos qualificados como jurídicos trazem força coercitiva (obrigatória). Por outro lado, alguns fatos não produzem efeitos jurídicos e são, nesse aspecto, considerados menos relevantes. Os fatos jurídicos podem ser:

I. **Fatos naturais:** podem ser chamados de fatos jurídicos no sentido estrito, porque prescindem da vontade humana - por exemplo, a avulsão (art. 1.251 do CC) - e dividem-se em:
   a) **Ordinários:** não necessitam de manifestação da pessoa, como o nascimento (início da personalidade), a morte (fim da personalidade) e a maioridade (decurso do tempo);
   b) **Extraordinários:** relacionados aos eventos imprevisíveis e/ou inevitáveis. Enquadram-se, em regra, na categoria do fortuito ou da força maior. Exemplo: terremoto, raio, tempestade etc.

II. **Fatos jurídicos voluntários:** também chamados de atos jurígenos, dependem da manifestação de vontade das pessoas por meio de uma conduta comissiva (ação) ou omissiva (abstenção). Conforme a doutrina majoritária, dividem-se em atos jurídicos em sentido amplo (lícitos) e atos ilícitos:
   a) **Atos jurídicos em sentido amplo (ou atos lícitos):** aqueles praticados em harmonia com o ordenamento jurídico, caracterizados pela licitude da conduta;
   b) **Atos ilícitos:** afrontam o ordenamento jurídico e são fontes de responsabilidade civil, mostrando-se inadequados à proteção expressa na norma.

Por sua vez, os **atos jurídicos em sentido amplo** (*lato sensu*), subdividem-se em:

I. **Atos jurídicos em sentido estrito (art. 185):** o efeito da manifestação da vontade está predeterminado na lei, e não na intenção ou na vontade negocial do(s) agente(s). A ação humana, nessa hipótese, pode ser considerada aderente, porque, nesse sentido, adere aos efeitos previamente estipulados na lei. Por essa razão, nem todas as normas atinentes ao negócio jurídico, como os vícios do consentimento e as regras sobre nulidade ou anulabilidade, aplicam-se aos atos jurídicos em sentido estrito, posto que não são provenientes de uma declaração de vontade criadora de efeitos ou categorias jurídicas. Exemplos: notificação que constitui em mora o devedor; reconhecimento de filho; tradição; percepção dos frutos etc.;

II. **Ato-fato jurídico ou ato real:** trata-se de classificação controversa na doutrina, e sob o viés pragmático, desnecessária, mas apontada por doutrinadores de escol, a exemplo de Pontes de Miranda, o que gera a cobrança desse instituto jurídico em alguns certames, bem como certo destaque nos debates acadêmicos. No denominado ato-fato jurídico há, num primeiro momento, a vontade na forma de conduta humana, mas sem intenção de produzir um fenômeno jurídico, mas a lei os faz jurídicos e atribui consequências ou efeitos. Exemplo: alguém encontra um tesouro sem intenção; ocupação etc.;

III. **Negócios jurídicos:** é a composição de interesses respeitados os pressupostos de existência, validade e eficácia, bem como direitos fundamentais e questões de ordem pública. Expressão maior da autonomia privada, condicionada, notadamente, pelos princípios da função social e da boa-fé objetiva. Portanto, negócio jurídico é uma declaração de vontade direcionada à produção de efeitos jurídicos. Dentre a multiplicidade de efeitos possíveis, a ação humana visa diretamente alcançar um fim prático permitido na lei, razão pela qual o vício contamina a vontade. Seu conceito é vital para conhecer bem, por exemplo, o contrato, o casamento e o testamento, bem como o negócio jurídico processual. Exemplo: contrato de compra e venda, testamento e nota promissória.

fique ligado!

O CPC/2015 inovou ao tratar do negócio jurídico processual, aplicação da teoria dos negócios jurídicos ao processo, sobre direitos que admitam autocomposição (art. 190 do CPC). Já existiam os negócios jurídicos típicos (arbitragem e cláusula de eleição de foro). O que o novo CPC fez foi possibilitar negócios jurídicos atípicos. Nesse sentido, é lícito às partes estipular mudanças no procedimento para atender às especificidades da causa. Por exemplo: i) ampliação ou redução dos prazos; ii) estabelecimento de fase extrajudicial concomitante ou prévia; iii) estabelecimento de normas de intimação ou citação como pelo WhatsApp ou outros meios; iv) calendário processual dispensando-se a intimação das partes etc. Em síntese, grosso modo, pode-se afirmar que o CPC permitiu uma espécie de "miniarbiragem" no processo.

Em resumo, do **Fato** (qualquer acontecimento da vida, voluntário ou natural) podem ser observadas as seguintes figuras jurídicas:

I. **Fato não jurídico:** sem relevância jurídica quantos aos efeitos jurídicos produzidos;

II. **Fato jurídico:** todo acontecimento natural ou humano que gera efeitos na órbita jurídica, apto a criar, modificar ou extinguir direitos.

   a) **Involuntário:** sem concurso da vontade humana;

   b) **Voluntário:** depende da conduta humana.

      - **Ato ilícito:** contraria o ordenamento jurídico;
      - **Ato jurídico em sentido estrito:** Simples comportamento humano, de natureza não negocial, que conduz à produção de efeitos legalmente previstos. Não há liberdade de escolha quanto aos efeitos, pois são automáticos;

- **Ato-fato jurídico:** a vontade humana é essencial para a sua configuração. Contudo, no tocante aos seus efeitos, a vontade é irrelevante. Os efeitos independem do elemento anímico;
- **Negócio jurídico:** depende de uma declaração de vontade complexa para sua elaboração, permitindo a escolha dos efeitos jurídicos que queira produzir. Há liberdade negocial, em respeito ao princípio da autonomia da vontade.

QUADRO – FATO JURÍDICO

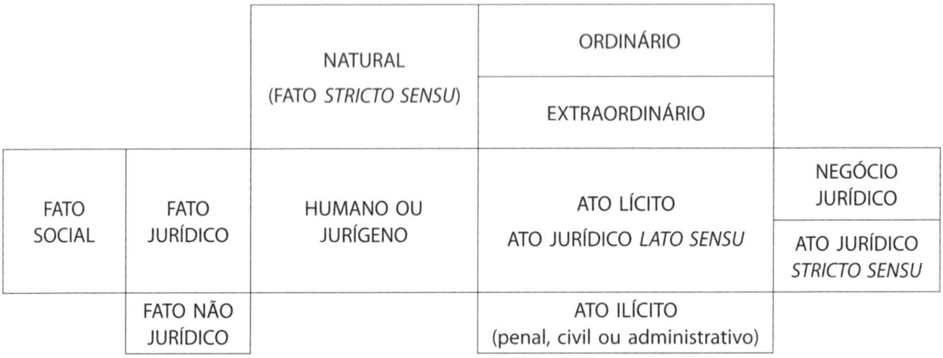

<table>
<tr><td></td><td></td><td rowspan="2">NATURAL
(FATO STRICTO SENSU)</td><td>ORDINÁRIO</td><td></td></tr>
<tr><td></td><td></td><td>EXTRAORDINÁRIO</td><td></td></tr>
<tr><td rowspan="2">FATO SOCIAL</td><td rowspan="2">FATO JURÍDICO</td><td rowspan="2">HUMANO OU JURÍGENO</td><td rowspan="2">ATO LÍCITO
ATO JURÍDICO LATO SENSU</td><td>NEGÓCIO JURÍDICO</td></tr>
<tr><td>ATO JURÍDICO STRICTO SENSU</td></tr>
<tr><td></td><td>FATO NÃO JURÍDICO</td><td></td><td>ATO ILÍCITO
(penal, civil ou administrativo)</td><td></td></tr>
</table>

8.2 NEGÓCIO JURÍDICO

O Código Civil de 1916 adotava a **teoria unitária do ato jurídico**, oriunda do sistema francês, pois não fazia distinção entre o ato e o negócio jurídico. Não obstante, o Código Civil de 2002 adotou a **teoria dualista**, do sistema alemão, por meio da qual se distingue, explicitamente, os atos jurídicos *stricto sensu* dos negócios jurídicos.

Enquanto o ato jurídico *stricto sensu* e o ato ilícito dependem da expressa previsão legal, o negócio jurídico admite a existência de figuras atípicas. Além disso, o Código de 2002 não tratou especificamente do ato jurídico em sentido estrito, limitando-se a estabelecer, em seu art. 185, que, aos atos jurídicos lícitos, aplicam-se, no que couberem, as disposições relativas ao negócio jurídico (arts. 104 a 184 do CC/2002).

Negócio jurídico é toda composição de interesses e vontades em harmonia com o ordenamento jurídico, respeitados os pressupostos de existência, validade e eficácia (art. 104 do CC), bem como direitos fundamentais e questões de ordem pública, destinada a criar, modificar ou extinguir relações e situações jurídicas. A doutrina sempre deu especial atenção ao seu estudo. Para Silvio Venosa (2003, p. 304), negócio jurídico é a conduta humana com intenção específica de gerar efeitos jurídicos ao adquirir, resguardar, modificar ou extinguir direitos. Segundo

Antônio Junqueira de Azevedo (2010, p. 16), negócio jurídico é todo fato jurídico consistente na declaração de vontade, a que o ordenamento jurídico atribui os efeitos designados como queridos, em conformidade com os pressupostos de existência, a validade e a eficácia impostos pela norma jurídica.

O negócio jurídico revela um fato jurídico cujo resultado é planejado pelas partes. Logo, a exteriorização da vontade (elemento volitivo) é a mola propulsora do negócio jurídico, tendo nítido cunho de satisfação de interesses privados. Representa, portanto, verdadeiro instrumento de atuação da autonomia privada.

É importante enfatizar que o elemento volitivo, fruto da autonomia privada, não é absoluto. Por força da proteção destinada à dignidade da pessoa humana (art. 1º, III, da CF), a liberdade negocial, como anunciado anteriormente, vem sofrendo limitações decorrentes da ingerência de normas de ordem pública, notadamente constitucionais, que resguardam direitos fundamentais. No plano concreto do ato negocial, as partes também devem respeitar deveres jurídicos anexos de cooperação e lealdade, implícitos, oriundos do princípio da boa-fé que decorrem da ética esperada das pessoas nas relações negociais (art. 422 do CC).

É necessário registrar que o negócio jurídico é um pressuposto de fato que contém uma ou várias declarações de vontade, como base para a produção de efeitos jurídicos desejados, tendente a uma finalidade protegida pelo ordenamento jurídico. No entanto, a palavra "negócio" não é sinônima, necessariamente, de contrato ou negócio jurídico bilateral. O negócio jurídico pode ser **unilateral,** sendo aquele em que ocorre o seu aperfeiçoamento com uma única manifestação de vontade (promissória, testamento, renúncia da herança, procuração e confissão de dívida) ou **bilateral** (contratos).

Na celebração de contratos, o negócio é constituído por um regramento bilateral de condutas que visa criar, adquirir, transferir, modificar ou extinguir direitos. A manifestação de vontade tem efetivamente finalidade negocial. Nesse sentido, possui uma estrutura interna mais rica e complexa nesse aspecto do que o ato jurídico no sentido estrito – no qual a vontade é apenas para aderir aos efeitos previstos na ordem jurídica –, seja pelo seu conteúdo, seja pela produção de efeitos.

Nessa linha de intelecção, conforme inteligência do art. 110 do CC, o negócio jurídico consiste, essencialmente, em uma declaração de vontade destinada a produzir efeitos juridicamente relevantes. Nessa hipótese, caso a declaração de vontade expressa não corresponda ao efetivo conteúdo da vontade do agente, que propositalmente subtrai sua real intenção do conhecimento da contraparte, configura-se a *reserva mental* ou *reticência*. O referido desencontro entre vontade real e vontade declarada, nesse caso, não produzirá nenhum efeito, subsistindo a vontade declarada. De outra forma, a reserva mental produzirá efeitos se efetivamente conhecida pelo destinatário da declaração. No caso da reserva mental conhecida da contraparte, há, portanto, um *negócio inexistente*, pois, a rigor, não chegou a se operar o encontro de vontades exigido nos negócios jurídicos bilaterais.

Superada a análise da intenção, o Código Civil, novamente relativizando o subjetivismo na interpretação do negócio jurídico, estabelece elementos objetivos no art. 113, agora, com nova redação conferida pela Lei da Liberdade Econômica (Lei n. 13.874/2019), que também devem ser observados:

> Art. 113. Os negócios jurídicos devem ser interpretados conforme a boa-fé e os usos do lugar de sua celebração.
>
> § 1º A interpretação do negócio jurídico deve lhe atribuir o sentido que:
>
> I - for confirmado pelo comportamento das partes posterior à celebração do negócio;
>
> II - corresponder aos usos, costumes e práticas do mercado relativas ao tipo de negócio;
>
> III - corresponder à boa-fé;
>
> IV - for mais benéfico à parte que não redigiu o dispositivo, se identificável; e
>
> V - corresponder a qual seria a razoável negociação das partes sobre a questão discutida, inferida das demais disposições do negócio e da racionalidade econômica das partes, consideradas as informações disponíveis no momento de sua celebração.

O *caput* do mencionado dispositivo, mantido na sua forma original, segundo o pai do Código Civil, Miguel Reale (2003, p. 1118-1119), versa sobre importante conteúdo normativo, visto que faz referência à boa-fé objetiva, um padrão de comportamento leal, o que se espera de pessoas leais e solidárias. Trata-se de uma manifestação do **princípio da eticidade**. Quando menciona, ainda, os usos e costumes do lugar de sua celebração, faz referência ao **princípio da socialidade**. O dispositivo concretiza, portanto, de forma simbiótica, a socialidade e a eticidade, consagrando, inclusive, a função interpretativa da boa-fé. Já o § 1º traz regras de interpretação que servem para todos os negócios jurídicos a partir de seus incisos. O inciso I traz uma vedação expressa ao *venire contra factum proprium*, isto é, à proibição do comportamento contraditório que caracterize deslealdade. O inciso II, repetitivo, reforça a ideia de se respeitar as regras de tráfego. O inciso III, também repetitivo, consagra a ideia de boa-fé como paradigma hermenêutico. Já o inciso IV amplia a concreção da famosa regra de interpretação *contra estipulatorem* ou *contra conferentem*, que já estava no art. 423 do CC e se aplica não só em contrato de adesão, mas também em negócio paritário. Por exemplo: o seguro empresarial de uma estrutura de um galpão, com um contrato paritário, porém com uma cláusula imposta pela seguradora. Nesse caso, a interpretação dessa cláusula, em hipótese de obscuridade, deve ser aquela mais favorável ao segurado. O inciso V versa sobre a cláusula geral de racionalidade econômica, um contraponto à função social que deve ser observada, como toda cláusula geral, construída a partir de conceitos jurídicos indeterminados, casuisticamente. Já o § 2º do art. 113 inova ao criar a possibilidade de as partes construírem regras de interpretação específicas para o caso concreto. Nesse caso, é importante registrar que tais regras, por óbvio, não podem violar normas de ordem pública, a exemplo da função social dos contratos - conforme preceitua o art. 2.035, parágrafo único, do CC.

enunciado

Sobre o tema em lide, o Enunciado 409 da V Jornada de Direito Civil aduz: "Os negócios jurídicos devem ser interpretados não só conforme a boa-fé e os usos do lugar de sua celebração, mas também de acordo com as práticas habitualmente adotadas entre as partes".

8.3 TEORIAS DO NEGÓCIO JURÍDICO

Acerca da temática em lide, mormente, no que tange à interpretação do negócio jurídico há um dilema histórico entre o sentido subjetivo da vontade do contratante e o sentido objetivo da declaração. Trata-se de controvérsia secular entre a **teoria da vontade** e a **teoria da declaração** que não se resolveu com a prevalência de qualquer delas. O assunto, portanto, não é pacífico, pois, em linhas gerais, a doutrina digladia-se entre as duas correntes supramencionadas. De um lado, defende-se o elemento vontade como mola propulsora, que existiria independentemente da consciência dos integrantes do negócio jurídico acerca dos efeitos jurídicos a serem produzidos. Em outro polo, tal vontade só seria considerada quando se tivesse em mira um efeito prático. Para fins didáticos, serão sistematizadas as duas teorias, segundo pensamento de Antônio Junqueira de Azevedo (2010):

a) **Voluntarista:** apregoa que o núcleo do negócio é a **vontade interna** (vontade de produção de efeitos). Por esta teoria, o negócio só produz efeitos porque os declarantes desejam que esses efeitos se realizem. Para alguns autores, foi a que mais influenciou o Direito brasileiro, por conta do teor do art. 112 do Código Civil, pois o enunciado normativo em foco aponta uma regra interpretativa que favorece a intenção;

b) **Objetivista:** defende que o núcleo do negócio é a **vontade externa** (vontade declarada), e não o que a pessoa pensou. Eventual conflito entre a vontade e a declaração se resolve com a predominância da declaração objetiva sobre a vontade subjetiva. É a teoria oposta à voluntarista, denominada, por Scognamiglio (1969), de **teoria preceptiva** (preceito da autonomia privada dirigido a interesses concretos próprios de quem o estabelece). Para essa teoria, o negócio jurídico constitui um comando concreto ao qual o ordenamento jurídico reconhece eficácia vinculante. Seguindo essa linha de intelecção objetivista, existe a **teoria normativista** de Hans Kelsen (1986), que reconhece o negócio jurídico como fato criador do direito. Nesse sentido, há previsão nos Códigos francês, espanhol e italiano de que os negócios jurídicos têm força normativa. Orlando Gomes (2007), complementando, expõe que o Princípio da Força Obrigatória consubstancia-se na regra de que o contrato faz lei entre as partes.

Ressalte-se, por oportuno, que as teorias, na verdade, não são antagônicas. Complementam-se: a vontade externa espelha a vontade interna; a vontade interna é a causa da vontade externa. A desarmonia entre ambas revela, em regra, a existência de um vício de consentimento. Assim, constata-se que a tarefa do hermeneuta é buscar a intenção das partes consubstanciada na declaração de vontade. Dito de outra maneira, a literalidade do texto é, na realidade, um limite à interpretação dentre as múltiplas possibilidades oferecidas pela linguagem. Deve-se buscar não necessariamente o sentido mais evidente, literal, mas aquele que mais se conforma à intenção comum dos contratantes, de acordo com a boa-fé e os usos da celebração. Portanto, deve-se analisar o texto, o contexto, os objetivos e as regras de tráfego pertinentes ao negócio. A interpretação do negócio jurídico, assim como anunciado anteriormente, não se restringe ao sentido literal da linguagem, mas deve exprimir a comum intenção das partes por trás das palavras empregadas. É nesse sentido, segundo a melhor doutrina, que se deve interpretar o art. 112 do Código Civil, e não como se nosso código tivesse adotado, pura e simplesmente, a corrente voluntarista.

Em síntese, fica evidente que o Código Civil de 2002 alcançou um equilíbrio entre as teorias. O art. 112 abandonou a Teoria Pura da Vontade, resultando na aplicação da denominada **Teoria da Autorresponsabilidade**, segundo a qual se prestigia a vontade, atribuindo responsabilidade ao seu emissor. A vontade é mola propulsora, mas deve-se buscar um lastro na declaração realizada.

8.4 CLASSIFICAÇÃO DOS NEGÓCIOS JURÍDICOS

Não há unanimidade doutrinária no que concerne à classificação dos negócios jurídicos, muito em razão dos diferentes tipos de negócios existentes, bem como dos variados critérios classificatórios apontados pela doutrina. Entretanto, para fins didáticos, podemos considerar que os negócios jurídicos se classificam:

8.4.1 Quanto às vantagens patrimoniais envolvidas

I. **Gratuitos:** apenas uma das partes aufere benefícios ou vantagens patrimoniais sem imposição de contraprestação. Exemplo: doação pura e simples.

Destaque-se que o Código, em seu art. 114, impõe que os negócios jurídicos benéficos e a renúncia interpretam-se estritamente, inexistindo margem de interpretação ampliativa.

jurisprudência

Quando se trata de doação, justamente por encerrar disposição gratuita e permanente do patrimônio, o contrato deve ser sempre interpretado restritivamente (art. 114 do CC/2002), inclusive para preservar o mínimo existencial do doador, evitando-lhe prejuízos decorrentes de seu ato de generosidade. Essa interpretação restritiva recai, em especial, sobre o elemento subjetivo do negócio – a intenção do doador de transferir determinado bem ou vantagem para outrem, sem qualquer contraprestação; o espírito de liberalidade – porquanto o elemento objetivo, que é a respectiva transferência, consubstancia-se na simples tradição ou registro, a depender da natureza móvel ou imóvel do bem doado. (...) A transferência de vultosa quantia da recorrente para o recorrido, sem a expressa estipulação de que se tratava de uma doação, induz à conclusão da existência da obrigação de restituí-la, e não o contrário, pois essa é a conduta ordinariamente esperada de quem a recebe por quem a entrega. A legítima expectativa da recorrente de receber, ainda que sem a cobrança de juros, o montante que havia transferido, aliada à ausência de prova escrita da alegada doação, evidencia que o contrato estabelecido entre as partes se trata, em verdade, de um mútuo gratuito verbal (STJ, REsp 1.758.912/GO, 3ª Turma, Rel. Min. Nancy Andrighi, j. 27.11.2018).

II. **Onerosos:** as partes buscam, reciprocamente, vantagens patrimoniais, havendo benefícios e sacrifícios mútuos. Dividem-se em:

a) **Comutativos**: há um equilíbrio subjetivo entre as prestações, sendo equivalentes e certas. Existe prévio conhecimento das vantagens econômicas auferidas pelas partes. Exemplo: compra e venda.

b) **Aleatórios:** ao menos uma das prestações subordina-se a evento futuro e incerto (álea). Assim, as vantagens são incertas e não sabidas. Exemplo: contrato de seguro e cessão de direitos hereditários. Há, portanto, risco.

8.4.2 Quanto às formalidades

A forma do negócio jurídico é o meio pelo qual o agente materializa a sua vontade. Esse critério, portanto, é muito importante. Nesse aspecto, a forma pode ser escrita, verbal, mímica, consistir no próprio silêncio ou, ainda, em atos dos quais se deduz a declaração de vontade. No Direito Civil Contemporâneo, a regra é o chamado princípio do consensualismo ou da liberalidade das formas, adotado pelo art. 107 da codificação privada. Assim, os negócios jurídicos podem, salvo disposição em contrário, se realizar sob qualquer forma, seja por escritura pública, por instrumento particular, de forma verbal, e assim por diante. Excepcionalmente, porém, a lei exige expressamente a obediência a certa forma, como no exemplo dos negócios jurídicos que visem à constituição, à transferência, à modificação ou à renúncia de direitos reais sobre imóveis de valor superior a trinta vezes o maior salário mínimo vigente no país, os quais devem ser celebrados necessariamente por escritura pública (art. 108 do CC), ou, ainda, no exemplo das doações, que devem ser celebradas por escrito (art. 541 do CC), admitindo-se a forma verbal apenas para aquelas relativas a bens móveis de pequeno valor cuja entrega se dê imediata à celebração do negócio (as chamadas doações manuais – por exemplo, presentes de aniversário). Assim, quanto ao critério proposto, os negócios jurídicos podem ser:

I. **Solene (ou formal):** dependem, para sua existência, de forma especial prescrita em lei. Exemplo: fiança, casamento e testamento.

II. **Não solene (ou informal):** se não possuem imposição legal para sua efetivação. Possuem forma livre. O citado art. 107 do CC dita que, em regra, a formalidade só será exigida quando a lei assim determinar. Em regra, portanto, há a liberdade das formas. Exemplo: locação e prestação de serviços.

tome nota!

Em 26 de maio de 2020, no contexto do isolamento social promovido pela pandemia de Covid-19, o Conselho Nacional de Justiça (CNJ) editou o Provimento n. 100, regulamentando a escritura pública digital ou eletrônica por meio do sistema e-notariado. Em seus arts. 16 e 17, o provimento estabelece que os atos notariais eletrônicos são dotados de autenticidade e fé pública, como regulado na legislação processual, possuindo os mesmos efeitos previstos no ordenamento jurídico, desde que observados os requisitos necessários para a sua validade, como previstos em lei e no corpo do próprio provimento.

8.4.3 Quanto à independência ou à autonomia

I. **Negócios jurídicos principais ou independentes:** possuem vida própria e não dependem de outro para existência e validade. Exemplo: locação.

II. **Negócios jurídicos acessórios ou dependentes:** aqueles cuja existência fica subordinada a um outro negócio, denominado principal. Exemplo: fiança em locação.

8.4.4 Quanto ao número e ao sentido da manifestação de vontade dos envolvidos

I. **Unilaterais:** declaração no mesmo sentido, emanada de um ou mais sujeitos e quanto ao mesmo objeto. Subdividem-se em:

   a) **Receptícios:** seus efeitos só se produzem após o conhecimento da declaração pelo destinatário. Exemplo: denúncia ou resilição de um contrato;

   b) **Não receptícios:** independe, para sua efetivação, do conhecimento do destinatário. Exemplo: testamento, promessa de recompensa.

II. **Bilaterais:** declaração de vontade emanada de duas ou mais pessoas, coincidentes sobre o objeto, mas em sentidos opostos. Podem ser:

   a) **Simples:** confere benefício a uma das partes e encargo a outra;

   b) **Sinalagmáticos:** oferta vantagens e ônus a ambos os sujeitos;

   c) **Plurilaterais:** atos com a participação de mais que duas partes, com declarações no mesmo sentido (interesses plúrimos). Exemplo: contrato social de constituição de sociedade com mais de dois sócios, contrato de consórcio.

8.4.5 Quanto ao tempo em que produzem efeitos

I. ***Inter vivos:*** uma vez que as partes estejam vivas, destinam-se a produzir efeitos imediatamente. Exemplo: promessa de compra e venda, locação, permuta, mandato, casamento etc.

II. *Mortis causa:* condicionam seus efeitos para além da morte do agente. Aqui, o evento morte é pressuposto necessário à sua eficácia. Exemplo: testamento, codicilo e doação estipulada em pacto antenupcial para depois da morte do testador.

8.4.6 Quanto aos seus efeitos

I. **Aquisitivos:** neles, a aquisição de direitos pode ser:
   a) **Originária:** configura-se quando não existe relação jurídica de titularidade de direitos pretérita. Exemplo: sujeito que sai para pescar e retorna com o barco repleto de peixes, demonstrando aquisição originária do direito de propriedade;
   b) **Derivada:** ocorre com a transmissão do direito entre um sucessor e um sucedido. Entretanto, nem sempre há manifestação de vontade do titular anterior, podendo ocorrer em razão da lei. Exemplo: sucessão de bens hereditários aos herdeiros necessários, compra e venda.

II. **Modificativos:** pode haver modificação nos direitos, quer em relação aos seus titulares, quer em relação ao seu conteúdo, objetivando alterar a eficácia, o objeto, os elementos circunstanciais, as partes, dentre outros;

III. **Conservativos:** ocorrem fatos jurídicos com a finalidade apenas de conservação dos direitos do negócio jurídico;

IV. **Extintivos:** a perda do direito pode ocorrer de forma:
   a) **Absoluta:** quando o exercício do direito restou impossibilitado;
   b) **Relativa:** quando ainda existe a possibilidade do exercício do direito.

8.4.7 Quanto ao momento de aperfeiçoamento

I. **Consensuais:** geram efeitos a partir do acordo de vontades. Exemplo: compra e venda pura (art. 482 do CC/2002).

II. **Reais:** geram efeitos a partir da entrega do objeto, do bem jurídico tutelado. Exemplo: comodato e mútuo, que são contratos de empréstimo.

8.4.8 Quanto ao exercício dos direitos

I. **Atos de disposição:** implicam o exercício de amplos direitos sobre o objeto. Exemplo: doação.

II. **Simples administração:** conferem exercício de direitos restritos sobre o objeto, sem que haja alteração em sua substância. Exemplo: locação de uma casa.

III. **Negócio fiduciário:** nele, há transferência de propriedade ou titularidade de um bem ou direito a outra pessoa, para alcançar determinado fim, obrigando-se a restituí-la ou transmiti-la a terceiro. Exemplo: fiança.

8.4.9 Quanto às condições especiais dos negociantes

I. **Negócios jurídicos impessoais:** a prestação pode ser cumprida por um obrigado ou por um terceiro. Exemplo: compra e venda.

II. **Negócios jurídicos personalíssimos ou *intuitu personae*:** dependentes de uma condição especial de um dos negociantes. Exemplo: contratação de um pintor com arte única para fazer um quadro.

8.5 ELEMENTOS DO NEGÓCIO JURÍDICO

A tradicional classificação dos elementos do negócio jurídico divide-se em:

I. **Elementos essenciais:** constituem-se em elementos indispensáveis à existência do ato, formando a sua substância. Podem ser:

a) **Gerais:** comuns a todos os negócios, como a declaração de vontade;

b) **Particulares:** peculiares a certas espécies de contratos. Exemplo: preço e consentimento na compra e venda.

II. **Elementos naturais:** consequências ou efeitos que decorrem da própria natureza do negócio, sem necessidade de estabelecer expressamente. Exemplo: a responsabilidade do alienante pelos vícios redibitórios (art. 441).

III. **Elementos acidentais:** tratativas acessórias e facultativas, que as partes podem adicionar ao negócio para modificar alguma de suas consequências naturais. Trata-se da **condição,** do **termo** e do **encargo** (ou modo), previstos nos arts. 121, 131 e 136 do CC.

fique ligado!

Parte da doutrina considera, de maneira genérica, como elementos ditos estruturais do negócio jurídico aqueles ligados aos planos ou tricotomia do negócio jurídico, a saber: existência, validade e eficácia. É a chamada Escada Ponteana, pois foi trazida por Pontes de Miranda do Direito alemão ao sistema jurídico brasileiro. Registre-se, a seguir, o mapa dos chamados elementos estruturais do negócio jurídico, temática que será abordada no item 8.6 da presente obra, dentro dos citados "planos do negócio jurídico".

PLANOS DO NEGÓCIO JURÍDICO		
Existência	**Validade**	**Eficácia**
Sujeito/agente	Capacidade	Condição
Objeto	Legitimação ou legitimidade	Termo
Forma	Licitude, possibilidade, determinabilidade	Encargo
Declaração de vontade	Adequação	Consequência do inadimplemento (juros, multa, indenização)
Obs.: pressupostos de existência	Obs.: requisitos de validade	Outros elementos relacionados com a eficácia, como extinção do negócio, regime de bens do casamento, registro imobiliário etc.

8.5.1 Elementos acidentais (ou modalidades do negócio jurídico)

8.5.1.1 Condição (arts. 121 a 130)

Consoante art. 121 do CC, corresponde à cláusula que, derivando exclusivamente da vontade das partes, subordina o efeito do negócio jurídico ao acontecimento **futuro** e **incerto**. Por exemplo: quando o comprador de um imóvel se obriga a pagar pelo bem o seu preço, se e quando restar comprovada a regularidade da construção ali erigida junto à prefeitura da cidade. Esse conceito remete à **condição própria**, pois resulta de uma convenção das partes. Existem, igualmente, as **condições impróprias**, que integram a própria natureza do negócio jurídico, como o testamento, que só terá eficácia de transmissão *causa mortis* se o *de cujus* morrer antes do beneficiário.

A condição somente é cabível em negócios patrimoniais. Portanto, há negócios jurídicos que não podem ser subordinados a nenhuma espécie de condição. Destarte, não é cabível condição para celebração de casamento, adoção e reconhecimento de filho, bem como aceitação ou renúncia de herança.

8.5.1.1.1 Classificação das condições

Importa, a rigor, duas espécies de condição: a) **condição suspensiva**; e b) **condição resolutiva**. Tem-se a condição suspensiva quando a eficácia do negócio jurídico só tem início após a realização do evento futuro e incerto (art. 125 do CC). Condição resolutiva, por outro lado, é aquela que não impede que o negócio produza efeitos desde logo, mas os faz cessar no momento em que se verifica o evento futuro e incerto (art. 127 do CC).

jurisprudência

CIVIL. ACORDO DE SEPARAÇÃO CONSENSUAL. CONDIÇÃO POTESTATIVA NÃO CARACTERIZADA. OBRIGAÇÃO PECUNIÁRIA ILÍQUIDA.

1. É pressuposto da condição a subordinação do negócio jurídico a evento futuro e incerto.

2. A obrigação assumida pelo ex-marido, no acordo de separação consensual, de custear a diferença de preço entre o imóvel em que residia a família e outro imóvel a ser adquirido pela sua ex-mulher em cidade especificada no acordo não está subordinada a condição puramente potestativa.

3. A incerteza quanto ao objeto da obrigação não traduz arbítrio de uma das partes. Obrigação pecuniária ilíquida, cuja execução depende de prévia determinação do imóvel a ser adquirido, o qual, embora da escolha da credora, deve observar critério médio (nem o melhor e nem o pior imóvel da cidade de destino), compatível com a moradia em que residia anteriormente a família. Aplicação analógica dos critérios legais aplicáveis às obrigações de entrega de coisa incerta (STJ, REsp. 970.143/SC, 4ª Turma, Rel. Min. Maria Isabel Gallotti, j. 15.02.2011).

Em arremate, os arts. 123 e 124 da codificação privada disciplinam a matéria anteriormente disposta, destacando que: 1) Invalidam o negócio por completo (art.

123) as condições: física ou juridicamente impossíveis, quando suspensivas; ilícitas ou de fazer coisa ilícita; e incompreensíveis ou contraditórias; 2) Consideram-se não escritas ou inexistentes (praticamente um nada que deve ser desconsiderado), prevalecendo o negócio (art. 124): as condições física ou juridicamente impossíveis, quando resolutivas; e as de não fazer coisa impossível.

8.5.1.2 Termo

É o elemento acidental do negócio jurídico que subordina a sua eficácia, inicial ou final, a evento **futuro** e **certo** no sentido de **inevitável**. Como efetivamente vai acontecer, esse evento pode ser datado previamente. Entretanto, pode não ser datado, diante de determinada impossibilidade na sua fixação. Por exemplo, a morte. Ao termo inicial e final aplicam-se, no que couber, as disposições relativas à condição suspensiva e resolutiva.

I. **Termo inicial (*a quo*):** apresenta similitude com a **condição suspensiva**, posto que, antes do seu implemento, o negócio jurídico ainda não está gerando efeitos. Ocorre que, ao contrário da condição, o termo inicial gera direito adquirido, pois o evento é certo. O termo inicial suspende o exercício, mas não a aquisição do direito. Assim, não impede o pagamento antecipado da obrigação, razão pela qual é possível, por exemplo, pagar antecipadamente o financiamento do carro, com abatimento dos juros (deságio);
II. **Termo final (*ad quem*):** equivale (mais ou menos) à condição resolutiva, porque o termo final encerra o negócio jurídico.

Na sequência, quanto à origem, o termo pode ser:

a) **Termo convencional:** resultante da vontade das partes;
b) **Termo de Direito:** visto com menos frequência, decorre de uma disposição legal;
c) **Termo judicial ou termo de graça:** o mais raro dos casos, oriundo de uma decisão judicial. É o caso dos acordos homologados, quando o juiz estabelece o prazo para pagamento.

O tempo entre a declaração de vontade e o termo, ou entre o termo e um dado acontecimento, ou entre a constituição do negócio e o dia em que começarão ou cessarão os seus efeitos é denominado prazo. Portanto, o **prazo** (art. 134) é o intervalo de tempo entre o termo inicial (início da locação) e o final (fim da locação).

O art. 132 prevê algumas **regras de contagem de prazo**:

a) salvo disposição legal ou convencional em contrário, computam-se os prazos, excluindo o dia do começo e incluindo o do vencimento;
b) se o dia do vencimento cair em feriado, considerar-se-á prorrogado o prazo até o seguinte dia útil;

c) meado considera-se, em qualquer mês, o seu décimo quinto dia;

d) os prazos de meses e anos expiram no dia de igual número do de início, ou no imediato, se faltar exata correspondência;

e) os prazos fixados por hora contar-se-ão de minuto a minuto; desde que se saiba o horário do início (na Lei de Falências, por exemplo, como há muitos prazos contados em horas, o juiz estabelece o horário da decretação da falência).

Por fim, nos negócios jurídicos a termo, presume-se que o prazo foi fixado em benefício do devedor. Dessa forma, como regra, o devedor pode cumprir sua obrigação antes de alcançado o termo final (art. 133).

observação

O termo se diferencia da condição, que constitui, como já visto, evento futuro e incerto. Há, também, importante diferença no campo dos efeitos. No caso da condição suspensiva, não há a aquisição do direito até que se verifique a condição. Isso porque, sendo a condição evento futuro e incerto, nada assegura que ocorrerá, de fato, tal aquisição, de modo que o ordenamento não confere mais que mera expectativa de direito ao titular do direito subordinado a condição suspensiva (art. 125 do CC). No termo inicial, ao contrário, é certo que o evento ocorrerá, de modo que o ordenamento atribui, desde logo, o direito em si, suspendendo tão somente o seu exercício. A diferença é relevantíssima, deixando o titular de um direito a termo em posição bem mais confortável que o titular de um direito eventual, uma vez que o primeiro pode praticar, desde logo, todos os atos que lhe são facultados como titular do direito em si, enquanto o segundo, não sendo ainda titular do direito, pode apenas praticar atos destinados à sua conservação (art. 130 do CC).

8.5.1.3 Encargo

O **encargo** (ou modo) é a imposição de uma obrigação ao beneficiário de uma liberalidade (testamento e doação). Consiste em um ônus que limita a liberalidade, uma restrição à vantagem criada para o beneficiário de um negócio jurídico gratuito. É elemento típico de negócios gratuitos. Exemplo: doar a casa com a obrigação de o donatário cuidar de crianças.

A restrição pode ser estabelecida ao se destinar um fim para a coisa adquirida, assim como ao impor uma obrigação ao favorecido, em benefício do próprio instituidor, de terceiro ou da coletividade anônima. Entretanto, não constitui nem pode constituir uma contraprestação, sob pena de descaracterizar o negócio jurídico gratuito. Não obstante, o encargo não suspende a aquisição nem o exercício do direito, salvo quando expressamente imposto no negócio jurídico como condição, no caso, suspensiva (art. 136 do CC). Hipótese evidente em que o encargo deixa de ser encargo e torna-se condição.

O encargo, geralmente, adere aos negócios de liberalidade, sejam realizados *inter vivos* ou por disposição de última vontade. É cabível, ainda, que se estabeleça nas promessas de recompensa e outros atos unilaterais.

Sob pena de ser considerado não escrito, o encargo deve ser lícito e possível, salvo se constituir o motivo determinante da liberalidade, caso em que se invalida o negócio jurídico (art. 137). A regra geral é de que o encargo ilícito ou impossível (física ou juridicamente) devem ser desconsiderados, mantendo-se o negócio jurídico, ao contrário da condição ilícita, em que se invalida todo o negócio.

A obrigação constituída pelo encargo pode ser de dar, fazer ou não fazer, podendo o cumprimento ser exigido pelo próprio instituidor, seus herdeiros, pelas pessoas beneficiadas ou, ainda, pelo representante do Ministério Público, caso seja previsto em disposição testamentária ou de interesse público. Hipóteses:

I. **Doação:** o beneficiário da doação pode ser acionado para cumprir o encargo pelo doador. Sendo o encargo de finalidade social, na ausência do doador, poderá o Ministério Público exigir o cumprimento. Entretanto, o doador pode também pedir a revogação da doação, que dependerá de sentença judicial, com efeito *ex nunc* (não retroage);

II. **Testamento:** caso não esteja expresso no testamento, faz-se necessário estabelecer, no citado instrumento, qual o efeito do não cumprimento do encargo.

observação

Ao contrário da condição e do termo, o encargo não suspende nem a aquisição, nem o exercício do direito sobre o qual incide, a não ser que tenha sido imposto como condição suspensiva do negócio – hipótese em que deixa, obviamente, de ser encargo.

8.6 PLANOS DO NEGÓCIO JURÍDICO

No mundo jurídico, é possível apontar para o negócio jurídico, como pontuado anteriormente, a seguinte tricotomia: existência-validade-eficácia. Embora, geralmente, sejam empregados como sinônimos, diante de sua autonomia, é importante precisar o significado de cada um, não sendo possível emprestar-lhe tratamento idêntico. Com isso, têm-se os planos da **existência** (representação no mundo jurídico), da **validade** (adequação ao ordenamento jurídico) e da **eficácia** (produção de efeitos) do negócio jurídico, destacando-se o plano da existência como premissa fundamental e insuperável em relação aos demais.

Essa tripartição foi desenvolvida por Hans Kelsen e introduzida, no Brasil, por Pontes de Miranda. Entretanto, o Código Civil de 2002 adotou a análise bipartida do fato jurídico. Diante dessa opção, deixou de tratar expressamente o plano da existência, defendendo ser desnecessária a análise do plano da existência em sede de direito positivo, porquanto, ao legislar já se estaria no plano da validade.

A compreensão do negócio jurídico, desprovida desses três diferentes planos, não seria possível. Como esclarece Antônio Junqueira de Azevedo (2010), plano de existência, plano de validade e plano de eficácia são três planos nos quais deve-se, sucessivamente, examinar o negócio jurídico, a fim de verificar a plena realização. São os três andares da Escada Ponteana, conforme ressalta Flávio Tartuce (2021).

8.6.1 Plano da existência

Neste plano, importa apenas a realidade da existência, afastando-se a invalidade e a eficácia do negócio jurídico. Nele ingressam todos os fatos jurídicos, sejam lícitos ou ilícitos. Integra o plano do ser, da estrutura, dependendo, por conseguinte, da presença de elementos básicos, fundamentais para que possa ser admitido. Se um casamento é celebrado por um delegado de polícia (autoridade incompetente *ratione materiae)*, por exemplo, ele é considerado inexistente.

Não há uniformidade, entre os doutrinadores, acerca dos elementos estruturais do negócio jurídico, sem os quais é considerado inexistente. Todavia, destacam-se como requisitos de existência:

a) **Declaração de vontade:** sem manifestação de vontade, o negócio jurídico é inexistente. A vontade, uma vez manifestada – para além da reserva mental (de difícil apuração), que não serve ao propósito – obriga o contratante, segundo o princípio da **obrigatoriedade dos contratos** (*pacta sunt servanda*). Por meio do referido princípio, o contrato faz lei entre as partes e, em regra, não pode ser modificado pelo Judiciário. Essa manifestação de vontade pode ser expressa, tácita ou presumida;
b) **Agente:** pessoa física ou jurídica;
c) **Idoneidade do objeto:** o objeto deve ser lícito;
d) **Forma:** meio pelo qual se exterioriza a vontade.

8.6.2 Plano da validade

Analisa a aptidão do negócio para produzir efeitos. O plano da validade integra a perfeição do ato sob a ótica dos requisitos exigidos pela lei. Assim, a ausência de algum dos elementos da validade torna o fato inválido, gênero do qual decorrem a nulidade e a anulabilidade como espécies. Nesse sentido, seus requisitos devem se harmonizar com a ordem jurídica. Observe-se:

I. **Manifestação da vontade exteriorizada conscientemente, de forma livre e desembaraçada:** a manifestação de vontade deve ser totalmente livre e de boa-fé. O empecilho à manifestação dessa vontade, pode configura defeito ou vício do negócio jurídico, interferindo no plano de validade. A manifestação pode ser expressa (escrita, oral ou gestual) ou tácita (em destaque no direito do consumidor; é inferida de um comportamento contundente, que leve à conclusão indubitável de que o indivíduo pretende alcançar os efeitos do negócio). O **silêncio** somente é admitido como manifestação de vontade em casos excepcionais previstos em lei ou se vier acompanhado de outros fatores externos. Para o direito, aquele que cala não necessariamente consente. O art. 111 do Código disciplina que o silêncio equivale à aceitação quando as circunstâncias ou os usos o autorizem, e não seja necessária declaração expressa. Como exemplo, podemos citar o caso da notificação, com prazo de trinta dias, feita pelo credor ao herdeiro para saber se ele aceitou ou não a herança. Por fim, ocorre o silêncio circunstanciado quando um vendedor fica em silêncio, sabendo que deveria se manifestar, por um dever de lealdade. Em síntese, o *silêncio*, enquanto ausência de declaração de vontade, não produz nenhum efeito no âmbito da teoria geral dos negócios jurídicos. Contudo, o art. 111 do CC equipara o silêncio à anuência "quando as circunstâncias ou os usos o autorizarem, e não for necessária a declaração de vontade expressa". É o chamado "silêncio eloquente" ou circunstanciado. O ordenamento jurídico reconhece eficácia, portanto, apenas àquele *silêncio circunstanciado*, que somente se verifica quando o contexto negocial torna possível extrair da ausência de manifestação a concordância do agente.

II. **Agente capaz:** o agente deve ser capaz e legitimado para a prática do negócio jurídico. O art. 105 prescreve que a pessoa com plena capacidade que contrata com o relativamente incapaz não pode alegar o vício da vontade em benefício próprio, nem pode aproveitar aos cointeressados capazes, exceto se indivisível o objeto. Tal regramento repete um dispositivo do Código português. Nesse sentido, cumpre destacar que o regime das incapacidades foi historicamente desenhado com propósito de proteger o incapaz. Por essa razão, tem-se em conta que a incapacidade absoluta, em razão de sua severidade, importa vício que atenta contra a ordem pública, podendo ser reconhecido de ofício. Já o vício oriundo da incapacidade relativa apenas pode ser invocado pelo próprio incapaz, nunca pela contraparte ou pelos cointeressados capazes. Mesmo quando invocada pelo incapaz (único legitimado, repita-se, a fazê-lo), a invalidade do negócio não aproveitará ao cointeressado capaz: anula-se o negócio apenas em relação ao incapaz, preservando-o quanto aos demais cointeressados. Tal solução, no entanto, se restringe aos negócios de objeto divisível. Por outro lado, em sendo indivisível o objeto, a anulação atingirá todo o negócio, conforme ressalva a parte final do artigo supramencionado A presente temática volta a surgir na codificação, com destaque, no âmbito da disciplina do contrato de mútuo (arts. 588 e 589 do CC).

III. **Objeto lícito, possível, determinado ou determinável:** Assunto que gera desmembramentos no direito das obrigações.

a) **Lícito** é o que não contraria a lei, a moral ou os bons costumes. Para o direito civil, objeto lícito não é apenas aquele que está em conformidade com a lei, mas também com a moral (analisada na perspectiva da moralidade de um homem médio, do tráfego negocial, em conformidade com o paradigma da boa-fé objetiva). A atividade da prostituição, por exemplo, não é crime (ao contrário da casa de prostituição). Assim, o contrato celebrado entre a prostituta e o cliente é existente, mas inválido, porque não tem um objeto lícito;

b) A **possibilidade** deve ser verificada sob os aspectos físico (fático) e jurídico;

c) **Determinado ou determinável:** objeto que não se pode determinar, ou que contenha elementos mínimos de individualização que permitam caracterizá-lo, prejudica não apenas a validade, mas também a executoriedade da avença. Imagine a obrigação de entregar um carro qualquer. A cláusula é nula, pois não é determinável. Se fosse para entregar um carro da frota X, modelo Y, poder-se-ia determinar.

d) **Forma prescrita ou não defesa em lei:** a forma que a lei determina ou que não proíba. Há previsão expressa, conforme mencionado em outra oportunidade, da liberdade de forma (art. 107). Quando a lei prescrever determinada forma como requisito de validade, o negócio será solene ou formal, inexistindo liberdade negocial quanto à sua formalização (Exemplo: art. 108 – determina escritura pública para direitos reais sobre imóveis de valor superior a trinta salários mínimos). A exigência de formas especiais é justificada quando os bens em questão forem importantes, garantindo a liberdade de manifestação de vontade da parte e facilitando a prova do negócio jurídico. A forma não se confunde com o requisito de existência do negócio jurídico. A compra e venda de imóvel, por exemplo, formaliza-se por contrato. O simples recibo sem contrato, instrumento de quitação, na verdade, revela que a forma é inválida, porém existe o negócio jurídico (arts. 107 a 109 do CC).

tome nota!

A codificação privada excepciona o citado princípio da liberalidade das formas em hipótese de negócio jurídico envolvendo direitos reais sobre imóveis de valor superior a trinta vezes o maior salário mínimo vigente no país (art. 108 do CC). Tais negócios se revestem da forma de escritura pública, sob pena de invalidade. Especificamente quanto ao valor, esclarece o Enunciado 289 da IV Jornada de Direito Civil:

> *O valor de 30 salários mínimos constante no art. 108 do Código Civil brasileiro, em referência à forma pública ou particular dos negócios jurídicos que envolvam bens imóveis, é o atribuído pelas partes contratantes, e não qualquer outro valor arbitrado pela Administração Pública com finalidade tributária.*

Em sentido contrário, contudo, a jurisprudência tem se posicionado a respeito da estipulação do valor de tais contratos:

> *O art. 108 do Código Civil, ao prescrever a escritura pública como essencial à validade dos negócios jurídicos que objetivem a constituição, transferência, modificação ou renúncia de direitos reais, refere-se ao valor do imóvel e não ao preço do negócio. Assim, havendo disparidade entre ambos, é aquele que deve ser levado em conta para efeito de aplicação da ressalva prevista na parte final desse dispositivo legal. (...) a avaliação levada a termo pela Fazenda Pública para fins de apuração do valor venal do imóvel é baseada em critérios objetivos, previstos em lei, os quais admitem aos interessados o conhecimento das circunstâncias consideradas na formação do quantum atribuído ao bem. (...) a interpretação dada ao art. 108 do CC pelas instâncias ordinárias é mais consentânea com a finalidade da referida norma, que é justamente conferir maior segurança jurídica aos negócios que envolvem bem imóveis. Saliente-se, no particular, que a escritura pública é ato realizado perante o tabelião, em que as partes manifestam sua vontade na realização de determinado negócio jurídico, observando todas as solenidades prescritas em lei; tal documento, portanto, demonstra de forma pública e solene a substância do ato, de modo que seu conteúdo goza de presunção de veracidade, trazendo, assim, maior segurança jurídica e garantia para a regularidade do negócio, neste caso, da compra e venda de bem imóvel (STJ, REsp 1.099.480/MG, 4ª Turma, Rel. Min. Marco Buzzi, j. 02.12.2014).*

Conforme o art. 109 do CC, se a liberalidade das formas é a regra, podem os agentes, no exercício de sua autonomia negocial, estipular que a validade do negócio dependerá de uma forma específica eleita pelas próprias partes, normalmente com o intuito de conferir maior segurança jurídica ao ato. A referência a "instrumento público" constante do artigo, portanto, assume caráter meramente exemplificativo, podendo as partes, a rigor, escolher qualquer forma lícita que desejarem.

A respeito das considerações sobre a forma, pode-se considerar, conclusivamente, ainda:

- Em regra, o negócio jurídico formal pode ser feito por qualquer instrumento particular, e não somente por escritura pública, sem que perca a característica de solene (p. ex.: fiança deve ser escrita);
- A lei pode estabelecer mais de uma forma para o negócio jurídico, p. ex., testamento feito ordinariamente, como testamento público; testamento particular; ou testamento cerrado;
- Por vezes, a lei impõe forma específica para a prova do negócio jurídico, mas não a considera como substância do negócio jurídico. Exemplo: art. 758 do CC: o seguro é um negócio jurídico que somente pode ser provado pela apólice, pelo bilhete do seguro ou pelo recibo de pagamento do prêmio.

8.6.3 Plano da eficácia

Superada a análise dos planos de existência e validade, adentra-se na verificação da eficácia do negócio jurídico. O plano da eficácia exige, com isso, que o negócio seja existente e válido, apresentando reflexos evidentes nos elementos acidentais dos negócios jurídicos, vale dizer: **condição**, **termo** e **encargo**, fatores que interferem na eficácia dos negócios jurídicos (controle eficacial).

Distinguem-se, no plano da eficácia, os atos jurídicos *stricto sensu* dos negócios jurídicos, conforme leciona Francisco Amaral (2003). A própria lei previamente determina os efeitos no ato jurídico em sendo estrito, enquanto no negócio jurídico é a vontade dos particulares.

No tocante aos fatos jurídicos anuláveis e nulos, é importante destacar, em determinadas situações, podem produzir efeitos, como o casamento putativo, nos termos do art. 1.561 do CC. Especificamente os anuláveis serão eficazes até que lhes seja decretada a anulação, sendo que os mesmos podem ser convalidados.

Por término, importa registrar que, no plano eficacial, subsistem, também, as normas relativas ao adimplemento dos negócios (juros, cláusula penal, perdas e danos), bem como aquelas vinculadas à sua extinção, dentre outras, como regime de bens no casamento, registro imobiliário etc.

enunciados

Os Enunciados 536 e 537 da VI Jornada de Direito Civil do CJF, respectivamente, prescrevem: "Resultando do negócio jurídico nulo consequências patrimoniais capazes de ensejar pretensões, é possível, quanto a estas, a incidência da prescrição". E ainda: "A previsão contida no art. 169 não impossibilita que, excepcionalmente, negócios jurídicos nulos produzam efeitos a serem preservados quando justificados por interesses merecedores de tutela".

posicionamento doutrinário

Orlando Gomes (2007) distingue os atos ineficazes dos inválidos. Para o autor, o negócio é inválido quando defeituoso em seus pressupostos e requisitos. Diz-se ineficaz quando, embora válido, não produz os efeitos normais devido a obstáculo estranho aos seus elementos essenciais, como a necessidade de prática de ulteriores atos para se tornar eficaz ou implemento de condição ou advento de termo.

Nesse sentido, é bastante esclarecedora a posição de Roberto Ruggiero (2005), pela qual, na verdade, o negócio anulável não é considerado inexistente pelo ordenamento. Pelo contrário, existe e tem eficácia plena como se não tivesse vícios, até que a pessoa interessada e autorizada por lei, mediante uma ação, uma exceção ou uma anulação, aponte o vício. A eficácia do negócio é, pois, condicionada ao não exercício do direito a invocar a sua invalidade.

Outra consideração merece destaque: não se pode confundir a ineficácia do ato nulo com a ineficácia do ato inexistente, corroborando a necessidade de plano distinto para análise da inexistência, já que, como afirma Marcos Bernardes de Mello (1995), do ponto de vista lógico, não tem sentido falar de ineficácia do ato inexistente e compará-lo à ineficácia do ato nulo, porque:

a) a ineficácia, quando se refere a ato inexistente, constitui consequência irremovível do não ser (que não pode produzir coisa alguma);

b) em relação ao nulo, a ineficácia resulta de uma recusa de eficácia, a que o sistema impõe a invalidade como sanção à ilicitude.

enunciado

Por fim, há que se destacar que:

"O pagamento repercute no plano da eficácia, e não no plano da validade como preveem os arts. 308, 309 e 310 do Código Civil" (Enunciado 425 da V Jornada de Direito Civil do CJF).

8.7 DEFEITOS DO NEGÓCIO JURÍDICO

Os defeitos do negócio jurídico podem ser elencados sob múltiplas facetas. Ora relacionam no processo mental da vontade, ora aparecem na declaração desta. Em outros momentos, os defeitos podem ser aqueles que o agente não declararia, ou ao menos não daquela forma, em circunstâncias normais. Ou, ainda, o defeito contamina os efeitos que se pretende alcançar com o negócio jurídico, pois a declaração de vontade não corresponde ao que o agente realmente queria. Em síntese, a doutrina nacional classifica os defeitos do negócio jurídico em duas espécies: a) **os vícios do consentimento**, que revelam divergência entre a vontade declarada e aquela que seria a real vontade do agente; e b) **os vícios sociais**, que revelam divergência entre a vontade declarada e as exigências sociais. Vícios do consentimento são **o erro, o dolo, a coação, o estado de perigo e a lesão**. Vício social é a **fraude contra credores**.

Não há que se confundir os vícios do negócio jurídico com os vícios redibitórios (ou vícios do produto). Estes atingem, particularmente, o objeto de uma disposição patrimonial, a estrutura da coisa, contaminando o plano de eficácia do contrato.

Diferenciam-se no Código de 2002, como anunciado anteriormente, os defeitos no negócio decorrentes do consentimento (vontade) e os decorrentes de vícios sociais. Dessa forma, são vícios de vontade, sujeitos a anulação: erro, dolo, coação, lesão e estado de perigo. Em outro viés, a fraude contra credores (também anulável) reverbera como vício social. A simulação, antes (na codificação anterior) tratada como defeito do negócio jurídico (era considerada vício social juntamente com fraude contra credores), foi deslocada para causa de nulidade (art. 167, § 2º, do CC/2002) do negócio jurídico, embora o instituto não tenha se modificado ontologicamente.

8.7.1 Erro ou ignorância (arts. 138 a 144)

O erro ou a ignorância é o resultado de uma falsa ou total ausência de percepção sobre a realidade representada falsamente, porém sem ardil, com relação à pessoa, ao objeto ou ao próprio negócio que se pratica. Nele, a pessoa se engana sozinha, sem ter sido propriamente induzida por ninguém. É um vício de consentimento, uma falsa noção da realidade, que se encontra no plano psicológico. Para Caio Mário (2012), quando o agente, por desconhecimento ou falso conhecimento das circunstâncias, age de forma diferente do que seria a sua vontade, se conhecesse a verdadeira situação, diz-se que procede em erro.

Nem todo erro pode levar a invalidade do negócio jurídico, possibilitando sua anulação. Para tanto, deve preencher certos requisitos:

I. **Erro essencial ou substancial (art. 139):** opõe-se ao **erro acidental** (não é causa de invalidação do negócio jurídico), incidindo sobre elemento importante do negócio jurídico. Nele, o emissor da vontade defeituosa só realizou o negócio em razão da ausência de percepção da realidade. No caso concreto, há hipóteses de difícil diferenciação entre o erro essencial ou acidental, devendo-se levar em consideração as circunstâncias envolvidas. Por exemplo: carro modelo 2004 de fabricação 2003. O comprador pode confundir, mas, como regra, esse erro é acidental. O erro pode afetar:

   a) **A natureza jurídica do negócio:** é o caso de, por exemplo, querer doar, mas, por erro, acabar declarando a vontade de vender; ou pior, pode estar querendo vender e declarar a vontade de doar;

b) **O objeto principal da declaração de vontade:** acreditar que um quadro exposto em uma galeria de arte foi pintado por Monet, mas, na verdade, não foi; se soubesse que não era, não declararia a vontade de comprar, ou, pelo menos, de comprar por determinado preço;

c) **As qualidades essenciais do objeto:** pretender comprar um anel de prata e adquirir um de latão;

d) **A identidade ou a qualidade da pessoa:** homônimo.

II. **Erro de direito ou de fato:** o erro pode ser **de fato** (pessoa, figura negocial, substância, qualidade, quantidade) ou **de direito** (imagina estar em conformidade com o ordenamento jurídico, mas, na verdade, não está). Portanto, no erro de direito, o agente percebe bem os fatos, mas se equivoca quanto à interpretação ou ao alcance de uma norma jurídica. Como regra, o erro de direito nunca autorizou a invalidação do negócio jurídico, por contrastar com o princípio de que a ninguém é dado a alegar o desconhecimento da lei (princípio da obrigatoriedade das leis constante na LINDB, art. 3º). Entretanto, mesmo antes do Código Civil de 2002, havia certa mitigação desse entendimento, porque, conforme o caso concreto, principalmente se o indivíduo estiver de boa-fé, pode desconhecer uma lei, uma vez que o Brasil é um país de dimensões continentais, bem como há um número muito grande de normas jurídicas no ordenamento.

III. **Erro real:** é o que causa dano ou prejuízo.

IV. **Erro escusável**: é o erro justificável, desculpável, ao contrário de erro grosseiro. Por conseguinte, é aquele erro que seria cometido por qualquer pessoa que estivesse nas mesmas circunstâncias (art. 138 do CC).

posicionamento doutrinário

Assim como o Código anterior, o Código de 2002 continua a exigir o requisito da escusabilidade, conforme sustentado por Pablo Stolze e Pamplona Filho (2005), Caio Mário (2012), Carlos Roberto Gonçalves (2010) e Francisco Amaral (2003). Posição diametralmente oposta é defendida por Silvio Venosa (2011) e Anderson Schreiber (2019). Defendem estes autores que a supressão do requisito escusabilidade do texto legal foi correta, porque, na atual lei, o negócio só será anulado se o erro for passível de reconhecimento pelo destinatário da declaração que, embora não tenha induzido o declarante a erro, sabia do erro cometido pela parte adversa ou, ao menos, tinha como saber. A escusabilidade, nesse caso, torna-se secundária. O que se levará em conta é a diligência normal da pessoa para reconhecer o erro cometido pelo declarante, em face das circunstâncias que cercam o negócio. Sob tal prisma, há que se ver a posição de um técnico especializado e de um leigo no negócio que se trata. Destaca-se, nesse caso, as condições e a finalidade social do negócio que devem ser avaliadas pelo juiz. Em verdade, não interessa se o erro é escusável ou não, pois prevalece o princípio da confiança – valorização da eticidade.

enunciado

O Enunciado 12 da I Jornada de Direito Civil do CJF prescreve: "Na sistemática do art. 138, é irrelevante ser ou não escusável o erro, porque o dispositivo adota o princípio da confiança".

V. **Erro perceptível pelo receptor da declaração de vontade, conhecível ou cognoscibilidade do erro:** erro perceptível por quem recebe a declaração da vontade (art. 138 do CC), como aplicação da já mencionada **Teoria da Autorresponsabilidade**, tratada no item de interpretação do negócio jurídico. Como supramencionado, visando proteger a segurança jurídica nos negócios, se o erro não poderia ter sido percebido, diante do que se pode interpretar da declaração, por quem recebe a declaração (e não pelo agente), não é capaz de anular o negócio jurídico. Na verdade, há clara mudança de visão do legislador sobre o erro.

Contudo, o erro não prejudicará a vontade caso o destinatário se ofereça a executá-la na conformidade da vontade real do manifestante (art. 144). Ademais, a transmissão errônea da vontade pode ser feita por meios interpostos ou por declaração direta, sendo que, ainda assim, será anulável (art. 141). O erro de cálculo apenas autoriza a retificação da declaração de vontade, não sendo causa de anulabilidade (art. 143 do CC).

jurisprudência

Não parece crível que uma pessoa faria negócio jurídico para fins de adquirir a propriedade de coisa que já é de seu domínio, porquanto o comprador já preenchia os requisitos da usucapião quando, induzido por corretores da imobiliária, ora recorrente e também proprietária, assinou contrato de promessa de compra e venda do imóvel que estava em sua posse ad usucapionem. *Portanto, incide o brocardo* nemo plus iuris, *isto é, ninguém pode dispor de mais direitos do que possui (STJ, REsp 1.163.118/RS, 4ª Turma, Rel. Min. Luis Felipe Salomão, j. 20.05.2014).*

8.7.2 Dolo (arts. 145 a 150)

No erro, o agente percebeu sozinho os fatos de forma equivocada. No dolo, a percepção errônea dos fatos é induzida, maliciosamente, por outrem. Nessa linha de intelecção, o dolo é um vício de consentimento por indução de terceiro, parte ou não do negócio jurídico, à percepção falsa da realidade. É, em suma, o erro provocado. Tipologia:

I. **Dolo principal (art. 145 do CC):** afeta a causa, substância da relação jurídica. Se fosse de conhecimento do agente, não seria realizado. É causa de anulabilidade do negócio;

II. **Dolo acidental (art. 146 do CC):** aqui, mesmo que tivesse conhecimento do dolo, o agente teria feito o negócio jurídico, porém em circunstâncias e condições distintas do que seria feito. É o dolo que ataca elementos secundários do negócio jurídico. Não anula o negócio, gerando apenas a obrigação de pagar perdas e danos;

III. **Dolo negativo ou omissão dolosa (art. 147 do CC):** relaciona-se com a boa-fé objetiva (dever de informação). É a omissão dolosa de informação fundamental para a relação jurídica. Pode gerar dolo principal ou acidental. Só anula o negócio jurídico se a informação for relevante;

IV. **Dolo bilateral ou dolo recíproco (art. 150 do CC):** quando os contratantes, simultaneamente, agem com dolo. Ninguém pode alegá-lo;

V. **Dolo de terceiro:** caso de terceiro fora da relação jurídica. Como regra, o dolo de terceiro não é causa de anulação do negócio jurídico. Somente levará à invalidação se a parte soubesse ou, pelas circunstâncias, devesse saber que a outra estava sendo induzida a erro. Caso contrário, o negócio é mantido e o terceiro responde pelas perdas e danos. Assim, acarreta nulidade relativa se é de conhecimento de quem está tirando proveito (houve conluio), pois a responsabilidade é conjunta. Subsistirá o negócio se quem vai tirar proveito não souber do dolo do terceiro, devendo o terceiro arcar com perdas e danos;

VI. ***Dolus malus*:** é a intenção maléfica de induzir o outro a erro. Seu requisito é a vontade de obter vantagem indevida para si ou para outrem. Tem o condão de anular o negócio jurídico;

VII. ***Dolus bonus*:** para as atividades negociais, é um dolo tolerável, usualmente expresso em técnicas publicitárias – nas quais, por exemplo, são exaltadas as qualidades que a coisa tem – e encontra limites no Código de Defesa do Consumidor. Por exemplo, a propaganda abusiva ou a publicidade enganosa. Nesse sentido, a ordem jurídica brasileira admite o *puffing*, prática publicitária voltada a enaltecer as características do produto, por vezes de modo exacerbado, mas sempre inofensivo (como nos *slogans* "o perfume que você nunca mais vai esquecer" ou algo como "a cerveja mais saborosa do mundo", e assim por diante). Nossa legislação consumerista coíbe, no entanto, a publicidade enganosa, aquela que, utilizando informações inverídicas, pode produzir falsa representação da realidade (CDC, art. 37).

8.7.3 Coação (arts. 151 a 155)

É o vício de consentimento no qual a vítima é submetida a violência psicológica apta a influenciar a prática de negócio jurídico que lhe é prejudicial. A vontade é viciada pela violência, pelo constrangimento ameaçador, pois a pessoa, em realidade, não queria declarar ou realizar aquele negócio.

O efetivo temor à ocorrência de mal injusto e grave conduz à emissão forçada da vontade, devendo ser relevante para viciar o negócio (art. 151 do CC). Na coação, o critério do homem médio não pode ser utilizado, tendo em vista que é sempre apreciada em concreto (art. 152 do CC).

A coação como causa de anulabilidade do negócio jurídico prevista no Código é a coação moral (psicológica – *vis compulsiva*), que consiste numa pressão psicológica, numa ameaça séria e idônea de mal grave. A violência física (*vis absoluta*), para parte da doutrina, é causa de nulidade do negócio jurídico diante da supressão total da vontade (VENOSA, 2011). Outra corrente, entende que se trata de ato inexistente, porque não há qualquer declaração de vontade (PEREIRA, 2012).

A anulação do negócio jurídico fundada na coação deve se revestir de alguns requisitos específicos:

I. A ameaça deve ser a **causa determinante** da realização do negócio jurídico;

II. A ameaça deve ser **grave,** ou seja, deve ser uma ameaça séria, capaz de incutir temor na vítima, que se sente atemorizada e, por isso, escolhe declarar a sua vontade viciada. A análise da gravidade é subjetiva, pois deve ser considerada tanto em relação ao ameaçado quanto ao ameaçador. As circunstâncias objetivas igualmente devem ser consideradas para a análise da gravidade da ameaça. Exemplo: uma ameaça feita à noite, em uma rua escura, é mais grave do que de dia, em rua movimentada. O Código afirma que não se considera coação a ameaça do exercício normal de um direito, nem o simples temor reverencial (art. 153 do CC). Assim, o negócio praticado por simples temor reverencial (presente nas relações hierárquicas: pais e filhos, patrão e empregado; serviço militar) é plenamente válido, afastando a gravidade da ameaça. É o caso do pai que determina, sob ameaça, que a filha assine um aval. Ocorre que, se ao temor reverencial for agregada uma ameaça séria ou grave, haverá coação, porque não haverá somente um simples temor reverencial;

III. A ameaça deve ser **injusta**. Se for o caso de um exercício regular de direito, não há qualquer invalidade do negócio jurídico, nem se confira a coação (art. 153 do CC), desde que não seja abusiva ou desrespeitosa. Por exemplo, o marido que flagra mulher o traindo e ameaça processá-la por adultério caso não abra mão de seus bens;

IV. A ameaça de dano deve ser **iminente** e **atual,** direcionada à pessoa, aos familiares ou aos amigos íntimos. O dano tem que ser próximo, imediato ou atual. Se não for assim, o dano não possui o condão de provocar temor suficiente que justifique a prática de um ato;

V. A ameaça deve ser **proporcional** entre os bens juridicamente tutelados.

Outrossim, o Código Civil trata da **coação de terceiro**. Terceiro é sempre o que não está envolvido no negócio jurídico, ou seja, alguém que não está emitindo ou recepcionando vontade. Na coação de terceiro, há responsabilidade solidária entre o terceiro e a parte a quem aproveite. O negócio será anulado se o beneficiário soubesse ou devesse saber da coação. Se o beneficiário não soubesse ou não tivesse como saber, o negócio é mantido, e o terceiro responde sozinho perante o prejudicado.

8.7.4 Lesão (art. 157)

A lesão é caracterizada pelo prejuízo resultante da desproporção existente entre as prestações do negócio jurídico, em face do abuso, da necessidade econômica ou inexperiência de um dos contratantes. Assim, ocorre a lesão, conforme inteligência do art. 157 do CC, quando uma pessoa, sob premente necessidade, ou por inexperiência, se obriga a prestação manifestamente desproporcional ao valor da prestação oposta. Trata-se de um mecanismo jurídico que objetiva evitar que relações jurídicas já se iniciem excessivamente desequilibradas. Nesse sentido, a lesão é um vício de consentimento no Código Civil, conectado ao abuso de poder econômico que revela uma balança desequilibrada. Na lesão, o negócio nasce desequilibrado e desproporcional, diferentemente do **estado de perigo**, na medida em que, neste, a parte vai assumir uma obrigação excessivamente onerosa, por motivo de perigo.

O Código Civil optou por um conceito aberto, não definindo de antemão, um parâmetro quantitativo para a caracterização da lesão, o que somente ocorrerá no caso posto à apreciação judicial, segundo os valores da época da contratação. Além disso, apesar de em outros ordenamentos não ser assim, no Brasil, é causa de anulação do negócio jurídico (exceto no Código de Defesa do Consumidor, que considera causa de nulidade absoluta – art. 51, IV, do CDC).

A lesão incide quando a desproporcionalidade entre as prestações estiver presente no instante da contratação ao declarar a vontade. Se a desproporção for superveniente, apenas ocorrendo no decorrer do cumprimento do negócio, não poderá o intérprete ser amparado pelo instituto da lesão, devendo invocar a onerosidade excessiva, com base na teoria da imprevisão, nos termos dos arts. 478 a 480 do CC, que permite a revisão do contrato.

De acordo com a lição de Caio Mário (1959), a lesão possui os requisitos objetivos (lucro exagerado; preço superior; desproporção entre as contraprestações) e subjetivos (aproveitamento da necessidade econômica ou da inexperiência do contratante).

enunciado

Enunciado 290 do CJF/STJ, da IV Jornada de Direito Civil: "A lesão acarretará a anulação do negócio jurídico quando verificada, na formação deste, a desproporção manifesta entre as prestações assumidas pelas partes, não se presumindo a premente necessidade ou a inexperiência do lesado".

- **Requisito objetivo:** vincula-se ao desequilíbrio exagerado, manifesto, desproporcional. O legislador objetivou proteger o equilíbrio na relação negocial, a justiça, e não impedir um negócio ruim. Há países que tarifam o desequilíbrio. A Lei n. 1.521/51 (crimes contra a economia popular) previa um caso de lesão tarifada no ordenamento, ditando que haveria lesão se a parte levasse mais de 20% (vinte por cento) de vantagem. No Código de Defesa do Consumidor não há exigência de requisito subjetivo, basta o requisito objetivo, mas, antes do Código Civil, já previa a lesão, porém sem nominá-la como tal. No CDC, a lesão é causa de revisão de qualquer dispositivo contratual que represente uma excessiva desvantagem (desequilíbrio excessivo) para si, com consequente vantagem do fornecedor, o que autoriza o magistrado a invadir o contrato e reequilibrar a situação;
- **Requisitos subjetivos: necessidade**, o **estado de perigo** ou **inexperiência do lesado** (pessoa em desvantagem); e há quem defenda a existência do **dolo de**

aproveitamento, que consiste em saber ou dever saber que está levando vantagem diante do estado de necessidade ou estado de perigo ou inexperiência do lesado. Saliente-se que o dolo de aproveitamento não tem correlação com o dolo do negócio jurídico. Entretanto, por meio do Enunciado 150 do CJF/STJ, da III Jornada de Direito Civil, restou estabelecido que a lesão que trata o art. 157 do Código Civil não exige dolo de aproveitamento. Por conseguinte, segundo Flávio Tartuce (2021, p. 257), "a lesão exige apenas dois elementos: a premente necessidade ou inexperiência e a onerosidade excessiva, elementos estes que não se confundem com o artifício ardiloso presente no dolo".

posicionamento doutrinário

Para Silvio Venosa (2011), o requisito subjetivo consiste no que a doutrina chama de dolo de aproveitamento e afigura-se na circunstância de uma das partes aproveitar-se da inexperiência, leviandade ou estado de premente necessidade da outra. Tais situações psicológicas devem ser aferidas no momento do contrato. Não há, portanto, necessidade de o agente induzir a vítima à prática do ato, nem é necessária a intenção de prejudicar. Basta que o agente se aproveite da situação de inferioridade em que é colocada a vítima, auferindo lucro desproporcional e anormal. Pablo Stolze e Pamplona Filho (2005) entendem que o legislador não exigiu o dolo de aproveitamento. Por isso, afirma-se que a lesão é objetiva. Assim a inexperiência ou o estado de necessidade não precisam ser conhecidos de quem está levando vantagem. Para alguns, o estado de perigo é uma forma de lesão. O Código Civil italiano e o brasileiro tratam o estado de perigo separadamente da lesão.

enunciado

Enunciado 410 do CJF/STJ, da V Jornada de Direito Civil:

A inexperiência a que se refere o art. 157 não deve necessariamente significar imaturidade ou desconhecimento em relação à prática de negócios jurídicos em geral, podendo ocorrer também quando o lesado, ainda que estipule contratos costumeiramente, não tenha conhecimento específico sobre o negócio em causa.

Por fim, o art. 157, § 2.º, autoriza a não decretação da anulabilidade se a parte favorecida concordar com a redução de seu proveito, mantendo o negócio jurídico.

8.7.5 Estado de perigo (art. 156)

Ocorre quando o agente assume obrigação excessivamente onerosa diante de uma situação de perigo que é de conhecimento da outra parte. É uma inovação do Código Civil de 2002 em relação ao anterior. É causa de anulação do negócio jurídico, apesar de em outros ordenamentos não ser assim. O estado de perigo não deixa de ser uma espécie de lesão. É caracterizado por dois elementos: a) onerosidade excessiva; b) necessidade de salvar a si ou a pessoa de sua família (dolo de aproveitamento). Exemplo: cheque caução. Na relação de consumo, é importante destacar, o estado de perigo confunde-se com lesão e gera nulidade (art. 51, IV, do CDC).

É um vício parecido com a coação, em que o sujeito está submetido à ameaça de dano iminente e, para resolver a situação, acaba realizando um negócio em situações bastante desfavoráveis. O perigo pode ser causado por situação natural ou por terceiro, à pessoa ou ao familiar. É o caso dos judeus que venderam suas casas na Alemanha nazista.

Merece destaque que o perigo de grave dano tem que ser físico, voltado a pessoas, e não a coisas, concreto e real à saúde biopsicológica do declarante ou de pessoa próxima. Ademais, tratando-se de pessoa não pertencente à família do declarante, o juiz decidirá segundo as circunstâncias (art. 156, parágrafo único). Exemplo: exigência de garantia na porta dos hospitais. A caução para assegurar internação hospitalar de parente em grave estado de saúde caracteriza obrigação assumida em estado de perigo.

Na sequência, observa-se que existe certa similitude entre o estado de perigo e a coação (moral), pois o agente não manifesta livremente sua vontade. No entanto, na coação, a ameaça é oriunda de pessoa interessada na prática do ato (uma das partes do negócio ou terceiro), enquanto, no estado de perigo, a ameaça provém de simples circunstância fática (apenas conhecida da outra parte), que exerce contundente influência sobre a vontade do agente que declarará a vontade.

Usualmente, para que não seja necessária a anulação do negócio jurídico, ajusta-se o negócio jurídico à realidade, com redução de valores, de modo que as prestações se tornem mais equiparáveis. Embora o Código Civil não tenha estabelecido para o estado de perigo regra similar à da lesão (art. 157, § 2º), que autoriza a não decretação da anulabilidade se a parte favorecida concordar com a redução de seu proveito, existe posição doutrinária no sentido de que tal possibilidade é perfeitamente aplicável ao estado de perigo, uma vez que as partes poderão acordar de tal forma, conservando o negócio jurídico.

enunciado

Nesse sentido, o Enunciado 148 da III Jornada de Direito Civil do Conselho Federal de Justiça: "Ao 'estado de perigo' (art. 156) aplica-se, por analogia, o disposto no § 2º do art. 157".

8.7.6 Fraude contra credores (arts. 158 a 165)

A fraude contra credores é considerada um defeito do negócio jurídico, traduzível pela prática de ato(s) de disposição patrimonial pelo devedor, com o propósito de prejudicar seu(s) credor(es), em razão da diminuição ou do esvaziamento do patrimônio daquele. A fraude contra credores está relacionada com a celebração de negócio com intenção de esvaziar patrimônio de um dos contratantes para prejudicar os seus credores. Os requisitos da fraude contra credores, em suma, são: a) esvaziamento patrimonial ou diminuição; e b) conluio fraudatório. Os arts. 158 a 164 da codificação privada trazem situações de presunção de fraude em razão da evidente dificuldade probatória.

Antes do advento da Lei Poetelia Papiria, de 326 a.C., se a dívida não fosse paga, o próprio corpo do devedor era garantia aos seus credores, sendo possível sua escravização ou, até mesmo, a morte. Hodiernamente, os bens do devedor devem responder pela dívida ou pela reparação do dano causado. Assim, o patrimônio do devedor é garantidor do crédito dos credores.

A fraude ocorre por meio da realização de um ato negocial, como a alienação ou a gravação de bens, que diminui o patrimônio do devedor, prejudicando credor preexistente. Portanto a vítima específica da fraude é o credor.

Nesse desiderato, a fraude contra credores é um vício social, e não vício de consentimento, pois a pessoa declara exatamente a vontade que quer declarar, os seus efeitos jurídicos não estão ocultos, não há disfarce e não há mentira, mas os seus efeitos causam prejuízo ao credor. É caso de anulação do negócio jurídico. Na fraude à execução, a sanção é a ineficácia.

8.7.6.1 Hipóteses legais de fraude contra credores

Há outras em leis especiais:

a) a hipótese mais grave é a que envolve negócios de transmissão gratuita de bens (art. 158);
b) negócios de remissão de dívidas;
c) contratos onerosos do devedor insolvente quando a insolvência for notória ou houver motivo para ser conhecida do outro contratante;
d) antecipação de pagamento feita a um dos credores quirografários, em detrimento dos demais (art. 162);
e) outorga de garantia de dívida dada a um dos credores em detrimento dos demais (art. 163).

8.7.6.2 Sujeitos envolvidos

a) **Devedor: é** aquele que aliena ou grava em favor do terceiro adquirente;
b) **Terceiro adquirente: é** a pessoa alheia à relação jurídica entre credor e devedor que adquire ou se beneficia da garantia;
c) **Credor:** é o prejudicado pela alienação ou gravação, que reduz o patrimônio do devedor, deixando de ser suficiente para arcar com o crédito).

8.7.6.3 Requisitos

Diante da necessidade de compatibilizar os interesses do credor e do terceiro adquirente, o legislador estabeleceu requisitos para configuração da fraude:

I. **Requisito objetivo:** É o *eventus damni*. O patrimônio do devedor alienante se torna insuficiente para fazer frente ao crédito. Trata-se da insolvência. Na fraude, o estado de insolvência se estabelece ou é potencializado por um negócio jurídico;

II. **Requisito subjetivo:** É o *consilium fraudis*. Não é exigida comprovação do conluio entre o comprador e o vendedor, objetivando prejudicar o credor. Basta a má-fé do devedor, que tem ciência de que o negócio jurídico irá reduzir o patrimônio a ponto de não mais fazer frente ao crédito existente. Contudo, a má-fé pode ser presumida quando se tratar de ato de disposição patrimonial gratuita (art. 158). Assim, nem se cogita da necessidade de ciência do terceiro adquirente, que não está despendendo nada para adquirir. São casos em que o *consilium fraudis* é presumido, ou seja, presume-se a má-fé do terceiro adquirente (art. 159):

a) **Insolvência notória:** o terceiro adquire de alguém que é notoriamente insolvente. A presunção é relativa. Exemplo: vendedor que tem muitos protestos contra si;

b) **Insolvência presumida:** as vantagens do negócio ocorrem em condições tais que levariam o adquirente a desconfiar. Exemplo: preço vil, alienação clandestina, vendedor que quer se desfazer de todo o patrimônio sem um motivo aparente.

8.7.6.4 Ação pauliana

É o instrumento utilizado pelo prejudicado em casos de fraude contra credores. Em nada difere das demais ações contra vícios negociais (ação revocatória e anulatória). A legitimidade ativa é do credor anterior à fraude (credor preexistente), os posteriores não terão (art. 158, § 2º). No entanto, o bem protegido na ação pauliana será revertido em prol do concurso de credores (art. 165). Se a garantia se tornar insuficiente, o credor com garantia também pode ter interesse na pauliana (art. 158, § 1º). Na transmissão onerosa, é necessário provar os dois requisitos. Na transmissão gratuita, prova-se somente o *eventus damni*. O terceiro de boa-fé não será réu da ação pauliana. Admite-se, no polo passivo, o devedor insolvente, a pessoa que com ele estipulou a fraude e o terceiro adquirente de má-fé (art. 161). A ação pauliana tem prazo decadencial de quatro anos, a contar da celebração do negócio fraudulento. A jurisprudência tem permitido que seja desconstituída a personalidade jurídica para ser alcançado o patrimônio particular do sócio, de forma a afastar a fraude contra credores. Ademais, o imóvel que retornou ao acervo do devedor em decorrência da pauliana não pode ser protegido pelo bem de família. Por fim, a natureza jurídica da sentença na ação pauliana é **anulatória** (art. 165), ou seja, desconstitutiva, retornando o bem ao patrimônio do devedor. Segundo Stolze e Pamplona Filho (2005), existe uma parcela (minoritária) da doutrina, com base em Liebman, encabeçada por Yussef Cahali (2008), que entendem que a sentença pauliana é apenas declaratória da ineficácia jurídica do negócio fraudulento em face do credor prejudicado, ou seja, o negócio é válido, mas é ineficaz em relação do credor. A vantagem dessa posição reside no fato de que se o devedor conseguir dinheiro e pagar ao credor o negócio é válido, mas ineficaz em face do credor.

Ainda no tocante à fraude contra credores, se a fraude acontecer no curso de processo judicial, ocorrerá fraude à execução de acordo. Observe a seguinte distinção:

tome nota!

Em que pese a opção textual do Código pela anulabilidade do negócio viciado por fraude contra credores, a jurisprudência do STJ tem se inclinado por reconhecer como sua consequência a ineficácia relativa:

> *2. A fraude contra credores não gera a anulabilidade do negócio – já que o retorno, puro e simples, ao* status quo ante *poderia inclusive beneficiar credores supervenientes à alienação, que não foram vítimas de fraude alguma, e que não poderiam alimentar expectativa legítima de se satisfazerem à custa do bem alienado ou onerado. 3. Portanto, a ação pauliana, que, segundo o próprio Código Civil, só pode ser intentada pelos credores que já o eram ao tempo em que se deu a fraude (art. 158, § 2º; CC/2016, art. 106, parágrafo único), não conduz a uma sentença anulatória do negócio, mas sim à de retirada parcial de sua eficácia, em relação a determinados credores, permitindo-lhes excutir os bens que foram maliciosamente alienados, restabelecendo sobre eles, não a propriedade do alienante, mas a responsabilidade por suas dívidas (STJ, REsp 506.312/MS, 1ª Turma, Rel. Min. Teori Zavascki, j. 15.08.2006).*

No mesmo sentido:

> *A ação pauliana cabe ser ajuizada pelo credor lesado (*eventus damni*) por alienação fraudulenta, remissão de dívida ou pagamento de dívida não vencida a credor quirografário, em face do devedor insolvente e terceiros adquirentes ou beneficiados, com o objetivo de que seja reconhecida a ineficácia (relativa) do ato jurídico – nos limites do débito do devedor para com o autor (STJ, REsp 1.100.525/RS, 4ª Turma, Rel. Min. Luis Felipe Salomão, j. 16.04.2013).*

8.7.7 Simulação (art. 167)

Na simulação – causa de nulidade do negócio jurídico, antes defeito do negócio (no Código Civil de 1916, era uma espécie de vício social, tal como a fraude contra credores) –, o negócio jurídico é celebrado com aparência de normalidade, mas as partes, de comum acordo, não pretendem atingir o efeito que deveria produzir. Caracteriza-se por ser uma declaração enganosa, realizada maliciosamente, com intuito de prejudicar terceiros ou infringir preceito legal, na busca por efeito diverso do indicado. Exemplo: declarações fraudulentas para a Receita Federal. A doutrina brasileira, de maneira geral, afirma que a simulação caracteriza-se pela convergência de três elementos: a) a divergência entre o negócio jurídico celebrado e os efeitos perseguidos pelos declarantes; b) um acordo simulatório entre os declarantes; e c) o intuito de enganar terceiros. Nesse sentido, a existência de um acordo entre declarante e declaratário é o que distingue a simulação da reserva mental, na qual o declarante manifesta vontade para realização de negócio jurídico que não deseja efetivamente, mas sem o conhecimento da outra parte.

A característica fundamental do negócio simulado é a divergência intencional entre a vontade e a declaração, pois as partes desejam criar a mera aparência do negócio, uma ilusão de existência. Na simulação, os envolvidos declaram exatamente a vontade que queriam. Não obstante, o resultado pretendido é diferente do previsto em lei.

A simulação pode ser:

a) **Absoluta:** quando não há desejo de praticar qualquer ato. A declaração serve, unicamente, para prejudicar terceiros, o fisco ou infringir preceito legal. Existe um negócio simulado, e as partes não querem a produção de qualquer efeito;
b) **Relativa (ou dissimulação):** o emissor da vontade deseja a prática de determinado negócio jurídico, mas simula negócio diverso. Existem dois negócios: o ostensivo (não verdadeiro) e o encoberto (real vontade).

A simulação, por conta da agiotagem, passou a ser considerada no Código como causa de invalidade do negócio jurídico, que pode caracterizar nulidade absoluta. Logo, pode ser alegada por quem tenha participado. Quando sua natureza for de simulação absoluta, a nulidade é absoluta. Será nulidade relativa quando for hipótese de dissimulação. Entrementes, existe corrente doutrinária minoritária, que entende que a simulação só seria causa de nulidade se causasse prejuízo de terceiros ou infringência à lei, ou seja, a simulação maliciosa (RODRIGUES, 2002).

Frise-se que a simulação é o único vício do negócio jurídico no qual ocorre a nulidade absoluta. Contudo, em atenção ao princípio da conservação do negócio jurídico, o juiz poderá aproveitar o contrato simulado. Ademais, sendo a simulação causa de nulidade do negócio jurídico, sua alegação prescinde de ação própria (Enunciado 578 da VII Jornada de Direito Civil).

8.8 PLANO DA (IN)VALIDADE DO NEGÓCIO JURÍDICO

O plano de (in)validade do negócio jurídico abrange as hipóteses de nulidade (arts. 166 e 167 do CC) e as de anulabilidade (art. 171 do CC), as quais, em se tratando de desconformidade com o ordenamento jurídico, somente podem estar caracterizadas mediante expressa previsão legal.

De acordo com a gravidade do vício, o ordenamento jurídico estabelece uma gradação na sanção, prescrevendo sanção mais grave em determinados casos e menos grave em outros, por considerar que o interesse seja menos da sociedade e mais das partes envolvidas no ato jurídico. Essa distinção é relevante para fixar, desde logo, os legitimados para pleitear o reconhecimento da invalidade.

Nesse contexto, a nulidade viola interesse público, cuja proteção interessa a todos, à própria pacificação social, razão pela qual qualquer interessado pode suscitá-la e o juiz pode conhecer de ofício. A anulabilidade, por sua vez, é menos grave, comprometendo interesses particulares. Logo, somente o interessado pode provocá-la.

No estudo da invalidade do negócio jurídico, não se deve olvidar que, sempre que possível, o negócio deve ser preservado, em consagração ao **princípio da conservação dos atos e negócio jurídicos**. Dele, inclusive, resultam os institutos da **conversão substancial**, da **ratificação** e da **redução**.

a) **Conversão substancial (art. 170 do CC):** aproveita-se a manifestação de vontade para reconhecer outro negócio jurídico válido e de fins lícitos, desde que respeitados seus requisitos formais. É uma verdadeira recategorização de determinado negócio. Se o negócio nulo possuir os requisitos de outro, subsistirá este quando o fim a que visavam as partes permitir supor que o teriam querido se houvessem previsto a nulidade (LARENZ, 1956).

enunciado

Nesse sentido, o Enunciado 13 da I Jornada de Direito Civildo Conselho da Justiça Federal: "O aspecto objetivo da convenção requer a existência do suporte fático no negócio a converter-se".

Um exemplo é a compra e venda de imóvel feito por escritura particular, enquanto a lei exige escritura pública. Pode ser aproveitada como promessa de compra e venda, pois, se as partes soubessem da necessidade de escritura, teriam providenciado sua confecção. A conversão substancial aplica-se, em regra, apenas aos negócios jurídicos nulos, uma vez que os anuláveis podem ser convalidados pela simples manifestação de vontade das partes interessadas, sendo desnecessária a aplicação da teoria do aproveitamento. A única exceção é para os negócios anuláveis que não possam ser ratificados. Ademais, somente o magistrado pode declarar o aproveitamento da vontade manifestada em negócio nulo (*ope judicis*). Por fim, existe a figura jurídica da **conversão aparente**, em que o tipo negocial é o mesmo, por exemplo, escritura pública de compromisso de compra e venda, que não é válida como pública, mas pode ser aproveitada como instrumento particular, que também valida o compromisso de compra e venda;

b) **Ratificação ou confirmação do negócio jurídico (art. 172 do CC):** também chamada de convalidação ou confirmação. Concerne à possibilidade de as partes, por vontade expressa ou tácita, declararem aprovar um determinado negócio ou ato anulável. Saliente-se que o ato nulo não pode ser convalidado. Trata-se, portanto, da declaração de vontade destinada a superar o defeito que inquina o negócio anulável. Atendendo a anulabilidade aos interesses das próprias partes, admite-se que os declarantes possam *confirmar* o negócio inválido, tornando-o perfeito.

c) **Redução da invalidade do negócio jurídico (art. 184 do CC):** refere-se às hipóteses de invalidade parcial do negócio jurídico, tendo cabimento quando, dentro de um mesmo ato negocial, são manifestadas duas ou mais declarações de vontade e quando for admitida a separação delas, permitindo a extirpação da parte comprometida (inválida) do negócio, para aproveitar a parte válida.

8.8.1 Nulidade (nulidade absoluta)

O ato é nulo, em regra, se viola um dos requisitos de validade estabelecidos pelo art. 104:

> Art. 104. A validade do negócio jurídico requer:
>
> I – agente capaz;
>
> II – objeto lícito, possível, determinado ou determinável;
>
> III – forma prescrita ou não defesa em lei.

As causas de nulidade absoluta do negócio jurídico encontram-se elencadas no art. 166 do Código Civil:

a) Quando celebrado por pessoa **absolutamente incapaz**: a incapacidade deve ser absoluta;
b) Quando o objeto for **ilícito**, **impossível** ou **indeterminável**;
c) **Motivo ilícito:** quando o motivo determinante do negócio é ilícito para as partes. Alguns autores diferenciam **causa** e **motivo** do negócio jurídico. Causa é a finalidade declarada do negócio, enquanto motivo é o conjunto de razões internas (pessoais) que levaram as partes à celebração do negócio. Em princípio, se o motivo permanecer na esfera pessoal (na mente) de apenas um dos agentes, não é causa de nulidade do negócio jurídico. Caso seja ilícito e comum a ambas as partes, teria força para anulá-lo. Por outro lado, a causa é comum a todos os negócios da mesma espécie, não interferindo na sua validade. Exemplo: a causa de um contrato de locação corresponde à transferência da posse mediante recebimento do valor; a causa de uma compra e venda é a transferência de propriedade mediante pagamento do preço;
d) Quando não revestir a **forma** prescrita em lei. É o caso da obrigatoriedade de escritura pública de compra e venda de imóveis com valor superior a trinta salários mínimos;
e) Quando for **preterida alguma solenidade** que a lei considere essencial para a sua validade. Não deixa de ser hipótese de inobservância de forma. Por exemplo, o casamento deve ser celebrado com as portas abertas;
f) Quando tiver por **objetivo** fraudar lei imperativa. É uma fraude à lei muito genérica, inexistindo uma vítima específica. Muito comum nos âmbitos do direito trabalhista e do direito tributário. Difere da simulação, pois aqui o negócio é verdadeiro, porém viola lei imperativa. Exemplo: compra e venda de lotes sem atender aos requisitos legais. O sujeito começa a vender partes ideais, sem obedecer à Lei de Parcelamento do Solo;
g) Em casos de **simulação absoluta (art. 167):** no Código Civil de 1916, ao contrário do Código de 2002, a simulação era causa de anulabilidade;
h) Quando a **lei** taxativamente o **declarar** nulo, ou **proibir-lhe a prática** sem cominar sanção.

fique ligado!

Venda de ascendente para descendente é expressamente prevista como negócio anulável (art. 496).

tome nota!

Com relação à simulação, extrai-se da jurisprudência do STJ interessante exemplo que envolveu a compra e venda de ações por pessoa que não era a real interessada no negócio, com o objetivo de burlar o pacto que instituiu entre os acionistas com direito de preferência: "Diante da impossibilidade de aquisição das ações diretamente pelo acionista principal, que se comprometera a observar o direito de preferência, o negócio jurídico operou-se por intermédio de seu filho, com dinheiro aportado pelo pai". A referida Corte concluiu que "há simulação, causa de nulidade do negócio jurídico, quando, com o intuito de ludibriar terceiros, o negócio jurídico é celebrado para garantir direitos a pessoas diversas daquelas às quais realmente se conferem ou transmitem". Registrou, ainda, que, "diante da enorme dificuldade de produção de prova cabal e absoluta da ocorrência de simulação, é facultado ao julgador valer-se das regras de experiência, bem como de indícios existentes no processo para considerar presente o vício que invalida o negócio jurídico" (STJ, REsp 1.620.702/SP, 3ª Turma, Rel. Min. Ricardo Villas Bôas Cueva, j. 22.11.2016).

A nulidade absoluta, depois da inexistência, é considerada a forma mais grave de ineficácia *lato sensu*, pois o sistema jurídico não lhe permite nenhum efeito jurídico, podendo, inclusive, o ato nulo ser reconhecido como tal *ex officio*, pelo próprio juiz, ou a requerimento do interessado ou do Ministério Público, quando tenha de intervir.

Entretanto, parte da doutrina moderna sustenta que o ato, mesmo nulo, pode produzir efeitos, desde que não seja requerida sua invalidação. Na prática, é o que acontece, e o ato gera efeitos. Podem, inclusive, gerar **efeitos indiretos** (por exemplo, compra e venda nula não gera efeitos diretos de compra e venda, mas pode justificar a posse do comprador).

O ato nulo não pode ser convalidado, ou seja, o negócio jurídico não é suscetível de confirmação, nem convalesce pelo decurso do tempo (art. 169), logo não prescreve. Dessa forma, sintetizando as características elementares da nulidade do negócio jurídico, temos:

I. Opera-se de pleno direito;

II. Pode ser invocada por qualquer interessado, inclusive pelo Ministério Público;

III. Inadmite convalidação (confirmação), sendo, pois, irratificável;

IV. É imprescritível;

V. Pode ser conhecida *ex officio* (sem provocação) pelo juiz.

8.8.2 Anulabilidades (nulidades relativas)

A nulidade relativa é considerada uma imperfeição menos grave que a absoluta, pois atinge, via de regra, interesses privados. Traduz a existência de um defeito na formação do ato que não atinge a sua existência. O ato se forma e produz efeitos normalmente, até que o interessado se manifeste pela desconstituição daquele.

Por se refletir na esfera privada, o ato anulável admite convalidação (confirmação), que pode ser expressa ou tácita, resguardando-se, por óbvio, os direitos de terceiros. A confirmação deve conter a substância do negócio celebrado e a vontade expressa de mantê-lo (art. 173 do CC). Caso o devedor tenha cumprido parte do negócio, ciente do vício que o maculava, a confirmação expressa será dispensada (art. 174 do CC), consagrando, mais uma vez, o princípio da conservação dos negócios jurídicos.

No ato anulável, seus efeitos regulares perdurarão até que lhe sobrevenha decisão constitutiva negativa (desconstitutiva), reconhecida por meio de ação anulatória. A eventual proteção de terceiros de boa-fé, diante dos efeitos da anulação, não obsta o reconhecimento da invalidade. Essa ação somente pode ser impetrada pelas partes ou interessados, sendo vedado ao juiz conhecê-la de ofício ou ao *Parquet* suscitá-la quando tiver de intervir no processo.

Os efeitos da decisão são *ex tunc* (retroativos), uma vez que, em conformidade com o art. 182 do CC, aplica-se a mesma regra da nulidade absoluta, visto que as partes deverão ser reconduzidas ao estado em que antes se achavam. Por força do artigo citado, a natureza da ação anulatória foi alterada, porquanto, em princípio, produziria efeitos apenas *ex nunc* (não retroativos). Sobrevindo a decisão, por conseguinte, o negócio estará comprometido em sua própria formação e origem, desfazendo todas as consequências produzidas. Assim sendo, tanto nulidade quanto anulabilidade, uma vez reconhecidas, aniquilam o ato negocial, restituindo as partes ao *status quo ante*.

Nesse sentido, é equivocada a afirmação de que a sentença que declara que um ato é nulo produz efeitos *ex tunc*, enquanto a sentença que decreta a anulação de um ato jurídico produz efeitos *ex nunc*. Tanto a sentença de nulidade quanto a que anula o negócio têm eficácias retroativas, restaurando o estado anterior das coisas.

fique ligado!

O prazo decadencial para pleitear a anulação de negócio jurídico é de quatro anos (art. 178). Contudo, quando a lei dispuser que determinado ato é anulável sem estabelecer prazo para solicitar a anulação, considerar-se-á que o prazo será de dois anos, contados a partir da data da conclusão do ato ou do negócio jurídico (art. 179).

O art. 171, ao dispor sobre a anulabilidade, determina que, além dos casos expressamente declarados em lei, o negócio jurídico será anulável:

I. por incapacidade relativa do agente (art. 4º);

II. por vício resultante de erro, dolo, coação, estado de perigo, lesão ou fraude contra credores.

Destaque-se, novamente, que, por força do art. 167, a simulação não mais é causa de anulabilidade do negócio, porém de nulidade, inexistindo efeitos decorrentes do ato simulado.

As características das anulabilidades podem ser resumidas da seguinte forma:

a) O negócio existe e gera efeitos concretos até que sobrevenha a declaração de invalidação;
b) Somente a pessoa juridicamente interessada poderá promover a anulação negocial;
c) Admite-se ratificação (convalidação);
d) Submete-se aos prazos decadenciais;
e) O juiz não pode conhecer a anulabilidade de ofício, nem o Ministério Público pode suscitá-la.

8.8.3 Quadro comparativo entre nulidades e anulabilidades

NULIDADES	ANULABILIDADES
Os casos devem ter previsão legal.	
Qualquer pessoa interessada pode alegar, **inclusive o MP**.	**Somente as partes podem alegar - apenas quem tenha legítimo interesse jurídico na propositura da ação anulatória (art. 177)**. O MP não pode alegar.
O juiz deve conhecer de ofício. É a discussão principal do processo. Exceção - ex.: nulidades do casamento (art. 168).	O **juiz não pode conhecer de ofício.** Depende de provocação da parte.
Não admite confirmação, nem convalesce pelo decurso de tempo (art. 169). Admite-se a repetição. É **imprescritível a declaração de nulidade, embora eventual pretensão condenatória de natureza patrimonial seja prescritível no prazo de lei.**	**Admite convalidação, salvo direito de terceiro de boa-fé** (arts. 172 a 175). O ato de confirmação deve conter a substância do negócio celebrado e a vontade **expressa** de mantê-lo (art. 173); a confirmação pode ser também **tácita**, comportamento no sentido de confirmar o negócio. A **anulabilidade se submete ao prazo decadencial de dois anos**, se a lei não estabelecer prazo específico. Ação anulatória se submete aos **prazos decadenciais**: Quatro anos = prazo clássico mais conhecido, contado nos termos do art. 178. Dois anos = nos demais casos não constantes no art. 178, como determina o art. 179.
Não gera qualquer efeito direto. O reconhecimento é feito por decisão **com natureza DECLARATÓRIA**	A decisão do juiz que reconhece uma anulabilidade é de natureza **CONSTITUTIVA NEGATIVA** ou **DESCONSTITUTIVA**.
Efeito *EX TUNC*	Efeito *ex tunc*. A sentença anulatória é uma sentença, em regra, desconstitutiva, produzindo efeitos *ex nunc*, ou seja, para o futuro. Entretanto, no caso específico do art. 182 do CCB, a sentença anulatória tem eficácia retroativa (*ex tunc)*, para recompor as partes ao estado anterior (*status quo ante*).

8.9 CONVERSÃO DO NEGÓCIO JURÍDICO

O instituto da conversão do negócio jurídico, desafortunadamente, ainda é pouco difundido e utilizado na comunidade jurídica, o que se constata pela tímida jurisprudência a respeito da temática. Contudo, seus reflexos econômicos e sociais são indiscutíveis, pois, por meio da conversão, pode-se obter o aproveitamento de negócios jurídicos no todo ou, ao menos, em parte, fundada na conservação dos propósitos de cada ato jurídico, em detrimento da rigidez normativa ou do formalismo excessivo.

A conversão, por conseguinte, consiste no aproveitamento de elementos materiais de um negócio nulo ou anulável, transformando-o em outro válido e lícito, desde que se possa inferir que a vontade das partes era realizar o negócio subjacente. É a previsão do art. 170 do Código Civil: "Se, porém, o negócio jurídico nulo contiver os requisitos de outro, subsistirá este quando o fim a que visavam as partes permitir supor que o teriam querido, se houvessem previsto a nulidade".

Como exemplo, podemos citar a venda simulada, que poderia conter os requisitos de uma doação ou um ato público nulo, dotado dos requisitos de uma escritura privada.

Conforme observado, o instituto da conversão, desde que presentes certos requisitos, traduz-se numa relevante medida sanatória apta a convalidar negócios anuláveis e a aproveitar os elementos materiais dos negócios jurídicos nulos, propiciando a consecução do resultado prático que as partes visavam com ele alcançar. Ou seja, a conversão se consubstancia no expediente técnico de aproveitar um ato jurídico inválido (nulo ou anulável) para a formação de um ato jurídico válido, sanando, assim, o vício anteriormente existente, conservando, mesmo que parcialmente, o negócio jurídico. Assim, por exemplo, poder-se-á transformar um contrato de compra e venda, nulo por defeito de forma, em compromisso de compra e venda, ou a aceitação intempestiva em proposta.

A conversão só é possível se forem observados os seguintes **requisitos**:

a) **Objetivo:** o segundo negócio, em que se converteu o nulo, tem por suporte os mesmos elementos fáticos do inválido;

b) **Subjetivo:** referente à intenção das partes de obter o efeito prático resultante do negócio em que se converte o inválido.

Diante do exposto, para que possa haver a possibilidade da aplicação da medida conservatória da conversão substancial, é necessário que exista um negócio jurídico nulo ou anulável, com elementos materiais aptos a produzir efeitos sob a égide de um novo negócio jurídico válido e satisfatório aos interesses das partes envolvidas, além da indispensabilidade da intenção das partes em recategorizar o negócio jurídico defeituoso.

Por fim, não será admitida a conversão se o negócio perseguido pelas partes tiver por objeto fins imorais ou ilícitos.

enunciados

I Jornada de Direito Civil - Enunciado 12

"Na sistemática do art. 138, é irrelevante ser ou não escusável o erro, porque o dispositivo adota o princípio da confiança."

I Jornada de Direito Civil - Enunciado 13

"O aspecto objetivo da convenção requer a existência do suporte fático no negócio a converter-se."

III Jornada de Direito Civil - Enunciado 148

"Ao 'estado de perigo' (art. 156) aplica-se, por analogia, o disposto no § 2º do art. 157."

III Jornada de Direito Civil - Enunciado 149

"Em atenção ao princípio da conservação dos contratos, a verificação da lesão deverá conduzir, sempre que possível, à revisão judicial do negócio jurídico e não à sua anulação, sendo dever do magistrado incitar os contratantes a seguir as regras do art. 157, § 2º, do Código Civil de 2002."

III Jornada de Direito Civil - Enunciado 150

"A lesão de que trata o art. 157 do Código Civil não exige dolo de aproveitamento."

III Jornada de Direito Civil - Enunciado 151

"O ajuizamento da ação pauliana pelo credor com garantia real (art. 158, § 1º) prescinde de prévio reconhecimento judicial da insuficiência da garantia."

III Jornada de Direito Civil - Enunciado 152

"Toda simulação, inclusive a inocente, é invalidante."

III Jornada de Direito Civil - Enunciado 153

"Na simulação relativa, o negócio simulado (aparente) é nulo, mas o dissimulado será válido se não ofender a lei nem causar prejuízos a terceiros."

III Jornada de Direito Civil - Enunciado 157

"O termo 'confissão' deve abarcar o conceito lato de depoimento pessoal, tendo em vista que este consiste em meio de prova de maior abrangência, plenamente admissível no ordenamento jurídico brasileiro."

III Jornada de Direito Civil - Enunciado 158

"A amplitude da noção de 'prova plena' (isto é, 'completa') importa presunção relativa acerca dos elementos indicados nos incisos do § 1º, devendo ser conjugada com o disposto no parágrafo único do art. 219."

IV Jornada de Direito Civil - Enunciado 290

"A lesão acarretará a anulação do negócio jurídico quando verificada, na formação deste, a desproporção manifesta entre as prestações assumidas pelas partes, não se presumindo a premente necessidade ou a inexperiência do lesado."

IV Jornada de Direito Civil - Enunciado 291

"Nas hipóteses de lesão previstas no art. 157 do Código Civil, pode o lesionado optar por não pleitear a anulação do negócio jurídico, deduzindo, desde logo, pretensão com vista à revisão judicial do negócio por meio da redução do proveito do lesionador ou do complemento do preço."

***IV Jornada de Direito Civil* – Enunciado 292**

"Para os efeitos do art. 158, § 2º, a anterioridade do crédito é determinada pela causa que lhe dá origem, independentemente de seu reconhecimento por decisão judicial."

***IV Jornada de Direito Civil* – Enunciado 293**

"Na simulação relativa, o aproveitamento do negócio jurídico dissimulado não decorre tão somente do afastamento do negócio jurídico simulado, mas do necessário preenchimento de todos os requisitos substanciais e formais de validade daquele."

***IV Jornada de Direito Civil* – Enunciado 294**

"Sendo a simulação uma causa de nulidade do negócio jurídico, pode ser alegada por uma das partes contra a outra."

***IV Jornada de Direito Civil* – Enunciado 297**

"O documento eletrônico tem valor probante, desde que seja apto a conservar a integridade de seu conteúdo e idôneo a apontar sua autoria, independentemente da tecnologia empregada."

***IV Jornada de Direito Civil* – Enunciado 298**

"Os arquivos eletrônicos incluem-se no conceito de 'reproduções eletrônicas de fatos ou de coisas' do art. 225 do Código Civil, aos quais deve ser aplicado o regime jurídico da prova documental."

***V Jornada de Direito Civil* – Enunciado 409**

"Os negócios jurídicos devem ser interpretados não só conforme a boa-fé e os usos do lugar de sua celebração, mas também de acordo com as práticas habitualmente adotadas entre as partes."

***V Jornada de Direito Civil* – Enunciado 410**

"A inexperiência a que se refere o art. 157 não deve necessariamente significar imaturidade ou desconhecimento em relação à prática de negócios jurídicos em geral, podendo ocorrer também quando o lesado, ainda que estipule contratos costumeiramente, não tenha conhecimento específico sobre o negócio em causa."

***V Jornada de Direito Civil* – Enunciado 411**

"O descumprimento de contrato pode gerar dano moral quando envolver valor fundamental protegido pela Constituição Federal de 1988."

***V Jornada de Direito Civil* – Enunciado 412**

"As diversas hipóteses de exercício inadmissível de uma situação jurídica subjetiva, tais como supressio, tu quoque, surrectio *e* venire contra factum proprium, *são concreções da boa-fé objetiva."*

***V Jornada de Direito Civil* – Enunciado 413**

"Os bons costumes previstos no art. 187 do CC possuem natureza subjetiva, destinada ao controle da moralidade social de determinada época, e objetiva, para permitir a sindicância da violação dos negócios jurídicos em questões não abrangidas pela função social e pela boa-fé objetiva."

***V Jornada de Direito Civil* – Enunciado 414**

"A cláusula geral do art. 187 do Código Civil tem fundamento constitucional nos princípios da solidariedade, devido processo legal e proteção da confiança, e aplica-se a todos os ramos do direito."

***VI Jornada de Direito Civil* – Enunciado 536**

"Resultando do negócio jurídico nulo consequências patrimoniais capazes de ensejar pretensões, é possível, quanto a estas, a incidência da prescrição."

VI Jornada de Direito Civil - Enunciado 537

"A previsão contida no art. 169 não impossibilita que, excepcionalmente, negócios jurídicos nulos produzam efeitos a serem preservados quando justificados por interesses merecedores de tutela."

VII Jornada de Direito Civil - Enunciado 578

"Sendo a simulação causa de nulidade do negócio jurídico, sua alegação prescinde de ação própria."

VIII Jornada de Direito Civil - Enunciado 616

"Os requisitos de validade previstos no Código Civil são aplicáveis aos negócios jurídicos processuais, observadas as regras processuais pertinentes."

QUADRO SINÓTICO

FATO JURÍDICO, ATO JURÍDICO E NEGÓCIO JURÍDICO	
NOÇÕES INTRODUTÓRIAS	Do **fato** (qualquer acontecimento da vida, podendo ser voluntário ou natural) podem ser observadas as seguintes figuras jurídicas: **I. Fato não jurídico:** Sem relevância jurídica; **II. Fato jurídico:** Todo acontecimento natural ou humano que gera efeitos na órbita jurídica, apto a criar, modificar ou extinguir direitos: **a) Involuntário:** sem concurso da vontade humana. **b) Voluntário:** depende da conduta humana: • **Ato ilícito:** contraria o ordenamento jurídico; • **Ato jurídico em sentido estrito:** simples comportamento humano, de natureza não negocial, que conduz à produção de efeitos legalmente previstos. Não há liberdade de escolha quanto aos efeitos, pois são automáticos; • **Ato-fato jurídico:** a vontade humana é essencial para sua configuração. No entanto, no tocante aos seus efeitos, a vontade é irrelevante. Os efeitos independem do elemento anímico; • **Negócio jurídico:** depende de uma declaração de vontade complexa para sua elaboração, permitindo a escolha dos efeitos jurídicos que queira produzir. Há liberdade negocial, em respeito ao princípio da autonomia da vontade.
NEGÓCIO JURÍDICO	É toda declaração de vontade em harmonia com o ordenamento jurídico destinada a criar, modificar ou extinguir relações e situações jurídicas. O negócio jurídico pode ser **unilateral** em que ocorre o seu aperfeiçoamento com uma única manifestação de vontade (ex.: promissória, testamento, renúncia da herança, procuração e confissão de dívida) ou **bilateral** (ex.: contratos).
CLASSIFICAÇÃO DOS NEGÓCIOS JURÍDICOS	**a) Gratuitos** (apenas uma das partes aufere benefícios) e **onerosos** (há vantagens patrimoniais recíprocas). **b) Solene** e **não solene: quando** dependem de forma especial prescrita em lei.

FATO JURÍDICO, ATO JURÍDICO E NEGÓCIO JURÍDICO	
CLASSIFICAÇÃO DOS NEGÓCIOS JURÍDICOS	c) **Patrimoniais** e **extrapatrimoniais:** se versarem sobre questões submetidas a valoração econômica. d) **Unilaterais** e **bilaterais**: a depender do número de pessoas que declarem vontades. e) ***Inter vivos*** e mortis causa**:** se destinados a produzir efeitos em vida ou após a morte. f) **Aquisitivos**, **modificativos**, **conservativos** e **extintivos:** a depender dos efeitos. g) **Principais** e **acessórios:** se têm existência própria. h) **Atos de disposição**, **simples administração** e **negócio fiduciário:** relatam a forma de exercício do direito.
ELEMENTOS DO NEGÓCIO JURÍDICO	I. **Elementos essenciais:** indispensáveis à existência do ato. II. **Elementos naturais:** decorrem da própria natureza do negócio. III. **Elementos acidentais:** tratativas acessórias e facultativas. IV. **Condição:** acontecimento **futuro** e **incerto**, que subordina a produção dos efeitos de um negócio jurídico. Na **suspensiva**, o evento futuro e incerto subordina o início da eficácia do negócio jurídico. Na **resolutiva**, com o implemento da condição, resolve-se o negócio. V. **Termo:** subordina a sua eficácia, inicial ou final, a evento **futuro** e **certo**. Assim, tem-se o termo **inicial** ou **final**. VI. **Encargo:** é uma restrição à vantagem criada para o beneficiário de um negócio jurídico gratuito.
PLANOS DO NEGÓCIO JURÍDICO	I. **Existência:** representação no mundo jurídico. II. **Declaração de vontade:** sem manifestação de vontade, o negócio jurídico é inexistente. III. **Agente:** pessoa física ou jurídica. IV. **Idoneidade do objeto:** o objeto deve ser lícito. V. **Forma:** meio pelo qual se exterioriza a vontade. VI. **Validade:** adequação ao ordenamento jurídico. VII. **Manifestação da vontade exteriorizada conscientemente, de forma livre e desembaraçada.** VIII. **Agente capaz.** IX. **Objeto lícito, possível, determinado ou determinável.** X. **Forma prescrita ou não defesa em lei.** XI. **Eficácia:** produção de efeitos.
DEFEITOS DO NEGÓCIO JURÍDICO	a) **Erro ou ignorância:** falsa ou total ausência de percepção sobre a pessoa, o objeto ou o próprio negócio que se pratica. b) **Dolo:** vício de consentimento por indução de terceiro, parte ou não do negócio jurídico, à percepção falsa da realidade. c) **Coação:** a vítima é submetida a violência psicológica apta a influenciar a prática de negócio jurídico que lhe é prejudicial.

FATO JURÍDICO, ATO JURÍDICO E NEGÓCIO JURÍDICO	
DEFEITOS DO NEGÓCIO JURÍDICO	**d) Lesão:** caracterizada pelo prejuízo resultante da desproporção existente entre as prestações do negócio jurídico, em face do abuso, da necessidade econômica ou inexperiência de um dos contratantes. **e) Estado de necessidade:** lesão imposta por uma das partes, como condição da relação negocial, diante da necessidade da outra. **f) Estado de perigo:** o agente assume obrigação excessivamente onerosa diante de uma situação de perigo que é de conhecimento da outra parte. **g) Fraude contra credores:** um defeito do negócio jurídico, traduzível pela prática de atos de disposição patrimonial pelo devedor, com o propósito de prejudicar seus credores, em razão da diminuição ou esvaziamento do patrimônio daquele. A **Ação Pauliana** é o instrumento utilizado pelo prejudicado em casos de fraude contra credores. **h) Simulação:** declaração enganosa, realizada maliciosamente, com intuito de prejudicar terceiros ou infringir preceito legal, na busca por efeito diverso do indicado.
PLANO DA INVALIDADE DO NEGÓCIO JURÍDICO	Sempre que possível, o negócio deve ser preservado, em consagração ao **princípio da conservação dos atos e negócio jurídicos**. Dele, inclusive, resultam os institutos da: **a) Conversão substancial:** aproveita-se a manifestação de vontade para reconhecer outro negócio jurídico válido e de fins lícitos, desde que respeitados seus requisitos formais. **b) Ratificação:** também chamada de convalidação. Nela, as partes declararam aprovar um determinado negócio ou ato anulável. **c) Redução da invalidade:** quando for admitida a separação das declarações, permite-se a extirpação da parte comprometida (inválida) do negócio, para aproveitar a parte válida. **Nulidade (nulidade absoluta):** O ato é nulo, em regra, se viola um dos requisitos de validade estabelecidos pelo art. 104: "A validade do ato jurídico requer: I - agente capaz; II - objeto lícito, possível, determinado ou determinável; III - forma prescrita ou não defesa em lei". O ato nulo não pode ser convalidado, ou seja, o negócio jurídico não é suscetível de confirmação, nem convalesce pelo decurso do tempo (art. 169), logo não prescreve. **Anulabilidades (nulidades relativas):** Traduz a existência de um defeito na formação do ato que não atinge sua existência. Por se refletir na esfera privada, o ato anulável admite convalidação (confirmação), que pode ser expressa ou tácita, resguardando-se, por óbvio, os direitos de terceiros.
CONVERSÃO DO NEGÓCIO JURÍDICO	A conversão, por conseguinte, consiste no aproveitamento de elementos materiais de um negócio nulo ou anulável, transformando-o em outro válido e lícito, desde que se possa inferir que a vontade das partes era realizar o negócio subjacente.

9

PRESCRIÇÃO E DECADÊNCIA

O fenômeno da prescrição e da decadência traz consigo o caráter da estabilização das relações jurídicas e sociais, em respeito aos princípios e garantias constitucionais. Indubitavelmente, o transcurso do tempo produz efeitos jurídicos, especialmente, no que concerne a consolidação ou extinção das relações jurídicas. Na prescrição e na decadência observamos a face extintiva do tempo. De forma diferente, no sentido inverso, por exemplo, acontece com a usucapião. Nas hipóteses em que estiverem presentes (prescrição/decadência), o fator tempo estará condicionando o exercício da pretensão (prescrição) ou o gozo do próprio direito potestativo (decadência).

Em primeiro lugar, para distinguir prescrição de decadência, o atual Código Civil optou por uma fórmula que elimina qualquer dúvida:

a) **Prazos de Prescrição:** os taxativamente discriminados na Parte Geral – arts. 205 (regra geral) e 206 (regras especiais);
b) **Prazos de Decadência:** todos os demais prazos, estabelecidos como complemento de cada artigo que rege aquela matéria, tanto na Parte Geral como na Especial.

Em segundo lugar, para evitar o debate sobre a prescrição ou não da ação, adotou-se a tese da prescrição da pretensão, por ser considerada a mais condizente com o direito processual contemporâneo. Assim, quando há extinção da pretensão com a prescrição, não há propriamente a extinção do direito, há somente a extinção da possibilidade de exigi-lo juridicamente. Um bom exemplo é a dívida prescrita, que não pode ser exigida, mas, uma vez paga, o credor pode reter o pagamento, não sendo obrigado a devolvê-lo. Daí se conclui que a prescrição não fulmina o direito. O que a prescrição atinge, portanto, é a *pretensão de direito material.* A pretensão, importante destacar, não se confunde com o direito de ação. A chamada *teoria da pretensão* foi, portanto, expressamente acolhida pelo Código Civil de 2002, em seu art. 189. A prescrição, nesse aspecto, desempenha um papel apaziguador, vinculado às aspirações de segurança jurídica e, por essa razão, é considerado hoje um instituto de ordem pública. Outra questão relevante da prescrição tem a ver com sancionar a inércia do titular do direito que deixa de exercê-lo. Invoca-se, nesse sentido, o brocardo latino *dormientibus non succurrit jus:* o direito não socorre a quem dorme. Inclusive, a Constituição brasileira exprime seu compromisso com a "segurança", compromisso que enfatiza ao repetir o termo entre os direitos e garantias fundamentais (art. 5º, *caput*). O fundamento constitucional do instituto, portanto, relaciona-se com o princípio da segurança jurídica, sendo que daí se extrai o caráter de ordem pública da prescrição, do qual deriva a possibilidade de seu reconhecimento de ofício pelo juiz, independentemente de iniciativa de qualquer das partes.

fique ligado!

Importante destacar que a redação original do art. 194 do Código Civil de 2002 impedia o reconhecimento ex officio *da prescrição, dando ao instituto a conotação de meio de defesa centrado na vontade do réu. Em 2006, a Lei n. 11.280 revogou o art. 194 da codificação civil privada e alterou o § 5º do art. 219 do Código de Processo Civil então vigente na época, que passou a ter a seguinte redação: "O juiz pronunciará, de ofício, a prescrição". O atual Código de Processo Civil, de 2015, confirmou tal orientação ao determinar no art. 332, § 1º, que "o juiz também poderá julgar liminarmente improcedente o pedido se verificar, desde logo, a ocorrência de decadência ou de prescrição". Esse entendimento foi ratificado no Enunciado 581 da VII Jornada de Direito Civil: "(...) a decretação* ex officio *da prescrição ou da decadência deve ser precedida de oitiva das partes".*

De outra banda, há uma controvérsia acerca do momento a partir do qual passa a fluir o prazo prescricional. A literalidade do art. 189 do Código Civil, ao anunciar que "violado o direito, nasce para o titular a pretensão, a qual se extingue, pela prescrição", parece apontar para o momento da violação do direito como termo *a quo* dos referidos prazos. Contudo, parte respeitável da doutrina se insurge contra a injustiça gerada nos casos em que a pretensão não pode ser concretamente exercida, seja porque o lesado ainda não teve ciência da violação ao seu direito, seja por desconhecer a autoria da lesão. Nessa linha de raciocínio, o Enunciado 14 da I Jornada de Direito Civil pontua: "1) O início do prazo prescricional ocorre com o surgimento da pretensão, que decorre da exigibilidade do direito subjetivo; 2) o art. 189 diz respeito a casos em que a pretensão nasce imediatamente após a violação do direito absoluto ou da obrigação de não fazer". Ao lado disso, verifica-se que o legislador do Código de Defesa do Consumidor, também atento à questão, dispôs expressamente que se inicia "(...) a contagem do prazo a partir do conhecimento do dano e de sua autoria" (art. 27).

fique ligado!

O STJ, sobre a questão do termo inicial do prazo prescricional, tem diversos precedentes no sentido de que o art. 189 não vincula o início de tal prazo ao momento da ocorrência da lesão: "O STJ possui entendimento sedimentado na teoria da actio nata *acerca da contagem do prazo prescricional, segundo a qual a pretensão nasce quando o titular do direito subjetivo violado obtém plena ciência da lesão e de toda a sua extensão, bem como do responsável pelo ilícito, inexistindo, ainda, qualquer condição que o impeça de exercer o correlato direito de ação" (STJ, REsp 1.460.474/PR, 3ª Turma, Rel. Min. Nancy Andrighi, j. 28.08.2018).*

Nessa mesma linha de intelecção "O instituto da prescrição tem por escopo conferir segurança jurídica e estabilidade às relações sociais, apenando, por via transversa, o titular do direito que, por sua exclusiva incúria, deixa de promover oportuna e tempestivamente sua pretensão em juízo. Não se concebe, nessa medida, que o titular do direito subjetivo violado tenha contra si o início, bem como o transcurso do lapso prescricional, em circunstâncias nas quais não detém qualquer possibilidade de exercitar sua pretensão, justamente por não se evidenciar, nessa hipótese, qualquer comportamento negligente de sua parte" (STJ, REsp 1.347.715/RJ, 3ª Turma, Rel. Min. Marco Aurélio Bellizze, j. 25.11.2014).

9.1 PRESCRIÇÃO

A prescrição consiste numa sanção decorrente da inércia do titular de um direito subjetivo (atributo da pessoa) pela qual não poderá mais exigir juridicamente a satisfação de sua pretensão. A causa eficiente da prescrição é a inércia do titular da ação; seu fator operante é o tempo. Os direitos subjetivos são aqueles que conferem ao titular a prerrogativa de exigir de alguém um comportamento. Esses direitos podem ser patrimoniais ou extrapatrimoniais a depender da existência de conteúdo econômico. Se o direito subjetivo pode ser exigido de pessoa certa e determinada, é relativo. Se conferem ao titular a possibilidade de exigir o comportamento de toda a coletividade, é absoluto. Se o comportamento não advém, nasce a pretensão de requerer ao juiz o comportamento (pretensão). O direito subjetivo sem pretensão não passaria de uma faculdade jurídica (sem exigibilidade jurídica). No direito romano, a prescrição encontrava fundamento: na necessidade de fixar as relações jurídicas incertas; no castigo à negligência; e no interesse público. Modernamente, o entendimento doutrinário prevalecente aponta que o fundamento da prescrição é o interesse social pela estabilidade das relações jurídicas. Exemplos de direitos subjetivos: o crédito (subjetivo, patrimonial e relativo); a propriedade (subjetivo, patrimonial e absoluto); direitos da personalidade (subjetivos, extrapatrimoniais e absolutos). Cabe destacar que, em regra, os direitos que sofrem prescrição são os subjetivos, patrimoniais e relativos.

fique ligado!

O objeto da prescrição é a pretensão, e não o direito subjetivo, ainda que este também sofra seus efeitos, porquanto, extinguindo a possibilidade de exigir juridicamente o comportamento, esvazia-se o direito em que se fundava.

As normas sobre prescrição são de ordem pública, podendo ser alegada a qualquer tempo e em qualquer grau de jurisdição (art. 193, CC). Nesse sentido, ainda que não suscitada como preliminar na contestação, a prescrição segue podendo ser invocada até o encerramento das vias ordinárias.

fique ligado!

A prescrição não pode ser alegada pela primeira vez em sede de Recurso Especial ou Extraordinário, pois que implica inovação da lide, sem cumprir, portanto, o requisito do prequestionamento. O STJ confirmou que mesmo as matérias de ordem pública precisam ser prequestionadas (AREsp 32.420/PB). Nesse sentido, tem-se excluído a possibilidade de alegar a prescrição pela primeira vez perante o Supremo Tribunal Federal ou o Superior Tribunal de Justiça no âmbito dos recursos extraordinário e especial, em razão dos regimes específicos de tais recursos, incompatíveis com a análise de questões de fato, como a inércia que conduz à prescrição. Logo, é possível suscitá-la, pela primeira vez, em grau de recurso. Não obstante, o réu deve suscitá-la na primeira oportunidade (art. 278 do CPC/2015), sob pena de arcar com as despesas supervenientes.

Não obstante, como as relações jurídicas por ela reguladas são de ordem privada, este fato lhe empresta, também, um caráter privado, dando-se uma natureza mista. Daí os fenômenos, virtualmente antagônicos: como norma pública, tem sempre efeito retroativo, ficando a prescrição em curso sujeita às alterações da nova lei; como norma privada, pode, uma vez consumada, ser renunciada pelo prescribente.

Como visto, a prescrição extingue a pretensão, privando, na prática, o titular de um direito da possibilidade de exercê-lo. Por óbvio, gera inegável prejuízo ao seu titular. Nesse aspecto, o art. 195 do Código Civil indica que o direito de ser indenizado por esse dano ocorre sempre que a extinção da pretensão for imputável a pessoa distinta do titular. É o caso dos pais, tutores ou curadores dos relativamente incapazes e aos órgãos da pessoa jurídica "que derem causa à prescrição, ou não a alegarem oportunamente". Importante lembrar que contra os absolutamente incapazes não corre a prescrição (art. 198, I), o que torna impossível a configuração do suporte fático da norma.

tome nota!

A prescrição incide sobre a pretensão relacionada a determinado direito subjetivo, não guardando conexão, em regra, com a pessoa específica do titular. Disso decorre a regra do art. 196 do Código Civil, que determina a fluência do prazo contra eventual sucessor do titular, caso tenha ocorrido a sucessão a título individual (cessionário) ou universal (herdeiro). Trata-se de mais uma evidência de que a prescrição não tem como inspiração apenas punir a inércia, mas, também, atribuir estabilidade às relações sociais.

9.1.1 Teorias

Três teorias cuidam da prescrição:

I. **De origem imanentista:** a prescrição atinge o próprio direito material, pois o direito de ação seria imanente ao direito material;

II. **Câmara Leal:** atinge, em verdade, o direito de ação e, por via reflexa, o direito material, que ficaria sem proteção;

III. **Fruto dos estudos pandectistas alemães e suas teorias abstratas:** adotada pelo Código Civil de 2002. Apregoa que a prescrição atinge a pretensão, que é a faculdade de exigir de outrem uma determinada prestação, extinguindo-a. Segundo o CC/2002, a prescrição não atinge o direito de ação, mas apenas a pretensão (instituto de direito material), confirmando o caráter de direito autônomo, abstrato, público e subjetivo daquele (art. 5º, XXXV, da CF).

9.1.2 Requisitos

São requisitos do fenômeno prescritivo:

a) existência de um **direito subjetivo**;

b) **violação** deste direito;

c) **pretensão** exercitável;

d) **inércia** do titular da ação por certo lapso temporal;

e) ausência de algum ato ou fato que acarrete impedimento, interrupção ou suspensão.

Frise-se que os institutos da **perempção** e **preclusão**, não se confundem com a prescrição:

I. **Preclusão:** tem natureza processual. Consiste na perda de uma faculdade processual pelo não exercício no momento apropriado. Impede que se renovem as questões já decididas dentro da mesma ação. Só produz efeitos dentro do próprio processo em que advém;

II. **Perempção:** também é de natureza processual. Revela a perda do direito de ação pelo autor contumaz (aquele que deu causa a três arquivamentos sucessivos) (CPC/2015, art. 486, § 3º). Não significa a extinção do direito material, muito menos da pretensão, passando a ser oponíveis somente como defesa.

9.1.3 Espécies

Distinguem-se duas espécies de prescrição: **a extintiva** e a **aquisitiva**, também denominada usucapião. O Código Civil brasileiro regulamentou a extintiva na Parte Geral. Na parte referente aos modos de aquisição do domínio, de abrangência do direito das coisas, tratou da prescrição aquisitiva, em que predomina a força geradora.

a) **Prescrição Extintiva:** é a extinção da pretensão jurídica pela inércia do titular do direito subjetivo violado em determinado tempo;

b) **Prescrição Aquisitiva:** sinônimo de usucapião. Corresponde à aquisição do direito real conferida ao possuidor pelo decurso do tempo.

9.1.4 Fluxo do prazo prescricional

O art. 199 do Código estatui que a prescrição não flui se pendente condição suspensiva, não estando vencido o prazo e pendente ação de evicção. Esse artigo consagra o princípio da ***actio nata*** (dos romanos), segundo o qual somente se pode falar em fluência de prazo prescricional com o nascimento da pretensão. Da violação ao direito nasce a pretensão, que, por sua vez, dá origem à ação.

Por sua vez, pretensão é o poder do titular do direito subjetivo de exigir o cumprimento da obrigação, emissão da declaração ou a prática de determinada conduta forçosamente. Com a publicação da Lei n. 11.280/2006, que introduziu o § 5º no art. 219 do CPC/73, segundo o qual "o juiz pronunciará, de ofício, a prescrição", revogou-se o art. 194 do Código Civil. Assim, a prescrição extingue a pretensão, uma vez que é dever do juiz pronunciá-la, salvo se tiver havido expressa ou tácita renúncia. Há quem entenda que, por referir-se a direitos subjetivos patrimoniais, não deveria poder ser conhecida de ofício pelo juiz, considerando atécnica a alteração promovida pela Lei n. 11.280/2006. O Código de Processo Civil de 2015, em seu art. 487, II, previu que há resolução de mérito quando decide, de ofício ou a requerimento, sobre a ocorrência de prescrição ou decadência.

Ainda sobre pretensão, há autores que alertam para o fato de que existem modalidades dela sem que haja violação de direito, como na hipótese dos direitos reais, em que o titular do domínio detém a pretensão de abstenção das demais pessoas em relação aos poderes que ele exerce sobre a coisa, pretensão esta que, se violada, faz nascer outras (reparatória e possessória/petitória). No entanto, como tais espécies de pretensão não decorrem de violação de direito, seriam imprescritíveis.

O Enunciado 14 da Jornada de Direito Civil prescreve que "o início do prazo prescricional ocorre com o surgimento da pretensão, que decorre da exigibilidade do direito subjetivo".

a) É o **princípio da *actio nata***, segundo o qual somente a partir do efetivo conhecimento do ato que viola um direito subjetivo, originando a pretensão, é que se inicia a contagem do prazo prescricional. A jurisprudência consagrou a tese da *actio nata,* na medida em que o início da fluência do prazo prescricional deve decorrer não da violação em si a um direito subjetivo, mas, sim, do conhecimento da violação ou lesão ao direito subjetivo pelo seu respectivo titular. A regra é aplicável, inclusive, aos prazos decadenciais;

b) O art. 189 do CC diz respeito a casos em que a pretensão nasce imediatamente após a violação do direito absoluto ou da obrigação de não fazer.

O prazo da prescrição pode ser reduzido ou ampliado por lei superveniente ou transformado em prazo decadencial, pois a prescrição em curso não cria direito adquirido. Não obstante, há vedação à ampliação ou redução de prazo prescricional pela vontade das partes. Nessa linha, o art. 192 preconiza: "os prazos de prescrição não podem ser alterados por acordo das partes".

A inalterabilidade decorre do caráter de ordem pública que a maior parte da doutrina atribui ao instituto da prescrição, fundado na estabilização das relações sociais e na segurança jurídica, preocupações de toda a sociedade que as partes não podem, em atendimento aos seus exclusivos interesses individuais, descartar.

A codificação privada admite (art. 191 do CC) que se renuncie à prescrição, expressa ou tacitamente, desde que a renúncia não prejudique terceiro e só depois que "a prescrição se consumar". O art. 191 do Código Civil prevê, ainda, de forma expressa ou tácita, desde que não prejudique terceiros, a possibilidade de renúncia da prescrição – que só será válida, frise-se, após a consumação desta prescrição. Sendo a prescrição um instituto de ordem pública, pode-se entender que deveria ser irrenunciável, mas não é. Não se trata, a rigor, de contradição, mas de simples má técnica do legislador de 2002. Parece ilógico, mas o que pretendeu, na verdade, o Código Civil, foi afirmar que o titular de um dever jurídico pode, a qualquer tempo, cumpri-lo espontaneamente, atendendo ao direito correspondente, ainda que já transcorrido o prazo prescricional e extinta a pretensão. Tecnicamente, na verdade, não se tem renúncia, mas simples efeito da prescrição, que atinge, como já visto, não o direito em si, mas a sua mera exigibilidade.

O fluxo normal do prazo de prescrição pode ser afetado pelos fenômenos: impedimento, suspensão e interrupção do prazo prescricional:

I. **Impedimento:** causa que impede o início do curso da prescrição. Uma das causas de impedimento é a incapacidade absoluta;

II. **Causas suspensivas:** suspende, temporariamente, o curso da prescrição. Uma vez superada a causa, o fenômeno prescritivo voltaria o seu curso, computando-se o lapso temporal anteriormente decorrido.

III. **Interrupção (arts. 202 a 204):** com o implemento da causa ocorre a perda completa do prazo anteriormente decorrido, recontando o prazo do início. A interrupção pode acontecer, por exemplo, em razão do protesto.

observação

Das causas que impedem ou suspendem a prescrição

Art. 197. Não corre a prescrição:

I – entre os cônjuges, na constância da sociedade conjugal;

II – entre ascendentes e descendentes, durante o poder familiar;

III – entre tutelados ou curatelados e seus tutores ou curadores, durante a tutela ou curatela.

Vale destacar que suspensão e impedimento da prescrição são institutos jurídicos semelhantes, uma vez que ambos constituem obstáculos ao fluxo do prazo prescricional. A diferença entre o impedimento e a suspensão, por outro lado, diz respeito ao momento da sua ocorrência, que, no caso do impedimento, antecede o termo inicial do prazo prescricional, que nem sequer começa a correr. A suspensão, a seu turno, somente se verifica posteriormente ao início do prazo prescricional, que é paralisado para, finda a causa suspensiva, voltar a fluir pelo tempo remanescente. Fazendo uma metáfora com um aparelho de som, a suspensão equivaleria ao botão "pause", que paralisa a música, sendo que esta volta a tocar de onde parou.

As causas de impedimento ou suspensão estão fundadas não exatamente na diligência do titular da pretensão, mas no seu status *pessoal, o que evidencia questões de ordem ética que afastam o transcurso da prescrição por uma reconhecida dificuldade de ação do titular da pretensão. O art. 197 do Código Civil, a seu turno, trata de relações de natureza familiar ou assistencial, que pressupõem um estreito laço de afeição ou confiança entre as pessoas, impedindo que estas relações sejam perturbadas pela necessidade do exercício de pretensões com a finalidade de impedir o escoamento do prazo prescricional. A doutrina majoritária considera o rol do artigo em comento taxativo, contudo existe possibilidade, evidentemente, de interpretação extensiva.*

enunciado

"Não corre a prescrição entre os companheiros, na constância da união estável" (Enunciado 296 da IV Jornada de Direito Civil).

Art. 198. Também não corre a prescrição:

I – contra os incapazes de que trata o art. 3º;

II – contra os ausentes do País em serviço público da União, dos Estados ou dos Municípios;

III – contra os que se acharem servindo nas Forças Armadas, em tempo de guerra.

O art. 198 do CC pontua causas de suspensão que estão relacionadas com circunstâncias específicas do titular da pretensão que dificultam o seu exercício, justificando uma proteção contra a fluência do prazo. É o caso, por exemplo, dos absolutamente incapazes (atualmente, apenas os menores de 16 anos), privados do discernimento necessário para a tutela de seus direitos.

enunciado

Enunciado 156 da III Jornada de Direito Civil: "Desde o termo inicial do desaparecimento, declarado em sentença, não corre a prescrição contra o ausente".

Por término, é importante lembrar o grave problema criado pelo Estatuto da Pessoa com Deficiência, pois, ao transformar a) aqueles que "por causa transitória ou permanente, não puderem exprimir sua vontade" em relativamente incapazes (art. 4º, III, do CC) e b) pessoas que podem ter severa deficiência psíquica em plenamente capazes (art. 6º do EPD), permitiu a fluência da prescrição contra eles, o que traz evidentes prejuízos.

fique ligado!

No que concerne ao absolutamente incapaz, a jurisprudência anterior ao Estatuto da Pessoa com Deficiência vinha decidindo reiteradamente que o prazo prescricional deixa de correr mesmo antes da sentença de interdição, desde o momento em que já esteja verificado o estado fático de incapacidade: "A suspensão do prazo prescricional aos absolutamente incapazes de exercer pessoalmente os atos da vida civil (CC, 198, I; CC/2016, art. 169, I) ocorre no momento em que se manifesta a incapacidade do indivíduo, sendo a sentença de interdição, para esse fim específico, meramente declaratória" (STJ, REsp 1.241.486/RS, 2ª Turma, Rel. Min. Eliana Calmon, j. 18.10.2012). Esta questão perdeu relevância com a restrição dos absolutamente incapazes aos menores de 16 anos, mas pode retomar sua utilidade caso se admita a aplicação analógica do artigo para abarcar as pessoas com severa deficiência psíquica ou impossibilitadas de exprimir sua vontade.

Art. 200. Quando a ação se originar de fato que deva ser apurado no juízo criminal, não correrá a prescrição antes da respectiva sentença definitiva.

Existem variados fatos jurídicos que, além de ensejarem o surgimento de pretensões na esfera civil, qualificam-se como ilícitos penais. O art. 200 do Código Civil constitui inovação da codificação de 2002 com o objetivo de oferecer uma resposta adequada ao problema relativo à fluência simultânea do prazo prescricional cível com o procedimento criminal. Contudo, atentando-se para o fato de que muitos crimes não dão ensejo a qualquer medida investigativa, muito menos persecutória, na seara penal, a submissão do início do prazo prescricional à sentença definitiva (trânsito em julgado da decisão) no juízo criminal importaria verdadeiras hipóteses de imprescritibilidade, certamente não imaginadas pelo legislador. O enunciado normativo em lide, portanto, deve ser interpretado como causa suspensiva, e não impeditiva do prazo prescricional, de modo que, tornando-se concretamente exigível a pretensão, passa a fluir o prazo prescricional, que se suspende com a eventual deflagração de inquérito penal ou processo criminal, voltando a correr com o trânsito em julgado da sentença penal (ou com o arquivamento do inquérito).

jurisprudência

"O comando do art. 200 do CC/2002 incide quando houver relação de prejudicialidade entre as esferas cível e penal, isto é, quando a conduta originar-se de fato também a ser apurado no juízo criminal", ressalvando, contudo, ser "fundamental a existência de ação penal em curso ou ao menos inquérito policial em trâmite" (STJ, REsp 1.704.525/AP, 3ª Turma, Rel. Min. Nancy Andrighi, j. 12.12.2017).

Art. 201. Suspensa a prescrição em favor de um dos credores solidários, só aproveitam os outros se a obrigação for indivisível.

O impedimento e a suspensão da prescrição, no caso supracitado, se justificam por razões de ordem ética que afastam o transcurso da prescrição por uma reconhecida dificuldade de ação do titular da pretensão. Assim, em regra, apenas ao credor solidário que se encontra nessa situação de dificuldade aproveita o impedimento ou suspensão do prazo prescricional. A indivisibilidade da prestação, contudo, torna incindível a fração da prestação prescrita daquela que ainda não prescreveu, razão pela qual deve a suspensão aproveitar a todos.

observação

Das causas que interrompem a prescrição

As causas de interrupção da prescrição estão elencadas no art. 202 do Código Civil. Nesse caso, a prescrição se interrompe quer em razão de atos diligentes do titular da pretensão, no sentido de romper a inércia no tocante à exigibilidade do direito (incisos I a V), ou por "ato inequívoco, ainda que extrajudicial, que importe reconhecimento do direito pelo devedor" (inciso VI). O rol de causas de interrupção é também considerado taxativo. Porém, por óbvio, têm sido admitidas, em algumas hipóteses, interpretação extensiva e aplicação analógica, como no caso de início de procedimento arbitral, que se entende abrangido pela referência do inciso I do artigo de lei em lide ("por despacho do juiz, mesmo incompetente, que ordenar a citação, se o interessado a promover no prazo e na forma da lei processual"). Retomando a metáfora do aparelho de som, a interrupção seria stop, no sentido de retornar a música para o início – fazendo um paralelo evidente com o transcurso do prazo. Em outras palavras, recomeça-se a contar o prazo do zero, como se jamais tivesse fluído.

A interrupção, como se vê, poderia levar a sucessivos recomeços do prazo prescricional, "eternizando" a pretensão do titular. Para evitar tal situação, o Código Civil determinou, no caput do art. 202, que interrupção, em regra, só pode ocorrer uma única vez (STJ, REsp 1.924.436/SP).

fique ligado!

Em 2020, no período da pandemia de Covid-19, surgiu a Lei n. 14.010/2020, que instituiu o Regime Jurídico Emergencial e Transitório das relações jurídicas de Direito Privado (RJET). O seu art. 3º prevê o impedimento ou suspensão dos prazos prescricionais a partir da entrada em vigor, dia 12.06.2020, até o dia 30.10.2020. Por sua vez, o § 1º esclarece que a regra não se aplica enquanto perdurarem as hipóteses específicas de impedimento, suspensão e interrupção dos prazos prescricionais previstas no ordenamento jurídico nacional, como, por exemplo, as hipóteses elencadas nos arts. 197, 198 e 199 do Código Civil. Por fim, registre-se que a mesma norma do art. 3º, caput, *aplica-se para a decadência (§ 2º).*

fique ligado!

No caso da prescrição diante de despacho judicial ordenando a citação em ação judicial para cobrança de dívida cujo prazo prescricional já tenha sido interrompido uma vez por força de outra causa de interrupção (por exemplo, protesto judicial), contrariando a regra citada anteriormente, a jurisprudência vem entendendo, de acordo com a melhor doutrina, que a norma do art. 202 não exclui o efeito interruptivo da prescrição decorrente da citação para resposta a processo judicial. Nesse sentido, o inciso I do art. 202 do Código Civil deve ser interpretado em consonância com o § 1º do art. 240 do CPC/2015, que é explícito ao determinar que "a interrupção da prescrição, operada pelo despacho que ordena a citação, ainda que proferido por juízo incompetente, retroagirá à data de propositura da ação", protegendo, inclusive, o credor diante da eventual demora na realização da citação.

9.2 DECADÊNCIA

A definição de decadência é pacífica na doutrina. Enquanto a prescrição relaciona-se com o direito subjetivo, a decadência está vinculada com a perda ou extinção de um **direito potestativo**, disponível ou indisponível, em razão da inércia temporal do titular.

Por sua vez, direito potestativo é uma prerrogativa jurídica de impor a outrem, unilateralmente, a sujeição ao seu exercício, sem que tenha algum dever a cumprir. A decadência revela a perda do direito potestativo, pelo seu não exercício no prazo prefixado pelo legislador ou convencionado pelas partes.

posicionamento doutrinário

Segundo Fredie Didier (2004), a decadência é a extinção do direito pela inércia de seu titular, quando sua eficácia se subordinou à condição de seu exercício dentro de um prazo prefixado, e este se esgotou sem que o exercício se tivesse verificado. Também chamada de caducidade, é a perda do direito potestativo em razão do seu não exercício no prazo legal ou contratualmente estabelecido.

A decadência não admite a possibilidade de renúncia se o prazo for fixado em lei. É vedado ao beneficiado renunciar à decadência, quando esta encontrar sua fonte imediatamente na lei (art. 209 do CC). Também não se pode reduzir ou ampliar prazo legal de decadência. Atende-se, aqui, à necessidade de estabilização das relações sociais que reserva caráter de ordem pública ao instituto. Inclusive, se o prazo decadencial for previsto em lei, deve o juiz conhecer de ofício da decadência (art. 210 do CC). Não há, a partir da Lei n. 11.280/2006, qualquer diferença entre os regimes da decadência e da prescrição quanto ao ponto. Apesar da vedação à surpresa das partes (art. 10 do CPC/2015), que, sem prejuízo do reconhecimento *ex officio* pelo juiz, devem ter tido a prévia oportunidade de se manifestar sobre a matéria. Entretanto, o prazo decadencial pode ser fixado pelas partes em determinados negócios jurídicos. Neste caso, se for previsto em negócio jurídico cujas partes sejam plenamente capazes, é possível a renúncia. Destaque-se, ainda, que se o prazo for convencional, a parte a quem aproveita pode alegá-la em qualquer grau de jurisdição, não podendo o magistrado suprir a alegação (art. 211 do CC). Nada obstante, o Código admite a sua alegação pelo interessado "em qualquer grau de jurisdição", ressalvados os recursos especial e extraordinário em que a jurisprudência tem resistido a discutir o tema, tendo em vista implicar, em seu entendimento, reexame de matéria de fato. No que diz respeito a terceiros eventualmente prejudicados, o prazo decadencial de que trata o art. 179 do Código Civil não se conta da celebração do negócio jurídico, mas da ciência que dele tiverem (Enunciado 538 do CJF).

O prazo da decadência não se sujeita a **impedimento**, **suspensão** e **interrupção** (art. 207), salvo disposição legal em contrário. Existem duas exceções consagradas (arts. 208 e 198, I): não corre prazo decadencial contra o absolutamente incapaz (art. 3º) e a reclamação apresentada pelo consumidor obsta a decadência (art. 26 do CDC).

Por término, quanto aos prazos legais de decadência, o Código Civil de 2002 não seguiu o impulso de sistematização que o guiou no campo da prescrição. Os prazos decadenciais continuam espalhados caoticamente pela codificação. São, de modo geral, mais curtos que os prazos prescricionais, em virtude da própria intensidade do poder que detém o titular do direito potestativo de interferir unilateralmente na esfera jurídica alheia. Além da diversidade conceitual e de sistematização, prescrição e decadência diferenciam-se também quanto aos efeitos. Os prazos decadenciais são fatais. Vale dizer: não se sujeitam às causas de impedimento, suspensão ou interrupção previstas para a prescrição.

9.3 CRITÉRIOS DISTINTIVOS ENTRE PRESCRIÇÃO E DECADÊNCIA

Na prática, o critério distintivo entre prescrição e decadência mais divulgado é aquele segundo o qual a prescrição extingue a ação e a decadência o direito. No entanto, a regra apresenta falhas e configura uma verdadeira petição de princípio, porquanto o intérprete busca, logicamente, a causa e não o efeito. Em verdade, a finalidade deve ser saber quando o prazo atinge a ação ou o direito.

O Código Civil, para alcançar tal intento, adotou uma tese composta das seguintes regras:

I. **Primeira Regra:** somente as ações condenatórias estão sujeitas a prescrição;
II. **Segunda Regra:** as ações constitutivas, que têm prazo especial de exercício fixado em lei, estão sujeitas a decadência. Dá-se como consequência da decadência do direito que tutelam;
III. **Terceira Regra:** ações declaratórias, bem como as constitutivas para as quais a lei não fixa prazo especial de exercício são perpétuas (ou imprescritíveis).

Das regras pode-se inferir que:

I. não há ações condenatórias perpétuas (imprescritíveis), nem sujeitas à decadência;
II. não há ações constitutivas sujeitas à prescrição;
III. não há ações declaratórias sujeitas à prescrição ou a decadência;
IV. se a ação é condenatória, o prazo é de prescrição; se a ação é constitutiva, o prazo é de decadência.

A decadência, ao contrário da prescrição (art. 205 – dez anos quando não for fixado outro prazo), não tem um prazo geral para ser exercida. Nesse desiderato, os direitos potestativos cujo exercício a lei não fixou um prazo especial, submetem-se ao **princípio geral da inesgotabilidade** (ou da perpetuidade).

súmulas

Súmula 101 do Superior Tribunal de Justiça: "A ação de indenização do segurado em grupo contra a seguradora prescreve em um ano".

Súmula 106 do Superior Tribunal de Justiça: "Proposta a ação no prazo fixado para o seu exercício, a demora na citação, por motivos inerentes ao mecanismo da Justiça, não justifica o acolhimento da arguição de prescrição ou decadência".

Súmula 143 do Superior Tribunal de Justiça: "Prescreve em cinco anos a ação de perdas e danos pelo uso de marca comercial".

Súmula 194 do Superior Tribunal de Justiça: "Prescreve em vinte anos a ação para obter, do construtor, indenização por defeitos da obra".

Súmula 210 do Superior Tribunal de Justiça: "A ação de cobrança das contribuições para o FGTS prescreve em trinta (30) anos".

Súmula 229 do Superior Tribunal de Justiça: "O pedido do pagamento de indenização à seguradora suspende o prazo de prescrição até que o segurado tenha ciência da decisão".

Súmula 278 do Superior Tribunal de Justiça: "O termo inicial do prazo prescricional, na ação de indenização, é a data em que o segurado teve ciência inequívoca da incapacidade laboral".

Súmula 291 do Superior Tribunal de Justiça: "A ação de cobrança de parcelas de complementação de aposentadoria pela previdência privada prescreve em cinco anos".

Súmula 405 do Superior Tribunal de Justiça: "A ação de cobrança do seguro obrigatório (DPVAT) prescreve em três anos".

Súmula 409 do Superior Tribunal de Justiça: "Em execução fiscal, a prescrição ocorrida antes da propositura da ação pode ser decretada de ofício (art. 219, § 5º, do CPC)".

Súmula 467 do Superior Tribunal de Justiça: "Prescreve em cinco anos, contados do término do processo administrativo, a pretensão da Administração Pública de promover a execução da multa por infração ambiental".

Súmula 39 do Superior Tribunal de Justiça: "Prescreve em vinte anos a ação para haver indenização, por responsabilidade civil, de sociedade de economia mista".

Súmula 323 do Superior Tribunal de Justiça: "A inscrição do nome do devedor pode ser mantida nos serviços de proteção ao crédito até o prazo máximo de cinco anos, independentemente da prescrição da execução".

Súmula 150 do Supremo Tribunal Federal: "Prescreve a execução no mesmo prazo de prescrição da ação".

Súmula 154 do Supremo Tribunal Federal: "Simples vistoria não interrompe a prescrição".

Súmula 647 do Supremo Tribunal Federal: "São imprescritíveis as ações indenizatórias por danos morais e materiais decorrentes de atos de perseguição política com violação de direitos fundamentais ocorridos durante o regime militar".

enunciados

I Jornada de Direito Civil – Enunciado 14

"1) O início do prazo prescricional ocorre com o surgimento da pretensão, que decorre da exigibilidade do direito subjetivo; 2) o art. 189 diz respeito a casos em que a pretensão nasce imediatamente após a violação do direito absoluto ou da obrigação de não fazer."

III Jornada de Direito Civil – Enunciado 156

"Desde o termo inicial do desaparecimento, declarado em sentença, não corre a prescrição contra o ausente."

IV Jornada de Direito Civil – Enunciado 295

"A revogação do art. 194 do Código Civil pela Lei n. 11.280/2006, que determina ao juiz o reconhecimento de ofício da prescrição, não retira do devedor a possibilidade de renúncia admitida no art. 191 do texto codificado."

IV Jornada de Direito Civil – Enunciado 296

"Não corre a prescrição entre os companheiros, na constância da união estável."

IV Jornada de Direito Civil – Enunciado 368

"O prazo para anular venda de ascendente para descendente é decadencial de dois anos (art. 179 do Código Civil)."

V Jornada de Direito Civil – Enunciado 415

"O art. 190 do Código Civil refere-se apenas às exceções impróprias (dependentes/não autônomas). As exceções propriamente ditas (independentes/autônomas) são imprescritíveis."

V Jornada de Direito Civil – Enunciado 416

"A propositura de demanda judicial pelo devedor, que importe impugnação do débito contratual ou de cártula representativa do direito do credor, é causa interruptiva da prescrição."

V Jornada de Direito Civil – Enunciado 417

"O art. 202, I, do CC deve ser interpretado sistematicamente com o art. 219, § 1º, do CPC, de modo a se entender que o efeito interruptivo da prescrição produzido pelo despacho que ordena a citação é retroativo até a data da propositura da demanda."

V Jornada de Direito Civil – Enunciado 418

"O prazo prescricional de três anos para a pretensão relativa a aluguéis aplica-se aos contratos de locação de imóveis celebrados com a administração pública."

V Jornada de Direito Civil – Enunciado 419

"O prazo prescricional de três anos para a pretensão de reparação civil aplica-se tanto à responsabilidade contratual quanto à responsabilidade extracontratual."

V Jornada de Direito Civil – Enunciado 420

"Não se aplica o art. 206, § 3º, V, do Código Civil às pretensões indenizatórias decorrentes de acidente de trabalho, após a vigência da Emenda Constitucional n. 45, incidindo a regra do art. 7º, XXIX, da Constituição da República."

VI Jornada de Direito Civil – Enunciado 538

"No que diz respeito a terceiros eventualmente prejudicados, o prazo decadencial de que trata o art. 179 do Código Civil não se conta da celebração do negócio jurídico, mas da ciência que dele tiverem."

VII Jornada de Direito Civil – Enunciado 580

"É de três anos, pelo art. 206, § 3º, V, do CC, o prazo prescricional para a pretensão indenizatória da seguradora contra o causador de dano ao segurado, pois a seguradora sub-roga-se em seus direitos."

VII Jornada de Direito Civil – Enunciado 581

"Em complemento ao Enunciado 295, a decretação ex officio da prescrição ou da decadência deve ser precedida de oitiva das partes."

QUADRO SINÓTICO

PRESCRIÇÃO E DECADÊNCIA	
CONCEITO	A prescrição consiste numa sanção decorrente da inércia do titular de um direito subjetivo (atributo da pessoa) pela qual não poderá mais exigir a satisfação de sua pretensão.
ESPÉCIES	**a) Prescrição Extintiva:** é a extinção da pretensão jurídica pela inércia do titular do direito subjetivo violado em determinado tempo; **b) Prescrição Aquisitiva:** sinônimo de usucapião. Corresponde à aquisição do direito real conferida ao possuidor pelo decurso do tempo.
FLUXO DO PRAZO PRESCRICIONAL	A prescrição não flui se pendente condição suspensiva, não estando vencido o prazo e pendente ação de evicção. Somente se pode falar em fluência de prazo prescricional com o nascimento da pretensão. Da violação ao direito nasce a pretensão, que, por sua vez, dá origem à ação. É o **princípio da *actio nata***, segundo o qual somente a partir do efetivo conhecimento do ato que viola um direito subjetivo, originando a pretensão, é que se inicia a contagem do prazo prescricional. A prescrição extingue a pretensão, uma vez que é dever do juiz pronunciá-la, salvo se tiver havido expressa ou tácita renúncia.
DECADÊNCIA	Enquanto a prescrição relaciona-se com o direito subjetivo, a decadência está vinculada com a perda ou extinção de um **direito potestativo**, disponível ou indisponível, em razão da inércia temporal do titular. Por sua vez, direito potestativo é uma prerrogativa jurídica de impor a outrem, unilateralmente, a sujeição ao seu exercício, sem que tenha algum dever a cumprir. A decadência não admite a possibilidade de renúncia se o prazo for fixado em lei (art. 209). Inclusive, se o prazo decadencial for previsto em lei, deve o juiz conhecer de ofício da decadência (art. 210). O prazo da decadência não se sujeita a **impedimento**, **suspensão** e **interrupção** (art. 207), salvo disposição legal em contrário.
CRITÉRIOS DISTINTIVOS ENTRE PRESCRIÇÃO E DECADÊNCIA	**I. Primeira Regra:** somente as ações condenatórias estão sujeitas a prescrição; **II. Segunda Regra:** as ações constitutivas, que têm prazo especial de exercício fixado em lei, estão sujeitas a decadência. Dá-se como consequência da decadência do direito que tutelam; **III. Terceira Regra:** ações declaratórias, bem como as constitutivas para as quais a lei não fixa prazo especial de exercício são perpétuas (ou imprescritíveis).

10

OBRIGAÇÕES

10.1 CONCEITO

O **direito das obrigações** é o conjunto de regras e princípios jurídicos reguladores das relações patrimoniais entre um credor (sujeito ativo) e um devedor (sujeito passivo), a quem incumbe o dever de cumprir, espontânea ou coativamente, uma prestação de dar, fazer ou não fazer.

Por sua vez, o termo **obrigação**, na lição de Washington de Barros Monteiro (2003), consiste na relação jurídica, de caráter transitório, estabelecida entre devedor e credor, cujo objeto consiste numa prestação pessoal econômica, positiva ou negativa, devida pelo primeiro ao segundo, cujo adimplemento é garantido pelo seu patrimônio.

Importante pontuar algumas distinções conceituais:

a) **Dever jurídico:** conceito mais amplo de todos. É a imposição que corre a todo indivíduo de obedecer aos comandos do ordenamento jurídico, sob pena de incorrer em uma sanção (GOMES, 2004). Pode ser geral ou especial, caso se refira, respectivamente, à universalidade das pessoas ou se concentre em certa pessoa;

b) **Obrigação:** decorre do conceito de dever jurídico em sua acepção especial. Representa um vínculo especial entre pessoas determinadas ou determináveis, de modo que uma delas tem o poder de exigir da outra (direito subjetivo) uma prestação de dar, fazer ou não fazer;

c) **Responsabilidade:** obrigação derivada (dever jurídico sucessivo), surgida em ocorrência de um fato jurídico *lato sensu*, como consequência da violação de um dever jurídico obrigacional originário;

d) **Sujeição jurídica:** relacionada aos direitos potestativos, em que o sujeito passivo nada tem que fazer para a satisfação do interesse do sujeito ativo, havendo apenas uma subordinação inafastável à sua vontade;

e) **Ônus:** necessidade de observância de determinado comportamento para a obtenção ou conservação de uma vantagem para o próprio sujeito. O ônus não se destina à satisfação de interesses alheios (DINIZ, 2009), como ocorre no caso do dever e da sujeição.

10.2 ELEMENTOS CONSTITUTIVOS DA OBRIGAÇÃO

A estrutura da obrigação é composta pelos seguintes elementos: **elemento subjetivo**, **elemento objetivo** e **elemento ideal**.

10.2.1 Elemento subjetivo (sujeitos ou partes)

O **sujeito ativo (credor)** é aquele que tem o direito de exigir o cumprimento da obrigação. Por outro lado, **sujeito passivo (devedor)** é quem, na ótica civil, assume um dever de cumprir o conteúdo da obrigação, sob pena de responder com seu patrimônio.

As partes, para integrarem o polo ativo ou passivo de uma obrigação, devem ser capazes (art. 104). No direito obrigacional, os sujeitos são pessoas que, necessariamente, precisam ser determinadas ou determináveis, uma vez que serão individualizadas. Exemplos: título ao portador (o credor é quem apresentar o título) e declaração unilateral de vontade (credor de promessa de recompensa). Contrariamente, o direito real comporta sujeito indeterminado, havendo uma sujeição passiva indeterminada, como, por exemplo, o IPTU que é obrigação *propter rem*. Assim, qualquer pessoa que adquire o imóvel pode ser devedora.

10.2.2 Elemento objetivo (objeto ou prestação)

Representa o elemento material da obrigação, constituindo o seu conteúdo. O **objeto imediato** da obrigação é a prestação, que pode ser positiva (dar ou fazer) ou negativa (não fazer). Já o **objeto mediato** da obrigação é o bem jurídico (coisa, tarefa, abstenção), que também é o objeto imediato da prestação. Deve ser **lícito**, **possível** e **determinado** (quando a obrigação é especificada) ou **determinável** (para a obrigação genérica, por exemplo, dar coisa incerta) (art. 104).

O objeto imediato é sempre um comportamento do devedor, uma conduta, denominada prestação. Nesse aspecto, **prestação** é a atividade do devedor satisfativa do credor. A prestação pode, inclusive, ser passiva, ou seja, consistente em um nada.

Destaque-se que a principal diferença entre o direito real e o obrigacional está no objeto, porque o direito real permite que o agente exerça diretamente seu poder sobre o objeto sem a intervenção de mais ninguém. No direito obrigacional, o direito do indivíduo somente é exercido mediante a conduta de interposta pessoa (GODOY, 2007).

10.2.3 Elemento ideal (vínculo ou relação jurídica)

Corresponde ao vínculo jurídico, um elo entre as partes, estabelecido pela lei, contrato, vontade (ato unilateral) ou ato ilícito. Por esse vínculo, o devedor deve cumprir uma prestação perante o credor.

O vínculo é dividido em dois elementos: **dívida (ou débito)** – liame que vincula o devedor ao credor – e **responsabilidade do devedor** (em caso de inadimplemento, o devedor responde com o seu patrimônio pelo cumprimento do débito). A definição de que o vínculo contém esses dois elementos resulta da aplicação da **teoria dualista da obrigação**. No entanto, os adeptos da **teoria unitária da obrigação** entendem que débito (*schuld*) e responsabilidade (*haftung*) não são separáveis.

Em verdade, três são as teorias que tentam explicar o vínculo obrigacional:

I. **Monista:** limitação para o vínculo jurídico, sendo mais importante a dívida – débito. Despreza a responsabilidade, que seria de direito processual;
II. **Dualista:** engloba a dívida e a responsabilidade, entretanto valoriza mais a responsabilidade;
III. **Eclética** ou **mista:** adotada pelo nosso código. Valoriza tanto a dívida quanto a responsabilidade, dando o mesmo valor às duas.

Contudo, nem todas as obrigações têm dívida e responsabilidade, ou seja, há casos em que existe dívida sem responsabilidade, ocasião em que ocorre a inexigibilidade. Exemplo: obrigações naturais (dívida de jogo, aposta ou obrigações prescritas). Também há casos de responsabilidade sem dívida. Exemplo: o fiador, que é um terceiro interessado, garante pessoalmente a dívida sem ser devedor (um garante pessoal). Portanto, tem responsabilidade, porque seu patrimônio, desde a prestação da fiança, já começa a responder pela dívida. Pode ser que o fiador se torne o devedor, caso o devedor principal não pague a dívida. Outros exemplos: garantidor hipotecário (quem dá o imóvel para garantia de débito de terceiro) e segurador (art. 801). Assim, há um interesse prático em analisar separadamente o débito e a responsabilidade.

10.3 CLASSIFICAÇÃO

10.3.1 Obrigação natural (ou imperfeita) e obrigação civil

As obrigações classificam-se em civis e naturais, na medida em que sejam exigíveis ou apenas pagáveis (desprovidas de exigibilidade jurídica). A obrigação natural (ou imperfeita) é um *debitum* em que não se pode exigir judicialmente a responsabilização patrimonial (*obligatio*). Tal inexigibilidade é derivada de algum óbice legal com finalidade de preservação da segurança e da estabilidade jurídica. Não obstante, uma vez cumprida espontaneamente, dá-se a irrepetibilidade do pagamento, ou seja, não há o direito de devolução.

Estabelece o art. 882 do Código Civil que não se pode repetir o que se pagou para solver dívida prescrita, ou cumprir obrigação judicialmente inexigível. Nesse sentido, no que se refere às dívidas de jogo ou aposta, preceitua o art. 814:

> Art. 814. As dívidas de jogo ou de aposta não obrigam a pagamento; mas não se pode recobrar a quantia, que voluntariamente se pagou, salvo se foi ganha por dolo, ou se o perdente é menor ou interdito.
>
> § 1º Estende-se esta disposição a qualquer contrato que encubra ou envolva reconhecimento, novação ou fiança de dívida de jogo; mas a nulidade resultante não pode ser oposta ao terceiro de boa-fé.
>
> § 2º O preceito contido neste artigo tem aplicação, ainda que se trate de jogo não proibido, só se excetuando os jogos e apostas legalmente permitidos.
>
> § 3º Excetuam-se, igualmente, os prêmios oferecidos ou prometidos para o vencedor em competição de natureza esportiva, intelectual ou artística, desde que os interessados se submetam às prescrições legais e regulamentares.

O art. 50 da Lei de Contravenções Penais regulamenta que a dívida decorrente dos jogos intolerados não são dívidas naturais, caracterizando-se como dívidas nulas, uma vez que o objeto da prestação é ilícito.

Vale salientar que a obrigação natural não se identifica com o mero dever moral, pois representa uma dívida efetiva, proveniente de uma causa precisa. O objeto de sua prestação pertence, do ponto de vista ideal, ao patrimônio do credor, de modo que, não cumprida a obrigação, sofre ele um prejuízo, o que não se verifica quando há o descumprimento de um dever moral.

As obrigações naturais classificam-se:

a) quanto à tipicidade: em **típicas** e **atípicas**, na medida em que é prevista em texto legal como relação obrigacional inexigível;

b) quanto à origem: em **originária** e **derivada** (ou degenerada), conforme o momento em que se torna inexigível;

c) quanto aos efeitos produzidos: pode ser **comum** ou **limitada**, dependendo da sua abrangência.

10.3.2 Obrigações ambulatórias, mistas (reais, *in rem*, *ob rem* ou *propter rem*) e obrigações com eficácia real

Sempre que a indeterminabilidade do credor ou do devedor constituir o destino natural dos direitos oriundos da relação, ou seja, for da própria essência da obrigação examinada - a exemplo da decorrente de título ao portador ou da obrigação ***propter rem*** -, estaremos diante do que se convencionou chamar de **obrigação ambulatória**.

As obrigações ***propter rem*** pertencem à categoria das obrigações híbridas. Nessa categoria podem ser incluídas, também, as obrigações com ônus reais e as com eficácia real. As obrigações *propter rem* decorrem de um direito real sobre determinada coisa, aderindo a essa e, por isso, acompanhando as modificações de seu titular (exemplo: despesas de conservação da coisa comum para o condômino - art. 1.315; e despesas com a demarcação de propriedades entre os interessados - art. 1.297). Cuida-se de uma relação obrigacional que decorre de um direito real. A nota distintiva é se constituir em um direito pessoal vinculado a um direito real.

A título ilustrativo, são exemplos de obrigações *propter rem*:

a) nos direitos de vizinhança há o direito de tapagem, em decorrência do qual os vizinhos têm a obrigação *propter rem* de arcar com os custos da tapagem. Assim, essa é uma obrigação acessória ao direito real;

b) no condomínio comum, os condôminos têm a obrigação *propter rem*, ligada à fração ideal, de contribuir para a manutenção do bem;

c) no condomínio edilício (que é condomínio especial porque mescla as propriedades de áreas exclusivas e áreas comuns), cada titular de unidade autônoma tem o dever de contribuir com as despesas da área comum. Quando deixa de ser proprietário da unidade autônoma, o sujeito deixa de ser responsável pela obrigação *propter rem*. Nessa temática, o Supremo Tribunal Federal vem considerando que o pagamento dos valores condominiais pode ser cobrado do condômino que seja promissário comprador (mesmo sem o título registrado, desde que tenha pago o valor do bem). Quem compra unidade autônoma responde pelos valores passados, por determinação legal, não por ser devedor de obrigação *propter rem*.

A maioria da doutrina entende como sinônimas as expressões obrigações *propter rem* e obrigações reais. Entrementes, há quem estabeleça distinção entre as duas nomenclaturas.

posicionamento doutrinário

Para Caio Mário (2020), real é a obrigação que todos os indivíduos têm de respeitar o direito real alheio. Para Silvio Venosa (2011), as obrigações gozam de eficácia real quando, sem perderem o caráter essencial de direitos a uma prestação, podem ser transmitidas ou oponíveis a terceiros, que adquiram direitos sobre determinada coisa. Exemplo: no contrato de locação, as obrigações do locador, contrariando a regra geral da relatividade das convenções (pela qual o contrato só vincula as partes contratantes), podem ser transmitidas ao novo titular do domínio, que deve respeitar o contrato de locação, do qual não fez parte (contrato por tempo determinado com cláusula de vigência em caso de alienação e averbação – art. 8º da Lei do Inquilinato). Existe, portanto, uma obrigação que emite uma eficácia real.

No tocante aos Tributos, seriam obrigações *propter rem*? Essa é uma questão problemática. Na verdade, não são obrigações *propter rem*, mas sim ônus reais. Pablo Stolze e Rodolfo Pamplona (2005) acreditam que se trata de obrigação *propter rem*. **Ônus real** é uma terminologia que tem entendimentos distintos na doutrina, ou seja, tem o significado polissêmico:

a) Há quem entenda como direito real de garantia ou de fruição sobre coisa alheia; e
b) Outros afirmam que é uma obrigação que alguém tem que pagar em virtude de alguma coisa, mas, respondendo por débitos atrasados, como o IPTU ou ITR. O STJ, em diversas passagens, entende que é obrigação *propter rem,* no sentido de que a exegese dos arts. 32 e 123 do CTN revela o sujeito passivo para fins de pagamento, mas os artigos não vedam que uma vez adimplida a exação, ela possa ser restituída ao novel titular do domínio quer por força da cessão do crédito, convencionado ou legal, quer em face da natureza *propter rem* da obrigação.

Para quem defende o último posicionamento, a diferença entre obrigação *propter rem* e ônus real reside na sua consequência. Enquanto na *propter rem* o sujeito somente responde pelo período em que for titular do direito real, no ônus real, pelo período anterior. Godoy (2009) acredita que a melhor distinção é que na *propter rem* há uma obrigação verdadeiramente acessória, sendo menos extensa que o ônus real; já o ônus real é um ônus que faz parte do direito real, integrando o direito de propriedade, por isso que se diz classicamente que é a própria coisa que deve. No caso, é o ônus da própria coisa, como o ônus tributário. Conforme acima ressaltado, o condomínio especial (edilício), por natureza, é uma obrigação *propter rem*, mas, por determinação legal, o proprietário responde pelos débitos anteriores.

10.4 OBRIGAÇÃO COMO PROCESSO

Corresponde à visão moderna do direito das obrigações, de origem no direito alemão, a qual foi adotada pelo Código Civil de 2002. A finalidade do direito obrigacional é o adimplemento: processo na busca do adimplemento; uma série de atos relacionados entre si, que desde o início se encaminham à finalidade de satisfação do interesse na prestação.

Clóvis Couto e Silva (2006), com base nos estudos de Karl Larenz (1959), registrou que a obrigação seria o conjunto de atividades necessárias à satisfação dos interesses do credor. Possui, por conseguinte, o manto principiológico abaixo:

a) Proteção contra influências externas – função social dos contratos – "tutela externa do crédito" – toda a sociedade possui o dever de respeitar um processo obrigacional em curso;
b) Efeitos internos: a busca do adimplemento deve se dar da melhor forma para credor e devedor – relação de cooperação e não de antagonismo (boa-fé objetiva, cooperação, proteção, informação).

Surgem, portanto, deveres anexos (instrumentais, colaterais ou secundários), baseados na **boa-fé objetiva** (arts. 113 e 422) e no **abuso de direito** (art. 187), que enriquecem o vínculo obrigacional, além da obrigação principal prevista, podendo ser violados objetivamente. São deveres de conduta de lealdade, como, por exemplo, informação, sigilo, cuidado, colaboração, com vistas a garantir o vínculo patrimonial desenvolvido de forma mais honesta e solidária. Pode-se encontrar na legislação: na Constituição Federal, em seu art. 3º (I – Construir uma sociedade livre, justa e solidária); CDC – é todo estruturado com base nos deveres anexos da informação, transparência e segurança; e Código Civil – art. 422: "os contratantes são obrigados a guardar, assim na conclusão do contrato, como em sua execução, os princípios de probidade e boa-fé".

Por exemplo: (Godoy) Comprar um ventilador de teto: obrigações principais – pagar e entregar; obrigações colaterais – dever de informar como é a instalação.

Ressalte-se que esses deveres colaterais podem surgir antes da formação da obrigação principal (exemplo: informação dada pelo vendedor antes de concretizar a venda) ou depois de sua finalização, na chamada pós-eficácia (exemplo: dever de fornecer declaração de trabalho após a conclusão – dever de informação que não consta no contrato de trabalho).

10.5 MODALIDADES

As obrigações, apreciadas segundo a prestação que as integra, poderão ser: **obrigação positiva** (de dar coisa certa/incerta ou fazer) e **obrigação negativa** (de não fazer). Essa é a classificação básica das obrigações, que, inspirada no direito romano (*dare, facere, non facere)*, foi adotada pela legislação brasileira desde o esboço de Código por Teixeira de Freitas.

10.5.1 Obrigação de dar

As obrigações de dar, que têm por objeto prestações de coisas, consistem na atividade de **dar** (transferindo-se a propriedade da coisa), **entregar** (transferindo-se a posse ou a detenção da coisa) ou **restituir** (quando o credor recupera a posse ou a detenção da coisa entregue ao devedor). Subdividem-se, todavia, em obrigações de **dar coisa certa** e obrigações de **dar coisa incerta.**

10.5.1.1 Obrigações de dar coisa certa

O devedor obriga-se a dar, entregar ou restituir coisa específica, determinada, certa. Não poderá o credor ser constrangido a receber outra senão aquela descrita no título da obrigação. Nesse sentido, clara é a dicção do art. 313: "o credor não é obrigado a receber prestação diversa da que lhe é devida, ainda que mais valiosa.

Contudo, caso consinta em receber prestação diversa, em substituição à originária, estará configurado um modo extintivo da obrigação, que é a dação em pagamento (art. 356). Todavia, em relação aos títulos de crédito, o credor não pode recusar-se ao recebimento do pagamento parcial, nos termos do artigo a seguir:

> Art. 902. Não é o credor obrigado a receber o pagamento antes do vencimento do título, e aquele que o paga, antes do vencimento, fica responsável pela validade do pagamento.
>
> § 1º No vencimento, não pode o credor recusar pagamento, ainda que parcial.
>
> § 2º No caso de pagamento parcial, em que se não opera a tradição do título, além da quitação em separado, outra deverá ser firmada no próprio título.

Aplica-se também, para as obrigações de dar coisa certa, o princípio jurídico de que o acessório segue o principal. Dessa forma, não resultando o contrário do título ou das circunstâncias do caso, o devedor não poderá se negar a dar ao credor aqueles bens que, sem integrar a coisa principal, secundam-na por acessoriedade (art. 233). Até a tradição, a coisa pertence ao devedor, com os seus melhoramentos e acrescidos, pelos quais poderá exigir aumento no preço. Se o credor não anuir, poderá o devedor resolver a obrigação (art. 237).

Quanto ao risco de perecimento ou deterioração do objeto, há que se invocar a milenar **regra do *res perit domino suo*.** Essa regra, cuja raiz assenta-se no Código de Hamurabi, significa que, em caso de perda ou deterioração da coisa, por caso fortuito ou força maior, suportará o prejuízo o seu proprietário. Em caso de perda ou perecimento (prejuízo total), duas situações diversas podem acontecer:

I. Se a coisa se perder, **sem culpa do devedor**, antes da tradição, ou pendente condição suspensiva, fica resolvida a obrigação para ambas as partes, suportando o prejuízo o proprietário da coisa que ainda não a havia alienado (art. 234);

II. Se a coisa se perder, **com culpa do devedor**, responderá este pelo equivalente (valor da coisa), mais perdas e danos (a expectativa patrimonial frustrada; lucros cessantes). Os danos emergentes, evidentemente, compensam-se na devolução dos valores pagos. Invariavelmente, haverá uma presunção de culpa do devedor inadimplente quanto ao fato que gerou a perda do objeto, tendo ele o ônus probatório de desconstituí-la.

Em caso de deterioração (prejuízo parcial), também duas hipóteses são previstas em lei:

I. Se a coisa se deteriora **sem culpa do devedor**, poderá o credor, a seu critério, resolver a obrigação, ou aceitar a coisa, abatido de seu preço o valor que perdeu (art. 235);

II. Se a coisa se deteriora **por culpa do devedor**, poderá o credor exigir o equivalente, ou aceitar a coisa no estado em que se acha, com direito a reclamar, em um ou outro caso, a indenização pelas perdas e danos. Saliente-se que é a culpa que implica a responsabilização por perdas e danos.

10.5.1.1.1 Obrigações de restituir

Nessa modalidade de obrigação, a prestação consiste na devolução da coisa recebida pelo devedor, a exemplo daquela imposta ao depositário (devedor), que deve restituir ao depositante (credor) aquilo que recebeu para guardar e conservar.

O Código Civil prevê em seu art. 238 que:

> Se a obrigação for de restituir coisa certa, e esta, sem culpa do devedor, se perder antes da tradição, sofrerá o credor a perda, e a obrigação se resolverá, ressalvados os seus direitos até o dia da perda.

De qualquer forma, subsiste a regra de que a coisa perece para o dono (credor), que suportará o prejuízo, sem direito à indenização, considerando-se a ausência de culpa do devedor.

Em caso de simples deterioração, o art. 240 estipula que:

> Se a coisa restituível se deteriorar sem culpa do devedor, recebê-la-á o credor, tal qual se ache, sem direito a indenização; se por culpa do devedor, observar-se-á o disposto no art. 239.

Por sua vez, se a coisa se perde ou se deteriora **por culpa do devedor,** o art. 239 dispõe que "se a coisa se perder por culpa do devedor, responderá este pelo equivalente, mais perdas e danos".

enunciado

Entretanto, segundo o Enunciado 15 do Conselho da Justiça Federal, "as disposições do art. 236 do novo Código Civil também são aplicáveis à hipótese do art. 240, in fine*", o que quer dizer que se a coisa se deteriorar por culpa do devedor, o credor também poderá optar por aceitar a coisa no estado em que se acha, mais perdas e danos.*

Ocorre lembrar que, se o interessado na restituição da coisa estiver em **mora** para recebê-la, mesmo nas hipóteses de perda acidental pelo depositário, culminará por ser responsabilizado a ponto de efetuar o pagamento, conforme se depreende do art. 492, § 2º. Em sentido inverso, se o atraso for debitado àquele a quem incumbia a entrega da coisa, mesmo que a sua perda resulte de caso fortuito/força maior (art. 399), recairá contra o devedor a condenação em perdas e danos. De fato, a mora gera uma **expansão da responsabilidade do devedor**, alcançando mesmo as situações de perda ou deterioração da coisa alheia aos seus cuidados normais. Excepcionalmente, o devedor isentará a sua responsabilidade se demonstrar que, mesmo se a entrega fosse tempestiva, o evento ainda assim ocorreria.

Cumpre, ainda, fazer referência aos melhoramentos, acréscimos e frutos experimentados pela coisa, nas obrigações de restituir. Se tais benefícios se agregaram à coisa principal, sem concurso de vontade ou despesa para o devedor, lucrará o credor, desobrigado da indenização (art. 241). Se, todavia, tais melhoramentos exigiram concurso de vontade ou despesa para o devedor, o Código determina que sejam aplicadas as regras atinentes aos efeitos da posse, quanto às benfeitorias realizadas (art. 242). Quanto aos frutos, aplicam-se também as regras previstas pelo legislador ao tratar dos efeitos da posse (art. 242, parágrafo único).

Por fim, há exceções ao *res perit domino*:

- **Vícios Redibitórios** (art. 441): aqueles vícios ou defeitos ocultos que tornem a coisa imprópria ao uso ou diminuam seu valor autorizam o credor a rejeitar a coisa;
- **Evicção** (art. 447): num contrato oneroso, pode ocorrer a perda de um bem em virtude de decisão judicial ou administrativa que conceda o direito sobre esse bem a um terceiro estranho à relação contratual originária. Segundo o STJ, a **decisão administrativa** (exemplo: apreensão em blitz policial) também pode ser fator de deflagração da evicção.

10.5.1.1.2 Obrigações de dar dinheiro

Referem-se às obrigações pecuniárias. Segundo Álvaro Villaça Azevedo (2001) e Silvio de Salvo Venosa (2011), o pagamento em dinheiro consiste na modalidade de cumprimento da obrigação que importa a entrega de uma quantia de dinheiro pelo devedor ao credor, com liberação daquele. Deve realizar-se, em princípio, em moeda corrente, no lugar da execução da obrigação, onde esta deverá cumprir-se, segundo o art. 315.

O art. 315 dispõe que "as dívidas em dinheiro deverão ser pagas no vencimento, em moeda corrente e pelo valor nominal, salvo o disposto nos artigos subsequentes".

Consoante se depreende dessa regra legal, é o **princípio do nominalismo** que regula as denominadas **dívidas de dinheiro**. Por força dessa regra, assevera Carlos Roberto Gonçalves (2010), que o devedor de uma quantia em dinheiro libera-se entregando a quantidade de moeda mencionada no contrato ou no título da dívida, devendo ser aquela em curso no lugar do pagamento, considera-se como valor da moeda o valor nominal que lhe atribui o Estado, no ato de emissão ou cunhagem, ainda que desvalorizada pela inflação, ou seja, mesmo que a referida quantidade não seja suficiente para a compra dos mesmos bens que podiam ser adquiridos, quando contraída a obrigação. Nada impede, igualmente, a adoção de **cláusulas de escala móvel**, para que se realize a atualização monetária da soma devida, segundo critérios escolhidos pelas próprias partes.

Ao lado das dívidas de dinheiro, a doutrina, influenciada pela instabilidade de nossa economia, elaborou o conceito das chamadas **dívidas de valor**. Estas não teriam por objeto o dinheiro em si, mas o próprio valor econômico (aquisitivo) expresso pela moeda.

10.5.1.2 Obrigações de dar coisa incerta

Ao lado das obrigações de dar coisa certa, figuram as obrigações de dar coisa incerta, cuja prestação consiste na entrega de coisa especificada apenas pela espécie e quantidade. São as chamadas **obrigações genéricas**. Nesse sentido, clara é a norma do art. 243 do CC: "a coisa incerta será indicada, ao menos, pelo gênero e pela quantidade". Ressalte-se, entretanto, que essa indeterminabilidade do objeto há que ser meramente relativa.

A operação, por meio da qual se especifica a prestação, convertendo a obrigação genérica em determinada, denomina-se **concentração do débito** (ou concentração da prestação devida). A escolha, por princípio, cabe ao devedor, uma vez que o Código, em quase todas as suas normas, prefere o devedor, quando a vontade das partes não houver estipulado a quem assiste determinado direito.

Essa liberdade de escolha, contudo, não é absoluta, eis que o devedor não poderá dar a coisa pior, nem será obrigado a dar a melhor, primando pelo princípio da equivalência das prestações, conforme a regra do art. 244:

> Nas coisas determinadas pelo gênero e pela quantidade, a escolha pertence ao devedor, se o contrário não resultar do título da obrigação; mas não poderá dar a coisa pior, nem será obrigado a prestar a melhor.

Por óbvio, se nas obrigações de dar coisa incerta a prestação é inicialmente indeterminada, não poderá o devedor, **antes de efetuada a sua escolha**, alegar perda ou deterioração da coisa, ainda que por força maior ou caso fortuito (art. 246). O gênero, segundo tradicional entendimento, não perece jamais. Feita a escolha, as regras que passarão a ser aplicadas serão aquelas previstas para as obrigações de dar coisa certa.

Entretanto, se o Projeto de Lei n. 699/2011 converter-se em lei, essa regra será relativizada, nos seguintes termos:

> Antes de cientificado da escolha o credor, não poderá o devedor alegar perda ou deterioração da coisa, ainda que por força maior ou caso fortuito, salvo se se tratar de dívida genérica limitada e se extinguir toda a espécie dentro da qual a prestação está compreendida.

Ademais, parcela da doutrina apresenta a **dívida de gênero limitado**, segundo a qual, se a obrigação aponta para a entrega de coisas genéricas, que forem previamente indicadas e localizadas, em verdade, seria obrigação de dar coisa certa.

10.5.2 Obrigações de fazer

Nas sociedades pré-revolução industrial, as obrigações de fazer eram praticamente insignificantes, comparadas às obrigações de dar, que compreendiam o fornecimento de coisas, a título de posse e propriedade. Atualmente, as sociedades massificadas e tecnológicas privilegiam o fornecimento dos mais variados serviços, havendo uma predominância das atividades do setor terciário.

Nas obrigações de fazer, interessa ao credor a própria atividade do devedor. Pretende o credor a prestação de um fato, e não o bem que eventualmente dele resulte. Em tais casos, a depender da possibilidade ou não de o serviço ser prestado por terceiro, a prestação do fato poderá ser fungível ou infungível.

A obrigação de fazer será **fungível** quando não houver restrição negocial no sentido de que o serviço seja realizado por outrem. Atento a isso, o Código admite a possibilidade de o fato ser executado por terceiro, havendo recusa ou mora do devedor. Nos termos do seu art. 249:

> Se o fato puder ser executado por terceiro, será livre ao credor mandá-lo executar à custa do devedor, havendo recusa ou mora deste, sem prejuízo da indenização cabível.

A grande novidade do Código, no que tange às obrigações de fazer, é a possibilidade de deferir-se ao credor o exercício da **autoexecutoriedade**, em caso de urgência na obtenção da obrigação de fazer fungível (art. 249, parágrafo único). Cuida-se de evidente aplicação do paradigma da operabilidade.

> Art. 249. Se o fato puder ser executado por terceiro, será livre ao credor mandá-lo executar à custa do devedor, havendo recusa ou mora deste, sem prejuízo da indenização cabível.
>
> Parágrafo único. Em caso de urgência, pode o credor, independentemente de autorização judicial, executar ou mandar executar o fato, sendo depois ressarcido.

Comentando esse dispositivo, Silvio Venosa pontifica que, no parágrafo único, a lei introduz a possibilidade de procedimento de justiça de mão própria. Assim, poderá o credor, independentemente de autorização judicial, contratar terceiro para executar a tarefa, pleiteando, depois, a devida indenização, o que, se já era possível no sistema anterior por construção doutrinária, agora se torna norma expressa.

Quanto poderá ser cobrado do devedor pelo trabalho do terceiro não está previsto no Código. Se for judicialmente, o impasse estaria resolvido graças à aplicação do procedimento quase licitatório. Parte da doutrina defende que o credor pode pagar diretamente ao terceiro, em face da urgência (e o terceiro não tem nenhuma relação com o inadimplemento). Depois, deve requerer ao juiz o arbitramento do valor, suportando qualquer diferença, já que assumiu o risco dessa forma de execução coativa. Assim, o credor pode procurar terceiro, mas o valor a ser pago deve ser o arbitrado judicialmente. Godoy (2007), em outro viés, defende ser mais justa a interpretação de que se a lei autorizou o credor a procurar terceiro, mais lógico que, em princípio, possa o credor cobrar do devedor exatamente aquilo que teve que pagar ao terceiro. Na interpretação, aplica-se a boa-fé objetiva. Por exemplo: não pode o credor chamar o arquiteto mais famoso do Brasil para executar o serviço do pedreiro.

Por outro lado, se ficar estipulado que apenas o devedor indicado no título da obrigação possa satisfazê-la, estar-se-á diante de uma obrigação **infungível**. Trata-se das chamadas obrigações personalíssimas (*intuitu personae*), cujo adimplemento não poderá ser realizado por qualquer pessoa, em atenção às qualidades especiais daquele que se contratou. Tais pessoas não poderão, sem prévia anuência do credor, indicar substitutos, sob pena de descumprirem a obrigação personalíssima pactuada.

Poderá a prestação de fazer ser **naturalmente infungível**, com base nas qualidades pessoais do devedor, *v.g.*, pintura de tela por artista. Será, ainda, **contratualmente infungível**, caso o credor queira impor natureza personalíssima a uma obrigação em tese fungível. Aliás, o art. 247 refere-se a ambas as modalidades de obrigações infungíveis, posto que incorre na obrigação de indenizar por perdas e danos o devedor que recusar a prestação a ele só imposta (infungível por convenção) ou só por ele exequível (infungível por natureza).

Impende observar que, em algumas situações intermediárias – sobremodo aquelas em que da atividade resulte uma obra ou um objeto – poderá o intérprete ter alguma dificuldade em determinar uma obrigação como de dar ou de fazer. Assim, se **A** prometer entregar um imóvel a **B**, a obrigação será de fazer, caso a atividade seja a própria construção da coisa; consistirá, porém, em obrigação de dar coisa certa, se o imóvel já estiver pronto e acabado ao tempo da contratação.

Em suma, nas obrigações de dar, o credor procura um objeto já existente ao tempo do nascimento da obrigação. Se, porventura, houver incidência conjunta de prestações de coisas e atividades pessoais, há de buscar-se a tipificação da obrigação pelo critério da preponderância. Exemplificando: há uma polêmica na jurisprudência acerca da natureza da obrigação do devedor que envolve a correção monetária de saldos e creditamento de dinheiro em contas vinculadas ao FGTS. A discussão avulta, pois a classificação dada permitirá ou não a imposição de multa diária contra o devedor por recusa ao cumprimento. Parte da doutrina entende tratar-se de obrigação de dar, pois o que prepondera na espécie é a entrega de coisa (pecúnia), e não o fato ou a atividade que será desempenhada pela instituição financeira devedora. Com efeito, toda obrigação de dar requer o desempenho de certo fazer, mas ele só será acessório à finalidade principal.

enunciado

A esse respeito, foi editado o Enunciado 160 na III Jornada de Direito Civil: "a obrigação de creditar dinheiro em conta vinculada de FGTS é obrigação de dar, obrigação pecuniária, não afetando a natureza da obrigação a circunstância de a disponibilidade do dinheiro depender da ocorrência de uma das hipóteses previstas no art. 20 da Lei n. 8.036/90".

Vale ressaltar que as obrigações de fazer podem ainda ser classificadas em **duradouras** ou **instantâneas**. As instantâneas aperfeiçoam-se em um único momento. Nas duradouras, a execução da obrigação protrai-se no tempo de forma continuada, ou de modo periódico, mediante trato sucessivo.

Interessa, ademais, a análise da modalidade de obrigação de fazer que envolve a **promessa de fato de terceiro** (art. 439). Pelo princípio da relatividade contratual, as avenças realizam-se *res inter alios acta*. Assim, em tese, o terceiro é um estranho à relação obrigacional, sendo a sua conduta objeto da prestação. Entretanto, o objeto da obrigação em si é a promessa do próprio devedor, justificando o seu sancionamento. Contudo, se o terceiro aceitar a prestação, exonera-se o devedor de responsabilidade, já que a promessa foi cumprida e o terceiro assumiu o contrato, vinculando-se aos seus termos.

Finalmente, cumpre analisar as consequências do descumprimento de uma obrigação de fazer. Se a prestação do fato se torna impossível **sem culpa do devedor**, resolve-se a obrigação, sem que haja a consequente obrigação de indenizar. Entretanto, se a impossibilidade decorrer de **culpa do devedor**, este poderá ser condenado a indenizar a outra parte pelo prejuízo causado. Nesse sentido, dispõe o art. 248: "se a prestação do fato tornar-se impossível sem culpa do devedor, resolver-se-á a obrigação; se por culpa dele, responderá por perdas e danos".

Estudando essa regra, cumpre advertir que o tratamento dispensado pelo Código Civil ao descumprimento das obrigações de fazer não foi o mais adequado, apresentando-se de forma extremamente lacunosa. De fato, a moderna doutrina processual ensina que, ao lado da pretensão indenizatória, existem outros meios de tutela jurídica colocados à disposição do credor, consoante abordagem a ser realizada no tópico da tutela processual das obrigações de dar, fazer e não fazer.

10.5.3 Obrigações de não fazer

A obrigação de não fazer tem por objeto uma prestação negativa, um comportamento omissivo do devedor. Implica uma abstenção, impedindo que o devedor pratique um ato que normalmente não lhe seria vedado, tolere ato que normalmente não admitiria ou, mesmo, obrigue-se a não praticar um ato jurídico que, em princípio, ser-lhe-ia lícito. A adimplência nas obrigações negativas depende da omissão. Por exemplo, não construir muros, não possuir animais.

Caracteriza-se pela sua natureza **infungível**, haja vista que toda omissão é uma atitude pessoal e intransferível do devedor. Difere, portanto, da obrigação de fazer que pode comumente ser satisfeita por terceiros, na base da fungibilidade.

Dividem-se as obrigações negativas em obrigações de não fazer **instantâneas** (sendo impossível o desfazimento da nova situação com restituição ao estado originário) e **permanentes** (quando, mesmo após o descumprimento, admitem a recomposição ao *status quo ante*). O art. 251 refere-se às obrigações permanentes, posto que passíveis de desfazimento. O parágrafo único do art. 251 autoriza o credor, em caso de urgência, a desfazer ou mandar desfazer, independentemente de autorização judicial, sem prejuízo do ressarcimento devido.

As relações jurídicas que criam obrigações de não fazer são aquelas que mais cerceiam a liberdade do contratante. Assim, poderá haver uma deliberação judicial no sentido de restringir o conteúdo de tais prestações, quando ofensivas à ordem econômica ou a direitos fundamentais do ser humano.

Acerca da extinção, nos termos do art. 250, "extingue-se a obrigação de não fazer, desde que, sem culpa do devedor, se lhe torne impossível abster-se do ato, que se obrigou a não praticar".

10.6 CLASSIFICAÇÃO ESPECIAL DAS OBRIGAÇÕES

Considerando o elemento **subjetivo**, as obrigações poderão ser: **fracionárias**, **conjuntas**, **disjuntivas** e **solidárias**.

No tocante ao elemento **objetivo** (a prestação) - além da classificação básica, que também utiliza esse critério (**prestações de dar**, **fazer** e **não fazer**) -, podemos apontar a existência de modalidades especiais de obrigações, a saber: **alternativas**, **facultativas**, **cumulativas**, **divisíveis** e **indivisíveis**, **líquidas** e **ilíquidas**.

Quanto ao elemento **acidental**, encontramos: **obrigação condicional**, **obrigação a termo** e **obrigação modal**.

Finalmente, quanto ao **conteúdo**, classificam-se as obrigações em: **obrigações de meio**, **obrigações de resultado** e **obrigações de garantia**.

10.6.1 Classificação especial quanto ao elemento subjetivo (sujeitos)

I. **Obrigações fracionárias:** nas obrigações fracionárias, concorre uma pluralidade de devedores ou credores, de forma que cada um deles responde apenas por parte da dívida ou tem direito apenas a uma proporcionalidade do crédito (*concursu partes fiunt*). É a **regra geral**. As obrigações fracionárias ou parciais podem ser, do ponto de vista ideal, decompostas em tantas obrigações quantos os credores ou devedores, pois, encaradas sob a ótica ativa, não formam um crédito coletivo, e, sob o prisma passivo, coligam-se tantas obrigações distintas quanto os devedores, dividindo-se o cumprimento da prestação entre eles.

As dívidas de dinheiro, por exemplo, são, em princípio, fracionárias (exemplo: João e Marta possuem uma dívida de R$ 200,00 em face de Maria e Paulo. Há, nesse caso, a citada presunção do rateio entre as partes – *concursu partes fiunt*). Em tais obrigações, por óbvio, pressupõe-se a divisibilidade da prestação. A respeito das obrigações fracionárias, Orlando Gomes (2004) enuncia regras básicas que defluem de sua própria estrutura: a) cada credor não pode exigir mais do que a parte que lhe corresponde e cada devedor não está obrigado senão à fração que lhe cumpre pagar; b) para os efeitos da prescrição, pagamento de juros moratórios ou nulidade da obrigação e cumprimento de cláusula penal, as obrigações são consideradas autônomas, não influindo a conduta de um dos sujeitos, em princípio, sobre o direito ou dever dos outros;

II. **Obrigações conjuntas:** também chamadas de unitárias ou de mão comum. Nesse caso, concorre uma pluralidade de devedores ou credores, impondo-se a todos o pagamento conjunto de toda a dívida, não se autorizando a um dos credores exigi-la individualmente;

III. **Obrigações disjuntivas:** nesta modalidade de obrigação, existem devedores que se obrigam alternativamente ao pagamento da dívida. Desde que um dos devedores seja escolhido para cumprir a obrigação, os outros estarão consequentemente exonerados, cabendo, portanto, ao credor a escolha do demandado. Diferem das obrigações solidárias por lhes faltar a relação interna que é própria do mecanismo da solidariedade, justificando, nesta última, o direito regressivo do devedor que paga;

IV. **Obrigações solidárias:** existe solidariedade quando, na mesma obrigação, concorre uma pluralidade de credores, cada um com direito à dívida toda (solidariedade ativa), ou uma pluralidade de devedores, individualmente obrigados à dívida por inteiro (solidariedade passiva). Nada impede que se fale também em solidariedade mista, ainda que não haja previsão legal específica. Principais postulados:

   a) **A solidariedade só se manifesta nas relações externas:** só se aplica entre os polos, eis que cada credor poderá exigir o pagamento da integralidade da dívida de qualquer devedor, como se fosse o único existente, assim como o devedor poderá exonerar-se pagando todo o montante a qualquer credor. Já nas relações internas, prevalece o direito apenas fracionário de reembolso dos cocredores que não receberam suas partes e o direito de regresso do devedor que pagou o preço em face dos codevedores;

   b) **Existe unidade objetiva da obrigação:** o objeto é único, embora concorram mais de um credor ou devedor, cada um deles com direito ou obrigado a toda a dívida. É isto o que defende a **teoria unitária** (majoritária), possibilitando que qualquer um que receba ou pague, extingue a obrigação. Também há a **teoria plural** (minoritária), que defende a existência de vários vínculos;

   c) **A solidariedade não se presume (art. 265):** nasce em virtude de convenção das partes ou imposição legal (arts. 932 e 942, parágrafo único, do CC e art. 2º, § 2º, da CLT). Ressalte-se que apesar de constituir exceção na atual

> codificação civil, a solidariedade é regra no Código de Defesa do Consumidor, o qual prescreve em seu art. 7º, parágrafo único: "tendo mais de um autor a ofensa, todos responderão solidariamente pela reparação dos danos previstos nas normas de consumo".

No campo da Responsabilidade Civil, o art. 942 do Código Civil traz a previsão da solidariedade.

Não se deve confundir as **obrigações solidárias** com as **obrigações *in solidum***. Nestas últimas, concorrem vários devedores, porém os liames que os unem ao credor são totalmente distintos, embora decorram de um único fato. Exemplo: suponhamos um caso de incêndio de uma propriedade segurada, causada por culpa de terceiro. Tanto a seguradora como o autor do incêndio devem à vítima indenização pelo prejuízo, porém não existe uma origem comum na obrigação.

Para verificação da solidariedade, não interessa a natureza jurídica do bem, por isso, não se confunde com a ideia de indivisibilidade. A solidariedade é criada pelo direito para facilitar o recebimento do crédito, revelando-se um artifício jurídico.

10.6.1.1 Solidariedade ativa

Traduz um concurso de credores na mesma obrigação, cada um com direito a exigir a dívida por inteiro (art. 267). É instituto pouco utilizado, pelo risco de os cocredores não obterem ressarcimento daquela que recebeu o pagamento, seja por incorrer em insolvência ou simples desonestidade. Muitos credores optam pela outorga de mandato, eis que os mandatários agem em nome alheio e em caráter revogável.

Vencida a dívida, poderá o devedor oferecer o pagamento a qualquer um dos credores, desonerando-se da prestação (art. 269). Todavia, se um dos credores se antecipar, acionando o devedor, surge o fenômeno da prevenção judicial (art. 268). Consequentemente, o devedor só poderá obter liberação pagando ao autor da ação, não lhe sendo lícito invocar o litisconsórcio ativo entre os demais credores, sob pena de desvirtuamento do instituto.

Poderá ocorrer, todavia, que um dos credores solidários, em vez de exigir a soma devida, haja perdoado a dívida (art. 272). Nesse caso, assim como quando recebe o pagamento, o credor remitente responderá perante os demais credores pela parte que lhes caiba. Contudo, se a remissão for motivo suficiente para o credor remitente cair em insolvência, não podendo ressarci-los, poderão os legitimados ajuizar a ação revocatória ou pauliana (art. 158).

O Código prevê, ainda, regra específica no que se refere ao falecimento de um dos credores na obrigação solidária ativa. Se um dos credores falecer, a obrigação se transmite a seus herdeiros, cessando a solidariedade em relação aos sucessores, uma vez que cada qual somente poderá exigir a quota do crédito relacionada com o seu quinhão de herança – a chamada **refração do crédito** (art. 270).

Contudo, para os demais credores nenhuma inovação acarreta o óbito do consorte. A prestação poderá ser reclamada por inteiro nos seguintes casos (MONTEIRO, 2003):

a) **se o credor falecido só deixou um herdeiro;**
b) **se todos os herdeiros agem conjuntamente; e**
c) **se indivisível a prestação.**

Finalmente, inovou o Código Civil ao prever regras inéditas atinentes à defesa do devedor e ao julgamento da lide assentada em solidariedade ativa. O art. 273 dispõe que "a um dos credores solidários não pode o devedor opor as exceções pessoais oponíveis aos outros".

Aliás, questões diversas resultam da solidariedade quanto ao instituto da prescrição. Há de ressaltar-se que as causas suspensivas - de caráter personalíssimo - não se comunicam aos cocredores, exceto se o objeto da obrigação foi indivisível (art. 201). A outro turno, quando se operam causas interruptivas em prol de um dos credores, o benefício incorpora-se aos cocredores (art. 204, § 1º).

Ainda na temática da solidariedade e da prescrição, registre-se que: a citação válida contra devedor fracionário não se estende aos demais; a interrupção perante o credor solidário se estende aos demais; a interrupção contra devedor solidário também se estende aos demais devedores.

Por fim, temos o inusitado art. 274 do Código Civil, alterado pelo Código de Processo Civil de 2015, o qual, penetrando na esfera do processo civil, estabelece:

> O julgamento contrário a um dos credores solidários não atinge os demais, mas o julgamento favorável aproveita-lhes, sem prejuízo de exceção pessoal que o devedor tenha direito de invocar em relação a qualquer deles.

A primeira parte do art. 274 não é novidade, pois a derrota do credor que tenha ajuizado a ação não vincula os outros credores, que podem propor outras ações. A derrota não se comunica com os demais credores. Para Gustavo Tepedino (2014), pode ocorrer extensão da coisa julgada *secundum eventum litis*, pois os credores que não participaram do processo apenas podem ser beneficiados com a coisa julgada, jamais prejudicados.

A segunda parte do artigo garante que se o julgamento for favorável, haverá o aproveitamento aos outros credores. Se o credor que propôs a ação ganha, a sua vitória poderá aproveitar os demais credores, salvo se se fundar em uma exceção pessoal (é defesa alegada pelo devedor: a comum afeta a todos os credores e a pessoal somente ao credor que ajuizou a ação).

Assim, se o juiz rejeitou uma defesa comum, não é preciso submeter os outros credores à necessidade de ajuizamento de ação. Todavia, se o juiz rejeita uma exceção pessoal (formulada somente perante o credor que ajuizou a ação), os credores deverão ajuizar outra ação, na medida em que não podem se aproveitar da defesa pessoal contra o credor que ajuizou a ação.

Entretanto, tem surgido na doutrina processualista entendimento de que a parte final do art. 274 não tem sentido, se interpretada literalmente. De fato, segundo Fredie Didier Jr. (2004), o julgamento favorável ao credor não pode ser respaldado em exceção pessoal, pois é alegação da defesa. Se assim fosse, a decisão seria desfavorável e, por força da primeira parte do art. 274, não haveria extensão dos efeitos aos demais credores. Portanto, não há julgamento favorável fundado em exceção pessoal. Ao se acolher a defesa, julga-se desfavoravelmente o pedido.

Nesse desiderato, uma vez que se o credor vai a juízo e ganha, essa decisão beneficiará os demais credores, salvo se o devedor tiver exceção pessoal que possa ser oposta a outro credor não participante do processo, pois em relação àquele que promoveu a demanda o devedor nada mais pode opor.

Hipótese corriqueira de solidariedade ativa surge em contratos bancários de conta conjunta. Também há casos (raros) de solidariedade ativa por força de lei, a exemplo do art. 2º da Lei n. 8.245/91 (Lei do Inquilinato), em que há presunção de solidariedade: "art. 2º Havendo mais de um locador ou mais de um locatário, entende-se que são solidários se o contrário não se estipulou".

O Estatuto do Idoso traz hipótese de solidariedade legal entre filhos na obrigação de prestar alimentos aos pais, enquadrados nas regras do estatuto: "art. 12. A obrigação alimentar é solidária, podendo o idoso optar entre os prestadores".

Por exemplo: três filhos – pode cobrar alimentos de um só deles, ficando este com direito de regresso em relação aos demais, observado o binômio necessidade/possibilidade.

10.6.1.2 Solidariedade passiva

Existe solidariedade passiva quando, em determinada obrigação, concorre uma pluralidade de devedores, cada um deles obrigado ao pagamento de toda a dívida. Nesse sentido, o art. 275:

> Art. 275. O credor tem direito a exigir e receber de um ou de alguns dos devedores, parcial ou totalmente, a dívida comum; se o pagamento tiver sido parcial, todos os demais devedores continuam obrigados solidariamente pelo resto.

> Parágrafo único. Não importará renúncia da solidariedade a propositura de ação pelo credor contra um ou alguns dos devedores.

Observe-se que não se cogita de concentração do débito o fato de o credor optar, preferencialmente, por um dos devedores, por tratar-se de litisconsórcio passivo facultativo. O parágrafo único afasta expressamente a aplicação da tese da *supressio*, conceituada como a perda de um direito pelo seu não exercício no tempo.

Assim como ocorre na solidariedade ativa, na passiva a pluralidade de devedores encontra-se internamente vinculada, de forma que aquele que pagou integralmente a dívida terá ação regressiva contra os demais (art. 283). Outrossim, o devedor que for demandado poderá opor ao credor as exceções que lhe forem pessoais e, bem assim, as defesas que forem comuns a todos os devedores. Não lhe aproveita, contudo, as defesas pessoais de outro devedor.

Saliente-se, ainda, que se o credor aceitar o pagamento parcial de um dos devedores, os demais só estarão obrigados a pagar o saldo remanescente. Da mesma forma, se o credor perdoar a dívida em relação a um dos devedores solidários, os demais permanecerão vinculados ao pagamento da dívida, abatida, por óbvio, a quantia relevada (art. 277). Destaque-se que a hipótese é de remissão ou pagamento de parte da dívida, e não simplesmente de exclusão do devedor solidário, pelo seu não acionamento, o que é direito potestativo do credor, *ultima ratio* (processualmente, esta última afirmação é relativizada pela figura do chamamento ao processo).

Quanto à responsabilidade dos devedores solidários, se a prestação se impossibilitar por dolo ou culpa de um dos devedores, todos permanecerão solidariamente obrigados ao pagamento do valor pelo equivalente. Entretanto, pelas perdas e danos só responderá o culpado (art. 279). Na solidariedade ativa a situação é diferente, mantendo-se a solidariedade também pelas perdas e danos.

Não se deve esquecer que, apesar de as obrigações solidárias estarem dirigidas à satisfação do mesmo interesse, são obrigações distintas, no sentido que cada uma delas pode ser apreciada isoladamente quanto aos requisitos de existência, validade e eficácia.

Nítida autonomia das obrigações dos devedores solidários é evidenciada no parágrafo único do art. 333 do CC, ao afastar-se o vencimento antecipado do débito dos codevedores solventes, na hipótese de insolvência de um deles.

Como ocorre com a solidariedade ativa, no caso de falecimento de um dos devedores solidários, cessa a solidariedade em relação aos sucessores do *de cujus*, eis que estes somente serão responsáveis até os limites de seus quinhões correspondentes (salvo se obrigação for indivisível). No entanto, veja que o próprio art. 276 estabelece que todos os herdeiros serão considerados conjuntamente como um devedor solidário em relação aos demais devedores. Assim, há que se distinguir a situação antes e depois da partilha. Proposta a ação de cobrança pelo credor antes da partilha, responde o montante pela dívida, não se aplicando o dispositivo em exame, já que todos os herdeiros se encontram reunidos em condomínio forçado. A regra incidirá, contudo, se já concluída a sucessão hereditária, cada herdeiro ficando obrigado pela sua parte.

Além da tradicional solidariedade derivada de negócio jurídico, várias situações de corresponsabilidade resultam de disposição expressa em lei, como, *v.g.*, o disposto no art. 942, visto anteriormente. Outra hipótese contemporânea de solidariedade legal é contemplada no Código de Defesa do Consumidor (art. 7º, parágrafo único).

> Art. 7º [...].
>
> Parágrafo único. Tendo mais de um autor a ofensa, todos responderão solidariamente pela reparação dos danos previstos nas normas de consumo.

O devedor que satisfez a dívida por inteiro tem direito a exigir de cada um dos codevedores a sua cota, dividindo-se igualmente por todos a do insolvente, se o houver, presumindo-se iguais, no débito, as partes de todos os codevedores (art. 283).

O credor pode renunciar à solidariedade em favor de um, de alguns ou de todos os devedores. Todavia, no caso de rateio entre os codevedores, contribuirão também os exonerados da solidariedade pelo credor, pela parte que na obrigação incumbia o insolvente (art. 284).

Ressalte-se que, quando um dos devedores solidários é remitido (perdoado) da obrigação, o resultado será o mesmo: diminuição do *quantum* a ser cobrado dos demais. Contudo, nos casos de exoneração da solidariedade poderá cobrar todo o débito: a parte do exonerado – fracionária – acrescido do restante dos outros devedores ainda solidários.

enunciados

Enunciado 349 da IV Jornada de Direito Civil do CJF/STJ: "com a renúncia à solidariedade quanto a apenas um dos devedores solidários, o credor só poderá cobrar do beneficiado a sua quota na dívida, permanecendo a solidariedade quanto aos demais devedores, abatida do débito a parte correspondente aos beneficiados pela renúncia".

Enunciado 350 da IV Jornada de Direito Civil do CJF/STJ: "a renúncia à solidariedade diferencia-se da remissão, em que o devedor fica inteiramente liberado do vínculo obrigacional, inclusive no que tange ao rateio da quota do eventual codevedor insolvente, nos termos do art. 284".

O art. 285, ao estabelecer que, se a dívida solidária interessar exclusivamente a um dos devedores, responderá este por toda ela para com aquele que pagar, enquadra-se perfeitamente na lógica da divisão dos elementos da obrigação no débito (*schuld*) e responsabilidade (*haftung*). Situação, por exemplo, do avalista em título de crédito.

Merece destaque, ainda, a diferenciação entre o **fiador** e o **interveniente garantidor solidário** dos contratos bancários. Essa figura dos contratos bancários é a instituição de uma garantia pessoal que se presta solidariamente, de tal forma que este interveniente garante com seu patrimônio solidariamente o pagamento do débito. O que acontece, porém, é que, às vezes, essa figura do interveniente vai mais além, porque não é só uma garantia pessoal e solidária, podendo dar um bem seu em garantia preferencial, ocasião em que será garantidor hipotecário sem prejuízo da garantia pessoal. Não se trata de uma figura típica, que consiste em um grande garantidor solidário.

jurisprudência

O TJMG e TJSP entendem que a nomenclatura adotada é irrelevante, sendo avalista ou fiador, pois é garantidor solidário da dívida. O STJ assim já decidiu, segundo o Informativo 198: "Garantidor solidário. Outorga uxória. Não há como se confundir a figura do 'interveniente garantidor solidário' com a do avalista ou fiador. Dessarte, não lhe são aplicáveis disposições legais cabíveis à fiança, o que afasta a necessidade da outorga uxória. Precedentes citados: REsp 6.268/MG, DJ 20.05.1991; REsp 3.238/MG, DJ 19.11.1990; REsp 538.832/RS, 3ª Turma, Rel. Min. Carlos Alberto Menezes Direito, j. 10.02.2004".

10.6.1.3 Subsidiariedade

A responsabilidade subsidiária é uma forma especial de solidariedade com benefício ou preferência de excussão de bens de um dos obrigados. Na responsabilidade subsidiária, temos que uma das pessoas tem o débito originário e a outra tem apenas a responsabilidade por esse débito. Por isso, existe uma preferência, dada pela lei, na ordem de excussão. Vale lembrar que a expressão "subsidiária" se refere a tudo que vem "em reforço de...". Assim, não podemos afirmar que existe, *a priori*, uma obrigação subsidiária, mas sim apenas uma responsabilidade subsidiária.

10.6.2 Classificação especial quanto ao elemento objetivo (prestação)

10.6.2.1 Obrigações alternativas

As obrigações alternativas (ou disjuntivas) são aquelas que têm por objeto duas ou mais prestações, sendo que o devedor se exonera cumprindo apenas uma delas. Consistem, portanto, em prestações de objeto múltiplo ou composto. Teoricamente, é possível fazer a distinção entre obrigações genéricas e alternativas. As primeiras são determinadas pelo gênero e somente são individualizadas no momento que se cumpre a obrigação; as segundas, por sua vez, têm por objeto prestações específicas, excludentes entre si. Como regra geral, o direito de escolha cabe ao devedor, se o contrário não houver sido estipulado no título da obrigação (art. 252). Entretanto, essa regra geral sofre alguns temperamentos, consoante deflui da análise dos parágrafos do art. 252:

> § 1º Não pode o devedor obrigar o credor a receber parte em uma prestação e parte em outra. [Princípio da indivisibilidade do objeto]
>
> § 2º Quando a obrigação for de prestações periódicas, a faculdade de opção poderá ser exercida em cada período.
>
> § 3º No caso de pluralidade de optantes, não havendo acordo unânime entre eles, decidirá o juiz, findo o prazo por este assinado para a deliberação.
>
> § 4º Se o título deferir a opção a terceiro, e este não quiser, ou não puder exercê-la, caberá ao juiz a escolha se não houver acordo entre as partes.

Merece destaque, por oportuno, que o princípio da indivisibilidade do objeto não se aplica ao contrato estimatório, pois é da própria natureza desse negócio a possibilidade de cumprimento em partes da obrigação, ou seja, o consignatário pode pagar parte do preço de estima e devolver parte das coisas consignadas.

Interessante notar que o Código não cuidou de estabelecer prazo para o exercício do direito de escolha. Por isso, a despeito da omissão, o CPC/2015, em seu art. 800, dispõe que:

> Art. 800. Nas obrigações alternativas, quando a escolha couber ao devedor, esse será citado para exercer a opção e realizar a prestação dentro de 10 (dez) dias, se outro prazo não lhe foi determinado em lei ou em contrato.
>
> § 1º Devolver-se-á ao credor a opção, se o devedor não a exercer no prazo determinado.
>
> § 2º A escolha será indicada na petição inicial da execução quando couber ao credor exercê-la.

Quanto à impossibilidade de cumprimento das obrigações alternativas, cumpre consignar o seguinte:

a) **Impossibilidade total:** abrange todas as prestações alternativas. Se for sem culpa do devedor – extingue-se a obrigação (art. 256); com culpa do devedor – se a escolha cabe ao devedor: deverá pagar o valor da prestação que por último se impossibilitou mais perdas e danos (art. 254); se a escolha cabe ao credor: poderá exigir o valor de qualquer das prestações, mais perdas e danos (art. 255);

b) **Impossibilidade parcial:** apenas de uma das prestações alternativas. Sem culpa do devedor – concentração do débito na prestação subsistente (art. 253); com culpa do devedor – se a escolha cabe ao devedor: concentração do débito na prestação subsistente (art. 253); se a escolha cabe ao credor: poderá exigir a prestação remanescente ou o valor da que se impossibilitou, mais perdas e danos (art. 255).

Por fim, impende salientar que é possível a retratação do devedor, desde que prove que incorreu em erro substancial, ignorando que a prestação era alternativa.

10.6.2.2 Obrigações facultativas

De início, frise-se que o Código Civil não cuidou dessa espécie obrigacional, também denominada obrigação com faculdade alternativa ou obrigação com faculdade de substituição. A obrigação é considerada facultativa quando, tendo um único objeto, o devedor tem a faculdade de substituir a prestação devida por outra de natureza diversa, prevista subsidiariamente. É um direito potestativo do devedor.

posicionamento doutrinário

Orlando Gomes (2004) reconhecia os seguintes efeitos às obrigações facultativas:

a) O credor não pode exigir o cumprimento da prestação facultativa;

b) A impossibilidade de cumprimento da prestação devida extingue a obrigação;

c) Somente a existência de defeito na prestação devida pode invalidar a obrigação.

O devedor se libertará adimplindo qualquer das prestações, mas o credor somente poderá lhe cobrar a principal. O principal objetivo desta modalidade de obrigação é facilitar o adimplemento.

Para Silvio Venosa (2011), não se confunde a obrigação facultativa com a dação em pagamento. Nesta é imprescindível a concordância do credor, enquanto na obrigação facultativa a faculdade é do próprio devedor, e só dele. Ademais, na dação em pagamento, a substituição do objeto do pagamento ocorre posteriormente ao nascimento da obrigação, enquanto na facultativa a possibilidade de substituição participa da raiz do contrato.

10.6.2.3 Obrigações cumulativas

As obrigações cumulativas ou conjuntivas são as que têm por objeto uma pluralidade de prestações, que devem ser cumpridas simultaneamente. Note-se que as prestações, mesmo diversas, devem ser cumpridas como se fossem uma só e encontram-se vinculadas pela partícula conjuntiva "e". No caso de perda do bem, aplica-se a mesma regra relativa às obrigações de dar coisa certa (arts. 234 a 236).

10.6.2.4 Obrigações divisíveis e indivisíveis

As obrigações divisíveis são aquelas que admitem o cumprimento fracionado ou parcial da prestação. As indivisíveis, por sua vez, só podem ser cumpridas por inteiro. O Código trata dessas obrigações divisíveis em seus arts. 257 e 258:

> Art. 257. Havendo mais de um devedor ou mais de um credor em obrigação divisível, esta presume-se dividida em tantas obrigações, iguais e distintas, quantos os credores ou devedores.

Art. 258. A obrigação é indivisível quando a prestação tem por objeto uma coisa ou um fato não suscetíveis de divisão, por sua natureza, por motivo de ordem econômica, ou dada a razão determinante do negócio jurídico.

À vista desses conceitos, vale mencionar que a divisibilidade ou indivisibilidade das obrigações só oferece interesse jurídico diante da existência de uma pluralidade de credores ou devedores. Isso porque nem o credor é obrigado a receber pagamentos parciais, nem o devedor a fazê-los, se outra coisa foi estipulada. O pagamento, pois, em princípio, deverá ser sempre feito em sua integralidade (art. 314).

A indivisibilidade poderá ser:

a) **Natural:** também denominada material. Decorre da própria natureza da prestação;
b) **Legal:** oriunda da lei. Exemplo: indivisibilidade de um lote urbano de 125 m^2;
c) **Contratual:** surge da vontade das próprias partes, que estipulam a indivisibilidade no próprio título da obrigação. Vale frisar que o "motivo de ordem econômica" e a "razão determinante do negócio jurídico" são expressões utilizadas pelo art. 258 para caracterizar outras formas de indivisibilidade que tanto podem ser legais ou convencionais. Exemplo: motivo de ordem econômica: um diamante de 50k tem maior valor que 10 diamantes de 5k.

Evidentemente, qualquer que seja a natureza da indivisibilidade, se concorrerem dois ou mais devedores, cada um deles estará obrigado pela dívida toda. Note-se, todavia, que o dever imposto a cada devedor de pagar a integralidade da dívida não significa que exista solidariedade entre eles, uma vez que é o objeto da própria obrigação que determina o cumprimento integral do débito. O efeito disso, porém, é muito semelhante à solidariedade, porquanto o devedor que paga integralmente a dívida sub-roga-se nos direitos do credor em relação aos outros coobrigados (trata-se de uma sub-rogação legal). No entanto, sub-rogação não se confunde com direito de regresso: na primeira há o efeito translativo de todos os direitos do credor, sendo mais abrangente que o segundo.

Por outro lado, se a pluralidade for de credores, poderá qualquer deles exigir a dívida inteira. O devedor se desobrigará em duas hipóteses:

a) **Pagando a todos os credores conjuntamente;**
b) **Pagando a um, dando este caução de ratificação dos outros credores.**

Recebendo a dívida por inteiro, o credor deverá repassar aos outros, em dinheiro, as partes que lhes caibam no total (art. 261). Essa regra se justifica pelo fato de que a coligação entre os credores decorreu da própria impossibilidade de fracionamento da prestação, e, se assim foi, os outros deverão se contentar com as suas parcelas em dinheiro. Se um dos credores remitir a dívida, a obrigação não ficará extinta para com os outros, mas estes só a poderão exigir, descontada a quota do credor remitente (art. 262).

Ademais, por força do que dispõe o *caput* do art. 263 do Código, perde a qualidade de indivisível a obrigação que se resolver em perdas e danos, sendo que se houver culpa de todos os devedores, responderão por partes iguais (art. 263, § 1º). Havendo perecimento do objeto da prestação indivisível por culpa de apenas um dos devedores, todos respondem, de maneira divisível, pelo equivalente e só o culpado, pelas perdas e danos (Enunciado 540 do CJF).

Neste ponto, não se pode deixar de mencionar a existência de divergência doutrinária na interpretação do § 2º do art. 263, o qual preceitua, *in verbis*: "se for de um só a culpa, ficarão exonerados os outros, respondendo só esse pelas perdas e danos".

posicionamento doutrinário

De fato, segmento da doutrina entende que a exoneração mencionada no parágrafo em questão é total, atingindo tanto a obrigação em si (dano emergente) quanto a indenização suplementar (lucros cessantes), ambas englobadas pela expressão perdas e danos. É o entendimento, por exemplo, de Maria Helena Diniz (2009). Outros autores, como Alvaro Villaça Azevedo (2001), entendem que a exoneração prevista se refere apenas às perdas e danos, permanecendo em relação aos demais devedores a obrigação de pagamento de suas cotas. Para Silvio Venosa se a culpa recair em apenas um, este responderá por perdas e danos, mas, evidentemente, todos responderão pelo valor da prestação.

Como decorrência da indivisibilidade da prestação, em matéria de prescrição, a sua declaração aproveita a todos os devedores, mesmo que haja sido reconhecida em face de apenas um, assim como a suspensão ou interrupção interfere na situação jurídica de todos.

Outrossim, convém traçar a diferença existente entre **obrigações solidárias** e as **obrigações indivisíveis**. Nesse sentido, tem-se que:

a) A causa da solidariedade é o título; e a da indivisibilidade é, normalmente, a natureza da obrigação;

b) Na solidariedade, cada devedor paga por inteiro, porque deve integralmente, enquanto na indivisibilidade solve a totalidade em razão da impossibilidade jurídica de se repartir a coisa devida em quotas;

c) A solidariedade é uma relação subjetiva e a indivisibilidade objetiva. Enquanto a indivisibilidade assegura a unidade da prestação, a solidariedade visa a facilitar a satisfação do crédito;

d) A indivisibilidade se justifica com a própria natureza da prestação, quando o objeto é, em si mesmo, insuscetível de fracionamento, enquanto a solidariedade é sempre de origem técnica, resultando da lei ou da vontade das partes;

e) A solidariedade cessa com a morte dos devedores, já a indivisibilidade subsiste enquanto a prestação suportar;

f) A indivisibilidade termina quando a obrigação se converte em perdas e danos, enquanto a solidariedade conserva este atributo.

10.6.2.5 Obrigações líquidas e ilíquidas

Líquida é a obrigação certa quanto à sua existência e determinada quanto ao seu objeto. A obrigação ilíquida, por sua vez, carece de especificação do seu *quantum*, para que possa ser cumprida. A apuração processual se dá por meio do procedimento de liquidação previsto a partir do art. 509 do Novo Código de Processo Civil.

10.6.3 Classificação especial quanto ao elemento acidental

10.6.3.1 Obrigações condicionais

As obrigações condicionadas subordinam-se a evento futuro e incerto. Lembre-se que condição é a determinação acessória que faz com que a eficácia da vontade declarada dependa de algum acontecimento futuro e incerto. Nesses casos, a aposição de cláusula dessa natureza no ato negocial subordina não apenas a sua eficácia jurídica, mas, principalmente, os direitos e deveres decorrentes do negócio jurídico, de tal sorte que, enquanto não se implementar a condição, não poderá o credor exigir o cumprimento da dívida.

10.6.3.2 Obrigações a termo

Se a obrigação tiver sua exigibilidade ou sua resolução subordinada a evento futuro e certo, estaremos diante de uma obrigação a termo. Em regra, nas obrigações a termo, poderá o devedor antecipar o pagamento, sem que isso caracterize enriquecimento sem causa do credor, eis que apenas a exigibilidade está suspensa.

10.6.3.3 Obrigações modais

As obrigações modais são aquelas oneradas com encargo imposto a uma das partes que experimentará um benefício.

Finalmente, se a obrigação não for condicional, a termo ou modal, diz-se que a obrigação é pura.

10.6.4 Classificação especial quanto ao conteúdo

10.6.4.1 Obrigações de meio

A obrigação de meio é aquela em que o devedor se obriga a empreender sua atividade, sem garantir, todavia, o resultado esperado. Nesse sentido, o STJ entende que a obrigação assumida pelos médicos é, em regra, de meio, com exceção das cirurgias plásticas estéticas, que se caracterizam como obrigação de resultado.

10.6.4.2 Obrigação de resultado

Nesta modalidade obrigacional, o devedor se obriga não apenas a empreender a sua atividade, mas, principalmente, a produzir o resultado esperado pelo credor. Ex.: construir uma casa.

10.6.4.3 Obrigações de garantia

Por fim, parte da doutrina lembra-se da existência das chamadas "obrigações de garantia", que não se enquadram perfeitamente em nenhuma das duas anteriores. De fato, tais obrigações têm por conteúdo eliminar riscos que pesam sobre o credor, reparando suas consequências. A eliminação do risco representa bem suscetível de aferição econômica. Ex.: contrato de seguro.

10.7 TRANSMISSÃO DAS OBRIGAÇÕES

A transmissão das obrigações é construção dogmática do direito moderno, desconhecida do direito romano, o qual, aferrado ao caráter estritamente pessoal do instituto, não reconhecia tal possibilidade. Ao criar formas de sucessão nas obrigações, por atos *inter vivos*. A civilística do século XX avançou no sentido de **despersonalização do crédito**, instituindo um dos mais importantes instrumentos da vida econômica, no pensamento de Orlando Gomes (2004).

A **cessão**, em sentido amplo, pode ser conceituada como a transferência negocial, a título oneroso ou gratuito, de uma posição na relação jurídica obrigacional, tendo como objeto um direito ou um dever, com todas as características previstas antes da transmissão.

Diante da definição exposta, podemos concluir que o direito pátrio admite três formas de transmissão das obrigações:

I. **Cessão de Crédito**;
II. **Cessão de Débito**; e
III. **Cessão de Contrato**, em que crédito e débito são cedidos ao mesmo tempo.

O Código atual, além de prever a cessão de crédito (arts. 286 a 298), como o anterior, trata também da cessão de débito (ou assunção de dívida, arts. 299 a 303). Já a cessão de contrato não recebeu tratamento específico, continuando a sua existência a ser admitida pela jurisprudência e debatida pela doutrina.

10.7.1 Da cessão de crédito

É o negócio pelo qual o credor (cedente) transfere a terceiro (cessionário) seu direito na relação obrigacional. O art. 286 do Código prevê:

> Art. 286. O credor pode ceder o seu crédito, se a isso não se opuser a natureza da obrigação, a lei, ou a convenção com o devedor; a cláusula proibitiva da cessão não poderá ser oposta ao cessionário de boa-fé, se não constar do instrumento da obrigação.

Assim, temos que apesar de a negociabilidade ser a regra em matéria de direitos patrimoniais, existem créditos que não podem ser cedidos, principalmente quando decorrem de relações estritamente pessoais, como as de direito de família (alimentos) e nos casos envolvendo os direitos da personalidade.

A Cessão de Crédito deverá ser celebrada mediante instrumento público ou instrumento particular revestido das formalidades do § 1º do art. 654 (indicação do lugar em que foi passado, qualificação das partes, objetivo e extensão da cessão), a fim de que possa, segundo o art. 288, ser eficaz em relação a terceiros.

Vale salientar, no entanto, que, para ser dotada de eficácia *erga omnes*, é necessária a transcrição no Registro de Títulos e Documentos, conforme previsão constante no art. 129 Lei de Registros Públicos (Lei n. 6.015/73), segundo o qual:

> Estão sujeitos a registro, no Registro de Títulos e Documentos, para surtir efeitos em relação a terceiros: [...] 9º) os instrumentos de cessão de direitos e de créditos, de sub-rogação e de dação em pagamento.

No que se refere ao devedor, não é necessária sua participação ou concordância para que a cessão seja válida, mas ela não terá eficácia se o seu devedor não for notificado. Essa notificação pode ser judicial ou extrajudicial, admitindo-se, inclusive, a notificação presumida, a qual ocorre quando o devedor, em escrito público ou particular, declara-se ciente da cessão feita (aplicação do princípio da boa-fé objetiva e teoria dos atos próprios – *venire contra factum proprium*). Admite-se, também, que a citação inicial para a ação de cobrança equivale à notificação, produzindo os mesmos efeitos.

posicionamento doutrinário

Ressalte-se, no entanto, que conforme exposto por José Fernando Simão (2019, p. 170): "O devedor não é parte na cessão de crédito. É por isso que a cessão existe, é válida e eficaz quando há o encontro das vontades do cedente e do cessionário. A eficácia, contudo, dirá respeito somente às partes. Para que a cessão seja eficaz com relação ao devedor, este deve ser notificado. A eventual oposição do devedor à cessão é irrelevante, bem como sua discordância. A cessão é válida ainda que o devedor dela discorde. A notificação será expressa quando partir do cedente ou do cessionário e, nessa hipótese, a lei não exige forma. Poderá ser, inclusive, verbal, e isso não compromete a validade da notificação. Contudo, admite-se a notificação presumida quando o devedor se declara ciente da cessão de crédito. Esta será necessariamente por escrito, sob pena de nulidade. A lei admite o instrumento público (lavrado pelo Tabelionato de Notas) ou particular. Isso garante segurança jurídica. Evitam-se dúvidas quanto à efetiva ciência da cessão por parte do devedor. A notificação não tem por escopo a obtenção de concordância do devedor. Ainda que ele se oponha à cessão, esta produzirá todos os seus efeitos, pois o devedor é um terceiro que dela não faz parte. Antes da notificação, o cedente será considerado, para o devedor, credor putativo e, portanto, se o devedor lhe pagar, terá pago bem (agiu de boa-fé, pois desconhecia a cessão) e estará exonerado da prestação. Caberá ao cessionário (credor real) cobrar do cedente (credor putativo). Depois da notificação, o devedor tem ciência da cessão. Se pagar ao cedente, terá pago mal (agiu de má-fé, pois conhecia a cessão) e não estará exonerado da prestação. Caberá ao cessionário (credor real) cobrar do devedor o valor devido. É o conhecido brocardo: quem paga mal, paga duas vezes".

Conforme disposto no art. 294 do Código Civil, o devedor só poderá alegar contra o cessionário as defesas que tinha contra o cedente à época da notificação da cessão, jamais as incorporadas posteriormente. Além disso, deverá alegá-las no momento que é notificado, sob pena de preclusão. Já as defesas pessoais contra o cessionário poderão ser alegadas a qualquer tempo. A razão de ser dessa norma reside no fato de que a cessão não poderia tornar os direitos do cessionário mais amplos, podendo o devedor opor as exceções justamente para impedir a utilização da cessão como expediente para obter favorecimento indevido.

Vale notar que se tratou aqui das exceções pessoais, pois as referentes ao crédito podem ser invocadas a qualquer tempo, tanto contra o cedente como contra o cessionário. Isto porque o crédito mantém-se inalterado com a transmissão da obrigação, que opera apenas do ponto de vista subjetivo.

O cedente é responsável perante o cessionário pela existência do crédito ao tempo que lhe cedeu, sendo que tal existência não é apenas a material, mas a existência em condições de permitir ao adquirente desse crédito o exercício dos direitos de credor, pois o crédito pode ser, por exemplo, de difícil ou impossível cobrança: devedor que mora em país que não cumpre carta rogatória do Brasil. Contudo, tratando-se de cessões gratuitas, o cedente só terá responsabilidade pela existência do crédito se tiver agido de má-fé. É a chamada **garantia de direito**.

No que se refere à solvência do devedor, não estará o cedente, em regra, responsável pela liquidação do crédito, a menos que tenha agido com má-fé, induzindo o cessionário a celebrar o negócio já ciente da insolvência do devedor. Portanto, para o direito civil brasileiro, a cessão de crédito é ***pro soluto***. Contudo, nada impede que as partes venham a consignar essa responsabilidade, chamada pela doutrina de **garantia simplesmente de fato**. De qualquer forma, o cedente não responderá, neste caso, por mais do que do cessionário recebeu, acrescido dos respectivos juros, despesas da cessão e gastos por estes despendidos com a cobrança do crédito. Havendo previsão de responsabilidade pela solvência do crédito no instrumento obrigacional, a cessão é denominada ***pro solvendo***.

Salvo disposição em contrário, na cessão de um crédito, abrangem-se todos os seus acessórios, como no caso de juros, da multa e das garantias em geral (art. 287). A cessão desses acessórios é caso de **cessão legal**.

Estabelece o art. 292 que:

> Art. 292. Fica desobrigado o devedor que, antes de ter conhecimento da cessão, paga ao credor primitivo, ou que, no caso de mais de uma cessão notificada, paga ao cessionário que lhe apresenta, com o título de cessão, o da obrigação cedida; quando o crédito constar de escritura pública, prevalecerá a prioridade da notificação.

Assim, no caso de mais de uma cessão notificada, o devedor deve pagar ao cessionário que se apresenta munido do instrumento da cessão e do crédito, mas quando o crédito constar de documento público prevalecerá a prioridade da notificação. Observe-se, igualmente, que como a citação supre a notificação, uma vez demandado judicialmente pelo cessionário, o devedor não poderá efetuar pagamento válido ao devedor primitivo.

Finalmente, não se pode deixar de mencionar que não há, na cessão, a extinção do vínculo obrigacional, razão pela qual deve ela ser diferenciada em relação à sub-rogação e à novação, formas especiais de pagamento.

tome nota!

As diferenças são expostas de forma clara no quadro a seguir:

CESSÃO DE CRÉDITO	PAGAMENTO COM SUB-ROGAÇÃO	NOVAÇÃO SUBJETIVA ATIVA
Forma de transmissão das obrigações.	Forma de pagamento indireto pela substituição do credor, mantendo-se os demais elementos obrigacionais.	Forma de pagamento indireto onde há o surgimento de uma nova obrigação.
Decorre de um contrato sujeito aos requisitos de validade dos negócios jurídicos em geral.	Os direitos do sub-rogado derivam do próprio pagamento.	Decorre de um contrato sujeito aos requisitos de validade dos negócios jurídicos em geral.
Não há pagamento.	Há o pagamento sem extinção da obrigação.	Não há pagamento.
Há necessidade de notificação do devedor para que o mesmo saiba a quem pagar.	Não há necessidade de notificação do devedor, a não ser na hipótese do art 347, II.	Nasce a partir de uma tripla convergência de vontades: do devedor, do credor original e do novo.
Caráter gratuito ou oneroso.	Caráter somente gratuito, limitando-se ao valor reembolsado.	Caráter gratuito.
O cedente assegura ao cessionário a existência do crédito, mas tratando-se de cessões gratuitas, o cedente só terá responsabilidade pela existência do crédito se tiver agido de má-fé. Não estará o cedente, em regra, responsável pela solvência do devedor.	Não há garantia de existência do crédito. Não estará o cedente responsável pela solvência do devedor, salvo se obteve por má-fé a substituição.	A insolvência do novo devedor não confere ao credor o direito de regresso do antigo, salvo se este obteve por má-fé a substituição.

10.7.2 Da assunção de dívida ou cessão de débito

É o negócio jurídico bilateral pelo qual um terceiro, estranho à relação obrigacional, assume a posição de devedor, responsabilizando-se pela dívida, sem extinção da obrigação, que subsiste com os seus acessórios. Esse novo devedor, que assume a dívida, também é denominado terceiro assuntor.

Esta modalidade de transmissão das obrigações exerce função econômica e social semelhante à da cessão de crédito, na medida em que facilita o acerto de contas sem deslocamento de numerário, dinamizando a circulação de bens e permitindo a continuidade das relações econômicas. Sua conveniência é evidente em situações como a transferência do estabelecimento comercial com a assunção do passivo; a alienação do imóvel objeto de hipoteca, com a assunção da dívida que ele garantia; ou na aquisição do prédio com assunção das despesas com benfeitorias.

A assunção de dívida pode operacionalizar-se de duas formas distintas:

a) **Expromissão (modalidade unifigurativa):** caracterizada pelo contrato entre credor e um terceiro, que assume a posição de novo devedor, sem necessidade de comparecimento do antigo devedor. Essa forma de assunção pode ser: **liberatória**, quando o devedor primitivo se exonera da obrigação; e **cumulativa**, quando o expromitente entra na relação como novo devedor, ao lado do devedor primitivo.

enunciado

Enunciado 16 da I Jornada de Direito Civil do CJF – "O art. 299 do Código Civil não exclui a possibilidade da assunção cumulativa da dívida quando dois ou mais devedores se tornam responsáveis pelo débito com a concordância do credor."

b) **Delegação (modalidade bifigurativa):** caracterizada pelo acordo entre o devedor originário (delegante) e o terceiro que vai assumir a dívida (delegatário), cuja validade depende da aquiescência do credor (delegado). Pode ser **privativa**, com exoneração do delegante, ocasião em que o terceiro assume integralmente a posição debitória; ou **simples**, quando o terceiro ingressa no vínculo obrigacional sem a demissão do delegante. Neste último caso, permanece vinculado o devedor originário, alterando-se apenas sua responsabilidade, que passa a ser subsidiária. Para o delegante, portanto, surge uma espécie de benefício de ordem, tal como ocorre com o cedente do crédito que assume responsabilidade pela solvência do devedor.

O Código Civil aparenta referir-se apenas à segunda modalidade acima mencionada, já que faz alusão a "consentimento expresso do credor", estabelecendo no art. 299, parágrafo único, que "qualquer das partes pode assinar prazo ao credor para que consinta na assunção da dívida, interpretando-se o seu silêncio como recusa".

Essa regra geral, de que o consentimento do credor deve ser expresso, é excetuada pela art. 303, o qual dispõe que:

> O adquirente de imóvel hipotecado pode tomar a seu cargo o pagamento do crédito garantido; se o credor, notificado, não impugnar em trinta dias a transferência do débito, entender-se-á dado o assentimento.

Em verdade, neste caso deveria ser dispensada a anuência do credor, pois sua segurança reside muito mais na garantia em si do que na pessoa do devedor.

Essa regra foi inserida com uma finalidade social, qual seja, facilitar o acesso dos indivíduos aos bens imóveis, já que quando alguém transfere uma dívida decorrente da aquisição de imóvel, quer, na verdade, transferir o imóvel que está hipotecado para garantia do pagamento da dívida, para que outra pessoa assuma o financiamento.

Entretanto, em que pese bem-intencionada, a norma trouxe um problema de conflito de leis: as dívidas para aquisição da casa própria normalmente são feitas por meio do Sistema Financeiro da Habitação (SFH), regulado pela Lei n. 8.004/90, a qual estabelece a exigência de anuência expressa do agente financeiro (credor hipotecário – banco), que fará um refinanciamento para o novo devedor. Daí surge a dúvida: será que o art. 303 revogou o disposto na Lei n. 8.004/90, em relação a essa exigência de anuência expressa? Godoy entende que não revogou, na medida em que, se o art. 303 do Código Civil trata de uma regra especial (assunção de dívida especial), a Lei n. 8.004/90 trata de uma regra ainda mais especial em relação este dispositivo, pois regula a assunção de dívida para aquisição de imóvel por meio do SFH.

Súmula 586 do STJ sobre o SFH, cujo teor é: "A exigência de acordo entre o credor e o devedor na escolha do agente fiduciário aplica-se, exclusivamente, aos contratos não vinculados ao Sistema Financeiro da Habitação - SFH."

Assim, nos termos do Enunciado 16 do CJF, já transcrito anteriormente, são possíveis duas situações na assunção cumulativa ou coassunção:

I. **Dois novos devedores se responsabilizam pela dívida;** ou

II. **O antigo devedor continua responsável, em conjunto com o novo devedor.**

Entretanto, ficará sem efeito a exoneração do devedor primitivo se, ao tempo da assunção, o novo devedor era insolvente e o credor o ignorava.

Segundo o Código, com a assunção, consideram-se extintas as garantias especiais originariamente dadas pelo devedor primitivo ao credor, sendo consideradas como tais aquelas que não são da essência da dívida e que foram prestadas em atenção à pessoa do devedor, como por exemplo, a fiança, o aval, a hipoteca de terceiro. Neste caso, só subsistirão com a concordância expressa do devedor primitivo e, em alguns casos, também do terceiro que houver prestado a garantia. Já quanto às garantias reais prestadas pelo próprio devedor originário, entende parte minoritária da doutrina (por todos, Maria Helena Diniz, 2019, por exemplo) que não são atingidas pela assunção, a não ser que o credor abra mão delas expressamente. Há certa controvérsia acerca das garantias legais, mas, considerando que costumam ser impostas em razão de uma tutela específica do credor, sua permanência pós a assunção parece em harmonia com sua função.

enunciados

IV Jornada de Direito Civil – Enunciado 352 – "Salvo expressa concordância dos terceiros, as garantias por eles prestadas se extinguem com a assunção da dívida; já as garantias prestadas pelo devedor primitivo somente serão mantidas se este concordar com a assunção."

V Jornada de Direito Civil – Enunciado 422 – "A expressão 'garantias especiais' constante do art. 300 do CC/2002 refere-se a todas as garantias, quaisquer delas, reais ou fidejussórias, que tenham sido prestadas voluntária e originariamente pelo devedor primitivo ou por terceiro, vale dizer, aquelas que dependeram da vontade do garantidor, devedor ou terceiro para se constituírem."

V Jornada de Direito Civil – Enunciado 423 – "O art. 301 do CC deve ser interpretado de forma a também abranger os negócios jurídicos nulos e a significar a continuidade da relação obrigacional originária em vez de 'restauração', porque, envolvendo hipótese de transmissão, aquela relação nunca deixou de existir."

V Jornada de Direito Civil – Enunciado 424 – "A comprovada ciência de que o reiterado pagamento é feito por terceiro no interesse próprio produz efeitos equivalentes aos da notificação de que trata o art. 303, segunda parte."

10.7.3 Cessão de contrato ou cessão de posição contratual

Apesar de não ser regulamentada em lei, a cessão de contrato tem existência jurídica como negócio jurídico atípico. De fato, ela pode enquadrar-se no art. 425 da atual codificação, segundo o qual: "é lícito às partes estipular contratos atípicos, observadas as normas gerais fixadas neste Código".

A cessão de contrato pode ser conceituada como sendo a transferência da inteira posição ativa ou passiva da relação contratual, incluindo o conjunto de direitos e obrigações de que é titular uma pessoa. Por conseguinte, por meio desse negócio jurídico, há o ingresso de um terceiro no contrato-base, alterando a titularidade de relações que envolvia a posição do cedente no citado contrato.

Para que a cessão de contrato seja válida, é necessária a autorização do outro contratante, como ocorre com a cessão de débito, vez que a posição de devedor é cedida com o contrato. Essa forma de transmissão ocorre, em regra, em contrato de duração, como contratos de cessão de locação, contratos de fornecimento ou de financiamento.

O "**contrato de gaveta**" é um exemplo prático muito comum da cessão de contrato, que são aqueles de incorporação imobiliária em que o comprador cede a sua posição contratual a outrem, sem a ciência ou concordância do vendedor.

jurisprudência

A jurisprudência sempre se mostrou dividida quanto à validade ou não desta cessão contratual, mas em 2005 o Superior Tribunal de Justiça entendeu pela legitimidade do cessionário, a quem foi transferido o contrato de gaveta, em requerer a revisão de financiamento efetuado pelo Sistema Financeiro de Habitação (REsp 705.231/RS, Rel. Min. Eliana Calmon, DJU 16.05.2005). Em 2009 o STJ deu outro tratamento à questão, prescrevendo que a cessão do mútuo hipotecário não poderia se dar contra a vontade do agente financeiro. Hodiernamente, o reconhecimento da legitimidade ad causam *do terceiro adquirente apenas se a cessão do contrato tiver ocorrido até 25.10.1996 e se o contrato de mútuo estiver coberto pelo FCVS:*

"Agravo regimental. Agravo de instrumento. Contrato de financiamento imobiliário. SFH. Art. 535, II do CPC. Ausência de omissão. Cessão de direitos sem anuência da instituição financeira. Contrato de gaveta. Ilegitimidade ativa 'ad causam'. [...] 2. O art. 22, da Lei n. 10.150/2000, somente autoriza a equiparação do terceiro adquirente, que obteve a cessão do financiamento sem a concordância do agente financeiro, ao mutuário originário, para todos os efeitos inerentes aos atos necessários à liquidação e habilitação junto ao FCVS, se a transferência ocorreu até 25 de outubro de 1996 e se o contrato de mútuo possui a cobertura do aludido Fundo [...]." (STJ, AgRg no Ag 1.165.621/RS, 4ª Turma, Rel. Min. Maria Isabel Gallotti, DJe 28.02.2012).

"A jurisprudência consolidada do Superior Tribunal de Justiça revela-se no sentido de que, nos 'contratos de gaveta', firmados em data posterior a 25 de outubro de 1996, a anuência da instituição financeira é condição para que o cessionário tenha legitimidade ativa para propor ação de revisão de cláusulas contratuais" (STJ, AgRg no Ag 1423463/DF, Rel. Min. Luís Felipe Salomão, 4ª Turma, DJe 26.10.2011).

QUADRO SINÓTICO

OBRIGAÇÕES	
CONCEITO	O **direito das obrigações** é o conjunto de regras e princípios jurídicos reguladores das relações patrimoniais entre um credor (sujeito ativo) e um devedor (sujeito passivo), a quem incumbe o dever de cumprir, espontânea ou coativamente, uma prestação de dar, fazer ou não fazer.
ELEMENTOS CONSTITUTIVOS DA OBRIGAÇÃO	a) **Elemento Subjetivo (sujeitos ou partes):** o **Sujeito Ativo (credor)** é aquele que tem o direito de exigir o cumprimento da obrigação. Por outro lado, **Sujeito Passivo (devedor)** é quem, na ótica civil, assume um dever de cumprir o conteúdo da obrigação, sob pena de responder com seu patrimônio.

OBRIGAÇÕES	
ELEMENTOS CONSTITUTIVOS DA OBRIGAÇÃO	**b) Elemento Objetivo (objeto ou prestação):** o **objeto imediato** da obrigação é a prestação, que pode ser positiva (dar ou fazer) ou negativa (não fazer). Já o **objeto mediato** da obrigação é o bem jurídico (coisa, tarefa, abstenção), que também é o objeto imediato da prestação. Deve ser **lícito**, **possível** e **determinado** (quando a obrigação é especificada) ou **determinável** (para a obrigação genérica, p. ex., dar coisa incerta) (art. 104). **c) Elemento Ideal (vínculo ou relação jurídica):** o vínculo é dividido em dois elementos: **dívida (ou débito)** – liame que vincula o devedor ao credor – e **responsabilidade do devedor** (em caso de inadimplemento, o devedor responde com o seu patrimônio pelo cumprimento do débito).
CLASSIFICAÇÃO	**a) Obrigação Natural (ou imperfeita) e Obrigação Civil:** as obrigações classificam-se em civis e naturais, na medida em que sejam exigíveis ou apenas pagáveis (desprovidas de exigibilidade jurídica). A obrigação natural (ou imperfeita) é um *debitum* em que não se pode exigir judicialmente a responsabilização patrimonial (*obligatio*). **b) Obrigações Ambulatórias, Mistas (reais, *in rem*, *ob rem* ou *propter rem*) e Obrigações com Eficácia Real:** sempre que a indeterminabilidade do credor ou do devedor constituir o destino natural dos direitos oriundos da relação, ou seja, for da própria essência da obrigação examinada, estaremos diante do que se convencionou chamar de **obrigação ambulatória**. Já as **obrigações *propter rem*** decorrem de um direito real sobre determinada coisa, aderindo a essa e, por isso, acompanhando as modificações de seu titular. Por fim, enquanto na *propter rem* o sujeito somente responde pelo período em que for titular do direito real, no ônus real (eficácia real), pelo período anterior.
MODALIDADES	**a) Obrigação de Dar:** as obrigações de dar, que têm por objeto prestações de coisas, consistem na atividade de **dar** (transferindo-se a propriedade da coisa), **entregar** (transferindo-se a posse ou a detenção da coisa) ou **restituir** (quando o credor recupera a posse ou a detenção da coisa entregue ao devedor). Subdividem-se, todavia, em obrigações de **dar coisa certa** e obrigações de **dar coisa incerta.** **b) Obrigações de Fazer:** nas obrigações de fazer, interessa ao credor a própria atividade do devedor. Pretende o credor a prestação de um fato, e não o bem que eventualmente dele resulte. Em tais casos, a depender da possibilidade ou não de o serviço ser prestado por terceiro, a prestação do fato poderá ser fungível ou infungível.

OBRIGAÇÕES	
MODALIDADES	c) **Obrigações de Não Fazer:** a obrigação de não fazer tem por objeto uma prestação negativa, um comportamento omissivo do devedor. Caracteriza-se pela sua natureza **infungível**, haja vista que toda omissão é uma atitude pessoal e intransferível do devedor.
CLASSIFICAÇÃO ESPECIAL DAS OBRIGAÇÕES	a) **Obrigações Fracionárias:** regra geral em que concorre uma pluralidade de devedores ou credores, de forma que cada um deles responde apenas por parte da dívida ou tem direito apenas a uma proporcionalidade do crédito (*concursu partes fiunt*). b) **Obrigações Conjuntas:** concorre uma pluralidade de devedores ou credores, impondo-se a todos o pagamento conjunto de toda a dívida, não se autorizando a um dos credores exigi-la individualmente. c) **Obrigações Disjuntivas:** existem devedores que se obrigam alternativamente ao pagamento da dívida. d) **Obrigações Solidárias:** quando, na mesma obrigação, concorre uma pluralidade de credores, cada um com direito à dívida toda (solidariedade ativa), ou uma pluralidade de devedores, individualmente obrigados à dívida por inteiro (solidariedade passiva). e) **Obrigações Alternativas:** aquelas que têm por objeto duas ou mais prestações, sendo que o devedor se exonera cumprindo apenas uma delas. f) **Obrigações Facultativas:** quando, tendo um único objeto, o devedor tem a faculdade de substituir a prestação devida por outra de natureza diversa, prevista subsidiariamente. g) **Obrigações Cumulativas:** têm por objeto uma pluralidade de prestações, que devem ser cumpridas simultaneamente. h) **Obrigações Divisíveis e Indivisíveis:** as obrigações divisíveis são aquelas que admitem o cumprimento fracionado ou parcial da prestação. As indivisíveis, por sua vez, só podem ser cumpridas por inteiro. i) **Obrigações Líquidas e Ilíquidas:** Líquida é a obrigação certa quanto à sua existência e determinada quanto ao seu objeto. A obrigação ilíquida, por sua vez, carece de especificação do seu *quantum*, para que possa ser cumprida. j) **Obrigações Condicionais:** subordinam-se a evento futuro e incerto. k) **Obrigações a Termo:** se a obrigação tiver sua exigibilidade ou sua resolução subordinada a evento futuro e certo, estaremos diante de uma obrigação a termo. l) **Obrigações Modais:** oneradas com encargo imposto a uma das partes que experimentará um benefício.

OBRIGAÇÕES	
CLASSIFICAÇÃO	a) **Obrigações de Meio:** em que o devedor se obriga a empreender sua atividade, sem garantir, todavia, o resultado esperado. b) **Obrigações de Resultado:** o devedor se obriga não apenas a empreender a sua atividade, mas, principalmente, a produzir o resultado esperado pelo credor. c) **Obrigações de Garantia:** têm por conteúdo eliminar riscos que pesam sobre o credor, reparando suas consequências.
TRANSMISSÃO DAS OBRIGAÇÕES	a) **Cessão** é a transferência negocial, a título oneroso ou gratuito, de uma posição na relação jurídica obrigacional, tendo como objeto um direito ou um dever, com todas as características previstas antes da transmissão. b) **Cessão de Crédito:** é o negócio pelo qual o credor (cedente) transfere a terceiro (cessionário) seu direito na relação obrigacional. c) **Assunção de Dívida ou Cessão de Débito:** é o negócio jurídico bilateral pelo qual um terceiro, estranho à relação obrigacional, assume a posição de devedor, responsabilizando-se pela dívida, sem extinção da obrigação, que subsiste com os seus acessórios. d) **Cessão de Contrato ou Cessão de Posição Contratual:** a cessão de contrato pode ser conceituada como a transferência da inteira posição ativa ou passiva da relação contratual, incluindo o conjunto de direitos e obrigações de que é titular uma pessoa.

11

ADIMPLEMENTO E EXTINÇÃO DAS OBRIGAÇÕES

11.1 PAGAMENTO

Em regra, a extinção das obrigações dá-se pelo seu cumprimento, que o Código denomina pagamento. Embora seja empregado, na linguagem corrente, para designar apenas a entrega de prestação em dinheiro, a doutrina reserva ao conceito de pagamento sentido técnico preciso, definindo-o como a execução voluntária da prestação devida ao credor, no tempo, no lugar e na forma previstos no título constitutivo da obrigação.

Apesar de ser o fim normal da obrigação, o pagamento é apenas um dos modos de extinção dessa, que também pode ocorrer pela execução forçada, pela impossibilidade da prestação ou pelos demais modos de extinção regulados no Código, como a novação, a compensação, a confusão e a remissão.

Não se pode olvidar que, na concepção da obrigação como um processo, constituindo-se em um conjunto de atividades imprescindíveis à satisfação do interesse do credor, existirão, além do débito, deveres chamados anexos, secundários, implícitos ou acessórios, dirigidos também ao credor, pois a obrigação é tida como uma ordem de cooperação voltada à sua finalidade, formadora de uma totalidade que não se resume no binômio débito-crédito. Assim considerando, o pagamento nem sempre será hábil a extinguir a obrigação, devendo ser entendido apenas como o cumprimento do dever principal, que pode ou não extinguir a relação. Importa contrastar que, mesmo com o cumprimento do dever principal, ainda assim pode a relação jurídica perdurar como fundamento da aquisição (dever de garantia), ou em razão de outro dever secundário independente (COUTO E SILVA, 2006).

Quanto à **natureza jurídica** do pagamento, se simples fato ou negócio jurídico, mostra-se pertinente o entendimento de que, às vezes, tem todos os característicos de um negócio jurídico, quando o direito de crédito objetive uma prestação que de caráter negocial (exemplo: a emissão de uma declaração de vontade), mas outras vezes não passa de mero fato, quando o conteúdo da obrigação não tem tal sentido, ou tenha a finalidade de simples abstenções ou prestações de serviços (PEREIRA, 2012).

Para que o pagamento produza o efeito de extinguir a obrigação, devem estar presentes seus requisitos essenciais de validade, que são:

a) **a existência de um vínculo obrigacional;**
b) **a intenção de solvê-lo;**
c) **o cumprimento da obrigação;**
d) **a pessoa que efetua o pagamento;**
e) **a pessoa que recebe.**

Passemos agora à análise dos elementos do pagamento.

11.1.1 Elementos subjetivos do pagamento: *solvens* e *accipiens*

Deve-se ter cuidado para não denominar os elementos subjetivos do pagamento como credor e devedor, posto que outras pessoas, que não o devedor, podem pagar; ao mesmo tempo em que outras pessoas, que não o credor, podem receber.

De fato, podem efetuar o pagamento o devedor, o terceiro interessado e também os terceiros não interessados, senão vejamos a redação do art. 304:

> Art. 304. Qualquer interessado na extinção da dívida pode pagá-la, usando, se o credor se opuser, dos meios conducentes à exoneração do devedor.
>
> Parágrafo único. Igual direito cabe ao terceiro não interessado, se o fizer em nome e à conta do devedor, salvo oposição deste.

O terceiro dito interessado corresponde à pessoa que tem interesse patrimonial na extinção da dívida, como o fiador, o avalista e o adquirente de imóvel hipotecado. Havendo o pagamento por essa pessoa, há sub-rogação automática (sub-rogação legal) nos direitos do credor, com a transferência de todas as ações, exceções e garantias que detinha o credor primitivo.

No que se refere ao terceiro não interessado, este não tem o mesmo interesse jurídico na solução da dívida, mas mero interesse moral ou econômico. O terceiro não interessado tem direito de reembolso do que pagar, se o fizer em seu próprio nome, mas não se sub-roga nos direitos do credor. Assim, se este terceiro fizer o pagamento em nome e em conta do devedor, sem oposição deste, não terá direito a nada, pois é como se fizesse uma doação, um ato de mera liberalidade.

Observe-se que o Código trata do direito a pagamento pelo terceiro não interessado, salvo oposição do devedor.

posicionamento doutrinário

A questão é controvertida, havendo entendimento na doutrina de que há inoperância da oposição do devedor se o credor desejar receber (MONTEIRO, 2003) e também de que a referida recusa não só tem efeito de impedir o pagamento, como pode ter razões morais ou jurídicas (GAGLIANO; PAMPLONA FILHO, 2017). A solução, contudo, deve levar em conta os interesses em conflito, do credor, do devedor, e do terceiro que pretende realizar o pagamento, de modo a verificar se é merecedora de tutela a recusa manifestada pelo devedor e pelo credor.

Em qualquer hipótese, deve-se atentar para o disposto no art. 306 do Código Civil, *in verbis*:

> Art. 306. O pagamento feito por terceiro, com desconhecimento ou oposição do devedor, não obriga a reembolsar aquele que pagou, se o devedor tinha meios para ilidir a ação.

A lei, como se percebe, ataca as consequências do pagamento realizado por terceiro – interessado ou não interessado – sem o conhecimento ou mesmo com a oposição do devedor, em hipóteses nas quais tinha meios para inibir a cobrança, como se daria no caso de se dispor de defesas pessoais ou gerais contra o credor, tais como o instrumento de quitação, a prescrição da pretensão creditória ou nulidade do título.

O Código anterior dispunha que, se houvesse um justo motivo para a oposição, o devedor não estaria obrigado ao reembolso, senão até a importância que lhe aproveitasse. Assim, se o devedor tivesse um débito de R$ 100,00, e por sua vez tivesse um crédito de R$ 50,00 em face do credor, o *solvens* só teria direito de reembolsar-se da diferença, que é, na realidade, a importância que se reveste em benefício do devedor. Embora o Código atual desobrigue o reembolso sem fazer tal ressalva, mantém-se substancialmente a solução do sistema anterior, em homenagem ao princípio da vedação ao enriquecimento sem causa.

O pagamento deve ser feito ao credor ou a quem de direito o represente, sob pena de não extinguir a obrigação. Pode também ser efetuado aos sucessores a título universal ou particular. Entretanto, considera-se válido o pagamento feito a terceiro quando:

a) **for ratificado pelo credor;**
b) **se reverter em proveito do credor; ou**
c) **feito a credor putativo.**

Em qualquer hipótese, deve ser feito a pessoa capaz de fornecer a devida quitação, sob pena de não valer. Destaque-se, ainda, que a quitação sempre poderá ser dada por instrumento particular. No que se refere ao pagamento feito ao **credor putativo**, a lei condiciona a eficácia da *solutio* a dois requisitos: ter o *accipiens* a aparência de verdadeiro credor (exemplo: herdeiro aparente, procurador cujo mandato foi revogado sem conhecimento de terceiros, herdeiro que vem a ser afastado por indignidade etc.) e estar o *solvens* de boa-fé.

No que se refere ao **pagamento feito a menor**, o Código ressalta o pagamento cientemente feito ao credor incapaz de quitar, donde se conclui que se o *solvens* desconhecia, sem culpa, a incapacidade do credor, o cumprimento será válido, ainda que o *accipiens* tenha dissipado ou malbaratado a prestação (VARELA, 2010).

Na sequência, estabelece o art. 311 que "considera-se autorizado a receber o pagamento o portador da quitação, salvo se as circunstâncias contrariarem a presunção daí resultante".

A lei fixa, portanto, a presunção *juris tantum* (relativa) de que o portador da quitação seja autorizado a receber o pagamento, salvo se as circunstâncias afastarem a presunção relativa deste mandato tácito (como, por exemplo, constar na quitação assinatura aparentemente falsificada).

Se o devedor pagar ao credor, apesar de intimado da penhora sobre o crédito, ou da impugnação a ele oposta por terceiros, o pagamento não valerá contra estes, que poderão constranger o devedor a pagar de novo, ficando-lhe ressalvado o direito de regresso contra o credor. Assim, poderá ser ressarcido pelo credor das despesas que tiver que arcar.

11.1.2 Elementos objetivos do pagamento: do objeto e da prova do pagamento

O **objeto do pagamento** é a prestação. O credor não é obrigado a receber outra, diversa da que lhe é devida, ainda que mais valiosa (exemplo: dação em pagamento). Ainda que a obrigação tenha por objeto prestação divisível, o pagamento não pode ser efetuado por partes, se assim não se ajustou, nem o devedor é obrigado a receber dessa forma, em consagração ao **princípio da identidade física da prestação.**

O pagamento em dinheiro é a forma mais importante e na qual todas as demais formas de pagamento podem converter-se. O art. 315 dispõe que "as dívidas em dinheiro deverão ser pagas no vencimento, em moeda corrente e pelo valor nominal, salvo o disposto nos artigos subsequentes".

Consoante se depreende dessa regra legal, é o **princípio do nominalismo** que regula as denominadas dívidas de dinheiro.

Por força dessa regra, assevera Carlos Roberto Gonçalves (2010), que se considera como valor da moeda o valor nominal que lhe atribui o Estado, no ato de emissão ou cunhagem. De acordo com o princípio, o devedor de uma quantia em dinheiro libera-se entregando a quantidade de moeda mencionada no contrato ou no título da dívida, e em curso no lugar do pagamento, ainda que desvalorizada pela inflação. Assim, mesmo que a referida quantidade não seja suficiente para a compra dos mesmos bens que podiam ser adquiridos, quando contraída a obrigação. Nada impede, igualmente, a adoção de cláusulas de escala móvel, para que se realize a atualização monetária da soma devida, segundo critérios escolhidos pelas próprias partes.

Entretanto, ao lado das dívidas de dinheiro, a doutrina, influenciada pela instabilidade de nossa economia, elaborou o conceito das chamadas **dívidas de valor**. Estas não teriam por objeto o dinheiro em si, mas o próprio valor econômico (aquisitivo) expresso pela moeda.

Segundo o art. 317:

> Quando, por motivos imprevisíveis, sobrevier desproporção manifesta entre o valor da prestação devida e o do momento de sua execução, poderá o juiz corrigi-lo, a pedido da parte, de modo que assegure, quanto possível, o valor real da prestação.

enunciado

Mas de acordo com o Conselho da Justiça Federal, "a interpretação da expressão 'motivos imprevisíveis' constante do art. 317 do novo Código Civil deve abarcar tanto causas de desproporção não previsíveis como também causas previsíveis, mas de resultados imprevisíveis" (Enunciado 17). Adotou-se, com referido dispositivo, a ***Teoria da Imprevisão.***

Oportunamente, sobre a Teoria da Imprevisão, leciona Flávio Tartuce (2014) que a melhor nomenclatura seria revisão contratual por fato superveniente:

> Na doutrina, várias são as manifestações no sentido de que o dispositivo consagra a teoria da imprevisão. Estou filiado a essa corrente, uma vez que predomina a análise do fato imprevisível a possibilitar a revisão por fato superveniente.
>
> Entretanto, recomenda-se que não seja mais utilizada a expressão teoria, pois a revisão consta de forma expressa na atual norma civil codificada. Por isso é que preferimos a expressão revisão contratual por fato superveniente, diante de uma imprevisibilidade somada a uma onerosidade excessiva.

A **quitação** é o ato jurídico que prova o pagamento, documentado pelo recibo. Quem paga tem o direito de obter a prova de que está pagando, podendo reter o pagamento ou consigná-lo, pois com essa prova é que irá demonstrar que está desvinculado da relação jurídica obrigacional. É o direito ao instrumento da quitação:

Art. 320. A quitação, que sempre poderá ser dada por instrumento particular, designará o valor e a espécie da dívida quitada, o nome do devedor, ou quem por este pagou, o tempo e o lugar do pagamento, com a assinatura do credor, ou do seu representante.

Parágrafo único. Ainda sem os requisitos estabelecidos neste artigo valerá a quitação, se de seus termos ou das circunstâncias resultar haver sido paga a dívida.

O parágrafo único inovou ao estabelecer que, mesmo sem os requisitos, a quitação fará prova, se do instrumento constar informações suficientes para identificar o que pagou.

enunciado

Enunciado 18 do CJF: "a 'quitação regular' referida no art. 319 do novo Código Civil engloba a quitação dada por meios eletrônicos ou por quaisquer formas de 'comunicação à distância', assim entendida aquela que permite ajustar negócios jurídicos e praticar atos jurídicos sem a presença corpórea simultânea das partes ou de seus representantes".

Há hipóteses, entretanto, nas quais há a **presunção relativa do pagamento**:

a) Nas **prestações de trato sucessivo**, o pagamento da última prestação presume o pagamento das demais. O art. 322 estabelece que, tratando-se de pagamento em quotas periódicas, a quitação da última estabelece a presunção de estarem solvidas as anteriores, até prova em contrário;

b) **Quitação do capital**, sem reserva de juros (art. 323);

c) **Entrega do título**, que já estava previsto no CC/16, e consiste na presunção inferida pela posse do devedor do título:

Art. 324. A entrega do título ao devedor firma a presunção do pagamento.

Parágrafo único. Ficará sem efeito a quitação assim operada se o credor provar, em sessenta dias, a falta do pagamento.

No que se refere à última hipótese de presunção, surge uma dúvida se confrontada com o disposto no art. 386, o qual prevê que "a devolução voluntária do título da obrigação, quando por escrito particular, prova desoneração do devedor e seus coobrigados, se o credor for capaz de alienar, e o devedor capaz de adquirir". Haveria, então, na hipótese de entrega de títulos, pagamento direto ou remissão de dívidas? Na verdade, a doutrina majoritária entende que a **presunção de pagamento** só ocorre tratando-se de títulos de crédito, ocorrendo a **remissão de dívida** nas hipóteses de entrega de documento que consubstancia a dívida, mas que não seja título de crédito (escrito particular - instrumento particular de confissão de dívida, por exemplo).

O prazo decadencial de sessenta dias tem sido interpretado como incidente em hipóteses nas quais o credor entrega voluntariamente ao devedor o título, mas se o credor for desapossado do título, não há como ser aplicado o prazo em questão.

A quitação deve conter: o **valor** e a espécie da dívida quitada, o **nome do devedor**, ou quem por esse pagou, o **tempo** e o **lugar do pagamento**, com a **assinatura do credor** ou de seu representante e deverá ser dada **por escrito público ou particular**.

Em arremate, presumem-se a cargo do devedor as despesas com o pagamento e a quitação. Se ocorrer aumento por fato do credor, este suportará a despesa acrescida.

11.1.3 Lugar do pagamento

Em regra, o lugar do pagamento é o **domicílio do devedor** (dívida *quérable* ou quesível), salvo se o instrumento negocial, a natureza da obrigação ou a lei impuserem regra em contrário. Situação que ocorre nos casos de dívida tributária, ou relativas a imóveis (art. 328).

Quando o local de cumprimento for o **domicílio do credor**, a obrigação é denominada portável ou *portable*. Eventualmente, também recebe essa denominação a obrigação cujo pagamento deva ocorrer no **domicílio de terceiro**. Vejamos o regramento legal sobre o assunto:

> Art. 327. Efetuar-se-á o pagamento no domicílio do devedor, salvo se as partes convencionarem diversamente, ou se o contrário resultar da lei, da natureza da obrigação ou das circunstâncias.
>
> Parágrafo único. Designados dois ou mais lugares, cabe ao credor escolher entre eles.
>
> Art. 328. Se o pagamento consistir na tradição de um imóvel, ou em prestações relativas a imóvel, far-se-á no lugar onde situado o bem.
>
> Art. 329. Ocorrendo motivo grave para que se não efetue o pagamento no lugar determinado, poderá o devedor fazê-lo em outro, sem prejuízo para o credor.
>
> Art. 330. O pagamento reiteradamente feito em outro local faz presumir renúncia do credor relativamente ao previsto no contrato.

Os dois últimos artigos transcritos constituem inovações importantes introduzidas pelo Código Civil de 2002, relativizando as regras anteriores e o que constar no instrumento negocial. O primeiro deles (art. 329) consagra os **princípios da função social do contrato** e da **operatividade/efetividade**. Já no segundo (art. 330), a relação é com o **princípio da boa-fé objetiva**, tratando o dispositivo de dois institutos que mantêm relação direta com o mencionado cânone: a ***supressio*** (renúncia tácita de um direito pelo seu não exercício com o passar dos tempos) e a ***surrectio* ou *surreição* (*surgimento*), *já que, ao mesmo tempo em que o credor perde um direito pela*** supressão, surge um direito para o devedor, o qual não existia juridicamente até então, mas que decorre da efetividade social, de acordo com os costumes. São requisitos da *supressio/surrectio*:

a) **omissão reiterada de um titular de direito subjetivo ou potestativo;**

b) **esta omissão deve despertar na outra parte a legítima expectativa de que este direito não mais será utilizado;**

c) **desproporção entre o prejuízo que a parte contrária terá e o benefício do titular do direito.**

A respeito do local de pagamento, o contrato pode prever dois foros de eleição: um **material** (relativo ao local de cumprimento da obrigação) e um **processual** (local para resolver pendências contratuais em juízo).

11.1.4 Tempo do pagamento

O Código Civil regulamenta o tempo de pagamento nas **obrigações puras** (aquelas com data certa para o pagamento), distinguindo-as das **condicionais**. Se não tiver termo estabelecido, poderá a obrigação ser exigida de plano, ou seja, em regra, a obrigação deve ser reputada instantânea. Entretanto, não se pode olvidar que, em alguns casos, mesmo que não haja previsão de prazo para cumprimento, a obrigação naturalmente demora para ser cumprida (construção de uma casa). Assim, a regra de vencimento à vista pode ser afastada. Caso as partes não acordem quanto a este prazo, o juiz deverá estabelecer.

O estabelecimento de prazo tem a presunção de que foi feito em benefício do devedor. Assim, em princípio, a presunção é a de que o prazo da obrigação foi fixado em favor do devedor. Desta forma, o devedor poderá fazer o pagamento antecipado, havendo, inclusive, regra expressa no Código de Defesa do Consumidor (art. 52, § 2º), com o abatimento dos valores referentes à antecipação. Todavia, não se pode esquecer que, excepcionalmente, o prazo pode ser estabelecido em favor do credor. Além disso, não pode o credor reclamar pagamento no início do último dia do prazo, pois o devedor dispõe desse dia por inteiro. Evidentemente, se tiver que pagar no estabelecimento do credor, submete-se ao horário normal de funcionamento.

A regra de que a obrigação deve ser cumprida no vencimento, sofre, entretanto, duas exceções:

I. **Relativa à antecipação do vencimento, nos casos expressos em lei;**

II. **Referente ao pagamento antecipado, quando o prazo houver sido estabelecido em favor do devedor.** Diante da proibição ao enriquecimento sem causa, surge o direito ao abatimento nos juros remuneratórios, pois o período de privação do capital será menor.

Ao credor assistirá o direito de cobrar a dívida antes de vencido o prazo estipulado no contrato ou legalmente estabelecido no caso de:

a) **falência do devedor** ou de **concurso de credores**;

b) se os **bens hipotecados** ou **empenhados** forem penhorados em execução por outro credor; e

c) quando se tornarem **insuficientes as garantias do débito** e o devedor se negar a reforçá-las.

fique ligado!

Registre-se, todavia, que, se houver solidariedade passiva no débito, não se reputará vencido o prazo quanto aos outros devedores solventes.

QUADRO SINÓTICO

ADIMPLEMENTO E EXTINÇÃO DAS OBRIGAÇÕES	
PAGAMENTO	Em regra, a extinção das obrigações dá-se pelo seu cumprimento, que o Código denomina pagamento. Ocorre com a execução voluntária da prestação devida ao credor, no tempo, no lugar e na forma previstos no título constitutivo da obrigação.

12

EXTINÇÃO DAS OBRIGAÇÕES SEM PAGAMENTO

O pagamento traduz o fim natural de toda obrigação. Contudo, existem outras formas especiais de extinção das obrigações, as quais a doutrina costuma chamar de **pagamentos especiais ou indiretos**. Nesses casos, o devedor se eximirá de responsabilidade, embora nem sempre o crédito haja sido plenamente satisfeito. Conclui-se, portanto, que a extinção da obrigação não necessariamente significará satisfação do credor.

Enumerando as formas especiais de pagamento, temos: 1) **consignação em pagamento**; 2) pagamento com **sub-rogação**; 3) **imputação do pagamento**; 4) **dação em pagamento**; 5) **novação**; 6) **compensação**; 7) **transação**; 8) **compromisso (arbitragem)**; 9) **confusão**; e 10) **remissão**.

Ressalte-se que a transação e o compromisso não são mais elencados no Código como formas de extinção das obrigações, tendo este destacado sua natureza jurídica como formas contratuais.

12.1 CONSIGNAÇÃO EM PAGAMENTO

A consignação em pagamento consiste no instituto jurídico colocado à disposição do devedor para que, ante o obstáculo ao recebimento criado pelo credor ou quaisquer outras circunstâncias impeditivas do pagamento, exerça, por depósito da coisa devida, o direito de adimplir a prestação, liberando-se do liame obrigacional.

Tal modalidade de extinção das obrigações deve ser estudada tanto no campo do direito material quanto processual, uma vez que é objeto de um procedimento especial próprio.

12.1.1 Natureza jurídica do pagamento em consignação

Trata-se de uma **forma de extinção das obrigações**, constituindo-se em um pagamento indireto da prestação avençada. O pagamento por consignação é instrumento de direito material destinado à solução de obrigações que tem por objeto prestações vencidas e ainda pendentes de satisfação, pouco importando se essa pendência decorre de causa atribuível ao credor ou ao devedor. Ademais, impende considerar que a consignação não é, em verdade, um dever, mas sim mera faculdade do devedor, que não pôde adimplir a obrigação, por culpa do credor.

12.1.2 Hipóteses de ocorrência

O art. 335 apresenta uma relação de hipóteses em que a consignação pode ter lugar, a saber:

> I – se o **credor não puder, ou, sem justa causa, recusar** receber o pagamento, ou dar quitação na devida forma;

Nessa hipótese, é necessário que tenha havido oferta real, efetiva, incumbindo ao autor prová-la, bem como a recusa injustificada do credor. A este incumbe, ao contrário, o ônus de provar a existência de justa causa para a recusa.

enunciado

Enunciado 18 da I Jornada de Direito Civil: "a 'quitação regular' referida no art. 319 do novo Código Civil engloba a quitação dada por meios eletrônicos ou por quaisquer formas de 'comunicação a distância', assim entendida aquela que permite ajustar negócios jurídicos e praticar atos jurídicos sem a presença corpórea simultânea das partes ou de seus representantes".

> II – se o **credor não for, nem mandar receber** a coisa no lugar, tempo e condição devidos;

A regra geral no ordenamento jurídico, no que diz respeito ao lugar de pagamento das obrigações, é a de que este deve ser feito no domicílio do devedor. Se o credor não comparecer ou mandar terceiro para exigir a prestação, isso não afasta, por si só, o vencimento e a exigibilidade da dívida, pelo que se autoriza a consignação do devido.

> III – se o **credor for incapaz de receber, for desconhecido, declarado ausente, ou residir em lugar incerto ou de acesso perigoso ou difícil**;

Este inciso comporta várias situações fáticas distintas. Em relação ao incapaz, este não pode dar quitação, em razão de sua condição, devendo o pagamento ser feito ao seu representante. Se o representante estiver impossibilitado, pode ser feita a consignação. Outra situação é se o credor se tornar desconhecido, o que ocorre, *v.g.*, se o credor vier a falecer, não se sabendo quem são seus efetivos herdeiros. A ausência, por sua vez, é situação fática, qualificada juridicamente como morte presumida, em que alguém desaparece, sem deixar notícias de seu paradeiro ou representante para administrar-lhe os bens. Nesse caso, sem saber a quem pagar, pode o devedor realizar a consignação, se o curador não tiver poderes para oferecer quitação.

> IV – se ocorrer **dúvida sobre quem deva legitimamente receber** o objeto do pagamento;

Exemplo dessa hipótese vem descrito no art. 345 *in verbis:* "se a dívida se vencer, pendendo litígio entre credores que se pretendem mutuamente excluir, poderá qualquer deles requerer a consignação".

Assim, exonera-se o devedor, pouco importando qual dos credores seja reconhecido como o detentor legítimo do direito creditório. Essa hipótese é a única em que o credor, e não somente o devedor, pode tomar a iniciativa da consignação.

> V – se **pender litígio sobre o objeto** do pagamento.

Essa é a única causa objetiva para a consignação. Nesse sentido, estabelece o art. 344: "O devedor de obrigação litigiosa exonerar-se-á mediante consignação, mas, se pagar a qualquer dos pretendidos credores, tendo conhecimento do litígio, assumirá o risco do pagamento".

Tal rol não é taxativo, pois a própria legislação codificada traz outras situações em que é autorizada a consignação, como, por exemplo, os arts. 341 e 342 do Código Civil, ou ainda em legislação complementar (Decreto-lei n. 58/37, art. 17).

12.1.3 Requisitos de validade

Na forma do art. 336,

> Para que a consignação tenha força de pagamento, será mister concorram, em relação às pessoas, ao objeto, modo e tempo, todos os requisitos sem os quais não é válido o pagamento.

Assim, em relação às pessoas, a consignação deverá ser feita pelo devedor, ou quem o represente, em face do alegado credor, sob pena de não ser considerado válido, salvo se ratificado por este ou reverter em seu proveito, na forma dos arts. 304 e 308 do Código Civil.

Em relação ao objeto, é óbvio que o pagamento deve ser feito na integralidade, uma vez que o credor não está obrigado a aceitar pagamento parcial. Na mesma linha, o STJ firmou entendimento de que o depósito insuficiente na ação de consignação em pagamento para a liquidação integral da dívida resulta na manutenção do devedor em mora, não conduzindo à sua liberação, além da consequente improcedência da ação (STJ, REsp 1.108.058/DF, 2ª Seção, Rel. Min. Lázaro Guimarães (Desembargador Convocado do TRF 5ª Região), Rel. p/ Acórdão Ministra Maria Isabel Gallotti, j. 10.10.2018, *DJe* 23.10.2018).

Antecipe-se, inclusive, que no procedimento especial correspondente, o § 1º do art. 545 do CPC/2015 estabelece:

> Art. 545. Alegada a insuficiência do depósito, é lícito ao autor completá-lo, em 10 (dez) dias, salvo se corresponder a prestação cujo inadimplemento acarrete a rescisão do contrato.
>
> § 1º No caso do *caput*, poderá o réu levantar, desde logo, a quantia ou a coisa depositada, com a consequente liberação parcial do autor, prosseguindo o processo quanto à parcela controvertida.

posicionamento doutrinário

Discute-se se a consignação exige a liquidez da dívida consignada. O entendimento predominante é o de que é desnecessário tal requisito, pois "há débitos ilíquidos cujo montante ainda não está definido pela recusa do credor a um simples acertamento, cuja iliquidez não depende de outra ação específica para sua liquidação, como de uma prestação de contas etc.; nessas hipóteses, a mora do credor se configura até mesmo por essa recusa, cabendo, pois, a consignatória de débito com montante estimado pelo devedor, desde que se prontifique ele, expressamente, a completar esse quantum logo que seja determinado", destacando-se que "não se embute, nessas ações, em tais hipóteses, uma liquidação por artigos ou por arbitramento. Admite-se um simples acertamento para se determinar o montante de um débito facilmente apurável, como, p. ex., aluguéis com acréscimo de uma correção com pertinência e formas discutíveis ou de uma prestação de um compromisso de compra e venda com valor que se afirma mais elevado pela demora no pagamento e incidência de cláusula contratual majorativa" (PORTO; OLIVEIRA JR., 1986).

Ainda na temática do objeto, era comum o entendimento de que o rito especial da **ação de consignação em pagamento** não era o caminho correto para a discussão de validade de cláusulas contratuais, fazendo-se necessária a propositura de **ação de revisão contratual cumulada com consignação em pagamento**, seguindo-se o rito ordinário.

Entretanto, houve uma alteração no tratamento jurisprudencial dado ao tema, em razão de entendimento adotado pelo Superior Tribunal de Justiça, o qual admite a possibilidade de revisão na própria ação de consignação.

Quanto ao modo, da mesma forma não se admitirá modificação do estipulado, devendo a obrigação ser cumprida da mesma maneira como foi concebida originalmente. Vale lembrar que, se a dívida for *querable*, o depósito será feito no domicílio do devedor; se *portable*, no do credor; ou, se houver foro de eleição, no domicílio estabelecido.

Por fim, quanto ao tempo, antes de vencida a dívida, não existe a pretensão de consignar. Não pode o credor ser obrigado a receber antes do vencimento, se assim não se estipulou (VENOSA, 2003). A mora do devedor, por si só, não impede a propositura da ação de consignação em pagamento, se ainda não provocou consequências irreversíveis, pois tal ação pode ser usada tanto para prevenir como para emendar a mora.

jurisprudência

"Consignação em pagamento. Prestações devidas ao SFH (Caixa Econômica Federal). Purgação da mora. Tempestividade. Art. 974 do CC.

*1. O devedor não está obrigado a consignar, podendo exercitar o direito sob o timbre da conveniência, 'enquanto o credor não haja diligenciado para se livrar das consequências do retardamento' ('*mora creditoris - mora accipiendi*')*

*2. A consignação pode abranger inclusive os casos de '*mora debitoris*', servindo para purgá-la. Divisada a mora do credor, irrelevante a questão temporal, pela permanência da recusa (STJ, REsp 1426/MS, Rel. Min. Athos Carneiro)" (STJ, REsp 70.887/GO, Rel. Min. Milton Luiz Pereira, Primeira Turma, j. 08.02.1996).*

12.1.4 Possibilidade de levantamento do depósito

A possibilidade de levantamento do depósito pelo devedor depende do momento em que este pretender realizar tal ato, buscando retornar as coisas ao *status quo ante*. Assim, temos:

a) **Antes da aceitação ou impugnação do depósito:** nesse momento, tem o devedor total liberdade para levantar o depósito, uma vez que a importância ainda não saiu do seu patrimônio jurídico. Dispõe o art. 338 que, enquanto o credor não declarar que aceita o depósito, ou não o impugnar, poderá o devedor requerer o levantamento, pagando as respectivas despesas, e subsistindo a obrigação para todas as consequências de direito;

b) **Depois da aceitação ou impugnação do depósito pelo credor:** o depósito só poderá ser levantado com a anuência do credor, que perderá a preferência e a garantia que lhe competia sobre a coisa consignada, com liberação dos fiadores e codevedores que não tenham anuído (art. 340);

c) **Julgado procedente o depósito:** o devedor já não poderá levantá-lo, ainda que o credor consinta, senão de acordo com os outros devedores e fiadores (art. 339).

12.1.5 Consignação de coisa certa e de coisa incerta

Embora a maioria esmagadora das situações de consignação em pagamento envolva obrigações pecuniárias, a sua disciplina não se limita a elas. Nesse caso, na forma do art. 341:

> Se a coisa devida for imóvel ou corpo certo que deva ser entregue no mesmo lugar onde está, poderá o devedor citar o credor para vir ou mandar recebê-la, sob pena de ser depositada.

Obviamente, só não cabe a consignação nas obrigações de fazer ou não fazer, pois o próprio art. 334 refere-se ao depósito de coisa devida, e não da atividade ou abstenção devidas.

Todavia, se a **coisa for incerta**, é preciso se proceder à sua certificação, pela operação denominada "**concentração do débito**" ou "**concentração da prestação devida**". Quando a escolha cabe ao devedor, nenhum problema se dará, pois é ele que pretende ofertar o pagamento. Caso a escolha caiba ao credor, deve ser citado para tal fim, sob cominação de perder o direito e de ser depositada a coisa que o devedor escolher. Procedida à escolha, reger-se-á a consignação pelas mesmas regras referentes à **coisa certa**. Nesse sentido, dispõe o art. 543 do CPC/2015:

> Art. 543. Se o objeto da prestação for coisa indeterminada e a escolha couber ao credor, será este citado para exercer o direito dentro de 5 (cinco) dias, se outro prazo não constar de lei ou do contrato, ou para aceitar que o devedor a faça, devendo o juiz, ao despachar a petição inicial, fixar lugar, dia e hora em que se fará a entrega, sob pena de depósito.

12.1.6 Despesas processuais

Para o processo judicial de consignação em pagamento, estabelece o art. 343 do CC que, quando julgado procedente, as despesas com o depósito correrão à conta do credor, e, no caso contrário, à conta do devedor. Em outro sentido, o Código de Processo Civil prescreve:

> Art. 546. Julgado procedente o pedido, o juiz declarará extinta a obrigação e condenará o réu ao pagamento de custas e honorários advocatícios.
>
> Parágrafo único. Proceder-se-á do mesmo modo se o credor receber e der quitação.

12.1.7 Prestações periódicas

Nesses casos, recusando-se o credor a receber as prestações ofertadas pelo devedor, pode este consigná-las, na medida em que forem vencendo, a teor do art. 541 do CPC/2015: "tratando-se de prestações sucessivas, consignada uma delas, pode o devedor continuar a depositar, no mesmo processo e sem mais formalidades, as que se forem vencendo, desde que o faça em até 5 (cinco) dias contados da data do respectivo vencimento". A falta de depósitos oportunos das prestações subsequentes, porém não afeta os depósitos feitos em tempo. De fato, tem entendido a jurisprudência que não terá efeito o depósito de prestação vincenda feito a destempo, mas tal conduta não acarreta a imediata improcedência da ação.

12.1.8 Regras procedimentais para a consignação em pagamento

I. Consignação Extrajudicial

A priori, deve-se observar que o procedimento extrajudicial só se aplica às **obrigações pecuniárias**, não sendo possível sua aplicação em relações obrigacionais relacionadas com a entrega de coisa. A consignação de coisa continua se dando mediante a via judicial, o que se explica, até mesmo, pela falta de uma estrutura específica, de natureza extrajudicial, suficientemente idônea para atuar como depositária do bem consignado. Nesse sentido dispõe o art. 539, § 1º, do CPC/2015:

> Tratando-se de obrigação em dinheiro, poderá o valor ser depositado em estabelecimento bancário, oficial onde houver, situado no lugar do pagamento, cientificando-se o credor por carta com aviso de recebimento, assinado o prazo de 10 (dez) dias para a manifestação de recusa.

O § 2º do art. 539 preceitua, por sua vez, que decorrido o prazo estabelecido no § 1º, não havendo a manifestação de recusa, será o devedor considerado liberado da obrigação, ficando à disposição do credor a quantia depositada. O prazo de dez dias deve ter seu termo inicial a partir da data do retorno do aviso de recebimento.

A hipótese de recusa está prevista no § 3º do art. 539, que determina a manifestação por escrito ao estabelecimento bancário. Entende-se que a fixação do prazo de 1 mês constitui somente uma limitação temporal para ser considerada elidida a mora, na hipótese de haver recusa, eis que não se pode tolher, inconstitucionalmente, o acesso ao Judiciário.

Em resumo, na consignação extrajudicial, o silêncio do credor caracterizará a aceitação do depósito. Para a inércia do devedor que não promove a ação no prazo, resta configurada a sua mora.

II. Consignação Judicial em Pagamento

A competência territorial para julgar a ação de consignação continua se dando pelo local indicado para ser procedido ordinariamente o adimplemento da obrigação (art. 540 do CPC/2015). Saliente-se, porém, que, tratando-se de ação consignatória de aluguéis e encargos, é competente o foro de eleição e, na sua falta, o lugar da situação do imóvel (art. 58, II, da Lei n. 8.245/91).

12.2 PAGAMENTO COM SUB-ROGAÇÃO

Sub-rogação traduz a ideia de substituição de sujeitos ou de objetos em uma determinada relação jurídica. O pagamento com sub-rogação, modo especial de extinção das obrigações, significa justamente o cumprimento da dívida por terceiro, com a consequente substituição de sujeitos na relação jurídica obrigacional originária: sai o credor e entra o terceiro que pagou a dívida ou emprestou o necessário para que o devedor solvesse a obrigação.

Quando um terceiro paga ou empresta o necessário para que o devedor solva a sua obrigação, operar-se-á, por convenção ou em virtude da própria lei, a transferência dos direitos e, eventualmente, das garantias do credor originário para o terceiro (sub-rogado). Há, portanto, dois efeitos necessários da sub-rogação: **liberatório** (pela extinção do débito em relação ao devedor original) e **translativo** (pela transferência da relação obrigacional para o novo credor).

Contudo, há que se avaliar se o crédito foi constituído ***intuitu personae***, não comportando desse modo a transferência do credor originário para o *solvens*. Assim, por exemplo, dado o caráter personalíssimo dos alimentos, inadmissível a sub-rogação no crédito relativo aos mesmos, eis que a sua titularidade não se transfere a outrem, seja por negócio jurídico, seja por fato jurídico.

Não há que se confundir, todavia, o **pagamento com sub-rogação** com a mera **cessão de crédito**, visto que, nesta última, a transferência da qualidade creditória opera-se sem que tenha havido o pagamento da dívida. Os direitos do cessionário decorrem de um contrato sujeito aos requisitos de validade dos negócios jurídicos em geral, enquanto os direitos do sub-rogado derivam do próprio pagamento, resultando daí as seguintes diferenças, dentre outras:

a) Na sub-rogação, a obrigação do devedor limita-se ao valor do que efetivamente foi desembolsado pelo sub-rogado, ao contrário do cessionário, cujo crédito pode ser exigido integralmente, independentemente do valor efetivamente pago na cessão. Embora haja quem defenda que na sub-rogação convencional, inserida no campo da autonomia da vontade, as partes têm liberdade para estipularem o alcance dos efeitos jurídicos do pagamento, o melhor entendimento é de que a sub-rogação não tem, em nenhuma das modalidades, caráter especulativo, revelando-se sua principal nota distintiva em relação à cessão de créditos. O art. 350 do Código Civil não significa que, *a contrario sensu*, a sub-rogação convencional pudesse constituir fonte de lucros para o sub-rogado, justificando-se apenas para afastar a associação automática da sub-rogação legal à integralidade do crédito;

   Art. 350. Na sub-rogação legal o sub-rogado não poderá exercer os direitos e as ações do credor, senão até à soma que tiver desembolsado para desobrigar o devedor.

b) A prescrição começa a correr a partir da sub-rogação. Por outro lado, a prescrição incidente sobre o crédito cedido não tem o seu curso interrompido com a cessão;

c) O cedente assegura ao cessionário a existência do crédito, não ocorrendo o mesmo na sub-rogação;

d) Quem não tem capacidade para alienar, pode sub-rogar, mas não ceder.

A despeito dessa falta de identidade, é forçoso convir que esses institutos guardam pontos de contato, porquanto a própria lei, na hipótese de sub-rogação convencional, determina que sejam aplicados os dispositivos da cessão de crédito (art. 348).

Frise-se, ainda, que a sub-rogação poderá ocorrer de duas formas: por força de lei ou em virtude de convenção. Assim, temos:

- **Pagamento com sub-rogação legal:**

A sub-rogação legal é a que se realiza por força tão somente da lei, não dependendo da vontade dos interessados. A lei presume, em todas as hipóteses por ela estabelecidas, que o *solvens* não pagaria se não tivesse benefício com a sub-rogação, simplificando, com isso, as relações jurídicas (LOPES, 2001). De acordo com o art. 346, a sub-rogação opera-se, de pleno direito, em favor:

I. **Do credor que paga a dívida do devedor comum:** se duas ou mais pessoas são credoras do mesmo devedor, operar-se-á a sub-rogação legal se qualquer dos sujeitos ativos pagar ao credor preferencial o valor devido. Da mesma maneira, haverá interesse no pagamento, estando os credores na mesma classe, se o segundo pagar ao primeiro (cuja dívida venceu em 1º lugar) passando a substituí-lo em todos os seus direitos. Por fim, embora a hipótese seja pouco factível, a sub-rogação também se dará em créditos sem direito de preferência, uma vez que o Código suprimiu tal exigência na previsão constante do inciso correspondente;

II. **Do adquirente do imóvel hipotecado, que paga a credor hipotecário, bem como do terceiro que efetiva o pagamento para não ser privado de direito sobre o imóvel;**

III. **Do terceiro interessado, que paga a dívida pela qual era ou podia ser obrigado, no todo ou em parte:** é o que ocorre no caso do fiador ou ainda quando um dos devedores solidários paga a dívida comum. Vale salientar que o terceiro não interessado que paga a dívida em seu próprio nome tem direito a reembolsar-se, embora não se sub-rogue nos direitos do credor.

- **Pagamento com sub-rogação convencional:**

O art. 347 disciplina a sub-rogação convencional, que resulta do pagamento do débito por parte do terceiro desinteressado:

I. **Quando o credor recebe o pagamento de terceiro e expressamente lhe transfere todos os seus direitos:** conforme acima mencionado, a lei determina neste caso a aplicação analógica das regras de cessão.

II. **Quando terceira pessoa empresta ao devedor a quantia precisa para solver a dívida, sob a condição expressa de ficar o mutuante sub-rogado nos direitos do credor satisfeito.**

12.2.1 Efeitos jurídicos da sub-rogação

O principal efeito da sub-rogação é transferir ao novo credor todos os direitos, ações, privilégios e garantias do primitivo, em relação à dívida, contra o devedor principal e os fiadores (art. 349).

Frise-se que não apenas os privilégios, como também os inconvenientes do crédito e as defesas objetivamente oponíveis pelo devedor sobrevivem após a sub-rogação. Ninguém pode transferir mais direitos do que possui. O sub-rogado também corre risco quando o devedor vier a tornar-se insolvente. Aí não poderá recobrar a quantia despendida junto ao antigo credor, pois este não lhe concede qualquer garantia sobre a solvabilidade do devedor. O pagamento é *pro soluto*, detendo efeito liberatório do antigo credor. Agora, se a obrigação for nula ou não existir, pelo princípio do enriquecimento sem causa, o que pagou tem direito ao reembolso.

Observe-se, apenas, que, se a sub-rogação for convencional, as partes poderão negociar a diminuição de privilégios ou garantias concedidas ao credor originário. Outrossim, o sub-rogado não poderá exercer os direitos e ações do credor, senão até a soma que tiver desembolsado para desobrigar o devedor (art. 350).

Finalmente, registre-se que no caso de **sub-rogação parcial** (só há transmissão de parte do crédito, razão pela qual o antigo sujeito ativo da relação obrigacional permanece credor), se houver concorrência de direitos entre o credor originário e o credor sub-rogado, tem aquele preferência para receber o seu crédito, se os bens do devedor não bastarem para satisfazer ambos (art. 351).

A sub-rogação, sob o vértice processual, caracteriza-se pela proposição de uma **ação regressiva** do sub-rogado contra o devedor. Encontra guarida nos institutos da denunciação da lide e do chamamento ao processo.

12.3 IMPUTAÇÃO DO PAGAMENTO

12.3.1 Conceito e requisitos

Entende-se a imputação do pagamento como a determinação feita pelo devedor, entre dois ou mais débitos da mesma natureza, positivos e vencidos, devidos a um só credor, indicando qual dessas dívidas quer solver.

São, pois, requisitos da imputação:

I. **Pluralidade de débitos**;

II. **Identidade de sujeitos** (credor e devedor);

III. **Liquidez e vencimento de dívidas da mesma natureza** (relativas a coisas fungíveis entre si);

IV. **Suficiência do pagamento para solver qualquer das dívidas**.

Esses requisitos são imprescindíveis, simultaneamente, para que o devedor possa ter o direito subjetivo de fazer a imputação do pagamento, independentemente da manifestação do credor.

Embora pouco tratada pela doutrina, a imputação em pagamento produz efeitos práticos de inegável importância, como no caso de débitos autorizados pelos correntistas (débito automático). Modernamente, é costume que uma infinidade de obrigações possua débito automático em conta corrente, mediante simples autorização do cliente. Se o correntista não tiver numerário depositado em volume suficiente para quitar os débitos que vençam na mesma data, por exemplo, devem ser aplicados os princípios da imputação em pagamento (VENOSA, 2003).

Para haver a imputação, pressupõe-se, em termos lógicos, a existência de, no mínimo, duas dívidas, não integrando, porém, os pagamentos mensais da mesma obrigação, contraída para pagamento a prazo. Apenas uma exceção justifica a imputação do pagamento quando há uma única dívida: se ela vence juros. Neste caso, mesmo que haja uma única dívida, ela se desdobra, destacando-se os juros, que são acessórios do débito principal, e a imputação tem lugar.

Satisfeitos todos os requisitos hábeis à imputação do pagamento, mas, havendo resistência do credor na anuência, poderá o devedor consignar em pagamento, posto que caracterizada a *mora accipiendi*.

Registre-se, todavia, que é possível afirmar que todas as limitações à imputação do pagamento podem ser relevadas por mútuo consentimento das partes. Assim o é com a imputação em dívida ilíquida e não vencida, bem como com a pretensão de que o pagamento seja feito primeiro no capital, em detrimento dos juros vencidos (art. 354).

12.3.2 Imputação do credor e imputação legal

Na ausência de qualquer manifestação de vontade do devedor, aplica-se o art. 353, *in verbis:*

> Não tendo o devedor declarado em qual das dívidas líquidas e vencidas quer imputar o pagamento, se aceitar a quitação de uma delas, não terá direito a reclamar contra a **imputação feita pelo credor**, salvo provando haver ele cometido violência ou dolo.

Indaga a doutrina sobre a possibilidade de ampliar este rol de vícios, concluindo, todavia, pela sua taxatividade, privilegiando-se a interpretação restritiva dos comportamentos expressamente reprovados pelo dispositivo.

Sendo omissa a quitação, serão imputadas as regas da **imputação legal**. Fazendo a interpretação conjunta dos arts. 354 e 355, podemos estabelecer a seguinte ordem preferencial:

a) **prioridade para os juros vencidos, em detrimento do capital**: presumem-se pagos os juros quando se dá quitação referente ao capital, sem reservas (art. 232);

b) **destaque para as líquidas e vencidas anteriormente, em detrimento das mais recentes**;

c) **enfoque nas mais onerosas, em detrimento das menos vultosas, se vencidas e líquidas ao mesmo tempo**.

À míngua de solução legal, se todas as dívidas forem exatamente da mesma natureza, vencimento e valor, entende-se o pagamento feito por conta de todas, em devida proporção. Tal regra, constante do Código Comercial, era utilizada analogicamente e embora tenha sido revogada, a doutrina tem sugerido a sua aplicação.

12.4 DAÇÃO EM PAGAMENTO (*DATIO IN SOLUTUM*)

Consiste na realização de uma prestação diferente da que é devida, com o fim de, mediante acordo do credor, extinguir imediatamente a obrigação. Trata-se, pois, de forma de extinção obrigacional, disciplinada pelos arts. 356 a 359, por força da qual o credor consente em receber prestação diversa da que fora inicialmente pactuada.

O art. 356 não mais excepciona as obrigações pecuniárias. Mesmo assim, a restrição remanesce quanto à substituição do objeto originário por pecúnia, à medida que o pagamento em dinheiro importa na própria indenização pela perda da coisa, servindo como ressarcimento e não como dação.

Vale registrar, todavia, que a **dação em pagamento** não se confunde com a pluralidade de prestações existente nas **obrigações alternativas**, haja vista que, nestas, a diversidade de prestações está prevista no próprio título da obrigação. Da mesma forma, não é idêntica às **obrigações facultativas**, porque aqui também existe prévia estipulação negocial da prestação subsidiária. Aparta-se também a dação da **novação**. Na dação, a entrega da prestação supletiva objetiva a liberação de um crédito em caráter imediato, enquanto na novação, as partes constituirão uma nova obrigação para extinguir a anterior. É a entrega de uma coisa por outra, e não a substituição de uma obrigação por outra. Se a dação é modo indireto de pagamento, a novação é modo de extinção da obrigação sem pagamento.

Em certas situações especiais, a dação é vedada pelo ordenamento, por se travestir em **cláusula comissória**. A teor do art. 1.428 do Código Civil, é nula a cláusula que autoriza o credor pignoratício, anticrético ou hipotecário a ficar com o objeto da garantia, se a dívida não for paga no vencimento. Por tais razões, o art. 1.422 particulariza a excussão judicial da coisa (ou extrajudicial na alienação fiduciária), como forma de o credor recuperar o valor do empréstimo, em caso de inadimplência.

12.4.1 Requisitos

A dação em pagamento possui os seguintes requisitos:

a) A existência de uma **dívida vencida**;
b) O **consentimento** do credor;
c) A **entrega de coisa diversa** da devida;
d) O **ânimo de solver**.

É preciso, ainda, que o bem seja dotado de "**existência atual**", pois, se a prestação versar sobre coisa de existência futura, ou se for um compromisso de entregar coisa no futuro, implicará a criação de uma obrigação, sem caráter de pagamento, e terá como efeito ou a realização de uma novação, se a obrigação primitiva ficar extinta, ou em uma obrigação paralela, se aquela subsistir até a execução da nova.

O art. 357 estabelece que "determinado o preço da coisa dada em pagamento, as relações entre as partes regular-se-ão pelas normas do contrato de **compra e venda**".

No entanto, veja que há apenas equiparação, e não identidade, entre as duas figuras, que são distintas por pelo menos três ordens de razão:

a) na compra e venda não cabe, em linha de princípio, a repetição do indébito, cabível na dação em pagamento quando ausente a *causa debendi*;
b) o próprio objetivo, ou finalidade da dação em soluta é a solução da dívida, o desate da relação;
c) a dação exige, como pressuposto, a entrega, constituindo negócio jurídico real.

Ainda, nos termos do art. 358, regula-se como se fosse **cessão** a dação de título de crédito. Significa dizer que o pagamento, salvo convenção em contrário, ocorre *pro soluto*, tal como preconizam os arts. 295 e 296, que preveem a responsabilidade do cedente apenas pela existência do crédito e não pela solvência do devedor do título, salvo estipulação em contrário.

12.4.2 Evicção da coisa dada em pagamento

Neste caso, se o credor for evicto da coisa recebida em pagamento, a obrigação primitiva será restabelecida com todas as suas garantias, ficando sem efeito a quitação dada ao devedor (efeito repristinatório da evicção da coisa dada em pagamento). Apenas deverão ser ressalvados os direitos de terceiros de boa-fé, a exemplo do que ocorreria se a prestação originária fosse a entrega de um veículo, e este já estivesse alienado a terceiro. Ressalvada, portanto, a boa-fé de terceiros, é possível se enunciar à regra de que a invalidade da dação em pagamento importará sempre no restabelecimento da obrigação primitiva, perdendo efeito a quitação dada.

12.4.3 *Datio pro solvendo*

Não há que se confundir a dação em pagamento com outra figura, a denominada dação *pro solvendo*, cujo fim precípuo não é solver imediatamente a obrigação, mas sim facilitar o seu cumprimento. Ocorre na dação de um crédito sem extinção da dívida originária, que, ao contrário, é conservada, suspensa ou enfraquecida. Havendo *datio pro solvendo*, a dívida primitiva só se extingue ao ser paga a nova. Exemplo: cheque dado em pagamento de uma duplicata.

12.5 NOVAÇÃO

É a constituição de uma obrigação nova, em substituição de outra que fica extinta. Seu principal efeito é a extinção da dívida primitiva, com todos os acessórios e garantias, sempre que não houver estipulação em contrário. Tinha grande prestígio no direito romano, pois dentre eles vigia a regra da intransmissibilidade das obrigações.

Com a novação, o devedor exonera-se sem cumprir a obrigação, enquanto o credor adquire um novo crédito, em substituição ao antigo. É modo extintivo não satisfatório. O que se deve salientar é que toda novação tem natureza jurídica negocial, ou seja, por princípio, nunca poderá ser imposta por lei. Nesse sentido, podemos afirmar não existir, em regra, novação legal.

12.5.1 Requisitos

a) **Consentimento:** para que seja válido, reclama-se não só a capacidade genérica, como a específica para consentir com o ato;

b) **Existência da antiga obrigação:** inclusive, se a obrigação for nula ou estiver extinta, não pode ser novada. A anulável, contudo, pode ser confirmada pela novação. Nada impede a novação de uma obrigação natural por outra que não o seja (obrigação civil) e vice-versa;

c) **A criação de uma nova obrigação válida, substancialmente diversa da primeira:** é preciso que haja diversidade substancial entre a obrigação antiga e a nova. Em outras palavras, o conteúdo da obrigação há que ter sofrido modificação substancial, mesmo que o objeto da prestação não haja sido alterado (se houver alteração de partes, por exemplo, poderá ser reconhecida a diversidade substancial necessária para se caracterizar a novação, mesmo que o objeto da obrigação permaneça o mesmo). Aliás, simples modificações setoriais de um contrato não traduzem novação. Assim, quando a instituição financeira apenas concede o parcelamento da dívida, aumenta o prazo para pagamento, ou recalcula a taxa de juros aplicada, não necessariamente estará realizando uma novação;

d) **Ânimo de novar:** inexistindo a intenção de novar, a nova obrigação tem o mero efeito de confirmar ou reforçar a primeira. Portanto, nunca se presume a novação. O ânimo de novar verifica-se na declaração das partes, ou resulta de modo inequívoco de obrigações incompatíveis. Não nova o terceiro que intervém e assume o débito, reforça o vínculo ou pactua garantia real, sem liberação do antigo devedor.

Finalmente, a novação, para ser válida, exige a observância dos pressupostos legais de validade do negócio jurídico.

12.5.2 Espécies

A novação pode ser: **objetiva** (real), **subjetiva** e **mista**:

I. Objetiva:

Ocorre quando o devedor contrai com o credor nova dívida, para extinguir e substituir a primeira (art. 360, I). Não se deve confundir a **novação objetiva** com a **dação em pagamento**. Nesta, a obrigação originária permanece a mesma, apenas havendo uma modificação do seu objeto, com a devida anuência do credor. Diferentemente, na novação objetiva, a primeira obrigação é quitada e substituída pela nova. Em reforço, havendo evicção da coisa dada, a prestação primitiva, no caso da novação, não revive. A dação, por sua vez, não gera a extinção dos acessórios e, no caso de perda da coisa dada, a prestação primitiva retornará.

II. Subjetiva:

Pode ocorrer em três hipóteses:

a) **Passiva:** quando um novo devedor sucede ao antigo, ficando este quite com o credor (art. 360, II). Poderá ocorrer de dois modos: por **expromissão** e por **delegação**. No primeiro caso, a substituição do devedor se dá independentemente do seu consentimento, por simples ato de vontade do credor, que o afasta, fazendo-o substituir por um novo devedor. Se não resultar clara a intenção do expromitente em substituir o devedor e do credor em fazer novação, ocorrerá **adpromissão**, isto é, acréscimo de nova responsabilidade, aderente à primitiva, atento à regra de que a novação não se presume. Na delegação, o devedor participa do ato novatório, indicando terceira pessoa que assumirá o débito, com a devida aquiescência do credor. Não há que se confundir a **novação subjetiva passiva** – principalmente por delegação – com a mera **cessão de débito**, uma vez que neste caso, o novo devedor assume a dívida, permanecendo o mesmo vínculo obrigacional. Fundamental é esclarecer que, na novação subjetiva, não basta a alteração dos personagens da relação jurídica. Deve haver simultânea alteração da própria relação obrigacional. A novação em qualquer de suas modalidades, sempre exigirá a criação de uma nova relação obrigacional e extinção da originária. Estabelece o art. 363 que "se o novo devedor for insolvente, não tem o credor, que o aceitou, ação regressiva contra o primeiro, salvo se este obteve por má-fé a substituição". Vê-se que a referida má-fé não se presume, cabendo o ônus da prova ao credor prejudicado e podendo o devedor original, ao ser demandado, fazer prova de que informou o credor quanto à insolvência, ou que, independentemente disso, o demandante tinha pleno e inequívoco conhecimento daquele estado ao realizar a novação, ou, ainda, que ele próprio, demandado, nada sabia acerca da insolvência. Ressalte-se que a doutrina entende que a "ação regressiva" referida no dispositivo é a própria ação da antiga dívida, já que, inocorrendo boa-fé do primeiro obrigado, subsiste a dívida original. Ademais, no CC/2002 surgiu instituto muito próximo à novação subjetiva por delegação. Com efeito, ao tratar do novel modelo da **assunção de dívida**, assim preconiza o legislador:

> Art. 299. É facultado a terceiro assumir a obrigação do devedor, com o consentimento expresso do credor, ficando exonerado o devedor primitivo, salvo se aquele, ao tempo da assunção, era insolvente e o credor o ignorava.

b) **Ativa:** quando, em virtude de obrigação nova, o credor é substituído, ficando o devedor quite com este. Não há cessão de crédito porque aqui não se dá a extinção da obrigação.

c) **Mista ou Complexa:** verifica-se quando ambos os sujeitos da relação obrigacional são substituídos, em uma incidência simultânea dos incisos II e III do art. 360.

III. **Mista:**

Ocorre quando se opera alteração de sujeito e objeto da relação obrigacional.

12.5.3 Efeitos da novação

a) **O principal efeito é o liberatório**, ou seja, a extinção da primitiva obrigação, por meio de outra, criada para substituí-la;

b) **Extinguem-se os acessórios e as garantias da dívida**, a não ser que haja aquiescência do terceiro fiador ou proprietário dos bens dados em garantia.

A Súmula 214 do STJ prescreve que: "o fiador na locação não responde por obrigações resultantes de aditamento ao qual não anuiu". Importa exoneração do fiador a novação feita sem seu consenso com o devedor principal (art. 366).

c) **Se a obrigação é solidária, a novação concluída entre o credor e um dos devedores exonera os demais**, subsistindo as preferências e garantias do crédito novado somente sobre os bens do devedor que contrai a nova;

d) **Se a solidariedade for ativa, extingue-se a dívida perante os demais credores**, devendo se entenderem com o credor operante;

e) Se ela for **indivisível**, pela impossibilidade da prestação parcial, **a novação acaba beneficiando os demais devedores**;

f) No caso de **novação objetiva, o perecimento do objeto não dá ao credor o direito de perseguir o da antiga**;

g) **A anulabilidade oponível à antiga obrigação não cabe após a novação.** Na verdade, um dos principais préstimos da novação é justamente confirmar obrigações anuláveis.

12.6 COMPENSAÇÃO

É uma forma de extinção das obrigações quando duas pessoas forem, reciprocamente, credoras e devedoras. Espécies: **legal**, **convencional** e **judicial**.

I. **Compensação legal**:

Aquela que decorre de lei e independe de convenção entre os sujeitos da relação obrigacional, operando-se mesmo que uma das partes não queira a extinção das dívidas. Para que ocorra a compensação legal, é necessário que sejam preenchidos os seguintes requisitos:

a) **Dualidade de obrigações entre as mesmas partes**: exceção: art. 371 – "o fiador pode compensar sua dívida com a de seu credor ao afiançado".

b) **Fungibilidade das prestações**: mas não basta que sejam do mesmo gênero, é necessária, ainda, a identidade de espécie e qualidade, de modo que possam substituir-se uma à outra (fungibilidade entre si).

jurisprudência

Jurisprudência já se manifestou no sentido da impossibilidade de compensar os créditos de indenização (pensionamento) decorrente do acidente de trânsito com o que a vítima há de perceber em razão de sua vinculação a sistema previdenciário ou securitário (STJ, REsp 61.303/MG) e do saldo em conta corrente bancária com créditos da instituição financeira (STJ, AgRG no REsp 192.195/SP). Controverte-se acerca da possibilidade de compensação de obrigações de fazer fungíveis, prevalecendo a tese da negativa (o Código fala em compensação de coisas).

c) **Exigibilidade, vencimento e liquidez de ambos os créditos**: não comporta compensação a obrigação natural, seja em confronto com outra idêntica, seja com uma civil. Destaque-se que não obstam a compensação os prazos de favor, eis que se trata de mera liberalidade. Quanto à dívida prescrita, é possível admitir-se compensação desde que, antes do escoamento do prazo prescricional, os débitos tenham coexistido, mesmo porque no regime do Código Civil, a compensação opera-se *ipso iure*. Se as obrigações tiverem por objeto prestação de coisas incertas, somente serão compensáveis se a escolha competir aos dois devedores.

jurisprudência

A Terceira Turma do STJ reafirmou o posicionamento de que: "o art. 369 do CC fixa os requisitos da compensação, que só se perfaz entre dívidas líquidas, vencidas e de coisas fungíveis entre si, não verificáveis no caso. Isto porque, se pairar dúvidas sobre a existência da dívida e enquanto se alça o débito, não se pode dizer que o crédito é líquido. Apesar do crédito do BB estar representado por título executivo extrajudicial, ainda será objeto de pronunciamento judicial quanto a sua liquidez e certeza" (STJ, REsp 1.677.189/RS, 3ª Turma, Rel. Min. Moura Ribeiro, j. 16.10.2018, DJe 18.10.2018).

Conforme supramencionado, o Código de 2002 manteve-se, como o Código de 1916, vinculado ao **sistema francês**, em que a compensação se opera *ipso iure*, dispensando qualquer declaração da parte. Opõe-se, assim, ao **sistema alemão**, no qual a compensação se afigura como um direito potestativo, fazendo-se necessária a manifestação de vontade de um dos credores-devedores, com a declaração de compensação.

Entretanto, embora se efetue automaticamente, não pode o juiz pronunciar a compensação de ofício, já que serve ao interesse das partes, podendo ser renunciada ou afastada por acordo de vontades. Tal característica leva parcela abalizada da doutrina a entender que o sistema brasileiro configura espécie de meio-termo entre o sistema alemão e o francês (PONTES DE MIRANDA, 1974 e MARTINS-COSTA, 2003).

A compensação legal retroage à data em que a situação de fato se configurou, ainda que só alegada ou pretendida depois, pois tem eficácia *ex tunc*. O efeito retroativo repercute nos acessórios da obrigação, pois os juros, a multa convencional e as garantias cessam a partir do momento da coexistência das dívidas.

II. Compensação convencional:

Tem origem no poder de livre disposição das partes sobre seus créditos e pode ocorrer mesmo não estando presentes os requisitos necessários para a configuração da compensação legal. É uma espécie de transação.

III. Compensação judicial:

A natureza desta modalidade de compensação é a que mais causa controvérsia doutrinária. Alguns a incluem como espécie de compensação legal, já que a distinção seria apenas que ela é pronunciada pelo Poder Judiciário. Outros nem sequer a admitem como modalidade autônoma.

No entanto, a peculiaridade da compensação judicial não reside na circunstância de ser verificada em juízo, já que a legal e a convencional também podem, limitando-se a sentença a declarar o preenchimento dos requisitos na conformidade do estabelecido na lei. Na verdade, caracteriza-se por ser uma decisão constitutiva, onde o juiz, embora originariamente ausente a liquidez, acerta que o crédito é pronta e facilmente liquidável (exemplo: art. 596, parágrafo único, I, do CPC/2015).

12.6.1 Regras aplicáveis à compensação

a) Não pode o afiançado compensar com o seu credor o que este deva ao fiador, mas este tem o direito de compensar o seu débito com aquilo que o credor deva ao afiançado (art. 371). Interessante verificar que o comando legal em questão não adota a **teoria dualista da obrigação**, já que prevê que o fiador tem uma dívida com o credor. Entretanto, conforme visto anteriormente, pela tese dualista o fiador apenas assume uma responsabilidade em relação ao credor, sem ter contraído a dívida (responsabilidade sem dívida);

b) Nas obrigações solidárias, o devedor pode compensar com o credor o que este deve ao seu coobrigado, mas somente pode invocar esta extinção até o equivalente da parte deste na dívida comum. Embora essa regra não tenha sido repetida no CC/2002, entende-se que pode ainda ser invocada por aplicação do instituto da **solidariedade** e da **vedação do enriquecimento indevido**;

c) O local de vencimento não influi sobre a compensação - mas se forem em locais diferentes, devem-se deduzir as despesas necessárias à operação;

d) A possível renúncia de um dos devedores à compensação deve ser prévia. Aliás, é lícito aos interessados ajustarem compensação fora dos requisitos legais, operando a **extinção recíproca de obrigações ilíquidas**.

12.6.2 Impossibilidade de compensação

O art. 373 dispõe que a diferença de causa não impede a compensação, com exceção das situações descritas nos seus incisos I a III. Assim, são hipóteses de **impossibilidade de compensação**:

a) Provenientes de **esbulho, furto ou roubo**;

b) Se uma delas originar-se de **comodato, depósito** (exceto o depósito irregular) ou **alimentos**. O comodato e o depósito obstam a compensação por serem objeto de contratos com corpo certo e determinado, inexistindo, a fungibilidade entre si;

c) Se uma delas for de **coisa não suscetível de penhora**;

d) Em relação às **dívidas fiscais** e **parafiscais**, a compensação passaria a ser regida pelo disposto no Código Civil. Entretanto, revogado o art. 374, restaura-se o regime do Código Civil de 1916, pelo qual a compensação, em matéria tributária, poderia ser ressalvada pelas Administrações Federal, Estadual e Municipal, com base em legislação especial. De qualquer forma, ressalve-se a legislação especial que permite a compensação convencional entre o contribuinte e a Fazenda Pública (Lei n. 9.430/96 e Decreto n. 2.138/97), também chamada **compensação administrativa**, para aqueles casos em que não seja possível a compensação legal;

enunciado

Enunciado 19 da I Jornada de Direito Civil: "a matéria da compensação no que concerne às dívidas fiscais e parafiscais de Estados, do Distrito Federal e de Municípios não é regida pelo art. 374 do Código Civil".

e) Se a compensação se fizer em **prejuízo de direitos de terceiro** - exemplo: incidência de penhora sobre o crédito torna-o incompensável.

Havendo **pluralidade de débitos compensáveis,** aplicam-se as regras da imputação em pagamento. Assim sendo, a impugnação caberá ao devedor, ao credor e à lei - imputação legal (pela ordem: juros, dívida que venceu em primeiro lugar, dívida mais onerosa e imputação proporcional).

Por ser legal a compensação, não há que se cogitar da capacidade das partes. Outrossim, embora opere *ipso iure*, como é lícito ao devedor renunciar à compensação, ele deverá opô-la em juízo (não é conhecível de ofício) através da *exceptio compensationes*. Como opera *ipso iure*, a sentença que a reconhece opera efeitos *ex tunc*.

Em arremate, há duas importantes instituições mercantis fundadas no princípio da compensação: a conta corrente e as câmaras de compensação.

12.7 CONFUSÃO

Ocorre quando as figuras do devedor e do credor se reúnem na mesma pessoa, extinguindo-se, consequentemente, a relação obrigacional. Essa é a chamada **confusão própria**. A **confusão imprópria** se opera quando se reúnem na mesma pessoa as condições de garante e de sujeito (ativo ou passivo).

A confusão pode derivar de sucessão *mortis causa* ou ato *inter vivos*, podendo inclusive ser total ou parcial. São requisitos da confusão:

a) **Unidade da relação obrigacional**;
b) **Reunião, na mesma pessoa, das qualidades de credor e devedor**;
c) **Ausência de separação de patrimônios**. Este requisito quer significar que não haja, na mesma pessoa, a divisão entre o patrimônio comum, que é a garantia geral dos credores, e os ditos patrimônios especiais, cuja separação é afetada à origem dos bens que os compõem (por exemplo, os bens excluídos da comunhão) ou os fins que devem desempenhar (o bem de família, por exemplo). Se o crédito e o débito, ainda que atinentes à mesma pessoa, estão posicionados em patrimônios distintos, não há confusão;

Se ocorrer a confusão na pessoa do devedor ou credor solidário, a obrigação extingue-se até a concorrência de sua parte no débito ou crédito, subsistindo a solidariedade quanto aos demais, pelo remanescente.

Se o fato gerador da confusão se invalida, ela cessa e a obrigação restaura-se retroativamente, com todas as suas consequências, inclusive as garantias. Contudo, as garantias reais e os direitos de terceiros adquiridos durante a confusão devem ser respeitados (art. 384). Por exemplo, se a restauração da garantia hipotecária defronta uma nova inscrição, posterior àquela extinção, não terá sobre ela prioridade, porquanto perde o grau de que anteriormente gozava (PEREIRA, 2012).

fique ligado!

*Em relação a certos créditos, a confusão não opera a sua extinção, tal como os **títulos ao portador**, que não desaparecem por terem regressado ao poder se seu emitente, que poderá ainda transferi-los a terceiros novamente.*

12.8 REMISSÃO

É a demissão de um direito creditório, feita pelo credor, com o intuito de extinguir a obrigação, mediante o consentimento expresso ou tácito do devedor (LOPES, 2001). Cuida-se a **remissão** de uma **espécie do gênero renúncia**, sendo que a primeira pode incidir sobre determinados direitos pessoais e é ato unilateral, enquanto a segunda só diz respeito a direitos creditórios e é ato bilateral.

Ocorre a remissão de uma dívida quando o credor libera o devedor, no todo ou em parte, sem receber pagamento. A remissão é o ato ou efeito de remitir, perdoar uma dívida. Não se confunde com remição, ato ou efeito de remir, resgatar, que é instituto de direito processual.

12.8.1 Requisitos

Seus requisitos são:

a) **Ânimo de perdoar;**

b) **Agente capaz para alienar gratuitamente, além da legitimação para dispor do crédito**;

c) **Aceitação do perdão**;

12.8.2 Características

I. A remissão somente pode operar-se *inter partes*, não sendo esta admitida em prejuízo de terceiros;

II. A remissão **distingue-se da doação**, eis que nesta o doador transfere bens de seu patrimônio para o donatário. É típico contrato de natureza gratuita e unilateral;

III. O perdão **pode ser expresso ou tácito**, quando decorre de uma atitude do credor incompatível com a conservação de sua qualidade creditória. No entanto, não se presume fora dos casos admitidos em lei, nem a inatividade do credor permite induzi-lo. Um exemplo é a entrega voluntária do título da obrigação quando por escrito particular. Todavia, reitere-se que, nos termos do art. 324, a entrega de título de crédito faz presumir o pagamento – não remissão –, tratando o art. 386 de instrumentos particulares ou contratos que traduzem dívidas. Atente-se que essa presunção é relativa, podendo o credor provar a ausência de *animus* em remitir a dívida. Outro caso é a remissão da garantia que se presume com a entrega do objeto empenhado (a dívida remanesce, ficando quirografária, ou seja, sem garantia);

IV. A remissão apenas terá o caráter de **negócio jurídico unilateral** quando efetuada em testamento, assemelhando-se a um verdadeiro legado em prol do devedor;

V. A remissão **pode ser revogada unilateralmente**, desde que não tenha ainda gerado um direito contrário;

VI. O perdão não pode ser acompanhado de prestação do devedor, caso contrário haverá, conforme o caso, **dação em pagamento**, **transação** ou mesmo **novação**, se modificado o objeto (mas pode ser condicionado ou a termo);

VII. Somente as **obrigações patrimoniais de caráter privado** comportam perdão;

VIII. O perdão concedido ao **devedor principal** extingue a obrigação dos **fiadores** e liberta as **garantias reais**;

IX. Se forem vários os devedores, a remissão concedida a um deles extingue a obrigação na parte que lhe corresponde. Sendo **indivisível**, os demais credores somente poderão exigir a prestação com desconto da parte relativa ao remitente.

QUADRO SINÓTICO

EXTINÇÃO DAS OBRIGAÇÕES SEM PAGAMENTO	
CONSIGNAÇÃO EM PAGAMENTO	Instituto jurídico colocado à disposição do devedor para que, ante o obstáculo ao recebimento criado pelo credor ou quaisquer outras circunstâncias impeditivas do pagamento, exerça, por depósito da coisa devida, o direito de adimplir a prestação, liberando-se do liame obrigacional.
PAGAMENTO COM SUB-ROGAÇÃO	Cumprimento da dívida por terceiro, com a consequente substituição de sujeitos na relação jurídica obrigacional originária.
IMPUTAÇÃO DO PAGAMENTO	Determinação feita pelo devedor, entre dois ou mais débitos da mesma natureza, positivos e vencidos, devidos a um só credor, indicando qual dessas dívidas quer solver.
DAÇÃO EM PAGAMENTO	Forma de extinção na qual o credor consente em receber prestação diversa da que fora inicialmente pactuada.
NOVAÇÃO	É a constituição de uma obrigação nova, em substituição de outra que fica extinta. Seu principal efeito é a extinção da dívida primitiva, com todos os acessórios e garantias, sempre que não houver estipulação em contrário.
COMPENSAÇÃO	É uma forma de extinção das obrigações quando duas pessoas forem, reciprocamente, credoras e devedoras.
CONFUSÃO	Ocorre quando as figuras do devedor e do credor se reúnem na mesma pessoa, extinguindo-se a relação obrigacional.
REMISSÃO	A remissão é o ato ou efeito de remitir, perdoar uma dívida.

13

INADIMPLEMENTO DAS OBRIGAÇÕES

O inadimplemento de uma obrigação pode se dar de três formas principais: **inadimplemento absoluto**, **mora** (inadimplemento relativo) e **violação positiva do contrato**.

Ocorre o **inadimplemento absoluto** quando a obrigação deixa definitivamente de ser cumprida pelo devedor, não mais podendo sê-lo com utilidade pelo credor. A **mora**, por sua vez, constitui hipótese de não cumprimento da obrigação na forma, no lugar ou no tempo devidos, mas ainda sendo possível o seu cumprimento. Para Silvio Venosa (2011), não é pelo prisma da possibilidade do cumprimento da obrigação que se distingue mora de inadimplemento absoluto, mas sob o aspecto da utilidade para o credor, de acordo com critério a ser aferido em cada caso, de modo quase objetivo. Se ainda existe utilidade para o credor, existe a possibilidade de ser cumprida a obrigação, podendo ser elididos os efeitos da mora. Não havendo essa possibilidade, resta ao credor recorrer ao pedido de indenização por perdas e danos.

Cabe citar, neste ponto, a **Teoria do Adimplemento Substancial** (ou inadimplemento mínimo) da obrigação, que veda ao credor o exercício do direito de rescisão do contrato, ainda quando a norma contratual ou legal a preveja, se a prestação pactuada for substancialmente satisfeita pelo devedor. Referida teoria tem por fundamento o princípio da boa-fé, na esteira de sua função de limitar o exercício de direitos subjetivos, eis que a substancialidade do adimplemento, apurada casuisticamente, e em vista da finalidade econômico-social do contrato em exame, garante a manutenção do equilíbrio entre as prestações correspondentes, não chegando o descumprimento parcial a abalar o sinalagma (NEGREIROS, 2006).

enunciados

Enunciado 361 da IV Jornada de Direito Civil – "O adimplemento substancial decorre dos princípios gerais contratuais, de modo a fazer preponderar a função social do contrato e o princípio da boa-fé objetiva, balizando a aplicação do art. 475."

Enunciado 586 da VII Jornada de Direito Civil – "Para a caracterização do adimplemento substancial (tal qual reconhecido pelo Enunciado 361 da IV Jornada de Direito Civil – CJF), levam-se em conta tanto aspectos quantitativos quanto qualitativos."

Já se fala, outrossim, em uma terceira modalidade de descumprimento das obrigações, chamada de **violação positiva do contrato ou do crédito**, a qual consiste no cumprimento inadequado da obrigação. Em geral, consideram-se hipóteses de quebra positiva do contrato os casos de cumprimento defeituoso da prestação, de violação dos deveres laterais ou anexos e os de inadimplemento antecipado. Um exemplo do primeiro caso é o do criador que adquire ração para alimentação de seus animais que, embora entregue no prazo estipulado, encontrava-se imprópria para o uso, acarretando a morte de diversas reses. Um exemplo de descumprimento de um dever acessório de conduta é o pintor que se obriga a pintar a casa e o faz, mas quebra diversos objetos que se encontravam na mesma. Por fim, pode-se falar em inadimplemento antecipado da obrigação quando o devedor declara que não pode ou não quer adimplir, ou quando nada aparelhou com destino ao cumprimento da obrigação, tornando certo o inadimplemento.

13.1 INADIMPLEMENTO ABSOLUTO DAS OBRIGAÇÕES

Pode ocorrer que a obrigação não seja cumprida em razão de atuação culposa ou de fato não imputável ao devedor. Se o descumprimento decorreu de desídia, negligência ou, mais gravemente, por dolo do devedor, estaremos diante de uma situação de inadimplemento culposo no cumprimento da obrigação, que determinará o consequente dever de indenizar a parte prejudicada. Por outro lado, se a inexecução obrigacional derivou de fato não imputável ao devedor, enquadrável na categoria de caso fortuito ou força maior, configurar-se-á o inadimplemento fortuito da obrigação, sem consequências indenizatórias para qualquer das partes.

Em algumas situações, todavia, a própria lei admite que a ocorrência de evento fortuito não exclui a obrigação de indenizar. Uma delas, analisada logo a seguir, ocorre quando a própria parte assume a responsabilidade de responder pelos prejuízos, mesmo tendo havido caso fortuito ou força maior (art. 393). Também em caso de mora deverá o devedor responsabilizar-se nos mesmos termos (art. 399), a não ser que prove ausência de culpa ou que a perda ocorra mesmo que não haja o atraso.

enunciado

Enunciado 548 da VI Jornada de Direito Civil – "Caracterizada a violação de dever contratual, incumbe ao devedor o ônus de demonstrar que o fato causador do dano não lhe pode ser imputado."

Ainda sobre o tema do caso fortuito e a força maior, no período da pandemia do coronavírus (Covid-19), surgiu a Lei n. 14.010/2020 – Regime Jurídico Emergencial e Transitório das Relações Jurídicas de Direito Privado (RJET) 2, que previu a possibilidade de alegar os citados institutos com vistas a afastar a responsabilidade civil contratual. Porém não podem ser considerados "fatos imprevisíveis, para os fins exclusivos dos arts. 317, 478, 479 e 480 do Código Civil, o aumento da inflação, a variação cambial, a desvalorização ou a substituição do padrão monetário" (art. 7º).

Obviamente, o inadimplemento não se opera com os mesmos matizes sempre, variando de acordo com a natureza da prestação descumprida. Assim, nas **obrigações de dar**, opera-se o descumprimento quando o devedor recusa a entrega, a devolução ou a restituição da coisa. Nas **obrigações de fazer**, deixa de cumprir a atividade devida. Finalmente, quanto às **obrigações negativas**, a própria lei dispõe que o devedor é havido por inadimplente desde o dia em que executou o ato de que se devia abster (art. 390). É o caso do sujeito que, obrigando-se a não levantar o muro, realiza a construção, tornando-se inadimplente a partir da data em que realizou a obra. Nessa última hipótese (obrigações negativas), deve-se observar que o legislador de 2002 optou corretamente por inserir a referida norma no capítulo dedicado às disposições gerais do Título IV ("Do Inadimplemento das Obrigações"), e não no capítulo específico sobre a mora, como fazia a legislação revogada. Por conseguinte, as obrigações negativas não dão ensejo à mora, mas somente ao inadimplemento absoluto.

I. Inadimplemento culposo da obrigação

O desfecho normalmente esperado de uma obrigação dá-se por meio de seu adimplemento (cumprimento) voluntário. Entretanto, pode ocorrer que a obrigação se frustre por culpa do devedor, que deixa de realizar a prestação pactuada, impondo-se-lhe o dever de indenizar a parte prejudicada. Nesse sentido, o art. 389 dispõe, expressamente, que:

> Não cumprida a obrigação, responde o devedor por perdas e danos, mais juros e atualização monetária segundo índices oficiais regularmente estabelecidos, e honorários de advogado.

Essa regra legal, se comparada à anterior (art. 1.056 do CC/16), encontra-se, sem dúvida, mais afinada com a nossa realidade econômica, por fazer expressa menção a índices de atualização monetária, parâmetros que eram desconhecidos pela Lei Codificada anterior. Lembre-se, nesse ponto, de que o Código de Beviláqua fora elaborado em período de economia estável e rudimentar, pós-escravocrata.

O inadimplemento tratado pela norma do art. 389 é o denominado absoluto, ou seja, aquele que impossibilita, total ou parcialmente, o credor de receber a prestação devida (por exemplo, a destruição do cereal que seria entregue pelo devedor), convertendo-se a obrigação principal, na falta de tutela jurídica específica, em obrigação de indenizar. O referido art. 389 é visto pela doutrina como a base legal da responsabilidade civil contratual, sendo que a responsabilidade civil extracontratual ou aquiliana repousaria no art. 927. É de se salientar, contudo, que, muito embora a expressão "responsabilidade contratual" tenha se estabelecido com sucesso, não é necessário que a obrigação cujo descumprimento lhe dá azo tenha por fonte precisamente um contrato, podendo ela residir em outro negócio jurídico, do qual decorram obrigações.

Quem infringe dever jurídico *lato sensu* fica obrigado a reparar o dano causado. Esse dever passível de violação pode ter, assim, como fonte, tanto uma obrigação imposta por um dever geral do direito ou pela própria lei quanto por um negócio jurídico preexistente. O primeiro caso caracteriza a **responsabilidade civil aquiliana**, enquanto o segundo, a **responsabilidade civil contratual**.

Três elementos diferenciadores podem ser destacados, a saber: a necessária preexistência de uma **relação jurídica entre lesionado e lesionante**; **o ônus da prova quanto à culpa**; e a **diferença quanto à capacidade**. Com efeito, para caracterizar a responsabilidade civil contratual, faz-se mister que a vítima e o autor do dano já tenham se aproximado anteriormente e se vinculado para o cumprimento de uma ou mais prestações, sendo a culpa contratual a violação de um dever de adimplir, que constitui justamente o objeto do negócio jurídico, ao passo que, na culpa aquiliana, viola-se um dever necessariamente negativo, ou seja, a obrigação de não causar dano a ninguém.

Justamente por tal circunstância é que, na responsabilidade civil aquiliana, a culpa deve ser sempre provada pela vítima, enquanto, na responsabilidade contratual, ela é, em regra, presumida, invertendo-se o ônus da prova, cabendo à vítima comprovar, apenas, que a obrigação não foi cumprida, restando ao devedor o *onus probandi*, por exemplo, de que não agiu com culpa ou que ocorreu alguma causa excludente do elo de causalidade. Como regra especial, registre-se a previsão do art. 392 do CC, pela qual:

> Nos contratos benéficos, responde por simples culpa o contratante, a quem o contrato aproveite, e por dolo aquele a quem não favoreça. Nos contratos onerosos, responde cada uma das partes por culpa, salvo as exceções previstas em lei.

Como observa Sérgio Cavalieri Filho (2007), essa presunção de culpa não decorre do simples fato de estarmos em sede de responsabilidade contratual. Importa, em verdade, o tipo de obrigação assumida no contrato. Se o contratante assumiu a obrigação de alcançar um determinado resultado e não conseguiu, haverá culpa presumida, ou, em alguns casos, até responsabilidade objetiva; se a obrigação assumida no contrato foi de meio, a responsabilidade, embora contratual, dependerá da comprovação da culpa.

Por fim, vale destacar que, em termos de capacidade, o menor só se vincula contratualmente quando púbere (entre 16 e 18 anos) e assistido por seu representante legal – e excepcionalmente se, de forma maliciosa, declarou-se maior (art. 180) –, somente devendo ser responsabilizado nesses casos. Já na responsabilidade civil aquiliana, as pessoas responsáveis pelo incapaz não responderão pelos danos que ele causar, caso não tenham obrigação ou não disponham de meios suficientes para isso, cabendo a ele mesmo arcar com os prejuízos (art. 928).

II. Inadimplemento fortuito das obrigações

O descumprimento da obrigação também pode decorrer de fato não imputável ao devedor. Diz-se, nesse caso, ter havido inadimplemento fortuito da obrigação, ou seja, não resultante de atuação dolosa ou culposa do devedor, que, por isso, não estará obrigado a indenizar.

Fatos da natureza ou atos de terceiro poderão prejudicar o pagamento, sem a participação do devedor, que estaria diante de um caso fortuito ou de força maior. Imagine que o sujeito se obrigou a prestar um serviço e, no dia convencionado, é vítima de um sequestro. Não poderá, nessa hipótese, em virtude de evento não imputável à sua vontade, cumprir a obrigação avençada.

A característica básica da **força maior** é a sua inevitabilidade, mesmo sendo a sua causa conhecida (um terremoto, por exemplo, que pode ser previsto pelos cientistas); ao passo que o **caso fortuito**, por sua vez, tem a nota distintiva na sua imprevisibilidade, segundo parâmetros do homem médio. Nessa última hipótese, portanto, a ocorrência repentina, e até então desconhecida, do evento atinge a parte incauta, impossibilitando o cumprimento de uma obrigação (um atropelamento, um roubo). Todavia, deve-se ressaltar que os doutrinadores não adotam critério único para a definição dos termos "caso fortuito" e "força maior".

Não há interesse prático na distinção entre "ausência de culpa" e "caso fortuito" ou "força maior" (VENOSA, 2011), uma vez que o Código Civil não diferencia os conceitos (art. 393). Para o direito obrigacional, quer tenha havido caso fortuito, quer tenha havido força maior, a consequência, em regra, é a mesma: extingue-se a obrigação, sem qualquer consequência para as partes. Aliás, o Código condensou o significado das expressões em conceito único, consoante se depreende da análise do art. 393:

> Art. 393. O devedor não responde pelos prejuízos resultantes de caso fortuito ou força maior, se expressamente não se houver por eles responsabilizado.
>
> Parágrafo único. O caso fortuito ou de força maior verifica-se no fato necessário, cujos efeitos não era possível evitar ou impedir.

Note-se, pela análise da primeira parte do dispositivo, que o devedor, à luz do **princípio da autonomia da vontade**, pode expressamente se responsabilizar pelo cumprimento da obrigação, mesmo configurando-se o evento fortuito. Assim, se uma determinada empresa celebra um contrato de locação de gerador com um dono de boate, nada impede que se responsabilize pela entrega da máquina, no dia convencionado, mesmo na hipótese de suceder um fato imprevisto ou inevitável que, naturalmente, a eximiria da obrigação (p. ex.: um incêndio que consumiu todos os seus equipamentos). Nesse caso, assumirá o dever de indenizar o contratante, se o gerador que seria locado houver sido destruído pelo fogo, antes da efetiva entrega.

Essa assunção do risco, no entanto, para ser reputada eficaz, deverá constar de cláusula expressa do contrato. Essa matéria, ligada à ocorrência de eventos que destroem ou deterioram a coisa, prejudicando o cumprimento obrigacional, interessa à chamada **Teoria dos Riscos**. Por "risco", expressão tão difundida no meio jurídico, entenda-se o perigo a que se sujeita uma coisa de perecer ou deteriorar, por caso fortuito ou de força maior.

13.2 INADIMPLEMENTO RELATIVO DAS OBRIGAÇÕES: A MORA

Consoante visto, o inadimplemento é considerado absoluto quando impossibilita, total ou parcialmente, o credor de receber a prestação devida, quer decorra de culpa do devedor (inadimplemento culposo), quer derive de evento não imputável à sua vontade (inadimplemento fortuito).

O inadimplemento relativo, por sua vez, ocorre quando a prestação, ainda passível de ser realizada, não foi cumprida no tempo, no lugar e na forma convencionados, remanescendo o interesse do credor de que seja adimplida, sem prejuízo de exigir uma compensação pelo atraso causado. Esse retardamento culposo no cumprimento de uma obrigação ainda realizável caracteriza a mora, que tanto poderá ser do credor (***mora accipiendi* ou *credendi***), como também, com mais frequência, do devedor (***mora solvendi* ou *debendi***).

A difundida ideia de associar a mora ao descumprimento tempestivo da prestação pactuada não significa que a sua configuração só se dê quando o devedor retarda a solução do débito. Conforme vimos, se o credor obsta injustificadamente o pagamento – e lembre-se de que pagar também é um direito do devedor –, recusando-se a receber a coisa ou a quantia devida no lugar e na forma convencionados, também aí haverá a mora.

Dispõe o Código Civil, no art. 394, que se considera em mora aquele devedor que não efetuar o pagamento e o credor que não quiser recebê-lo no tempo, no lugar e na forma que a lei ou a convenção estabelecer.

Caio Mário (2012), identificando no comportamento moroso um ato humano, observa que não é toda a retardação no solver ou no receber que induz mora. Exige-se algo mais para a sua caracterização. Na mora *solvendi*, assim como na *accipiendi*, há de estar presente um fato humano, intencional ou não intencional, gerador da demora na execução. Isso exclui do conceito de mora o fato inimputável, o fato das coisas, o acontecimento atuante no sentido de obstar a prestação, o fortuito e a força maior, impeditivos do cumprimento. Nesse sentido, dispõe o art. 396 que o devedor não ocorre em mora caso não haja fato ou omissão imputável a ele.

I. Mora do devedor (*solvendi* ou *debendi*)

Sem dúvida, esta é a mais frequente espécie de mora. Ocorre quando o devedor retarda culposamente o cumprimento da obrigação. Na hipótese mais comum, por exemplo, o sujeito se obriga a pagar a quantia de R$ 100,00 (cem reais) no dia 15 e, chegado o vencimento, simplesmente não paga.

É interessante notar que, se a **obrigação for negativa** (não fazer) e o indivíduo realizar a prestação que se comprometeu a não efetivar, não se poderá dizer ter havido mora, mas sim **inadimplemento absoluto**.

Posto isso, com base no ensinamento de Clóvis Beviláqua (1977), podemos apontar os seguintes requisitos da mora do devedor:

a) **a existência de dívida líquida e certa:** somente as obrigações certas quanto ao seu conteúdo e individualizadas quanto ao seu objeto podem viabilizar a ocorrência da mora. Ninguém retarda culposamente o cumprimento de uma prestação incerta, ilíquida ou indeterminada. Se eu sou devedor de R$ 100,00 (cem reais) ou de determinado serviço de carpintaria, incorro em mora ao não realizar qualquer das prestações especificadas;

b) **o vencimento (exigibilidade) da dívida:** se a obrigação venceu, tornou-se exigível, e, por conseguinte, o retardamento culposo no seu cumprimento poderá caracterizar a mora. Lembre-se de que o não cumprimento das obrigações com termo de vencimento certo (dia 23 de junho, por exemplo) constitui, de pleno direito, a mora do devedor. Trata-se da chamada **mora *ex re***. Aplica-se, aqui, a regra ***dies interpellat pro homine***. Não havendo termo definido, o credor deverá interpelar o devedor judicial ou extrajudicialmente, para constituí-lo em mora. Cuida-se, nesse caso, da **mora *ex persona***. No Código Civil de 2002:

> Art. 397. O inadimplemento da obrigação, positiva e líquida, no seu termo, constitui de pleno direito em mora o devedor.
>
> Parágrafo único. Não havendo termo, a mora se constitui mediante interpelação judicial ou extrajudicial.

Em algumas situações, mesmo havendo termo ou prazo certo, a lei ou até mesmo o contrato podem exigir a interpelação judicial para constituir o devedor em mora.

súmulas

Nesse particular, duas importantes súmulas merecem ser citadas: STJ, Súmula n. 72 - "A comprovação da mora é imprescindível à busca e apreensão do bem alienado fiduciariamente"; e STJ, Súmula n. 76 - "A falta de registro do compromisso de compra e venda de imóvel não dispensa a prévia interpelação para constituir em mora o devedor". Na promessa de compra e venda, ainda que haja dia certo para o pagamento, em caso de inadimplemento relativo, o Decreto-lei n. 745/69 obriga a prévia interpelação para constituir o devedor em mora.

c) **A culpa do devedor:** não há mora sem a concorrência da atuação culposa do devedor. Será visto à frente que esse raciocínio não se aplica bem à hipótese de mora do credor. Mesmo se afirmando que o retardamento já firma uma presunção *juris tantum* de culpa, o fato é que, sem esta, o credor não poderá pretender responsabilizar o devedor (art. 396 do CCB).

súmula

Súmula n. 380 do STJ: "A simples propositura da ação de revisão de contrato não inibe a caracterização da mora do autor".

Nesse sentido, é importante pontuar que simplesmente alegar a revisão contratual não ilide a culpa do devedor. Apenas ao final da ação, com o trânsito em julgado, é que a mora pode ser afastada para se reconhecer que houve mero retardo.

Complementando esse rol, Orlando Gomes (2004) lembra que a mora somente se caracterizará se **houver viabilidade do cumprimento tardio da obrigação**. Vale dizer que, se a prestação em atraso não interessar mais ao credor, este poderá considerar resolvida a obrigação, hipótese em que restará caracterizado o seu inadimplemento absoluto. É por isso que o parágrafo único do art. 395 prevê que, se a prestação se tornar inútil ao credor devido à mora, este mesmo credor poderá enjeitá-la e exigir a satisfação das perdas e danos. Trata-se, repita-se, de **inadimplemento absoluto**, em virtude do qual o credor deverá ser cabalmente indenizado, fazendo jus a receber o que efetivamente perdeu (dano emergente) e o que razoavelmente deixou de lucrar (lucros cessantes).

enunciado

No entanto, ressalte-se que, conforme exposto no Enunciado 162 da III Jornada de Direito Civil do CJF, "a inutilidade da prestação que autoriza a recusa da prestação por parte do credor deverá ser aferida objetivamente, consoante o princípio da boa-fé e a manutenção do sinalagma, e não de acordo com o mero interesse subjetivo do credor".

Ressalte-se que, nas obrigações provenientes de ato ilícito, considera-se o devedor em mora desde que o praticou, na forma do art. 398.

A mora do devedor pode provocar os **efeitos jurídicos** destacados a seguir:

a) o primeiro deles é a sua **responsabilidade civil** pelo prejuízo causado ao credor em decorrência do descumprimento culposo da obrigação. Essa compensação, se não for apurada em procedimento autônomo, poderá vir expressa, previamente, no próprio título da obrigação, por meio de uma cláusula penal moratória, tema que será tratado adiante. Nesse sentido, o art. 395, *caput*, é claro ao dispor que:

> Responde o devedor pelos prejuízos a que sua mora der causa, mais juros, atualização dos valores monetários segundo índices oficiais regularmente estabelecidos, e honorários de advogado.

Os **juros moratórios** aqui referidos não devem ser confundidos com os **compensatórios**. Estes remuneram o credor pela disponibilização do capital ao devedor, ao passo que aqueles traduzem a compensação devida por força do atraso no cumprimento da obrigação, e são contados desde a citação (art. 405 do CC e art. 491 do CPC/2015).

b) O segundo efeito digno de nota diz respeito à **responsabilidade pelo risco de destruição da coisa devida**, durante o período em que há a mora do devedor. Trata-se da chamada ***perpetuatio obligationis***, situação jurídica peculiar referida no art. 399 do CC:

> Art. 399. O devedor em mora responde pela impossibilidade da prestação, embora essa impossibilidade resulte de caso fortuito ou de força maior, se estes ocorrerem durante o atraso; salvo se provar isenção de culpa, ou que o dano sobreviria ainda quando a obrigação fosse oportunamente desempenhada.

A regra nos indica que, em caráter excepcional, o devedor poderá ser responsabilizado pela impossibilidade da prestação, ainda que decorrente de caso fortuito ou de força maior. Imagine o comodatário que recebeu um animal puro sangue, a título de empréstimo gratuito por quinze dias, e, findo o prazo, atrasa a devolução do animal. Perecendo o cavalo em decorrência de uma enchente (evento fortuito) que inundou completamente o pasto onde estava, o devedor poderá ser responsabilizado com fundamento na referida norma legal. Entretanto, se provar que o dano sobreviria mesmo que a prestação fosse oportunamente desempenhada, como na hipótese de a enchente também haver invadido os pastos do credor, de maneira que afogaria o animal ainda que já estivesse sob a guarda do seu proprietário, cessará a obrigação de indenizar.

No que se refere à menção da prova de isenção de culpa para afastamento da responsabilidade em caso de mora, trata-se de defeito técnico reproduzido do legislador de 1916, já que uma vez comprovada a ausência de culpa do devedor, não haverá que se falar em mora, já que aquela é elemento subjetivo indispensável para configuração desta.

II. Mora do credor (*accipiendi* ou *credendi*)

Embora menos comum do que a mora do devedor, nada impede que o próprio sujeito ativo da relação obrigacional, recusando-se a receber a prestação no tempo, no lugar e na forma convencionados, incorra em mora. Trata-se da mora do credor.

O entendimento dominante é que a mora do credor prescinde da aferição de culpa. Desde que não queira receber a coisa injustificadamente, isto é, no tempo, lugar e forma que a lei ou a convenção estabelecer, sem razão plausível, o credor estará em mora, não sendo necessário que o devedor demonstre a sua atuação dolosa ou culposa.

Pode ocorrer, entretanto, que o credor esteja transitoriamente impedido de receber, por fato plenamente justificável, situação que, obviamente, não caracterizaria a sua mora. Esta somente se configura quando o devedor faz uma **oferta real**, e não simplesmente uma promessa, nos estritos termos da obrigação pactuada, e o credor, sem motivo justo ou aparente, recusa-se a receber. Aí não importa se atuou com dolo ou culpa: recusando-se, está em mora. Assim, pode-se concluir que os requisitos da mora do credor são:

a) A **oferta** regular do devedor (completa, no lugar e no tempo oportunos); e

b) A **recusa**, sem justa causa, do credor em recebê-la ou a prestar a cooperação necessária para o adimplemento, quando esta se fizer necessária.

Contudo, não se pode deixar de mencionar que vozes abalizadas, como o próprio Caio Mário (2012), anteriormente citado, e Serpa Lopes (2001), defendem que a culpa é também requisito da mora *accipiendi*.

Frequentemente, diante da recusa do credor, o devedor, pretendendo exonerar-se da obrigação, utiliza-se da **Consignação em Pagamento**, cujo procedimento vem regulado pelos arts. 539 e seguintes do CPC/2015, que é uma forma especial de extinção de obrigações.

Não se deve confundir, outrossim, a mora *accipiendi* com situações em que a ausência da colaboração necessária do credor produz a desoneração definitiva do devedor, porque este se obrigou, por exemplo, a oferecer a prestação em determinado momento (prazo fixo), sendo o próprio credor (por fato a ele imputável) que não a recebeu. A prestação não é, em si mesma, impossível, mas não poderá mais beneficiar aquele credor. É o caso do sujeito que se inscreve num cruzeiro, paga a inscrição, mas falta à partida do barco (porque resolveu não ir ou por qualquer outra razão). Nesse caso, tendo pago a inscrição, era o sujeito credor da prestação, mas, por ato unicamente imputável a si, não permitiu a realização do objeto da obrigação, o que desonera, definitivamente, o devedor, sem o obrigar às perdas e danos.

Da mora do credor, decorrem efeitos jurídicos. Quanto aos efeitos da mora do credor, o art. 400 do CC dispõe:

Art. 400. A mora do credor subtrai o devedor isento de dolo à responsabilidade pela conservação da coisa, obriga o credor a ressarcir as despesas empregadas em conservá-la, e sujeita-o a recebê-la pela estimação mais favorável ao devedor, se o seu valor oscilar entre o dia estabelecido para o pagamento e o da sua efetivação.

Assim, temos que a mora do credor:

a) **subtrai do devedor o ônus pela guarda da coisa**, ressalvada a hipótese de ter agido com dolo: nesse caso, se o devedor, por exemplo, apresentou-se para devolver o touro reprodutor de propriedade do credor, e estando este em mora de receber, não responderá por conduta culposa (imprudência, negligência ou imperícia) que gerar a perda do objeto obrigacional. O que a lei proíbe, à luz do superior princípio ético da boa-fé, é que o devedor atue dolosamente, abandonando o animal na estrada ou deixando de alimentá-lo. Em tais casos, a sua responsabilidade persiste;

b) **obriga o credor a ressarcir o devedor pelas despesas de conservação da coisa**: estando o credor em mora, correm por sua conta as despesas ordinárias e extraordinárias, de natureza necessária, empreendidas pelo devedor, que fará jus ao devido ressarcimento, monetariamente corrigido;

c) **sujeita o credor a receber a coisa pela estimação mais favorável ao devedor**, se houver oscilação entre o dia estabelecido para o pagamento (vencimento) e o dia de sua efetivação: assim, se o devedor se obrigou a transferir, em virtude de uma compra e venda, no dia 15, um touro reprodutor pelo preço de R$ 10.000,00, e o credor retardou injustificadamente o recebimento da coisa, somente efetivado no dia 25, quando a cotação do animal atingiu o preço de R$ 12.000,00, deverá o referido credor moroso arcar com a diferença, pagando o valor maior. Se a oscilação for para menos, todavia, deverá pagar o preço convencionado.

13.2.1 Purgação e cessação da mora

A **purgação,** ou emenda da mora, consiste no ato jurídico por meio do qual a parte neutraliza os efeitos do seu retardamento, ofertando a prestação devida (mora *solvendi*) ou aceitando-a no tempo, no lugar e na forma estabelecidos pela lei ou pelo título da obrigação (mora *accipiendi*).

Por parte do devedor, a purgação da mora efetiva-se com a sua oferta real, devendo abranger a prestação mais a importância dos prejuízos decorrentes do atraso (juros de mora, cláusula penal, despesas realizadas para a cobrança da dívida etc.). Tratando-se de prestação pecuniária, deverá ser corrigida monetariamente, caso seja necessário (art. 401, I).

Por parte do credor, a emenda se dá oferecendo-se este a receber o pagamento, e sujeitando-se aos efeitos da mora até a mesma data. Esses efeitos foram vistos anteriormente, quando foi analisado o art. 400. Logo, o credor deverá indenizar o devedor por todos os prejuízos que este experimentou por força de seu atraso.

Vale mencionar, também, que a eficácia da purgação da mora é para o futuro (*ex nunc*), de forma que os efeitos jurídicos até então produzidos deverão ser observados (os juros devidos pelo atraso, até o dia da emenda, por exemplo).

Importa, ainda, diferenciar a purgação da **cessação da mora**. A primeira, como visto, traduz uma atuação reparadora do sujeito moroso, neutralizando os efeitos de seu retardamento. A segunda, por sua vez, é mais abrangente e decorre da própria extinção da obrigação. É o que se dá, por exemplo, quando se opera a novação ou a remissão de dívida. A sua eficácia é retroativa (*ex tunc*), enquanto, na purgação, não retroage (*ex nunc*).

A possibilidade de purgação da mora deverá vir prevista em lei ou no contrato, eis que implica restrição à liberdade negocial e ao direito do credor, devendo ocorrer até o momento da contestação da lide, na falta de dispositivo legal expresso em contrário. Algumas leis que admitem a emenda ou purgação da mora são: art. 3º, § 1º, do Decreto-lei n. 911/69 (alienação fiduciária); art. 62, III e parágrafo único, da Lei n. 8.245/91 (locação) e art. 14 do Decreto-lei n. 58/37 (promessa irretratável de compra e venda) etc.

Indaga-se na doutrina se a purgação da mora *solvendi* depende da prévia concordância do credor. Para Caio Mário da Silva Pereira (2012), a resposta dependerá da espécie de termo a que está vinculada a obrigação. Se se tratar de termo essencial, a purgação da mora somente será admitida se o credor anuir. Tratando-se, todavia, de termo não essencial, a purgação da mora será admissível, independentemente da vontade daquele.

Finalmente, é bom que se diga que o Código Civil atual, contornando uma impropriedade do Código anterior, suprimiu o inciso III do revogado art. 959, o qual fazia referência à purgação da mora de ambos os contraentes, quando houvesse renúncia recíproca por parte dos sujeitos da relação jurídica obrigacional. Certa a conclusão de Silvio Venosa (2011) no sentido de que, nesse caso, estando ambos em mora, há anulação recíproca, posto que as partes se colocam em estado idêntico e nada podem imputar à outra. É como se os efeitos da mora simultânea de uma parte e de outra se eliminassem reciprocamente, não havendo que se cogitar de renúncia.

O momento limite para a purgação da mora, segundo a doutrina clássica, é até a propositura da ação pela parte pontual. Em outro viés, a doutrina moderna, juntamente com o STF, indica que pode ser a qualquer momento, até mesmo no curso da ação, desde que a prestação ainda seja útil.

Por fim, as partes não podem suprimir via contrato a possibilidade de purgação da mora (cláusula resolutiva expressa), de acordo com a doutrina moderna, em razão da função social dos contratos, que faz da possibilidade de emenda da mora uma norma de ordem pública.

13.3 PERDAS E DANOS

13.3.1 Consequências do inadimplemento culposo da obrigação

Com muita propriedade, Álvaro Villaça Azevedo (2001) pontifica que a expressão "perdas e danos" nada mais significa do que os prejuízos, os danos causados diante do descumprimento obrigacional.

Com efeito, a obrigação, vista sob um prisma dinâmico, encontra o seu termo no pagamento, com a consequente satisfação do credor. Nada impede que, ademais, possa quedar-se descumprida. Se o descumprimento derivar de atuação culposa do devedor, causadora de prejuízo material ou moral, será obrigado a compensar civilmente o credor, indenizando-o.

Pagar "perdas e danos", afinal de contas, significa isto: indenizar aquele que experimentou um prejuízo, uma lesão em seu patrimônio material ou moral, por força do comportamento ilícito do transgressor da norma. Em consonância com a doutrina francesa, a expressão utilizada seria "perdas e interesses", que significam, respectivamente, danos emergentes e lucros cessantes.

No campo da responsabilidade aquiliana ou extracontratual, é muito comum o agente infrator ser compelido a indenizar a vítima, ainda que não haja atuado culposamente, segundo os princípios da responsabilidade civil objetiva, que também foram albergados pelo Código de 2002, mormente para os agentes empreendedores de atividade de risco (art. 927, parágrafo único).

De qualquer forma, ressalvadas hipóteses especialíssimas, como as decorrentes das relações de consumo (arts. 12 e 18 do CDC), as perdas e danos em geral, devidas em razão de inadimplemento contratual, exigem, além da prova do dano, o reconhecimento da culpa do devedor. Em verdade, essa investigação de culpa não apresenta grandes dificuldades, uma vez que, se havia um negócio jurídico anterior vinculando as partes, o descumprimento negocial de uma delas firma implícita presunção de culpa.

Por tudo isso, deixando de lado, por ora, aspectos mais delicados de responsabilidade civil, fixemos a premissa de que as perdas e danos traduzem o prejuízo material ou moral, causado por uma parte à outra, em razão do descumprimento da obrigação. Acrescente-se, outrossim, o fato de que também o inadimplemento relativo (mora), que se caracteriza quando a prestação, posto realizável, não é cumprida no tempo, no lugar e na forma devidos, também obriga ao pagamento das perdas e danos, correspondentes ao prejuízo derivado do retardamento imputável ao credor ou ao devedor.

Consoante já visto, as consequências da mora são previstas em regras específicas, nos termos dos arts. 394 a 401 do CC, não sendo demais lembrar que a indenização devida, nesse caso, deverá ser menor do que a aplicável para o total e absoluto descumprimento da obrigação, hipótese em que o ressarcimento deverá ser cabal.

13.3.2 Perdas e danos

O Código Civil, em seu art. 389, ao tratar das disposições gerais relativas ao inadimplemento das obrigações, fixa regra genérica. Repita-se:

> Art. 389. Não cumprida a obrigação, responde o devedor por perdas e danos, mais juros e atualização monetária segundo índices oficiais regularmente estabelecidos, e honorários de advogado.

Essa regra, que deve ser lida em sintonia com a norma prevista no art. 393, exige a atuação culposa do devedor para que possa ser responsabilizado, não explicando o que se entende por "perdas e danos". Como salientado, essa expressão traduz o prejuízo ou o dano material ou moral, causado por uma parte à outra, em razão do descumprimento da obrigação.

O Código, a despeito de não defini-la com precisão, até por não ser função precípua do legislador fazê-lo, preferiu simplesmente traçar os seus contornos, delimitando o seu alcance e deixando para a doutrina a difícil missão de apresentar uma conceituação teórica a seu respeito, consoante se depreende da leitura do seu art. 402 do CC:

> Salvo as exceções expressamente previstas em lei, as perdas e danos devidas ao credor abrangem, além do que ele efetivamente perdeu, o que razoavelmente deixou de lucrar.

Em outras palavras, as perdas e danos devidas ao credor deverão compreender o **dano emergente** (o que efetivamente perdeu) e o **lucro cessante** (aquilo que razoavelmente deixou de lucrar).

Com referência ao dano emergente, Agostinho Alvim (1949) pondera ser possível estabelecer, com precisão, o desfalque do nosso patrimônio, sem indagações hipotéticas. No entanto, com relação ao lucro cessante, o mesmo já não se dá, uma vez que pelo significado do termo "razoavelmente", empregado no art. 402, não se entende que se pagará aquilo que for razoável (ideia quantitativa), e sim que se pagará se se puder, razoavelmente, admitir que houve lucro cessante (ideia que se prende à existência mesma de prejuízo). A palavra contém uma restrição, que serve para nortear o juiz acerca da prova do prejuízo em sua existência, e não em sua quantidade. Isso ocorre pois, admitida a existência do prejuízo (lucro cessante), a indenização não se pautará pelo razoável, e sim pelo provado.

Além disso, seguindo essa linha de raciocínio, não é demais lembrar que, segundo o nosso direito positivo, mesmo com a inexecução obrigacional resultando de dolo do devedor, a compensação devida só deverá incluir os danos emergentes e os lucros cessantes diretos e imediatos, ou seja, só se deverá indenizar o prejuízo que decorra diretamente da conduta ilícita (infracional) do devedor, excluídos os danos remotos. Nesse sentido, o art. 403 ressalta que, por mais que a inexecução resulte de dolo do devedor, as perdas e danos só incluem os prejuízos efetivos e os lucros cessantes por efeito dela direto e imediato, sem prejuízo do disposto na lei processual. A referência à lei processual significa que a condenação no ônus da sucumbência (custas processuais e honorários de advogado) tem tratamento autônomo na legislação adjetiva.

Trata-se, segundo preleção de Carlos Roberto Gonçalves (2010), de aplicação da **teoria dos danos diretos e imediatos** (chamada de interrupção do nexo causal), formulada em razão da relação de causalidade, que deve existir, para que se caracterize a responsabilidade do devedor. Com isso, o devedor responde tão só pelos danos vinculados a seu ato por uma relação de necessidade, não pelos resultantes de causas estranhas ou remotas. Assim, descumprido um determinado contrato, não se deve admitir como indenizável o dano emocional causado na esposa do credor que, confiando no êxito do negócio que o seu marido pactuou com o devedor, já fazia planos de viajar à Europa. A sua dor moral traduz muito mais uma decepção, um reflexo remoto da lesão aos termos do negócio, que não é resultado direto do inadimplemento obrigacional.

Atente-se para o fato, todavia, de que há uma especial categoria de danos, denominados **danos em ricochete**, que, a despeito de não serem suportados pelos próprios sujeitos da relação jurídica principal, atingem pessoas próximas, e são perfeitamente indenizáveis, por derivarem diretamente da atuação ilícita do infrator (**subteoria da necessariedade da causa**).

Manifestando-se a respeito do assunto, Caio Mário (2012) preleciona que a tese do dano reflexo, apesar de se caracterizar como a repercussão do dano direto e imediato, é reparável, o que multiplica, na realidade, os credores. Por exemplo, a situação que uma pessoa que sofre o "reflexo" de um dano causado a outrem. Pode ocorrer, ademais, quando uma pessoa, que presta alimentos a outra, vem a perecer em consequência de um fato que atingiu o alimentante, privando o alimentando do benefício. Este último é diretamente atingido por um dano reflexo ou em ricochete, visto que a vítima imediata é o próprio alimentante morto.

Vale mencionar que todo e qualquer dano, para ser considerado indenizável, deverá conjugar os seguintes requisitos:

a) **Efetividade ou certeza:** uma vez que a lesão ao bem jurídico, material ou moral, não poderá ser, simplesmente, hipotética. O dano poderá ter até repercussões futuras, a exemplo do sujeito que perdeu um braço em virtude de acidente, mas nunca poderá ser incerto ou abstrato;

b) **Subsistência:** no sentido de que se já foi reparado, não há o que indenizar;

c) **Lesão a um interesse juridicamente tutelado, de natureza material ou moral:** obviamente que o dano deverá caracterizar violação a um interesse tutelado por uma norma jurídica, quer seja material (um automóvel, uma casa), quer seja moral (honra, imagem).

13.4 DANO MORAL

Se as perdas e danos significam o prejuízo indenizável experimentado por um sujeito de direito, forçoso convir que essa lesão poderá não ter somente natureza patrimonial. Nesse diapasão, cumpre conceituarmos o **dano moral** como aquele representativo de uma lesão a bens e interesses jurídicos imateriais, pecuniariamente inestimáveis, a exemplo da honra, da imagem, da saúde, da integridade psicológica etc.

Consiste, em outras palavras, no prejuízo ou na lesão de direitos, cujo conteúdo não é pecuniário, nem comercialmente redutível a dinheiro, como é o caso dos direitos da personalidade, a saber, o direito à vida, à integridade física (direito ao corpo - vivo ou morto - e à voz), à integridade psíquica (liberdade, pensamento, criação intelectual, privacidade e segredo) e à integridade moral (honra, imagem e identidade), havendo quem entenda, como Paulo Luiz Netto Lobo (2005), que não existem outras hipóteses de danos morais além das violações aos direitos da personalidade.

Muito discutiu a doutrina a respeito da **reparabilidade do dano moral**. Se, em um primeiro momento, a tese da irreparabilidade, que contava com o apoio de juristas de escol, predominou, com a evolução do pensamento jurídico nacional e o desenvolvimento paulatino da teoria dos direitos da personalidade, a doutrina contrária, inspirada por princípios éticos e de equidade, passou a vigorar.

Por fim, vale destacar que, de acordo com o *caput* do art. 404:

> As perdas e danos, nas obrigações de pagamento em dinheiro, serão pagas com atualização monetária segundo índices oficiais regularmente estabelecidos, abrangendo juros, custas e honorários de advogado, sem prejuízo da pena convencional.

enunciado

O Enunciado 159 da III Jornada de Direito Civil do CJF enfatiza que o mero aborrecimento não gera dano moral: "O dano moral, assim compreendido todo dano extrapatrimonial, não se caracteriza quando há mero aborrecimento inerente a prejuízo material".

13.5 JUROS

13.5.1 Conceito

Juros são os rendimentos do capital. São considerados **frutos civis da coisa**, assim como os aluguéis. Representam o pagamento pela utilização de capital alheio. Integram a classe das coisas acessórias (art. 95 do CC).

13.5.2 Espécies

Em linhas gerais, os juros fixados, **legais** (determinados por lei) ou **convencionais** (fixados pelas próprias partes), subdividem-se em:

a) **Compensatórios:** objetivam remunerar o credor pelo simples fato de haver desfalcado o seu patrimônio, concedendo o numerário solicitado pelo devedor;

b) **Moratórios:** traduzem uma indenização devida ao credor por força do retardamento culposo no cumprimento da obrigação.

Assim, celebrado um contrato de empréstimo a juros (**mútuo feneratício**), o devedor pagará ao credor os juros compensatórios devidos pela utilização do capital (se tomou R$ 10, devolverá R$ 12). Se, entretanto, no dia do vencimento, atrasar o cumprimento da prestação, pagará os juros de mora, que são contabilizados dia a dia, sendo devidos independentemente da comprovação do prejuízo.

Arnoldo Wald (1999) lembra, ainda, que os juros compensatórios geralmente são convencionais, pois dependem de acordo prévio das partes sobre a operação econômica e as condições em que a mesma deveria ser realizada, mas podem decorrer de lei ou de decisão jurisprudencial (Súmula n. 164 do STF). Os juros moratórios, por outro lado, podem ser legais ou convencionais conforme decorram da própria lei ou da convenção.

tome nota!

JUROS COMPENSATÓRIOS/ REMUNERATÓRIOS (JUROS-FRUTOS)	JUROS MORATÓRIOS
✓ devidos como compensação pela utilização de capital pertencente a outrem (utilização consentida de capital alheio)	✓ devidos em razão do inadimplemento absoluto ou parcial do contrato (incidem em caso de retardamento na restituição do capital ou de descumprimento de obrigação) ✓ **correm a partir da constituição em mora** ✓ **a sentença que julgar procedente o pedido deve condenar o vencido nos juros legais, mesmo que não tenha sido formulado pedido expresso** na inicial (art. 491 do CPC/2015); ainda que omissa a condenação, os juros moratórios devem ser incluídos na liquidação (STF, Súmula 254).
✓ devem ser **previstos no contrato**, estipulados pelos contratantes	✓ podem ser convencionados ("juros moratórios convencionais") ou não ("juros moratórios legais")
✓ **não podem exceder a taxa** que estiver em vigor **para a mora do pagamento de impostos devidos à Fazenda Nacional** (arts. 406 e 591), **permitida somente a capitalização anual** (art. 591).	✓ **se não forem convencionados**, ou o forem sem taxa estipulada, ou quando provierem de determinação da lei, serão **fixados segundo a taxa que estiver em vigor para a mora do pagamento de impostos devidos à Fazenda Nacional** ("taxa legal", art. 406)

13.5.3 Limite da taxa de juros

O Decreto n. 22.626, de 1933 (Lei da Usura), em seu art. 1º, vedou que qualquer espécie de juros fosse estipulada com taxa superior ao dobro da taxa legal. Sob o CC/16, a taxa legal era de 6% a.a., perfazendo, assim, um teto de 12% a.a. para a estipulação de taxas de juros. No entanto, no CC/2002, a taxa legal é de 12% a.a. (art. 406, interpretado de acordo com o Enunciado 20 da I Jornada de Direito Civil do CJF). Assim, hoje, o limite para a estipulação de juros é de 24% a.a. Esse enunciado doutrinário é largamente aplicado no Superior Tribunal de Justiça (ver: STJ, AgRg no REsp 1.089.213/RS, 6ª Turma, Rel. Min. Haroldo Rodrigues, Desembargador Convocado do TJCE, j. 01.09.2009, *DJe* 21.09.2009; AgRg no REsp 668.009/SE, 2ª Turma, Rel. Min. Mauro Campbell Marques, j. 10.02.2009, *DJe* 11.03.2009; e AgRg no REsp 765.891/RS, 2ª Turma, Rel. Min. Herman Benjamin, j. 06.12.2007, *DJe* 17.10.2008). Contudo, a questão não foi estabilizada na jurisprudência superior, sendo que encontramos decisões recentes pela incidência da taxa Selic: "A taxa de juros moratórios a que se refere o art. 406 do Código Civil de 2002 é a Selic. Precedentes. 2. Agravo interno a que se nega provimento" (STJ, Ag. Int. no REsp 1.543.150/DF, 4ª Turma, Rel. Min. Antonio Carlos Ferreira, j. 07.10.2019, *DJe* 14.10.2019).

súmulas

Outrossim, a Súmula Vinculante n. 7 do STF estabeleceu que: "A norma do § 3º do art. 192 da Constituição, revogada pela Emenda Constitucional nº 40/2003, que limitava a taxa de juros reais a 12% ao ano, tinha sua aplicação condicionada à edição de lei complementar."

Súmula n. 596 do STF – "As disposições do Decreto n. 22.626/33 não se aplicam às taxas de juros e aos outros encargos cobrados nas operações realizadas por instituições públicas ou privadas, que integram o Sistema Financeiro Nacional."

Súmula n. 283 do STJ – "As empresas administradoras de cartão de crédito são instituições financeiras e, por isso, os juros remuneratórios por elas cobrados não sofrem as limitações da Lei de Usura."

A Lei da Usura proibia a cobrança de juros sobre juros, denominada **anatocismo** ou capitalização dos juros. Entretanto, o art. 591 do CC permite a capitalização anual no mútuo destinado a fins econômicos.

13.5.4 Termo inicial para a incidência dos juros

Na responsabilidade contratual, os juros de mora devem ser contados desde a citação (art. 405 do CC). Já na responsabilidade extracontratual, os juros de mora fluem a partir do evento danoso (STJ, Súmula n. 54), com base no art. 398, que afasta a aplicação do art. 405.

Se, por exemplo, o passageiro de um ônibus sofre danos em decorrência de um acidente com o coletivo, os juros moratórios são devidos a partir da citação inicial, por se tratar de responsabilidade contratual (contrato de adesão celebrado com a transportadora). Contudo, se a vítima é um pedestre, que foi atropelado pelo ônibus, os juros são contados desde a data do fato (responsabilidade extracontratual).

Nos termos do art. 407:

> Ainda que se não alegue prejuízo, é obrigado o devedor aos juros da mora que se contarão assim às dívidas em dinheiro, como às prestações de outra natureza, uma vez que lhes esteja fixado o valor pecuniário por sentença judicial, arbitramento, ou acordo entre as partes.

enunciado

Enunciado 428 da V Jornada de Direito Civil – "Os juros de mora, nas obrigações negociais, fluem a partir do advento do termo da prestação, estando a incidência do disposto no art. 405 da codificação limitada às hipóteses em que a citação representa o papel de notificação do devedor ou àquelas em que o objeto da prestação não tem liquidez."

13.6 CLÁUSULA PENAL

13.6.1 Conceito

Cláusula penal é a obrigação acessória pela qual se estipula pena ou multa destinada a evitar o inadimplemento da obrigação principal, ou o retardamento de seu cumprimento. É também denominada pena convencional ou multa contratual.

Adapta-se aos contratos em geral e pode ser inserida, também, em negócios jurídicos unilaterais, como o testamento, para compelir, por exemplo, o herdeiro a cumprir fielmente o legado. Pode ser estipulada com a obrigação principal, ou em ato posterior (art. 409), sob a forma de adendo. Embora geralmente seja fixada em dinheiro, algumas vezes toma outra forma, como a entrega de uma coisa, a abstenção de um fato ou a perda de algum benefício – por exemplo, um desconto.

13.6.2 Natureza jurídica

A cláusula penal tem a natureza de um pacto secundário e acessório, pois a sua existência e a sua eficácia dependem da obrigação principal. Assim, a invalidade da obrigação principal importa a da cláusula penal, mas a desta não induz a daquela (art. 184). Resolvida a obrigação principal, sem culpa do devedor, resolve-se a cláusula penal.

13.6.3 Funções

A cláusula penal tem dupla função:

a) **Meio de coerção:** para compelir o devedor a cumprir a obrigação; e

b) **Prefixação das perdas e danos:** devidas em razão do inadimplemento do contrato.

Com sua estipulação, expressam os contratantes a intenção de se livrar dos incômodos da comprovação dos prejuízos e de sua liquidação. Basta ao credor provar o inadimplemento, ficando dispensado da prova do prejuízo (art. 416, *caput*). Por sua vez, o parágrafo único do mesmo artigo estabelece que, ainda que o prejuízo exceda ao do previsto na cláusula penal, não pode o credor exigir indenização suplementar se assim não foi convencionado. Se o tiver sido, a pena vale como mínimo da indenização, competindo ao credor provar o prejuízo excedente.

Assim, havendo inadimplemento, se o credor da cláusula penal a considerar insuficiente para cobrir os prejuízos, tem a opção de deixá-la de lado e pleitear perdas e danos, que abrangem o dano emergente e o lucro cessante. O ressarcimento do prejuízo será, então, integral. A desvantagem é que terá de provar o prejuízo alegado. Se optar por cobrar a cláusula penal, estará dispensado desse ônus.

Dirimindo antiga polêmica, o Código deixou expressa a impossibilidade de cumular a cláusula penal com outras perdas e danos (indenização suplementar), devendo o credor fazer a opção por uma delas, a menos que se tenha convencionado em contrário. Contudo, ressalte-se que a cláusula penal é a prefixação das perdas e danos resultantes de culpa contratual apenas (art. 408). Havendo outros prejuízos decorrentes de culpa extracontratual, seu ressarcimento pode ser pleiteado, independentemente daquela.

13.6.4 Valor da cláusula penal

Segundo o art. 412 do CC, o valor da cominação imposta na cláusula penal não pode exceder o da obrigação principal. O valor da cláusula penal pode ser reduzido em três casos:

I. **Quando ultrapassar o limite legal:** que é o do valor da obrigação principal (art. 412). Se isso acontecer, o juiz não declarará a ineficácia da cláusula, mas somente do excesso. Algumas leis limitam o valor da cláusula penal moratória a 10% da dívida ou da prestação em atraso (Decreto-lei n. 58/37 e Lei n. 6.766/79, que regulamentam o compromisso de compra e venda de imóveis loteados, e o Decreto n. 22.626/33, que reprime a usura). O Código de Defesa do Consumidor limita a 2% do valor da prestação à cláusula penal moratória estipulada em contratos que envolvam outorga de crédito ou concessão de financiamento ao consumidor (art. 52, § 1º). Nos condomínios edilícios, o CC limita a multa por atraso do condômino no pagamento de sua contribuição a 2% sobre o débito (art. 1.336, § 1º). Em qualquer desses casos, o juiz reduzirá, na ação de cobrança, o valor da pena convencional aos referidos limites;

II. **Quando a obrigação tiver sido satisfeita em parte:** dando ao devedor que assim procede tratamento diferente do conferido àquele que desde o início nada cumpriu, caso em que a cláusula penal deve ser reduzida equitativamente pelo juiz (art. 413 do CC);

III. **Quando a pena convencionada for manifestamente excessiva, desproporcional à natureza e à finalidade do negócio:** caso em que a cláusula penal deve ser reduzida equitativamente pelo juiz (art. 413).

Esses limites legais para a cláusula penal são de ordem pública, devendo a redução ser determinada de ofício pelo juiz. Tratando-se de norma de ordem pública, também não cabe a sua exclusão por força de pacto ou contrato, uma vez que a autonomia privada encontra limitações nas normas cogentes de ordem pública.

enunciados

Enunciado 356 da IV Jornada de Direito Civil – "Nas hipóteses previstas no art. 413 do Código Civil, o juiz deverá reduzir a cláusula penal de ofício."

Enunciado 358 da IV Jornada de Direito Civil – "O caráter manifestamente excessivo do valor da cláusula penal não se confunde com a alteração das circunstâncias, a excessiva onerosidade e a frustração do fim do negócio jurídico, que podem incidir autonomamente e possibilitar sua revisão para mais ou para menos."

Enunciado 359 da IV Jornada de Direito Civil – "A redação do art. 413 do Código Civil não impõe que a redução da penalidade seja proporcionalmente idêntica ao percentual adimplido."

13.6.5 Espécies de cláusula penal

A cláusula penal pode ser compensatória ou moratória.

Será **compensatória** quando estipulada para a hipótese de total inadimplemento da obrigação (art. 410). Por essa razão, em geral, é de valor elevado, igual ou quase igual ao da obrigação principal. Havendo inadimplemento absoluto, o credor terá três opções, não cumulativas, à sua escolha:

a) Exigir o cumprimento da prestação;

b) Pleitear a pena compensatória, correspondente à fixação antecipada dos eventuais prejuízos; ou

c) Postular o ressarcimento das perdas e danos, arcando com o ônus de provar o prejuízo.

Será **moratória** quando destinada (art. 411):

a) A assegurar o cumprimento de outra cláusula determinada; ou

b) A evitar a mora.

Em caso de inadimplemento, o credor poderá cobrar a pena convencional, cumulada com a prestação não satisfeita. A **multa moratória** abrange a obrigação principal mais a multa. Já a **multa compensatória** resulta ou da obrigação principal ou da multa.

Um contrato pode conter, em tese, três cláusulas penais de valores diferentes: uma de valor elevado, para o caso de total inadimplemento da obrigação (compensatória); uma para garantir o cumprimento de alguma cláusula especial, como a cor do veículo adquirido (moratória); e outra, ainda, somente para evitar atraso (também moratória).

Quando o contrato não se mostra muito claro, costuma-se atentar para o montante da multa, a fim de apurar a natureza da disposição. Se esta for de valor elevado, próximo do atribuído à obrigação principal, entende-se que foi estipulada para compensar eventual inadimplemento de toda a obrigação. Se, entretanto, seu valor for reduzido, presume-se que é moratória, pois os contratantes não fixariam um montante modesto para substituir as perdas e danos decorrentes da inexecução total da avença.

13.6.6 Cláusula penal e pluralidade de devedores

Quando a obrigação é **indivisível** e há pluralidade de devedores, basta que um só a infrinja para que a cláusula penal se torne exigível. Do culpado, poderá ela ser reclamada por inteiro, mas dos demais codevedores só poderão ser cobradas as respectivas quotas, ficando-lhes reservada a ação regressiva contra aquele que deu causa à aplicação da pena (art. 414). Quando a obrigação for **divisível**, só incorre na pena o devedor, ou herdeiro do devedor que a infringir, e proporcionalmente à sua parte na obrigação (art. 415).

13.6.7 Cláusula penal e institutos afins

tome nota!

CLÁUSULA PENAL	PERDAS E DANOS
✓ o **valor é antecipadamente arbitrado** pelos próprios contratantes. ✓ por se tratar de uma estimativa feita pelos contratantes, **pode ficar aquém de seu montante real**.	✓ o **valor é fixado pelo juiz**, com base nos prejuízos alegados e provados. ✓ por abrangerem o dano emergente e o lucro cessante, possibilitam o **completo ressarcimento do prejuízo**.
✓ **Semelhanças**: destinam-se a ressarcir os prejuízos sofridos pelo credor em razão do inadimplemento do devedor.	

tome nota!

CLÁUSULA PENAL	MULTA SIMPLES OU CLÁUSULA PENAL PURA
✓ constitui **prefixação da responsabilidade** pela indenização decorrente da inexecução culposa da obrigação.	✓ constituída de determinada importância, que deve ser paga em caso de infração de certos deveres, como a imposta pelo empregador ao empregado, ao infrator das normas de trânsito etc. **Não tem a finalidade de promover o ressarcimento de danos, nem tem relação com o inadimplemento contratual.**

CLÁUSULA PENAL	MULTA PENITENCIAL
✓ instituída em benefício do credor, a quem compete escolher entre cobrar a multa compensatória ou exigir o cumprimento da prestação.	✓ instituída em benefício do devedor, a quem compete **escolher entre pagar a multa penitencial ou cumprir a prestação**.

CLÁUSULA PENAL	ARRAS PENITENCIAIS
✓ atua como **elemento de coerção, para evitar o inadimplemento** contratual.	✓ **por admitirem o arrependimento, facilitam o descumprimento da avença**, pois as partes sabem que a pena é reduzida, consistindo na **perda do sinal** dado ou em sua devolução em dobro, nada mais podendo ser exigido a título de perdas e danos (art. 420).
✓ pode (deve) ser reduzida pelo juiz, em caso de inadimplemento parcial da obrigação ou de montante manifestamente excessivo. (art. 413)	✓ **não podem ser reduzidas pelo juiz.** Entretanto, o Enunciado 165 do CJF dita que: "Em caso de penalidade, aplica-se a regra do art. 413 ao sinal, sejam as arras confirmatórias ou penitenciais".
✓ torna-se **exigível apenas se ocorre o inadimplemento** do contrato.	✓ são **pagas por antecipação**.
✓ aperfeiçoa-se com a simples estipulação no instrumento.	✓ aperfeiçoam-se com a entrega de dinheiro ou outro bem móvel (caráter real).
Semelhanças: têm natureza acessória e visam a garantir o adimplemento da obrigação, constituindo seus valores prefixação das perdas e danos.	

13.7 ARRAS CONFIRMATÓRIAS E ARRAS PENITENCIAIS

13.7.1 Conceito e natureza jurídica

Arras ou sinal é quantia ou coisa entregue por um dos contraentes ao outro, como confirmação do acordo de vontades e princípio de pagamento. É instituto muito antigo, conhecido dos romanos, que costumavam entregar simbolicamente um anel para demonstrar a conclusão do contrato.

Tem cabimento apenas nos contratos bilaterais translativos de domínio, dos quais constitui pacto acessório. Não existe por si, dependendo do contrato principal. As arras, além da natureza acessória, têm também caráter real, pois se aperfeiçoam com a entrega do dinheiro ou de coisa fungível por um dos contraentes ao outro. Poderá ou não, a depender da espécie das arras dadas, conferir às partes o direito de arrependimento.

13.7.2 Arras confirmatórias (arts. 417, 418 e 419)

As arras confirmatórias confirmam o contrato, que se torna obrigatório após a sua entrega. Prova o acordo de vontades, não mais sendo lícito a qualquer dos contratantes rescindi-lo unilateralmente. Quem o fizer, responderá por perdas e danos, nos termos dos arts. 418 e 419.

São comuns nas vendas a prazo, em que o vendedor exige um sinal que significa princípio de pagamento. Se forem da mesma natureza da prestação principal (dinheiro), serão computadas no valor devido, para efeito de amortizar a dívida (art. 417). Tendo natureza diversa (joias, por exemplo), deverão ser restituídas ao final da execução do negócio.

As arras não admitem direito de arrependimento. Não havendo nenhuma estipulação em contrário, as arras consideram-se confirmatórias:

jurisprudência

"Ordinariamente, as arras são simplesmente confirmatórias e servem apenas para início de pagamento do preço ajustado e, por demasia, se ter confirmado o contrato, seguindo a velha tradição do direito romano no tempo em que o simples acordo, desvestido de outras formalidades, não era suficiente para vincular os contratantes" (STJ, REsp 110528/MG, 4ª Turma, Rel. Min. Cesar Asfor Rocha, j. 29.10.1998).

A parte que descumprir o contrato perde o sinal dado (ou devolve o sinal recebido mais o equivalente, conforme o caso) para a parte inocente. Além disso, a parte inocente pode:

a) Pedir indenização suplementar, se provar maior prejuízo, valendo as arras como taxa mínima; ou

b) Exigir a execução do contrato, com as perdas e danos, valendo as arras como o mínimo da indenização.

13.7.3 Arras penitenciais (arts. 419 e 420)

Podem as partes convencionar o direito de arrependimento. Nesse caso, as arras denominam-se penitenciais, porque atuam como pena convencional, como sanção à parte que se valer dessa faculdade. Acordado o arrependimento, o contrato torna-se resolúvel, respondendo, porém, o que se arrepender, pelas perdas e danos prefixados modicamente pela lei: perda do sinal dado ou sua devolução mais o equivalente. O CC/2002 não mais utiliza a expressão "devolução em dobro". Se a parte que recebeu as arras se arrependeu, deverá devolver as arras recebidas mais o equivalente.

Não se exige prova do prejuízo real. Por outro lado, não se admite a cobrança de outra verba, a título de perdas e danos, ainda que a parte inocente tenha sofrido prejuízo superior ao valor do sinal. O sinal constitui, pois, predeterminação das perdas e danos em favor do contratante inocente.

A jurisprudência estabeleceu algumas hipóteses em que a devolução do sinal deve ser pura e simples, não tendo que pagar o equivalente:

a) **Havendo acordo nesse sentido;**
b) **Havendo culpa de ambos os contratantes:** inadimplência de ambos ou arrependimento recíproco;
c) **Se o cumprimento do contrato não se efetiva em razão do fortuito ou outro motivo estranho à vontade dos contratantes.**

13.7.4 Funções das arras

Em síntese, as arras têm três funções:

I. Servir de garantia do cumprimento do contrato, confirmando-o e tornando-o obrigatório (**arras confirmatórias**);
II. Servir de prefixação das perdas e danos quando convencionado o direito de arrependimento (**arras penitenciais**);
III. Servir como começo de pagamento, quando forem da mesma natureza da prestação principal (**ambos os tipos de arras**).

enunciado

Atente-se ao disposto no Enunciado 165 da III Jornada de Direito Civil do CJF: "Em caso de penalidade, aplica-se a regra do art. 413 ao sinal, sejam as arras confirmatórias ou penitenciais", sendo que o dispositivo citado estatui que "a penalidade deve ser reduzida equitativamente pelo juiz se a obrigação principal tiver sido cumprida em parte, ou se o montante da penalidade for manifestamente excessivo, tendo-se em vista a natureza e a finalidade do negócio".

QUADRO SINÓTICO

INADIMPLEMENTO DAS OBRIGAÇÕES	
INADIMPLEMENTO ABSOLUTO DAS OBRIGAÇÕES	Quando a obrigação deixa definitivamente de ser cumprida pelo devedor, não mais podendo sê-lo com utilidade pelo credor.

INADIMPLEMENTO DAS OBRIGAÇÕES	
MORA	Hipótese de não cumprimento da obrigação na forma, no lugar ou no tempo devido, mas ainda sendo possível o seu cumprimento.
VIOLAÇÃO POSITIVA DO CONTRATO OU DO CRÉDITO	Consiste no cumprimento inadequado da obrigação, como os casos de cumprimento defeituoso da prestação, de violação dos deveres laterais ou anexos e os de inadimplemento antecipado.
JUROS	Representam o pagamento pela utilização de capital alheio. São considerados **frutos civis da coisa**, assim como os aluguéis. Em linhas gerais, os juros fixados, **legais** (determinados por lei) ou **convencionais** (fixados pelas próprias partes), subdividem-se em: • **Compensatórios:** objetivam remunerar o credor pelo simples fato de haver desfalcado o seu patrimônio, concedendo o numerário solicitado pelo devedor; • **Moratórios:** traduzem uma indenização devida ao credor por força do retardamento culposo no cumprimento da obrigação.
CLÁUSULA PENAL	É a obrigação acessória pela qual se estipula pena ou multa destinada a evitar o inadimplemento da obrigação principal, ou o retardamento de seu cumprimento.
ARRAS CONFIRMATÓRIAS E ARRAS PENITENCIAIS	Arras ou sinal é quantia ou coisa entregue por um dos contraentes ao outro, como confirmação do acordo de vontades e princípio de pagamento. As arras confirmatórias confirmam o contrato, que se torna obrigatório após a sua entrega. As penitenciais estabelecem o direito de arrependimento, porque atuam como pena convencional, como sanção à parte que se valer dessa faculdade.

14

ATO ILÍCITO

O ser humano, no convívio social, deve harmonizar sua conduta com a ordem jurídica. As previsões normativas, num duplo sentido justificador, indicam e protegem o comportamento obediente (lícito), ao tempo em que reprimem tudo o mais que a isto se contraponha, ou seja, afastam o ilícito, amplamente considerado.

Como observado no capítulo sobre atos jurídicos, o novo Código Civil passa a distinguir, no âmbito dos atos jurídicos lícitos, os **atos jurídicos *stricto sensu*** (art. 185), de um lado, e os **negócios jurídicos** (arts. 104 e 184), de outro. No negócio jurídico, busca-se a produção dos efeitos jurídicos especificamente desejados pelo agente (efeitos *voluntate*), ao passo que, nos atos, os efeitos nascem diretamente da lei (efeitos *ex lege*), independentemente da efetiva intenção do agente.

No ato ilícito, o ponto a ser destacado é a **dualidade de fontes**: tanto decorre da lei quanto da própria vontade dos indivíduos. A ilicitude da conduta revela um procedimento contrário a um dever jurídico preexistente, razão pela qual entende-se o ilícito civil como transgressão de um dever jurídico.

A ilicitude é estudada nos mais diversos ramos do direito, seja público ou privado, convivendo harmoniosamente. Temos, portanto: o ilícito civil, o ilícito penal, o ilícito administrativo, o ilícito eleitoral, o ilícito processual etc. Cada uma dessas categorias é espécie autônoma e independente, podendo ter reflexos entre si, a exemplo de um ilícito civil que repercute no âmbito do direito penal. Aqui, será dada ênfase ao estudo do ato ilícito abrangido na categoria ilícito civil, sob a perspectiva da nova legislação codificada.

O fato ilícito não pode ser confundido com responsabilidade civil. A responsabilidade civil, como dever de indenizar danos causados a terceiros, corresponde a um dos efeitos possíveis decorrentes da ilicitude, mas não é a sua causa ou origem. A consequência de certos fatos ilícitos, e não de todos, pode ser a obrigação de reparar danos. Há, inclusive, responsabilidade civil oriunda da prática de atos lícitos.

fique ligado!

Convém, ainda, destacar que ato ilícito e nulidade não se confundem. No ato nulo, ao contrário daquilo que se dá no ilícito, inexiste qualquer violação do dever jurídico imposto pela lei. Nele, a própria nulidade configura, por si só, a sanção, diante da inobservância de condições legais para a validade do ato.

14.1 CONCEITO DE ATO ILÍCITO

Ato ilícito é aquele praticado com infração ao dever legal de não lesar a outrem. Tal dever é imposto a todos. O próprio Código Civil de 2002, no seu art. 186, apresentou uma concepção subjetiva de ilicitude:

> Art. 186. Aquele que, por ação ou omissão voluntária, negligência ou imprudência, violar direito e causar dano a outrem, ainda que exclusivamente moral, comete ato ilícito.

Também comete ilicitude aquele que pratica abuso de direito, o qual será visto no decorrer desta obra. Preceitua, com efeito, o art. 187 do mesmo diploma:

> Art. 187. Também comete ato ilícito o titular de um direito que, ao exercê-lo, excede manifestamente os limites impostos pelo seu fim econômico ou social, pela boa-fé ou pelos bons costumes.

Por sua vez, o **ato ilícito** propriamente dito (ilícito extracontratual ou aquiliano) pode ser caracterizado como a conduta humana que transgride um dever juridicamente estabelecido pela lei. A violação dos deveres oriundos de negócios jurídicos, inobstante o fato de encerrar, em si mesma, também uma ilicitude, já mereceu tratamento específico na Teoria das Obrigações.

Diferencia-se, portanto, ato ilícito de enriquecimento sem causa. Na lição de Flávio Tartuce (2021):

> Categoricamente, o enriquecimento sem causa não se confunde com o enriquecimento ilícito. Na primeira hipótese, falta uma causa jurídica para o enriquecimento. Na segunda, o enriquecimento está fundado em um ilícito. Assim, todo enriquecimento ilícito é sem causa, mas nem todo enriquecimento sem causa é ilícito. Um contrato desproporcional pode não ser um ilícito e gerar enriquecimento sem causa.

enunciado

Enunciado 620 da VIII Jornada de Direito Civil – "A obrigação de restituir o lucro da intervenção, entendido como a vantagem patrimonial auferida a partir da exploração não autorizada de bem ou direito alheio, fundamenta-se na vedação do enriquecimento sem causa."

Ato ilícito é, portanto, fonte obrigacional, na medida em que acarreta a obrigação de **indenizar** ou **ressarcir o prejuízo causado**. Mesmo que haja violação de um dever jurídico e que tenha havido culpa, e até mesmo dolo, por parte do infrator, nenhuma indenização será devida, se não restou configurado **prejuízo**. Se, por exemplo, o motorista comete várias infrações de trânsito, mas não atropela nenhuma pessoa nem colide com outro veículo, nenhuma indenização será devida, malgrado a ilicitude de sua conduta.

A obrigação de indenizar decorre, pois, da existência da **violação de direito** e **do dano**, concomitantemente. O dano nasce da infração a um dever de conduta, por meio de ações e omissões culposas ou dolosas, violando um bem juridicamente tutelado.

De toda sorte, em seu **aspecto objetivo**, a ilicitude nasce, fundamentalmente, de uma contrariedade ao direito. O **elemento subjetivo**, complementando a noção fundamental de ilicitude, destaca a imputabilidade do agente, que diz respeito à capacidade de compreensão do caráter ilícito da conduta praticada, chamada de culpa *lato sensu*.

A **categoria abstrata do ato ilícito**, mencionada por Gustavo Tepedino, Maria Celina Bodin de Moraes e Heloísa Helena Barboza (2014), reúne, na sua etiologia, certos requisitos que podem ser sucintamente definidos:

a) **Conduta:** intenção ou mera previsibilidade de um resultado exterior;
b) **Violação do ordenamento jurídico:** comportamento se contrapõe à determinação da norma;
c) **Imputabilidade:** atribuição do resultado antijurídico à consciência do agente;
d) **Alcance da conduta na esfera jurídica alheia:** enquanto não atingir a outrem, desmerece a atenção do direito.

importante

O Código Civil de 2002, filiando-se à teoria subjetiva, aperfeiçoou o conceito de ato ilícito, pois, em seu art. 186, erigiu o dolo e a culpa como fundamentos para a obrigação de reparar o dano, ao estabelecer que o pratica quem "violar direito e causar dano a outrem", substituindo o "ou" ("violar direito ou causar dano a outrem"), que constava do art. 159 do diploma anterior. O elemento subjetivo da culpa é o dever violado.

A infração de um dever preexistente provoca uma reação que o ordenamento denomina responsabilidade. O ordenamento jurídico determinou que a **responsabilidade subjetiva**, na qual se analisa a culpa do agente, é regra, sem prejuízo da adoção da presunção de culpa, em dispositivos vários e esparsos. Como exceção, a **responsabilidade objetiva** independe de culpa, devendo ser reportada expressamente, como o art. 933, que trata da responsabilidade por ato de outrem, e o parágrafo único do art. 927, que descreve não depender da aferição de culpa:

> [...] nos casos especificados em lei, ou quando a atividade normalmente desenvolvida pelo autor do dano implicar, por sua natureza, risco para os direitos de outrem.

Em resumo, podemos afirmar que se considera ato ilícito toda a manifestação de vontade contrária à ordem jurídica, seja por estar em desacordo com a adequação esperada pelo ordenamento, seja pelo seu exercício, ainda que previsto pelo sistema, importando uma prática anormal, exacerbada e, portanto, lesiva.

14.2 ELEMENTOS DO ATO ILÍCITO

O entendimento assentado da doutrina menciona que o ato ilícito pode ser decomposto em três elementos essenciais:

I. **Conduta dolosa ou culposa do agente:** a conduta pode ser positiva (fundada numa ação) ou negativa (baseada numa omissão). No **dolo**, ocorre violação consciente da norma (dolo direto) ou assunção de um provável resultado - risco de dano (dolo eventual). Na **culpa** há violação do dever de cuidado sem a consciência de causar o dano. Aqui, o agente atua com **imperícia** (viola normas técnicas), **negligência** (omissão, descuido, desatenção) ou **imprudência** (ação precipitada, sem cautela);

II. **Dano:** lesão a um bem jurídico. Pode ser **moral ou extrapatrimonial** (sem repercussão na órbita patrimonial do lesado, afetando bem imateriais, por exemplo, a honra) e **material ou patrimonial** (afeta um bem material, como um carro);

III. **Nexo de causalidade:** relação entre a conduta e o dano, ou seja, é o liame entre a ação ou omissão do agente e o dano verificado, sem a qual não há a obrigação de indenizar. Vem expressa no verbo "causar", empregado no art. 186. Se houve o dano, mas sua causa não está vinculada com o comportamento do agente, inexiste a relação de causalidade e também a obrigação de indenizar. As excludentes da responsabilidade civil, como a culpa da vítima, o caso fortuito e a força maior (CC, art. 393), rompem o nexo de causalidade, afastando a responsabilidade do agente.

O art. 186 do Código Civil, ao mencionar a "ação ou omissão voluntária", cogitou o dolo. Em seguida, referiu-se à culpa em sentido estrito, ao discriminar a "negligência ou imprudência". **Dolo** é a violação deliberada, intencional, do dever jurídico, consistente na vontade de cometer uma violação de direito. **Culpa** é a falta da adequada diligência que se exige do homem médio.

O citado dispositivo legal exige, por conseguinte, para que a vítima obtenha a reparação do dano, que haja prova do dolo ou da culpa *stricto sensu* (aquiliana) do agente. Deve comprovar a intenção em violar um dever jurídico ou o seu desrespeito mediante **imprudência**, **negligência** ou **imperícia** (esta, embora não mencionada expressamente pelo art. 186, é abrangida pela negligência, conforme entendimento consolidado).

Evidencia-se, portanto, ter sido adotada, entre nós, a **teoria subjetiva**. Como essa prova, muitas vezes, torna-se difícil de ser conseguida, o Código Civil estabelece casos de responsabilidade independentemente de culpa, fundada no risco (art. 927, parágrafo único). O ordenamento estabeleceu a responsabilidade subjetiva como regra necessária, sem prejuízo da adoção da responsabilidade objetiva (independe da prova de culpa) em ocasiões especificadas em lei. O tema da responsabilidade civil será abordado mais adiante.

A teoria subjetiva faz distinções da culpa com base na sua extensão:

a) **culpa *lata* ou grave:** equipara-se ao dolo (*culpa lata dolus equiparatur*). Aquela que é imprópria ao comum dos homens. Se, em determinado dispositivo legal, constar a responsabilidade do agente por dolo, deve-se entender que também responde por culpa grave (CC, art. 392);

b) **culpa leve:** falta evitável com atenção ordinária;

c) **culpa levíssima:** falta só evitável com atenção extraordinária ou com especial habilidade. Na esfera cível, mesmo que seja levíssima, a constatação da culpa obriga a indenizar (*in lege Aquilia et levissima culpa venit*).

Em geral, o dano não é medido pelo grau de culpa. O montante do dano é apurado com base no prejuízo comprovado pela vítima. Todo dano provado deve ser indenizado, qualquer que seja o grau de culpa. Preceitua o art. 944 do Código Civil, com efeito, que a indenização mede-se pela extensão do dano. Entretanto, dita seu parágrafo único que, havendo excessiva desproporção entre a gravidade da culpa e o dano, poderá o juiz reduzir, equitativamente, a indenização.

A culpa pode ser, ainda:

I. ***in eligendo*:** decorre da má escolha do representante, do preposto;

II. ***in vigilando*:** resulta da ausência de fiscalização;

III. ***in comittendo*:** surge de uma ação, de um ato positivo;

IV. ***in omittendo*:** deriva de uma omissão, quando havia o dever de não se abster;

V. ***in custodiendo*:** nasce da falta de cuidados na guarda de algum animal ou de algum objeto.

Vale ressaltar que, atentando apenas para o caráter antijurídico da conduta e seu resultado danoso, o direito civil fundiu as ideias de dolo e culpa, diversamente do que acontecesse com o ilícito penal, e desta sorte aboliu as distinções sutis, para dissecar o perfil do ato ilícito civil. Portanto entende-se por responsabilidade subjetiva aquela fundada na concepção da culpa. Para que exista o dever de indenizar, deverá ser comprovada a culpa do agente.

posicionamento doutrinário

Nesse sentido, Carlos Roberto Gonçalves (2010) entende que a responsabilidade é subjetiva quando fundada na ideia de culpa, sendo a sua prova pressuposto necessário do dano indenizável.

Com efeito, a responsabilidade do causador do dano somente é estabelecida se agiu com dolo ou culpa.

Enquanto a responsabilidade subjetiva baseia-se na teoria da culpa, a responsabilidade objetiva, a seu turno, baseia-se na **teoria do risco**, isto é, a própria lei impõe a determinadas pessoas, em certas situações, a reparação de um dano, independentemente de prova de culpa, em virtude do simples exercício de alguma atividade.

posicionamento doutrinário

Sobre o assunto, Rogério Marrone de Castro Sampaio (2007) preleciona que, em determinadas situações, aquele que, ao exercer sua atividade, expõe a risco de dano terceiros, se houver seu implemento, será obrigado a indenizar, ainda que o comportamento seja desprovido de culpa. O autor destaca que, com a adoção da teoria do risco, os pressupostos da responsabilidade civil são: o comportamento humano (ação ou omissão), o dano e o nexo de causalidade. Contudo, o elemento subjetivo culpa, qualificador desse comportamento, torna-se irrelevante à medida que o autor da conduta assume o risco de dano que emerge do simples exercício de sua atividade.

Observa-se, com isso, que não ficou afastada a noção de culpa na composição do esquema legal do ato ilícito e da responsabilidade civil. É mesmo na culpa, definível como quebra do dever a que o agente está adstrito, que assenta o fundamento primário da reparação civil. Abandonando aquelas outras sutilezas, o princípio da indenização vai procurar na culpa (*lato sensu*) seu melhor conteúdo ético, preconizando que a culpa importa em um erro de conduta, que leva o indivíduo a lesar o direito alheio.

Ao tratar da violação a um dever com origem em um contrato, no descumprimento de uma convenção ou acordo de vontades, denomina-se **culpa contratual**. Se emana da inobservância ao dever genérico de não lesar a outrem (*neminem laedere*) e ao lesado incumbe o ônus de provar a culpa ou o dolo do causador do dano, diz-se que a culpa é **extracontratual** ou **aquiliana**.

Para se caracterizar a responsabilidade contratual, faz-se mister que a vítima e o autor do dano já tenham se vinculado previamente ao cumprimento de uma ou mais prestações, sendo a culpa contratual a violação de um dever de adimplir, que constitui o objeto do negócio jurídico.

posicionamento doutrinário

Nesse sentido, para Rogério Marrone de Castro Sampaio (2007), as obrigações oriundas do contrato devem fielmente ser cumpridas pelos contratantes. Caso contrário, se o não cumprimento for culposo, dará ensejo à resolução do contrato por inexecução voluntária da obrigação, com a consequente obrigação do contratante inadimplente de reparar os prejuízos causados a outro.

A responsabilidade extracontratual ou aquiliana, por sua vez, deriva do dever de reparar os danos causados em virtude da prática de um ato ilícito em uma relação onde não exista um vínculo jurídico precedente entre a vítima e o causador do dano. Sobre o tema, Rogério Marrone de Castro Sampaio (2007) ensina que a obrigação de reparar o dano tem origem em um comportamento socialmente reprovável, não se relacionando à existência anterior de um contrato ou ao descumprimento culposo de uma obrigação por ele gerada.

Assim, resta claro o entendimento de que a culpa contratual supõe uma obrigação concreta preexistente, formada por um acordo entre as partes e que é violada por uma delas, enquanto a culpa extracontratual, por sua vez, independe da preexistência de uma obrigação anterior, posto que viola um dever genérico de não causar dano.

14.3 EFEITOS JURÍDICOS DECORRENTES DA ILICITUDE

Como já visto, a ilicitude civil se refere a toda e qualquer conduta (comissiva ou omissiva) culposa *(lato sensu)* praticada por pessoa imputável que, violando um dever jurídico (imposto pelo ordenamento jurídico ou por uma relação negocial), cause prejuízo a outrem, implicando efeitos jurídicos.

Existe uma gama de efeitos jurídicos potenciais decorrentes da ilicitude. Se o fato ilícito é um acontecimento contrário ao ordenamento jurídico, certamente o próprio sistema jurídico poderá reconhecer diferentes e incontáveis consequências à prática desse comportamento desconforme, cabendo ao intérprete e aplicador da norma ponderar a vasta amplitude conceitual e a eficácia dos fatos ilícitos no caso concreto. Do ato ilícito podem advir efeitos indenizantes, caducificantes, invalidantes ou autorizantes, dentre outros. Essa breve lista dos efeitos da ilicitude, por conseguinte, não é exaustiva.

a) **Indenizante:** o mais comum de todos os efeitos da ilicitude, seguramente, é a obrigação de reparar o dano causado a outrem;

b) **Caducificante:** existe um ilícito sem qualquer dever de reparar o dano. É o caso de um pai que, no exercício do poder familiar, aplica ao filho um castigo imoderado, consistente em retirá-lo do ensino fundamental. Pratica um ilícito, cujo efeito será a possibilidade de destituição ou suspensão do poder familiar do pai, sem dever de reparação;

c) **Invalidante:** de igual modo, inexiste efeito indenizatório. Perfaz-se com a invalidação do negócio jurídico. Será ilícito, por exemplo, o contrato tendente ao transporte substância entorpecente. Considerando que, no caso, o transportador tenha cumprido sua obrigação, não será possível a execução do contrato porque seu objeto é ilícito, gerando a invalidade absoluta do negócio jurídico, como reza o art. 166 do CC, sem direito a indenização;

d) **Autorizante**: o ordenamento autoriza um comportamento que não seria possível sem a configuração do ilícito. Por exemplo, no contrato de doação, se o beneficiário tiver comportamento ingrato perante o doador, será possível a revogação da doação. Assim, o comportamento ingrato do beneficiário autoriza o doador a revogar a doação.

Vale lembrar a premissa fundamental: **nem todo fato ilícito gera responsabilização civil do agente, com o dever de reparar o dano causado, seja *in natura* ou por meio de indenização pecuniária.** Ou seja, é falsa a conclusão de que a responsabilidade civil somente surge do fato ilícito e de que toda ilicitude implicará responsabilidade civil. Ilicitude e responsabilidade civil não se encontram necessariamente vinculadas. É possível a responsabilidade civil do agente até mesmo em decorrência de condutas lícitas, nas hipóteses, por exemplo, de responsabilidade objetiva, nas quais não se discute a licitude de conduta, mas apenas o resultado lesivo.

Insta salientar a existência de uma **tutela preventiva** e **reparatória da ilicitude**, abraçando a possibilidade de que o sistema jurídico almeja a eliminação ou a diminuição da ilicitude, sem prejuízo de reparar o dano já causado a alguém. Isso quer dizer que, se o dano, decorrente de uma ilicitude, ainda não ocorreu, o sistema deseja impedir a sua efetivação. Todavia, se ele já se efetivou, pretende-se impedir sua manutenção ou que se espalhe, diminuindo a incidência e, consequentemente, o prejuízo da vítima.

14.4 EXCLUDENTES DE ILICITUDE

Para o direito romano, toda ação contrária ao direito era considerada ilícita. Sabe-se que licitude encerra o comportamento humano infringente da ordem jurídica que causa lesão a um direito. As excludentes dizem respeito aos atos lesivos não considerados ilícitos. Afirma-se, com isso, que o ato é acobertado pelo manto da licitude. O art. 188 do Código Civil elenca os atos que não são considerados ilícitos:

> Art. 188. Não constituem atos ilícitos:
>
> I – os praticados em legítima defesa ou no exercício regular de um direito reconhecido;
>
> II – a deterioração ou destruição da coisa alheia, ou a lesão a pessoa, a fim de remover perigo iminente.
>
> Parágrafo único. No caso do inciso II, o ato será legítimo somente quando as circunstâncias o tornarem absolutamente necessário, não excedendo os limites do indispensável para a remoção do perigo.

Constituem, também, causas excludentes de ilicitude, quer seja ela subjetiva, quer seja objetiva, a culpa exclusiva da vítima, o caso fortuito e a força maior.

Ademais, a doutrina aponta para as **excludentes de responsabilidade**, situações jurídicas descritas pela lei que exoneram o agente da reparação do dano, ou seja, isenta-o de arcar com os ônus decorrentes do resultado danoso à vítima.

14.4.1 Espécies de excludentes

São elas:

- **Legítima defesa (art. 188, I):** consiste em uma reação proporcional a injusta agressão. Se o ato foi praticado contra o próprio agressor e em legítima defesa, não pode o agente ser responsabilizado civilmente pelos danos provocados. Entretanto, se, por engano ou erro de pontaria (*aberratio ictus*), por exemplo, terceira pessoa for atingida (ou alguma coisa de valor), deve o agente reparar o dano, salvaguardado o direto de ação regressiva contra o agressor para se ressarcir da importância desembolsada. O art. 930 estabelece que, se o perigo ocorrer por culpa de terceiro, o autor do dano terá contra ele direito à ação regressiva. Dispõe, ainda, o parágrafo único do art. 930 que a mesma ação competirá contra aquele em defesa de quem se causou o dano (art. 188, I). Na sequência, merece destaque que somente a **legítima defesa real** (que difere da **legítima defesa putativa**, imaginária) e praticada contra o agressor retira a ilicitude da conduta, apesar do dano causado, impedindo a ação de ressarcimento de danos. Por conseguinte, a legítima defesa putativa não exime o autor do dano de indenizar, pois somente exclui a culpabilidade, e não a antijuridicidade da conduta. O ato é ilícito, nesse caso, não é punível por ausência de culpabilidade em grau suficiente para a condenação criminal. No cível, entretanto, a culpa, mesmo levíssima, obriga a indenizar, posto que não deixa de haver negligência na apreciação equivocada dos fatos. Na esfera civil, o excesso, a extrapolação da legítima defesa, por negligência ou imprudência, configura a situação do art. 186 do Código Civil.
- **Exercício regular de um direito e estrito cumprimento do dever legal (art. 188, I)**: o cumprimento do dever legal está contido no exercício regular de um direito, porquanto atua no exercício regular de um direito reconhecido aquele que pratica um ato "no estrito cumprimento do dever legal". Aqui, a lesão à pessoa, ao direito ou ao bem alheio só será considerada ilícita se houver abuso do direito, exercício irregular ou anormal. Aquele que pratica um determinado ato em cumprimento de um dever legal ou no exercício de um direito, previsto e autorizado de algum modo pelo ordenamento jurídico, não pode ser penalizado como se tivesse praticado um ato ilícito. Seria ilógico o ordenamento permitir e proibir a conduta ao mesmo tempo. Ressalta-se, todavia, que as presentes excludentes devem vir precedidas de uma autorização legal, ou seja, devem estar expressamente previstas em lei. No entanto, não são absolutas, pois, como ocorre com o estado de necessidade, o agente deve obedecer aos limites racionalmente indispensáveis à sua realização, contendo-se no âmbito da razoabilidade. O excesso no direito é punido. Se exceder tais limites, causará um mal desnecessário e injusto, devendo reparar os danos advindos desse excesso. A doutrina do **abuso do direito** não exige, para que o agente seja obrigado a indenizar o dano causado, que ele venha a infringir culposamente um dever preexistente. Prevalece na doutrina o entendimento de que o abuso de direito prescinde da ideia de culpa. Este ocorre quando o agente, atuando dentro dos

limites da lei, deixa de considerar a finalidade social de seu direito subjetivo e o exorbita, causando prejuízo a outrem. De igual modo, as ordens manifestamente ilegais retiram a licitude da conduta daquele que supostamente agiu em cumprimento ao dever legal.

- **Estado de necessidade:** o Código Civil trata dessa matéria no art. 188, II, combinado com os arts. 929 e 930. Vejamos:

> Art. 188. Não constituem atos ilícitos:
>
> [...]
>
> II – a deterioração ou destruição da coisa alheia, ou a lesão a pessoa, a fim de remover perigo iminente.
>
> Parágrafo único. No caso do inciso II, o ato será legítimo somente quando as circunstâncias o tornarem absolutamente necessário, não excedendo os limites do indispensável para a remoção do perigo.
>
> Art. 929. Se a pessoa lesada, ou o dono da coisa, no caso do inciso II do art. 188, não forem culpados do perigo, assistir-lhes-á direito à indenização do prejuízo que sofreram.
>
> Art. 930. No caso do inciso II do art. 188, se o perigo ocorrer por culpa de terceiro, contra este terá o autor do dano ação regressiva para haver a importância que tiver ressarcido ao lesado.

Esse é o estado de necessidade no âmbito civil. A peculiaridade existente na referida excludente é que, embora a lei declare que o ato praticado nesse estado não é ilícito, nem por isso libera quem o pratica de reparar o prejuízo que causou. Se um motorista, por exemplo, para não atropelar uma criança que, inesperadamente, surgiu-lhe à frente, atira o seu veículo contra um muro, derrubando-o, a despeito de ser um ato lícito e mesmo nobilíssimo, não o exonera de pagar a reparação do muro. No entanto, se pessoa lesada ou o dono da coisa forem culpados do perigo, não terão direito à reparação. Assim, no exemplo citado, considerando que o evento ocorreu por culpa *in vigilando* do pai da criança, que é responsável por sua conduta, apesar de ter que pagar o conserto do muro, o motorista terá ação regressiva contra o pai do menor para se ressarcir das despesas efetuadas (art. 930). Pelo Código Civil de 1916, os danos porventura decorrentes de ato praticado em estado de necessidade só podiam dizer respeito às coisas, e nunca às pessoas. O atual, de 2002, incluiu, contudo, expressamente, no inciso II do art. 188, a "lesão a pessoa". Embora o art. 188, II, aparente estar em contradição com o citado art. 929, explica-se o teor do último pela intenção de não se deixar irressarcida a vítima inocente de um dano. Contudo, justifica-se a afirmação do primeiro, de que o ato praticado em estado de necessidade não é ilícito, por ter o agente direito a ação regressiva contra o terceiro causador da situação de perigo.

- **Culpa exclusiva da vítima:** o fato gerador do dano é a conduta da vítima, eliminando o nexo causal (causalidade). A atuação culposa, desde que exclusiva (sem qualquer contribuição do agente), tem o condão de quebrar o nexo de causalidade, excluindo a responsabilidade civil. Desse modo, quando o evento danoso ocorre por culpa exclusiva da vítima, desaparece a responsabilidade do agente e, via de consequência, a relação de causa e efeito entre o seu ato e o prejuízo por ela experimentado.

- **Caso fortuito e força maior:** compreendem fatos cujos efeitos não eram possíveis de evitar ou impedir, estando o suposto causador do dano à mercê dos acontecimentos, estranhos à sua vontade. Para a doutrina, em geral, **caso fortuito** é o acontecimento natural, derivado da força da natureza, ou do fato das coisas, como o raio, a inundação, o temporal. Caracteriza-se pela imprevisibilidade. Na **força maior**, há um elemento humano, a ação das autoridades, como a greve, a guerra, a desapropriação, mas que, por sua natureza, não pode ser vencido pelo agente causador do dano. Todavia, para configuração do caso fortuito ou da força maior, o fato deve ser: **necessário** (não determinado por culpa do devedor); **superveniente**; **inevitável**; e **irresistível** (fora do alcance do poder humano).

14.5 ABUSO DE DIREITO

Com relação à teoria do abuso de direito, percebe-se que somente despontou no final do século XIX, como superação de concepções individualistas, que entendiam o direito subjetivo como poder da vontade e da expressão maior da liberdade individual, e, assim, ilimitado. Concebidas a liberdade e a autodeterminação ao ser humano racional, deveria ele, eventualmente, arcar com a responsabilidade pelas condutas ofensivas ao ordenamento jurídico e, portanto, ilícitas, segundo Cristiano Chaves e Nelson Rosenvald (2012).

A função precípua desta teoria é aliviar os choques frequentes entre a lei e a realidade. Entretanto, afastando as discussões travadas por diferentes teorias que tentam justificar ou negar o ato abusivo, há de se partir da concepção do abuso de direito como aquele pelo qual o sujeito excede os limites ao exercício do direito, surgindo no interior do próprio direito.

Após a superação das variadas formulações negativistas e afirmativistas, a doutrina moderna procurou justificar o abuso de direito na esfera do próprio direito subjetivo. O Código Civil de 2002 expressamente considera ato ilícito o abuso de direito, ao dispor, no art. 187:

> Art. 187. Também comete ato ilícito o titular de um direito que, ao exercê-lo, excede manifestamente os limites impostos pelo seu fim econômico ou social, pela boa-fé ou pelos bons costumes.

O direito civil assentou, com o referido artigo, que o exercício do direito há de ser limitado. O parâmetro instituído no Código está em que o sujeito de um direito subjetivo não pode exercê-lo em afronta à finalidade econômica ou social, ou contrariando o princípio da boa-fé ou os bons costumes.

enunciado

Enunciado 413 da V Jornada de Direito Civil – "Os bons costumes previstos no art. 187 do CC possuem natureza subjetiva, destinada ao controle da moralidade social de determinada época, e objetiva, para permitir a sindicância da violação dos negócios jurídicos em questões não abrangidas pela função social e pela boa-fé objetiva."

Também serve de fundamento para a aplicação, entre nós, da teoria do abuso do direito o art. 5º da Lei de Introdução às Normas do Direito Brasileiro, que determina ao juiz, na aplicação da lei, o atendimento aos fins sociais a que ela se dirige e às exigências do bem comum, visto que a ilicitude do ato abusivo se caracteriza sempre que o titular do direito se desvia da finalidade social para a qual o direito subjetivo foi concebido.

Diversos dispositivos legais pontuam uma reação contra o exercício irregular de direitos subjetivos. A título ilustrativo, o art. 1.277 do Código Civil permite que se reprima o exercício abusivo do direito de propriedade que perturbe o sossego, a segurança ou a saúde do vizinho. Podem ser mencionados, ainda, como exemplos os arts. 939, 940, 1.637 e 1.638, que igualmente preveem sanções contra abusos de direito.

O Código de Processo Civil de 2015 também reprime o abuso de direito, nos arts. 77 a 81 e, ainda, no processo de execução. Observa-se que o instituto do abuso de direito tem aplicação em quase todos os campos do direito, como instrumento destinado a reprimir o exercício antissocial dos direitos subjetivos.

14.5.1 Conceito

Entende-se o abuso de direto como o exercício de um direito subjetivo, ou de uma faculdade, que, embora tutelado pela lei, extrapola os limites estabelecidos pelas regras de convivência em sociedade ou pelos mandamentos fundamentais da ordem jurídica, transgredindo a finalidade social para a qual foi inicialmente conferido ao seu titular. Embora não haja, em geral, violação aos limites objetivos da lei, o agente desvia-se dos fins sociais a que se destina. É uma violação ao espírito do direito ou ao seu fim social.

O ato abusivo é uma atuação antissocial que não apenas causa dano a outrem, mas infringe deveres morais, de justiça, equidade e humanidade, os quais existem acima do plano da legalidade. Abusa, pois, do seu direito o titular que dele se utiliza levando um malefício a outrem, inspirado na intenção de fazer mal, sem a exigência de proveito próprio. O propósito de causar dano não requer apuração de intenção íntima do titular.

Como bem pontuado na V Jornada de Direito Civil, o abuso de direito tem fundamento constitucional nos princípios da solidariedade, devido processo legal e proteção da confiança, aplicando-se a todos os ramos do direito (Enunciado 414)

Pode-se perceber que a ilicitude depende de uma violação de limites formais impostos pelo ordenamento. Já no abuso do direito, não existe essa definição prévia de limites que poderão ser rompidos, importando, todavia, os próprios fundamentos do direito, os quais serão violados apenas quando do exercício irregular empreendido pelo agente do direito concedido. Por tal motivo, a sua percepção e análise são mais difíceis, tornando mais complexas as hipóteses de abuso.

Nesse contexto, é importante mencionar que o conceito de ato abusivo não se confunde com o de ato ilícito. Em ambos, o agente se encontra no plano da antijuridicidade, porém o ato abusivo revela categoria autônoma da ilicitude. Diferenciam-se, entretanto, as espécies em razão da natureza da violação a que se referem. No **ato ilícito**, o sujeito viola diretamente o comando legal, pressupondo-se então que este contenha previsão expressa daquela conduta. No **abuso de direito**, o sujeito, aparentemente age no exercício de seu direito, todavia, há uma violação dos valores que justificam o reconhecimento desse mesmo direito pelo ordenamento.

Como se percebe claramente, a identificação do ato ilícito é mais direta e evidente, pois há uma norma prevendo a restrição da liberdade e tal preceito foi descumprido. O ato abusivo, no entanto, será identificado a partir da constatação de que há um descompasso entre a conduta e a finalidade do ato. O fato de produzirem os mesmos efeitos não iguala os dois tipos de atos antijurídicos, quando muito os assemelha, persistindo a fundamental diferença quanto à natureza da violação e, por consequência, quanto à necessidade de expressa previsão da conduta proibida ou sancionada.

Cabe salientar, entretanto, que, na doutrina brasileira, não são poucos os autores que repudiam a distinção. As teorias que negam a autonomia do ato abusivo o equiparam ao ilícito em virtude da identidade de efeitos. De fato, tanto um quanto outro ensejam a responsabilidade civil do agente, visto que, em ambos os casos, ele atua sem direito, atraindo as mesmas sanções. Contudo, a caracterização do ato ilícito não enseja, necessariamente, a obrigação de indenizar, que pode ou não lhe ser consequente.

São inúmeros os exemplos possíveis de abuso de direito, como num contrato de locação, em que é comum, em tais negócios jurídicos, inserir-se cláusula que faculta ao locador, por um determinado tempo (a cada seis meses, por exemplo), comparecer ao imóvel para fazer uma vistoria e verificar o estado de conservação. Normalmente tais cláusulas não preveem a hora em que tal visita se fará. Se o locador aparece às 3h da madrugada no imóvel, exigindo que o cumprimento da cláusula contratual se dê àquela hora, naturalmente, teremos abuso de direito, ultrapassando os limites do possível, pois todos os direitos devem ser exercidos com razoabilidade e dentro de limites recíprocos.

14.5.2 O abuso de direito e sua relação com a boa-fé objetiva

O exercício de um direito que extrapole os limites da razoabilidade, dará ensejo à configuração do abuso do direito. O abuso de direito é constatado no instante da violação do elemento axiológico da norma. Instala-se na contrariedade entre o comportamento comissivo ou omissivo do indivíduo e o fundamento valorativo-material do preceito.

Entretanto, observamos que o legislador optou por um sistema aberto de definição do ato praticado em abuso de direito. Em vez de descrever, casuisticamente, suas hipóteses de incidência, deixou ao aplicador a possibilidade de reconhecê-lo diante das lides cotidianas, preenchendo o conceito do que seja exercício ilegítimo do direito a partir da aferição, no caso concreto, da ultrapassagem, ou não, dos limites impostos pelo seu fim econômico ou social, pela boa-fé ou pelos bons costumes.

Nesse ponto, é importante lembrar que a boa-fé é o parâmetro de probidade (correção, honestidade) nas relações obrigacionais. A boa-fé é algo interior ao ordenamento jurídico, pressupondo um vínculo já existente de confiança entre aqueles que estejam juridicamente vinculados. Por isso, nem toda infração à boa-fé significa ofensa aos bons costumes, enquanto qualquer conduta imoral, quando particularizada em relações especiais, atinge gravemente o princípio da boa-fé.

O Código Civil, mesmo definindo o ato ilícito no art. 186, nos moldes do anterior art. 159, acrescentou mais uma fórmula geral para a demarcação da ilicitude, inserindo-a no art. 187, diante da insuficiência da antiga acepção de ato ilícito. Os legisladores alargaram seu campo de abrangência para além do foro das disputas privadas, determinado ser antijurídica, também, a conduta que malferisse os fins sociais, as diretivas da boa-fé ou as regras de bons costumes.

Desse modo, o operador do direito, desde a vigência do CC/2002, convive com duas espécies distintas de ato ilícito, ambas, contudo, não divorciadas da noção de ato violador de interesses tutelados pelo ordenamento jurídico. Nelson Nery (2005) identificou o fenômeno, descrevendo que o ato abusivo pode até não causar dano, porém não deixa de ser abusivo. Nesse diapasão, não custa lembrar a norma esculpida no art. 927, que, ao se referir à reparação de danos decorrentes de ato ilícito, faz referência aos dois artigos (arts. 186 e 187) que cuidam do tema, levando a considerá-los como fontes autônomas de produção de responsabilidade civil.

Em todos os atos geralmente apontados como abusivos estará presente uma violação ao dever de agir de acordo com os padrões de lealdade e confiança, independentemente de qualquer propósito de prejudicar, vinculando o abuso de direito com a boa-fé objetiva. Note-se que ambos se complementam, pois a constatação do abuso passa, obrigatoriamente, pela análise da boa-fé objetiva.

Dessa forma, não se pode deixar de reconhecer uma íntima ligação entre a teoria do abuso de direito e a boa-fé objetiva – princípio vetor dos negócios jurídicos no Brasil (arts. 113 e 42 do CC) – porque uma das funções da boa-fé objetiva é, exatamente, limitar o exercício de direitos subjetivos contratualmente estabelecidos em favor das partes, obstando um desequilíbrio negocial.

14.5.3 Requisitos do abuso de direito

Ao enunciar o instituto, no art. 187 do Código Civil, o legislador aboliu a exigência de qualquer investigação da intenção daquele que exercitou abusivamente o seu direito. Por conseguinte, não se há falar em análise do dolo e da culpa ou em consciência do agente de transgressão aos limites legais para o exercício do seu direito.

A configuração do abuso de direito prescinde da culpa. A construção histórica, dogmática e jurisprudencial da categoria sempre se fez independentemente da culpa, salvo na sua fase inicial. Pontes de Miranda (1974) esclarece, retomando o fio histórico, que, na sua primeira fase, a teoria do abuso de direito tinha de ser subjetivista com fase necessária para superar o período individualista. Com o passar do tempo, foi superada a invocação da teoria italiana da *aemulatio*, eis que a nova lei dispensou a evidência de qualquer intenção de causar prejuízo.

enunciado

Essa conclusão também mereceu guarida no Enunciado 37 da I Jornada de Direito Civil: "A responsabilidade civil decorrente do abuso do direito independe de culpa e fundamenta-se somente no critério objetivo-finalístico".

Superada a exclusão da culpabilidade como elemento do abuso do direito, mister indagar se a ocorrência de dano é imperativa para a caracterização do ato ilícito por exercício irregular de direito. É certo que, para fundamentar a reparação civil, é necessário um dano causado ao interesse protegido de outrem. Reafirmando o que já foi dito anteriormente, cuidou o legislador, no novo código, de corrigir a redação do antigo art. 159, trocando o "ou" pela conjunção correta "e", para estatuir que o ato ilícito decorre de violação de direito e causa prejuízo.

No entanto, a exigência do dano circunscreve-se ao ato ilícito dirigido à responsabilidade civil, repetindo o que diz o art. 186 do CC. Ora, não há como dispensar a evidência do prejuízo para a responsabilidade civil por trazer como efeito a reparação, concretizada, em geral, via indenização. De outra forma, no âmbito do ato ilícito por exercício irregular de direito, já sabemos, nem sempre a consequência traduz-se na responsabilização civil. Assim, uma conduta, mesmo não geradora de dano, poderá ser tachada de ilícita, desde que não adequada aos limites impostos pelas cláusulas gerais, encerradas no art. 187 do CC. Se o ato ilícito exige prova do dano, em outro sentido, o abuso de direito pode existir sem dano.

enunciado

Enunciado 539 da VI Jornada de Direito Civil – "O abuso de direito é uma categoria jurídica autônoma em relação à responsabilidade civil. Por isso, o exercício abusivo de posições jurídicas desafia controle independentemente de dano."

Diante do exposto, podem ser elencados os seguintes **requisitos** do abuso de direito:

I. direito protegido pelo ordenamento jurídico;
II. exercício desse direito além dos limites de sua função social, da boa-fé e dos bons costumes;
III. manifesto excesso de limites.

Repise-se que o legislador optou por negar tutela à ação do indivíduo que ultrapassa a relevância do permitido, fundado na diretriz ética que permeia todo o Código, embora inicialmente subsumida à lei formal, por não cumprir o fim para o qual o direito a concebeu. Houve uma nítida mudança na postura de considerar lícito tudo aquilo que não seria contrário à lei (segundo a máxima do direito privado de que "tudo o que não é proibido é permitido"), para agregar, como elemento da licitude da conduta humana, sua adequação aos fins sociais, à boa-fé e aos bons costumes.

14.5.4 Modalidades específicas de atos abusivos

A teoria do abuso de direito possui alguns tipos específicos de atos abusivos, que, embora reunidos ao arredor na cláusula geral de boa-fé objetiva, possuem características particulares.

enunciado

O Enunciado 412 da V Jornada de Direito Civil do CJF aponta que: "As diversas hipóteses de exercício inadmissível de uma situação jurídica subjetiva, tais como supressio, tu quoque, surrectio *e* venire contra factum proprium, *são concreções da boa-fé objetiva".*

Vejamos alguns deles:

a) ***Venire contra factum proprium*:** Proibição de comportamento contraditório. Surge da violação ao princípio da confiança recíproca e lealdade entre as partes, decorrente da função integrativa da boa-fé objetiva. Evidencia a essência da obrigação de um comportamento conforme a boa-fé objetiva, ou seja, o senso ético esperado por todos. Apesar de não estar expressamente previsto no nosso ordenamento jurídico, o princípio da vedação ao comportamento contraditório é consequência natural da repressão ao abuso de direito, sendo perfeitamente aplicável, pelo teor do Enunciado 362 da Jornada de Direito Civil: "***A vedação do comportamento contraditório* (venire contra factum proprium) *funda-se na proteção da confiança, tal como se extrai dos arts. 187 e 422 do Código Civil*"**.

A vedação ao comportamento contraditório obsta que alguém possa contradizer o seu próprio comportamento, após ter produzido, em outras pessoas, que estejam de boa-fé, uma determinada expectativa. Elementos essenciais para a proibição de comportamento contraditório: conduta inicial; legítima confiança despertada por conta dessa conduta inicial; comportamento contraditório em relação à conduta inicial; um prejuízo, concreto ou potencial, decorrente da contradição. A confiança, por sua vez, decorre da cláusula geral de boa-fé objetiva, do dever de lealdade e confiança recíproca entre as partes. Por fim, cabe ressaltar que o instituto pode derivar de um comportamento comissivo ou omissivo do contratante, ou seja, pode ocorrer tanto quando uma das partes cria a confiança de que determinada conduta será adotada, e não o é, quanto na hipótese em que a confiança se materializa no sentido de que aquele comportamento não será adotado, mas termina sendo.

b) ***Supressio* e *surrectio*: *Supressio*** consiste na perda, na supressão de determinada faculdade jurídica pelo decurso do tempo. Se o direito não foi exercido em determinado tempo, não pode mais o titular exercê-lo posteriormente. O fundamento é a demora desleal no exercício de um direito. *Surrectio* é o fenômeno inverso, isto é, acarreta o nascimento de um direito em razão da continuada prática de certos atos. Assim, são expressões utilizadas para designar o fenômeno jurídico da supressão de situações jurídicas específicas pelo decurso do tempo, impedindo o exercício ou criando direitos, sob pena de caracterização de abuso. Trata-se da inadmissibilidade do exercício de determinadas situações jurídicas por seu retardamento, omissão, fazendo surgir para outras pessoas uma expectativa. Aproximam-se, com isso, da figura do *venire contra factum proprium*, pois ambas atuam como fatores de preservação da confiança alheia. O que se protege no reconhecimento da *supressio* e da *surrectio* nada mais é do que a própria confiança, decorrente da boa-fé objetiva. Sendo assim, tais institutos coexistem, harmonicamente, com os prazos legais (de prescrição e de decadência) contemplados no sistema jurídico.

c) ***Tu quoque***: é uma expressão consagrada universalmente como forma de designar espanto, surpresa, decepção com a atuação inconsciente de certa pessoa, que coloca a outra em situação de desvantagem. Surge da expressão "*tu quoque, Brute, fili mi?*", proferida por Júlio César ao ser apunhalado por seu filho Brutus, que significa: "Até tu, Brutus, meu filho?". Em sentido jurídico, a expressão *tu quoque* refere-se à aplicação de critérios valorativos distintos para reger situações jurídicas substancialmente idênticas. Ocorre quando alguém viola uma determinada norma jurídica e, posteriormente, tenta tirar proveito da situação para se beneficiar - por exemplo, na exceção do contrato não cumprido (arts. 476 e 477 do CC). Há nela um acentuado aspecto de deslealdade, malícia, gerando a ruptura da confiança depositada por uma das partes no comportamento da outra, por conta dos critérios valorativos antes utilizados. O *tu quoque* age simultaneamente sobre os princípios da boa-fé objetiva e da justiça contratual, pois pretende não só evitar que o contratante faltoso se beneficie de sua própria falta, como também resguardar o equilíbrio entre as prestações.

d) ***Duty to mitigate the loss***: dever do credor de mitigar as próprias perdas. O credor tem diversos direitos, dentre os quais, exigir o cumprimento integral da obrigação e o respectivo atendimento de seu interesse creditício. Todavia, se o credor se comporta de maneira excessiva, comprometendo e agravando a situação jurídica do devedor, estará caracterizado abuso de direito. Impõe, por meio da boa-fé objetiva, um comportamento ético ao credor, consistente em não prejudicar o devedor. Os deveres anexos de cooperação e lealdade impõem ao credor atuar, concretamente, para não agravar a situação do devedor, sob pena de constatação do abuso de direito. O credor de uma obrigação precisa colaborar com o devedor na tomada das medidas cabíveis para buscar que o dano sofrido se restrinja às menores proporções possíveis. A título de fixação do tema, vale lembrar que, no direito do consumidor, o superendividamento é exemplo eloquente de abuso de direito em razão do *duty to mitigate.*

Nesse contexto, cabe mencionar que a aplicação da teoria do abuso de direito se expande por diferentes campos, transcendendo os limites do direito privado, para ganhar espaço, também, no direito público, como no direito processual, administrativo e internacional.

QUADRO SINÓTICO

ATO ILÍCITO	
CONCEITO DE ATO ILÍCITO	Ato ilícito é aquele praticado com infração ao dever legal de não lesar a outrem. Também comete ilicitude aquele que pratica abuso de direito. Ato ilícito é, portanto, fonte obrigacional na medida em que acarreta a obrigação de **indenizar** ou **ressarcir o prejuízo causado**.
ELEMENTOS DO ATO ILÍCITO	• **Conduta dolosa ou culposa do agente**: a conduta pode ser positiva (fundada numa ação) ou negativa (baseada numa omissão). No **dolo**, ocorre violação consciente da norma (dolo direto) ou assunção de um provável resultado – risco de dano (dolo eventual). Na **culpa** há violação do dever de cuidado sem a consciência de causar o dano. Aqui, o agente atua com **imperícia** (viola normas técnicas), **negligência** (omissão, descuido, desatenção) ou **imprudência** (ação precipitada, sem cautela); • **Dano:** lesão a um bem jurídico. Pode ser **moral ou extrapatrimonial** (sem repercussão na órbita patrimonial do lesado, afetando bens imateriais. Exemplo: honra) e **material ou patrimonial** (afeta um bem material. Exemplo: carro); • **Nexo de causalidade:** liame entre a ação ou omissão do agente e o dano verificado, sem a qual não há a obrigação de indenizar. As excludentes da responsabilidade civil, como a culpa da vítima, o caso fortuito e a força maior (CC/2002, art. 393), rompem o nexo de causalidade, afastando a responsabilidade do agente.
EFEITOS JURÍDICOS DECORRENTES DA ILICITUDE	**a) Indenizante:** o mais comum de todos os efeitos da ilicitude, seguramente, é a obrigação de reparar o dano causado a outrem; **b) Caducificante**: existe um ilícito sem qualquer dever de reparar o dano; **c) Invalidante:** de igual modo, inexiste efeito indenizatório. Perfaz-se com a invalidação do negócio jurídico; **d) Autorizante:** o ordenamento autoriza um comportamento que não seria possível sem a configuração do ilícito.

ATO ILÍCITO	
EXCLUDENTES DE ILICITUDE	a) **Legítima defesa:** consiste em uma reação proporcional a injusta agressão; b) **Exercício regular de um direito e estrito cumprimento do dever legal:** aquele que pratica um determinado ato em cumprimento de um dever legal ou no exercício de um direito, previsto e autorizado de algum modo pelo ordenamento jurídico, não pode ser penalizado como se tivesse praticado um ato ilícito; c) **Estado de necessidade:** aquele que, visando remover perigo iminente, ocasione deterioração ou destruição da coisa alheia, ou lesão a pessoa; d) **Culpa exclusiva da vítima:** quando o evento danoso ocorre por culpa exclusiva da vítima, desaparece a responsabilidade do agente; e) **Caso fortuito e força maior:** compreendem fatos cujos efeitos não eram possíveis de evitar ou impedir, estando o suposto causador do dano à mercê dos acontecimentos, estranhos à sua vontade.
ABUSO DE DIREITO	Entende-se o abuso de direto como o exercício de um direito subjetivo, ou de uma faculdade, que, embora tutelado pela lei, extrapola os limites estabelecidos pelas regras de convivência em sociedade ou pelos mandamentos fundamentais da ordem jurídica, transgredindo a finalidade social para a qual foi inicialmente conferido ao seu titular. **Modalidades:** • *Venire contra factum proprium*: Proibição de comportamento contraditório. Surge da violação ao princípio da confiança recíproca e lealdade entre as partes, decorrente da função integrativa da boa-fé objetiva. • *Supressio* e *Surrectio*: *Supressio* consiste na perda, na supressão de determinada faculdade jurídica pelo decurso do tempo. *Surrectio* é o fenômeno inverso, isto é, acarreta o nascimento de um direito em razão da continuada prática de certos atos. • *Tu quoque*: Refere-se à aplicação de critérios valorativos distintos para reger situações jurídicas substancialmente idênticas. Ocorre quando alguém viola uma determinada norma jurídica e, posteriormente, tenta tirar proveito da situação para se beneficiar. • *Duty to mitigate the loss*: É o dever do credor de mitigar as próprias perdas. Se o credor se comporta de maneira excessiva, comprometendo e agravando a situação jurídica do devedor, estará caracterizado abuso de direito.

15

RESPONSABILIDADE CIVIL

José de Aguiar Dias (2012), em sua clássica obra *Da responsabilidade civil*, aponta que toda manifestação humana traz, em si, o problema da responsabilidade. O tema da responsabilidade civil é extremamente atual, uma vez que o ordenamento jurídico tende a não deixar a vítima de atos danosos sem o devido ressarcimento, pois a principal consequência de uma conduta humana que venha a transgredir um dever jurídico imposto pela lei é a obrigação que acarreta, para o seu autor, de reparar o dano.

Nessa senda, a **responsabilidade civil** é uma espécie de responsabilidade jurídica, ao lado das responsabilidades penal, administrativa, processual, ético-profissional etc. No campo da responsabilidade civil, encontra-se a indagação sobre se o prejuízo experimentado pela vítima deve ou não ser reparado por quem o causou, em que condições e de que maneira deve ser estimado e ressarcido.

Aquele que comete um ato, ou incorre numa omissão de que resulte dano, deve suportar as consequências do seu procedimento. Trata-se de uma regra elementar de equilíbrio social, na qual se resume, em verdade, o problema da responsabilidade. Entretanto, o dano ou prejuízo sofrido pela vítima, que acarrete a responsabilidade, não é apenas o material, tendo em vista que as vítimas que sofreram ofensas de caráter subjetivo e sem expressão econômica também não devem ficar sem a devida proteção, posto que o dano moral impõe a indenização.

É importante mencionar que houve um tempo em que o sistema brasileiro de responsabilidade civil era extremamente simples. Praticamente, resumia-se a um único artigo do Código de 1916. O Código Civil de 2002 fez uma ampliação nos procedimentos e nas disciplinas da responsabilidade civil, que devem, necessariamente, ser conjugados com alguns artigos do Código que regulamentam questões fundamentais concernentes à reparação de danos.

Nesse sentido, na Parte Geral do CC, nos arts. 186, 187 e 188, restou consignada a regra geral da responsabilidade aquiliana (extracontratual) e algumas excludentes. A parte especial, por outro lado, estabeleceu a regra básica da responsabilidade contratual no art. 389 e dedicou dois capítulos, um à "obrigação de indenizar" e outro à "indenização", sob o título "Da Responsabilidade Civil".

Além das inovações já apontadas, o CC/2002 trouxe duas outras grandes conquistas no campo da responsabilidade civil:

I. **a tutela civil dos direitos da personalidade (arts. 11 a 21):** regulamenta o princípio da inviolabilidade da intimidade, da vida privada, da honra, da imagem e outros atributos da personalidade;
II. **a adoção, como princípio, da teoria do abuso de direito:** incluindo-a no ramo dos atos ilícitos por derivação.

Portanto, observa-se que o atual Código Civil entregou à sociedade mais uma garantia de sua inviolabilidade e aos operadores do direito, um forte instrumento no campo da reparação de danos, de ordem material ou moral.

15.1 CONCEITO

Toda atividade do homem, por via de regra, vai tangenciar o campo da responsabilidade, remetendo-se à questão de que todo ser humano deve assumir e medir as consequências dos seus atos, tendo em vista que viver em sociedade presume-se aceitar as normas impostas, a fim de manter a paz social.

A responsabilidade jurídica nasce a partir do momento em que ocorre a violação das regras e das leis estabelecidas em sociedade, para uma convivência harmônica, causando lesão a um direito tutelado pelo ordenamento jurídico. Responsabilidade, em direito, significa o dever jurídico de a pessoa obrigar-se e responder por algo que fez ou deixou de fazer quando devia agir. Por ação ou omissão, o agente responderá ou perante norma de conduta previamente estabelecida em lei como crime, ou por ofensa à legislação não penal, com o propósito de obrigar-se à reparação do dano material ou moral causado a outrem.

O direito preocupa-se em tutelar os atos lícitos do homem, cuidando da manutenção da ordem e da paz social, reprimindo e corrigindo os atos contrários ao seu ordenamento. Para tanto, a ordem jurídica impõe certos deveres, que devem ser obedecidos por todos, sem distinção, independentemente da vontade dos indivíduos, pois, caso contrário, a violação a um dever jurídico constituirá um ato ilícito passível de uma sanção.

posicionamento doutrinário

Rui Stoco (2014) aponta que a responsabilidade tem vários sentidos, podendo ser sinônimo de zelo, diligência e cuidado, na linguagem popular, mas pode ser também, na esfera jurídica, uma obrigação de reparar o dano por ato ilícito por alguém que o pratica. No mesmo caminho leciona Maria Helena Diniz (2010), no sentido de que a responsabilidade serviria para traduzir a posição daquele que não executou o seu dever. Ora, ocorrendo um fato contrário ao ordenamento jurídico, que preconiza uma obrigação de obedecer a certas condutas, é certo que nasce para aquele que causou o dano a outrem, o dever de repará-lo, tendo em vista que a violação a um direito preexistente pressupõe uma sanção.

Vemos, então, que o ilícito civil impõe ao autor do dano a obrigação de reparar a própria vítima. Portanto, a responsabilidade civil é uma obrigação que incumbe uma pessoa de ter de reparar os danos causados a outra (indenizar) pela transgressão de uma norma jurídica preexistente, contratual ou extracontratual.

Pablo Stolze e Rodolfo Pamplona (2017) também demonstram, no âmbito do direito privado, que a responsabilidade civil deriva da violação a um interesse eminentemente particular, sujeitando o infrator ao pagamento de uma compensação pecuniária à vítima, se não puder repor in natura *o estado anterior de coisas.*

Entretanto, é importante lembrar que essa responsabilidade por atos ilícitos vai variar de acordo com o bem jurídico tutelado e o tipo de lesão cometido pelo agente causador do ato. Em síntese, a violação de um dever jurídico configura o ilícito, que, quase sempre, acarreta dano para outrem, gerando um novo dever jurídico, qual seja, o de reparar o dano. Há, assim, um dever jurídico originário, chamado por alguns de primário, cuja violação gera um dever jurídico sucessivo, também chamado de secundário, que é de indenizar o prejuízo, conforme lição de Sergio Cavalieri Filho (2007).

Portanto, se o sujeito do dever jurídico (primário) desrespeita ou lesiona o direito de outro, originam-se daí o direito subjetivo de exigir a reparação do dano e o dever jurídico (secundário) de repará-lo. Todos têm o dever jurídico primário de respeitar a honra, a integridade física e o patrimônio do outro (dever originário); o descumprimento desse dever jurídico originário gera a obrigação de reparar o dano (dever sucessivo).

Logo, a responsabilidade civil é um direito jurídico sucessivo que surge para recompor o dano decorrente da violação de um dever jurídico originário. Nesse sentido, a doutrina é unânime em afirmar, como não poderia deixar de ser, que não há responsabilidade sem prejuízo (dano). Para o dano patrimonial, o regime é de reparação; para o dano moral, de compensação.

Ao contrário do que ocorre no direito penal, que nem sempre exige um resultado danoso para estabelecer a punibilidade do agente, no âmbito civil é a extensão do dano que dá a dimensão da indenização.

Costuma-se definir a "obrigação" como "vínculo jurídico que confere ao credor o direito de exigir do devedor o cumprimento de determinada obrigação". E é o patrimônio do devedor que responde por suas obrigações.

Como se observa, a ilicitude não é um elemento obrigatório apenas presente no direito penal, o qual impõe uma pena por ofensa às regras de convivência de toda uma sociedade. Por outro lado, o ilícito extrapenal ou civil leva, ao agente causador do dano, o dever de reparar a vítima, individualmente. A responsabilidade, qualquer que seja a sua categoria, com dolo ou culpa, por ação ou omissão, impõe ao indivíduo violador da obrigação o dever de repará-la. Nessa temática, observe-se o art. 935 do CC:

> Art. 935. A responsabilidade civil é independente da criminal, não se podendo questionar mais sobre a existência do fato, ou sobre quem seja o seu autor, quando estas questões se acharem decididas no juízo criminal.

Tendo por norte o que estabelece o art. 927, Sergio Cavalieri Filho (2007) aponta que a intenção de obrigar o agente causador do dano a repará-lo inspira-se no mais elementar sentimento de justiça. Pode-se sustentar, por conseguinte, que o intuito desse dispositivo legal é de restabelecer o equilíbrio de uma situação anteriormente existente e que foi rompida por conta de uma conduta lesiva por meio da recomposição dessa situação ou de uma indenização, tendo em vista que limitar essa reparação é fazer com que a vítima arque com o resto dos prejuízos não indenizados.

15.2 ELEMENTOS DA RESPONSABILIDADE CIVIL

Nota-se, no Código Civil em vigor, que os elementos da responsabilidade civil são:

a) **conduta humana:** ação ou omissão.

b) **dolo** (intenção ou vontade de causar o prejuízo) ou **culpa** (reprovabilidade; relacionada com a inobservância de um dever de cuidado).

c) **nexo de causalidade:** relação de causa e efeito entre a ação ou a omissão e o dano.

d) **dano:** prejuízo causado a outrem.

O ato ilícito não pode ser enquadrado como elemento geral e necessário da responsabilidade civil, porque pode haver **responsabilidade civil por ato lícito**. Exemplos: a desapropriação é um ato lícito que gera responsabilidade civil, pois gera um dano ao direito de propriedade; o direito de passagem forçada para um imóvel encravado em outros gera o dever de indenizar o proprietário.

Neste tópico, é de bom alvitre enfatizar que, para uma parcela moderna da doutrina (GAGLIANO; PAMPLONA FILHO, 2017), a culpa genérica (elemento subjetivo que inclui o dolo) seria um elemento acidental da responsabilidade civil, e não essencial, sobretudo em virtude da responsabilidade objetiva que prescinde da sua análise.

15.2.1 Conduta humana

Corresponde ao comportamento voluntário e consciente humano, que pode ser positivo (ação) ou negativo (omissão), causador do prejuízo. Ambos serão idôneos para justificar a responsabilidade civil, com obrigação de indenizar. A omissão será relevante quando houver o dever de agir, que decorre da lei, do contrato ou dos costumes sociais. Normalmente, o descumprimento contratual consiste em uma omissão.

A ação ou a omissão podem se expressar em três situações possíveis:

I. **Ato próprio:** é o mais comum de ser verificado. A obrigação de indenizar é atribuída à pessoa que praticou a conduta e causou o resultado, com fundamento nos arts. 186 e 942 do CC/2002;

II. **Ato de terceiro:** a obrigação de indenizar será imposta a pessoa diversa da que praticou a conduta e causou o resultado. É o caso do pai que responde pelos atos dos filhos;

III. **Fato da coisa ou do animal:** a obrigação de indenizar danos decorrentes do fato de coisa ou do animal será imposta à pessoa que esteja na propriedade ou posse. Um bom exemplo é o caso do cachorro que causa lesões corporais em uma pessoa.

15.2.2 Dano

Traduz uma lesão a um interesse jurídico tutelado, material ou moral. No âmbito do ilícito civil, o dano é absolutamente imprescindível, sem o qual importaria em enriquecimento sem causa daquele que recebesse a indenização. Veda-se, portanto, a tutela civil de danos hipotéticos, eventuais ou de mera conduta, como no direito penal.

enunciado

Enunciado 456 da V Jornada de Direito Civil – "A expressão 'dano' no art. 944 abrange não só os danos individuais, materiais ou imateriais, mas também os danos sociais, difusos, coletivos e individuais homogêneos a serem reclamados pelos legitimados para propor ações coletivas."

15.2.2.1 Requisitos do dano

a) **Violação a um interesse juridicamente tutelado (material ou moral);**

b) **Subsistência do dano:** se já houve reparação, não haveria o que ser indenizável. Critica-se o presente requisito, porque, em seu sentido semântico, inviabilizaria a reparação por lucros cessantes;

c) **Certeza do dano:** o mero aborrecimento não justifica a indenização. O dano indenizável tem que ser certo e exigível, não podendo ser abstrato ou hipotético.

Observa-se, todavia, a **teoria da perda de uma chance**, surgida na França, com grande aplicação nos EUA e na Itália, que foi adotada no Brasil, flexibilizando o requisito da certeza do dano. Permite que a vítima seja indenizada quando sofre a perda de uma situação que tinha grande probabilidade de acontecer não fosse a conduta danosa de outrem. Para a teoria, mesmo sem a certeza do dano, a indenização é devida. Ex.: perda do prazo para o recurso pelo advogado.

enunciado

Enunciado 444 da V Jornada de Direito Civil – "A responsabilidade civil pela perda de chance não se limita à categoria de danos extrapatrimoniais, pois, conforme as circunstâncias do caso concreto, a chance perdida pode apresentar também a natureza jurídica de dano patrimonial. A chance deve ser séria e real, não ficando adstrita a percentuais apriorísticos."

15.2.2.2 Categorias do dano

I. **Dano material (ou dano patrimonial):**
   - **Danos emergentes (danos positivos):** o que a vítima efetivamente perdeu; efetiva diminuição de seu patrimônio.
   - **Lucros cessantes (danos negativos):** aquilo que razoavelmente deixou de ganhar – art. 403. Esse artigo deve ser fixado segundo o princípio da razoabilidade, levando-se em conta a causalidade direta e imediata.
   - **Perda de uma chance:** o que provavelmente iria ganhar. Aqui, cuida-se de **probabilidade, e não de mera possibilidade.**

II. **Dano moral:** prejuízo que afeta o ânimo psíquico, moral e intelectual da vítima, ocasionando um distúrbio anormal na vida do indivíduo.

enunciado

Enunciado 445 da V Jornada de Direito Civil – "O dano moral indenizável não pressupõe necessariamente a verificação de sentimentos humanos desagradáveis como dor ou sofrimento."

súmula

Súmula n. 642 do STJ – "O direito à indenização por danos morais transmite-se com o falecimento do titular, possuindo os herdeiros da vítima legitimidade ativa para ajuizar ou prosseguir a ação indenizatória."

15.2.2.3 Questões especiais envolvendo o dano

I. **Dano *in re ipsa*:** trata-se do dano que dispensa a prova em juízo, como se fosse um dano presumido (STJ, REsp 649.104/RJ e REsp 775.766/PR);

enunciado

*Enunciado 455 da V Jornada de Direito Civil – "Embora o reconhecimento dos danos morais se dê, em numerosos casos, independentemente de prova (*in re ipsa*), para a sua adequada quantificação, deve o juiz investigar, sempre que entender necessário, as circunstâncias do caso concreto, inclusive por intermédio da produção de depoimento pessoal e da prova testemunhal em audiência."*

II. **Dano reflexo (em ricochete):** cuida-se do prejuízo que atinge terceira pessoa (vítima indireta) ligada à vítima direta. É denominado por parte da doutrina como dano indireto, mas prefere-se essa denominação para diferençar da seguinte. Por exemplo: João foi vítima de homicídio (vítima direta). Seu filho é a vítima secundária. Em julgado paradigmático, o STJ decidiu o caso de um rapaz que estava noivo e se sentiu vítima de um dano reflexo. Nesse julgado, o STJ entendeu que o noivo não tinha o direito de pedir a reparação pelo dano;

III. **Dano indireto:** para alguns autores, a expressão "dano indireto" traduz uma cadeia de prejuízos experimentados pela mesma vítima. Exemplo: a pessoa compra um cavalo doente (primeiro prejuízo) e ele infecta outro animal (prejuízo indireto);

IV. **Dano bumerangue:** é um dano imediato em revide, que a vítima causa no seu ofensor. É o caso da vítima de um dano injusto que reage e causa um consequente prejuízo em revide ao agressor.

15.2.3 Nexo de causalidade

É o liame (vínculo) que une a conduta do agente ao prejuízo causado. Trata-se de elemento imaterial ou virtual. O nexo causal deve estar presente, inclusive, na responsabilidade objetiva.

15.2.3.1 Teorias que fundamentam o nexo de causalidade

a) **Teoria da equivalência de condições (*conditio sine qua non*):** conforme leciona Cavalieri Filho (2007), essa teoria foi desenvolvida a partir das ideias do filósofo Von Buri, com base nas ideias de Stuart Mill, e tem ampla aplicação no Direito Penal de vários países. A ideia basilar da teoria é que todo e qualquer comportamento anterior que haja concorrido para o resultado é causa. Adotada no direito penal (temperada pela teoria da imputação objetiva), gera o problema da regressão infinita do nexo causal;

b) **Teoria da causalidade adequada:** criada, conforme salienta, ainda, Cavalieri Filho (2007), pelo alemão Von Kries. Considera-se causa apenas o antecedente abstratamente idôneo à consumação do resultado. Baseia-se em um juízo de probabilidade;

c) **Teoria da causalidade direta ou imediata (teoria da interrupção do nexo causal):** idealizada por Agostinho Alvim (1949), sendo mais objetiva que a anterior. Para ela, causa é apenas o antecedente que determina o resultado como consequência direta e imediata. Não se faz um juízo probabilístico de adequação, mas sim um juízo de necessariedade.

Observa-se, contudo, que diferenciar a segunda e a terceira teorias, na prática, é muito difícil, pois o resultado prático é o mesmo utilizando uma ou outra teoria. Ademais, não há consenso na doutrina acerca da teoria adotada pelo Código Civil. Sergio Cavalieri (2007) defende que foi a da causalidade adequada. Gustavo Tepedino (2014), utilizando o art. 403 como fundamento, acredita que é a da causalidade direta. Em geral, a jurisprudência aplica a teoria da causalidade direta.

15.2.3.2 Concausas

Concausa é outra causa, que, se juntando à principal, concorre para o resultado. Assim, há uma pluralidade de causas concorrendo para o agravamento do dano. Segundo Sergio Cavalieri (2007), não inicia nem sequer interrompe o processo causal, apenas o reforça. A responsabilidade é compartilhada proporcionalmente entre aqueles que provocaram o dano.

15.2.3.3 Causalidade na omissão

Pelo aspecto fático, omissão é um nada, e do nada, nada surge, razão pela qual a causalidade da omissão deve ser analisada sobre o aspecto normativo. Nessa ótica, ao impor um dever de agir, a omissão revela a violação de um dever jurídico, deixando, consequentemente, de se movimentar ou de impedir a ocorrência de um resultado. Logo, o omitente coopera na realização do evento com uma condição negativa.

As circunstâncias excludentes da responsabilidade civil podem ser classificadas do seguinte modo:

a) **Excludente da causalidade:** fato da vítima, fato de terceiro, caso fortuito e força maior;

b) **Excludentes da imputabilidade:** menoridade e alienação mental do agente;

c) **Excludentes da ilicitude:** cumprimento do dever legal, exercício regular do direito, estado de necessidade, legítima defesa, anuência da vítima e cláusula de não indenizar. Nos termos do art. 188 do CC, incisos I (1ª parte) e II, a legítima defesa e o estado de necessidade, desde que respeitado o princípio da proporcionalidade, afastam a ilicitude do fato e, por consequência, a responsabilidade civil como regra. Quem atua sob uma dessas excludentes de ilicitude comete um ato lícito.

15.3 EXCLUDENTES DE ILICITUDE

1) **Estado de necessidade:** consiste na agressão a um direito alheio, de valor igual ou inferior àquele que se quer proteger, com o propósito de remover um estado de perigo.

2) **Legítima defesa:** reação a uma agressão injusta atual ou iminente. Entretanto, os arts. 929 e 930, sob o fundamento da solidariedade social, se terceiro inocente for atingido, deve ser indenizado, cabendo ação de regresso contra o verdadeiro culpado. O mesmo se aplica ao estado de necessidade. Essa exceção é uma hipótese especial de responsabilidade civil por ato lícito.

3) **Estrito cumprimento do dever legal e exercício regular de direito:** como mencionado anteriormente, o estrito cumprimento do dever legal é uma modalidade de exercício regular de direito. Está previsto no art. 188, I, 2ª parte, do CC:

Art. 188. Não constituem atos ilícitos:

I – os praticados em legítima defesa ou no exercício regular de um direito reconhecido;

Desde que dentro dos limites da proporcionalidade e da legalidade, o estrito cumprimento do dever legal não pode gerar responsabilização. As hipóteses de excesso devem ser punidas, assim como o cumprimento de ordens manifestamente ilegais. No tocante ao exercício regular de direito, este pressupõe a não aplicação da teoria do abuso de direito, uma vez que a constatação de abuso afasta a licitude da conduta.

4) **Caso fortuito e força maior:** a doutrina brasileira não é uniforme quanto à distinção teórica entre caso fortuito e força maior. Todavia, autores como Rodolfo Pamplona e Pablo Stolze (2005) entendem que a força maior é o acontecimento inevitável e o caso fortuito, o acontecimento imprevisível. A legislação brasileira adotou uma posição neutra (parágrafo único, art. 393, do CC), delegando à doutrina o labor de diferenciar os institutos. Regra geral é que o devedor não responde por caso fortuito ou força maior, salvo se a parte se obrigar expressamente a indenizar por caso fortuito ou força maior. Principalmente para o direito do consumidor, faz-se necessária a distinção entre fortuito interno e externo:

   a) **Fortuito interno:** é aquele que integra o próprio processo de elaboração do produto ou de execução do serviço, sendo parte integrante da atividade, não tendo o condão de excluir a responsabilidade civil. Se é fortuito, registre-se que não há o elemento culpa.

   b) **Fortuito externo:** é exógeno, estranho à própria atividade do réu, de maneira que a sua responsabilidade civil é afastada.

jurisprudência

O STJ reiteradamente tem decidido que o assalto a mão armada em ônibus é fortuito externo, excluindo a responsabilidade da empresa viária, porque compete ao Estado a segurança das pessoas, e não às empresas de ônibus (AgRg no REsp 620.259/MG, AgRg no Ag 711.078/RJ). No mesmo sentido, a 5ª Turma do TRF1 não reconheceu a responsabilidade civil da ECT pelo extravio de correspondência em razão de assalto a mão armada (AC 200438000180970). Todavia, alguns tribunais têm proferido decisões peculiares na linha da responsabilização da empresa de transporte público no caso de assaltos reiterados ocorrendo na mesma linha e local.

enunciado

Enunciado 443 da V Jornada de Direito Civil – "O caso fortuito e a força maior somente serão considerados como excludentes da responsabilidade civil quando o fato gerador do dano não for conexo à atividade desenvolvida."

5) **Culpa exclusiva da vítima:** se comprovada, rompe o nexo de causalidade. A prova da culpa da vítima deve ser necessariamente feita pelo réu (STJ, REsp 439.408/SP).

Segundo Silvio Rodrigues (2002), o aparente causador do dano é mero instrumento do acidente. A boa técnica recomenda utilizar fato exclusivo da vítima, em vez de culpa exclusiva. Deve-se falar em isenção da responsabilidade do causador direto do dano, e não como ausência de culpa. Não se deve confundir a culpa exclusiva da vítima com a culpa concorrente (em que há culpa tanto do autor quanto da vítima), que apenas atenua a responsabilidade civil (art. 945).

6) **Fato de terceiro:** em geral, exclui o nexo causal. No entanto, há um caso em que a jurisprudência afasta a exclusão da responsabilidade: quando se tratar de transporte.

súmula

A Súmula n. 187 do STF proíbe a alegação de fato de terceiro por empresa transportadora, nos seguintes termos: "A responsabilidade contratual do transportador, pelo acidente com o passageiro, não é elidida por culpa de terceiro, contra o qual tem ação regressiva".

7) **Anuência da vítima:** desde que o bem seja disponível e haja capacidade jurídica para consentir, a anuência da vítima exclui a responsabilidade (por exemplo, a tatuagem). Sem os requisitos citados, o consentimento não é eficaz.

8) **Cláusula de não indenizar:** previsão contratual excludente da obrigação de reparar o dano. Objetiva alterar o sistema de riscos do contrato, transferindo-os para a vítima. Deve haver bilateralidade no consentimento e não é possível nas hipóteses protegidas por princípios ou normas de ordem pública.

enunciado

Enunciado 631 da VIII Jornada de Direito Civil – "Como instrumento de gestão de riscos na prática negocial paritária, é lícita a estipulação de cláusula que exclui a reparação por perdas e danos decorrentes do inadimplemento (cláusula excludente do dever de indenizar) e de cláusula que fixa valor máximo de indenização (cláusula limitativa do dever de indenizar)."

15.4 CULPA *LATO SENSU*

Abrange tanto o dolo quanto a culpa *stricto sensu*. Em ambos, há conduta voluntária do agente, porém, no dolo, a conduta já nasce ilícita (o dolo abrange a conduta e o efeito lesivo dele resultante), enquanto, na culpa, a conduta nasce lícita, tornando-se ilícita à medida que se desvia dos padrões socialmente adequados.

Como a finalidade da responsabilidade civil é gerar uma obrigação que conduza à integral reparação do dano causado na vítima, não há diferença entre o comportamento doloso e o culposo para o direito civil. Entretanto, a análise de dolo ou culpa é pressuposto apenas da responsabilidade civil subjetiva.

O art. 944 afirma que a indenização se mede pela extensão do dano (regra geral). O seu parágrafo único ressalta que, se houver excessiva desproporção entre a gravidade da culpa e o dano, poderá o juiz reduzir equitativamente a indenização. Poderá, por conseguinte, o juiz designar indenização menor do que o dano. É uma grande novidade do Código Civil de 2002 e evita a transferência do fracasso social, ao produzir uma decisão equitativa, justa ao caso concreto. É aplicável em casos de culpa mínima e prejuízo enorme. Cuida-se da redução proporcional da indenização para que o indivíduo possa pagar. É o caso, por exemplo, de causar um incêndio após jogar um cigarro aceso. Não é possível que o indivíduo arque com todos os prejuízos decorrentes.

enunciados

Enunciado 458 da V Jornada de Direito Civil – "O grau de culpa do ofensor, ou a sua eventual conduta intencional, deve ser levado em conta pelo juiz para a quantificação do dano moral."

Enunciado 629 da VIII Jornada de Direito Civil – "A indenização não inclui os prejuízos agravados, nem os que poderiam ser evitados ou reduzidos mediante esforço razoável da vítima. Os custos da mitigação devem ser considerados no cálculo da indenização."

Enunciado 630 da VIII Jornada de Direito Civil – "Culpas não se compensam. Para os efeitos do art. 945 do Código Civil, cabe observar os seguintes critérios: (i) há diminuição do quantum da reparação do dano causado quando, ao lado da conduta do lesante, verifica-se ação ou omissão do próprio lesado da qual resulta o dano, ou o seu agravamento, desde que (ii) reportadas ambas as condutas a um mesmo fato, ou ao mesmo fundamento de imputação, conquanto possam ser simultâneas ou sucessivas, devendo-se considerar o percentual causal do agir de cada um."

O parágrafo único do art. 944, inicialmente, não poderia ser aplicado à responsabilidade objetiva, de acordo com entendimento insculpido no Enunciado 46 do Conselho da Justiça Federal. No entanto, com a aprovação do Enunciado 380, foi permitida a aplicação aos casos de responsabilidade objetiva. Em tese, tal aprovação seria desnecessária, sobremodo porque já há, no direito positivo, hipóteses expressas acerca da possibilidade de redução equitativa da indenização, *v.g.*, contrato de transporte (art. 738 do CC) e relações de consumo.

enunciado

Enunciado 457 da V Jornada de Direito Civil – "A redução equitativa da indenização tem caráter excepcional e somente será realizada quando a amplitude do dano extrapolar os efeitos razoavelmente imputáveis à conduta do agente."

Entende-se, ainda, que o art. 945 não impede a aplicação da **teoria da causalidade adequada**, anteriormente explicada, que determina que o valor da indenização deve ser adequado às condutas dos envolvidos.

15.5 DISTINÇÕES ENTRE OS TIPOS DE RESPONSABILIDADES

15.5.1 Responsabilidade contratual e extracontratual

a) **Responsabilidade contratual:** tem origem na inexecução contratual. Depende de uma relação contratual existente. Nela, o ônus da prova limita-se à comprovação do inadimplemento e a mora é automática.

enunciado

Enunciado 411 da V Jornada de Direito Civil – "O descumprimento de contrato pode gerar dano moral quando envolver valor fundamental protegido pela Constituição Federal de 1988."

b) **Responsabilidade extracontratual (ou aquiliana):** surge da violação a um dever geral de abstenção pertinente aos direitos reais ou de personalidade. No direito romano, a *lex aquilia* foi o primeiro diploma que possibilitou a responsabilidade independentemente da existência de uma relação contratual. Aqui, o ônus da prova depende da demonstração do dano, da conduta culposa (para a responsabilidade subjetiva) e do nexo de causalidade. A mora não é automática.

15.5.2 Responsabilidade civil objetiva e subjetiva

A responsabilidade civil clássica, influenciada pela **teoria da culpa** do Código francês (*faute*), fundamentava a estrutura do CC/16. A definição do ato ilícito possuía como elementos o dolo e a culpa, ou seja, era imprescindível a comprovação dos dois para a configuração da responsabilidade. Assim sendo, a vítima só obtém a reparação do dano se provar a culpa do agente, o que nem sempre é possível na sociedade moderna.

Com o advento do desenvolvimento industrial e do crescimento populacional, novas situações surgiram que não podiam ser amparadas pelo conceito tradicional de culpa. Nesse contexto, importantes trabalhos vieram à luz, sustentando uma responsabilidade objetiva, sem análise de culpa, baseada na chamada **teoria do risco**, adotada pelo Código Civil de 2002.

Antes do Código Civil, outras disposições normativas trataram da responsabilidade objetiva no Brasil. A primeira norma que cuidou da responsabilidade objetiva foi o Decreto n. 2.681/12 (Estradas de Ferro), que determinava que a estrada de ferro deveria se responsabilizar pelos danos causados aos proprietários dos terrenos vizinhos. Os principais dispositivos são: Estradas de Ferro [Decreto n. 2.681/12, art. 26]; Código de Minas [Decreto-lei n. 227/67, art. 47, VIII]; Código Brasileiro de Aeronáutica [Lei Federal n. 7.565/86, arts. 268 e 269]; Responsabilidade Civil do Estado e das Pessoas Jurídicas de Direito Privado Prestadoras de Serviços Públicos [CF/88, art. 37, § 6º]; Código de Defesa do Consumidor [Lei Federal n. 8.078/90, art. 12, § 3º, art. 14, § 3º, e art. 17]; Política Nacional de Meio Ambiente [Lei Federal n. 6.938/81, art. 14, § 1º]; Danos Nucleares [Lei Federal n. 6.453/77, arts. 4º a 18]; Acidentes de Trabalho [Lei n. 8.213/91]; e DPVAT [Lei n. 6.194/74].

Segundo Silvio Rodrigues (2002), a responsabilidade subjetiva é inspirada na ideia de culpa, e a objetiva, na teoria do risco. Ele ainda salienta que não se podem vislumbrar espécies diferentes de responsabilidade, mas formas distintas da obrigação de reparar o dano.

O dever de indenizar nasce a partir do momento em que houve o descumprimento de uma obrigação, conforme estabelece o art. 927 do CC, tendo em vista que aquele que comete ato ilícito, previsto nos arts. 186 e 187, ficará obrigado a repará-lo. Observa-se, com isso, que o Código Civil apresenta a responsabilidade civil sob dois prismas igualmente importantes.

No que concerne à responsabilidade subjetiva (art. 186), os requisitos necessários para que haja o dever de indenizar são: conduta/ato ilícito por ação ou omissão, dano e nexo causal, além da existência de dolo ou culpa do agente causador do dano. Por outro lado, no que tange à responsabilidade objetiva (arts. 187 e 927, parágrafo único), é desnecessária a prova da culpa, sendo sempre irrelevante para a configuração do dever de indenizar. Assim determinam tais artigos:

> Art. 187. Também comete ato ilícito o titular de um direito que, ao exercê-lo, excede manifestamente os limites impostos pelo seu fim econômico ou social, pela boa-fé ou pelos bons costumes.
>
> Art. 927, parágrafo único. Haverá obrigação de reparar o dano, independentemente de culpa, nos casos especificados em lei, ou quando a atividade normalmente desenvolvida pelo autor do dano implicar, por sua natureza, risco para os direitos de outrem.

O intuito legislativo foi atribuir uma responsabilidade pautada no risco da atividade quando a atividade desenvolvida pelo causador do dano implicar risco aos direitos alheios, não se exigindo a prova de culpa do agente para que seja reparado o dano.

O art. 951 demonstra que a indenização também é devida em razão de danos como lesões, deformidades, incapacitação para o trabalho e, até mesmo, a morte do paciente, causados pelo exercício da atividade profissional, quando resultantes de negligência, imprudência ou imperícia.

súmulas

No tocante à possibilidade de cumulação de danos nas ações de responsabilidade civil, o STJ prevê que a indenização deve ser a mais ampla possível, abrangendo as diversas categorias de dano moral e material, a ponto de editar duas súmulas: Súmula n. 37 – "São cumuláveis as indenizações por dano material e dano moral oriundos do mesmo fato"; e Súmula n. 387 – "É lícita a cumulação das indenizações de dano estético e dano moral". Acerca do dano estético, antes da Súmula n. 387, entendia-se que o dano estético era subsumido no dano moral.

enunciado

Enunciado 589 da VII Jornada de Direito Civil – "A compensação pecuniária não é o único modo de reparar o dano extrapatrimonial, sendo admitida a reparação in natura, *na forma de retratação pública ou outro meio."*

Importante distinção no campo da responsabilidade é afastar o seu conceito do de obrigação. **Obrigação** (*debitum*) é um dever originário contido na norma, ou seja, aquilo que se espera do indivíduo como padrão de conduta, enquanto a **responsabilidade** (*obligatio*) é um dever sucessivo, pois decorre do descumprimento da obrigação que foi imposta pela ordem jurídica, nascendo o dever de recompor esse prejuízo causado. Existe, contudo, obrigação sem responsabilidade (é o caso da dívida de jogo) e responsabilidade sem obrigação (como ocorre com a fiança).

Com relação às obrigações, a **obrigação de meio** é aquela em que o profissional se obriga a realizar sua atividade, utilizando-se do máximo de cuidado, prudência, técnica e zelo, sem garantir o resultado esperado da sua atuação. Um bom exemplo é o contrato de prestação de serviço advocatício. Por outro lado, na **obrigação de resultado**, o profissional, além de realizar a sua atividade, busca também o resultado esperado pela outra parte da relação jurídica. Exemplo: contrato de construção.

15.6 RESPONSABILIDADE OBJETIVA NO CÓDIGO CIVIL DE 2002

O Código Civil de 2002, embora tenha mantido a responsabilidade subjetiva como regra, optou expressamente pela responsabilidade objetiva nas seguintes hipóteses: **abuso de direito** (art. 187 c/c art. 927, *caput*), **exercício de atividade de risco ou perigosa** (art. 927, parágrafo único), **danos causados por produtos** (art. 931), **responsabilidade pelo fato de outrem** (art. 932 c/c art. 933), **responsabilidade pelo fato da coisa e do animal** (arts. 936, 937 e 939), **responsabilidade dos incapazes** (art. 928), entre outras.

Dessas, as principais cláusulas gerais de responsabilidade civil objetiva previstas no Código são:

I. **Abuso de direito** (art. 187 c/c art. 927, *caput*): Parte-se da premissa de que todas as situações reconhecidas e protegidas pelas normas jurídicas, que se conceituam como direito subjetivo, possuem uma finalidade, que se poderá chamar de finalidade econômica e social do direito. O abuso de direito acontece quando o titular de um direito, em vez de exercê-lo dentro de seus quadros teleológicos, o faz com finalidade contrária e antissocial. Nesse sentido, o art. 927, *caput*, refere-se ao abuso de direito como fato gerador da obrigação de indenizar: "Art. 927. Aquele que, por ato ilícito (*arts. 186 e 187*), causar dano a outrem, fica obrigado a repará-lo".

II. **Responsabilidade pelo desempenho de atividade de risco** (art. 927, parágrafo único)**:** Nos termos deste dispositivo, haverá responsabilidade objetiva também em duas hipóteses: nos casos especificados em lei (como vimos anteriormente um rol de hipóteses); e no desempenho de atividade de risco. É importante mencionar que não é qualquer atividade de risco que justifica a responsabilidade objetiva, mas uma atividade reiterada, habitual, em que o sujeito expõe os outros membros da coletividade a um maior risco de dano para que tenha algum benefício **(risco-proveito)**. O parágrafo único do art. 927, por conseguinte, exige uma interpretação cautelosa a fim de que não ocorra um superdimensionamento da noção "atividade de risco".

enunciado

É o teor do Enunciado 38 da I Jornada de Direito Civil: "A responsabilidade fundada no risco da atividade, como prevista na segunda parte do parágrafo único do art. 927 do novo Código Civil, configura-se quando a atividade normalmente desenvolvida pelo autor do dano causar a pessoa determinada um ônus maior do que aos demais membros da coletividade".

15.7 RESPONSABILIDADE INDIRETA

15.7.1 Responsabilidade por ato de terceiro

Essa responsabilidade é sempre restritiva, pois atinge pessoa distinta daquela que praticou o ato causador do dano. O motivo inicial da existência dessa responsabilidade estendida se deu com os deveres jurídicos de vigilância ou de escolha sobre os agentes. Com isso, foi ampliado o leque de proteção à vítima, que, em determinados casos, terá ação contra quem praticou o ato e contra terceiro por ele responsável. Em princípio, terá a vítima o poder de escolher contra quem quer demandar: contra o agente, o terceiro ou ambos.

A responsabilidade entre o agente causador direto do dano e o terceiro é **solidária**, nos termos do art. 942, parágrafo único, que prescreve: "São solidariamente responsáveis com os autores os coautores e as pessoas designadas no art. 932". Assim, fica claro que a responsabilidade por ato de terceiro coexiste com a responsabilidade por ato próprio.

No entanto, para o incapaz, por força do art. 928, a sua responsabilidade é **subsidiária**. Veja que a responsabilidade subsidiária é uma forma especial de solidariedade, na qual alguém responde com precedência a outrem. Para as outras hipóteses do art. 932 (incisos III a V), aplica-se a solidariedade. Somente essa interpretação permite a compatibilização entre os diversos dispositivos do Código de 2002.

Outra regra relevante pode ser encontrada no art. 933, segundo o qual as pessoas indicadas nos incisos do art. 932, ainda que não haja culpa de sua parte, responderão pelos atos praticados pelos terceiros ali referidos, tipificando a responsabilidade objetiva.

Esse dispositivo é uma mudança em relação ao Código de 1916, que exigia a demonstração de concorrência de culpa própria do responsável (culpa *in vigilando* e culpa *in eligendo*). Todavia, a doutrina afirmava que essas culpas eram presumidas, por se tratar de prova diabólica, ou seja, era quase impossível para a vítima fazer essa prova. Entretanto, mesmo com a presunção, não perdiam a condição de elementos constitutivos da responsabilidade. Posteriormente, contrariando a lei, a jurisprudência afirmou que se tratava de uma presunção *iure et de iure* (de direito; absoluta; que não admite prova em contrário).

Note-se que, hodiernamente, o agente que praticou o ato deve tê-lo feito com culpa. O que independe de culpa é a responsabilidade das pessoas por ato de terceiros, logo objetiva (art. 933). Assim, o Código de 2002 baniu as presunções de culpa e consagrou uma responsabilidade objetiva do representante pelo ato do representado, bastando demonstrar a relação entre ambos, nos termos do art. 932.

enunciado

Enunciado 451 da V Jornada de Direito Civil – "A responsabilidade civil por ato de terceiro funda-se na responsabilidade objetiva ou independente de culpa, estando superado o modelo de culpa presumida."

15.7.2 Casos específicos de responsabilidade por ato de terceiro

15.7.2.1 Pais pelos filhos menores que estiverem sob sua autoridade e companhia (art. 932, I)

O Código Civil de CC/16 (art. 156) estabelecia que os menores relativamente incapazes seriam equiparados aos maiores pelos ilícitos cometidos, enquanto os absolutamente incapazes seriam inimputáveis. O Código atual, em atitude inovadora, nos termos do art. 928, passou expressamente a admitir a responsabilidade civil do incapaz, quer seja absoluta ou relativa sua incapacidade, ainda que tal responsabilidade seja subsidiária.

enunciado

Enunciado 450 da V Jornada de Direito Civil – "Considerando que a responsabilidade dos pais pelos atos danosos praticados pelos filhos menores é objetiva, e não por culpa presumida, ambos os genitores, no exercício do poder familiar, são, em regra, solidariamente responsáveis por tais atos, ainda que estejam separados, ressalvado o direito de regresso em caso de culpa exclusiva de um dos genitores."

A responsabilidade civil do incapaz é juridicamente possível se o seu representante legal não tiver condição econômica de indenizar a vítima ou se o seu representante não tiver a obrigação de indenizar a vítima. Exclui a responsabilidade do representante e, por consequência, o dever de indenizar, por exemplo, quando o juiz da infância e juventude impõe ao próprio incapaz (adolescente infrator), na forma do ECA, a obrigação de reparar o dano.

jurisprudência

Vejamos dois casos da jurisprudência:

Fica excluída, de acordo com o STJ, em interpretação literal, a responsabilidade do pai que não detenha a guarda nem tenha o menor em sua companhia (REsp 540.459/RS).

Julgado mais recente reconheceu a responsabilidade de ambos os pais, mesmo quando separados (REsp 1.074.937/MA). A razão é que, se ambos têm o dever de educar, podem, de igual modo, ser responsabilizados.

Em caso de **emancipação voluntária** concedida por ato dos pais, a regra é de que não há responsabilidade dos genitores pelos ilícitos cometidos pelo filho, diante da capacidade civil plena.

Quando o menor está sob a responsabilidade de um estabelecimento de ensino, não poderá, por força da lei, regredir contra os pais. Pode, entretanto, o contrato prever que os pais responderão perante a escola pelos danos causados pelos filhos.

15.7.2.2 Tutor e curador pelos pupilos e curatelados que se acharem na mesma condição (art. 932, II)

Tutela e curatela são institutos de caráter protetivo da incapacidade. A responsabilidade somente se inicia com o ato de nomeação. Se o tutelado ou curatelado estiver internado em manicômio, por exemplo, o tutor ou curador não poderá ser responsabilizado, porque o artigo descreve "nas mesmas condições", dando a ideia de que o tutelado ou curatelado deve estar sob a sua autoridade e companhia.

15.7.2.3 Empregador ou comitente por seus empregados, serviçais e prepostos, no exercício do trabalho que lhes competir ou em razão dele (art. 932, III)

Pela teoria da substituição, o empregador responde pelo ato do empregado. O legislador fez isso para proporcionar à vítima a possibilidade de ressarcimento, colocando o patrimônio do empregador como garantia. É necessário que alguém esteja praticando ordem de outrem, o que caracteriza o vínculo de subordinação. Se o empregado cometeu um dano no período de descanso, o empregador continua respondendo.

A Súmula n. 341 do STF dita que: "É presumida a culpa do patrão ou comitente pelo ato culposo do empregado ou preposto". Em verdade, a responsabilidade é objetiva, e não por presunção de culpa. A vítima deverá demonstrar a culpa do empregado, mas não do empregador.

Não obstante, a responsabilidade objetiva do empregador, não se confunde com a do Estado por ato de seus agentes, porquanto têm naturezas distintas. Pela Constituição Federal, o Estado responde pelo risco de sua atividade, que somente pode ser prestada pelos seus agentes. Por outro lado, o empregador responde pelos danos causados culposamente pelos seus empregados, ou seja, precisa da prática de ato ilícito. Assim, não são relevantes as alegações de inexistência de vínculo empregatício, nulidade ou invalidade do contrato de trabalho.

15.7.2.4 Donos de hotéis, hospedeiros, casas ou estabelecimentos onde se albergue por dinheiro, mesmo para fins de educação, pelos seus hóspedes, moradores e educandos dentro de uma esfera restrita de vigilância (art. 932, IV)

Responsabilidade fundada no dever de segurança que se espera desses estabelecimentos. É necessária uma relação de onerosidade para que haja a responsabilidade, não podendo ser gratuita a relação. Contudo, a jurisprudência entende que a onerosidade não é requisito indispensável. Se há a hospedagem como atividade empresarial, mesmo que não haja cobrança do serviço, no caso específico, o hoteleiro será responsável pelo ato ilícito do hóspede.

Se um hóspede causar prejuízo a alguém, o estabelecimento será responsável, desde que haja uma relação de pertinência com a hospedagem. O dono do hotel tem que garantir a segurança e o sossego de todos os que se hospedam lá. De igual modo, aplica-se aos estabelecimentos de ensino.

15.7.2.5 Os que gratuitamente houverem participado nos produtos do crime, até a concorrente quantia (art. 932, V)

A responsabilidade de todos aqueles que houverem participado nos produtos do crime, até a concorrente quantia, é solidária. Rui Stoco (2014), ao analisar esse inciso, entende que todas as pessoas que houverem participado do produto do crime, ainda que gratuitamente, respondem pelo dano da vítima. O fundamento dessa responsabilidade reside no princípio de vedação ao enriquecimento sem causa.

15.7.3 Direito de regresso na responsabilidade civil por ato de terceiro

A regra é a responsabilização por ato próprio. Por meio do direito de regresso, permite-se que o responsável por ato de terceiro possa voltar-se contra o responsável por ato próprio para receber o valor que pagou de indenização, nos termos do art. 934:

Art. 934. Aquele que ressarcir o dano causado por outrem pode reaver o que houver pago daquele por quem pagou, salvo se o causador do dano for descendente seu, absoluta ou relativamente incapaz.

enunciado

Enunciado 453 da V Jornada de Direito Civil – "Na via regressiva, a indenização atribuída a cada agente será fixada proporcionalmente à sua contribuição para o evento danoso."

15.7.4 Responsabilidade pelo fato da coisa ou do animal

Uma pessoa poderá ser responsabilizada pelo fato da coisa (acontecimento juridicamente relevante) em quatro hipóteses. Tal responsabilidade é fundada na culpa presumida do proprietário; contudo, essa presunção de culpa pode ser quebrada, como no caso em que o veículo foi roubado e o ladrão causou o dano.

I. Responsabilidade de dono ou de detentor de animal

Pela aplicação da teoria da guarda, de origem francesa a responsabilidade é do guardião, aquele que é responsável pelo fato da coisa ou do animal, ou seja, a pessoa que detém poder de comando sobre o referido bem. No Código, manteve-se a responsabilidade do dono do animal, porém de forma objetiva, como se pode notar pelo art. 936: "O dono, ou detentor, do animal ressarcirá o dano por este causado, se não provar culpa da vítima ou força maior".

Note-se que o artigo não faz qualquer menção a caso fortuito; todavia, o Código de 2002 trata as expressões como sinônimas, nos termos do parágrafo único do art. 393. Ademais, não é qualquer culpa da vítima que exclui a responsabilidade, é somente a culpa exclusiva. Na prática, dificilmente o dono consegue se livrar da responsabilidade.

jurisprudência

No que tange aos acidentes com animais em rodovias, há entendimento do STJ no sentido de reconhecer, em determinados casos, a responsabilidade subjetiva do Estado por omissão na fiscalização e no policiamento da pista (REsp 1.198.534/RS). Todavia, se o acidente ocorrer em uma rodovia pedagiada, por ser uma concessão de serviço e de bem público, a responsabilidade da concessionária é objetiva, com base no Código de Defesa do Consumidor (REsp 687.799/RS).

II. Responsabilidade de dono da construção ou do terreno

O dono do edifício ou da construção responde pelos danos que resultarem de sua ruína se esta provier de falta de reparos, cuja necessidade fosse manifesta (art. 937). A jurisprudência já vinha interpretando como responsabilidade objetiva, pois, se houve a ruína, pressupõe-se que devesse ter havido reparo.

enunciado

Enunciado 556 da VI Jornada de Direito Civil – "A responsabilidade civil do dono do prédio ou construção por sua ruína, tratada pelo art. 937 do CC, é objetiva."

Assim, o dono da construção somente responde em caso de falta de reparos cuja necessidade fosse manifesta. Entrementes, a jurisprudência tem sido extremamente rigorosa na responsabilização do dono, entendendo que, se algo caiu da construção, é porque havia necessidade manifesta de reparação, logo tem o dever de indenizar. Na prática, os julgados só afastam o dever de indenização se a ruína ocorrer por fato totalmente alheio à sua atuação (exemplo: abalo sísmico).

III. Responsabilidade por objeto lançado ou caído em local indevido

Prevista no art. 938, cuida-se da denominada responsabilidade *effusis et dejectis*, que significa a responsabilidade por coisas líquidas ou sólidas que caem: "Art. 938. Aquele que habitar prédio, ou parte dele, responde pelo dano proveniente das coisas que dele caírem ou forem lançadas em lugar indevido".

A responsabilidade é de quem habita, e não do proprietário. Desde o Código anterior, a interpretação é a de que a responsabilidade é objetiva, o que permanece no Código de 2002.

Se a pessoa não souber de que unidade residencial o objeto foi lançado, a responsabilidade é de todo o condomínio, com base na teoria da causalidade alternativa, excluindo-se os blocos ou as fachadas por onde seria impossível o arremesso.

IV. Responsabilidade pelos produtos postos em circulação

Novidade trazida pelo Código Civil de 2002, em seu art. 931:

> Art. 931. Ressalvados outros casos previstos em lei especial, os empresários individuais e as empresas respondem independentemente de culpa pelos danos causados pelos produtos postos em circulação.

No Código de Defesa do Consumidor, a responsabilidade pelo fato do produto ou do serviço é também objetiva e será aplicada quando houver relação de consumo. Já o art. 931 do CC terá aplicação quando não estiver caracterizada a relação de consumo.

15.7.5 Responsabilidade civil da pessoa jurídica de direito privado por ato de terceiros

Nesse caso, responderá por ato de terceiro como se fosse uma pessoa natural. O Código Civil de 2002 não repetiu o texto de 1916 por absoluta desnecessidade, porque é lógico que a pessoa jurídica, independentemente de sua finalidade, responderá civilmente pelos atos praticados por terceiros, desde que enquadrados nas circunstâncias do art. 932. Silvio Rodrigues (2002), em posição minoritária, entende que a pessoa jurídica não responde automaticamente por ato de terceiro, que deveria haver a comprovação da culpa da pessoa jurídica pela prática do ato de terceiro.

15.8 RESPONSABILIDADE CIVIL NO CAMPO DO DIREITO DO TRABALHO

No presente tópico, será dada maior ênfase à responsabilidade prevista no art. 932, III, e, em seguida, uma abordagem maior no que concerne à responsabilidade civil do empregador decorrente de acidente de trabalho.

15.8.1 Responsabilidade civil do empregador prevista no art. 932, III, do CC/2002

Conforme brevemente explanado no tópico anterior, o art. 932, III, do Código Civil afirma que também serão responsáveis pela reparação civil o empregador ou comitente, por seus empregados, serviçais e prepostos, no exercício do trabalho que lhes competir ou em razão dele.

A redação atribuída pelo legislador ao *caput* do artigo e seu inciso III nos apresenta os requisitos que devem ser preenchidos anteriormente à busca pela reparação em face do empregador. A redação do art. 932, III, menciona o empregador ou o comitente como responsáveis pelos atos de seus empregados, serviçais e prepostos.

Recorrendo-se à legislação e à doutrina trabalhista, temos que o **empregador**, também chamado de patrão ou empresário, será, conforme art. 2º da Consolidação das Leis do Trabalho, a empresa individual ou coletiva que, assumindo os riscos da atividade econômica, admite, assalaria e dirige a prestação pessoal dos serviços. Em consonância com o seu § 1º, serão equiparados a empregador os profissionais liberais, as instituições de beneficência, as associações recreativas e outras instituições sem fins lucrativos que admitirem trabalhadores como empregados.

Por outro lado, o **comitente** é a pessoa que encarrega outrem, mediante o pagamento de uma comissão, de comprar, vender ou praticar atos, em seu nome sob suas ordens e por sua conta.

Segundo o art. 3º da CLT, "considera-se **empregado** toda pessoa física que prestar serviços de natureza não eventual a empregador, sob a dependência deste e mediante salário" (grifo nosso).

Ao desmembrar o citado dispositivo legal, a doutrina afirma que, para o indivíduo ser considerado empregado de alguém, deverá haver o preenchimento de cinco requisitos, com os quais teremos configurada a relação de trabalho:

a) que seja uma pessoa física;

b) que não haja eventualidade na prestação de serviços;

c) que haja dependência ou subordinação por parte do trabalhador ao empregador;
d) que haja a onerosidade no contrato, ou seja, o pagamento de salário;
e) que a prestação de serviços seja feita de forma não eventual.

Em síntese, busca-se definir a responsabilidade daquele que mantém, a seu favor, pessoas que lhe prestam serviços, e que se encontram a ele subordinadas, agindo por sua conta e sob sua direção. No campo da responsabilidade civil, devemos sempre atentar para a presença da subordinação entre o ofensor e o responsável. Via de regra, não haverá dever indenizatório quando inexistente o mando do responsável.

Para melhor aplicabilidade do art. 932, III, do Código Civil, devemos entender os conceitos apresentados da forma mais ampla possível. No que concerne ao conceito de empregado, temos que não se é exigido vínculo formal ou contrato de trabalho entre as partes. Necessário apenas que a pessoa, jurídica ou física, possua alguém sob o seu comando, emanando ordens para a realização de determinado serviço.

Apesar de não ser exigido o vínculo formal entre empregado e empregador, sempre que o ilícito for praticado pelo empregado, durante seu horário de trabalho, no exercício de atividade típica ordenada pelo empregador, será responsabilizado pelos seus atos.

Quanto ao comitente, a legislação civil afirma que, sempre que houver a prática de ato por outra pessoa, em virtude de conexão de mando, ordem, outorga, autorização ou comissão, responderá o mandante pelos atos praticados. Não obstante, para responsabilização do empregador pelos atos praticados pelo serviçal, não se exige a existência de vínculo formal, bastando apenas a comprovação de que há a prestação de serviços, mesmo que de forma eventual e não permanente, exigindo-se, no entanto, que haja uma contraprestação pecuniária por parte do empregador.

jurisprudência

Sobre o tema que fora exposto, a Desembargadora Iris Helena Medeiros Nogueira, relatora na Apelação Cível 70024801755, julgada em 10.06.2009 pela 9ª Câmara Cível do Tribunal de Justiça do Estado do Rio Grande do Sul, esclarece que, para que haja o direito de regresso do empregador em face do preposto, é fundamental a demonstração de ato culposo praticado pelo preposto, além da ocorrência de danos e o nexo de causalidade e efeito entre o ato e o dano.

Nesse desiderato, a responsabilidade civil por ato de outrem no campo trabalhista só será possível quando:

I. **ficar comprovada a existência de uma relação entre o responsável estipulado pela legislação e o autor do fato ilícito:** possui como característica o direito ou o poder de direção, fiscalização e controle do empregador ou comitente em relação a seus empregados. Assim, o empregador direciona a execução dos serviços, cujo resultado proveitoso possa ser revertido em favor de quem exerce a condição de superior hierárquico;

II. **houver o caráter culposo no fato causador de lesão:** deve-se demonstrar a existência de culpa por parte do empregado na ocorrência do fato lesivo. A responsabilidade do empregador, nessa hipótese, trata-se de uma responsabilidade indireta, oportunizando-se à vítima o direito de agir contra o superior hierárquico, ou contra este e seu subordinado, visto que a responsabilização do comitente pressupõe culpabilidade do autor do ato lesivo. Questão que deve se levar em conta é que, nas demandas movidas diretamente em face do empregador, deverá ser discutida a culpa do empregado no ato danoso, pois a responsabilidade daquele é indireta, e não direta;

III. **a relação entre a função for exercida pelo comandado e o evento danoso:** não será possível verificar a responsabilidade civil quando, diante dos pressupostos fáticos apresentados, não for possível verificar que o ato lesivo guarda relação com as funções executadas pelos subordinados. O comitente responderá pela culpa do preposto quando este praticar o ato danoso no exercício das funções que lhe competem, ou por ocasião das mesmas. Assim, sempre que o ato advenha de ordem do superior hierárquico ou do comitente (ou, para este, independentemente do seu consentimento), mesmo aqueles atos em que seja proibida a prática por parte do empregado, desde que visando atingir a ordem emanada, dentro das finalidades e funções que lhe são atribuídas, estará configurada a responsabilidade. Não é levado em consideração se houve ou não abuso de função por parte do preposto. Sendo cometido ato lesivo, decorrendo esse dano da função determinada pelo empregador, ou, até mesmo, em decorrência dessa função, haverá o dever reparatório.

De acordo com a jurisprudência italiana, a responsabilidade dos patrões e comitentes pelos danos ocasionados por seus empregados, no exercício das funções que lhes incumbem, subsiste ainda que os últimos tenham agido excedendo os limites de suas atribuições ou tenham inclusive transgredido as ordens recebidas. Portanto não é preciso que o comportamento ilícito dos prepostos esteja adstrito à esfera das funções que lhes tenham sido encomendadas.

Outrossim, para que se configure a responsabilidade, não é necessário que haja nexo de causa entre a função exercida pelo preposto e o ato lesivo praticado. Basta que ocorra uma "ocasionalidade necessária", pois o ato causador de dano foi possível ou facilitado em virtude das funções que eram exercidas pelo preposto, serviçal ou empregado. Com efeito, diferentemente de outros países, basta que o dano tenha sido causado em razão do trabalho, já que o empregador responde pelo ato do empregado ainda que não guarde mais do que simples relação incidental, local ou cronológica com suas atribuições.

Na realidade, o Código Civil direciona no sentido da ampla e severa responsabilização do patrão. Bastará que a função proporcione a ocasião para a prática do ato danoso, sem a qual o dano não teria ocorrido. Desse modo, encontrando o subordinado facilidades para gerar danos a outrem, em virtude da atividade que exercer, será o empregador ou comitente responsável solidário.

Diante disso, é importante destacar que a responsabilidade do empregador e do comitente é objetiva, posto que "serão também responsáveis" (art. 932, III), estando coobrigados à reparação civil. Ocorrendo o sinistro, preenchidos os demais requisitos da norma, haverá o dever de reparar, independentemente da análise quanto à sua culpa no evento danoso resguardado, o direito de regresso contra o subordinado que praticou o ato delituoso.

O abandono da análise da culpa, em relação ao empregador, deu-se em virtude da adoção da **teoria do risco profissional** (ou da **teoria do risco-proveito**), segundo a qual responde por auferir os lucros da atividade mercantil que explora, tornando-se irrelevante se agiu com zelo e vigilância em sua atividade profissional.

posicionamento doutrinário

Na mesma linha, Arnaldo Rizzardo (2019) expõe que, para evitar a injustiça de um terceiro suportar danos que não deu causa, diante da incoerência de exigir a prova da culpa do empregador, optou-se por desconsiderar o nível de diligência, prudência e vigilância da sua conduta. Importa, pois, considerar a conduta do preposto ou do empregado, que está a serviço do empregador, de modo a estender-se a este a culpa daquele.

Apesar de a responsabilização do empregador ocorrer de forma objetiva, é indispensável a constatação da culpa do ofensor. Para que se configure o dever indenizatório de forma objetiva, a conduta do causador do dano deverá ser culposa, ou seja, deverá estar confirmada a culpa do empregado, serviçal ou preposto.

15.8.2 Excludentes da responsabilidade do empregador ou comitente e a ação de regresso

Apesar de a responsabilidade civil indireta do empregador ou comitente dar-se de forma objetiva, há mecanismos para que ocorra a exclusão do dever reparatório. A responsabilidade civil do empregador é objetiva; não obstante, há meios de que o empregador se livre do dever indenizatório, pois a responsabilidade aqui não se dá por risco integral.

A primeira causa excludente do dever indenizatório é a **ausência da configuração da qualidade de preposto, empregado ou serviçal do autor do ato delitivo**. Também isenta o empregador o fato de o **autor não estar subordinado à sua vontade**, hipótese em que não há o poder diretivo do empregador sobre o agente causador do dano.

Outra possibilidade de isenção do dever reparatório do empregador reside na **ausência de culpa no ato cometido pelo seu empregado**. Para que haja a responsabilização, é necessário que o agente causador da ofensa esteja carreado de culpa. Não existindo culpa de sua parte, não haverá obrigação indenizatória referente ao empregador. Assim, para que seja desconstituído seu dever de indenizar, deverá comprovar a ausência dos requisitos contidos no art. 932, III, do Código Civil.

No entanto, condenado o empregador, este possuirá direito de regresso contra seu subordinado que ocasionou a lesão, com o fulcro o disposto no art. 934 do Código Civil, *in verbis*:

> Art. 934. Aquele que ressarcir o dano causado por outrem pode reaver o que houver pago daquele por quem pagou, salvo se o causador do dano for descendente seu, absoluta ou relativamente incapaz.

Entretanto, o artigo prevê hipóteses em que não será possível àquele que pagou buscar seu direito de regresso, suportando os ônus da conduta do agente causador do dano sem possibilidade de recuperação dos valores.

15.8.3 Responsabilidade civil do empregador por acidente de trabalho

Aborda-se, aqui, o acidente do trabalho sofrido pelo empregado durante a jornada de trabalho, ou nas condições especificadas em lei, originado de comportamento doloso ou culposo do empregador. Cuida-se, portanto, da responsabilidade do empregador, com base no direito comum (indenização reparatória), perante seus funcionários pelos danos que estes venham a sofrer.

A Constituição Federal contém regras programáticas de proteção e princípios voltados à garantia do homem enquanto pessoa e trabalhador, no que diz respeito à sua saúde, à sua integridade física e à sua segurança. Entretanto, esses enunciados de caráter programático só ganham concreção com o advento de leis definidoras e dos regulamentos que lhes dão aplicabilidade e exequibilidade. Podemos apontar quatro aspectos fundamentais dessa proteção:

I. Direito à redução dos riscos do trabalho (art. 7º, XXII);

II. Direito ao pagamento de adicionais de remuneração, ligados aos riscos à saúde na atividade laboral (art. 7º, XXIII);

III. Direito ao seguro para indenizar as perdas da capacidade laborativa, em razão dos infortúnios acidentários (art. 7º, XXVIII);

IV. Direito à indenização por acidente de trabalho, em caso de dolo ou culpa do empregador (art. 7º, XXVIII).

Esses princípios hão de prevalecer sobre as demais leis, exercendo influência decisiva e afastando qualquer disposição normativa que os contrariarem. É no texto constitucional que encontrarão limites de normatização, de modo que não poderão negar ou conceder mais do que foi permitido no paradigma superior. Esse é o verdadeiro sentido da supremacia da Constituição.

No que tange à legislação acidentária, a responsabilidade civil decorrente de acidente de trabalho foi, inicialmente, prevista no Decreto-lei n. 7.036/44, ao dispor, no seu art. 31, que:

> O pagamento da indenização estabelecida pela presente lei exonera o empregador de qualquer outra indenização de direito comum, relativa ao mesmo acidente, a menos que este resulte de dolo seu ou de seus prepostos.

Essa norma foi revogada pela Lei n. 6.367/76, que disciplinou o seguro de acidente de trabalho. De toda sorte, a obrigação do empregador é independente daquela a cargo da Previdência Social, prevista no art. 7º, XXVIII, da CF/88, não mais havendo empecilho à cumulação do benefício acidentário com a reparação civil constitucionalmente assegurada.

Sob o atual regime previdenciário e securitário, a indenização ao trabalhador por acidente de trabalho é obrigação tanto do Estado como do empregador, mas custeada por este, via tributo ou contribuição social (Lei n. 8.212/91). O Estado arrecada a contribuição para assegurar o pagamento do seguro de acidente ou seguro contra acidentes do trabalho. Assim, diante da ocorrência de um acidente típico, os primeiros quinze dias são pagos pelo empregador. Os demais, inclusive o auxílio-acidente, serão arcados pelo Estado (Previdência Social).

O seguro de acidente do trabalho, na atual legislação, está integrado na Previdência Social, em forma de monopólio. Sob a égide do Decreto-lei n. 7.036/44, o empregador era responsável, em decorrência do contrato de trabalho, pela indenização acidentária, devendo manter seguro para garantir ao trabalhador o pagamento da respectiva indenização em caso infortúnio, sendo que o prêmio era pago pela empresa.

Hoje, com a integração do seguro de acidentes na Previdência Social, alteraram-se as formas de indenização, não havendo mais pagamento de uma indenização fixa, mas a adoção de novos critérios para a compensação previdenciária específica do trabalhador pelo dano sofrido, em razão de infortúnio. A ação é ajuizada contra o órgão previdenciário que detém o monopólio do seguro de acidentes.

No seguro contra acidentes de trabalho, a responsabilidade é objetiva, sendo suficiente apenas a ocorrência do acidente para exsurgir ao acidentado o direito de socorrer-se da legislação acidentária, cabendo ao INSS a obrigação de indenizar a incapacidade para o trabalho. Dessa forma, com a ocorrência do acidente, não se indaga se houve dolo ou culpa do empregador, se o acidentado concorreu para o evento ou se a culpa foi exclusivamente sua.

Destaque-se que a indenização por ato ilícito não guarda relação com o sistema previdenciário. Desse modo, não se há de deduzir da indenização as verbas recebidas com base na infortunística. O trabalhador acidentado pode postular, imputando dolo ou culpa ao empregador, que este pague um *plus* em relação àquilo que receberá como compensação acidentária, inclusive porque a indenização decorrente da infortunística, tarifada, não cobre todos os danos sofridos pelo trabalhador.

Nessa seara, a Constituição de 1988, no capítulo "Dos Direitos Sociais", entre outros direitos assegurados aos trabalhadores urbanos e rurais, estabeleceu o seguro contra acidentes de trabalho, a cargo do empregador, sem excluir a indenização a que está obrigado, quando incorrer em dolo ou culpa.

Nota-se um grande avanço, pois se admitiu a possibilidade de ser pleiteada a indenização pelo direito comum, cumulável com a acidentária, no caso de dolo ou culpa do empregador, sem fazer qualquer distinção quanto aos graus de culpa.

Essa ação de reparação de danos tem duplo propósito: o reconhecimento de uma incapacidade, total ou parcial, para continuar exercendo determinada atividade; e a obtenção de um valor que seja suficiente para cobrir as necessidades que já não mais se obterá em razão de deficiência adquirida. Portanto não tem por objetivo o retorno ao *status quo ante*, com a devolução da capacidade plena para o exercício da atividade antes exercida, pois, se a incapacidade não for definitiva, mas apenas temporária, não caberá indenização de trato sucessivo. Busca-se, em verdade, recompor a capacidade econômica para a sobrevivência do acidentado.

O avanço, no entanto, não foi completo, posto que adotada apenas a responsabilidade subjetiva, que condiciona o pagamento da indenização à prova de culpa ou dolo do empregador, enquanto a indenização acidentária e securitária é objetiva. Os novos rumos da responsabilidade civil, no entanto, caminham no sentido de considerar objetiva a responsabilidade das empresas pelos danos causados aos seus empregados, com base na **teoria do risco criado**, cabendo a estes somente a prova do dano e do nexo causal.

De fato, a prova do dano e do nexo causal não pode ser dispensada. Todavia, há julgados que decidiram ser incabível a indenização se não demonstrado que a vítima se encontrava em serviço e que tinha se dirigido ao estabelecimento comercial a mando ou no interesse da empresa.

Cabe enfatizar, neste momento, que, nesses casos de responsabilidade extracontratual, não se pode cogitar de culpa presumida do empregador ou de seus prepostos, mediante inversão do ônus da prova, a qual segue a regra geral do Código de Processo, cabendo a quem alega produzir a prova. Mostra-se inaceitável imputar ao empregador o ônus de provar, por exemplo, a ocorrência de caso fortuito, força maior ou culpa exclusiva da vítima, e, ao mesmo tempo, presumir sua culpa somente porque o acidente ocorreu durante o horário de trabalho.

Nesse sentido, a culpa exclusiva da vítima arreda a possibilidade de impor-se ao empregador responsabilidade pelo ressarcimento, pois rompe o nexo causal entre a ação ou omissão deste e o resultado lesivo. Afasta-se, assim, o dever de reparar do empregador. No entanto, havendo culpa *lato sensu*, a indenização será devida.

enunciado

O Enunciado 377, aprovado na IV Jornada de Direito Civil, confirma a tendência: "O art. 7º, XXVIII, da CF/88 não é impedimento para a aplicação do dispositivo no art. 927, parágrafo único, do CC, quando se tratar de atividade de risco".

A culpa (*lato sensu*) refere-se ao elemento volitivo e voluntário do homem; é de natureza subjetiva. O risco, todavia, refere-se ao serviço, à atividade exercida, enquanto acontecimento incerto, imprevisível e imponderável.

Diante disso, observa-se que, com o advento da CF/88, modificou-se o direito. A norma orgânica contida no art. 7º da CF/88 passou a assegurar ao trabalhador urbano ou rural o seguro contra acidentes de trabalho, a cargo do empregador, sem excluir a indenização a que este está obrigado quando incorrer em dolo ou culpa. A Lei Maior foi além da jurisprudência sumulada, excluindo a gravidade da culpa do empregador como condição para responsabilizá-lo civilmente pelo ressarcimento do dano.

QUADRO SINÓTICO

RESPONSABILIDADE CIVIL	
CONCEITO DE RESPONSABILIDADE CIVIL	A responsabilidade civil é um direito jurídico sucessivo que surge para recompor o dano decorrente da violação de um dever jurídico originário.
ELEMENTOS DA RESPONSABILIDADE CIVIL	• **Conduta humana:** ação ou omissão. • **Dolo** (intenção ou vontade de causar o prejuízo) ou **culpa** (reprovabilidade; relacionada com a inobservância de um dever de cuidado). • **Nexo de causalidade:** relação de causa e efeito entre a ação ou omissão e o dano. • **Dano:** prejuízo causado a outrem.
DISTINÇÕES ENTRE OS TIPOS DE RESPONSABILIDADES	• **Responsabilidade contratual e extracontratual:** a primeira tem origem na inexecução contratual, e a segunda surge da violação a um dever geral de abstenção pertinente aos direitos reais ou de personalidade. • **Responsabilidade objetiva e subjetiva:** diferem pela necessidade, na subjetiva, de analisar culpa ou dolo para sua configuração. As principais cláusulas gerais de responsabilidade civil objetiva previstas no Código são: **abuso de direito** e **responsabilidade pelo desempenho de atividade de risco.**
RESPONSABILIDADE POR ATO DE TERCEIRO	I. O motivo inicial da existência dessa responsabilidade estendida se deu com os deveres jurídicos de vigilância ou de escolha sobre os agentes.

<table>
<tr><th colspan="2">RESPONSABILIDADE CIVIL</th></tr>
<tr><td>RESPONSABILIDADE POR ATO DE TERCEIRO</td><td>II. Por meio do direito de regresso, permite-se que o responsável por ato de terceiro possa voltar-se contra o responsável por ato próprio para receber o valor que pagou de indenização.
III. Casos específicos:
– Pais pelos filhos menores que estiverem sob sua autoridade e companhia.
– Tutor e curador pelos pupilos e curatelados que se acharem na mesma condição.
– Empregador ou comitente por seus empregados, serviçais e prepostos, no exercício do trabalho que lhes competir ou em razão dele.
– Donos de hotéis, hospedeiros, casas ou estabelecimentos onde se albergue por dinheiro, mesmo para fins de educação, pelos seus hóspedes, moradores e educandos dentro de uma esfera restrita de vigilância.
– Os que gratuitamente houverem participado nos produtos do crime, até a concorrente quantia.</td></tr>
<tr><td>RESPONSABILIDADE PELO FATO DA COISA OU DO ANIMAL</td><td>Tal responsabilidade é fundada na culpa presumida do proprietário.
Hipóteses:
a) Responsabilidade de dono ou de detentor de animal.
b) Responsabilidade de dono da construção ou do terreno.
c) Responsabilidade por objeto lançado ou caído em local indevido.
d) Responsabilidade pelos produtos postos em circulação.
e) Responsabilidade civil da pessoa jurídica de direito privado por ato de terceiros.</td></tr>
</table>

16

CONTRATOS

Contrato é o **negócio jurídico bilateral**, formado pela convergência de duas ou mais vontades para criar, modificar ou extinguir relações jurídicas de natureza patrimonial. Caracteriza-se como um negócio jurídico porque é uma atuação humana na qual as próprias partes escolhem os efeitos que serão produzidos ao praticarem o ato.

Essa convergência de vontades pode objetivar criar nova relação, extinguir ou estabelecer critérios para uma relação já existente. Apesar de se basear na vontade livre das partes, deve respeitar alguns princípios, conforme se verá a seguir.

16.1 PRINCÍPIOS CONTRATUAIS

16.1.1 Princípio da autonomia privada

Nas relações negociais, vigora a liberdade contratual. Todo e qualquer contrato pressupõe certa liberdade intelectual, pautada na ideia do consensualismo. Mesmo no contrato de adesão, há certa liberdade, pois a parte escolhe se vai aderir ou não. Limita-se, contudo, a autonomia privada prevista na lei, na boa-fé e no interesse social.

16.1.2 Princípio da obrigatoriedade

Também conhecido como **princípio da força obrigatória dos contratos**, dita que as partes não são obrigadas a contratar, mas, uma vez que o façam, ficam obrigadas a cumprir suas cláusulas. É o que se traduz do famoso brocardo jurídico ***pacta sunt servanda*** – os pactos devem ser cumpridos, porque o contrato faz lei entre as partes.

Desde a sua origem, o contrato sempre fez lei entre as partes. Entretanto, na Idade Média, constantes guerras e conflitos feudais inviabilizavam o cumprimento dos contratos. Daí que se tornou comum, nos contratos de prestação continuada, ser pactuada uma cláusula liberando o contratante em caso de ocorrer uma guerra ou um conflito feudal, permitindo-lhe pedir o fim do contrato.

Dessa forma, o princípio não é absoluto, uma vez que pode ser mitigado pela cláusula ***rebus sic stantibus***, estabelecida pela **teoria da imprevisão**. *Rebus sic stantibus* significa "coisa assim ficar", ou seja, o contratante é obrigado a cumprir o contrato, mas apenas se a coisa permanecer como à época em que foi pactuada. Alterando-se as circunstâncias, o contrato deverá ser revisto.

O Código de 2002 inovou ao tornar a cláusula *rebus sic stantibus* implícita aos contratos, quando, por meio dos seus arts. 317 e 478, passou a prever a teoria da imprevisão ou da onerosidade excessiva. Assim, no curso da relação contratual, sobrevindo fato imprevisível que estabeleça um desequilíbrio entre as partes, tornando-o excessivamente oneroso para uma delas, e com extrema vantagem para a outra, poderá aquela pedir a resolução do contrato. Exemplo clássico da aplicação da teoria da imprevisão é um contrato de *leasing* atrelado à variação do dólar. Se o valor da moeda dobrar do dia para a noite, dobrará o valor do contrato, situação em que é possível invocar a resolução do contrato com base na teoria da imprevisão ou da onerosidade excessiva.

> Art. 317. Quando, por motivos imprevisíveis, sobrevier desproporção manifesta entre o valor da prestação devida e o do momento de sua execução, poderá o juiz corrigi-lo, a pedido da parte, de modo que assegure, quanto possível, o valor real da prestação.
>
> Art. 478. Nos contratos de execução continuada ou diferida, se a prestação de uma das partes se tornar excessivamente onerosa, com extrema vantagem para a outra, em virtude de acontecimentos extraordinários e imprevisíveis, poderá o devedor pedir a resolução do contrato. Os efeitos da sentença que a decretar retroagirão à data da citação.

É necessário que estejam presentes alguns elementos para que seja verificada uma situação de aplicação da cláusula *rebus sic standibus*, da teoria da imprevisão ou da onerosidade excessiva:

a) **Contrato de execução continuada ou diferida:** a execução do contrato deve se prolongar no tempo, ou seja, deve ser de execução continuada ou diferida no tempo. Acaso fosse de execução instantânea, não haveria fato imprevisível superveniente a prejudicar seu cumprimento, pois suas prestações são cumpridas no ato da celebração do contrato.

b) **Prestação excessivamente onerosa e extrema vantagem para a outra parte:** apenas uma ou ambas as partes experimentam um aumento na gravidade econômica da prestação a que se obrigou, gerando o desequilíbrio contratual. Em regra, há vantagem excessiva para uma parte e onerosidade demasiada para outra. Entretanto, a teoria não pressupõe necessariamente enriquecimento de uma parte em detrimento do empobrecimento da outra. Parte da doutrina entende que a vantagem excessiva pode ser dispensável em alguns casos, porém o Código Civil é categórico ao afirmar a necessidade de a onerosidade excessiva gerar uma vantagem exagerada para a outra parte (arts. 478 a 480 do CC).

c) **Fato superveniente e imprevisível:** a teoria só pode ser aplicada se o desequilíbrio entre as prestações decorre de um fato superveniente, que as partes não podiam prever quando da celebração do contrato. O fato tem que alterar a base econômica objetiva do contrato. Não se pode confundir os institutos da lesão e do estado de perigo com a teoria da imprevisão, uma vez que neles o contrato já surge viciado. A teoria da imprevisão só se emprega quando o contrato nasce válido, mas com o decurso do tempo, por fato superveniente e imprevisível, desequilibraram-se as prestações.

Sobre o tema, o *caput* do art. 7º da Lei n. 14.010/2020, que criou o Regime Jurídico Emergencial Transitório de Direito Privado (RJET) no período da pandemia de Covid-19, estabelece que não são considerados fatos imprevisíveis, para os fins exclusivos dos arts. 317, 478, 479 e 480 do Código Civil: o aumento da inflação, a variação cambial, a desvalorização ou a substituição do padrão monetário.

Mais adiante, o § 1º impõe que "as regras sobre revisão contratual previstas na Lei n. 8.078, de 11 de setembro de 1990 (Código de Defesa do Consumidor), e na Lei n. 8.245, de 18 de outubro de 1991, não se sujeitam ao disposto no *caput* deste artigo". Por outro lado, o § 2º revela que "as normas de proteção ao consumidor não se aplicam às relações contratuais subordinadas ao Código Civil, incluindo aquelas estabelecidas exclusivamente entre empresas ou empresários".

No Código de Defesa do Consumidor, não foi adotada a teoria da imprevisão, sendo denominada de teoria da base objetiva do negócio jurídico, influenciada pelo Direito alemão, que autoriza a revisão contratual pela constatação da simples onerosidade excessiva.

16.1.3 Princípio da relatividade dos efeitos dos contratos

Como regra geral, o contrato só produz efeitos entre as partes. É por isso que surgiu a afirmação de que o direito contratual é ***inter partes*** (entre as partes), ao contrário dos direitos reais, que são direitos oponíveis ***erga omnes*** (contra todos). Depreende-se desse princípio que o contratante só pode opor os direitos oriundos do contrato ao outro contratante, e não a pessoas estranhas à relação contratual. Somente as partes podem ter direitos e deveres frutos do contrato que celebraram.

Entretanto a doutrina elenca algumas exceções que geram efeitos perante terceiros. É o caso do contrato de seguro de vida (nele pode ser feita estipulação em favor de terceiro estranho à relação contratual, mas que sofre diretamente os seus efeitos).

16.1.4 Princípio da função social do contrato

O contrato não interessa apenas às partes contratantes, mas sim a toda sociedade, porque repercute no meio social. Essa é a ideia do princípio da função social do contrato, que reflete a atual tendência de sociabilidade do direito, uma tese jurídica de subordinação da liberdade individual em função do interesse social. Assim sendo, se o contrato repercute negativamente para a sociedade, o juiz pode nele intervir, de forma mínima e excepcional, para preservação do interesse coletivo. É um princípio que limita a liberdade de contratar, estabelecendo parâmetros. Está previsto no art. 421 do CC, atualizado pela Lei n. 13.874/2019:

> Art. 421. A liberdade contratual será exercida nos limites da função social do contrato. (Redação dada pela Lei n. 13.874, de 2019)
>
> Parágrafo único. Nas relações contratuais privadas, prevalecerão o princípio da intervenção mínima e a excepcionalidade da revisão contratual. (Incluído pela Lei n. 13.874, de 2019)

O Código Civil, em variadas oportunidades, traça regras que refletem essa tendência da sociabilidade do direito. Isso demonstra a preocupação socializante do atual Código, pois, mesmo preenchidos os requisitos formais de validade do negócio jurídico, a lei pretende amparar um dos contratantes da esperteza ou da ganância do outro ou do prejuízo econômico imprevisível com extrema vantagem para o outro contratante.

O princípio da função social do contrato pode se manifestar no **nível intrínseco** (nível das partes, que gera o respeito à lealdade negocial e à boa-fé objetiva ao buscar a equivalência entre os contratantes) e no **nível extrínseco** (nível da coletividade sob o aspecto de seu impacto social, ao representar que o contrato gera efeitos para a sociedade). Portanto, socializar o contrato significa verificar o seu atendimento do interesse social, ao ponto de o art. 2.035, parágrafo único, dispor que **a função social é preceito de ordem pública**. Nesse passo, pode ser reconhecida de ofício a nulidade de contrato ou a cláusula contratual das partes que vierem a contrariá-la.

A função social dos contratos serve de baliza para os princípios da autonomia da vontade e força obrigatória dos contratos, tornando-os mais vocacionados ao bem-estar comum, sem prejuízo do interesse econômico pretendido pelas partes contratantes.

enunciado

Enunciado 23 da I Jornada de Direito Civil – "A função social do contrato, prevista no art. 421 do novo Código Civil, não elimina o princípio da autonomia contratual, mas atenua ou reduz o alcance desse princípio quando presentes interesses metaindividuais ou interesse individual relativo à dignidade da pessoa humana."

16.1.5 Princípio da boa-fé objetiva

É o princípio que obriga as partes contratantes a agirem de boa-fé quando da celebração de um contrato. A palavra-chave do princípio é confiança, que significa parceria contratual. Está insculpido no art. 422: "Os contratantes são obrigados a guardar, assim na conclusão do contrato, como em sua execução, os princípios de probidade e boa-fé".

Existem duas modalidades de boa-fé: a **subjetiva** (estado psicológico de inocência, no qual o indivíduo ignora o possível vício, a pessoa não sabe do vício – um bom exemplo é a posse de boa-fé) e a **objetiva** (cláusula geral implícita em todos os contratos, com *status* principiológico, pois traduz uma regra de conteúdo ético e exigibilidade jurídica). A boa-fé que rege os contratos é a objetiva, pois é mais segura, uma vez que não depende do que pensa o outro contratante, mas da verificação da sua conduta, ou seja, se o contratante agiu seguindo um comportamento eticamente esperado. A quebra da boa-fé objetiva configura uma violação de um dos deveres anexos do contrato, gerando responsabilidade civil objetiva.

enunciado

Enunciado 363 da IV Jornada de Direito Civil – "Os princípios da probidade e da confiança são de ordem pública, sendo obrigação da parte lesada apenas demonstrar a existência da violação."

A lei obriga as partes a agirem de acordo com o princípio da boa-fé, sem, no entanto, enumerar as condutas permitidas e proibidas sob esse aspecto. Esse papel caberá ao juiz, no caso concreto, que poderá intervir ou até mesmo resolver o contrato, mesmo tendo sido observados os requisitos formais de validade em uma livre negociação entre particulares.

Tanto na doutrina quanto na jurisprudência, mesmo com a omissão do art. 422, entendem que a boa-fé deve atuar também nas fases pré e pós-contratual. Logo, a boa-fé deve nortear o comportamento dos contratantes não só no momento da formalização do contrato.

A fase das tratativas, preliminar, de punctação ou pontuação, em que é feita a negociação prévia do contrato, pode ensejar a **responsabilidade civil pré-contratual**. Um exemplo típico é a proibição de propaganda enganosa. O contrato celebrado a partir de uma propaganda enganosa poderá ser resolvido a requerimento da parte prejudicada, pois a boa-fé já deve fazer-se presente mesmo durante as negociações preliminares para uma futura contratação.

Outro exemplo que pode ser citado é um caso emblemático da boa-fé objetiva na fase preliminar: no final da década de 1980, pequenos produtores rurais do Rio Grande do Sul plantavam tomates com sementes fornecidas pela CICA (Companhia Industrial de Conservas Alimentícias), que sempre comprava a produção dos referidos agricultores. Na safra de 1987/1988, a empresa distribuiu sementes aos fornecedores, como de costume, e, no entanto, recusou-se a adquirir a produção, acarretando prejuízo em razão da quebra da confiança dos produtores antes mesmo da celebração do contrato. O Tribunal de Justiça do Estado, num posicionamento vanguardista, entendeu que a CICA havia agido em desconformidade com os ditames da boa-fé objetiva, a despeito da legalidade de sua conduta, e incutiu-lhe responsabilidade pelos danos advindos da ruptura injustificada das negociações.

A fase posterior à formalização dos contratos pode também acarretar responsabilidade civil. Algumas vezes, o contrato produz efeitos após a sua conclusão, devendo a boa-fé perdurar enquanto durarem esses efeitos (pós-eficácia objetiva). Exemplo: depois da execução do contrato, o empregado não pode divulgar os segredos a que teve acesso em razão do contrato de trabalho. É o que se chama de **responsabilidade civil pós-contratual**.

A boa-fé objetiva relaciona-se, igualmente, com o abuso de direito e suas modalidades específicas (*venire contra factum proprium, suppressio, surrectio* e *tu quoque),* como já explanado anteriormente.

Importantes novidades foram trazidas pela Lei n. 14.181/2021, que altera o CDC, dispondo sobre a prevenção e o tratamento ao superendividamento, primando pela tutela do patrimônio mínimo, pela preservação do mínimo existencial, pela boa-fé do devedor e pela proteção ao crédito responsável.

A mudança normativa protege a pessoa que, de boa-fé, não consegue arcar com o pagamento de suas dívidas sem comprometer o mínimo existencial. Dentre outras novidades, foi introduzido o art. 54-A ao CDC:

> Art. 54-A. Este Capítulo dispõe sobre a prevenção do superendividamento da pessoa natural, sobre o crédito responsável e sobre a educação financeira do consumidor.
>
> § 1º Entende-se por superendividamento a impossibilidade manifesta de o consumidor pessoa natural, de boa-fé, pagar a totalidade de suas dívidas de consumo, exigíveis e vincendas, sem comprometer seu mínimo existencial, nos termos da regulamentação.
>
> § 2º As dívidas referidas no § 1º deste artigo englobam quaisquer compromissos financeiros assumidos decorrentes de relação de consumo, inclusive operações de crédito, compras a prazo e serviços de prestação continuada.
>
> § 3º O disposto neste Capítulo não se aplica ao consumidor cujas dívidas tenham sido contraídas mediante fraude ou má-fé, sejam oriundas de contratos celebrados dolosamente com o propósito de não realizar o pagamento ou decorram da aquisição ou contratação de produtos e serviços de luxo de alto valor.

Por fim, é necessário tecer breves comentários sobre a MP n. 764/2016, convertida na Lei n. 13.455/2017, que estabeleceu, em seu art. 1º:

> Art. 1º. Fica autorizada a diferenciação de preços de bens e serviços oferecidos ao público em função do prazo ou do instrumento de pagamento utilizado.

Parágrafo único. É nula a cláusula contratual, estabelecida no âmbito de arranjos de pagamento ou de outros acordos para prestação de serviço de pagamento, que proíba ou restrinja a diferenciação de preços facultada no caput deste artigo.

Antes da citada medida provisória, a jurisprudência consolidada proibia a mudança no preço dos bens e serviços quando houvesse diferença no prazo ou instrumento de pagamento com fundamento no art. 39, incisos V e X, do Código de Defesa do Consumidor.

Tal entendimento considerava prática abusiva nociva às relações de consumo a diferenciação entre o pagamento em dinheiro, cheque, cartão ou outro modo de adimplemento. Hoje, o empresário pode estabelecer desconto ou majorar o valor de um produto ou serviço a depender da forma de pagamento escolhida pelo consumidor, devendo a informação estar em local e formato visíveis.

16.2 CLASSIFICAÇÃO DOS CONTRATOS

a) **Contratos unilateral, bilateral e plurilateral:** diferenciam-se pelo número de prestações: **unilateral** (há prestação apenas para uma das partes. Um bom exemplo é a doação – há duas vontades: dar e receber; porém, uma única prestação para o doador, que é entregar o bem); **bilateral** (além de duas vontades, tem prestação para ambas as partes. Por exemplo, a compra e venda – vendedor tem a prestação de entregar o bem e o comprador de pagar); e **plurilateral** (há pelo menos três vontades envolvidas. É o caso do contrato de sociedade, em que são partes os sócios e a própria sociedade, como parte credora da contribuição para o capital social).

b) **Contratos oneroso e gratuito: oneroso** (as partes ganham algo equivalente à sua prestação, ou seja, há equilíbrio econômico entre as partes, porque ambos perdem e ganham na mesma proporção econômica – por exemplo, o contrato de compra e venda); e **gratuito** (a parte não ganha algo equivalente à sua prestação, havendo desequilíbrio econômico, pois uma das partes só ganha enquanto a outra perde – por exemplo, doação).

c) **Contratos comutativo e aleatório: comutativo** (as partes podem prever seus efeitos ao celebrar o contrato. É o caso do contrato de compra e venda, pois já se sabe que um entrega o bem e que outro entrega o preço acordado); e **aleatório** (as partes não podem prever os seus efeitos – é o contrato de risco – álea significa risco. Exemplo: a compra e venda de ações na bolsa de valores). O contrato aleatório pode ser: **naturalmente aleatório** (aleatório típico – é da sua essência ser aleatório. É o caso do contrato de seguro); e **acidentalmente aleatório** (aleatório atípico – é da sua essência ser comutativo, mas se torna aleatório em razão de uma circunstância que lhe é específica. Exemplo: contrato de compra e venda de uma safra que está sendo plantada, pois não se sabe qual será a quantidade da produção). Os arts. 458 a 461 trazem dois tipos de contratos de compra e venda acidentalmente aleatórios: **compra e venda de coisa futura** (não se sabe se a coisa virá a existir e em que quantidade, podendo assumir o risco de pagar por algo que nunca exista ou que seja em quantidade inferior à esperada - também chamado de contrato de compra e venda *emptio spei* - se for da modalidade compra e venda *emptio rei speratae* não paga se nada do esperado vier a existir. Em ambos os casos, se menos do que o esperado vier a existir (por culpa ou dolo do contratante); e **de coisa exposta a risco** (de coisa que já existe, mas é atipicamente aleatório, pois o comprador assume o risco exposto. Exemplo: compra de cerâmica transportada em navio - se quebrar, o comprador assume o prejuízo, a menos que o vendedor dolosamente se aproveite ou por culpa a perda se implemente).

d) **Contratos consensual e real: consensual** (forma-se com o acordo de vontades das partes, sendo a regra de contratos. Exemplo: compra e venda); e **real** (estabelecido com a tradição, entrega do bem após o acordo de vontades. Exemplo: mútuo e comodato).

e) **Contratos de execução instantânea, continuada e diferida: instantânea** (é cumprido de uma só vez, no momento da celebração do contrato. Exemplo: compra e venda com pagamento à vista); **continuada** (a prestação é cumprida em cotas periódicas. Exemplo: compra e venda com pagamento parcelado); e **diferida** (a prestação é cumprida de uma só vez, mas no futuro. Exemplo: compra e venda com pagamento a prazo).

f) **Contratos entre presentes e entre ausentes:** é uma classificação que se refere à formação do contrato. Pelos nomes, parece que depende se as partes estão ou não na presença física um do outro. Não é bem assim, pois há tecnologias que fazem com que uma conversa entre pessoas distantes seja como se estivessem fisicamente presentes, vez que a proposta e a aceitação se dão em tempo real. **Entre presentes** (a proposta e a aceitação ocorrem em tempo real, mesmo que por telefone ou outro meio de comunicação); e **entre ausentes** (a proposta e a aceitação não se dão em tempo real. Exemplo: carta e *e-mail*).

16.3 CONTRATOS EM GERAL

Em razão do princípio da relatividade de seus efeitos, o contrato, em regra, só atinge as partes, ou seja, apenas quem é parte pode ter direitos e deveres que dele decorrem. Todavia, há três contratos em que um terceiro é por ele atingido, vez que terão direitos e deveres decorrentes de um contrato que não celebraram originariamente:

I. **Estipulação em favor de terceiro (arts. 436 a 438):** um dos contratantes determina que a prestação seja cumprida em benefício de um terceiro. Esse terceiro não integra o contrato, mas tem um direito decorrente dele. Por exemplo: compra e venda com determinação de entrega para terceira pessoa. Se houver inadimplemento, poderá o terceiro ou o beneficiário, desde que não tenha ressalva contratual, exigir o cumprimento da prestação em juízo. Caso tenha sido retirado do beneficiário esse poder, poderá o estipulante exonerar o devedor de cumprir a prestação;

II. **Promessa de fato de terceiro (arts. 439 e 440):** um dos contratantes promete que um terceiro cumprirá a prestação em favor do outro. Um terceiro ao contrato assume um dever. Prometer que um irmão famoso conceda uma entrevista de rádio, por exemplo. Se não for cumprida a obrigação, o promitente responde por perdas e danos, mesmo que tenha feito todos os esforços para o cumprimento. Se a prestação foi aceita pelo terceiro, o promitente ficará exonerado de responsabilidade em caso de inadimplemento. Por fim, o promitente não responde se, pendendo aceitação de terceira pessoa com ele casada, a depender do regime de bens do casamento, a cobrança contra o promitente recair de alguma forma sobre terceiro;

III. **Contrato com pessoa a declarar (arts. 467 a 571):** aqui, um dos contratantes pode indicar uma pessoa que assumirá sua posição no contrato. O terceiro passa a ter direitos e deveres decorrentes do contrato, em razão da cláusula *pro amico eligendo* ou *pro amico electo*.

16.3.1 Disposições gerais relacionadas aos contratos

O Código Civil de 2002 procurou estabelecer o cumprimento do **princípio da função social do contrato** (art. 421), devendo ser observado sempre no momento da aplicação do contrato. Portanto, a liberdade das partes para contratar deverá ser exercida dentro dos limites da função social do contrato. Além disso, a conduta das partes deve estar pautada nos princípios da probidade e da boa-fé (art. 422).

No que se refere ao **contrato de adesão**, o Código estabeleceu que, quando houver cláusulas ambíguas ou contraditórias, dever-se-á adotar a interpretação mais favorável ao aderente (art. 423). Ademais, são nulas as cláusulas que estipulem a renúncia antecipada do aderente a direito resultante da natureza do negócio (art. 424). Exemplo: é nula a cláusula de exclusão da responsabilidade por objetos deixados no interior do veículo em um estacionamento privado.

O contrato de adesão é o contrato elaborado unilateralmente por uma das partes contratantes, opondo-se ao contrato paritário, em que elas elaboram conjuntamente as cláusulas do contrato. Não é um negócio jurídico unilateral, pois o aderente, embora não tenha o poder de negociar as cláusulas do contrato, tem que aceitar a proposta, não perdendo, portanto, sua natureza contratual de bilateralidade. Nessa relação contratual, o aderente é a parte mais fraca, merecendo a proteção normativa.

O art. 425 prescreve, acerca dos **contratos atípicos**, que é lícito às partes estipular novas modalidades contratuais, observadas as normas gerais fixadas no Código. Nos arts. 481 a 853, o CC trata da regulamentação das várias espécies de contrato. Não há como a lei prever todo tipo de contrato, pois este resulta do acordo de vontade das partes, que são livres para negociar de acordo com suas necessidades. Ademais, as alterações da lei não conseguem acompanhar o surgimento de novos contratos em razão da dinâmica social. Por conseguinte, impera o **princípio da autonomia da vontade**.

enunciado

Enunciado 582 da VII Jornada de Direito Civil – "Com suporte na liberdade contratual e, portanto, em concretização da autonomia privada, as partes podem pactuar garantias contratuais atípicas."

Os **contratos típicos** são aqueles previstos e regulamentados em lei, enquanto os **contratos atípicos** não são. Nos termos do art. 425, serão regidos pelas normas gerais do Código Civil, tanto da sua parte geral quanto da teoria geral dos contratos.

Por último, outra disposição preliminar da parte geral dos contratos prescreve que não pode ser objeto de contrato a herança de pessoa viva (art. 426). O pacto sucessório é o contrato que tem por objeto herança de pessoa viva, sendo também chamado de *pacta corvina* ou pacto de abutres. É um contrato proibido por lei, sendo inválido se praticado. Em interpretação conjunta com o art. 166, VII, diante da omissão do art. 426, entende-se que é um contrato nulo.

Perceba que a restrição aqui é a herança de pessoa viva, ou seja, após a morte e aberta a sucessão, os herdeiros podem negociar seus quinhões hereditários, de forma contratual, ainda que antes da individualização obtida ao fim do inventário com o formal de partilha, sendo considerado por lei um contrato de bem imóvel (art. 80, II).

16.4 INTERPRETAÇÃO

A interpretação dos contratos consiste em traduzir, exatamente, a vontade das partes, pois, muitas vezes, a declaração das partes não se mostra de forma clara. Para que o contrato seja cumprido corretamente, é necessário compreender a verdadeira e concreta intenção das partes. Contudo, a análise é do conteúdo do contrato, e não a vontade interna destes. Como se sabe, a conduta volitiva das partes pode ser exteriorizada por meio de escrita, sinais ou símbolos.

A tradução do contrato pode ocorrer sob duas formas: a **declaratória** (intuito de descobrir a real intenção das partes contratantes no momento da celebração contratual); e a **construtiva** (quando a finalidade é preencher as lacunas existentes no contrato).

O Código Civil de 2002 disciplina diversas situações de interpretação dos contratos:

> Art. 423. Quando houver no contrato de adesão cláusulas ambíguas ou contraditórias, dever-se-á adotar a interpretação mais favorável ao aderente.
>
> Art. 819. A fiança dar-se-á por escrito, e não admite interpretação extensiva.
>
> Art. 843. A transação interpreta-se restritivamente, e por ela não se transmitem, apenas se declaram ou reconhecem direitos.

Com relação à interpretação dos negócios jurídicos em geral, merece destaque recente alteração normativa promovida pela Lei n. 13.874/2019 (Lei da Liberdade Econômica) ao art. 113 do CCB, a seguir transcrito:

> Art. 113. Os negócios jurídicos devem ser interpretados conforme a boa-fé e os usos do lugar de sua celebração.
>
> § 1º A interpretação do negócio jurídico deve lhe atribuir o sentido que: (Incluído pela Lei n. 13.874, de 2019)
>
> I – for confirmado pelo comportamento das partes posterior à celebração do negócio; (Incluído pela Lei n. 13.874, de 2019)
>
> II – corresponder aos usos, costumes e práticas do mercado relativas ao tipo de negócio; (Incluído pela Lei n. 13.874, de 2019)
>
> III – corresponder à boa-fé; (Incluído pela Lei n. 13.874, de 2019)
>
> IV – for mais benéfico à parte que não redigiu o dispositivo, se identificável; e (Incluído pela Lei n. 13.874, de 2019)
>
> V – corresponder a qual seria a razoável negociação das partes sobre a questão discutida, inferida das demais disposições do negócio e da racionalidade econômica das partes, consideradas as informações disponíveis no momento de sua celebração. (Incluído pela Lei n. 13.874, de 2019)
>
> § 2º As partes poderão livremente pactuar regras de interpretação, de preenchimento de lacunas e de integração dos negócios jurídicos diversas daquelas previstas em lei. (Incluído pela Lei n. 13.874, de 2019)

Acrescente-se, ainda, as inovações inseridas pelo art. 421-A do CC: presunção relativa de paridade e simetria na relação contratual, com exceção do previsto em leis especiais (Código do Consumidor, por exemplo); autonomia dos negociantes para estabelecerem parâmetros objetivos de interpretação, revisão das cláusulas ou sua resolução; respeito e observação à alocação de riscos definida pelas partes; e destaque para a excepcionalidade e a limitação na revisão contratual, em respeito ao **princípio da intervenção mínima do Estado nas relações contratuais**. Registre-se:

> Art. 421-A. Os contratos civis e empresariais presumem-se paritários e simétricos até a presença de elementos concretos que justifiquem o afastamento dessa presunção, ressalvados os regimes jurídicos previstos em leis especiais, garantido também que: (Incluído pela Lei n. 13.874, de 2019)
>
> I – as partes negociantes poderão estabelecer parâmetros objetivos para a interpretação das cláusulas negociais e de seus pressupostos de revisão ou de resolução; (Incluído pela Lei n. 13.874, de 2019)
>
> II – a alocação de riscos definida pelas partes deve ser respeitada e observada; e (Incluído pela Lei n. 13.874, de 2019)
>
> III – a revisão contratual somente ocorrerá de maneira excepcional e limitada. (Incluído pela Lei n. 13.874, de 2019)

Sobre o princípio da intervenção mínima do Estado nas relações contratuais, segue o posicionamento de Flávio Tartuce (2019):

> De fato, esse tal princípio da intervenção mínima é desconhecido pelos civilistas, no âmbito contratual sendo mais um argumento retórico e ideológico do que um princípio contratual com efetividade. Na verdade, a ideia de que a intervenção do Estado não constitui regra, mas exceção, já poderia ser retirada da própria autonomia privada ou da força obrigatória da convenção, que ainda será aqui estudada. Pela Lei da Liberdade Econômica, no máximo, pode-se considerar que a intervenção mínima tem incidência para os contratos paritários, com conteúdo amplamente negociado pelas partes, geralmente grandes empresas, que são o seu principal âmbito de aplicação.

16.5 EXTINÇÃO DOS CONTRATOS (ARTS. 472 A 480)

Extinção do contrato é o fim de sua existência, sua morte, seu desaparecimento do mundo jurídico. Extinção é o gênero, a expressão mais ampla para o fim do contrato, seja pela causa que for, que contempla várias espécies. O término do contrato pode se dar, em princípio, por duas formas diferentes: por causa anterior ou superveniente à formação do contrato.

Se a causa de extinção do contrato é anterior ou concomitante à sua formação, temos um caso de imperfeição do contrato, pois ele já nasceu viciado. Nesse caso, o contrato é inválido, podendo ser nulo ou anulável, a depender do vício. Esse assunto já foi abordado na parte geral. Se a causa de extinção do contrato é superveniente à sua formação, estamos tratando de um **contrato perfeito**, ou seja, que se formou de forma válida, não sendo caso de nulidade nem de anulabilidade. Por conseguinte, o contrato perfeito pode ser extinto por execução ou por inexecução.

Quando o contrato é cumprido, fala-se em sua execução, o que pode ocorrer pelo pagamento ou até pelas formas anormais de extinção das obrigações, quais sejam: pagamento em consignação, pagamento com sub-rogação, novação, imputação ao pagamento, dação em pagamento, compensação, confusão ou remissão. Também não é tema para aqui ser tratado, pois é assunto de obrigações.

Se a hipótese é de inexecução, há o descumprimento de um contrato perfeito. O Código, ao tratar do tema sob o título "da extinção dos contratos", cometeu uma impropriedade, quando, na verdade, deveria tê-lo intitulado "da inexecução dos contratos" ou até mesmo "da extinção dos contratos pela inexecução". A inexecução pode causar três tipos de extinção do contrato:

I. **Resilição:** extinção do contrato por vontade de um ou ambos os contratantes, sem qualquer razão jurídica para tanto. Exemplo: contrato de aluguel pelo prazo de três anos e o locador decide resili-lo com dois anos por questão pessoal;

II. **Resolução:** extinção do contrato pelo inadimplemento de uma das partes, legitimando a outra a pedir sua resolução. Exemplo: inquilino não pagar o aluguel;

III. **Rescisão:** Orlando Gomes (2007) e Caio Mário (2012), com base na doutrina italiana, ensinam que rescisão, em sentido técnico, só ocorre quando um contrato é extinto em caso de lesão ou estado de perigo. Modernamente, esse não é o entendimento, até porque aqueles são defeitos do negócio jurídico, portanto, causas antecedentes ou concomitantes à formação do contrato, causando invalidade e não inexecução, quando pressupomos um contrato perfeito. Outros autores mencionam rescisão como uma espécie de resolução do contrato, significando a resolução culposa ou voluntária, ou seja, quando o contrato é extinto por inadimplemento culposo do outro contratante. A jurisprudência brasileira (teoria pragmática) entende que rescisão tem o mesmo conceito de resolução. O conselho é evitar o uso do termo rescisão, pois, como não há consenso, é um risco desnecessário em uma prova discursiva.

Podem-se dividir, ainda, as causas de extinção em anteriores ou contemporâneas e em supervenientes, a saber:

I. **Causas anteriores ou contemporâneas:**

a) **Nulidades absoluta** e **relativa:** a primeira decorre de transgressão a preceito de ordem pública e impede que o contrato produza efeitos desde a sua formação (*ex tunc*); já a segunda, por representar uma anulabilidade, que advém da imperfeição da vontade, não extinguirá o contrato enquanto não se mover ação que a decrete, sendo *ex nunc* (não retroativos) os efeitos da sentença.

b) **Cláusula resolutiva:** pode ser **expressa** (convencionada para a hipótese de inadimplemento; opera de pleno direito) ou **tácita** (depende de interpelação judicial e é subentendida em todo contrato bilateral:

> Art. 475. A parte lesada pelo inadimplemento pode pedir a resolução do contrato, se não preferir exigir-lhe o cumprimento, cabendo, em qualquer dos casos, indenização por perdas e danos.

Normalmente, os contratos trazem uma cláusula resolutiva expressa, com extinção imediata. Sem essa, o inadimplemento demanda uma notificação para a resolução.

enunciado

Enunciado 436 da V Jornada de Direito Civil – "A cláusula resolutiva expressa produz efeitos extintivos independentemente de pronunciamento judicial."

c) **Direito de arrependimento:** quando previsto, autoriza qualquer uma das partes a rescindir o ajuste, sujeitando-se à perda do sinal ou à sua devolução em dobro:

Art. 420. Se no contrato for estipulado o direito de arrependimento para qualquer das partes, as arras ou sinal terão função unicamente indenizatória. Neste caso, quem as deu perdê-las-á em benefício da outra parte; e quem as recebeu devolvê-las-á, mais o equivalente. Em ambos os casos não haverá direito a indenização suplementar.

II. **Causas supervenientes:**

a) **Resolução:** por inexecução **voluntária** (culposa), **involuntária** e por **onerosidade excessiva.**

enunciados

Enunciado 176 da III Jornada de Direito Civil – "Em atenção ao princípio da conservação dos negócios jurídicos, o art. 478 do Código Civil de 2002 deverá conduzir, sempre que possível, à revisão judicial dos contratos e não à resolução contratual."

Enunciado 366 da IV Jornada de Direito Civil – "O fato extraordinário e imprevisível causador de onerosidade excessiva é aquele que não está coberto objetivamente pelos riscos próprios da contratação."

b) **Resilição: bilateral** (acordo de vontades denominado **distrato**) e **unilateral** (pode ocorrer apenas em certos contratos, sob a forma de **denúncia**, **revogação**, **renúncia** e **resgate**). Nesse sentido, o art. 472 dita que: "O distrato faz-se pela mesma forma exigida para o contrato".

enunciado

Enunciado 584 da VII Jornada de Direito Civil – "Desde que não haja forma exigida para a substância do contrato, admite-se que o distrato seja pactuado por forma livre."

Já o art. 473 apregoa que: "A resilição unilateral, nos casos em que a lei expressa ou implicitamente o permita, opera mediante denúncia notificada à outra parte". Por fim, seu parágrafo único esclarece:

Se, porém, dada a natureza do contrato, uma das partes houver feito investimentos consideráveis para a sua execução, a denúncia unilateral só produzirá efeito depois de transcorrido prazo compatível com a natureza e o vulto dos investimentos.

c) **Morte de um dos contratantes:** só acarreta a dissolução dos contratos **personalíssimos**. Subsistem as prestações cumpridas.

d) **Rescisão:** ocorre com a dissolução de determinados contratos, como aqueles em que ocorreu **lesão** ou **estado de perigo**, segundo Orlando Gomes (2007) e Caio Mário (2012).

16.6 DISPOSIÇÕES ESPECIAIS

a) **Exceção do contrato não cumprido (*exceptio non adimpleti contractus*):** tem natureza de defesa de mérito indireta, de exceção substancial. É a defesa processual adequada para que uma das partes oponha à outra, caso esta esteja exigindo prestação sem ter realizado a sua parte. Nos contratos bilaterais, gera-se obrigação para as duas partes. Nenhum dos contratantes, antes de adimplir sua obrigação, poderá exigi-la do outro. Trata-se de aplicação do *tu quoque*, em que a parte não pode ser surpreendida dentro do contrato. Assim, é uma defesa de mérito, contra a parte que exige a prestação. Caso a primeira prestação tenha sido cumprida de forma defeituosa, a outra parte, ainda assim, pode opor a defesa, mas o nome dela muda para *exceptio non rite adimpleti contractus.*

b) **Cláusula *solve et repete*:** estabelecida num contrato com o objetivo de impossibilitar a alegação do não cumprimento da outra parte em matéria de defesa, sendo que o mesmo só poderá reclamar desta em outra ação, visando, assim, ao pagamento ao credor sem outra oposição. A cláusula *solve et repete*, em bom português, significa "pague e depois reclame". Essa cláusula é muito utilizada em contratos com a Administração Pública, em razão do interesse público, pois age em sentido contrário à exceção do contrato não cumprido. A exceção age no sentido de paralisar a ação do autor, condicionando o pagamento da outra prestação devida ao réu. A *solve et repete* paralisa qualquer oposição do réu, que, nessas condições, não terá outra saída que não seja solver o débito, com a possibilidade de manejar outra ação para que possa reaver o que indevidamente pagou.

16.7 VÍCIOS REDIBITÓRIOS (ARTS. 441 A 446)

Consistem em defeitos ocultos que tornam o bem impróprio para o uso a que habitualmente se destina ou que lhe diminuem o valor. O Código de Defesa do Consumidor protege o consumidor não só dos vícios ocultos, mas também dos aparentes. Nesses casos, o consumidor pode exigir a substituição do produto, o abatimento do preço ou o cancelamento do contrato. No direito civil, diferentemente da relação de consumo, o alienante só responde por defeitos ocultos, considerados aqueles que não poderiam ter sido facilmente detectados pelos órgãos dos sentidos, pois, se o vício era aparente, presume-se que o adquirente o admitiu, que tinha ciência. São seus requisitos:

a) existência de um contrato comutativo, translativo da posse e propriedade da coisa;

b) defeito oculto, existente no momento da contratação (contemporaneidade);

c) diminuição do valor econômico ou o prejuízo à adequada utilização da coisa.

fique ligado!

Não há que se confundir ***vício redibitório*** *com* ***erro****. O erro é uma falsa percepção da realidade. É um defeito na percepção da coisa que, em si, não contém qualquer vício. O vício redibitório é defeito da coisa.*

enunciado

Enunciado 583 da VII Jornada de Direito Civil - "O art. 441 do Código Civil deve ser interpretado no sentido de abranger também os contratos aleatórios, desde que não inclua os elementos aleatórios do contrato."

Diante da ocorrência dos vícios redibitórios, o adquirente pode propor dois tipos de ação:

I. **Ação redibitória:** rejeição da coisa. As perdas e danos estão referidas no art. 443:

> Art. 443. Se o alienante conhecia o vício ou defeito da coisa, restituirá o que recebeu com perdas e danos; se o não conhecia, tão somente restituirá o valor recebido, mais as despesas do contrato.

II. **Ação estimatória ou *quanti minoris*:** abatimento do valor cobrado (art. 442):

> "Art. 442. Em vez de rejeitar a coisa, redibindo o contrato (art. 441), pode o adquirente reclamar abatimento no preço".

Constatado o vício, portanto, o contratante poderá redibir o contrato, devolvendo a coisa, ou reclamar abatimento do preço. Se o alienante, contudo, conhecia o vício ou defeito da coisa, restituirá o que recebeu com perdas e danos. Entretanto, se o não conhecia, tão somente restituirá o valor recebido mais as despesas do contrato.

Os **prazos decadenciais para reclamar** são (art. 445): trinta dias para bens móveis e um ano para imóveis da data da entrega ou, se já estava na posse do bem, da alienação reduz pela metade o prazo. O legislador entende que, se o adquirente já estava na posse, já conhecia a coisa, então deve ter um prazo menor para ingressar com ação contra o alienante. Quando, por sua própria natureza, o vício só puder ser conhecido posteriormente, conta-se, do momento em que tiver ciência, cento e oitenta dias para móveis e um ano para imóveis. No caso da venda de animais, os prazos de garantia por vícios ocultos serão os estabelecidos em lei especial, ou, na falta desta, pelos usos locais.

Além da **garantia legal** (estabelecida nos artigos anteriores), há também a garantia contratual. Enquanto o prazo de **garantia contratual** está em curso, o prazo de garantia legal está suspenso, nos termos do art. 446. Contudo, o adquirente deve denunciar o defeito, sob pena de decadência, nos trinta dias após a ciência.

16.8 EVICÇÃO (ARTS. 447 A 457)

A evicção, prevista como garantia legal do adquirente, ocorre quando o adquirente vem a perder a posse ou a propriedade da coisa, em virtude do reconhecimento judicial ou administrativo do direito anterior de terceiro. Consiste a evicção na perda, pelo adquirente (evicto), da posse ou da propriedade da coisa transferida, por força de uma sentença judicial ou ato administrativo que reconheceu o direito anterior de terceiro, denominado evictor.

Em nosso Código Civil, a evicção é disciplinada a partir do seu art. 447: "Nos contratos onerosos, o alienante responde pela evicção. Subsiste esta garantia ainda que a aquisição se tenha realizado em hasta pública".

O Código de 2002 inovou ao prever que a garantia contra evicção persiste mesmo para aquisição da coisa em hasta pública. Diferentemente do que ocorre com a alienação livre (como o caso de leilão para venda de uma obra de arte ou de animais em rodeios), essa é forçada e realizada pelo Estado como se dá, por exemplo, nas hastas públicas de bens penhorados em execução movida contra o proprietário. Surge, então, a dúvida sobre quem se responsabilizaria pelos riscos da evicção. Uma solução para o impasse é a que o arrematante ou adjudicante que sofreu a evicção total ou parcial pode exigir a restituição do preço da coisa evicta ou o valor do desfalque, voltando-se contra o credor ou credores que se beneficiaram com o produto da arrematação ou contra o devedor executado, proprietário do bem, se este recebeu saldo remanescente.

Na evicção, encontram-se três personagens fundamentais: o **alienante** (responde pelo risco da evicção); o **adquirente ou evicto** (a pessoa que perde a coisa); e o **terceiro ou evictor** (pessoa que reivindica a coisa provando direito anterior). Assim, a mesma sentença que condena o adquirente a devolver determina que o alienante responda junto ao adquirente. No aspecto processual, há uma discussão afirmando que esse seria um caso de denunciação da lide obrigatória.

A respeito da responsabilidade civil do alienante, a primeira parte do art. 447 deixa bem claro quem ele responde pelos riscos e, para que a sua responsabilidade se manifeste, devem-se estar presentes os requisitos da: aquisição de um bem; perda da posse ou da propriedade (a evicção pode ser parcial); prolação de sentença judicial; ou execução de ato administrativo.

Quanto aos **direitos do evicto**, o Código estabelece:

> Art. 450. Salvo estipulação em contrário, tem direito o evicto, além da restituição integral do preço ou das quantias que pagou:
>
> I – à indenização dos frutos que tiver sido obrigado a restituir;

II – à indenização pelas despesas dos contratos e pelos prejuízos que diretamente resultarem da evicção;

III – às custas judiciais e aos honorários do advogado por ele constituído.

Parágrafo único. O preço, seja a evicção total ou parcial, será o do valor da coisa, na época em que se evenceu, e proporcional ao desfalque sofrido, no caso de evicção parcial.

O contrato pode aumentar a garantia da evicção além do estabelecido no art. 450, da mesma forma como pode diminuir. Igualmente, a evicção pode ser excluída por força de forma legal (art. 457) ou convencional (art. 449). Não obstante a cláusula que exclui a garantia contra a evicção, se esta ocorrer, o evicto tem direito a receber o preço que pagou pela coisa evicta, se não soube do risco da evicção, ou, dele informado, não o assumiu, o que significa a não exclusão total da garantia.

Entretanto, o contrato pode prever que o adquirente ciente do ato o está assumindo, o que implicará a total exclusão da garantia. Contudo, se o adquirente sabia que a coisa era de terceiro, não pode demandar contra a evicção. Assim, para que haja a exclusão total da garantia, é preciso que o adquirente expressamente tome ciência e assuma os riscos da evicção.

Na sequência, subsistem para o alienante os deveres oriundos da evicção, ainda que a coisa alienada esteja deteriorada, exceto havendo dolo do adquirente (art. 451). Contudo, se o adquirente tiver auferido vantagens das deteriorações, e não tiver sido condenado a indenizá-las, o valor das vantagens será deduzido da quantia que lhe houver de dar o alienante (art. 452).

Com relação às benfeitorias, as necessárias ou úteis, não abonadas ao que sofreu a evicção, serão pagas pelo alienante (art. 453). Se as benfeitorias abonadas ao que sofreu a evicção tiverem sido feitas pelo alienante, o valor delas será levado em conta na restituição devida (art. 454).

Por fim, se a evicção for parcial, mas considerável, poderá o evicto optar entre a rescisão do contrato e a restituição da parte do preço correspondente ao desfalque sofrido. Se não for considerável, caberá somente direito a indenização (art. 455).

16.9 CONTRATOS EM ESPÉCIE

16.9.1 Compra e venda (arts. 481 a 532)

A definição do contrato de compra e venda está conceituada de maneira clara e objetiva no art. 481 do Código Civil: "Pelo contrato de compra e venda, um dos contratantes se obriga a transferir o domínio de certa coisa, e o outro, a pagar-lhe certo preço em dinheiro".

Quanto à sua **natureza jurídica**, pode-se afirmar que o contrato de compra e venda é:

a) **Bilateral ou sinalagmático:** proporciona obrigações recíprocas entre as partes;

b) **Oneroso:** gera repercussão econômica para as partes;

c) **Comutativo:** em regra, é comutativo, pois as prestações são certas. Entretanto, a possibilidade de risco pode ser excluída, tornando-o aleatório;

d) **Consensual:** nasce do consenso das partes;

e) **Formal ou informal:** se for de imóveis com valor superior a trinta salários mínimos, deverá ser sempre por escritura pública, pois depende da **transcrição** (registro público). Se inferior, por instrumento particular. Se de bem móvel, em regra, é informal, perfazendo-se com a **tradição** (entrega) da coisa. Salvo cláusula em contrário, as despesas de escritura e o registro ficarão sob a responsabilidade do comprador, e as da tradição, a cargo do vendedor. Ademais, até o momento da tradição, os riscos da coisa correm por conta do vendedor, e os do preço, por conta do comprador (art. 492);

f) **Instantâneo ou de longa duração:** pode se consumar com a prática imediata do ato ou necessitar de tempo para se exaurir;

g) **Paritário ou de adesão:** será paritário quando as partes puderem negociar as cláusulas em igualdade de condições. O contrato de adesão ocorre quando uma das partes estipula as cláusulas e a outra somente adere, restando apenas a escolha de assinar ou não. Exemplo: contratos de consumo em geral são de adesão.

16.9.1.1 Elementos constitutivos

I. **Partes:** agentes capazes (aptidão genérica) e legitimação (aptidão específica);

II. **Coisa:** deve ser disponível para comercialização dentro do mercado. O objeto deve ser lícito e determinado ou determinável, podendo ser futuro:

> Art. 483. A compra e venda pode ter por objeto coisa atual ou futura. Neste caso, ficará sem efeito o contrato se esta não vier a existir, salvo se a intenção das partes era de concluir contrato aleatório.

III. **Preço:** justo, certo, determinado e em moeda corrente: "Art. 315. As dívidas em dinheiro deverão ser pagas no vencimento, em moeda corrente e pelo valor nominal, salvo o disposto nos artigos subsequentes".

Esse elemento possui, ainda, algumas regras especiais: preço por avaliação (art. 485); preço à taxa de mercado ou de bolsa (art. 486); preço por cotação (art. 487); preço tabelado e médio (art. 488); preço unilateral (art. 489).

16.9.1.2 Restrições à compra e venda

a) **Venda de ascendente para descendente:** o art. 496 prevê que é anulável a venda de ascendente a descendente, salvo se os outros descendentes e o cônjuge do alienante expressamente houverem consentido, dispensando-se, porém, o consentimento do cônjuge se o regime de bens for o da separação obrigatória;

enunciado

Enunciado 545 da VI Jornada de Direito Civil do CJF/STJ – "O prazo para pleitear a anulação de venda de ascendente a descendente sem anuência dos demais descendentes e/ou do cônjuge do alienante é de 2 (dois) anos, contados da ciência do ato, que se presume absolutamente, em se tratando de transferência imobiliária, a partir da data do registro de imóveis."

b) **Venda de bens sob administração:** é proibida pelo art. 497, tornando o contrato nulo. É o caso de tutores que comprem bens sob sua administração;

c) **Venda entre cônjuges:** reza o art. 499 que: "É lícita a compra e venda entre cônjuges, com relação a bens excluídos da comunhão".

d) **Venda de parte indivisa em condomínio:** não pode um condômino de coisa indivisível vender a sua parte a terceiros sem notificar o outro proprietário. O art. 504 salienta a observância do direito de preferência:

> Não pode um condômino em coisa indivisível vender a sua parte a estranhos, se outro consorte a quiser, tanto por tanto. O condômino, a quem não se der conhecimento da venda, poderá, depositando o preço, haver para si a parte vendida a estranhos, se o requerer no prazo de cento e oitenta dias, sob pena de decadência.

enunciado

Enunciado 623 da VIII Jornada de Direito Civil – "Ainda que sejam muitos os condôminos, não há direito de preferência na venda da fração de um bem entre dois coproprietários, pois a regra prevista no art. 504, parágrafo único, do Código Civil, visa somente a resolver eventual concorrência entre condôminos na alienação da fração a estranhos ao condomínio."

16.9.1.3 Regras especiais da compra e venda

I. **Venda por amostra, por protótipos ou por modelos:** se a venda ocorrer dessa forma, o vendedor assegurará ter a coisa as qualidades que a elas correspondem (art. 484);

II. **Venda a contento e sujeita à prova:** entende-se que é aquela realizada sob condição suspensiva, ainda que tenha recebido a coisa. Aquele que recebe a coisa será considerado como comodatário. Assim, em caso de descumprimento da mesma, poderá o alienante propor ação para recuperar a posse (arts. 509 a 512);

III. **Venda *ad mensuram* e *ad corpus*:** a *ad mensuram* (art. 500, *caput*) é aquela em que o preço do bem é medido pela área. Em caso de descumprimento da mesma, a lei prevê a possibilidade de algumas ações: ação *ex empto* (complementação da área), ação redibitória (extinguir o negócio), ação estimatória ou *quanti minoris* (abatimento). Essas ações têm o prazo decadencial de um ano (art. 501). Na venda *ad corpus* (art. 500, § 3º), as metragens e a área são apenas para localizar o bem, mas não influenciam no preço. Nesta, não são cabíveis as ações retromencionadas.

16.9.1.4 Cláusulas especiais ou pactos adjetos

a) **Retrovenda ou cláusula de resgate (arts. 505 a 508):**

> Art. 505. O vendedor de coisa imóvel pode reservar-se o direito de recobrá-la no prazo máximo de decadência de três anos, restituindo o preço recebido e reembolsando as despesas do comprador, inclusive as que, durante o período de resgate, se efetuaram com a sua autorização escrita, ou para a realização de benfeitorias necessárias.

Não se trata de cláusula personalíssima, pois é cessível e transmissível a herdeiros e legatários.

b) **Cláusula de preempção, preferência ou prelação (arts. 513 a 520):**

> Art. 513. A preempção, ou preferência, impõe ao comprador a obrigação de oferecer ao vendedor a coisa que aquele vai vender, ou dar em pagamento, para que este use de seu direito de prelação na compra, tanto por tanto.

Esse pacto adjeto poderá recair sobre bens móveis ou imóveis. O prazo de exercício não poderá exceder a cento e oitenta dias para os bens móveis e dois anos para os imóveis. É um direito personalíssimo, pois não pode ser transmitido aos herdeiros e não admite cessão.

c) **Cláusula de venda com reserva de domínio (arts. 521 a 528):**

> "Art. 521. Na venda de coisa móvel, pode o vendedor reservar para si a propriedade, até que o preço esteja integralmente pago".

Recai sobre bens móveis e será estipulada por escrito, dependendo de registro no domicílio do comprador para valer contra terceiros. O comprador só adquire a propriedade após o pagamento de todas as parcelas. Constatado o descumprimento e constituído o comprador em mora, poderá o vendedor propor ação de cobrança ou busca e apreensão para recuperar a posse do bem.

d) **Venda sobre documentos (arts. 529 a 532):**

> Art. 529. Na venda sobre documentos, a tradição da coisa é substituída pela entrega do seu título representativo e dos outros documentos exigidos pelo contrato ou, no silêncio deste, pelos usos.

Verifica-se, portanto, a venda em que a tradição da coisa é substituída pela entrega de um título que a representa.

16.9.2 Troca ou permuta (art. 533)

Nessa modalidade contratual, as partes pactuam suas obrigações, remunerando-se, por meio da compensação dos ofícios estabelecidos por cada uma delas. Diferencia-se da compra e venda, pois nela contraprestação é feita pelo pagamento de um preço em dinheiro, enquanto na permuta há uma troca entre bens e serviços. Não há muito que se destacar sobre esta modalidade contratual, apenas salientar as características que compõem sua natureza jurídica: **bilateral** ou **sinalagmático**; **comutativo**; **consensual**; **informal** (a lei não impõe maiores formalidades para a sua celebração); **translativo** (transmissão da coisa ocorre com a tradição); e **oneroso**.

16.9.3 Contrato estimatório (arts. 534 a 537)

Pode ser chamado também de venda em consignação. Sua finalidade é vender, em nome próprio, bens móveis de propriedade de terceiros. O proprietário (consignante) dará somente a posse do bem ao vendedor (consignatário), não sendo entregue o domínio da coisa. Quanto à natureza jurídica, o contrato estimatório é: **bilateral** ou **sinalagmático**; **oneroso**; **real** (que se concretiza com a tradição, entrega efetiva do bem); **comutativo**; **informal** ou não solene; **instantâneo** e **temporário** (o primeiro se consuma com a prática do ato, o segundo com o termo final para a venda da coisa consignada).

É análogo a uma obrigação alternativa, pois o consignatário poderá devolver o valor inicialmente estimado ou a própria coisa. A coisa deve ser móvel e livre para alienação, não podendo estar gravada com cláusula de inalienabilidade. Nesta relação contratual, o consignante possui o domínio, transferindo ao consignatário somente a posse do bem móvel.

16.9.4 Doação (arts. 538 a 544)

Estabelece o art. 538: "Considera-se doação o contrato em que uma pessoa, por liberalidade, transfere do seu patrimônio bens ou vantagens para o de outra".

Quanto à natureza jurídica, é: **unilateral** ou **bilateral** (apresenta obrigação somente para uma das partes, exceto na doação modal, em que ocorre uma imposição para aquele que recebe bens ou vantagens de um ônus); **gratuito** (exceção da doação modal, que confere vantagens para ambas as partes); **consensual**; **real** (sempre que a doação envolver bem de pequeno valor, seguindo de sua tradição - doação oral/manual); **comutativo**; **formal** e **solene** (para imóveis de valor superior a trinta salários mínimos, caso contrário será formal e não solene, por exigir forma escrita, mas sem necessidade de registro).

16.9.4.1 Espécies de doação

a) **Pura e simples (art. 543):** o ato possui liberdade plena, não se submetendo a condição, termo ou encargo;

b) **Contemplativa (art. 540, 1ª parte):** por mera liberalidade, expressando o motivo;

c) **Remuneratória (art. 540, 2ª parte):** originada da realização de serviços prestados, cujo pagamento o donatário não pode ou não deseja cobrar;

d) **Ao nascituro (art. 542):** é válida desde que aceita pelo seu representante legal. Trata-se de modalidade que depende, necessariamente, de condição suspensiva para vigorar, pois condiciona a validade do contrato de doação ao nascimento do feto com vida;

e) **Ao absolutamente incapaz (art. 543):** doação pura, em que não há necessidade da aceitação do donatário, pois se presume que o incapaz aceitou, inexistindo prova em contrário (*iure et iure*);

f) **De ascendente a descendente ou de um cônjuge ao outro (art. 544):** relacionado ao adiantamento da legítima, visto que confere às doações o valor que dele em vida receberam, sob pena de sonegação. Não confundir esse tipo de doação com a inoficiosa ("Art. 549. Nula é também a doação quanto à parte que exceder à de que o doador, no momento da liberalidade, poderia dispor em testamento");

g) **Em forma de subvenção periódica (art. 545):** de pagamentos mensais (obrigação de trato sucessivo) realizados pelo doador ao donatário, extinguindo-se com o falecimento de uma das partes, exceto no caso de falecimento do doador, que poderá estabelecer aos seus herdeiros a continuação dos pagamentos ao favorecido;

h) ***Propter nuptias* (art. 546):** é aquele direcionado para as núpcias, ou seja, aplicado para casamento futuro, não vigendo o contrato em caso de não consumação do mesmo;

i) **Com cláusula de reversão ou retorno (art. 547):** trata-se de contrato de doação *intuitu personae* (personalíssimo), desde que a doação esteja direcionada somente ao donatário, pois, caso venha a falecer antes do doador, o bem retornará ao patrimônio deste, ainda que tenha alienado o imóvel antes da morte;

j) **Universal (art. 548):** é nula tal modalidade, pois a lei veda a doação pelo doador se ele não possuir bens suficientes para a sua subsistência. Tal medida visa tutelar a qualidade de vida do doador, em atenção ao princípio da dignidade da pessoa humana;

k) **Inoficiosa (art. 549):** significa que a doação efetuada ultrapassou o quinhão disponível para testar;

l) **Do cônjuge adúltero ao seu cúmplice (art. 550):** é a doação feita entre amantes, geralmente por pessoas casadas com impedimento de contrair união estável, sendo anulável no prazo decadencial de dois anos. A anulabilidade do contrato poderá ser proposta pelo cônjuge traído ou também pelos herdeiros necessários. Todavia, a mesma poderá ser convalidada no caso de os cônjuges estarem separados de fato;

m) **Conjuntiva (art. 551):** trata-se da doação de um determinado bem a dois ou mais donatários, os quais se tornarão cotitulares do bem;

n) **Modal ou onerosa (art. 553):** é aquela em que o doador atribui ao donatário um encargo, o qual se torna elemento modal do negócio jurídico;

o) **A entidade futura (art. 554):** a entidade deverá se constituir regularmente com a inscrição dos atos constitutivos no respectivo registro no prazo máximo de dois anos; no entanto, se ela não estiver devidamente composta dentro desse prazo, o contrato poderá caducar;

p) **Doação famélica (Lei n. 14.016/2020):** surge no contexto da pandemia de Covid-19 para ajudar a combater a fome dos que estejam em situação de vulnerabilidade, risco alimentar ou nutricional. De acordo com o art. 3º da Lei n. 14.016/2020, o doador e o eventual intermediário das doações dos alimentos somente responderão nas esferas civil e administrativa por danos causados pelos alimentos doados se agirem com dolo. A responsabilidade do doador encerra-se no momento da primeira entrega do alimento ao intermediário ou, no caso de doação direta, ao beneficiário final (art. 3º, § 1º).

16.9.4.1.1 Hipóteses de irrevogabilidade por ingratidão (art. 564)

A regra é que a doação pode ser revogada por ingratidão do donatário, ou por inexecução do encargo (art. 555). Correspondem a doações que não poderão ser canceladas por ingratidão:

a) puramente remuneratórias;

b) oneradas com encargo já cumprido;

c) que se fizerem em cumprimento de obrigação natural;

d) feitas para determinado casamento.

16.9.5 Locação de coisas (arts. 565 a 578)

É o contrato em que o locador cede ao locatário determinado bem, objetivando que o mesmo use e goze da coisa de forma contínua e temporária, mediante o pagamento de aluguel. Assim: "Art. 565. Na locação de coisas, uma das partes se obriga a ceder à outra, por tempo determinado ou não, o uso e gozo de coisa não fungível, mediante certa retribuição".

Quanto à sua natureza jurídica, podemos dizer que é: **bilateral** ou **sinalagmático**, **oneroso**, **comutativo**, **consensual**, informal e não solene (inexiste obrigatoriedade de escritura pública e de contrato), **execução continuada** (as prestações perduram com o passar do tempo), **paritário** ou **de adesão**.

São pressupostos para a locação: **coisa**, **temporariedade** e **aluguel**. O locador é obrigado a entregar ao locatário a coisa alugada, com suas pertenças, em estado de servir ao uso a que se destina, assegurando a utilização pacífica da coisa (art. 566). Deve o locatário, durante o período contratual, manter a coisa no estado em que se encontra, salvo se previsto diversamente em cláusula contratual.

Conforme preceitua o art. 567:

> Se, durante a locação, se deteriorar a coisa alugada, sem culpa do locatário, a este caberá pedir redução proporcional do aluguel, ou resolver o contrato, caso já não sirva a coisa para o fim a que se destinava.

Os **deveres legais do locatário** estão elencados no rol do art. 569:

> I – a servir-se da coisa alugada para os usos convencionados ou presumidos, conforme a natureza dela e as circunstâncias, bem como tratá-la com o mesmo cuidado como se sua fosse;
>
> II – a pagar pontualmente o aluguel nos prazos ajustados, e, em falta de ajuste, segundo o costume do lugar;
>
> III – a levar ao conhecimento do locador as turbações de terceiros, que se pretendam fundadas em direito;
>
> IV – a restituir a coisa, finda a locação, no estado em que a recebeu, salvas as deteriorações naturais ao uso regular.

Se o aluguel for por prazo determinado, o art. 573 determina que: "[...] cessa de pleno direito findo o prazo estipulado, independentemente de notificação ou aviso".

Outrossim, antes do vencimento não poderá o locador reaver a coisa alugada, senão após ressarcir ao locatário as perdas e danos resultantes, nem o locatário devolvê-la ao locador, exceto se pagar, proporcionalmente, a multa prevista no contrato, gozando o locatário do direito de retenção enquanto não for ressarcido (art. 571).

O mesmo direito de retenção, exceto disposição em contrário, persiste para as benfeitorias necessárias e as úteis, se autorizadas (art. 578). Contudo, se, após o prazo estipulado, o locatário continuar na posse da coisa alugada, presume-se que houve prorrogação por prazo indeterminado (art. 574).

O art. 575 prevê a possibilidade do **aluguel pena**:

> Art. 575. Se, notificado o locatário, não restituir a coisa, pagará, enquanto a tiver em seu poder, o aluguel que o locador arbitrar, e responderá pelo dano que ela venha a sofrer, embora proveniente de caso fortuito.
>
> Parágrafo único. Se o aluguel arbitrado for manifestamente excessivo, poderá o juiz reduzi-lo, mas tendo sempre em conta o seu caráter de penalidade.

Se o bem objeto do contrato for alienado durante a vigência do contrato de locação, o adquirente não ficará obrigado a respeitá-lo, se nele não for consignada a cláusula da sua vigência, no caso de alienação, e não constar de registro (art. 576).

Quanto à sucessão, destaca o art. 577 que: "Morrendo o locador ou o locatário, transfere-se aos seus herdeiros a locação por tempo determinado".

16.9.5.1 A locação na Lei n. 8.245/91

Esta lei aplica-se somente às relações locatícias de imóvel urbano, consoante previsto em seu art. 1º. São quatro as ações previstas na lei de locações: a de **despejo**, a **consignatória de alugueres e encargos locatícios**, a **revisional de aluguel** e a **renovatória de imóveis não residenciais**.

Além dessas, poderão ser propostas também: a ação de **execução dos encargos locatícios**, conforme disposto no art. 784, VIII, do CPC, e a **indenizatória**, pelo locatário em face do locador, alegando que o imóvel locado apresentava defeitos causadores tanto de danos morais quanto de materiais.

A Lei n. 8.245/91 é uma norma híbrida, pois cuida de aspectos materiais, procedimentais, como também processuais. Algumas questões relevantes devem ser analisadas no estudo da Lei n. 8.245/91. O primeiro ponto a ser analisado é o juízo competente para propor as ações de despejo. Aqui se aplica a regra de competência do **foro da situação da coisa**, disposta no art. 47 do CPC, por trazer maior facilidade ao juízo a proximidade com o bem objeto do desalijo. Como previsto pelo art. 58, III, da Lei n. 8.245/91, o valor da causa para a propositura da ação de despejo corresponderá a doze meses de aluguel, ou, na hipótese do inciso II do art. 47, a três salários vigentes por ocasião do ajuizamento.

Segundo entendimento do STJ, o despejo para uso próprio poderá ser proposto nos Juizados Especiais Cíveis, posto que os incisos do art. 3º da Lei n. 9.099/95 não são cumulativos e o inciso III do mesmo artigo não possui limite de valor, tanto para bens imóveis como para os alugueres vencidos ou vincendos, se os mesmos existirem. Por último, deve ser esclarecido que o recurso contra sentença proferida, nesses casos, será o de apelação e deverá ser recebido somente no efeito devolutivo, permitindo, assim, o diploma legal a execução provisória do julgado.

16.9.6 Empréstimo

Esse tipo de contrato abrange tanto o comodato como o mútuo. Ambos os institutos se assemelham por terem como objeto a entrega da coisa para ser usada e restituída ao dono originário ao final do negócio estabelecido. Diferenciam-se em razão da natureza da coisa emprestada, pois, se o bem for fungível, o contrato será de mútuo e, se o mesmo for infungível, comodato.

16.9.6.1 Do comodato (arts. 579 a 585)

O comodato é um empréstimo de uso, cuja definição está expressa no art. 579 do CC: "O comodato é o empréstimo gratuito de coisas não fungíveis. Perfaz-se com a tradição do objeto".

Quanto à sua natureza jurídica, o comodato é: **real** (pois se perfaz com a tradição do bem fungível), **gratuito** (ainda que o comodatário efetue o pagamento dos encargos de comodato – exemplo: condomínio e IPTU), **informal** e

não solene, unilateral (confere obrigações somente ao comodatário) e **fiduciário** (baseado na confiança entre o comodante e o comodatário).

Em regra, todos os bens imóveis/móveis são passíveis de ser objeto de contrato de comodato. Excepcionalmente, a lei dispõe que não poderão dar em comodato, sem autorização especial, os bens confiados à guarda dos tutores, curadores e todos os administradores de bens alheios (art. 580).

Pode ser feito com prazo determinado e indeterminado. Nos casos pactuados por prazo determinado, não poderá o comodante suspender o uso e o gozo da coisa emprestada antes de findo o prazo convencional, salvo se houver uma urgente necessidade reconhecida pelo juiz. O comodato poderá não ter prazo convencionado, e, nesse caso, se presumirá o prazo por meio da necessidade da utilização da coisa (art. 581).

O comodatário tem como obrigação conservar o imóvel como se seu fosse, não podendo usá-lo em desacordo com o contrato ou a sua natureza, sob pena de responder por perdas e danos. Este será notificado para que seja constituído em mora, respondendo tanto pelo atraso quanto também pelos alugueres da coisa que forem arbitrados pelo comodante até a efetiva entrega das chaves, caracterizando, nesse caso, uma espécie de cláusula penal típica do contrato de comodato (art. 582).

Em situação de iminente risco da perda dos bens do comodante e do comodatário, e este tendo somente como salvaguardar os seus pertences, abandonando os do comodante, deverá ser responsabilizado pelo dano ocorrido, ainda que se trate de caso fortuito ou força maior (art. 583). Vale enfatizar que, mesmo nesses casos, não será suprimida a culpa do comodatário que pretere a coisa alheia emprestada em prol de seus pertences.

Por ser um contrato gratuito: "Art. 584. O comodatário não poderá jamais recobrar do comodante as despesas feitas com o uso e gozo da coisa emprestada".

Só é possível a existência da solidariedade no contrato de comodato no caso de duas ou mais pessoas serem, simultaneamente, comodatárias da mesma coisa, ficando solidariamente responsáveis para com o comodante (art. 585).

16.9.6.2 Mútuo (arts. 586 a 592)

O contrato de mútuo corresponde a um empréstimo de consumo e seu conceito está previsto no art. 586:

> Art. 586. O mútuo é o empréstimo de coisas fungíveis. O mutuário é obrigado a restituir ao mutuante o que dele recebeu em coisa do mesmo gênero, qualidade e quantidade.

Quanto à sua natureza jurídica, pode ser: **unilateral**, **gratuito** (só traz ônus para o mutuante; excepcionalmente pode ser oneroso, nas situações de mútuo feneratício, que corresponde ao empréstimo em dinheiro), **informal** e **não solene**, e **real**.

Este contrato se caracteriza pela transferência do domínio da coisa emprestada ao mutuário, que assume todos os riscos do bem fungível desde a tradição (art. 587). Porém, se o mútuo for realizado por menor de idade, quando não autorizado por seus responsáveis legais, isto é, aqueles que possuem a sua guarda, não poderá ser reivindicado, nem pelo menor, tampouco por quem possui a sua guarda (art. 588). Todavia, essa regra possui exceções (art. 589):

> I - se a pessoa, de cuja autorização necessitava o mutuário para contrair o empréstimo, o ratificar posteriormente;
>
> II - se o menor, estando ausente essa pessoa, se viu obrigado a contrair o empréstimo para os seus alimentos habituais;
>
> III - se o menor tiver bens ganhos com o seu trabalho. Mas, em tal caso, a execução do credor não lhes poderá ultrapassar as forças;
>
> IV - se o empréstimo reverteu em benefício do menor;
>
> V - se o menor obteve o empréstimo maliciosamente.

Verificando o mutuante que o mutuário poderá se tornar inadimplente, em razão de mudanças em sua situação econômica, poderá exigir a garantia legal, real ou fidejussória, com o objetivo de buscar maior segurança jurídica (art. 590). Contudo, adimplindo o contrato de forma parcial, a dívida vencerá antecipadamente ante a *exceptio non rite adimpleti contractus* (exceção do contrato não cumprido), de acordo com o art. 477.

16.9.6.2.1 Mútuo feneratício (ou mercantil)

É o mútuo destinado a fins econômicos, cujos juros cobrados presumir-se-ão devidos, podendo até chegar ao limite previsto no art. 406, sob pena de redução. Inexistindo convenção entre as partes, o mútuo será devido nos prazos a seguir (art. 592):

> I - até a próxima colheita, se o mútuo for de produtos agrícolas, assim para o consumo, como para semeadura;
>
> II - de trinta dias, pelo menos, se for de dinheiro;
>
> III - do espaço de tempo que declarar o mutuante, se for de qualquer outra coisa fungível.

súmulas

Súmula n. 382 do STJ - "A estipulação de juros remuneratórios superiores a 12% ao ano, por si só, não indica abusividade."

Súmula n. 379 do STJ - "Nos contratos bancários não regidos por legislação específica, os juros moratórios poderão ser convencionados até o limite de 1% ao mês."

> *Súmula n. 530 do STJ – "Nos contratos bancários, na impossibilidade de comprovar a taxa de juros efetivamente contratada – por ausência de pactuação ou pela falta de juntada do instrumento aos autos –, aplica-se a taxa média de mercado, divulgada pelo Bacen, praticada nas operações da mesma espécie, salvo se a taxa cobrada for mais vantajosa para o devedor."*

16.9.7 Prestação de serviços (arts. 593 a 609)

O art. 593 disciplina que a "[...] prestação de serviço, que não estiver sujeita às leis trabalhistas ou à lei especial, reger-se-á pelas disposições deste Capítulo".

Restou ao Código Civil reger toda espécie de serviço ou trabalho lícito, material ou imaterial que pode ser contratada mediante retribuição, e que não esteja sujeita às leis trabalhistas ou à lei especial.

Quanto à natureza jurídica, pode ser: **bilateral**, **comutativo**, **personalíssimo** (deve ser prestado pelas partes que pactuaram os termos do contrato), **oneroso**, **informal/não solene** e **consensual**.

O objeto do contrato será toda espécie de serviço ou trabalho lícito, material ou imaterial, que pode ser contratada mediante retribuição (art. 594). A remuneração será, em regra, paga após a prestação do serviço (art. 597), podendo ser convencionada de forma diversa, ou seja, o pagamento poderá se concretizar no início dos trabalhos ou, também, ser dividido em três parcelas, efetuando o pagamento de um terço no início, um terço durante a execução dos serviços e o restante ao final.

No que tange aos valores devidos, se inexistir estipulação prévia e muito menos a possibilidade de acordo entre as partes, deverá ser proposta ação para que o juiz arbitre a remuneração de acordo com o costume do lugar, o tempo de serviço e a sua qualidade.

Quanto ao prazo, prevê a lei civil no *caput* de seu art. 598:

> Art. 598. A prestação de serviço não se poderá convencionar por mais de quatro anos, embora o contrato tenha por causa o pagamento de dívida de quem o presta, ou se destine à execução de certa e determinada obra. Neste caso, decorridos quatro anos, dar-se-á por findo o contrato, ainda que não concluída a obra.

O prazo para estabelecer a resilição contratual ficará ao arbítrio de ambas as partes, mediante prévio aviso. Entretanto, a lei estipula prazos gerais, caso as partes não pactuem previamente tais limites (art. 599, parágrafo único):

> I – com antecedência de oito dias, se o salário se houver fixado por tempo de um mês, ou mais;
>
> II – com antecipação de quatro dias, se o salário se tiver ajustado por semana, ou quinzena;
>
> III – de véspera, quando se tenha contratado por menos de sete dias.

A lei civil dispõe que não será contado o tempo em que o prestador de serviço não tenha efetuado a sua tarefa (art. 600). Todavia, quando não se estabelecer a tarefa que o prestador de serviço deverá executar, entende-se que o mesmo se obrigou a todo e qualquer serviço compatível com as suas forças e condições (art. 601).

Não poderá o prestador de serviço contratado por tempo certo ou por obra determinada se ausentar sem justa causa antes de preenchido o tempo ou concluída a obra (art. 602). O contratado terá direito à retribuição vencida, mas responderá por perdas e danos. Essa punição também se aplicará para o caso de o prestador ser despedido por justa causa.

Nas hipóteses em que o prestador de serviço for despedido sem justa causa, o contratante será obrigado a lhe pagar a integral retribuição vencida acrescida da metade da remuneração a que caberia a ele, caso pudesse cumprir com o termo legal do contrato (art. 603).

Ao final do contrato, o prestador de serviço tem o direito de exigir da outra parte uma declaração, afirmando que as obrigações contraídas foram finalizadas, bem como se for despedido sem ou com justa causa (art. 604).

Nas hipóteses de prestação de serviço por pessoa que não possua título de habilitação ou não satisfaça requisitos estabelecidos em lei, não poderá ser cobrada retribuição correspondente ao trabalho executado por quem o prestou. Se o serviço for prestado de boa-fé, o juiz arbitrará compensação razoável, exceto quando a proibição da prestação de serviço resultar de lei de ordem pública (art. 606).

A lei civil estabeleceu algumas formas de extinção do contrato. Entre elas, consta a morte de qualquer das partes, o escoamento do prazo contratualmente determinado, a conclusão da obra, a rescisão do contrato mediante aviso prévio, o inadimplemento de qualquer das partes ou a impossibilidade da continuação do contrato motivada por força maior (art. 607).

16.9.8 Empreitada (arts. 610 a 626)

Trata-se de contrato em que o contratado/empreiteiro se obriga, sem subordinação ou dependência, a realizar pessoalmente ou por terceiros determinada obra para o dono ou para o empreiteiro contratado, com material próprio ou fornecido pelo dono da obra, mediante remuneração determinada ou proporcional ao trabalho executado.

Natureza jurídica: **bilateral**, **comutativo**, **oneroso**, **informal** e não solene, **consensual**, **instantâneo** ou **de longa duração**, **não personalíssimo** (sua execução pode ser confiada a terceiros, sob responsabilidade do empreiteiro).

Quanto às espécies, a empreitada pode ser:

a) de lavor: neste contrato, o empreiteiro somente contribui com a mão de obra (arts. 610, § 1º, 612 e 613);

b) mista: além do trabalho, fornece os materiais necessários para a sua realização (art. 611);

c) de projeto: a obrigatoriedade do empreiteiro é somente entregar o seu projeto final (art. 610, § 2º);

d) instantânea: é estabelecida remuneração fixa para a execução da obra;

e) por medida/*ad mensuram*: nesta modalidade, a fixação do preço é determinada pelas etapas realizadas, isto é, a remuneração é proporcional ao trabalho executado;

f) por administração: na qual o empreiteiro se encarrega da execução do projeto, pesquisando preço, profissionais, entre outros aspectos, sendo remunerado de forma fixa ou por meio de um percentual sobre o custo da obra.

Quando a obra for concluída de acordo com o que foi pactuado inicialmente, o seu dono será obrigado a aceitá-la, podendo rejeitá-la, caso o empreiteiro se afaste das instruções recebidas, dos planos dados ou das regras técnicas em trabalhos de tal natureza (art. 615).

Quanto à responsabilidade do empreiteiro, existem três pontos a serem analisados:

- Segundo o art. 617, "o empreiteiro é obrigado a pagar os materiais que recebeu, se por imperícia ou negligência os inutilizar";
- O empreiteiro responderá, durante o irredutível prazo de cinco anos, pela solidez e pela segurança do trabalho, como também pelos materiais utilizados. Contudo, decairá o direito do dono da obra que não propuser a ação contra o empreiteiro nos cento e oitenta dias seguintes ao aparecimento do vício ou defeito, sendo a responsabilidade objetiva, e a obrigação é de resultado (art. 618).
- Se a obra ficar paralisada sem justo motivo, resolve-se em perdas e danos, podendo o empreiteiro suspender a obra nos casos do art. 625:

  I – por culpa do dono, ou por motivo de força maior;

  II – quando, no decorrer dos serviços, se manifestarem dificuldades imprevisíveis de execução, resultantes de causas geológicas ou hídricas, ou outras semelhantes, de modo que torne a empreitada excessivamente onerosa, e o dono da obra se opuser ao reajuste do preço inerente ao projeto por ele elaborado, observados os preços;

  III – se as modificações exigidas pelo dono da obra, por seu vulto e natureza, forem desproporcionais ao projeto aprovado, ainda que o dono se disponha a arcar com o acréscimo de preço.

16.9.8.1 Subempreitada

A empreitada é uma modalidade contratual que não possui natureza personalíssima, até porque não se extingue o contrato de empreitada pela morte de qualquer das partes, salvo se ajustado em consideração às qualidades pessoais do empreiteiro (art. 626). Pode, portanto, a execução da obra ser confiada a terceiros (subempreitada), desde que os mesmos não assumam a direção ou a fiscalização do serviço, ficando limitados os danos resultantes de defeitos durante o irredutível prazo de cinco anos.

16.9.9 Depósito (arts. 627 a 652)

Neste contrato, o depositário recebe um objeto móvel para guardar até que o depositante o reclame (art. 627). Em regra, é gratuito, exceto se houver convenção em contrário e for fruto de atividade negocial ou se o depositário o praticar por profissão.

Quanto à natureza jurídica, pode ser: **real**; **unilateral** (só gera obrigações para uma das partes, com exceção do art. 643, em que o depositante é obrigado a pagar ao depositário as despesas feitas com a coisa, e os prejuízos que do depósito provierem; o contrato poderá se tornar bilateral imperfeito); **gratuito** (a regra geral é que onera somente uma das partes, havendo extraordinariamente remuneração ao depositário); **informal** (não obstante se prove por escrito o depósito voluntário - art. 646); **não solene**; **personalíssimo** (considera as características pessoais do depositário, podendo ser afastado o caráter personalíssimo quando o depositário for pessoa jurídica); **temporário** (pode ter prazo ou não para o seu fim).

O contrato de depósito pode se apresentar de acordo com as seguintes modalidades:

a) **Voluntário:** decorre da autonomia de vontade das partes;
b) **Necessário: legal** (deriva da lei - art. 647, I); **miserável** (sucede de calamidade pública - art. 647, II); e **hospedeiro** (depende da guarda das bagagens de hóspedes - art. 649);
c) **Regular:** deriva de um bem infungível e inconsumível;
d) **Irregular:** oriundo de bem fungível e consumível;
e) **Judicial:** objetiva resguardar a coisa até a decisão final e deriva de mandado judicial;
f) **Bem indivisível:** (art. 639);
g) **Fechado:** (art. 630).

16.9.9.1 Direitos e deveres do depositário

A lei traz, ao longo do texto, os seguintes **direitos**:

a) o depositário terá o direito de obter a restituição sobre as despesas necessárias;
b) direito de retenção do bem depositado, para o caso de inadimplemento;
c) ser remunerado, nas hipóteses em que é devida a remuneração.

Além disso, terá como **deveres**:

a) custodiar a coisa com o devido zelo;

b) obter autorização do depositante para usar a coisa depositada;
c) restituir o bem no prazo final, no local pactuado, responsabilizando-se pela coisa até a sua efetiva entrega.

16.9.9.2 Direitos e deveres do depositante

O depositante tem o direito de ser ressarcido no caso de deterioração do bem depositado. Como dever, consta o de pagar pelas despesas referentes à manutenção do depósito, bem como sobre os prejuízos que a coisa gerar ao depositário.

16.9.9.3 Da prisão do depositário infiel

A presente matéria, objeto de antigas controvérsias, foi pacificada pela Súmula Vinculante n. 25 do STF, estabelecendo que: "É ilícita a prisão civil de depositário infiel, qualquer que seja a modalidade do depósito".

16.9.9.4 Extinção do depósito

O contrato de depósito será extinto por resilição unilateral, ao final do prazo estabelecido, pelo perecimento da coisa, morte do depositário e pela incapacidade civil do depositário. Importante se faz mencionar a Lei n. 2.313/54, prevendo que, após o prazo de vinte e cinco anos, se a coisa não for reclamada, os bens serão recolhidos ao Tesouro Nacional.

16.9.10 Mandato (arts. 653 a 692)

Segundo o art. 653 do CC: "Opera-se o mandato quando alguém recebe de outrem poderes para, em seu nome, praticar atos ou administrar interesses. A procuração é o instrumento do mandato".

Essa modalidade contratual ocorre enquanto alguém substitui outra pessoa, com poderes legais necessários para atuar em conformidade com a vontade do mandante.

Quanto à natureza jurídica, pode ser: **unilateral** (gera somente obrigações para o mandatário); **gratuito ou oneroso** (se não ficar estipulada remuneração é gratuito, exceto quando se tratar de ofício ou profissão lucrativa do mandatário, cabendo a remuneração pactuada pelas partes e, na ausência, a prevista em lei de acordo com a categoria profissional ou conforme usos e costumes do local da celebração, ou, ainda, por arbitramento); **consensual**; **comutativo**; **preparatório** (serve para a prática de um terceiro ato); informal e não solene (exceto para disposições legais específicas).

O contrato de mandato possui as seguintes espécies:

a) **Judicial:** possui a finalidade de representar o outorgante perante o Poder Judiciário;
b) **Legal:** não há instrumento por decorrer da lei;
c) **Escrito:** materializado por instrumento público ou particular;
d) **Verbal:** inexiste documento escrito, sendo evidenciado por prova testemunhal;

e) **Expresso e tácito:** o primeiro se forma explicitamente por meio de sua forma, podendo ser verbal ou escrito. O segundo se dá com a definição dos deveres em decorrência de outra pessoa;
f) **Aparente:** terá o mandatário o dever de remunerar, adiantar as despesas necessárias, realizadas na execução do mandato, ressarcir os prejuízos, honrar os compromissos em seu nome assumidos, vincular-se com quem seu procurador contratou, responsabilizar-se solidariamente nas hipóteses legais, pagar a remuneração do substabelecido e vincular-se a terceiro de boa-fé;
g) **Salariado:** trata-se de obrigação de meio, em que a remuneração se dá independentemente do resultado-fim;
h) **Geral:** engloba todo o patrimônio do outorgante, somente conferindo poderes de administração. Para alienar, hipotecar, transigir ou praticar outros quaisquer atos que exorbitem da administração ordinária, depende da procuração de poderes especiais e expressos (art. 661, § 1º);
i) **Especial:** abrange um ou mais negócios do mandante;
j) **Conjunto:** quando há uma pluralidade de mandatários que devem participar do ato designado;
k) **Solidário:** com cláusula *in solidum*, cada mandatário poderá realizar o mister independentemente dos demais;
l) **Fracionário:** sempre que existir divisão de tarefas devidamente delimitada entre os mandatários;
m) **Singular:** preza pela existência de apenas um outorgado;
n) **Plural:** sempre que vários são nomeados no instrumento de mandato.

16.9.10.1 Submandato

Contrato acessório ao mandato principal, deve ser escrito por meio do instrumento de substabelecimento e tem como objeto a obrigação de fazer fungível. Se houver reservas, tanto o mandatário quanto o submandatário podem realizar as tarefas. Todavia, quando esse instrumento for sem reservas, o mandatário revoga os seus próprios poderes perante o mandante, repassando-os para o submandatário.

16.9.10.2 Obrigações do mandatário

Nos arts. 667 a 674, cuja leitura se faz obrigatória, o Código estabelece as obrigações do mandatário, podendo ser listados aqui os principais deveres:

a) agir em nome do mandante, nos limites outorgados pelo instrumento de mandato;
b) ser diligente na execução e indenizar, caso haja prejuízo decorrente de sua culpa ou de quem substabeleceu;
c) prestar contas ao mandante, transferindo as vantagens provenientes do instrumento do mandato;
d) identifica-se como mandatário perante terceiros com quem tratar;
e) concluir a tarefa a que foi contratado.

16.9.10.3 Obrigações do mandante

É de extrema importância a leitura dos arts. 675 a 681, podendo ser enumerados aqui os principais deveres do mandante:

a) satisfazer todas as obrigações contraídas pelo mandatário, em conformidade com o mandato, e adiantar a importância das despesas necessárias à sua fiel execução;
b) pagar a remuneração pactuada com o mandatário, bem como as despesas de execução, ainda que o negócio não surta o esperado efeito, exceto se oriundo de culpa do mandatário;
c) ressarcir ao mandatário as perdas que sofrer com a execução do mandato, sempre que não resultem de sua culpa ou de excesso de poderes;
d) ainda que o mandatário contrarie as instruções originárias, o mandante ficará obrigado perante aqueles com quem seu procurador contratou;
e) o mandatário tem direito de retenção sobre a coisa de que tenha posse em virtude do mandato, até ser reembolsado pelo desempenho do encargo contratual.

O mandato é extinto de acordo com as hipóteses previstas nos arts. 682 a 691: revogação, renúncia, morte de uma das partes, interdição de uma das partes, mudança de estado de uma das partes, término do prazo e conclusão do negócio.

16.9.11 Contrato de fiança (arts. 818 a 839)

Trata-se de garantia fidejussória em que um terceiro (fiador) passa a garantir pessoalmente perante o credor a dívida do devedor com seu patrimônio, tendo, dessa forma, uma responsabilidade sem débito (art. 818).

Natureza jurídica: **gratuito** (podendo ser oneroso, caso seja fiança bancária); **consensual**; **formal** (exige documento escrito); **não solene**; **obrigação acessória** (sua existência depende de um contrato principal); **típico** (possui previsão legal); **fiduciário** (decorre, essencialmente, da confiança das partes).

16.9.11.1 Efeitos e regras

a) As dívidas futuras podem ser objeto de fiança, mas o fiador não poderá ser demandado senão depois que se fizer certa e líquida a obrigação do principal devedor (art. 821).
b) A fiança poderá abranger a totalidade da dívida ou somente parte dela, sendo a primeira (total) ilimitada e a segunda (parcial) limitada.
c) O credor possui o direito de examinar a idoneidade da fiança, não podendo ser obrigado a aceitar se o mesmo não for idôneo, domiciliado no município onde tenha de prestar a fiança, e não possua bens suficientes para cumprir a obrigação.
d) Se houver insolvência do fiador, o credor poderá exigir a sua substituição.
e) É inerente à fiança o benefício de ordem, segundo o qual o fiador pode exigir que inicialmente seja executado o bem do devedor para posteriormente ter o seu patrimônio atingido.

f) A solidariedade não se presume, decorre da lei ou da vontade das partes. Logo, inexiste diploma legal determinando que o devedor e o fiador são solidários. Se inexistir previsão contratual, não se poderá presumir a solidariedade, pois violaria a regra legal.

g) A fiança poderá ser prestada conjuntamente a um só débito, por mais de uma pessoa, importando o compromisso de solidariedade entre elas se declaradamente não se reservarem o benefício da divisão, respondendo cada fiador unicamente pela parte que proporcionalmente lhe couber no pagamento.

h) O fiador também tem direito perante o devedor de ser ressarcido de todas as perdas e danos que vier a sofrer em razão da fiança.

i) Poderá o fiador promover o andamento da execução contra o devedor nos casos em que o credor, sem justa causa, demorar a executar.

j) Segundo a doutrina majoritária, a renúncia convencional é nula.

k) A obrigação do fiador passa para os herdeiros, mas fica limitada ao quinhão hereditário (forças da herança).

l) É o único contrato em que há compensação sem reciprocidade de créditos e débitos, podendo ser compensado com o credor o que este deve ao afiançado.

m) A desoneração de fiador em locação urbana é regulada pelo art. 40 da Lei n. 8.245/91, em que o fiador ainda responde no período de cento e vinte dias após a sua desoneração, enquanto a da lei civil, o fiador ficará obrigado por todos os efeitos da fiança, durante sessenta dias após a notificação do credor.

n) Não obstante discussões anteriores acerca da constitucionalidade da penhora do único bem imóvel do fiador, o STF pacificou este entendimento acerca da sua possibilidade, declarando a constitucionalidade do art. 3º, VII, da Lei n. 8.009/90.

16.9.11.2 Hipóteses de extinção da fiança (arts. 837 a 839)

I. Resilição unilateral.

II. Morte.

III. O fiador pode opor ao credor as exceções que lhe forem pessoais e as extintivas da obrigação que competem ao devedor principal, se não provierem simplesmente de incapacidade pessoal, salvo o caso do mútuo feito a pessoa menor.

IV. O fiador, ainda que solidário, ficará desobrigado: se, sem consentimento seu, o credor conceder moratória ao devedor; se, por fato do credor, for impossível a sub-rogação nos seus direitos e preferências; se o credor, em pagamento da dívida, aceitar amigavelmente do devedor objeto diverso do que este era obrigado a lhe dar, ainda que depois venha a perdê-lo por evicção.

V. Se for invocado o benefício da excussão e o devedor, retardando-se a execução, cair em insolvência, ficará exonerado o fiador que o invocou, se provar que os bens por ele indicados eram, ao tempo da penhora, suficientes para a solução da dívida afiançada.

16.9.12 Contrato de seguro (arts. 757 a 777)

Pelo contrato de seguro, o segurador se obriga, mediante o pagamento do prêmio, a garantir o interesse legítimo do segurado, relativo a pessoa ou a coisa, contra riscos predeterminados (art. 757). Somente pode ser parte, no contrato de seguro, como segurador, entidade para tal fim legalmente autorizada (art. 757, parágrafo único).

O contrato de seguro prova-se com a exibição da apólice ou do bilhete do seguro, e, na falta deles, por documento comprobatório do pagamento do respectivo prêmio (art. 758). Contudo, a emissão da apólice deverá ser precedida de proposta escrita com a declaração dos elementos essenciais do interesse a ser garantido e do risco (art. 759).

A apólice ou o bilhete de seguro serão nominativos, à ordem ou ao portador, e mencionarão os riscos assumidos, o início e o fim de sua validade, o limite da garantia e o prêmio devido, e, quando for o caso, o nome do segurado e o do beneficiário. Para o seguro de pessoas, a apólice ou o bilhete não podem ser ao portador, diante do seu caráter personalíssimo (art. 760).

Ressalte-se que será nulo o contrato para garantia de risco proveniente de ato doloso do segurado, do beneficiário, ou de representante de um ou de outro (art. 762).

Quanto ao pagamento do prêmio, não terá direito à indenização o segurado que estiver em mora no pagamento do prêmio, se ocorrer o sinistro antes de sua purgação (art. 763). Ademais, salvo disposição especial, o fato de se não ter verificado o risco, em previsão do qual se faz o seguro, não exime o segurado de pagar o prêmio (art. 764).

A respeito das obrigações recíprocas, o segurado e o segurador são obrigados a guardar na conclusão e na execução do contrato, a mais estrita boa-fé e veracidade, tanto a respeito do objeto como das circunstâncias e declarações a ele concernentes (art. 765).

Em caso de omissão ou declaração inexata, que possa influenciar na aceitação da proposta ou na taxa do prêmio, perderá o direito à garantia, além de ficar obrigado ao prêmio vencido. Se a inexatidão ou a omissão nas declarações não resultar de má-fé do segurado, o segurador poderá resolver o contrato, ou cobrar, mesmo após o sinistro, a diferença do prêmio (art. 766).

No âmbito de seus deveres, o segurado é obrigado a comunicar ao segurador, logo que saiba, todo incidente suscetível de agravar consideravelmente o risco coberto, sob pena de perder o direito à garantia, se provar que silenciou de má-fé (art. 769). Outrossim, sob pena de perder o direito à indenização, o segurado participará o sinistro ao segurador, logo que o saiba, e tomará as providências imediatas para minorar-lhe as consequências (art. 771). Perderá, inclusive, o direito à garantia se agravar intencionalmente o risco objeto do contrato (art. 768).

Porém o STJ decidiu que a embriaguez do segurado não exime a seguradora do pagamento da indenização prevista em contrato de seguro de vida (Súmula n. 620).

O segurador, desde que o faça nos quinze dias seguintes ao recebimento do aviso da agravação do risco sem culpa do segurado, poderá dar-lhe ciência, por escrito, de sua decisão de resolver o contrato (art. 769, § 1º). Contudo, a resolução só será eficaz trinta dias após a notificação, devendo ser restituída pelo segurador a diferença do prêmio (art. 769, § 2º).

A diminuição do risco, salvo previsão diversa, no curso do contrato não acarreta a redução do prêmio estipulado. No entanto, se a redução do risco for considerável, o segurado poderá exigir a revisão do prêmio, ou a resolução do contrato (art. 770).

Demais disposições acerca do contrato de seguro:

a) **Despesas de salvamento:** correm à conta do segurador, até o limite fixado no contrato, as despesas de salvamento consequente ao sinistro;
b) **Mora do segurador:** a mora do segurador em pagar o sinistro obriga à atualização monetária da indenização devida segundo índices oficiais regularmente estabelecidos, sem prejuízo dos juros moratórios;
c) **Risco inexistente:** o segurador que, ao tempo do contrato, sabe inexistir o risco de que o segurado se pretende cobrir, e, não obstante, expede a apólice, pagará em dobro o prêmio estipulado;
d) **Renovação:** a recondução tácita do contrato pelo mesmo prazo, mediante expressa cláusula contratual, não poderá operar mais de uma vez;
e) **Representantes do segurador:** os agentes autorizados do segurador presumem-se seus representantes para todos os atos relativos aos contratos que agenciarem;
f) **Forma de indenização:** o segurador é obrigado a pagar em dinheiro o prejuízo resultante do risco assumido, salvo se convencionada a reposição da coisa.

16.10 ATOS UNILATERAIS

Os atos unilaterais correspondem a declarações de vontade proferidas de maneira unilateral, consistindo em verdadeiras fontes de obrigações. Os atos unilaterais contidos no Código Civil são a promessa de recompensa, a gestão de negócios, o pagamento indevido e o enriquecimento sem causa.

16.10.1 Promessa de recompensa (arts. 854 a 860)

O conceito da promessa de recompensa encontra-se disposto no art. 854: "Aquele que, por anúncios públicos, se comprometer a recompensar, ou gratificar, a quem preencha certa condição, ou desempenhe certo serviço, contrai obrigação de cumprir o prometido". Portanto, o promitente fica obrigado a cumprir com aquilo que declarou publicamente. Entretanto, do mesmo jeito que o promitente deve cumprir com a obrigação que publicou, este pode revogá-la a qualquer tempo se o fizer com a mesma publicidade (art. 856).

Para que a promessa de recompensa seja obrigatória, é necessário que tenha publicidade, seja especificada a condição a ser preenchida ou o serviço a ser desempenhado e a indicação da recompensa.

Qualquer pessoa que cumprir com a obrigação estipulada fará jus à recompensa. Entretanto, quando se tratar de incapacidade absoluta, o representante legal é quem receberá a recompensa, como dispõe o art. 855.

É importante ressaltar que, se mais de uma pessoa demonstrar que realizou a condição estipulada, o direito de recompensa será de quem o fez primeiro, de acordo com o art. 857. Contudo, se o cumprimento for realizado simultaneamente, cada um terá direito a um quinhão igual na recompensa. Se esta não for divisível, conferir-se-á por sorteio, e o que obtiver a coisa dará ao outro o valor de seu quinhão (art. 858).

Nos concursos culturais, em que normalmente são estabelecidos prêmios como forma de recompensa, o legislador procurou determinar o estabelecimento de um prazo para a entrega da mesma, como condição obrigatória (art. 859). Por fim, em consonância com art. 860, o promitente ficará com as obras premiadas, se essa condição estiver prevista na publicação na promessa.

16.10.2 Gestão de negócios (arts. 861 a 875)

Outro instituto dos atos unilaterais é a gestão de negócios que ocorre quando uma pessoa, sem autorização do interessado, intervém na administração de um empreendimento, dirigindo segundo o interesse e a vontade presumível de seu dono, disciplinada no art. 861. Tal artigo elenca as condições para a gestão de negócio: deve se tratar de negócio alheio, não podendo se tratar de interesse próprio; não podendo ter autorização da pessoa que possui o negócio; gerindo o negócio de acordo com a presunção do interesse do dono do negócio.

Todavia, se o dono do negócio manifesta a sua vontade de não querer a gestão de negócio e a pessoa o fizer mesmo assim, poderá esta ter que vir a responder por casos fortuitos, não provando que teriam sobrevindo, ainda quando se houvesse abatido (art. 862). Nesse sentido, de acordo com o art. 863, existe a obrigação do dono do negócio de restituir as coisas ao estado anterior ou indenizar a diferença ao gestor, caso tais prejuízo excedam o seu proveito. Outra obrigação do dono do negócio ocorre quando este quiser se aproveitar da gestão, ficando obrigado a indenizar o gestor pelas despesas necessárias e no caso de prejuízo que houver sofrido (art. 868, parágrafo único).

Por outro viés, o gestor está obrigado a comunicar ao dono do negócio acerca da aceitação, devendo aguardar resposta daquele. Contudo, se houver risco de dano, o gestor poderá tomar qualquer providência (art. 864). No que se refere à morte do dono do negócio, em consonância com o art. 865, caso venha a acontecer, não ocorrerá a cessação da gestão, devendo o gestor prosseguir com as providências, sob as instruções dos herdeiros.

Ademais, quando o dono do negócio autentica as atitudes do gestor, operada pela ratificação, a gestão do negócio produzirá efeitos de mandato, retroagindo ao dia do começo da gestão. Assim, a gestão de negócio se transformará em mandato, como se fosse feito desde o início (art. 873).

16.10.3 Pagamento indevido (arts. 876 a 883)

O pagamento indevido corresponde a uma espécie do enriquecimento sem causa, posto que, quem receber valor que não era devido, gerará a obrigação de restituir aquilo que recebeu, conforme dispõe o art. 876. Em consonância com o art. 877, incumbe a quem voluntariamente pagou o indevido provar tê-lo feito por erro.

No que tange aos rendimentos provenientes da coisa entregue indevidamente, modalidade de pagamento indevido, quem recebeu será amparado pela boa-fé, de acordo com o art. 878. Dessa forma, terá direito aos frutos, às acessões, às benfeitorias e às deteriorações da coisa indevida, valendo-se do direito de retenção. Todavia, se for considerado possuidor de má-fé, somente terá direito às benfeitorias.

Pode ocorrer pagamento indevido na entrega de bem imóvel. Quando isso ocorre, aquele que recebeu indevidamente e tiver alienado de boa-fé, por meio de título oneroso, somente responderá pelo pagamento do valor recebido. Contudo, se tiver agido de má-fé, além do valor que recebeu, ficará obrigado ao pagamento de perdas e danos (art. 879). Se o adquirente tiver agido de má-fé, ou se a transmissão ocorreu a título gratuito, aquele que pagou por erro terá direito de reivindicação.

O Código Civil disciplina três situações em que não haverá o **direito à repetição** (direito conferido àquele que efetuou o pagamento indevidamente de forma voluntária ou por erro). A primeira está disciplinada no art. 880:

> Art. 880. Fica isento de restituir pagamento indevido aquele que, recebendo-o como parte de dívida verdadeira, inutilizou o título, deixou prescrever a pretensão ou abriu mão das garantias que asseguravam seu direito; mas aquele que pagou dispõe de ação regressiva contra o verdadeiro devedor e seu fiador.

A segunda exceção está contida no art. 882, que trata da dívida prescrita ou da obrigação judicial inexigível, não podendo repetir aquilo que se pagou. A última exceção, disciplinada no art. 883, revela que: "Não terá direito à repetição aquele que deu alguma coisa para obter fim ilícito, imoral, ou proibido por lei".

Portanto, a pessoa que oferece pagamento para a realização de um ato ilícito, imoral ou proibido por lei não terá o direito de receber o dinheiro, caso o acordo não seja cumprido.

16.10.4 Enriquecimento sem causa (arts. 884 a 886)

O enriquecimento sem causa configura-se quando alguém se aproveita de coisa alheia, aumentando o seu patrimônio em detrimento de outrem, ou se beneficia de alguma vantagem indevidamente, conforme o art. 884 do CC.

No que tange à situação em que o objeto for coisa determinada, a restituição será feita mediante a sua devolução. Contudo, caso a coisa não exista mais, aquele que enriqueceu à custa de outrem deverá restituí-la por meio do valor do bem à época em que foi exigido (art. 884, parágrafo único).

Como disposto no art. 885, a restituição é devida não só quando não tenha havido causa que justifique o enriquecimento, mas também se esta deixou de existir. Portanto, importante ressaltar que, quando a lei conferir outras formas de ressarcimento do prejuízo sofrido, não será cabível a restituição por enriquecimento sem causa (art. 886).

QUADRO SINÓTICO

CONTRATOS	
CONCEITO	Contrato é o negócio jurídico bilateral, formado pela convergência de duas ou mais vontades para criar, modificar ou extinguir relações jurídicas de natureza patrimonial.
PRINCÍPIOS CONTRATUAIS	• **Princípio da autonomia privada:** todo e qualquer contrato pressupõe certa liberdade intelectual, pautada na ideia do consensualismo. • **Princípio da obrigatoriedade:** as partes não são obrigadas a contratar, mas, uma vez que o façam, ficam obrigadas a cumprir suas cláusulas. Também conhecido como **princípio da força obrigatória dos contratos**. • **Princípio da relatividade dos efeitos dos contratos:** o contratante só pode opor os direitos oriundos do contrato ao outro contratante, e não a pessoas estranhas à relação contratual. Somente as partes podem ter direitos e deveres frutos do contrato que celebraram. • **Princípio da função social do contrato:** se o contrato repercute negativamente para a sociedade, o juiz pode nele intervir para preservação do interesse coletivo. É um princípio que limita a liberdade de contratar, estabelecendo parâmetros. • **Princípio da boa-fé objetiva:** obriga as partes contratantes a agirem de boa-fé quando da celebração de um contrato. A palavra-chave do princípio é confiança, que significa parceria contratual.
CLASSIFICAÇÃO DOS CONTRATOS	• **Contratos unilateral, bilateral e plurilateral:** diferenciam-se pelo número de prestações: **unilateral** (há prestação apenas para uma das partes); **bilateral** (além de duas vontades, tem prestação para ambas as partes); e **plurilateral** (há pelo menos três vontades envolvidas). • **Contratos oneroso e gratuito: oneroso** (há equilíbrio econômico entre as partes, porque ambos perdem e ganham na mesma proporção econômica); e **gratuito** (a parte não ganha algo equivalente à sua prestação, havendo desequilíbrio econômico).

<table>
<tr><th colspan="2">CONTRATOS</th></tr>
<tr><td>CLASSIFICAÇÃO DOS CONTRATOS</td><td>
• Contratos comutativo e aleatório: comutativo (as partes podem prever seus efeitos ao celebrar o contrato); e aleatório (as partes não podem prever os seus efeitos – é o contrato de risco).
• Contratos consensual e real: consensual (forma-se com o acordo de vontades das partes, sendo a regra de contratos); e real (estabelecido com a tradição, entrega do bem após o acordo de vontades).
• Contratos de execução instantânea, continuada e diferida: instantânea (é cumprido em uma só vez, no momento da celebração do contrato); continuada (a prestação é cumprida em cotas periódicas); e diferida (a prestação é cumprida em uma só vez, mas no futuro).
• Contratos entre presentes e entre ausentes: é uma classificação que se refere à formação do contrato: entre presentes (a proposta e a aceitação ocorrem em tempo real, mesmo que por telefone ou outro meio de comunicação); e entre ausentes (a proposta e a aceitação não se dão em tempo real).
</td></tr>
<tr><td>CONTRATOS EM GERAL</td><td>
Em razão do princípio da relatividade de seus efeitos, o contrato, em regra, só atinge as partes, ou seja, apenas quem é parte pode ter direitos e deveres que dele decorrem. Todavia, há três contratos em que um terceiro é por ele atingido, vez que terão direitos e deveres decorrentes de um contrato que não celebraram originariamente:
a) Estipulação em favor de terceiro: um dos contratantes determina que a prestação seja cumprida em benefício de um terceiro.
b) Promessa de fato de terceiro: um dos contratantes promete que um terceiro cumprirá a prestação em favor do outro.
c) Contrato com pessoa a declarar: um dos contratantes pode indicar uma pessoa que assumirá sua posição no contrato.
O Código Civil de 2002 procurou estabelecer o cumprimento do princípio da função social do contrato (art. 421), devendo ser observado sempre no momento da aplicação do contrato. Portanto a liberdade das partes para contratar deverá ser exercida dentro dos limites da função social do contrato. Além disso, a conduta das partes deve estar pautada nos princípios da probidade e da boa-fé (art. 422).
No que se refere ao contrato de adesão, o Código estabeleceu que, quando houver cláusulas ambíguas ou contraditórias, dever-se-á adotar a interpretação mais favorável ao aderente (art. 423). Ademais, são nulas as cláusulas que estipulem a renúncia antecipada do aderente a direito resultante da natureza do negócio (art. 424).
</td></tr>
<tr><td>INTERPRETAÇÃO</td><td>
A interpretação dos contratos consiste em traduzir, exatamente, a vontade das partes.
A tradução do contrato pode ocorrer sob duas formas: declaratória (intuito de descobrir a real intenção das partes contratantes no momento da celebração contratual); e construtiva (quando a finalidade é preencher as lacunas existentes no contrato).
</td></tr>
</table>

CONTRATOS	
EXTINÇÃO DOS CONTRATOS	Extinção do contrato é o fim de sua existência, sua morte, seu desaparecimento do mundo jurídico. Extinção é o gênero, a expressão mais ampla para o fim do contrato, seja pela causa que for, que contempla várias espécies. A inexecução pode causar três tipos de extinção do contrato: • **Resilição:** extinção do contrato por vontade de um ou ambos os contratantes, sem qualquer razão jurídica para tanto. • **Resolução:** extinção do contrato pelo inadimplemento de uma das partes, legitimando a outra a pedir sua resolução. • **Rescisão:** alguns autores mencionam rescisão como uma espécie de resolução do contrato, significando a resolução culposa ou voluntária, ou seja, quando o contrato é extinto por inadimplemento culposo do outro contratante. A jurisprudência brasileira (teoria pragmática) entende que rescisão tem o mesmo conceito de resolução.
DISPOSIÇÕES ESPECIAIS	• **Exceção do contrato não cumprido:** é a defesa processual adequada para que uma das partes oponha à outra, caso esta esteja exigindo prestação sem ter realizado a sua parte. • **Cláusula *solve et repete*:** estabelecida num contrato com o objetivo de impossibilitar a alegação do não cumprimento da outra parte em matéria de defesa, sendo que o mesmo só poderá reclamar desta em outra ação, visando, assim, ao pagamento ao credor sem outra oposição.
VÍCIOS REDIBITÓRIOS	Consistem em defeitos ocultos que tornam o bem impróprio para o uso a que habitualmente se destina ou que lhe diminuem o valor. Os **prazos decadenciais para reclamar** são (art. 445): trinta dias para bens móveis e um ano para imóveis da data da entrega, ou, se já estava na posse do bem, da alienação reduz pela metade o prazo. Quando, por sua própria natureza, o vício só puder ser conhecido posteriormente, conta-se, do momento em que tiver ciência, cento e oitenta dias para móveis e um ano para imóveis.
EVICÇÃO	A evicção, prevista como garantia legal do adquirente, ocorre quando o adquirente vem a perder a posse ou a propriedade da coisa, em virtude do reconhecimento judicial ou administrativo do direito anterior de terceiro. • **Compra e venda:** um dos contratantes se obriga a transferir o domínio de certa coisa, e o outro, a pagar-lhe certo preço em dinheiro. • **Troca ou permuta:** as partes pactuam suas obrigações, remunerando-se, por meio da compensação dos ofícios estabelecidos por cada uma delas. • **Contrato estimatório:** pode ser chamado também de venda em consignação. Sua finalidade é vender, em nome próprio, bens móveis de propriedade de terceiros. • **Doação:** uma pessoa, por liberalidade, transfere do seu patrimônio bens ou vantagens para o de outra.

CONTRATOS	
CONTRATOS EM ESPÉCIE	• **Locação de coisas:** o locador cede ao locatário determinado bem, objetivando que o mesmo use e goze da coisa de forma contínua e temporária, mediante o pagamento de aluguel. • **Comodato:** é o empréstimo gratuito de coisas não fungíveis. • **Mútuo:** é o empréstimo de coisas fungíveis. • **Prestação de serviços:** o Código Civil rege toda espécie de serviço ou trabalho lícito, material ou imaterial que pode ser contratada mediante retribuição, e que não esteja sujeita às leis trabalhistas ou à lei especial. • **Empreitada:** o empreiteiro se obriga, sem subordinação ou dependência, a realizar pessoalmente ou por terceiros determinada obra para o dono ou para o empreiteiro contratado, com material próprio ou fornecido pelo dono da obra, mediante remuneração determinada ou proporcional ao trabalho executado. • **Depósito:** o depositário recebe um objeto móvel para guardar até que o depositante o reclame. • **Mandato:** quando alguém recebe de outrem poderes para, em seu nome, praticar atos ou administrar interesses, sendo a procuração o seu instrumento. • **Fiança:** garantia fidejussória em que um terceiro (fiador) passa a garantir pessoalmente perante o credor a dívida do devedor com seu patrimônio, tendo dessa forma uma responsabilidade sem débito. • **Seguro:** o segurador se obriga, mediante o pagamento do prêmio, a garantir o interesse legítimo do segurado, relativo a pessoa ou a coisa, contra riscos predeterminados.
ATOS UNILATERAIS	Os atos unilaterais correspondem a declarações de vontade proferidas de maneira unilateral, consistindo em verdadeiras fontes de obrigações: • **Promessa de recompensa:** aquele em que o promitente fica obrigado a cumprir com aquilo que declarou publicamente. • **Gestão de negócios:** ocorre quando uma pessoa, sem autorização do interessado, intervém na administração de um empreendimento, dirigindo segundo o interesse e a vontade presumível de seu dono. • **Pagamento indevido:** espécie do enriquecimento sem causa, posto que quem receber valor que não era devido, gerará a obrigação de restituir aquilo que recebeu. • **Enriquecimento sem causa:** configura-se quando alguém aproveita de coisa alheia, aumentando o seu patrimônio em detrimento de outrem, ou se beneficia de alguma vantagem indevidamente.

17

DIREITO DAS COISAS

17.1 NOÇÕES INTRODUTÓRIAS

Neste tópico será estudado outro ramo do direito civil, o direito das coisas, que trata do complexo das normas reguladoras das relações jurídicas concernentes aos bens corpóreos suscetíveis de apropriação pelo homem (GONÇALVES, 2014, p. 330). Observe-se que o objeto do direito das coisas é um bem suscetível de valoração, que possui existência concreta.

Os direitos reais fazem parte do ramo no direito civil que regula o poder do sujeito sobre os bens, sejam móveis e imóveis, chamado de **domínio** sobre a coisa.

O art. 1.225 estabelece um **rol taxativo** para os direitos reais, não podendo as partes criar novas modalidades. Assim, são direitos reais a **propriedade**, a **superfície**, as **servidões**, o **usufruto**, o **uso**, a **habitação**, o **direito do promitente comprador do imóvel**, o **penhor**, a **hipoteca**, a **anticrese**, a **concessão de uso especial para fins de moradia**, **a concessão de direito real de uso e a laje**. Percebe-se, pois, que o aludido artigo prevê como direitos reais de garantia: o penhor, a hipoteca e a anticrese; sendo os demais somente de gozo e fruição.

A concessão de uso especial para fins de moradia e concessão de direito real de uso foram inseridas nesse artigo, respectivamente, pelas Leis n. 11.481/2007 e n. 13.465/2017, a qual prevê medidas direcionadas à regularização fundiária de interesse social em imóveis da União e dependem, para a sua aquisição, de ato administrativo do poder público. Nesse sentido, o direito de Laje foi incluído pela Lei n. 13.465/2017, que também adicionou os arts. 1.510-A a 1.510-E ao CC/2002.

De todos os direitos reais, o mais amplo é o instituto da propriedade, pois concede as faculdades de usar, gozar, dispor e reivindicar de quem injustamente possua, detenha ou retenha.

Tratando-se de bens móveis, quando constituídos ou transmitidos por atos entre vivos (*inter vivos*), os direitos reais são adquiridos mediante a tradição (art. 1.226). Todavia, quando se tratar de direitos reais sobre bens imóveis, o domínio somente ocorrerá com o registro no Cartório de Registro de Imóveis, salvo quando a lei dispuser de outro modo (art. 1.227). Nesse sentido, enquanto não for realizada a tradição ou o registro no cartório, somente existirá uma presunção de domínio.

Características dos direitos reais:

a) **Absolutismo:** o direito das coisas é exercido contra todos, ou seja, possui o caráter *erga omnes*, sendo oponíveis contra todos os envolvidos.
b) **Sequela:** da característica do absolutismo gera-se o direito de sequela, que consiste no direito de perseguir a coisa objeto do direito, se ela for subtraída do sujeito (DONIZETTI; QUINTELLA, 2014, p. 659). O direito de sequela não gera a necessidade de propositura de ação para reaver o objeto do direito. O direito de sequela do possuidor é absoluto, cedendo apenas ante o direito de propriedade por meio da ação reivindicatória, bem como antes a boa-fé de terceiros, o que se justifica pelo fato de não ser conferida à posse a mesma publicidade conferida à propriedade pelo registro ou tradição.
c) **Publicidade:** de acordo com Gonçalves (2014, p. 330), tanto o registro como a tradição atuam como meios de publicidades da titularidade dos direitos reais.
d) **Tipicidade e da Taxatividade:** o direito das coisas somente será previsto em lei, ou seja, não se constitui direito das coisas sobre qualquer ato. Dessa característica decorre a taxatividade (***numerus clausus***), em que o rol dos institutos do direito das coisas é aquele enumerado pelo Código Civil no art. 1.225, além do instituto da posse.
e) **Exclusividade:** a exclusividade dispõe que não se pode haver dois direitos reais, de igual conteúdo, sobre a mesma coisa (GONÇALVES, 2014, p. 330).
f) **Aderência:** a característica da aderência é aquela que, conforme disposto por Donizetti e Quintella (2014, p. 659), estabelece o vínculo entre um sujeito determinado e toda a exclusividade.

17.2 CLASSIFICAÇÃO

O direito das coisas é classificado em direito real sobre a coisa alheia (*jus in re aliena*) e direito real sobre a coisa própria (*jus in re propria*). O primeiro se divide em três espécies, enquanto o seguinte possui apenas uma espécie e um instituto cabível, sendo assim, a classificação destes ocorrem da seguinte:

I. Direito real sobre a coisa própria

O único instituto que é cabível para essa espécie de classificação é a propriedade, pois o titular pleno do direito real é o proprietário do bem, possuindo o direito de usar, gozar e dispor da coisa.

II. **Direito real sobre a coisa alheia:**

Nessa espécie de classificação, o direito de propriedade é excluído, correspondendo a direitos limitados, tendo seus direitos restringidos em certas circunstâncias.

a) **Direito real de gozo ou fruição:** nessa espécie de classificação, os institutos cabíveis são o usufruto, servidão, superfície, concessão de uso especial para fins de moradia, uso e habitação. Correspondem ao fato de que o titular da propriedade transfere a terceiro o direito de usar ou fruir da coisa, estendendo-se o direito de usufruir à acessoriedade da coisa, ou seja, aos acessórios da coisa. Ocorre que pode haver direitos reais que vinculem um sujeito não a uma coisa que lhe pertença, mas a um bem de outrem.

b) **Direito real de garantia:** os institutos do direito real de garantia são o penhor, a hipoteca e a anticrese. Correspondem à garantia dada ao credor de que a obrigação, estabelecida entre ele e o devedor, seja cumprida. O patrimônio da pessoa devedora é que responderá por eventuais obrigações que vier a contrair. De acordo com Pereira (2014, p. 151), o devedor responderá pelos débitos assumidos voluntariamente ou decorrentes da força da lei, com seus bens, tomado o vocábulo "bens" em sentido genérico, abrangentes de todos os valores ativos de que seja titular.

c) **Direito real de aquisição:** corresponde ao direito de adquirir a coisa alheia em favor de quem se encontra com a coisa, ou seja, o direito do promitente comprador, como é o caso da promessa de compra e venda, em conformidade com art. 1.417 do CC/2002:

> Mediante promessa de compra e venda, em que se não pactuou arrependimento, celebrada por instrumento público ou particular, e registrada no Cartório de Registro de Imóveis, adquire o promitente comprador direito real à aquisição do imóvel.

Nesse sentido, o art. 1.418 dispõe que o promitente comprador, titular de direito real, pode exigir do promitente vendedor, ou de terceiros, a quem os direitos deste forem cedidos, a outorga da escritura definitiva de compra e venda, conforme o disposto no instrumento preliminar. Se houver recusa, pode requerer ao juiz a adjudicação do imóvel.

17.3 DA POSSE

Posse é a situação de fato, regulada pelo direito, na qual o possuidor tem o exercício, pleno ou não, de alguns dos poderes inerentes à propriedade (art. 1.196).

De início, faz-se necessário diferenciar **posse** da **mera detenção**. O ordenamento jurídico disciplina as relações possessórias, criando, de forma artificial, a separação da chamada detenção jurídica relevante de outras situações não protegidas. Quando não houver proteção legal da relação com a coisa, o que existe é mera detenção. Portanto, a detenção nada mais é do que espécie de posse cujo ordenamento jurídico não concede proteção. Assim, no silêncio do ordenamento, quem apreende a coisa é possuidor. São casos de detenção com previsão expressa:

I. **Fâmulo da Posse (art. 1.198):** é o gestor da posse, aquele que apreende a coisa por força de uma relação subordinativa para com terceiro ou em razão de uma dependência jurídica. Apreende a coisa em nome de outrem. Exemplo: caseiro;

II. **Atos de Mera Tolerância (art. 1.208):** não induzem posse a mera tolerância. A interpretação contrária, seria um abuso de confiança. Evita-se, com isso, que a posse precária convalesça. Podemos citar como exemplo o empréstimo. Contudo, um ato de tolerância ou permissão pode induzir posse quando rompida a relação jurídica base. Ocorre, por exemplo, quando o comodatário não restitui a coisa no dia certo e passa a haver esbulho, rompendo a relação jurídica base e induzindo a posse do esbulhador;

III. **Permissão e Concessão de Uso de Bem Público:** A permissão e concessão de uso de bem público não induzem posse, mas mero ato de detenção.

súmula

Súmula n. 619 do STJ – "A ocupação indevida de bem público configura mera detenção, de natureza precária, insuscetível de retenção ou indenização por acessões e benfeitorias."

Existem duas teorias em torno da posse que merecem destaque:

a) **Teoria Subjetiva:** Protagonizada por **Savigny**. Segundo a teoria, a posse apresentaria dois elementos constitutivos: ***corpus*** (elemento que traduz no controle material da pessoa sobre a coisa) e ***animus*** (elemento volitivo, que consiste na intenção do possuidor de exercer o direito como se proprietário fosse);

b) **Teoria Objetiva:** Desenvolvida por **Ihering**. Para esta teoria, a posse tem apenas um elemento constitutivo: ***corpus*** (elemento que traduz a efetiva apreensão da coisa).

A superioridade da teoria objetiva repousa na maior facilidade de se distinguir a posse da detenção. Ihering defendeu que a detenção seria uma posse desqualificada pelo ordenamento jurídico. Para o Código de 2002, de acordo com a interpretação do art. 1.196, prevalece a teoria objetiva. Entretanto, faz diversas concessões a teoria subjetiva, como no caso de usucapião, em que o Código exige posse com *animus domini*.

fique ligado!

De acordo com o nosso sistema civil, têm posse: o locatário, o comodatário, o depositário etc. Podem, portanto, exercer a defesa de sua posse até mesmo contra o locador, o comodante ou depositante, como atesta o art. 1.197, já que são possuidores diretos: A posse direta, de pessoa que tem a coisa em seu poder, temporariamente, em virtude de direito pessoal, ou real, não anula a indireta, de quem aquela foi havida, podendo o possuidor direto defender a sua posse contra o indireto.

17.3.1 Termos especiais sobre a posse

a) **Constituto possessório:** trata-se da operação jurídica que altera a titularidade da posse, de maneira que aquele que possuía em nome próprio passa a possuir em nome alheio. Em geral, vem corporificado na chamada "*cláusula constituti*";

b) ***Traditio brevi manu***: é o contrário do constituto possessório, ou seja, opera-se quando aquele que possuía em nome alheio passa a possuir em nome próprio;

c) **Autotutela da posse:** trata-se de meio legítimo de defesa, exercido segundo o princípio da proporcionalidade, nas situações de legítima defesa e desforço *incontinenti*, previstas no § 1º, do art. 1.210:

> Art. 1.210. O possuidor tem direito a ser mantido na posse em caso de turbação, restituído no de esbulho, e segurado de violência iminente, se tiver justo receio de ser molestado.
>
> § 1º O possuidor turbado, ou esbulhado, poderá manter-se ou restituir-se por sua própria força, contanto que o faça logo; os atos de defesa, ou de desforço, não podem ir além do indispensável à manutenção, ou restituição da posse.

d) **Patrimônio de afetação:** é questão que toca ao tema da alienação fiduciária. Segundo o Professor Hercules Aghiarian, este sistema de direito real de garantia vincula um conjunto de bens ao empreendimento realizado pelo incorporador, visando a garantir maior segurança jurídica de possuidores e proprietários no mercado imobiliário (a lei que disciplinou o patrimônio de afetação no Brasil foi a Lei n. 10.931/2004).

17.3.2 Natureza jurídica da posse

Muito foi discutido acerca da natureza jurídica da posse. O ponto principal do debate enfocava se a posse tinha a natureza de um fato ou um direito. Para Savigny, em sua **teoria da natureza jurídica dúplice (ou eclética)**, considerada isoladamente, a posse seria um fato, pois sua existência independe de regras do direito. No entanto, em determinadas condições, atribui-se a este fato os efeitos de um direito pessoal. De outro lado, Ihering conceituava o direito subjetivo como um interesse juridicamente protegido. A posse, portanto, seria um interesse legítimo tutelado pela norma, tratando-se de um direito.

Partindo-se da premissa que a posse é um direito, necessário definir se é um **direito real** ou **pessoal**. Entretanto, não pode ser enquadrada em nenhuma das duas modalidades mencionadas pelas seguintes razões:

a) A pretensão de classificá-la como direito pessoal esbarra na própria definição deste: relação ou vínculo jurídico que confere ao credor o direito de exigir do devedor o cumprimento de uma prestação;

b) Um argumento que pode tirar da posse qualquer natureza real é o caráter absoluto dos direitos reais. A posse não é oponível *erga omnes* em pelo menos duas situações: ainda que o possuidor possa vencer a demanda possessória contra o proprietário, este acabará reavendo a coisa por meio das vias reivindicatórias; e o direito de sequela do possuidor cede ante a boa-fé.

Conclui-se, então, que a posse é vista como um **instituto jurídico *sui generis***, pois, além de não se encaixar nas categorias dogmáticas existentes, também não dá margem à criação de uma categoria própria que se adstringiria a essa figura única.

Essa discussão importava muito no processo civil porque, se fosse considerada direito real, tornaria obrigatória a participação do cônjuge nas ações possessórias. Entretanto, depois da reforma de 1994, o Código de Processo Civil de 1973 sanou essa questão ao disciplinar a obrigatoriedade de participação do cônjuge nas ações possessórias somente nas seguintes situações (art. 10): em caso de composse ou quando se discute um ato por ambos praticado. Por sua vez, o Novo Código de Processo Civil estabeleceu, em seu art. 73, que o cônjuge – ou aquele que esteja em união estável, devidamente comprovada nos autos (§ 3º) – necessita do consentimento do outro para propor ação que verse sobre direito real imobiliário, exceto quando casados sob o regime de separação absoluta de bens. Porém, nas ações possessórias, a participação do cônjuge somente é indispensável nas hipóteses de composse ou de ato por ambos praticado (§ 2º).

17.3.3 Classificações da posse

I. **Posse Direta e Posse Indireta:** decorre do desdobramento da posse em virtude da existência de uma relação jurídica negocial ou legal entre: possuidor **direto** (imediato) – o que recebe o bem e tem contato físico com a coisa; e **indireto** (mediato) – dono da coisa ou assemelhado; aquele que entrega seu bem a outrem. Ambos podem invocar a proteção possessória, inclusive um perante o outro.

enunciado

É o teor do Enunciado 76 da I Jornada de Direito Civil do CJF: "O possuidor direto tem direito de defender a sua posse contra o indireto, e este, contra aquele (art. 1.197, in fine, *do novo Código Civil)".*

Se não ocorrerem os fatos jurígenos que dão origem ao desdobramento da posse, não há que se falar em posse direta (imediata) ou indireta (mediata), mas simplesmente posse plena. A posse direta é, de maneira geral, uma posse derivada, como alguns a denominam, sendo limitada no tempo.

II. **Posse Justa e Posse Injusta:** o art. 1.200 estabelece que a posse pode ser justa quanto não há vício objetivo sobre ela. Do contrário, havendo vício objetivo, a posse se torna injusta. O vício objetivo é um vício composto por um dos seguintes fatores: violência, clandestinidade e precariedade. Em outras palavras posse injusta é a posse violenta, clandestina ou precária.

III. **Violenta:** é a posse que se adquire pelo uso da força (***vis absoluta***) ou pela ameaça (***vis compulsiva***).

IV. **Clandestina:** aquela que se adquire às ocultas de quem exerce a posse atual, sem publicidade ou ostensividade. Uma posse decorrente de furto, por exemplo.

V. **Precária:** é a que decorre do abuso de confiança.

Há sempre o fator da relatividade em relação ao exame da posse justa ou injusta, pois a posse somente será viciada em relação a alguém. A posse pode ser justa com relação a um sujeito e injusta em relação a outro. Como consequência desta relatividade, a posse injusta pode ser protegida pelos interditos contra terceiros que a ameacem e pretendam-na para si. Merece destaque, ainda, que a posse se transmite com os mesmos caracteres aos sucessores (arts. 1.203, 1.206 e 1.207). Este é o **princípio da continuidade do caráter da posse**: "art. 1.203. Salvo prova em contrário, entende-se manter a posse o mesmo caráter com que foi adquirida".

De acordo com o art. 1.208, não induzem posse os atos de mera permissão ou tolerância, bem como não autorizam a aquisição da posse os atos violentos ou clandestinos, senão depois de cessada a violência ou a clandestinidade. Enquanto perdurar a violência ou subsistir a situação de clandestinidade, não haverá posse. Cessadas, surge a posse, porém injusta em relação a quem a perdeu. Contudo, em relação à comunidade, esse antigo detentor terá posse justa. Ou seja, há uma dualidade de configuração dessa posse.

No que se refere à cessação da clandestinidade, não se exige a difícil prova de que a vítima tomou conhecimento do esbulho, mas apenas de que tinha condições de tomar, porque o esbulhador não mais oculta seus atos de posse.

Não é correto dizer que, por conta de o art. 1.208 não citar a precariedade, não há convalidação dela. Em verdade, a lei não trata de convalidação da posse, mas da transmutação da detenção em posse, com a cessação dos vícios da violência e da clandestinidade. Não há referência à precariedade porque o possuidor precário já possuía posse, havendo apenas transfiguração desta de justa para injusta.

enunciado

Com relação à transmutação do título da posse, o Enunciado 237 da III Jornada de Direito Civil do CJF aponta que:

***"É cabível a modificação do título da posse* – interversio possessionis – *na hipótese em que o até então possuidor direto demonstrar ato exterior e inequívoco de oposição ao antigo possuidor indireto, tendo por efeito a caracterização do* animus domini."**

VI. **Posse de Boa-fé e de Má-fé:** quando o possuidor ignora o vício ou obstáculo que impede a aquisição da coisa ou do direito possuído, diz-se posse de **boa-**

-fé. Se o possuidor está convencido de que sua posse não tem legitimidade jurídica e, nada obstante, nela se mantém, trata-se da posse de **má-fé**. Cessa, portanto, a boa-fé no momento que as circunstâncias façam presumir que o possuidor não ignora que possui indevidamente. Aqui, o conceito de **justo título** é empregado não como documento ou instrumento, mas como fato gerador do qual a posse deriva. Configura estado de aparência que permite concluir estar o sujeito gozando de boa posse. Justo título é o que seria hábil para transmitir o domínio e a posse se não contivesse nenhum vício. Por exemplo, a escritura de compra e venda devidamente registrada é um título hábil para transmissão de imóvel, embora possa ser anulada se o vendedor não era o verdadeiro dono.

fique ligado!

A boa-fé é presumida em favor daquele que possui justo título (presunção relativa) e não é essencial para o uso dos interditos: basta que a posse seja justa. Contudo ganha relevância na usucapião, na questão dos frutos e benfeitorias e na definição da responsabilidade pela perda ou deterioração da coisa.

O art. 1.212 preceitua que "o possuidor pode intentar a ação de esbulho, ou a de indenização, contra o terceiro, que recebeu a coisa esbulhada sabendo que o era".

enunciado

Do referido dispositivo pode-se extrair a seguinte conclusão, exposta no Enunciado 80 do CJF: "É inadmissível o direcionamento de demanda possessória ou ressarcitória contra terceiro possuidor de boa-fé, por ser parte passiva ilegítima diante do disposto no art. 1.212 do novo Código Civil. Contra o terceiro de boa-fé, cabe tão somente a propositura de demanda de natureza real".

VII. **Posse *ad interdicta* e Posse *ad usucapionem*:** a primeira pode ser defendida pelos interditos, isto é, pelas ações possessórias quando molestada, mas não conduz à usucapião. Para ser protegida pelos interditos, basta que a posse seja justa, ou seja, que não contenha os vícios da violência, da clandestinidade ou da precariedade. A posse *ad usucapionem* é a que se prolonga por determinado lapso de tempo estabelecido na lei, deferindo a seu titular aquisição de domínio. É, em suma, aquela capaz de gerar o direito de propriedade.

VIII. **Posse Nova e Posse Velha: Posse nova** - menos de ano e dia. **Posse velha** - de ano e dia ou mais.

IX. **Posse Natural e Posse Civil:** a posse natural é aquela que já nasce do contato físico com a coisa possuída. Já a posse civil é a decorrente de uma relação contratual, tal como o constituto possessório.

17.3.4 Aquisição e transmissão da posse

17.3.4.1 Aquisição da posse

Quem pode adquirir a posse: ela pode ser adquirida pelo representante (legal, judicial ou convencional) da pessoa que deseja a posse, assim como pelo seu gestor de negócios, caso a aquisição seja ratificada pelo interessado (art. 1.205, incisos I e II).

enunciado

O Enunciado 236 da III Jornada de Direito Civil do CJF estabelece que: "Considera-se possuidor, para todos os efeitos legais, também a coletividade desprovida de personalidade jurídica".

O Código Civil de 2002, ao contrário do anterior, em coerência com a teoria objetiva de Ihering, adotada no art. 1.196, não fez a enumeração dos modos de aquisição, limitando-se a proclamar, no art. 1.204 que "adquire-se a posse desde o momento em que se torna possível o exercício, em nome próprio, de qualquer dos poderes inerentes à propriedade".

I. Portanto, a posse pode ser adquirida por: apreensão da coisa ou exercício do direito; disposição da coisa ou do direito; e modos de aquisição em geral.

II. **Apreensão da Coisa ou Exercício do Direito:** consiste na apropriação consciente e unilateral de coisa "sem dono" (coisa abandonada – *res derelicta*; ou coisa de ninguém – *res nullius*), o que importa em posse. Dá-se, ainda, a apreensão quando a coisa é retirada de alguém sem sua permissão. Adquirir-se-á, também, por exercício do direito. Exemplo clássico: servidão.

III. **Disposição da Coisa ou do Direito:** após o início do poder fático sobre a coisa, sua utilização caracteriza conduta normal do titular da posse ou domínio.

IV. **Modos de Aquisição da Posse em Geral:** entende-se que a posse pode ser obtida por qualquer forma lícita. É o caso da abertura de herança, contrato etc.

enunciado

No mesmo sentido, o Enunciado 77 da I Jornada de Direito Civil do CJF dita que: "A posse das coisas móveis e imóveis também pode ser transmitida pelo constituto possessório".

Sobre o tema, é relevante destacar o instituto da **união das posses** (art. 1.207), traduzido na continuação da posse pela soma do tempo do atual possuidor com o de seus antecessores. O gênero união de posses subdivide-se em duas espécies:

a) ***Sucessio possessionis:*** trata-se de modo derivado de titularização da posse.

b) ***Acessio possessionis:*** verifica-se sempre *inter vivos* e por meio de uma relação jurídica (compra e venda).

17.3.4.2 Transmissão da posse

Pode ocorrer a título universal ou a título singular. A transmissão a título singular pode ocorrer por: ***causa mortis*** (herdeiros sucedem o autor da herança) e ***inter vivos*** (quando se transfere uma universalidade, por exemplo, um estabelecimento comercial). A transmissão a título singular ocorre quando se transfere um bem ou bens determinados e individualizados (***inter vivos***), ou quando no testamento institui-se um legatário (***causa mortis***).

17.3.5 Dos efeitos da posse (arts. 1.210 a 1.222)

Quanto aos efeitos, podemos verificar: a proteção possessória (tutela jurídica da posse); percepção dos frutos; indenização pelas benfeitorias e direito de retenção; responsabilidade civil do possuidor e possibilidade de usucapião.

17.3.5.1 Proteção possessória

É um direito do possuidor, decorrente da posse. Os meios de defesa da posse constituem, na verdade, sua própria essência. De nada valeria o estado de fato e a aparência sem eles. Pelos meios de defesa, protege-se a posse contra qualquer ato que signifique ameaça ou violação dessa relação entre a pessoa e a coisa. As bases, os fundamentos e as modalidades de proteção possessória devem vir descritos pela lei material, já as minúcias do procedimento devem vir regradas pela lei processual.

A **legítima defesa da posse e desforço imediato** correspondem a duas modalidades de defesa da posse, que encontram fundamento material no art. 1.210, § 1º:

> O possuidor turbado, ou esbulhado, poderá manter-se ou restituir-se por sua própria força, contanto que o faça logo; os atos de defesa, ou de desforço, não podem ir além do indispensável à manutenção, ou restituição da posse.

A legítima defesa ocorre quando a posse é ameaçada, já o desforço imediato quando a posse é perdida. Ocorre esbulho quando o possuidor é retirado total ou parcialmente de sua posse. Existe turbação quando se agride a posse sem chegar ao esbulho.

Onde é possível a ação possessória também é possível a autotutela, a qual engloba tanto os móveis quanto imóveis. Para que o possuidor se valha da defesa de mão própria, faz-se necessária a turbação ou o esbulho e uma reação imediata (requisito da imediatidade na repulsa).

Passadas a oportunidade e a conveniência da autodefesa, cabe ao sujeito recorrer às vias judiciais, sob pena de praticar o ilícito penal tipificado no art. 345 do Código Penal (exercício arbitrário das próprias razões). Além disso, os atos de defesa e de desforço dependem do requisito da moderação, isto é, os atos não podem ir além do indispensável à manutenção ou restituição da posse.

enunciado

O Enunciado 239 da III Jornada de Direito Civil do CJF aponta que: "Na falta de demonstração inequívoca de posse que atenda à função social, deve-se utilizar a noção de 'melhor posse', com base nos critérios previstos no parágrafo único do art. 507 do Código Civil/16".

A **proteção possessória** encontra-se disciplinada no art. 1.210 do CC/2002, e corresponde ao fato de que a proteção possessória se funda no direito de inércia possessória (*ius possessionis*) - direito da personalidade - do qual são titulares, consequentemente, todas as pessoas (DONIZETTI; QUINTELLA, 2014, p. 711), ou seja, a possibilidade de propositura de ação corresponde à legítima defesa para a proteção da sua posse.

Nesse sentido, o art. 1.210 do Código dispõe que "o possuidor tem direito a ser mantido na posse em caso de turbação, restituído no de esbulho, e segurado de violência iminente, se tiver justo receio de ser molestado".

É importante salientar que a alegação de propriedade ou de outro direito sobre a coisa não impede a propositura da ação de manutenção ou reintegração na posse (§ 2º do art. 1.210).

O Código Civil, reitere-se, ainda admite que o possuidor que sofreu a turbação ou o esbulho poderá se manter ou restituir-se por sua própria força, mas desde que o faça logo, não sendo permitido que os atos de defesa e de desforço possam ir além da manutenção ou restituição da posse (§ 1º do art. 1.210 do CC/2002).

Da proteção decorrem as ações possessórias, cuja função é evitar qualquer prejuízo ao instituto da posse. Em conformidade com art. 554 do CPC de 2015, "a propositura de uma ação possessória em vez de outra não obstará a que o juiz conheça do pedido e outorgue a proteção legal correspondente àquela cujos pressupostos estejam provados".

Nas ações possessórias, é possível que o autor cumule pedidos, como o caso de condenação em perdas e danos e indenização dos frutos, de acordo com art. 555, incisos I e II, do CPC/2015, além da possibilidade de o autor requerer a imposição de medida necessária e adequada com o intuito de evitar uma nova turbação ou esbulho ou cumprir a tutela provisória ou final (parágrafo único, incisos I e II, do art. 555 do CPC/2015).

O Código de Processo Civil de 2015 ainda admite que o réu, no momento da apresentação da peça contestatória, alegue que foi ofendido em sua posse, podendo demandar a proteção possessória e a indenização pelos eventuais prejuízos decorrentes da turbação ou do esbulho cometido pelo autor (art. 556).

Imprescindível ressaltar que é vedada a propositura da ação de reconhecimento do domínio, na pendência de ação possessória, para ambas as partes, salvo se a referida demanda for deduzia em face terceiro (art. 557 do CPC/2015), não impedindo a ação de manutenção ou à reintegração de posse sob a alegação de propriedade ou de outro direito sobre a coisa (parágrafo único do art. 557 do CPC/2015).

O Código Civil admite que a posse seja mantida de forma provisória, disciplinada no art. 1.211. No caso de mais de uma pessoa afirmar-se possuidora de uma determinada coisa, a posse será mantida, provisoriamente, com aquela que a tiver, a não ser que fique claro que obteve de forma viciada, sendo imprescindível salientar que é possível a propositura da ação de esbulho ou de indenização contra terceiro que, tendo conhecimento do esbulho, recebeu a coisa esbulhada (art. 1.212 do CC/2002).

As ações possessórias dividem-se em:

I. Ação de Manutenção e Reintegração de Posse

Em conformidade com art. 560 do CPC/2015, em caso de turbação o possuidor possui o direito de ser mantido na posse, e reintegrado caso venha a sofrer esbulho. Observe que a ação de reintegração de posse corresponde à ocorrência de esbulho, enquanto a ação de manutenção de posse é interposta para a ocorrência de turbação.

Em ambas as ações é necessário prova da posse, turbação ou esbulho praticado pelo réu, a data da turbação ou do esbulho e a continuação da posse, embora turbada, na ação de manutenção, ou a perda da posse, na ação de reintegração (art. 561, inciso I ao IV do CPC/2015). O juiz, reconhecendo ser suficiente a justificação, desde logo expedirá o mandado de manutenção e reintegração (art. 563 do CPC/2015).

É importante observar que seja concedido ou não o mandado liminar de manutenção ou de reintegração, deverá o autor promover a citação do réu dentro de 5 (cinco) dias subsequentes, para querendo, contestar a ação no prazo de 15 (quinze) dias (art. 564 do CPC/2015). No entanto, no caso de ser ordenada a justificação prévia, o prazo para contestar deverá ser contado a partir da intimação da decisão que deferir ou não a medida liminar (parágrafo único do art. 564 do CPC/2015).

Por fim, cumpre salientar que a qualquer tempo o réu pode provar que o autor, provisoriamente mantido ou reintegrado na posse, carece de idoneidade financeira para, eventualmente, responder por perdas e danos. Nesse caso, o juiz irá designar o prazo de cinco dias para requerer caução, real ou fidejussória, sob pena de ser depositada a coisa litigiosa, salvo a impossibilidade de a parte estar economicamente hipossuficiente (art. 559 do CPC/2015).

II. Interdito Possessório

O objetivo do interdito possessório é, justamente, prevenir a violação da posse. Tem caráter preventivo, pois visa impedir que se concretize uma ameaça à posse, e encontra-se fundamentado nos arts. 567 e 568 do CPC de 2015.

O primeiro dispositivo estabelece que o possuidor, seja direto ou indireto, se tiver justo receio de ser molestado na sua posse, poderá requerer ao magistrado que o segure da turbação ou esbulho iminente, mas somente mediante mandado proibitório que comine determinada pena pecuniária ao réu (art. 567 do CPC/2015), sendo aplicado a este instituto o disposto no que se refere a manutenção e reintegração de posse (art. 568 do CPC/2015).

17.3.5.2 Percepção dos frutos (arts. 1.214 a 1.216)

O primeiro efeito é a **percepção dos frutos** e encontra-se disciplinado no art. 1.214 do CC/2002, em que estabelece que o possuidor, de boa-fé, possui o direito de receber os frutos percebidos, mas enquanto a boa-fé durar (art. 1.214), ressaltando que os frutos que se encontrarem pendentes no tempo em que cessar a boa-fé deverão ser restituídos após deduzirem as despesas de produção e custeio, bem como deverão ser restituídos os frutos colhidos com antecipação (parágrafo único do art. 1.214).

Cabe frisar ainda que, em conformidade com art. 1.215, "os frutos naturais e industriais reputam-se colhidos e percebidos, logo que são separados; os civis reputam-se percebidos dia por dia".

Responderá pelos frutos colhidos e percebidos, bem como os que deixou de perceber o possuidor de má-fé, desde o momento em que se constituiu de má-fé (art. 1.216).

Na ação reivindicatória, vencido o possuidor, as regras quanto aos frutos, acessórios da coisa, variam de acordo com a sua boa-fé ou a má-fé:

a) **Boa-fé**: tem direito aos frutos já percebidos ao tempo em que cessou a boa-fé, bem como as despesas de produção, inclusive remuneração razoável por seu trabalho;

b) **Má-fé**: não tem direito a nenhum fruto. Tem que devolver os frutos colhidos e percebidos, bem como os que deixou de perceber por culpa sua, ou seja, os percipiendos. Tem direito apenas ao custo da produção e de custeio.

17.3.5.3 Indenização pelas benfeitorias e direito de retenção

Outro efeito da posse é a **indenização pelas benfeitorias**, disciplinados nos arts. 1.219 ao 1.222. O possuidor de boa-fé terá direito à indenização das benfeitorias necessárias, úteis e voluptuárias. Se estas últimas não forem pagas ao possuidor, podem ser levantadas, desde que sem deterioração da coisa, podendo ainda exercer seu direito de retenção do valor das respectivas benfeitorias necessárias e úteis (art. 1.219). Já o possuidor de má-fé somente terá direito de indenização pelas benfeitorias necessárias, não possuindo o direito de retenção pelo valor desta nem podendo levantar as benfeitorias voluptuárias (art. 1.220).

enunciado

Segundo o Enunciado 81 da I Jornada de Direito Civil do CJF: "O direito de retenção previsto no art. 1.219 do Código Civil, decorrente da realização de benfeitorias necessárias e úteis, também se aplica às acessões (construções e plantações) nas mesmas circunstâncias".

Caso o possuidor esteja de **má-fé**, somente terá direito à indenização pelas benfeitorias necessárias (sem direito de retenção).

Na indenização pelo valor de benfeitorias, o reivindicante pode optar entre o valor de custo e o seu valor atual. As benfeitorias, em cada caso, somente merecem indenização se existirem ao tempo da evicção, compensando-se os valores devidos em razão delas com os danos devidos pelo evicto (possuidor) ao reivindicante. O Código estabeleceu que o reivindicante, obrigado a indenizar o possuidor de má-fé, tem o direito de optar entre o seu valor atual ou o seu custo, enquanto, em relação ao possuidor de boa-fé, terá que ressarcir pelo valor atual.

17.3.5.4 Indenização dos prejuízos

A **responsabilidade pela perda** ou **deterioração da coisa**, é fundamentada nos arts. 1.217 e 1.218. Obviamente que o possuidor de boa-fé não responderá por perdas ou por deterioração da coisa que não der causa (art. 1.217). Por outro lado, o possuidor de má-fé responderá por eventuais perdas e deteriorações da coisa, mesmo que acidentais, exceto se vier a prova que de qualquer forma ambas as situações poderiam vir a ocorrer na posse do reivindicante (art. 1.218).

17.3.5.5 Usucapião

Usucapir é adquirir a propriedade pela posse continuada durante certo lapso de tempo. Observa-se, com isso, que a posse é requisito fundamental, embora não o único, para a usucapião. Desse modo, a aquisição de propriedade pela usucapião é um dos principais efeitos da posse. Este merecerá maior atenção mais adiante.

17.3.6 Composse

Composse é a situação pela qual duas ou mais pessoas exercem, simultaneamente, poderes possessórios sobre a mesma coisa. Assim como existe o condomínio, em que mais de uma pessoa é proprietária do mesmo bem, existe a composse para o rateio da posse. A composse pode existir tanto na posse imediata como na mediata. É o caso da existência de dois ou mais locadores.

Não se deve confundir composse com concorrência ou sobreposição de posses, que consiste no desdobramento vertical da posse em direta e indireta.

Caracterizada a composse, decorrem dela dois efeitos materiais em que cada um dos compossuidores, independentemente da sua fração:

I. *exerce o seu direito sobre o todo;*

II. *tem direito de defender o todo.*

Há também um procedimento, estabelecido pelo Código de Processo Civil, em que consta que se uma ação possessória imobiliária for ajuizada contra uma pessoa casada, exige-se a citação do seu cônjuge quando ele estiver em composse. Observe-se, especialmente o § 2º do art. 73 do CPC:

> Art. 73. O cônjuge necessitará do consentimento do outro para propor ação que verse sobre direito real imobiliário, salvo quando casados sob o regime de separação absoluta de bens.
>
> § 1º Ambos os cônjuges serão necessariamente citados para a ação:
>
> I - que verse sobre direito real imobiliário, salvo quando casados sob o regime de separação absoluta de bens;
>
> II - resultante de fato que diga respeito a ambos os cônjuges ou de ato praticado por eles;
>
> III - fundada em dívida contraída por um dos cônjuges a bem da família;
>
> IV - que tenha por objeto o reconhecimento, a constituição ou a extinção de ônus sobre imóvel de um ou de ambos os cônjuges.
>
> § 2º Nas ações possessórias, a participação do cônjuge do autor ou do réu somente é indispensável nas hipóteses de composse ou de ato por ambos praticado.
>
> § 3º Aplica-se o disposto neste artigo à união estável comprovada nos autos.
>
> Art. 74. O consentimento previsto no art. 73 pode ser suprido judicialmente quando for negado por um dos cônjuges sem justo motivo, ou quando lhe seja impossível concedê-lo.

17.3.7 Perda da posse

Conserva-se na posse aquele que mantém o comportamento de exteriorização do domínio. Tal exteriorização pode se dar por conduta do próprio agente ou de seus prepostos e representantes.

O legislador de 1916 foi repreendido por ter sido casuístico nas hipóteses de perda, uma vez que poderia ter adotado uma fórmula genérica. O Código Civil de 2002, em seu art. 1.223 dispõe que "perde-se a posse quando cessa, embora contra a vontade do possuidor, o poder sobre o bem, ao qual se refere o art. 1.196".

Conclui-se que a posse é perdida quando desaparece o exercício dos poderes inerentes à propriedade.

Constituem causas de perda da posse:

a) **Abandono** (ou renúncia);

b) **Tradição**;

c) **Destruição** (ou perecimento do objeto);
d) **Colocação da coisa fora do comércio** (quando a coisa se torna inalienável. Ex.: terras públicas);
e) **Posse de outrem**;
f) **Constituto possessório**.

17.4 PROPRIEDADE

É um direito complexo, que consiste em um feixe de atributos (poderes), consubstanciados nas faculdades de usar, gozar, dispor e reivindicar a coisa de quem injustamente a detenha ou possua (art. 1.228). Dessa forma, quem possui os quatro poderes e o título tem a **propriedade**. Se não possuir o título, goza do **domínio**. Aquele que somente tem um poder, detém a **posse**.

A Constituição Federal conceitua o termo propriedade de forma ampla, servindo a qualquer espécie de bem aferível patrimonialmente. No Código Civil em vigor, o objeto da propriedade é bem certo, determinado e tangível, já que a matéria relativa a bens incorpóreos é regulamentada em diplomas esparsos, como a Lei n. 9.279/96 (Marcas e Patentes), Lei n. 9.609/98 (Propriedade Intelectual de Programas de Computador) e Lei n. 9.610/98 (Direitos Autorais).

No presente tópico, é imperioso destacar que a chamada **extensão vertical da propriedade** (art. 1.229 do CC/2002) abrange o espaço aéreo e o subsolo correspondentes, sendo que o seu titular não poderá opor-se injustificadamente à atuação de terceiros sobre o imóvel (um bom exemplo é a passagem de postes de eletricidade e cabeamento). O art. 1.230, em consonância com o art. 20, IX e X, da CF, determina que a propriedade do solo não abrangerá os recursos minerais do subsolo, potenciais energéticos, sítios arqueológicos e demais bens referidos em leis especiais. Portanto, tratando-se de bens dominicais de propriedade da União e distinta da do solo, as jazidas e demais recursos minerais apenas poderão ser explorados pelo proprietário na qualidade de concessionário, com acesso ao produto da lavra. Excepcionalmente, será viável a exploração direta de recursos minerais pelo proprietário, quando imediatamente utilizados na construção civil sem qualquer transformação industrial, obedecido o disposto em lei especial (parágrafo único do art. 1.230).

17.4.1 Faculdades do direito de propriedade

O proprietário possui as faculdades de usar, gozar, dispor de seus bens e reavê-los de quem quer que injustamente os possua. Elas não prescrevem pelo não uso. Contudo, apenas a posse prolongada de terceiro pelos prazos legais provocará a mutação subjetiva do domínio. Assim, caso ninguém exercite poder de fato sobre a coisa, intocado restará o direito subjetivo, malgrado a desídia quanto a uma de suas faculdades. A falta de utilização da coisa apenas priva alguém do domínio quando se mostrar antissocial (desapropriação por interesse social).

a) **Direito de Usar (*ius utendi*):** é a faculdade do proprietário servir-se da coisa de acordo com a sua destinação econômica;

b) **Direito de Gozar (*ius fruendi*):** consiste na exploração econômica da coisa, mediante a extração de **frutos** (há renovação constante à medida que são retirados) e **produtos** (vão se exaurindo quando extraídos, sem possibilidade de renovação). Também inserido no *ius fruendi* está o direito dos proprietários às **pertenças**;

c) **Direito de Dispor (*ius abutendi*):** direito de alterar a própria substância da coisa. A disposição pode ser material ou jurídica;

d) **Direito de Reivindicar (*ius persequendi*):** é o elemento externo da propriedade por representar a faculdade de excluir terceiros de indevida ingerência sobre a coisa, permitindo que o proprietário mantenha a sua dominação sobre o bem.

17.4.2 Atributos da propriedade

a) **Exclusividade**: uma determinada coisa não pode pertencer com exclusividade e simultaneidade a duas ou mais pessoas, em idêntico lapso temporal. Portanto, o proprietário pode excluir terceiros da atuação indevida sobre a coisa mediante a reivindicatória;

b) **Perpetuidade**: a propriedade tem duração ilimitada e subsiste independentemente do exercício de seu titular. Por este atributo, a propriedade é transmitida por direito hereditário aos sucessores. No entanto, pode a perpetuidade ser limitada quando não for cumprida a função social (por exemplo, desapropriação sanção diante do sucessivo descumprimento das obrigações determinadas pelo poder público municipal para atender a função social do imóvel, conforme o art. 8º do Estatuto da Cidade – Lei n. 10.257/2001; e arrecadação de imóveis urbanos abandonados, de acordo com o art. 1.276 do Código Civil) ou quando, em sua origem, o atributo for limitado (por exemplo, propriedade resolúvel);

enunciado

Enunciado 597 da VII Jornada de Direito Civil: "A posse impeditiva da arrecadação, prevista no art. 1.276 do Código Civil, é efetiva e qualificada por sua função social."

c) **Elasticidade e Consolidação**: pode haver o desmembramento temporário dos poderes da propriedade (direitos reais sobre a coisa alheia), sem que seja desnaturado o direito de propriedade. Diz-se, com isso, que o domínio é distendido, amplamente elástico.

17.4.3 Função social da propriedade

Desde a Constituição de 1946 que o tema da função social da propriedade foi disciplinado no capítulo da ordem econômica. Todavia, somente na Constituição de 1988, foi tratado no artigo que garante os direitos fundamentais da pessoa humana, impondo um repensar sobre a forma de gerir a propriedade. Observe os artigos que disciplinam a matéria:

> Art. 5º, XXII e XXIII da CF:
>
> XXII - é garantido o direito de propriedade;
>
> XXIII - a propriedade atenderá a sua função social;
>
> Art. 1.228, § 1º, do CC/2002:
>
> § 1º O direito de propriedade deve ser exercido em consonância com as suas finalidades econômicas e sociais e de modo que sejam preservados, de conformidade com o estabelecido em lei especial, a flora, a fauna, as belezas naturais, o equilíbrio ecológico e o patrimônio histórico e artístico, bem como evitada a poluição do ar e das águas.

A função social é a materialização do paradigma da **socialidade**, constante na exposição de motivos do Código Civil. Busca-se, por seu intermédio, repensar a aplicação das prerrogativas da propriedade, posto que relativiza o caráter autônomo, ilimitado e absoluto do direito da propriedade. A função social vai temperar estas características, inserindo a propriedade em uma situação jurídica de mão dupla, onde o proprietário tem direitos e deveres em relação ao não proprietário e, da mesma forma, os tem em relação ao proprietário.

Não há definição apriorística da função social da propriedade, pois trata-se de um conceito indeterminado. Conquanto, ao afirmar que qualquer direito deve cumprir uma função social, quer-se dizer que deve atender às exigências constitucionais básicas. Por sua vez, a Constituição sinalizou o que seria o cumprimento da função social nos arts. 182 e 186, quando, respectivamente afirma que atendem à **função social**:

a) **Imóvel Urbano:** quando atende às exigências do Plano Diretor Urbano, sujeitando-se a possíveis sanções: parcelamento e edificação compulsório, IPTU progressivo e, por fim, desapropriação, de acordo com os seguintes requisitos:
   - **I.** em títulos da dívida pública;
   - **II.** por valor venal (e não de mercado);
   - **III.** retira-se o valor de possível valorização que o imóvel tenha sofrido em decorrência de obra pública;
   - **IV.** não cabe restituição por lucro cessante; e
   - **V.** não cabe o pagamento de juros compensatórios.

b) **Imóvel Rural:** Caso não cumprida a função social, pode haver a desapropriação da propriedade rural por meio do pagamento com títulos da dívida agrária. É proibida a desapropriação da pequena propriedade rural e da propriedade produtiva. Há imóvel que pode ser economicamente produtivo, mas, socialmente improdutivo. A propriedade rural estará cumprindo a função social quando atender aos seguintes requisitos:

I. aproveitamento racional e adequado da propriedade (Lei n. 8.629/93 estabelece os percentuais de aproveitamento das áreas rurais);
II. utilização adequada que preserva os recursos naturais e o meio ambiente;
III. observa as disposições que regulamentam as relações de trabalho (proteção contra o trabalho escravo ou o proprietário rural que costumeiramente descumpre as exigências trabalhistas);
IV. favorece o bem-estar do proprietário e dos trabalhadores.

Nessa perspectiva, o Código Civil incorpora a preocupação com a observância do princípio da função social em muitos momentos, a começar da própria conceituação do direito de propriedade em geral, cujo exercício deverá pautar-se de acordo com finalidades econômicas, sociais e voltadas à preservação do equilíbrio ecológico, do patrimônio histórico e artístico (§ 1º do art. 1.228).

Comentários relevantes sobre o tema:

I. A função social da propriedade implica obrigacionalização do direito de propriedade. O proprietário, antes, somente tinha direitos. Hoje, tem deveres relativos ao cumprimento da função social. Neste sentido, torna-se o direito de propriedade uma relação jurídica complexa;
II. Dentro da função social da propriedade, encontram-se diferentes funções, tais como: função socioambiental, econômica, humana etc.;
III. A função social da propriedade não é, nem pode ser, um fator de empecilho à Livre Iniciativa. Veja que a função social da propriedade está em harmonia com a livre iniciativa. Isso porque a função social não é a socialização da propriedade (como nos regimes comunistas). A CF no art. 170 garante a livre iniciativa como fundamento da ordem econômica.

17.4.4 Limitações de ordem privada

Na sequência, complementando a configuração do novo perfil do direito de propriedade no direito brasileiro, os demais parágrafos do art. 1.228 do CC/2002, introduziram limites ao instituto ora em análise: art. 1.228, "§ 2º São defesos os atos que não trazem ao proprietário qualquer comodidade, ou utilidade, e sejam animados pela intenção de prejudicar outrem".

O parágrafo aponta as **limitações de ordem privada**. Muito embora, aparentemente, seja a alteração de menor importância, ou melhor, de menor impacto, essa limitação tem por origem a faculdade do proprietário de usar e gozar da coisa.

A norma estipula a proibição de atos que não tragam comodidade ou utilidade e que "sejam animados pela intenção de prejudicar outrem". Ora, a conjunção aditiva "e" indica que a proibição se vincula preponderantemente sobre atos que se realizem animados pela intenção de prejudicar outras pessoas, os quais ensejam a aplicação da **teoria do abuso do direito** ou **teoria dos atos emulativos**.

Fala-se, então, de uma "finalidade humana" ou "função humana" da propriedade, pois os bens jurídicos a serem preservados são aqueles decorrentes do patrimônio individual (material, moral ou da personalidade). A **função humana da propriedade** surge assim como fator diferenciado da função social. Esta, mais ampla, atinge um maior número de pessoas. Aquela, mais restrita, surge de relações individualizadas (contratos, relações de vizinhança etc.).

De fato, nos últimos anos, mormente após a Constituição de 1988, tornou-se lugar comum dizer que o direito de propriedade deve ser exercido em razão de "função social". Todavia, é possível encontrarmos um exercício regular dos direitos de propriedade, obediente à função social, porém, animado pela intenção de prejudicar outrem. A título ilustrativo, o possuidor que opta por destruir uma benfeitoria útil, em vez de pleitear a indenização correspondente, adentra a esfera do abuso do direito. Assim como o exercício do direito de propriedade sobre a coisa (divisórias de madeira ou gesso, por exemplo), destruindo-a, não traria comodidade ou utilidade, e vindo a fazê-lo com a intenção de que o proprietário não venha a se servir da coisa, estará animado pela intenção de causar-lhe prejuízos. É claro que o ônus da demonstração do *animus lesandi* restará a cargo da outra parte (proprietário do imóvel), mas torna-se perfeitamente viável, dada a ausência, já mencionada, de comodidade e/ou utilidade.

Para o reconhecimento da teoria do abuso de direito, no tocante ao **aspecto volitivo**, entende-se não ser imprescindível a demonstração de que o agente tenha a intenção de prejudicar terceiro, bastando, segundo a dicção legal, que exceda manifestamente os limites impostos pela finalidade econômica ou social, pela boa-fé ou pelos bons costumes.

17.4.5 Limitações de ordem administrativa e social

O art. 1.228 do CC/2002 enumera, ainda, que:

> § 3º O proprietário pode ser privado da coisa, nos casos de desapropriação, por necessidade ou utilidade pública ou interesse social, bem como no de requisição, em caso de perigo público iminente.
>
> **§** 4º O proprietário também pode ser privado da coisa se o imóvel reivindicado consistir em extensa área, na posse ininterrupta e de boa-fé, por mais de cinco anos, de considerável número de pessoas, e estas nela houverem realizado, em conjunto ou separadamente, obras e serviços considerados pelo juiz de interesse social e econômico relevante.
>
> § 5º No caso do parágrafo antecedente, o juiz fixará a justa indenização devida ao proprietário; pago o preço, valerá a sentença como título para o registro do imóvel em nome dos possuidores.

O § 3º prevê **limitações de ordem administrativa**, consubstanciadas na possibilidade da **desapropriação** por necessidade, utilidade pública ou interesse social; e da **requisição**, diante do perigo público iminente.

No tocante às **limitações de ordem social**, no § 4º está prevista uma possibilidade de perda da propriedade imóvel, que vem complementada no § 5º estabelecendo o pagamento de indenização e permitindo que o título seja apto ao registro no cartório de registro de imóveis em nome dos possuidores. Essa medida é uma revelação muito nítida do princípio da Socialidade como ideal de funcionalização da propriedade.

Os autores estão dando nomes distintos para o instituto: **desapropriação judicial, posse trabalho** e **desapropriação pró-labore**. É a medida por meio da qual o proprietário vai buscar judicialmente a propriedade do imóvel e não consegue ver reconhecido seu direito. Requisitos:

I. Se aplica a imóvel urbano ou rural;

II. Área extensa do imóvel: porém o código não tarifou. Como a lei é nacional, em cada região o conceito é diferente, cabendo a juiz, no caso concreto, aferir se a área se enquadra;

III. Número considerável de pessoas: o código, mais uma vez, não quantificou. Contudo, o seu objetivo foi solucionar grandes ocupações. Cabe, igualmente, ao juiz avaliar;

IV. Ocupação acima de 5 (cinco) anos, de maneira ininterrupta e de boa-fé;

V. Realização de obra ou serviço de interesse social: os possuidores devem dar utilização consonante com o interesse social, que não foi feita pelo proprietário. Evita-se, com isso, a especulação imobiliária;

VI. Existência de pedido de restituição do imóvel mediante ação reivindicatória.

enunciado

Atenção! Diante da peculiaridade dos bens públicos, o Enunciado 83 da I Jornada de Direito Civil do CJF prevê que: "Nas ações reivindicatórias propostas pelo Poder Público, não são aplicáveis as disposições constantes dos §§ 4º e 5º do art. 1.228 do novo Código Civil".

A sentença servirá de título executivo para a **indenização**, de responsabilidade dos possuidores, diferenciando o instituto, por conseguinte, da usucapião. Na tramitação do projeto, houve uma proposta para que a indenização fosse arcada pelo poder público, mas ela não vingou. Se os possuidores não quiserem pagar a indenização, não poderão utilizar-se da medida. Como há um número considerável de pessoas, a solução viável para o **registro** é que o juiz deva determiná-lo sob a forma de Condomínio.

enunciados

Ainda no que diz respeito à indenização, os Enunciados 240 e 241 da III Jornada de Direito Civil do CJF:

Enunciado 240 – "A justa indenização a que alude o § 5º do art. 1.228 não tem como critério valorativo, necessariamente, a avaliação técnica lastreada no mercado imobiliário, sendo indevidos os juros compensatórios."

Enunciado 241 – "O registro da sentença em ação reivindicatória, que opera a transferência da propriedade para o nome dos possuidores, com fundamento no interesse social (art. 1.228, § 5º), é condicionada ao pagamento da respectiva indenização, cujo prazo será fixado pelo juiz."

*Quanto ao **requerimento**, este deve ser feito expressamente pelos possuidores, não podendo o juiz reconhecer de ofício, inclusive porque há indenização, conforme anuncia o Enunciado 84 da I Jornada de Direito Civil do CJF: "A defesa fundada no direito de aquisição com base no interesse social (art. 1.228, §§ 4º e 5º, do novo Código Civil) deve ser arguida pelos réus da ação reivindicatória, eles próprios responsáveis pelo pagamento da indenização".*

Há divergências a respeito da **forma de aquisição dessa propriedade**, se seria originária ou derivada. O melhor entendimento é o de que se trata de forma de aquisição originária da propriedade, tornando o imóvel, uma vez registrado em nome dos possuidores, insuscetível de reivindicação e liberado de quaisquer ônus. Cabe aos eventuais credores somente a sub-rogação no preço pago ao antigo proprietário.

Quanto à **natureza jurídica**, observa-se, de imediato, tratar-se de dispositivo que institui uma nova forma de perda de propriedade, não antes conhecida no direito brasileiro, dada a sua peculiaridade.

17.4.6 Da aquisição da propriedade (modos)

Diferentemente dos direitos pessoais, os direitos reais possuem regime próprio de aquisição, consubstanciados em modos previamente estipulados em lei. A aquisição da propriedade pode ocorrer de duas formas:

I. **Aquisição da Propriedade Imóvel**, que se divide em usucapião, registro do título e acessão; e

II. **Aquisição da Propriedade Móvel**, que se divide em usucapião, ocupação, achado do tesouro, tradição, especificação, confusão, comissão e adjunção.

17.4.6.1 Da aquisição da propriedade imóvel

17.4.6.1.1 Usucapião

É modo originário de aquisição da propriedade e de outros direitos reais, por meio da posse contínua durante certo lapso de tempo. A posse, unida ao tempo e aos demais requisitos legais, confere juridicidade a uma situação de fato, convertendo-a em propriedade.

17.4.6.1.1.1 Requisitos

a) **Requisito Material – bens suscetíveis de usucapião:** Via de regra, os **bens públicos** são insuscetíveis de usucapião. Entretanto, os **bens de sociedades de economia mista e empresas públicas** são usucapíveis. O STF (RE 220.906/DF) faz distinção entre as paraestatais prestadoras de serviço público e exploradoras de atividade econômica, incluindo os **bens afetados à finalidade pública** como submetidos ao regime jurídico de direito público, logo não se submetem a usucapião. O **bem com cláusula de inalienabilidade** só pode sofrer usucapião extraordinário. Já o **bem de família**, voluntário ou legal, pode ser usucapido. Também é possível a usucapião de **propriedade resolúvel**. As **terras tradicionalmente ocupadas pelos índios** são inalienáveis, indisponíveis e insuscetíveis de usucapião. No caso da usucapião em favor de remanescentes das **comunidades de quilombos**, puderam os moradores e descendentes que começaram a possuir tais terras em posse tranquila e pacífica com *animus domini* até a edição da CF/88, transmiti-la para as futuras gerações, e, nesse caso, recaiu até mesmo em bens públicos. O **condômino** pode usucapir contra os coproprietários se o condomínio for *pro indiviso*, ou seja, a indivisão do bem for de fato e de direito, se o apossamento recair sobre a integralidade do imóvel. Nos **condomínios horizontais**, o uso da coisa comum, ainda que de forma exclusiva, não gera posse *ad usucapionem*. **Vaga de garagem**, por sua vez, se for autônoma em relação ao imóvel, com matrícula individual e designação numérica própria é suscetível de usucapião.

b) **Requisitos Formais: posse mansa e pacífica, *animus domini*, tempo e, na usucapião ordinária, justo título e boa-fé.** A posse deve ser **Mansa e Pacífica**, ou seja, exercida sem oposição. Além disso, apenas a **posse *ad usucapionem*** (com ânimo de dono) pode acarretar a prescrição aquisitiva. Deve ainda a posse ser contínua, sem interrupção juridicamente relevante. Não quer tanto dizer que a pessoa tenha necessariamente de permanecer no imóvel todo o tempo, já que para que se considere possuidora basta que possa exercer os poderes inerentes ao domínio. Admite-se que o possuidor acrescente à sua posse a dos seus antecessores (***acessio possessionis***), contanto que todas sejam contínuas, pacíficas e, nos casos da usucapião ordinária, com justo título e boa-fé. A junção das posses pode se dar, ainda, pela ***sucessio possessionis*** (na aquisição a título universal, eis que o herdeiro se reputa na continuação da posse do falecido). Quanto ao requisito **tempo**, os prazos exigidos se contam por anos, não por horas. Despreza-se o primeiro dia, sempre incompleto, mas se inclui o último. O CC/2002 reduziu os prazos em relação ao Código anterior, não mais prevendo tempo maior para os ausentes. No tocante ao **justo título** (**requisito apenas para a usucapião ordinária**), é aquele capaz de infundir no adquirente a crença de ser dono, conquanto incapaz de transmitir o direito em razão de algum vício.

enunciado

Sobre o assunto, o CJF emitiu o Enunciado 86 com o seguinte teor: "A expressão 'justo título' contida nos arts. 1.242 e 1.260 do Código Civil abrange todo e qualquer ato jurídico hábil, em tese, a transferir a propriedade, independentemente de registro".

Por fim, a **boa-fé** (também requisito apenas para a usucapião ordinária) está presente se o possuidor ignora o vício ou obstáculo que impede a aquisição da coisa. Pelo art. 1.201 do Código, presume-se de boa-fé quem tem justo título. A boa-fé deve existir durante todo o prazo necessário para a usucapião.

Merece destaque o fato de que a presença da União ou de qualquer de seus entes na ação de usucapião especial não afasta a competência do foro da situação do imóvel (Súmula 11 do STJ). O mesmo raciocínio aplica-se à ação de usucapião proposta contra a massa falida, não prevalecendo o foro universal do juízo da falência. É obrigatória a presença do Ministério Público em qualquer ação de usucapião.

A Lei n. 14.010/2020 (Regime Jurídico Emergencial e Transitório das relações jurídicas de Direito Privado - RJET, em razão da pandemia de Covid-19), em seu art. 10, com relação às diversas espécies de usucapião, estabeleceu a suspensão dos prazos de aquisição para a propriedade imobiliária ou mobiliária, de 12/06/2020 até 30/10/2020.

17.4.6.1.1.2 Espécies de usucapião

I. **Usucapião Extraordinária:** exige todos os requisitos da posse qualificada: *animus domini*, mansa e pacífica e ininterrupta, mas dispensa-se o justo título do possuidor. A posse não precisa ser atual. O art. 1.238 estabelece prazo de 15 anos em casos de **posse simples** (exercício de fato de alguns dos poderes da propriedade) e 10 anos se **posse qualificada** (pelo cumprimento da função social, por intermédio de moradia). É o que se denomina de **usucapião extraordinária especial pró-labore ou habitacional**, quando o possuidor estabelecer o imóvel como sua moradia habitual ou tenha realizado obras ou serviços de caráter produtivo (parágrafo único do art. 1.238). Observe-se que não se exige que o possuidor não tenha outro imóvel e nem se restringe o tamanho do imóvel.

II. **Usucapião Ordinária:** também chamada de usucapião comum e não especial, já que não faz limitação ao tamanho do imóvel ou exigências especiais em relação ao possuidor, tais como, ser proprietário de outros bens, ter a posse voltada para fim de habitação ou utilização de interesse social. Essa usucapião (art. 1.242, *caput* e parágrafo único) exige a configuração, além dos requisitos comuns da posse qualificada - *animus domini*, posse contínua, mansa, pacífica e ininterrupta - os requisitos de justo título e boa-fé, razão pela qual o prazo será menor: 10 anos se **posse simples** e 5 anos se **posse qualificada**. São requisitos específicos: posse pró-labore; justo título especial (se, por qualquer motivo, o registro do possuidor foi cancelado).

III. **Usucapião Especial Rural:** regulada nos arts. 191 da Constituição Federal e 1.239 do Código Civil, a **usucapião especial rural** ou "pró-labore" ou "rústico", conforme já estudamos, traz como componentes do suporte fático: não ser proprietário de imóvel rural ou urbano, a posse por cinco anos ininterruptos, sem oposição, de área de terra em zona rural não superior a cinquenta hectares, tornando produtiva a terra por seu trabalho ou de sua família e a moradia nesse mesmo local. Não são exigidos o justo título e a boa-fé. Doutrina e jurisprudência não admitem, neste caso, a adição da posse, pois requer requisitos personalíssimos incompatíveis com a aludida soma.

Art. 1.239. Aquele que, não sendo proprietário de imóvel rural ou urbano, possua como sua, por cinco anos ininterruptos, sem oposição, área de terra em zona rural não superior a cinquenta hectares, tornando-a produtiva por seu trabalho ou de sua família, tendo nela sua moradia, adquirir-lhe-á a propriedade.

enunciado

Enunciado 594 da VII Jornada de Direito Civil – "É possível adquirir a propriedade de área menor do que o módulo rural estabelecido para a região, por meio da usucapião especial rural."

IV. **Usucapião Especial Urbana:** ou *pro misero*. Inovação da Constituição Federal de 1988, também tratada no Código Civil, que repete literalmente os termos da Carta, e no Estatuto da Cidade. Assim, aquele que possuir como sua área urbana de até duzentos e cinquenta metros quadrados, por cinco anos ininterruptamente e sem oposição, utilizando-a para sua moradia ou de sua família, adquirir-lhe-á o domínio, desde que não seja proprietário de outro imóvel urbano ou rural, ressaltando que o título de domínio e concessão de uso serão conferidos tanto para o homem como para a mulher, ou a ambos, independentemente do estado civil.

Art. 1.240. Aquele que possuir, como sua, área urbana de até duzentos e cinquenta metros quadrados, por cinco anos ininterruptamente e sem oposição, utilizando-a para sua moradia ou de sua família, adquirir-lhe-á o domínio, desde que não seja proprietário de outro imóvel urbano ou rural.

§ 1º O título de domínio e a concessão de uso serão conferidos ao homem ou à mulher, ou a ambos, independentemente do estado civil.

§ 2º O direito previsto no parágrafo antecedente não será reconhecido ao mesmo possuidor mais de uma vez.

Tal espécie não se aplica à posse de terreno urbano sem construção, pois é requisito a sua utilização para moradia do possuidor ou de sua família. Por outro lado, também não reclama justo título e boa-fé. Nada obsta que se adquira por usucapião especial imóvel urbano inserido em área maior quando delimitada a posse ao limite de duzentos e cinquenta metros quadrados.

enunciado

O Enunciado 85 do CJF estabelece que: "Para efeitos do art. 1.240, caput, do novo Código Civil, entende-se por 'área urbana' o imóvel edificado ou não, inclusive unidades autônomas vinculadas a condomínios edilícios".

V. **Usucapião Coletiva Urbana:** o art. 10 do Estatuto da Cidade (Lei n. 10.257/2001), com redação alterada pela Lei n. 13.465/2017, dispõe:

> Art. 10. Os núcleos urbanos informais existentes sem oposição há mais de cinco anos e cuja área total dividida pelo número de possuidores seja inferior a duzentos e cinquenta metros quadrados por possuidor são suscetíveis de serem usucapidos coletivamente, desde que os possuidores não sejam proprietários de outro imóvel urbano ou rural. (Redação dada pela Lei n. 13.465, de 2017)

Esse instituto visa auxiliar na solução do problema de distribuição de imóveis urbanos. A grande maioria dos autores, a exemplo de Silvio Venosa e Mário Delgado, tem entendido que "população de baixa renda" se trata de um conceito aberto, que será definido pelo juiz diante do caso concreto. Entretanto, há julgados indicando alguns critérios objetivos:

a) possua renda familiar de até três salários mínimos;

b) cadastro no bolsa família, com renda *per capita* máxima de R$ 100,00.

O prazo de 05 (cinco) anos deve ser contado a partir do vigor da lei, ou seja, o prazo anterior de posse não pode ser somado. Este entendimento de que o prazo da usucapião começa a contar a partir da entrada em vigor da lei é fundado em posição do STF (RE 145.004/MT).

VI. **Usucapião em Decorrência de Abandono de Lar:** outra espécie de usucapião prevista no Código Civil, em seu art. 1.240-A, que foi incluída pela Lei 12.424 de 2011 é a usucapião em decorrência de abandono de lar, que ocorre quando um indivíduo exerce posse direta e exclusiva sobre imóvel urbano de até duzentos e cinquenta metros quadrados por 2 (dois) anos ininterruptos e sem qualquer oposição, cuja propriedade era dividida com ex-cônjuge ou ex-companheiro que abandonou o lar, utilizando-o para sua moradia ou de sua família. Irá adquirir o seu domínio integral, desde que não seja proprietário de outro imóvel urbano ou rural, salientando que tal direito não será dado mais de uma vez ao mesmo possuidor (§ 1º do art. 1.240-A).

Convém ressaltar que o possuidor poderá requerer ao magistrado que seja declarada adquirida a propriedade imóvel mediante usucapião (art. 1.241 do CC/2002), e a declaração dada pelo juiz irá constituir título hábil para o registro no Cartório de Registro de Imóveis (parágrafo único do art. 1.241 do CC/2002).

enunciado

Enunciado 595 da VII Jornada de Direito Civil – "O requisito 'abandono do lar' deve ser interpretado na ótica do instituto da usucapião familiar como abandono voluntário da posse do imóvel somado à ausência da tutela da família, não importando em averiguação da culpa pelo fim do casamento ou união estável. Revogado o Enunciado 499."

VII. Usucapião Administrativa ou Extrajudicial: o art. 1.071 do CPC regula o procedimento administrativo extrajudicial para a usucapião de bens imóveis de forma ampla, anteriormente disciplinado como usucapião administrativa no art. 60 da Lei n. 11.977/2009 (Programa Minha Casa, Minha Vida), este limitado a detentores de título de legitimação de posse. Processa-se perante o cartório de registro de imóveis da comarca onde estiver ele estiver situado. O procedimento foi alterado pela Lei n. 13.465/2017. De acordo com Flávio Tartuce (p. 667):

> A principal peça da revolução engendrada pelo Estatuto Processual de 2015 em matéria de usucapião imobiliária foi o amplo tratamento da usucapião extrajudicial ou administrativa. Em qualquer uma das modalidades de usucapião outrora expostas, o caminho extrajudicial passa a ser possível, o que está em sintonia com a principiologia do Novo CPC e com a tendência de desjudicialização das contendas, de fuga do Judiciário. Acreditamos que a usucapião extrajudicial também possa atingir outros direitos reais, como a servidão, a superfície, a laje e o usufruto.

17.4.6.1.2 Registro

É um modo específico de aquisição de propriedade imobiliária. O registro está para os bens imóveis, assim como a tradição está para os bens móveis (art. 1.226 do CC). O Brasil adotou o sistema romano, no qual o título (ou causa) soma-se ao registro. Sem registro, não se adquire a propriedade de bem imóvel, consoante disposição do art. 1.245: "transfere-se entre vivos a propriedade mediante o registro do título translativo no Registro de Imóveis".

Todavia, não havendo o registro do título, o alienante continuará como dono do imóvel (§ 1º do art. 1.245).

O negócio ainda não registrado produz apenas um direito obrigacional. O registro, entretanto, não conduz a uma presunção absoluta e incontestável da propriedade, já que um vício no negócio jurídico poderá contaminar o registro. Há, portanto, presunção *iuris tantum* do domínio, acarretando inversão do ônus da prova. Os vícios originários do título são insanáveis e transmitem-se junto à cadeia dos adquirentes.

Em consonância com o art. 1.246, o registro do título será considerado eficaz a partir do momento da apresentação deste ao oficial do registro e este prenotar no protocolo. Caso o disposto no registro não demonstre a verdade, o interessado poderá reclamar que se retifique ou anule (art. 1.247), e quando este for cancelado, o proprietário terá o direito de reivindicar o imóvel, independentemente da boa-fé ou de título do terceiro adquirente (parágrafo único do art. 1.247).

enunciado

Também pode ser considerado como título translativo, conforme o Enunciado 87 da I Jornada de Direito Civil do CJF: "Considera-se também título translativo, para fins do art. 1.245 do novo Código Civil, a promessa de compra e venda devidamente quitada (arts. 1.417 e 1.418 do Código Civil e § 6º do art. 26 da Lei n. 6.766/79)".

Em 26/05/2020, o Provimento 100 do Conselho Nacional de Justiça disciplinou a possibilidade da escritura pública por meio digital ou eletrônico, desde que observados os requisitos de validade previstos em seu art. 3º:

> *Art. 3º. São requisitos da prática do ato notarial eletrônico:*
>
> *I – videoconferência notarial para captação do consentimento das partes sobre os termos do ato jurídico;*
>
> *II – concordância expressada pelas partes com os termos do ato notarial eletrônico;*
>
> *III – assinatura digital pelas partes, exclusivamente através do e-Notariado;*
>
> *IV – assinatura do Tabelião de Notas com a utilização de certificado digital ICP-Brasil;*
>
> *IV – uso de formatos de documentos de longa duração com assinatura digital.*

17.4.6.1.3 Atributos do registro

a) **Constitutividade**: o registro é indispensável para a aquisição da propriedade. Opera efeitos *ex nunc*, com exceção da usucapião e da *saisine* (art. 1.784), quando será ex *tunc* (retroage);

b) **Prioridade (ou preferência)**: dá-se proteção a quem primeiro registrou. O registro *torrens*, em caráter excepcional, gera presunção absoluta de domínio, assim também o registro da sentença de usucapião;

c) **Continuidade**: o registro de um título fica vinculado ao registro anterior em uma sequência de atos;

d) **Publicidade**: torna pública qualquer alteração no cadastro imobiliário e protege os atos praticados com boa-fé. O registro também pode significar ato formal que concede publicidade à aquisição pelas vias da sucessão, usucapião e acessão. Nestes casos, o registro possui natureza meramente declaratória;

e) **Legalidade**: para ser válido, o registro deve estar revestido das exigências legais;

f) **Especialidade**: deve haver descrição precisa do imóvel e caracterizado como corpo certo, individual e autônomo.

17.4.6.1.4 Acessão (art. 1.248)

É modo originário de aquisição da propriedade em razão do qual o proprietário passa a adquirir a titularidade de tudo o que adere ao bem principal. Pela acessão contínua, uma coisa se une ou se incorpora a outra, em estado permanente, por ação humana ou causa natural, e o proprietário da coisa principal adquire a propriedade daquela que se lhe uniu ou incorporou. Em alguns casos, o titular desfalcado do domínio será indenizado, em respeito ao princípio que veda o enriquecimento sem causa. De acordo com art. 1.248, incisos I ao V, dar-se-á por formação de ilhas; por aluvião; por avulsão; por abandono de álveo; por plantações ou construções.

I. **De Forma Natural (de imóvel a imóvel):**

a) **Aluvião Própria:** acréscimo paulatino de terras que o rio deixa naturalmente nos terrenos ribeirinhos;

b) **Aluvião Imprópria:** acréscimo que se forma quando parte do álveo surge em razão do afastamento das águas correntes. De acordo com art. 1.250, aluvião corresponde

> Aos acréscimos formados, sucessiva e imperceptivelmente, por depósitos e aterros naturais ao longo das margens das correntes, ou pelo desvio das águas destas, pertencem aos donos dos terrenos marginais, sem indenização.

Cabe salientar que, caso o terreno aluvial se forme em frente de prédios de proprietários diferentes, este será dividido entre os proprietários, mas dentro da proporção da testada de cada um sobre a antiga margem (parágrafo único do art. 1.250).

c) **Avulsão:** é o desprendimento, por força natural, violenta e abrupta, de uma porção de terra que se vai juntar ao terreno de outro proprietário, como é o caso do deslizamento. Nessa situação, o dono do prédio que incorporou a porção de terra adquirirá a propriedade do acréscimo, mas com indenização ao dono do prédio que perdeu a referida porção. Se não houver o pagamento da indenização, somente adquirirá a propriedade em um ano se ninguém tiver reclamado, conforme disciplinado no art. 1.251. Na situação em que o dono do prédio que se juntou à porção de terra se recusar ao pagamento da indenização, deverá este autorizar a remoção da parte acrescida (parágrafo único do art. 1.251);

d) **Formação de Ilhas:** só beneficiará o particular quando, por força natural, surgir um pedaço de terra em um rio não navegável; se navegável, pertencerá à pessoa jurídica de direito público em cujo território se situe. Dessa forma, conforme art. 1.249, incisos I a III, as ilhas que se formarem em correntes comuns ou particulares pertencem aos proprietários ribeirinhos fronteiros, observadas as regras seguintes:

I – as que se formarem no meio do rio consideram-se acréscimos sobrevindos aos terrenos ribeirinhos fronteiros de ambas as margens, na proporção de suas testadas, até a linha que dividir o álveo em duas partes iguais;

II – as que se formarem entre a referida linha e uma das margens consideram-se acréscimos aos terrenos ribeirinhos fronteiros desse mesmo lado;

III – as que se formarem pelo desdobramento de um novo braço do rio continuam a pertencer aos proprietários dos terrenos à custa dos quais se constituíram;

e) **Álveo Abandonado:** não se confunde com a aluvião imprópria, pois aqui há um total e permanente abandono do antigo leito, ficando este inteiramente descoberto e passando a pertencer aos proprietários ribeirinhos das duas margens, seja o rio público ou particular. Corresponde ao desvio natural do curso de águas e, de acordo com o art. 1.252,

O álveo abandonado de corrente pertence aos proprietários ribeirinhos das duas margens, sem que tenham indenização os donos dos terrenos por onde as águas abrirem novo curso, entendendo-se que os prédios marginais se estendem até o meio do álveo.

II. **De Forma Artificial (de móvel a imóvel): Plantações e Construções:** semeadura, plantação e edificação, quando a titularidade não coincidir com a do dono do terreno. Presumem-se feitas pelo proprietário, e às suas custas, até prova em contrário (art. 1.253). Há dois pontos importantes a serem ressaltados: em conformidade com art. 1.254, aquele que semeia, planta ou edifica em terreno próprio com sementes, plantas ou materiais alheios, irá adquirir a propriedade destes, mas ficará obrigado a pagar o valor, bem como responderá por perdas e danos, se tiver agido de má-fé; por outro lado, aquele que semeia, planta ou edifica em terreno alheio perderá para o proprietário, as sementes, plantas e construções, e se procedeu de boa-fé, fará jus ao direito a indenização (art. 1.255). Contudo, nessa situação, caso a construção e plantação vierem a exceder o valor do terreno, aquele que plantou ou construiu de boa-fé irá adquirir a propriedade do solo, mediante pagamento da indenização fixada judicialmente, se não houver acordo (parágrafo único do art. 1.255). Por outro lado, no caso de ambas as partes agirem de má-fé, o proprietário irá adquirir as sementes, plantas e construções, mas sendo incumbido de ressarcir o valor das acessões (art. 1.256). Outrossim, será presumida a má-fé do proprietário quando o trabalho de construção ou lavoura ocorreu em sua presença e sem a sua impugnação (parágrafo único do art. 1.256).

a) **Terreno próprio + materiais alheios:** se o dono do terreno estava de boa-fé, pagará ao proprietário o valor dos materiais; se de má-fé, além desse pagamento, indenizará por perdas e danos;

b) **Terreno alheio + materiais próprios:** o titular perde o material próprio. Se de boa-fé, com base em justo título, tem direito à indenização; se de má-fé, perde as acessões e não recebe indenização.

17.4.6.2 Modos de aquisição da propriedade móvel

Diferentemente do que ocorre na aquisição da propriedade imóvel, a aquisição da propriedade móvel pode ser originária e derivada. Será originária mediante ocupação, achado de tesouro, especificação, confusão, comistão, adjunção e usucapião, pois que, em nenhum desses casos há transferência de propriedade. A tradição, por sua vez, é modo derivado de aquisição, pois nesse caso o alienante transfere seu domínio ao adquirente (DONIZETTI; QUINTELLA, 2014, p. 776).

Constituem modos de aquisição da propriedade móvel:

I. **Ocupação (art. 1.263):** é o modo originário por excelência de aquisição da propriedade móvel pelo qual alguém, imediatamente, apropria-se de coisas sem dono, seja porque nunca foram apropriadas (*res nullius*), seja porque foram abandonadas (*res derelictae*). Dessa forma, em conformidade com art. 1.263, "quem se assenhorear de coisa sem dono para logo lhe adquire a propriedade, não sendo essa ocupação defesa por lei";

II. **Achado do Tesouro (art. 1.264):** tesouro é o depósito antigo de coisas preciosas ocultas cujo dono é desconhecido. Se a propriedade for presumível, não é tesouro. Se o tesouro for achado pelo proprietário do terreno, a ele pertence. Caso seja encontrado por outra pessoa que não seja proprietária, terá direito à metade do tesouro. Todavia, se o descobrir adentrar no prédio alheio com o propósito de encontrar o tesouro, não terá direito a nada, pois não se permite a obtenção de vantagem quando houver esbulho. Por outro lado, quando o tesouro for encontrado, integralmente, pelo proprietário do prédio, ou em pesquisa que ordenou, ou por terceiro não autorizado, pertencerá por inteiro ao proprietário do prédio (art. 1.265). Todavia, se o tesouro for achado em terreno aforado, este será dividido de forma igualitária entre o descobridor e o enfiteuta, mas será deste por inteiro quando ele mesmo for o descobridor (art. 1.266);

III. **Especificação (art. 1.269):** é modo originário de aquisição da propriedade mobiliária que se dá mediante a transformação de matéria-prima em espécie nova por meio do trabalho, se não puder restituir a forma anterior. Por ocorrer de a matéria pertencer a outrem e não for possível a sua redução à forma precedente, pertencerá ao especificador de boa-fé a espécie nova (art. 1.270). Se for obtida de má-fé, verificada a impossibilidade ou não da sua redução, a espécie nova pertencerá ao dono da matéria-prima (§ 1º do art. 1.270). Na especificação incluem-se também as pinturas em relação à tela, da escultura, escritura e qualquer outro trabalho gráfico em relação à matéria-prima, pertencendo a espécie nova ao especificador no caso do seu valor exceder o da matéria-prima (§ 2º do art. 1.270). Os prejudicados serão ressarcidos pelo dano que vierem a sofrer, menos o especificado de má-fé, como disposto no § 1º do art. 1.270, quando não for possível a redução da especificação (art. 1.271);

IV. **Comissão, Confusão e Adjunção:** são modos originários de aquisição. **Comissão** é a mistura de coisas secas ou sólidas, pertencentes a diferentes donos, sem que possam ser separadas e sem que se produza coisa nova. **Confusão** é a mistura de coisas líquidas de diferentes pessoas, nas mesmas condições. **Adjunção** é a justaposição de uma coisa sólida à outra, de tal modo que não possam mais ser separadas sem deterioração do bem formado. Nesse sentido, o art. 1.272 dispõe que "as coisas pertencentes a diversos donos, confundidas, misturadas ou adjuntadas sem o consentimento deles, continuam a pertencer-lhes, sendo possível separá-las sem deterioração."

Contudo, quando não for possível a separação das coisas, ou que seja exigido dispêndio excessivo, cada um dos donos terá o seu quinhão proporcional ao valor da coisa com que entrou para a mistura ou agregado (§ 1º do art. 1.272). Se, por outro lado, for possível considerar uma das coisas como principal, o dono tomará a coisa para si, indenizando os demais (§ 2º do art. 1.272). Por fim, quando estes institutos forem realizados de má-fé, caberá à outra parte escolher entre adquirir a propriedade do todo, pagando a parte que não o pertencer, sendo abatida a indenização que lhe for cabível, ou então poderá renunciar ao que lhe pertencer, cabendo indenização (art. 1.273).

V. **Usucapião: Ordinária** (art. 1.260): requer a posse *ad usucapionem*, que exige posse mansa e pacífica, ininterruptamente e sem oposição, durante três anos, exercida com *animus domini,* justo título e boa-fé, sendo aplicado este tipo de usucapião o disposto nos arts. 1.243 e 1.244. **Extraordinária** (art. 1.261): depende de posse ininterrupta e pacífica com *animus domini* pelo prazo de cinco anos. Não se exige, portanto, justo título e de boa-fé. Os bens objeto de furto podem ser adquiridos por usucapião extraordinária pelo próprio autor do furto;

No mesmo sentido, a Súmula n. 193 do STJ – "o direito de uso de linha telefônica pode ser adquirido por usucapião."

VI. **Tradição (art. 1.267):** é modo derivado de aquisição da propriedade móvel mais comum, consistindo na entrega de bem móvel pelo transmitente ao adquirente, com a intenção de transferir-lhe a propriedade. Pode ser **real** (entrega material da coisa ao adquirente), **simbólica** (ex: entrega das chaves de um veículo) e **consensual** (resulta do acordo de vontade dos interessados, por aposição contratual, sem qualquer alteração no mundo dos fatos – constituto possessório e tradição *brevi manu*). No **constituto possessório** o proprietário de um bem o aliena a outrem, mas continua como possuidor direto, havendo inversão no título da posse, já que alguém que possuía a coisa em nome próprio passa a possuir em nome alheio. Já na **tradição *brevi manu*** ocorre o contrário. Aquele que detinha o bem em nome alheio, passa a possuí-lo como proprietário;

VII. **Descoberta (art. 1.233):** O atual Código Civil não incluiu a descoberta (antiga invenção) como modo de aquisição da propriedade, visto que quem acha o bem perdido não adquire a sua propriedade. Colocou a descoberta na parte geral da propriedade. Para fins didáticos, o assunto vai ser abordado neste ponto, após os modos de aquisição da propriedade. A descoberta é o fato jurídico que consiste em alguém encontrar coisa alheia perdida. Ela gera para o descobridor uma obrigação de fazer consistente em entregar a coisa que saiu da esfera de proteção do titular. Cuida-se de obrigação que se origina de um ato jurídico *stricto sensu*. Portanto, não se trata de modo de aquisição.

17.4.7 Modos de perda da propriedade

Em princípio, a propriedade é irrevogável, transmitindo-se aos sucessores por força da *saisine*. Todavia, perde-se a propriedade de forma **voluntária** (alienação, abandono e renúncia) ou **involuntária** (perecimento, desapropriação e diversos outros modos) (art. 1.275, incisos I a V):

I. **Alienação:** ato pelo qual o proprietário, por vontade própria, de forma gratuita ou onerosamente, transfere a outrem seu direito sobre a coisa;

II. **Renúncia:** ato unilateral pelo qual o proprietário declara formal e explicitamente o propósito de despojar-se do direito de propriedade. Só se aplica aos bens imóveis, com exceção do patrimônio móvel incluso no direito hereditário objeto de abdicação pelo herdeiro; Ressalte-se que nas situações de alienação e renúncia, somente produzirão os efeitos da perda da propriedade com o registro do título transmissivo ou do ato renunciativo no Registro de Imóveis (parágrafo único do art. 1.275);

III. **Abandono:** é o ato material de derrelição pelo qual o proprietário desfaz-se de modo intencional da coisa porque não quer mais ser seu dono (perda voluntária da posse, cuja aparência é a de abandono material). Por não ser um ato expresso como a renúncia, a derrelição deve resultar de atos exteriores que atestem a manifesta intenção de abandonar (*animus derelinquendi*). O mero desuso não implica abandono, tem que haver o elemento psicológico. Dessa forma, o art. 1.276 estabelece que o imóvel urbano abandonado "[...] poderá ser arrecadado, como bem vago, e passar, três anos depois, à propriedade do Município ou à do Distrito Federal, se se achar nas respectivas circunscrições."

No caso do imóvel, situado em zona rural, que vier a ser abandonado nas mesmas circunstâncias descritas acima, poderá ser arrecado como bem vago, passando à propriedade para a União após 3 (três) anos, onde quer que se localize o imóvel (§ 1º do art. 1.276). Será caso de abandono também, de modo absoluto, quando os atos da posse forem cessados, abstendo-se o proprietário de satisfazer os ônus fiscais (§ 2º do art. 1.276);

IV. **Perecimento:** dá-se pela perda das qualidades essenciais da coisa, correspondendo à exclusão do objeto do direito de propriedade do mundo fático;

V. **Desapropriação:** modo originário de aquisição e perda da propriedade, em face da intervenção estatal na propriedade privada. Ocorre quando o Poder Público necessita de um determinado bem, por razões de finalidade pública ou de interesse social, e, por isso, adquire-o, mediante prévia e justa indenização (DONIZETTI; QUINTELLA, 2014, p. 791);

VI. **Outros Modos de Perda Involuntária:** arrematação, adjudicação, implemento de condição resolutiva, usucapião, casamento pela comunhão universal e confisco.

17.4.8 Da propriedade resolúvel (arts. 1.359 e 1.360)

A propriedade é um direito de duração ilimitada e irrevogável, não comportando, em princípio, condição resolutiva ou termo final. Quando, entretanto, a duração da propriedade se subordina a acontecimento futuro certo (termo) ou incerto (condição), previsto no próprio título constitutivo, está-se diante de uma propriedade resolúvel. O proprietário resolúvel age como proprietário pleno enquanto não se verifica o evento futuro. Efetivando-se o termo final ou condição, resolvem-se todos os direitos concedidos em sua pendência.

Essa espécie de propriedade possui duas espécies: a clássica e a revogação da doação. A clássica é aquela cujo próprio título de propriedade contém condição ou termo (cláusula de retrovenda, propriedade fiduciária). A revogação de doação, por outro lado, é a resolução que se opera por causa superveniente (DONIZETTI; QUINTELLA, 2014, p. 830).

Conforme disposto no art. 1.360, quando a propriedade se resolver por causa superveniente, o possuidor que a adquiriu por título anterior à sua resolução será considerado como proprietário perfeito. Por outro lado, a pessoa cujo benefício houve a resolução terá direito a ingressar ação contra aquele cuja propriedade se resolveu para haver a própria coisa ou o seu valor.

As hipóteses de propriedade resolúvel são: fideicomisso, retrovenda, doação com cláusula de reversão, compra e venda com reserva de domínio e direitos autorais.

Essa propriedade distingue-se da **propriedade *ad tempus*** ou **revogável** (art. 1.360), uma vez que, nesta, inexiste cláusula contratual de limitação temporal quando de sua constituição, eis que a extinção do direito de propriedade decorre de um **evento superveniente**. Portanto, pode haver a resolução, mas esta não pode prejudicar direitos adquiridos por terceiros, já que não havia previsibilidade. Constituem espécies de propriedade revogável: revogação de doação por ingratidão do donatário, revogação da doação por descumprimento do encargo e exclusão da sucessão por indignidade.

A propriedade resolúvel possui os seguintes **efeitos**:

a) aquele em favor do qual se opera a resolução investe-se no direito de propriedade como se esta nunca houvesse pertencido temporariamente ao proprietário resolúvel;

b) a resolubilidade é oponível *erga omnes*.

17.4.9 Da propriedade fiduciária (arts. 1.361 a 1.368-B)

Ocorre quando o credor fiduciário adquire uma propriedade resolúvel, passando a ter a posse indireta de bem móvel recebido em garantia de financiamento efetuado pelo alienante. Este, por sua vez, mantém-se na posse direta da coisa, resolvendo-se o direito fiduciário com a solução da dívida garantida.

Em conformidade com o art. 1.361, "considera-se fiduciária a propriedade resolúvel de coisa móvel infungível que o devedor, com escopo de garantia, transfere ao credor."

A constituição da propriedade fiduciária opera-se com o registro do contrato celebrado por instrumento público ou particular, que servirá de título no Registro de Títulos e Documentos do domicílio do devedor, ou, quando tratar-se de veículo, servirá de título na repartição competente para o licenciamento (§ 1º do art. 1.361). Com a sua constituição, dá-se o desdobramento da posse, fazendo com que o devedor se torne possuidor direto da coisa (§ 2º do art. 1.361).

É importante salientar que, conforme o § 3º do art. 1.361 do CC/2002, "a propriedade superveniente, adquirida pelo devedor, torna eficaz, desde o arquivamento, a transferência da propriedade fiduciária."

A propriedade fiduciária disciplinada no Código Civil de 2002 é um novo direito real de garantia, como o penhor, mas permite ao devedor gozar do bem. Seu objeto, por natureza, é bem móvel, infungível, durável e inconsumível. Já a alienação fiduciária do Sistema Financeiro recai sobre bens imóveis (Lei n. 9.514/97, art. 22). É pacífico, inclusive, que o bem que já integre o patrimônio do devedor pode ser objeto de propriedade fiduciária (Súmula n. 28 do STJ).

A aquisição do domínio é ficta e o formalismo do ato completa-se com o registro do contrato no Cartório de Títulos e Documentos do domicílio do devedor ou, quando for o caso, na repartição competente para licenciamento do veículo automotor, com anotação no certificado de registro.

súmula

Segundo a Súmula 92 do STJ: "A terceiro de boa-fé não é oponível a alienação fiduciária não anotada no Certificado de Registro do veículo automotor".

Os bens alienados fiduciariamente, por não pertencerem ao devedor executado, mas à instituição financeira que lhe proporcionou as condições necessárias para o financiamento do veículo automotor não adimplido, não podem ser objeto de penhora na execução fiscal. A alienação fiduciária não institui ônus real de garantia, mas opera a própria transmissão resolúvel do direito de propriedade (STJ, REsp 214763/SP).

O Código Civil elenca algumas formalidades a serem cumpridas para a realização do contrato, que deverá conter o total da dívida, ou sua estimativa; o prazo, ou a época do pagamento; a taxa de juros, se houver, e a descrição da coisa objeto da transferência, com os elementos indispensáveis à sua identificação (art. 1.362, incisos I ao IV). Ademais, antes do vencimento da dívida, o devedor poderá usar a coisa conforme a sua destinação, por sua conta e risco, mas ficando obrigado, na qualidade de depositário: a empregar na guarda da coisa a diligência exigida por sua natureza; e a entregá-la ao credor, se a dívida não for paga no vencimento, de acordo com art. 1.363, incisos I e II.

Por outro lado, quando a dívida vencer e não for realizado o seu pagamento, o credor ficará obrigado a vender a coisa a terceiro, pelo meio judicial ou extrajudicial, aplicando o preço no pagamento de seu crédito, bem como das despesas da cobrança, e, por fim, deve entregar o saldo ao devedor, quando houver (art. 1.364).

No decurso do contrato, caso o próprio credor fiduciário seja responsabilizado por dívidas perante terceiros, não ficará o devedor fiduciante prejudicado. Apesar da propriedade pertencer ao credor, trata-se de patrimônio de afetação, imune à ação de terceiros, posto que reservado ao titular do direito eventual, que pode praticar os atos destinados a preservá-lo.

A Lei n. 9.514/97, que dispõe sobre o Sistema de Financiamento Imobiliário, instituiu a modalidade de **alienação fiduciária de coisa imóvel**, mediante registro no ofício imobiliário. Com o advento dessa regra, o interessado na compra de um imóvel levantará, na instituição de sua preferência, o empréstimo para pagamento do preço de aquisição e, em garantia, efetuará a alienação fiduciária do imóvel ao credor, transferindo-lhe o domínio resolúvel e a posse indireta. Até a liquidação do débito, o devedor fiduciante será possuidor direto do imóvel.

Em caso de dívida, na hipótese de o **devedor fiduciante** não purgar a mora no prazo de 15 dias, contados da intimação pelo Oficial do Registro Imobiliário, restará consolidada a propriedade em poder do **credor fiduciário**, após pagar o ITBI (Imposto sobre a Transmissão de Bens Imóveis), sendo-lhe lícito aliená-la no prazo de 30 dias, a contar do registro que efetivou a consolidação.

Imprescindível ressaltar que a cláusula que autorizar ao proprietário fiduciário a ficar com a coisa alienada em garantia, caso a dívida não tenha sido paga no vencimento será considerada nula (art. 1.365), sendo permitido ao devedor, com a anuência do credor, dispor de seu direito eventual à coisa em pagamento da dívida, após o vencimento da dívida (parágrafo único do art. 1.365). Saliente-se que, mesmo com a coisa vendida, se o produto não bastar para o pagamento da referida dívida e as despesas de cobrança, o devedor continuará obrigado ao pagamento do restante (art. 1.366). Em caso de pagamento da dívida por parte de terceiro, seja ele interessado ou não, este irá se sub-rogar ao pleno direito no crédito e na propriedade fiduciária (art. 1.368).

Frise-se que a Lei n. 13.043/2014 deu nova redação ao art. 1.367 do CC, estabelecendo que:

> Art. 1.367. A propriedade fiduciária em garantia de bens móveis ou imóveis sujeita-se às disposições do Capítulo I do Título X do Livro III da Parte Especial deste Código e, no que for específico, à legislação especial pertinente, não se equiparando, para quaisquer efeitos, à propriedade plena de que trata o art. 1.231.

Havendo resistência na desocupação, o credor fiduciário poderá manejar ação de reintegração de posse. Apesar da vedação do art. 1.365 do CC, excepcionalmente poderá o credor imobiliário conservar a coisa em seu patrimônio, se o segundo leilão vier a frustrar-se, adquirindo, então, propriedade plena.

súmulas

De acordo com a Súmula n. 72 do STJ: "a comprovação da mora é imprescindível à busca e apreensão do bem alienado fiduciariamente" (mora ex persona*). Em conformidade com a Súmula n. 245 do STJ: "a notificação destinada a comprovar a mora nas dívidas garantidas por alienação fiduciária dispensa a indicação do valor do débito".*

No que se refere à previsão de **prisão do devedor**, constante no Decreto-lei n. 911/69, o STJ tem jurisprudência reiterada de que ela não é admissível após o advento da CF/88, por se tratar de depósito atípico. Tal entendimento era contrário àquele adotado pelo STF, o qual reconhecia a constitucionalidade desta medida prisional. Entretanto, com o julgamento dos Recursos Extraordinários 466.343/SP e 349.703/RS, os ministros da Suprema Corte começaram a rever a prisão civil para o próprio depositário infiel. A discussão foi acesa pelo ministro Gilmar Mendes em razão do Pacto de San José da Costa Rica, do qual o Brasil é signatário, no intuito de permitir a prisão civil apenas em caso de inadimplência de dívida alimentícia.

Para o ministro, o pacto tem menos poder que a Constituição brasileira, mas é hierarquicamente superior à legislação infraconstitucional. Portanto, não revoga a possibilidade de prisão civil para depositário infiel, mas revoga a lei que regulamenta essa previsão constitucional. Com base nesse entendimento, a prisão para o depositário cairia num vago legislativo e não poderia ser aplicada.

súmula

Atualmente a questão está pacificada no STF, conforme se abstrai da Súmula Vinculante n. 25: "É ilícita a prisão civil de depositário infiel, qualquer que seja a modalidade do depósito".

Em arremate, a Propriedade Fiduciária diferencia-se do ***Leasing***. O *Leasing* é um arrendamento mercantil que faz parte do direito obrigacional, não sendo apenas uma locação, mas um contrato misto (locação, mútuo/empréstimo com opção de compra e venda no final). A Propriedade Fiduciária integra o direito real, visto que ao final do pagamento o devedor adquire a propriedade. Exemplo de *leasing*: uma pessoa pede dinheiro emprestado ao banco para comprar um equipamento. O banco compra o bem (posse indireta) e arrenda à pessoa, que será arrendatária (posse direta), pagando prestações fixas sobre o bem.

17.4.10 Do fundo de investimento (arts. 1.368-C a 1.368-F)

Inserido no Código Civil pela Lei da Liberdade Econômica (Lei n. 13.874/2019), segundo o art. 1.368-C, "(...) é uma comunhão de recursos, constituído sob a forma de condomínio de natureza especial, destinado à aplicação em ativos financeiros, bens e direitos de qualquer natureza", não se aplicando, contudo, as regras relativas ao condomínio geral (§ 1º).

Segundo a norma do art. 1.368-E, os fundos de investimento respondem diretamente pelas obrigações legais e contratuais assumidas, sendo que os prestadores de serviço não respondem por essas obrigações, apesar de respondem pelos prejuízos que causarem quando procederem com dolo ou má-fé.

17.5 DIREITO DE VIZINHANÇA

Um dos últimos institutos da propriedade, o direito de vizinhança destina-se a evitar conflitos de interesses entre proprietários de prédios contíguos. Têm sempre em mira a necessidade de conciliar o exercício do direito de propriedade com as relações de vizinhança, uma vez que sempre é possível o advento de conflitos entre os confinantes (GONÇALVES, 2014, p. 577).

É importante salientar que não se confunde direito de vizinhança com servidões, posto que estas resultam da vontade das partes e só excepcionalmente da usucapião, ao passo que os direitos de vizinhança emanam da lei (GONÇALVES, 2014, p. 577).

Dessa forma, correspondem às regras do direito de vizinhança:

I. O uso anormal da propriedade

O uso anormal da propriedade corresponde às situações que trazem interferências prejudiciais à segurança da propriedade. Nesse sentido, de acordo com o art. 1.277, tanto o proprietário quanto o possuidor têm o direito de exigir que sejam cessadas todas as atividades nocivas à segurança, sossego e a saúde dos que o habitam, praticados por vizinhos. Esse direito de exigir corresponde ao dever de os vizinhos usarem e possuírem os respectivos prédios de forma saudável, de modo a não incomodarem o exercício dos direitos dos demais (DONIZETTI; QUINTELLA, 2014, p. 811).

O prejudicado por tais interferências terá direito de exigir indenização do proprietário ou possuidor que as causou, salvo se as interferências forem de interesse público (art. 1.278). Todavia, se, por meio de decisão judicial, as interferências nocivas à paz e ao sossego dos habitantes forem toleradas, o prejudicado pode pedir a redução, bem como a eliminação de tais interferências, mas somente nos casos em que estas se tornarem possíveis (art. 1.279).

Cabe salientar que o Código Civil admite a interposição da ação de demolição, conforme art. 1.280, pois tanto o proprietário quanto o possuidor podem exigir, em caso de ameaça ruína, a demolição ou reparação do prédio, e, até mesmo, que o dono do prédio preste caução pelo dano iminente.

Ademais, outro direito que o proprietário e o possuidor têm é o de exigir do autor de obras, garantias contra eventuais prejuízos que esta obra possa vir a ocasionar (art. 1.281).

II. Das árvores limítrofes

As árvores limítrofes são aquelas árvores que o seu tronco está localizado na linha divisória, presumindo pertencer a ambos os donos dos prédios confinantes (art. 1.282), sendo permitido ao proprietário, que tiver seu terreno invadido por raízes e ramos de árvore, cortá-los, verticalmente, no plano divisório (art. 1.283). Por fim, o art. 1.284 dispõe que os frutos caídos em terreno vizinho, cuja árvore se encontre, pertencerão ao dono do solo onde estas caírem, obviamente, se o terreno for de propriedade particular.

III. Da passagem forçada

O instituto da passagem forçada visa disponibilizar a acessibilidade ao dono de prédio, chamado de encravado, que não possuir acesso à via pública, nascente ou porto. Nesse sentido, para melhorar a viabilidade do prédio, o Código Civil admite a passagem forçada. Dessa forma, o dono do prédio inacessível possui o direito de constranger o vizinho, mediante pagamento de indenização, a lhe dar passagem. Ressaltando, ainda, que o rumo será judicialmente fixado, mas somente quando necessário (art. 1.285).

Dessa forma, sofrerá o constrangimento o vizinho cujo imóvel mais natural e facilmente se prestar à passagem (§ 1º do art. 1.285). Por outro lado, se houver alienação parcial do prédio, e ocorrer de um dos proprietários perder o acesso à via pública, nascente ou porto, esse proprietário terá o direito de constranger o outro a tolerar a passagem (§ 2º do art. 1.285).

IV. Da passagem de cabos e tubulações

Não se pode deixar de ressaltar que a passagem de cabos e tubulações faz parte do instituto da passagem forçada, pois quando for impossível ou excessivamente onerosa, o ordenamento jurídico obriga, mediante pagamento de indenização, que o proprietário tolere a passagem de cabos, tubulações e outros condutos subterrâneos de serviços de utilidade pública por meio de seu imóvel, em proveito de proprietários vizinhos (art. 1.286).

Pode o proprietário obrigado a se submeter exigir que a instalação dos cabos e tubulações sejam feitas da forma menos gravosa possível ao prédio onerado, bem como exigir que seja removida à sua custa para outro local do imóvel (parágrafo único do art. 1.286). Do mesmo modo, é admitido ao proprietário prejudicado exigir que obras de segurança sejam feitas quando as instalações dos cabos e tubulações oferecem grave risco (art. 1.287).

V. Das águas

Corresponde a um dos institutos referentes ao direito de vizinhança, conforme dispõe o art. 1.288:

> Art. 1.288. O dono ou o possuidor do prédio inferior é obrigado a receber as águas que correm naturalmente do superior, não podendo realizar obras que embaracem o seu fluxo; porém a condição natural e anterior do prédio inferior não pode ser agravada por obras feitas pelo dono ou possuidor do prédio superior.

No caso das águas que artificialmente sejam levadas ao prédio superior ou que tiverem sido colhidas ali, correrem para o prédio inferior, o dono deste poderá reclamar que as águas se desviem, ou que seja indenizado pelo prejuízo que sofrer (art. 1.289). Desta indenização, será deduzido o valor do benefício obtido (parágrafo único do art. 1.289).

Ressalte-se que é vedado ao possuidor do imóvel superior poluir as águas indispensáveis para os possuidores dos imóveis inferiores, e, se vier a poluir, deverá recuperá-las, devendo ressarcir os danos que os possuidores inferiores vierem a sofrer no caso de não ser possível a recuperação (art. 1.291). Do mesmo modo, o proprietário que construir barragens, açudes ou obras para represamento de água em seu prédio, e as águas represadas vierem a invadir prédio alheio, deverá indenizar o outro proprietário pelo prejuízo sofrido, sendo deduzido o valor do benefício obtido (art. 1.292).

Em conformidade com art. 1.293:

> Art. 1.293. É permitido a quem quer que seja, mediante prévia indenização aos proprietários prejudicados, construir canais, através de prédios alheios, para receber as águas a que tenha direito, indispensáveis às primeiras necessidades da vida, e, desde que não cause prejuízo considerável à agricultura e à indústria, bem como para o escoamento de águas supérfluas ou acumuladas, ou a drenagem de terrenos.

Nessa situação, o prejudicado também terá o direito de ressarcimento pelos danos causados por futuras infiltrações ou irrupção das águas, ou pela deterioração das obras destinadas a canalizá-las (§ 1º do art. 1.293), podendo também exigir que a canalização seja subterrânea, quando atravessarem áreas edificadas, pátios, hortas, jardins ou quintais (§ 2º do art. 1.293).

O Código Civil estabelece que o aqueduto que for construído deverá ser feito de maneira que cause menos prejuízo aos proprietários vizinhos, às despesas do dono (§ 3º do art. 1.293).

enunciado

Enunciado 598 da VII Jornada de Direito Civil – "Na redação do art. 1.293, 'agricultura e indústria' não são apenas qualificadores do prejuízo que pode ser causado pelo aqueduto, mas também finalidades que podem justificar sua construção."

Imprescindível salientar que, quando no aqueduto houver águas supérfluas, outras pessoas terão o direito de canalizá-las para a finalidade prevista no artigo aludido acima, mas mediante o pagamento de indenização aos proprietários prejudicados, bem como ao dono do aqueduto (art. 1.296 do CC/2002), equivalente às despesas que seriam necessárias para a condução das águas até o ponto de derivação, tendo direito de preferência os proprietários dos imóveis cujo aqueduto atravessa (parágrafo único do art. 1.296). Lembrando que ao aqueduto serão aplicados os arts. 1.286 e 1.287 (art. 1.294).

Por fim, ainda quanto à construção de aqueduto, a realização deste não irá impedir que

> [...] os proprietários cerquem os imóveis e construam sobre ele, sem prejuízo para a sua segurança e conservação; os proprietários dos imóveis poderão usar das águas do aqueduto para as primeiras necessidades da vida (art. 1.295).

VI. Dos limites entre prédios e do direito de tapagem

O art. 1.297 possibilita que o proprietário possa cercar, murar, valar ou tapar o seu prédio, seja ele urbano ou rural, e ainda admite constranger o seu confiante a proceder, juntamente com a demarcação entre os dois prédios, bem como aviventar muros apagados e renovar marcos destruídos ou arruinados, ressaltando que as despesas serão repartidas de forma proporcional entre os interessados (art. 1.297).

Outro ponto importante é que o Código Civil dispõe quanto à construção de intervalos, muros, cercas, tapumes divisórios, sebes vivas, cercas de arame ou de madeira, valas ou banquetes. Dessa forma, a construção destas presumirá pertencer a ambos os proprietários confinantes, obrigando-os a concorrer, em partes iguais, para as despesas de sua construção e conservação (§ 1º do art. 1.297).

Uma observação a ser feita é que as cercas vivas, plantadas com o intuito de marcar o terreno, somente poderão ser cortadas ou arrancadas de comum acordo entre os proprietários (§ 2º do art. 1.297). Por outro lado, as construções especiais feitas para impedir a passagem de animais serão feitas sob responsabilidade e às expensas do proprietário que provocou tal necessidade, não concorrendo com tais despesas o outro proprietário (§ 2º do art. 1.297).

Por fim, em conformidade com art. 1.298, sendo confusos os limites, em falta de outro meio, determinar-se-ão em conformidade com a posse justa; e, não se achando ela provada, o terreno contestado se dividirá por partes iguais entre os prédios, ou, não sendo possível a divisão cômoda, adjudicar-se-á um deles, mediante indenização ao outro.

VII. Do direito de construir

O Código Civil admite o direito de construir, pelo qual qualquer pessoa pode realizar construções que lhe acharem necessárias, mas dentro dos limites estabelecidos pelo referido código. Dessa forma, de acordo com art. 1.299, "o proprietário pode levantar em seu terreno as construções que lhe aprouver, salvo o direito dos vizinhos e os regulamentos administrativos".

Contudo, para a construção, o proprietário não poderá despejar águas diretamente sobre o prédio vizinho, devendo respeitar os limites divisórios (art. 1.300).

Como se sabe, é proibida a construção de janelas, terraço ou varanda a menos de metro e meio do terreno vizinho (art. 1.301). No caso de janelas e perpendiculares, não serão permitidas que sejam abertas a menos de 75 (setenta e cinco) centímetros (§ 1º do art. 1.301). Por outro lado, nas aberturas para luz ou ventilação, desde que não superiores a 10 (dez) centímetros de largura sobre 20 (vinte) centímetros de comprimento e construídas a mais de dois metros de altura, não serão aplicados os dispostos no artigo em comento (§ 2º do art. 1.301).

Todavia, o Código Civil abre a possibilidade de o proprietário, no prazo de ano e dia, contado após a conclusão da obra, exigir que se desfaça janela, sacada, terraço ou goteira sobre o seu prédio. Todavia, se transcorrido tal prazo, o proprietário incomodado não poderá edificar sem observar o disposto no artigo acima aludido, nem mesmo impedir ou dificultar o escoamento das águas da goteira, com prejuízo para o prédio vizinho (art. 1.302).

Tratando-se de zona rural, edificações a menos de três metros do terreno vizinho são proibidas (art. 1.303). O Código Civil também proíbe as construções que possam poluir ou inutilizar a água de poço ou nascente alheia, mesmo que para uso ordinário (art. 1.309). Escavações ou qualquer outro tipo de obra que vise a retirada de poço ou nascente cuja água é indispensável às necessidades normais, também não serão permitidas (art. 1.310).

Obras ou serviços com a possibilidade de ocasionarem qualquer desmoronamento ou deslocação de terra, ou que venham comprometer a segurança do prédio vizinho não serão permitidos, salvo se forem feitas obras acautelatórias (art. 1.311). Contudo, o proprietário do prédio vizinho possui o direito de ressarcimento pelos danos que vier a sofrer, mesmo que tenham sido realizadas as obras acautelatórias (parágrafo único do art. 1.311).

Em conformidade com o art. 1.313, incisos I e II, o proprietário ou ocupante do imóvel é obrigado a tolerar que o vizinho entre no prédio, mediante prévio aviso, para:

a) dele temporariamente usar, quando indispensável à reparação, construção, reconstrução ou limpeza de sua casa ou do muro divisório;

b) apoderar-se de coisas suas, inclusive animais que aí se encontrem casualmente.

Nesse caso, quando entregues as coisas buscadas pelo vizinho, a sua entrada no imóvel poderá ser impedida (§ 2º do art. 1.313).

Serão aplicadas as disposições acima aludidas nos casos de limpeza ou reparação de esgoto, goteira, aparelhos higiênicos, poços e nascentes e ao aparo de cerca viva (§ 1º do art. 1.313). Se forem ocasionados danos provenientes desse direito, o prejudicado terá direito ao ressarcimento (§ 3º do art. 1.313).

Ademais, qualquer violação às proibições estabelecidas quanto ao direito de construir gera a obrigação de demolir todas as construções realizadas, devendo responder por perdas e danos (art. 1.312).

17.6 CONDOMÍNIO

A propriedade, em regra, é disponibilizada a uma determinada pessoa, chamada de proprietário. Entrementes, pode ocorrer de mais de uma pessoa ser titular do mesmo direito de propriedade, situação em que o Código Civil estabelece o instituto do condomínio, dividindo-se em condomínio voluntário, necessário e edilício.

17.6.1 Condomínio voluntário

O condomínio voluntário pode ser instituído por contrato, caso em que se diz convencional, ou por negócio unilateral, como o testamento e a doação, caso em que se diz imposto (DONIZETTI; QUINTELLA, 2014, p. 793).

É permitido aos condôminos usar da coisa de acordo com a sua destinação, bem como exercer os direitos compatíveis com a indivisão, reivindicar a coisa de terceiro, defender a sua posse e transferir a terceiros a respectiva parte ideal ou gravá-la (art. 1.314). Cada um dos condôminos responderá aos outros tanto pelos frutos que percebeu da coisa como pelo dano que causou (art. 1.319).

No que tange aos direitos e deveres dos condôminos, é proibido ao condômino alterar a destinação da coisa comum, bem como dar posse, uso ou gozo a estranhos sem o consentimento dos outros condôminos (parágrafo único do art. 1.314). Ficam obrigados, dentro da proporção de cada uma, a concorrer com as despesas da conservação e divisão da coisa, devendo ainda suportarem os ônus a que a coisa se encontrar sujeita (art. 1.315), presumindo como iguais as partes ideais dos condôminos (parágrafo único do art. 1.315).

É permitido ao condômino se eximir de tais pagamentos, mas desde que renuncie à sua parte ideal (art. 1.316). No caso dos outros condôminos assumirem as despesas e dívidas, cabendo a cada um a parte ideal do condômino que renunciou, dentro da proporção que cada um fizer (§ 1º do art. 1.316). Por outro lado, se os outros condôminos não assumirem os pagamentos, a coisa comum será dividida (§ 2º do art. 1.316). Destaque-se que, para a divisão, serão aplicadas, no que couber, as regras de partilha de herança, como disposto nos arts. 2.013 a 2.022 (art. 1.321).

O Código Civil, em seu art. 1.320, admite que o condômino possa exigir a divisão da coisa comum, mas devendo responder pelo quinhão de cada um pela sua parte nas despesas da divisão, sendo permitido, ainda, que os condôminos estabeleçam que a coisa comum fique indivisa por prazo não superior a cinco anos, podendo o prazo de prorrogado (§ 1º do art. 1.320). Tal prazo também é imposto na indivisão feita pelo doador ou pelo testador, mas sem a possibilidade de prorrogação (§ 2º do art. 1.320). Obviamente que o juiz, se verificar grave razão ou a requerimento de qualquer interessado, poderá determinar a divisão da coisa comum antes do final do prazo estabelecido (§ 3º do art. 1.320).

Cabe salientar que, na situação em que a coisa for indivisível, enquanto os consortes não tiverem interesse em adjudicar a coisa a um só, com o dever de indenizar os outros, a coisa será vendida, sendo repartido o valor apurado. Todavia, deve-se observar, no momento da venda e em condições iguais de oferta, a preferência do condômino em relação ao estranho. No caso da venda entre condôminos, aquele que tiver na coisa benfeitorias de maior valor ou, se não tiver, detiver o maior quinhão, terá o direito de preferência sobre os demais (art. 1.322).

Todavia, quando nenhum dos condôminos possuir benfeitorias na coisa comum, mas participem em partes iguais no condomínio, será realizada a licitação entre estranhos. Antes de adjudicar a coisa a quem ofereceu o maior lanço, será necessário proceder à licitação entre condôminos, para que a coisa seja adjudicada àquele que deu o melhor lanço, que em condições iguais, deve preferir o condômino ao estranho (parágrafo único do art. 1.322).

17.6.1.1 Da administração do condomínio

Para a administração da coisa comum, será feita uma deliberação com a maioria dos condomínios objetivando a escolha do administrador. É permitida a escolha de um estranho para o exercício da administração, mas se os condôminos resolverem por alugar a coisa, terá preferência, em condições iguais, o condômino ao estranho (art. 1.323). Por outro lado, quando o condômino administrar a coisa sem a oposição dos demais, será presumido como representante comum (art. 1.324).

De acordo com art. 1.325, a maioria será calculada conforme o valor dos quinhões, ressaltando que são obrigatórias que todas as deliberações sejam tomadas por maioria absoluta (§ 1º do art. 1.325). No entanto, quando não for possível alcançar a maioria absoluta, o juiz deverá decidir, a requerimento de qualquer um dos condôminos e ouvidos os demais (§ 2º do art. 1.325). Pairando dúvida quanto ao valor do quinhão, deverá ser submetido a avaliação judicial (§ 3º do art. 1.325).

Por fim, saliente-se que os frutos da coisa comum serão partilhados dentro da proporção dos quinhões dos condôminos, salvo se houver estipulação em contrário ou disposição de última vontade (art. 1.326).

17.6.2 Do condomínio necessário

Entende-se por condomínio necessário aquele que abrange paredes, cercas, muros e valas, sendo regulado pelo disposto nos arts. 1.297 e 1.298 e pelos arts. 1.304 a 1.307, referentes ao direito de vizinhança (art. 1.327).

Importante ressaltar que, quando couber ao proprietário o direito de demarcar um determinado imóvel mediante a construção de paredes, cercas, muros, valas ou valados, poderá tal proprietário adquirir a meação na parede, muro, valado ou cerca do vizinho, sendo embolsado pela metade do que atualmente valer a obra e o terreno por ela ocupado, respeitando os limites entre prédios e o direito de tapagem, como disposto no art. 1.297 (art. 1.328). Não sendo acordado pelos confiantes o valor da obra, caberá ao perito arbitrar os encargos de cada um daqueles (art. 1.329).

Cabe frisar, portanto, enquanto o titular que pretende a divisão da coisa não realizar o pagamento ou depositar o valor para a meação, independentemente do valor desta, não poderá fazer uso na parede, muro, vala, cerca ou qualquer outra obra divisória (art. 1.330).

17.6.3 Do condomínio edilício

O condomínio edilício consiste em condomínio por unidades autônomas, onde a propriedade é dividida em planos horizontais. Saliente-se que a sua natureza jurídica é mista, pois há natureza de propriedade individual (unidades autônomas) e propriedade coletiva (condomínio necessário de áreas comuns). Nesse sentido, de acordo com art. 1.331, poderá haver nas edificações partes que são de propriedade exclusiva, bem como partes que são de propriedade comum dos condôminos.

A instituição do condomínio edilício pode ser feita mediante ato entre vivos ou por testamento, desde que registrado no Cartório de Registro de Imóveis, devendo constar no ato a discriminação e individualização das unidades de propriedade exclusiva, estremadas uma das outras e das partes comuns; a determinação da fração ideal atribuída a cada unidade, relativamente ao terreno e partes comuns; e o fim a que as unidades se destinam, além das disposições contidas em lei especial (art. 1.332, incisos I ao III).

Além das cláusulas acima referidas e das cláusulas que vierem a ser estipulada pelos interessados, a convenção determinará, de acordo com art. 1.334, incisos I ao V:

> I – a quota proporcional e o modo de pagamento das contribuições dos condôminos para atender às despesas ordinárias e extraordinárias do condomínio;
>
> II – sua forma de administração;
>
> III – a competência das assembleias, forma de sua convocação e quórum exigido para as deliberações;
>
> IV – as sanções a que estão sujeitos os condôminos, ou possuidores; e
>
> V – o regimento interno.

A instituição da convenção poderá ser feita tanto por escritura pública como por instrumento particular (§ 1º do art. 1.334). Serão equiparados aos proprietários os promitentes compradores e os cessionários de direitos relativos às unidades autônomas, salvo disposição em contrário (§ 2º do art. 1.334).

A convenção que constituir o condomínio edilício deverá ser subscrita pelos titulares de dois terços das frações ideais, tornando-se, desde logo, obrigatória para todos os titulares de direito sobre as unidades, bem como para aquele que detenham a posse ou a detenção (art. 1.333 do CC/2002), ressaltando que para que essa convenção seja oponível contra terceiro, é necessário que seja registrada no Cartório de Registro de Imóveis (parágrafo único do art. 1.333 do CC/2002).

No que se refere aos direitos do condômino, estes poderão, de acordo com art. 1.335, inciso I ao III, usar, fruir e livremente dispor das suas unidades; usar das partes comuns, conforme a sua destinação, e contanto que não exclua a utilização dos demais compossuidores; e votar nas deliberações da assembleia e delas participar, estando quite.

Por outro lado, os condôminos deverão, conforme disposto no art. 1.336, incisos I ao IV do CC/2002, (1) contribuir para as despesas do condomínio na proporção das suas frações ideais, salvo disposição em contrário na convenção, neste caso, não sendo realizado o pagamento da contribuição, o condômino ficará sujeito aos juros moratórios convencionados ou, se estes não estiverem previstos, ficarão sujeitos a um por cento ao mês e multa de até dois por cento sobre o débito (§ 1º do art. 1.336 do CC/2002); (2) não realizar obras que comprometam a segurança da edificação; (3) não alterar a forma e a cor da fachada, das partes e esquadrias externas; (4) dar às suas partes a mesma destinação que tem a edificação, e não as utilizar de maneira prejudicial ao sossego, salubridade e segurança dos possuidores, ou aos bons costumes.

Merece registro que "é ilícita a disposição condominial que proíbe a utilização de áreas comuns do edifício por condômino inadimplente e seus familiares como medida coercitiva para obrigar o adimplemento das taxas condominiais" (STJ, REsp 1.699.022/SP).

Sendo assim, não sendo cumpridos os deveres estabelecidos nos incisos II ao IV, o condômino deverá arcar com o pagamento de multa, não superior a cinco vezes o valor de suas contribuições mensais, prevista ou no ato constitutivo ou na convenção, independentemente da apuração de perdas e danos, mas se não houver estipulação expressa na convenção, a assembleia geral, por dois terços no mínimo dos condôminos restantes, poderá determinar a cobrança da multa (§ 2º do art. 1.336 do CC/2002).

Em conformidade com o art. 1.337 do CC/2002,

> O condômino, ou possuidor, que não cumpre reiteradamente com os seus deveres perante o condomínio poderá, por deliberação de três quartos dos condôminos restantes, ser constrangido a pagar multa correspondente até ao quíntuplo do valor atribuído à contribuição para as despesas condominiais, conforme a gravidade das faltas e a reiteração, independentemente das perdas e danos que se apurem.

Nesse sentido, o comportamento antissocial reiterado do condômino ou possuidor que vier a gerar a incompatibilidade de convivência com os demais condôminos ou possuidores, poderá dar margem ao pagamento de multa correspondente ao décuplo do valor atribuído à contribuição para as despesas condominiais, até ulterior deliberação da assembleia (parágrafo único do art. 1.337).

Ainda no que se refere aos direitos dos condôminos, tanto "os direitos de cada condômino às partes comuns são inseparáveis de sua propriedade exclusiva; são também inseparáveis das frações ideais correspondentes as unidades imobiliárias, com as suas partes acessórias" (art. 1.339).

É proibida a alienação dos bens em separado, bem como gravá-los (§ 1º do art. 1.339). Contudo, é lícito alienar parte acessória de unidade imobiliária a outro condômino. Somente será possível alienar para terceiro se constar em ato constitutivo do condomínio (§ 2º do art. 1.339).

Importante ressaltar que serão incumbidas ao condômino, a quem a parte comum de uso exclusivo serve, as despesas relativas de tais partes comuns de uso exclusivo (art. 1.340).

Quanto à realização de obras no condomínio, para que possam ser feitas, dependerão, em conformidade com art. 1.341, incisos I ao II, se voluptuárias, de voto de dois terços dos condôminos; se úteis, de voto da maioria dos condôminos.

As obras ou reparações necessárias poderão ser realizadas tanto pelo síndico quanto por qualquer condômino. Este último, quando houver omissão ou impedimento por parte do síndico (§ 1º do art. 1.341). Se estas obras ou reparos necessários forem urgentes, importando em encargos excessivos, deverá o síndico ou condômino, que vier a realizar tal obra, dar ciência à assembleia logo que a sua realização for determinada, sendo imediatamente convocada (§ 2º do art. 1.341).

Por outro lado, se as obras ou reparações necessárias não forem urgentes, mas importarem despesas excessivas, estas somente serão realizadas com autorização da assembleia, convocada pelo síndico ou por qualquer condômino, em caso de omissão ou impedimento por parte do síndico (§ 3º do art. 1.341).

Quando um determinado condômino realizar obra ou reparo necessário, este deverá ser reembolsado na proporção das despesas que efetuou. Contudo, tal condômino não terá direito à restituição das obras ou reparos de outra natureza que realizar, mesmo que seja de interesse comum (§ 4º do art. 1.341).

Será necessária a aprovação unânime dos condôminos para a construção de outro pavimento ou de um outro edifício no solo comum, para a destinação que vise conter novas unidades imobiliárias (art. 1.343).

Para os proprietários de terraço e cobertura, serão incumbidas as despesas referentes à sua conversação, protegendo contra possíveis danos as unidades inferiores (art. 1.344). Cabe frisar, também, que aquele que adquirir a unidade imobiliária responderá pelos débitos do alienante, bem como pelas multas e juros moratórios (art. 1.345).

Por fim, o Código Civil obrigada que toda edificação possua seguro contra o risco de incêndio ou destruição total ou parcial (art. 1.346).

17.6.3.1 Da administração do condomínio

A administração do condomínio edilício será feita por um síndico, escolhido em assembleia, pelo prazo não superior a dois anos, suscetíveis de renovação (art. 1.347).

Nesse sentido, de acordo com o disposto no art. 1.348, incisos I ao IX, competirá ao respectivo síndico:

> I - convocar a assembleia dos condôminos;
>
> II - representar, ativa e passivamente, o condomínio, praticando, em juízo ou fora dele, os atos necessários à defesa dos interesses comuns;
>
> III - dar imediato conhecimento à assembleia da existência de procedimento judicial ou administrativo, de interesse do condomínio;
>
> IV - cumprir e fazer cumprir a convenção, o regimento interno e as determinações da assembleia;
>
> V - diligenciar a conservação e a guarda das partes comuns e zelar pela prestação dos serviços que interessem aos possuidores;
>
> VI - elaborar o orçamento da receita e da despesa relativa a cada ano;
>
> VII - cobrar dos condôminos as suas contribuições, bem como impor e cobrar as multas devidas;
>
> VIII - prestar contas à assembleia, anualmente e quando exigidas;
>
> IX - realizar o seguro da edificação.

É permitido à assembleia investir em outra pessoa que não seja o síndico os poderes de representação (§ 1º do art. 1.348). Ainda nessa linha, é lícito ao síndico transferir a outra pessoa os poderes de representação ou as funções administrativas, de forma total ou parcial, mas desde que com a aprovação da assembleia, salvo estipulação em contrário da convenção (§ 2º do art. 1.348).

A convocação de assembleia para os fins estabelecidos no § 2º do art. 1.348, poderá ainda, mediante a maioria absoluta dos votos por parte dos seus membros, destituir os poderes do síndico que praticou irregularidades, como a ausência de prestação de contas, bem como a não administração convenientemente do condomínio (art. 1.349).

Caberá ao síndico, a cada ano, convocar uma reunião da assembleia, conforme previsão em convenção, para a aprovação do orçamento das despesas, bem como as contribuições dos condôminos e a prestação de contas, bem como para fim o de eleger, eventualmente, o seu substituto e alterar o regimento interno (art. 1.350). Caso o síndico não convoque a assembleia, poderá um quarto dos condôminos convocá-la (§ 1º do art. 1.350), e ainda, se a assembleia não promover a reunião, deverá o juiz decidir, mas a requerimento de qualquer condômino (§ 2º do art. 1.350).

Importante salientar que, para alteração da convenção é necessária a aprovação por dois terços dos votos dos condôminos, e, para eventual mudança da destinação do edifício ou da unidade imobiliária, será necessária a aprovação unânime dos condôminos (art. 1.351).

Cabe ainda frisar que, em regra, as deliberações da assembleia deverão ser tomadas, em primeira convocação, pela maioria dos votos dos condôminos presentes, os quais representem pelo menos a metade das frações ideais, salvo quando é exigido quórum especial (art. 1.352). Contudo, o Código Civil admite uma segunda convenção na qual a assembleia poderá deliberar por maioria dos votos dos condôminos presentes, salvo quando é exigido quórum especial (art. 1.353).

Todavia, para a deliberação da assembleia é necessário que todos os condôminos tenham sido convocados para a reunião (art. 1.354). É permitida a convocação das assembleias extraordinárias pelo síndico ou por um quarto dos condôminos (art. 1.355).

Por fim, no condomínio edilício, poderá ser instituído um conselho fiscal com a finalidade de prestar pareceres quanto às contas do síndico, sendo composto por três membros eleitos em assembleia, por prazo não superior a dois anos (art. 1.356).

tome nota!

A Lei n. 14.309/2022, publicada em 09 de março, com incidência imediata, alterou o Código Civil Brasileiro, Lei n. 10.406/2002, nas disposições sobre condomínio edilício, bem como a Lei n. 13.019/2014, para permitir a realização de reuniões e deliberações virtuais pelas organizações da sociedade civil, assim como pelos condomínios edilícios, e para possibilitar a sessão permanente das assembleias condominiais.

Assim, introduziu o § 1º e seus incisos no art. 1.353 do CCB, bem como os §§ 2º e 3º, alusivos ao mesmo dispositivo. Ainda, introduziu no CCB o art. 1.354-A e seus parágrafos e incisos, bem como o art. 4º-A na Lei n. 13.019/2014.

Destaque-se que, a partir da incidência da lei supramencionada, no que diz respeito ao condomínio edilício, notadamente às assembleias condominiais de qualquer natureza poderão ocorrer de forma virtual – o que se aplica, na realidade, a todas as reuniões, deliberações e votações das organizações da sociedade civil – desde que assegurados aos participantes os mesmos direitos de voto e de voz que poderiam exercer em reuniões de caráter presencial (art. 4º-A da Lei n. 13.019/2014). Vale lembrar que a norma tem caráter dispositivo, pois as assembleias virtuais podem ser vedadas pelas convenções condominiais (art. 1.354-A, I, do CCB).

Outra questão relevante envolve a possibilidade da instituição de reunião em sessão permanente quando, em razão de lei ou convenção, a deliberação envolver quórum especial e esse não for atingido. Assim, a assembleia poderá, por decisão da maioria dos presentes, autorizar o presidente a converter a reunião em sessão permanente (assembleia em seguimento), desde que preenchidos os requisitos cumulativos citados na lei (art. 1.353, § 1º, do CCB):

> *I – sejam indicadas a data e a hora da sessão em seguimento, que não poderá ultrapassar 60 (sessenta) dias, e identificadas as deliberações pretendidas, em razão do quórum especial não atingido;*
>
> *II – fiquem expressamente convocados os presentes e sejam obrigatoriamente convocadas as unidades ausentes, na forma prevista em convenção;*

> *III – seja lavrada ata parcial, relativa ao segmento presencial da reunião da assembleia, da qual deverão constar as transcrições circunstanciadas de todos os argumentos até então apresentados relativos à ordem do dia, que deverá ser remetida aos condôminos ausentes;*
>
> *IV – seja dada continuidade às deliberações no dia e na hora designados, e seja a ata correspondente lavrada em seguimento à que estava parcialmente redigida, com a consolidação de todas as deliberações.*
>
> *Dessa forma, a regra legal resolve relevante demanda no âmbito condominial, controversa na jurisprudência, que diz respeito à necessidade de quórum qualificado, de difícil consecução, para determinados atos de gestão, como, por exemplo, a alteração da convenção de condomínio (quórum de 2/3).*
>
> *Nesse sentido, é importante registrar que os votos proferidos em primeira sessão devem ser registrados – não há necessidade de confirmação posterior –, sendo que poderão ser alterados até a finalização da deliberação. Lembrando, ainda, conforme se extrai da norma em comento, que a sessão permanente poderá ser prorrogada quantas vezes forem necessárias, desde que seja concluída no prazo de 90 dias, a contar da sessão de abertura.*

17.6.3.2 Da extinção do condomínio

A extinção do condomínio encontra-se disciplinada nos arts. 1.357 e 1.358. Conforme prelecionam Donizetti e Quintella (2014, p. 809), o condomínio edilício pode se extinguir em três hipóteses:

> I – se um dos condôminos adquirir todas as unidades autônomas, caso em que não haverá mais propriedade comum, pois tudo será objeto de propriedade exclusiva;
>
> II – se o condomínio for total ou parcialmente destruído;
>
> III – se houver desapropriação.

No que tange à hipótese de destruição, caso edificação se encontre total ou consideravelmente destruída ou, então, que ameace ruína, será permitido aos condôminos deliberar, em assembleia, sobre a reconstrução ou venda da coisa, desde que os votos representem metade mais uma das frações ideais (art. 1.357), extinguindo-se, dessa forma, o condomínio.

Todavia, se os condôminos optarem pela reconstrução, será permitido ao condômino, que não queira participar das despesas para esta reconstrução, eximir-se dos pagamentos de tais encargos, mas somente mediante a alienação dos seus direitos aos outros condôminos, após avaliação judicial (§ 1º do art. 1.357).

Se os condôminos optarem pela venda, por considerarem ser a melhor saída, terá preferência, em igualdade de condições de oferta, o condômino ao terceiro, devendo ser repartido o valor recebido entre todos os condôminos, na medida do valor das suas unidades imobiliárias (§ 2º do art. 1.357). Na hipótese de desapropriação, a indenização recebida deverá ser repartida dentro da mesma proporção referida (art. 1.358 do CC/2002).

17.6.3.3 Novas modalidades de condomínio

Segundo Flávio Tartuce (2021), objetivando melhorar a qualidade da distribuição da terra urbana, com a formalização dominial de muitas áreas e o objetivo de resolver alguns problemas e dilemas anteriores, a Lei n. 13.465/2017 introduziu novas modalidades de condomínio: a) o condomínio de lotes, incluindo a modalidade de acesso controlado; e b) o condomínio urbano simples.

O condomínio de lotes, previsto no art. 1.358-A, surge diante da necessidade de regulamentação dos loteamentos fechados. Registre-se:

> Art. 1.358-A. Pode haver, em terrenos, partes designadas de lotes que são propriedade exclusiva e partes que são propriedade comum dos condôminos. (Incluído pela Lei n. 13.465, de 2017)
>
> § 1º A fração ideal de cada condômino poderá ser proporcional à área do solo de cada unidade autônoma, ao respectivo potencial construtivo ou a outros critérios indicados no ato de instituição. (Incluído pela Lei n. 13.465, de 2017)
>
> § 2º Aplica-se, no que couber, ao condomínio de lotes o disposto sobre condomínio edilício neste Capítulo, respeitada a legislação urbanística. (Incluído pela Lei n. 13.465, de 2017)
>
> § 3º Para fins de incorporação imobiliária, a implantação de toda a infraestrutura ficará a cargo do empreendedor. (Incluído pela Lei n. 13.465, de 2017)

enunciado

Enunciado 625 da VIII Jornada de Direito Civil – "A incorporação imobiliária que tenha por objeto o condomínio de lotes poderá ser submetida ao regime do patrimônio de afetação, na forma da lei especial."

Quanto ao condomínio urbano simples, o art. 61 da Lei n. 13.465/2017 estabelece que, respeitados os parâmetros urbanísticos locais, pode ser constituído quando um mesmo imóvel contiver construções de casas ou cômodos, mesmo que seja para fins de regularização fundiária urbana.

No registro, devem ser identificadas tanto as partes comuns quanto as das unidades autônomas, abrindo-se matrícula própria para cada unidade correspondente a uma fração ideal do solo e outras partes comuns (art. 62, § 1º). As referidas unidades podem ser alienadas e gravadas livremente pelos titulares (art. 62, § 2º).

Em arremate, a Lei n. 13.777/2018, alterou o CCB para incluir um capítulo referente à mltipropriedade ou *time-sharing*. Segundo o art. 1.358-C do CCB:

> Multipropriedade é o regime de condomínio em que cada um dos proprietários de um mesmo imóvel é titular de uma fração de tempo, à qual corresponde a faculdade de uso e gozo, com exclusividade, da totalidade do imóvel, a ser exercida pelos proprietários de forma alternada.

De acordo com as novas disposições: a multipropriedade não se extinguirá automaticamente se todas as frações de tempo forem do mesmo multiproprietário (art. 1.358-C, parágrafo único); o imóvel objeto da multipropriedade é indivisível, não se sujeitando a ação de divisão ou de extinção de condomínio, bem como inclui as instalações, os equipamentos e o mobiliário destinados a seu uso e gozo (art. 1.358-D); cada fração de tempo é indivisível, sendo o período correspondente a cada fração de tempo será de, no mínimo, 7 (sete) dias, seguidos ou intercalados, podendo ser fixo e determinado, no mesmo período de cada ano, flutuante (caso em que a determinação do período será realizada de forma periódica, mediante procedimento objetivo que respeite, em relação a todos os multiproprietários, o princípio da isonomia, devendo ser previamente divulgado), ou misto, combinando os sistemas fixo e flutuante (art. 1.358-E); por fim, todos os multiproprietários terão direito a uma mesma quantidade mínima de dias seguidos durante o ano, podendo haver a aquisição de frações maiores que a mínima, com o correspondente direito ao uso por períodos também maiores.

17.7 DIREITOS REAIS NA COISA ALHEIA DE GOZO E FRUIÇÃO

17.7.1 Superfície (arts. 1.369 a 1.377)

O direito real de superfície corresponde ao direito de gozo e fruição de coisa alheia, substituindo o instituto da enfiteuse. De acordo com a regra do art. 1.369, o proprietário pode conceder a outrem o direito de construir ou de plantar em seu terreno, por tempo determinado, mediante escritura pública devidamente registrada no Cartório de Registro de Imóveis. A ressalva, apresentada pelo parágrafo único desse artigo, dispõe que o direito de construir ou plantar em terreno alheio não pode ser feito no subsolo, exceto se for objeto da concessão.

Como se percebe, o direito de superfície somente abrange o campo das construções e plantações. Dessa forma, se um determinado terreno já possui uma construção ou lavoura, mesmo que pela metade, não poderá usufruir desse direito, a não ser que seja estipulada a sua demolição ou a erradicação da plantação. Assim, o direito de superfície não pode ser objeto de cisão.

O Código Civil contempla que a concessão desse direito poderá ocorrer sob duas hipóteses: **gratuita** ou **onerosa**. Caso seja onerosa, as partes deverão estipular se o pagamento será pago em uma única vez ou de forma parcelada (art. 1.370).

A responsabilidade pelos encargos e tributos é tratada no art. 1.371. O superficiário ficará responsável pelo pagamento de encargos e tributos que incidirem sobre o imóvel, além das despesas com a manutenção do terreno. Contudo, as partes podem convencionar de forma diversa, dividindo os encargos, bem como os acréscimos que recaírem sobre a construção ou plantação. Com efeito, ocorrendo a mora do superficiário, poderá ocorrer a resolução do contrato.

Quando o direito de superfície for constituído por pessoa jurídica de direito público, o Código Civil somente irá reger as disposições que não estiverem previstas em lei especial (art. 1.377).

17.7.1.1 Modos de constituição do direito de superfície

O direito de superfície pode ser constituído: pelo **registro no cartório de imóveis** ou por **testamento**. A constituição do direito da superfície, em regra, ocorre por escritura pública, devidamente registrada no Cartório de Registro de Imóveis (art. 1.369). Conforme dispõe o art. 108, não dispondo a lei em contrário, a escritura pública é essencial à validade dos negócios jurídicos que visem à constituição, transferência, modificação ou renúncia de direitos reais sobre imóveis.

A vontade do falecido expressa por meio de testamento configura a segunda modalidade de constituição do direito de superfície. Revela-se, portanto, como modo aquisitivo e transmissível da propriedade e dos direitos reais sobre imóveis. De qualquer modo, para a constituição da superfície, é necessário o registro formal da partilha na matrícula do imóvel, sem o qual somente existirá uma relação obrigacional.

Há uma grande discussão acercada da usucapião como modo de constituição do direito de superfície. Apesar de ser um trabalho árduo adequá-la, essa possibilidade existe, desde que comprovados todos os requisitos. No que se refere, especificamente, à aquisição por usucapião ordinária, a questão é mais fácil, pois a concessão do direito de superfície pelo superficiário é por meio da conservação da posse.

17.7.1.2 Transferência do direito de superfície (art. 1.372)

O art. 1.372 orienta que a transferência do direito da superfície pode se dar a **terceiros** ou aos **herdeiros**, em caso de morte do superficiário. Contudo, o parágrafo único do aludido artigo, dispõe que o proprietário do solo não pode cobrar pela transferência. Essa disposição está ligada ao instituto do ***ipso iure***, ou seja, decorre do próprio direito, não podendo ser estipulada pelas partes e colocada no contrato.

Nas situações de alienação do imóvel ou do direito de superfície, haverá **direito de preferência**, em igualdade de condições, tanto do superficiário, no caso do proprietário pretender transferir o imóvel, como do proprietário, na situação em que o superficiário quiser alienar o seu direito de superfície (art. 1.373).

17.7.1.3 Extinção do direito de superfície

Segundo a disposição do art. 1.369, o direito de superfície é concedido por tempo determinado, extinguindo-se com o vencimento do prazo estabelecido no contrato.

Nesse contexto, antes de se finalizar o contrato, deverão ser resolvidas as questões provenientes da concessão, como no caso do superficiário der outra destinação ao terreno daquela estabelecida contratualmente (art. 1.374). Se o superficiário pretender a mudança da utilização do solo, deve haver acordo devidamente registrado por meio de escritura pública no Cartório de Registro de Imóveis.

Com a extinção do direito de superfície, o proprietário (também denominado fundieiro) passa a ter propriedade do terreno, bem como da obra e da plantação, sem qualquer indenização ao superficiário, a não ser que as partes tenham acordado entre si (art. 1.375). Tudo que está no terreno passa a ser do proprietário, fundamentado no **princípio do *superficies solo cedit***, ou seja, tudo o que foi plantado ou construído no solo pertence ao dono do terreno, não podendo ocorrer alienação desses objetos em separado da superfície. Entretanto, nada impede que as partes estabeleçam uma indenização ao superficiário por aquilo que construiu ou plantou, valorizando o referido terreno.

Por fim, como prescreve o art. 1.376, em caso de extinção do direito de superfície por desapropriação, a indenização cabe ao proprietário e ao superficiário, no valor correspondente ao direito real de cada um. Portanto, quando ocorrer a desapropriação, o proprietário receberá indenização referente ao valor do terreno e o superficiário receberá pela construção ou plantação.

17.7.2 Servidão (arts. 1.378 a 1.389)

Prevista no art. 1.378, a servidão, que nesse caso refere-se à predial, é aquela que proporciona utilidade para o prédio dominante, estabelecendo um gravame ao prédio serviente, que pertence a dono diverso. A servidão, portanto, é o ônus suportado por um prédio (serviente) para proporcionar uma vantagem a outro (dominante), de proprietário diferente, nascido de acordo de vontades do dono de um e do outro imóvel (GONÇALVES, 2014, p. 867).

Constitui-se mediante declaração expressa dos proprietários ou por testamento, devendo ser feito o registro no Cartório de Registro de Imóveis (art. 1.378). Contudo, o Código Civil admite a constituição da servidão por meio de usucapião. Assim, conforme o art. 1.379, o exercício incontestado e contínuo de uma servidão aparente, no prazo de dez anos, como disposto no art. 1.242, autoriza o interessado a registrá-la em seu nome no Registro de Imóveis, valendo-lhe como título a sentença que julgar consumada a usucapião. Todavia, caso o possuidor não tenha qualquer título, o prazo da usucapião será de vinte anos (parágrafo único do art. 1.379).

As servidões possuem as seguintes características:

a) **Relação entre dois prédios distintos, com donos diversos:** corresponde ao ônus de abstenção ou permissão da utilização do outro prédio para um determinado fim. Quanto aos donos, não poderia existir a servidão se o dono do prédio serviente fosse o mesmo do dominante, hipótese em que estaria utilizando de seu próprio prédio;

b) ***Servitus in faciendo consistere nequi*:** a obrigação não consiste em um fazer, mas apenas em uma abstenção (obrigação negativa) ou no dever de suportar o exercício da servidão, pois em razão dela, o dono perde alguns dos seus poderes dominicais;

c) **Não se presume:** depende da declaração de vontade dos proprietários, seja por meio de testamento ou pelo registro;

d) ***Servitus fundo utilis*:** é necessário que haja alguma vantagem, alguma utilidade ao prédio dominante;

e) **Direito real e acessório:** é direito real porque incide diretamente sobre bens imóveis. É direito acessório porque depende do direito de propriedade, já que acompanha os prédios quando alienados;

f) **Indivisível:** de acordo com art. 1.386, as servidões prediais são indivisíveis e subsistem, no caso de divisão dos imóveis, em benefício de cada uma das porções do prédio dominante. Ademais, continuam a gravar cada uma das do prédio serviente, salvo se, por natureza, ou destino, só se aplicarem a certa parte de um ou de outro;

g) **Inalienável:** a servidão somente será passada para outra pessoa por meio de sucessão *mortis causa* ou *inter vivos*, não sendo suscetível a alienação.

A classificação dada, pela doutrina, ao instituto da servidão ocorre da seguinte forma (DONIZETTI; QUINTELLA, 2014, p. 868):

I. **urbana ou rural** (constituída sobre imóvel urbano ou rural);

II. **positiva ou negativa**: positiva (concede ao dono do prédio dominante um direito de ação) e negativa (impõe ao dono do prédio serviente uma abstenção);

III. **contínua ou descontínua**: contínua (seu exercício independe de ação, mas se dá por fato da natureza) e descontínua (seu exercício depende de ação);

IV. **aparente ou não aparente**: aparente (manifesta-se em obras visíveis, observando-se que somente haverá posse de servidão aparente) e não aparente (não há visibilidade da servidão).

No que tange ao exercício das servidões, a sua disciplina pode ser encontrada nos arts. 1.380 ao 1.386, que dispõem acerca dos direitos e deveres a serem cumpridos tanto pelo serviente quanto pelo dominante. Sendo assim, o art. 1.380 dispõe que o dono de uma servidão poderá realizar todas as obras que julgar necessárias para a conservação e uso, mas se a servidão pertencer a mais de um prédio, as despesas serão divididas entre os donos. O dono do prédio serviente, por sua vez, não poderá embaraçar o exercício legítimo da servidão (art. 1.383).

Ressalte-se que as obras deverão ser feitas pelo dono do prédio dominante, caso não haja estipulação em contrário (art. 1.381). Dessa forma, se houver estipulação em que o dono do prédio serviente deverá realizar as obras, este pode se exonerar da obra, abandonando a propriedade ao dono do dominante, de forma total ou parcial (art. 1.382). Por outro lado, no caso de o proprietário do prédio dominante se recusar a receber a propriedade do serviente, ou parte dela, caber-lhe-á custear as obras (parágrafo único do art. 1.382).

Em conformidade com art. 1.384, a servidão poderá ser removida, de um local para outro, pelo dono do prédio serviente e à sua custa, se em nada diminuírem as vantagens do prédio dominante, ou pelo dono deste e à sua custa, se houver considerável incremento da utilidade e não prejudicar o prédio serviente.

O exercício da servidão ficará restrito às necessidades do prédio dominante, devendo evitar, sempre que possível, agravar o encargo ao prédio serviente (art. 1.385). Se a servidão for constituída para um determinado fim, não poderá ampliar-se a outro (§ 1º do art. 1.385).

Nas servidões de trânsito, a de maior inclui a de menor ônus, e a menor exclui a mais onerosa (§ 2º do art. 1.385). É necessário salientar que, caso as necessidades da cultura ou da indústria do prédio dominante impuserem à servidão maior largueza, o dono do prédio serviente deverá aceitá-la, tendo o direito de receber indenização pelo excesso (§ 3º do art. 1.385).

Cabe frisar que as servidões prediais possuem caráter indivisível, subsistindo, em casos de divisão dos imóveis, em benefício de cada uma das porções do prédio dominante, persistindo gravar cada uma das porções do prédio serviente, a não ser que, por conta da natureza ou destino, somente se apliquem a certa parte de um ou de outro (art. 1.386).

Quanto à extinção das servidões, quando registrada, somente terá fim quando cancelada no cartório de Registro de Imóveis, salvo em desapropriações (art. 1.387). Se o prédio dominante estiver hipotecado, e a servidão se mencionar no próprio título hipotecário, será necessária a anuência do credor para cancelá-la (parágrafo único do art. 1.387).

Por meios judiciais, o dono do prédio serviente terá o direito de cancelar o registro, mesmo que o dono do prédio dominante não concorde: quando o titular houver renunciado a sua servidão; quando tiver cessado, para o prédio dominante, a utilidade ou a comodidade, que determinou a constituição da servidão; e quando o dono do prédio serviente resgatar a servidão (art. 1.388, incisos I ao III).

O Código Civil estabelece outras situações em que a servidão se extinguirá, facultado ao dono do prédio serviente fazê-la cancelar, devendo apresentar prova da extinção pela reunião dos dois prédios no domínio da mesma pessoa; pela supressão das respectivas obras por efeito de contrato, ou de outro título expresso; ou pelo não uso, durante dez anos contínuos (art. 1.389, incisos I ao III).

17.7.3 Usufruto

O usufruto consiste no **direito real inalienável** concedido a um terceiro, chamado de **usufrutuário**, de **usar e fruir** da coisa alheia, por um certo **lapso temporal**, sem lhe alterar a substância (DONIZETTI; QUINTELLA, 2014, p. 838, grifo do autor). Recai em um ou mais bens, sejam móveis ou imóveis, em um patrimônio inteiro ou parte dele, abrangendo os frutos e utilidades, no todo ou em parte (art. 1.390), estendendo-se aos acessórios e seus acrescidos, salvo disposição em contrário (art. 1.392).

Todavia, se entre os acessórios e acrescidos houver objetos consumíveis, o usufrutuário deverá restituir, findo o usufruto, os que ainda houver e, dos outros, o equivalente em gênero, qualidade e quantidade, ou, não sendo possível, o seu valor, estimado ao tempo da restituição (§ 1º do art. 1.392).

Se houver florestas ou recursos minerais no prédio em que o usufrutuo se constitui, o dono e o usufrutuário deverão prefixar a extensão do gozo, bem como a maneira como será a sua exploração (§ 2º do art. 1.392).

Por outro lado, no caso de o usufruto recair sobre a universalidade ou a quota-parte de bens, o usufrutuário terá direito à parte do tesouro achado por outro individuo, bem como ao preço pago pelo vizinho do prédio usufruído, com o objetivo de obter meação em parece, cercada, muro, vala ou valado (§ 3º do art. 1.392).

A constituição do usufruto ocorre com o registro no Cartório de Registro de Imóveis, desde que não resulte de usucapião (art. 1.391). Frise-se, ainda, que o usufruto não pode ser transferido por alienação, mas o seu exercício poderá ser cedido por título gratuito ou oneroso (art. 1.393).

17.7.3.1 Direitos e deveres do usufrutuário

Os **direitos do usufrutuário** correspondem ao direito de uso, posse, administração e percepção dos frutos (art. 1.394). Na situação de o usufruto recair sobre títulos de crédito, o usufrutuário possuirá o direito de perceber os frutos e cobrar as respectivas dívidas (art. 1.395). Sendo cobradas as dívidas, deverá o usufrutuário aplicar, de imediato, a importância em títulos da mesma natureza, ou então em títulos da dívida pública federal, mediante cláusula de atualização monetária, conforme os índices oficiais regularmente estabelecidos (parágrafo único do art. 1.395).

O usufrutuário também tem direito aos frutos naturais, pendentes no início do usufruto, sem a necessidade de pagamento das despesas de produção, salvo se houver direito adquirido por outrem (art. 1.396). Contudo, os frutos naturais pendentes ao tempo em que cessar o usufruto pertencerão ao dono destes, sem a necessidade de pagamento das despesas (parágrafo único do art. 1.396).

O usufrutuário faz jus, igualmente, às crias dos animas, sendo deduzidas quantas bastem para inteirar a quantidade existente no início do usufruto (art. 1.397). Quanto aos frutos civis, quando vencidos na data inicial do usufruto, pertencerão ao proprietário, e, quando vencidos na data da extinção do usufruto, pertencerão ao usufrutuário (art. 1.398).

É possível, ainda, que o usufrutuário se beneficie do prédio em pessoa ou mediante arrendamento, mas é vedado mudar a destinação econômica deste sem a anuência do proprietário (art. 1.399).

No que se refere aos **deveres incumbidos ao usufrutuário**, disciplinados nos arts. 1.400 ao 1.409, o primeiro dever a ser cumprido pelo usufrutuário é o de que, antes de assumir o usufruto, deverá inventariar, à sua custa, todos os bens que receber, descrevendo o estado em que se acham, devendo prestar caução, fidejussória ou real, se for exigido pelo dono. Ademais, terá que conservar e entregar os bens quando cessado o usufruto (art. 1.400). Não será obrigado a prestar caução o doador que vier a reservar o usufrutuo da coisa doada (parágrafo único do art. 1.400).

Em conformidade com art. 1.401, é importante salientar que o usufrutuário que não quiser ou não puder dar caução suficiente perderá o direito de administrar o usufruto. Nessa hipótese, os bens serão administrados pelo proprietário, que ficará obrigado, mediante caução, a entregar ao usufrutuário o rendimento deles, deduzidas as despesas de administração, entre as quais se incluirá a quantia fixada pelo juiz como remuneração do administrador.

Serão atribuídas aos usufrutuários as despesas ordinárias de conservação dos bens no estado em que os recebeu, as prestações e os tributos devidos pela posse ou rendimento da coisa usufruída, de acordo com art. 1.403, incisos I e II, mas o usufrutuário não será obrigado a pagar pelas deteriorações resultantes do exercício regular do usufruto (art. 1.402).

Na situação em que um edifício, sujeito a usufrutuo, for destruído sem qualquer culpa por parte do proprietário, este não será obrigado a reconstruí-lo e não será restabelecido o usufruto quando o proprietário realizar a reconstrução à sua custa. Todavia, se a indenização do seguro for aplicada a tal reconstrução, o usufruto será restabelecido (art. 1.408).

Para o dono serão incumbidas as reparações extraordinárias, bem como as que não forem de custo módico, devendo o usufrutuário pagar os juros do capital despendido com as que forem necessárias à conservação ou aumentarem o rendimento da coisa usufruída (art. 1.404). Caso o usufruto recaia em um patrimônio ou em parte deste, o usufrutuário será obrigado aos juros da dívida que o onerarem (art. 1.405).

Outro dever incumbido ao usufrutuário é o de dar ciência ao dono por qualquer dano que incida contra a posse da coisa ou a direito deste (art. 1.406). Quando a coisa se encontre segurada, deverá o usufrutuário pagar as contribuições do seguro, enquanto perdurar o usufruto (art. 1.407). Se o usufrutuário realizar o seguro, o proprietário terá direito contra o segurador (§ 1º do art. 1.407), mas em qualquer situação, o direito do usufrutuário ficará sub-rogado no valor da indenização do seguro (§ 2º do art. 1.407).

Portanto, no lugar do prédio, ficará sub-rogada no ônus do usufruto, a indenização paga no caso de o prédio ser desapropriado, ou então o valor do dano que foi ressarcido pelo terceiro responsável pela danificação ou perda (art. 1.409).

17.7.3.2 Da extinção do usufruto

O usufruto será extinto, tendo o seu registro cancelado no Cartório de Registro de Imóveis, de acordo com art. 1.410, incisos I ao VIII:

I. pela renúncia ou morte do usufrutuário;

II. pelo termo de sua duração;
III. pela extinção da pessoa jurídica, em favor de quem o usufruto foi constituído, ou, se ela perdurar, pelo decurso de trinta anos da data em que se começou a exercer;
IV. pela cessação do motivo de que se origina;
V. pela destruição da coisa, guardadas as disposições dos arts. 1.407, 1.408, 2ª parte, e 1.409;
VI. pela consolidação;
VII. por culpa do usufrutuário, quando aliena, deteriora, ou deixa arruinar os bens, não lhes acudindo com os reparos de conservação, ou quando, no usufruto de títulos de crédito, não dá às importâncias recebidas a aplicação prevista no parágrafo único do art. 1.395;
VIII. pelo não uso, ou não fruição, da coisa em que o usufruto recai (arts. 1.390 e 1.399).

Ademais, quando o usufruto for constituído em favor de duas ou mais pessoas, será extinto em relação à parte falecida, salvo se o quinhão desse for transferido ao sobrevivente, desde que haja estipulação expressa (art. 1.411).

17.7.4 Uso

Correspondendo a um dos direitos reais de uso e gozo sobre a coisa alheia, o uso é considerado um **usufruto restrito**, porque ostenta as mesmas características de direito **real, temporário** e **resultante do desmembramento da propriedade** (GONÇALVES, 2014, p. 696, grifo do autor).

É importante atentar-se que o uso se distingue do usufruto pelo fato de o usufrutuário auferir o uso e a fruição da coisa, enquanto ao usuário não é concedida senão a utilização restrita aos limites das **necessidades suas e de sua família** (GONÇALVES, 2014, p. 696, grifo do autor). Por ter alguma relação com o usufruto, apesar de serem institutos distintos, desde que não sejam contrários à natureza do uso, serão aplicados os dispostos relativos ao usufruto (art. 1.413).

Dessa forma, o art. 1.412 dispõe que o usuário utilizará da coisa e perceberá os seus frutos quando estes forem essenciais para as necessidades suas e de sua família, mas essa necessidade será avaliada de acordo com a sua condição social e o lugar onde viva (§ 1º do art. 1.412), compreendendo as premências do próprio usuário, bem como do seu cônjuge, dos filhos solteiros e das pessoas de seu serviço doméstico (§ 2º do art. 1.412).

17.7.5 Habitação

O instituto da habitação assegura ao seu titular o direito de morar e residir na casa alheia. Tem, portanto, destinação específica: **servir de moradia ao beneficiário e sua família**. (GONÇALVES, 2014, p. 700, grifo do autor).

Nesse sentido, quando o direito de habitação consistir em habitar gratuitamente casa alheia, é vedado alugar ou emprestar, somente podendo ocupá-la com a sua família (art. 1.414). Da mesma forma que ocorre com o uso, a habitação, quando não for contrário à sua natureza, será aplicado o disposto quanto ao usufruto (art. 1.416).

Em conformidade com o art. 1.415, quando o direito de habitação for concedido a mais de uma pessoa, a que habitá-la sozinha não precisará pagar aluguel à outra ou às outras. Contudo, não será permitido inibir o exercício da sua habitação de direito.

17.7.6 Direito real de laje

Muito discutido pela doutrina e jurisprudência, o Direito de Laje passou a ser reconhecido através da Medida Provisória - MP n. 759/2016, convertida na Lei n. 13.465/2017, que incorporou o inciso XIII ao art. 1.225 do Código Civil, atribuindo-lhe a categoria de Direito Real. A referida MP surgiu em um contexto de promoção da regularização fundiária e proporção de segurança jurídica nas propriedades e moradias sobrepostas.

Com efeito, o art. 1.510-A do Código Civil preceitua que:

> Art. 1.510-A. O proprietário de uma construção-base poderá ceder a superfície superior ou inferior de sua construção a fim de que o titular da laje mantenha unidade distinta daquela originalmente construída sobre o solo. (Incluído pela Lei n. 13.465, de 2017)

Assim sendo, a legislação passou a regularizar uma situação muito comum na sociedade que é a cessão do direito de construção na parte de cima de um imóvel, com a finalidade de se obter edificação autônoma. Há que se estabelecer uma diferença muito clara entre a constituição do direito de laje com a existência de um único imóvel com dois andares. Nesse sentido, o direito real de laje abrange o espaço aéreo ou o subsolo de terrenos públicos ou privados, tomados em projeção vertical, como unidade imobiliária autônoma constituída em matrícula própria, não contemplando as demais áreas edificadas ou não pertencentes ao proprietário da construção-base. Assim, a identificação da autonomia da laje é assegurada pela necessidade de abertura de uma matrícula própria no registro imobiliário. Por via de consequência, o titular do direito real de laje responde pelos encargos e tributos sobre a sua unidade, sendo que os titulares da laje, poderão dela usar, gozar e dispor concentrando, portanto, os poderes inerentes à propriedade. Importante saber que esse direito se transmite aos herdeiros, não possuindo, nesse aspecto, conotação personalíssima.

Vale frisar que a instituição do direito real de laje não implica a atribuição de fração ideal de terreno ao titular da laje ou a participação proporcional em áreas já edificadas. Contudo, o titular da laje poderá ceder a superfície de sua construção para a instituição de um sucessivo direito real de laje, desde que haja autorização expressa dos titulares da construção-base e das demais lajes, respeitadas as posturas edilícias e urbanísticas vigentes. Além disso, ainda que a instituição da laje não implique a atribuição de fração ideal ao titular da laje ou direito sobre as áreas já edificadas pelo dono da construção-base, cria-se um condomínio sobre as partes comuns.

Registre-se que direito real de laje encontra a sua matriz no direito de superfície ou sobrelevação, mas apresenta pontos diferentes que lhe conferem, no direito brasileiro, uma natureza jurídica *sui generis*. Nesse aspecto, a forma como foi positivado o direito real de laje dá conta de que se trata de instituto perpétuo, com necessária abertura de matrícula e registro próprio, não se vislumbrando nenhum direito real que tenha sido reservado ao proprietário da construção-base e, no plano da dogmática, figura de modo autônomo no elenco de direitos reais dispostos no inciso XIII do art. 1.225 do CCB.

enunciado

Enunciado 627 da VIII Jornada de Direito Civil do CJF: "O direito de laje em terreno privado é passível de usucapião".

Por fim, é importante registrar que laje tende à perpetuidade, salvo disposição contratual em contrário, com a fixação de um termo ou de uma condição. Nesse sentido, importante frisar, conforme art. 1.510-E do CCB, que a ruína da construção-base não acarretará necessariamente a extinção do direito real de laje quando o objeto da concessão for o subsolo ou quando o dono da construção--base reconstruir o seu imóvel no prazo de cinco anos. Assim, se, durante esse prazo, não houver a reconstrução do bem, extinto estará o direito real de laje. A laje também pode ser extinta por outros modos, como a própria vontade das partes ou mesmo a desapropriação do prédio em sua inteireza.

17.8 DIREITOS REAIS DE GARANTIA

No presente tópico, os objetos de estudo será o penhor, a hipoteca e a anticrese. Nas dívidas protegidas pelos institutos mencionados, o bem dado em garantia fica sujeito ao cumprimento da obrigação mediante vínculo real (art. 1.419).

Merece destaque que apenas serão permitidos empenhar, hipotecar ou dar em anticrese, os sujeitos que detêm o poder de alienar os bens, e somente os bens passíveis de serem alienados é que poderão ser dados em garantia (art. 1.420).

É importante salientar que, quando a coisa seja comum a dois ou mais proprietários, não será dada em garantia sem a anuência mútua. Contudo, cada um pode dispor da sua parte, sendo permitido que essa parte seja dada em garantia real (§ 2º do art. 1.420). A propriedade superveniente torna eficazes as garantias reais estabelecidas por quem não é dono desde o registro (§ 1º do art. 1.420).

Não importará em exoneração referente à garantia o respectivo pagamento de uma coisa ou de mais prestações da dívida, mesmo que esta compreenda vários bens, exceto na situação em que houver disposição expressa no título ou na própria quitação (art. 1.421).

Sendo permitido, ao credor hipotecário e ao pignoratício será atribuído o direito de executar a coisa hipotecada ou empenhada, podendo preferir no pagamento a outros credores quanto à hipoteca, com prioridade no registro (art. 1.422), exceto quando as dívidas devam ser pagas precipuamente a quaisquer outros créditos, em virtude de outra lei (parágrafo único do art. 1.422).

O Código Civil exige algumas formalidades que deverão ser cumpridas nos contratos de penhor, anticrese ou hipoteca, devendo ser declaradas, sob pena de não terem eficácia: o valor do crédito, sua estimação, ou valor máximo; o prazo fixado para pagamento; a taxa dos juros, se houver; o bem dado em garantia com as suas especificações (art. 1.424, incisos I ao IV).

É importante salientar que, de acordo com art. 1.425, incisos I ao V, a dívida será considerada vencida:

> I – se, deteriorando-se, ou depreciando-se o bem dado em segurança, desfalcar a garantia, e o devedor, intimado, não a reforçar ou substituir;
>
> II – se o devedor cair em insolvência ou falir;
>
> III – se as prestações não forem pontualmente pagas, toda vez que deste modo se achar estipulado o pagamento. Neste caso, o recebimento posterior da prestação atrasada importa renúncia do credor ao seu direito de execução imediata;
>
> IV – se perecer o bem dado em garantia, e não for substituído;
>
> V – se desapropriar o bem dado em garantia, hipótese na qual se depositará a parte do preço que for necessária para o pagamento integral do credor.

Nessas duas últimas situações, a hipoteca somente vencerá antes do prazo estipulado, caso o perecimento ou a desapropriação vier a recair sobre o bem dado em garantia, que não abranja outras, mas, caso contrário, subsistirá a dívida reduzida, com a respectiva garantia sobre os demais bens, não desapropriados ou destruídos (§ 2º do art. 1.425). Nas situações em que a coisa dada em garantia venha a perecer, a coisa ficará sub-rogada na indenização do seguro ou, em caso de ressarcimento do dano para benefício do credor, terá o direito de preferência sobre a coisa até o reembolso completo (§ 1º do art. 1.425).

Cabe salientar que o Código Civil permite que o terceiro preste garantia real por dívida alheia, mas não o obriga a substituir ou reforçar a coisa quando esta se perca, deteriore ou desvalorize, sem culpa do terceiro (art. 1.427). No mesmo sentido, o Código Civil não admite a cláusula que autoriza ao credor pignoratício, anticrético ou hipotecário ficar com a coisa dada em garantia, quando a dívida não é paga no seu vencimento, considerando-se tal cláusula nula (art. 1.428). É permitido, por outro lado, ao devedor dar a coisa em pagamento da dívida após o seu vencimento (parágrafo único do art. 1.428).

Para os sucessores do devedor, não será permitido que pratiquem a remição parcial do penhor ou da hipoteca na proporção dos seus respectivos quinhões, mas qualquer um dos sucessores poderá fazê-lo no todo (art. 1.429). Quando o herdeiro ou o sucessor realizarem tal remição, ficarão sub-rogados nos direitos do credor pelas quotas que houver satisfeito (parágrafo único do art. 1.429).

Por fim, quando forem executados o penhor ou a hipoteca e o produto não bastar para o pagamento da dívida, bem como das despesas judiciais, ficará o devedor obrigado pelo restante (art. 1.430).

17.8.1 Penhor

O penhor consiste em modalidade de garantia real que recai sobre **bem móvel**, o qual é entregue pelo devedor ao credor, chamado de **pignoratício** (DONIZETTI; QUINTELLA, 2014, p. 851, grifos do autor). Nesse sentido, o penhor se constitui

> [...] pela transferência efetiva da posse que, em garantia do débito ao credor ou a quem o represente, faz o devedor, ou alguém por ele, de uma coisa móvel, suscetível de alienação. (art. 1.431).

No entanto, as coisas empenhadas, em caso de penhor rural, industrial, mercantil e de veículos, ficarão em poder do devedor, também chamado de depositário, devendo guardá-las e conservá-las (parágrafo único do art. 1.431).

O penhor possui cinco espécies: o penhor rural, que se divide em penhor agrícola e penhor pecuário; penhor industrial e mercantil; o penhor de direitos e títulos de crédito; penhor de veículos; e penhor legal.

Para que o penhor produza a sua eficácia, é necessário que seja levado o seu instrumento a registro, seja por qualquer um dos contratantes, sendo que o penhor comum deverá ser registrado no Cartório de Títulos e Documentos (art. 1.432).

17.8.1.1 Dos direitos e das obrigações do credor pignoratício

Os direitos do credor pignoratício encontram-se elencados no art. 1.433, incisos I ao VI:

> I – à posse da coisa empenhada;
>
> II – à retenção dela, até que o indenizem das despesas devidamente justificadas, que tiver feito, não sendo ocasionadas por culpa sua;
>
> III – ao ressarcimento do prejuízo que houver sofrido por vício da coisa empenhada;
>
> IV – a promover a execução judicial, ou a venda amigável, se lhe permitir expressamente o contrato, ou lhe autorizar o devedor mediante procuração;
>
> V – a apropriar-se dos frutos da coisa empenhada que se encontra em seu poder;
>
> VI – a promover a venda antecipada, mediante prévia autorização judicial, sempre que haja receio fundado de que a coisa empenhada se perca ou deteriore, devendo o preço ser depositado. O dono da coisa empenhada pode impedir a venda antecipada, substituindo-a, ou oferecendo outra garantia real idônea.

Cabe salientar que o Código Civil, em seu art. 1.434, dispõe que o credor não poderá ser constrangido a devolver a coisa empenhada ou uma parte da coisa antes de ser integralmente ressarcido, mas permite ao magistrado, a requerimento do proprietário, determinar que seja vendida apenas uma das coisas, ou parte da coisa empenhada, que seja suficiente para o pagamento do credor.

No que tange às obrigações, o credor pignoratício, em conformidade com art. 1.435, incisos I ao V, será obrigado, primeiramente, à custódia da coisa, na qualidade de depositário, devendo ressarcir ao dono por conta da perda ou deterioração de que for culpado, podendo ser compensada na dívida, até a concorrente quantia, a importância da responsabilidade.

Outro dever incumbido ao credor é a defesa da posse da coisa empenhada, devendo dar conhecimento ao seu dono a respeito das circunstâncias necessárias para o exercício de ação possessória.

O credor pignoratício ficará obrigado também a devolver o valor dos frutos, de que se apropriar como disposto no art. 1.433, inciso V, bem como as despesas de guarda e conservação, os juros e o capital da obrigação garantida, sucessivamente, bem como deverá restituí-la, juntamente com os frutos e acessões, desde que paga a dívida.

Por fim, deverá entregar o que ultrapassar o preço no caso de a dívida ser paga como disposto no art. 1.433, inciso IV.

17.8.1.2 Da extinção do penhor

Ocorrerá a extinção do penhor, em consonância com art. 1.436, incisos I ao V:

> I – extinguindo-se a obrigação;
>
> II – perecendo a coisa;
>
> III – renunciando o credor;
>
> IV – confundindo-se na mesma pessoa as qualidades de credor e de dono da coisa;
>
> V – dando-se a adjudicação judicial, a remissão ou a venda da coisa empenhada, feita pelo credor ou por ele autorizada.

O Código Civil prevê três situações em que se presume a renúncia do credor. A primeira é a situação em que este consentir na venda particular do penhor sem a reserva de preço; ou quando o credor vier a restituir a sua posse ao devedor; e, ainda, quando anuir à substituição por outra garantia (§ 1º do art. 1.436). Ressalte-se que a confusão irá operar-se quanto a parte da dívida pignoratícia, subsistindo inteiro o penhor quanto ao restante (§ 2º).

Cumpre frisar que a extinção do penhor somente produzirá os seus efeitos após a averbação do cancelamento do registro, à vista da respectiva prova (art. 1.437).

17.8.1.3 Do penhor rural

O penhor rural possui a função de fomentar o crédito rural (DONIZETTI; QUINTELLA, 2014, p. 870), e se divide em penhor agrícola e penhor pecuário. Nesse sentido, a constituição do penhor rural ocorrerá mediante instrumento público ou particular, desde que registrado no Cartório de Registro de Imóveis da circunscrição em que estiverem situadas as coisas empenhadas (art. 1.438).

No caso em que o devedor promete realizar o pagamento da dívida em dinheiro, garantida pelo penhor rural, poderá o credor emitir cédula rural pignoratícia em favor do credor, na forma predeterminada em lei especial (parágrafo único do art. 1.438).

Conforme redação dada pela Lei n. 12.873/2013, tanto o penhor agrícola como o penhor pecuário não poderão ser convencionados por prazos superiores aos das obrigações garantidas (art. 1.439). Mesmo que vencidos os prazos, as garantias permanecerão até quando subsistirem os bens que a constituem (§ 1º do art. 1.439). Em caso de prorrogação, esta deverá ser averbada à margem do registro respectivo, mas mediante requerimento do credor e do devedor (§ 2º do art. 1.439).

Em conformidade com o art. 1.440, caso o prédio esteja hipotecado, é possível que o penhor rural seja constituído sem o consentimento do credor hipotecário, mas sem prejudicar o direito de preferência deste, nem mesmo restringirá a extensão da hipoteca que vier a ser executada. Tem o credor o direito de verificar o estado em que se encontram as coisas empenhadas, podendo inspecioná-las pessoalmente ou mandar uma pessoa credenciada (art. 1.441).

a) **Penhor agrícola:** serão objetos do penhor agrícola, de acordo com art. 1.442, inciso I ao V, as máquinas e instrumentos de agricultura; as colheitas pendentes, ou em via de formação; os frutos acondicionados ou armazenados; a lenha cortada e carvão vegetal; e os animais do serviço ordinário de estabelecimento agrícola. Cabe ressaltar que quando esse tipo de penhor rural recair sobre colheita pendente ou em formação, irá abranger a colheita imediatamente seguinte na situação em que se frustrar ou verificar ser insuficiente a que se deu em garantia (art. 1.443). Todavia, na situação em que o credor não venha a financiar a nova safra, o devedor poderá constituir um novo penhor com outro credor, mas somente em quantia máxima equivalente à do primeiro, sendo que o segundo penhor possuirá preferência sobre o primeiro. Entretanto, abrangerá este segundo somente o excesso apurado (parágrafo único do art. 1.443).

b) **Penhor pecuário:** no penhor pecuário, somente poderão ser objeto os animais que integram a atividade pastoril, agrícola ou de lacticínios, conforme art. 1.444, não sendo permitido ao devedor alienar animais empenhados sem prévia anuência, de forma escrita, do credor (art. 1.445). No caso em que o devedor pretenda alienar o gado empenhado ou que, por negligência do devedor, venha prejudicar o credor, este pode requerer que os animais sejam depositados sob a guarda de terceiro ou então, que seja paga a dívida de imediato (parágrafo único do art. 1.445).

Nos termos do art. 1.446, quando forem comprados animas de uma mesma espécie para substituir os animais mortos, estes ficarão sub-rogados no penhor, sendo presumida a substituição. Contudo, não terá eficácia contra terceiros se não houver menção adicional ao contrato do penhor, devendo tal meação ser averbada (parágrafo único do art. 1.446).

17.8.1.4 Do penhor industrial e mercantil

O penhor industrial e o mercantil objetivam incentivar o crédito para a indústria e o comércio. Criaram-se o penhor industrial e o penhor mercantil, os quais, como toda modalidade de penhor especial, têm a vantagem de manter o devedor na posse da coisa (DONIZETTI; QUINTELLA, 2014, p. 855).

São objetos dessa espécie de penhor as máquinas, aparelhos, materiais, instrumentos, instalados e em funcionamento, com os acessórios ou sem eles; animais, utilizados na indústria; sal e bens destinados à exploração das salinas; produtos de suinocultura, animais destinados à industrialização de carnes e derivados; matérias-primas e produtos industrializados, conforme o art. 1.447, sendo regulado pelas disposições relativas aos armazéns gerais, quando se tratar de penhor das mercadorias neles depositadas (parágrafo único do art. 1.447).

A constituição do penhor industrial e mercantil será feita mediante instrumento público ou particular, devendo ser registrado no Cartório de Registro de Imóveis do local em que estiverem situadas as coisas empenhadas (art. 1.448). Da mesma forma que ocorre com o penhor rural, quando o devedor prometer o pagamento da dívida em dinheiro, poderá emitir cédula do respectivo crédito em favor do credor, respeitando a forma que a lei especial determinar (parágrafo único do art. 1.448).

O Código Civil estabelece que não é permitido ao devedor alterar as coisas empenhadas, mudar a sua situação ou dispor delas sem a anuência, de forma escrita, do credor. No caso de alienação, por parte do devedor, com anuência do credor, das coisas empenhadas, caberá ao devedor repor outros bens da mesma natureza, ficando sub-rogados no penhor (art. 1.449).

Portanto, em semelhança ao que ocorre com o penhor rural, o credor terá o direito de verificar o estado em que se encontram as coisas empenhadas, podendo inspecioná-las por ele próprio ou por pessoa credenciada no local em que se acharem (art. 1.450).

17.8.1.5 Do penhor de direitos e títulos de crédito

O penhor de direitos e títulos de crédito terá por objeto direitos suscetíveis de cessão sobre coisas móveis (art. 1.451), bem como títulos de crédito, cuja constituição deve ser feita por meio de instrumento público ou particular, respectivamente, registrado no Registro de Títulos e Documentos (art. 1.452).

O titular do direito empenhado deverá entregar ao credor pignoratício os respectivos documentos que comprovem tal direito, exceto na situação em que haja interesse legítimo em conservá-los (parágrafo único do art. 1.452).

Não terá eficácia o penhor de crédito quando não notificado o devedor e, quando este for notificado, o devedor deverá declarar, por meio de instrumento público ou particular, ter conhecimento da existência do penhor (art. 1.453).

Será incumbida ao credor pignoratício a prática de atos necessários à conservação e defesa do respectivo direito empenhado, bem como a cobrança dos juros e prestações acessórias compreendidas na garantia (art. 1.454).

Caberá ainda ao credor pignoratício cobrar o crédito empenhado logo que este se tornar exigível. Todavia, se o crédito exigível se tratar de prestação pecuniária, o referido credor deverá depositar a importância recebida, de acordo com o devedor pignoratício ou então no local onde o juiz determinar. Por outro lado, se a obrigação consistir na entrega da coisa, esta irá se sub-rogar ao penhor (art. 1.455). Contudo, se o crédito pignoratício estiver vencido, terá o credor direito de reter o que lhe é devido, devendo restituir o restante ao devedor, ou então excutir a coisa (parágrafo único do art. 1.455).

Cabe frisar que, quando no mesmo crédito tiverem vários penhores, o devedor somente deverá pagar ao credor pignoratício que possua o direito de preferência sobre os demais credores, respondendo o credor preferente por perdas e danos quando não promover oportunamente a cobrança, quando notificado pelos demais credores (art. 1.456).

Importante ressaltar que o titular do crédito empenhado somente poderá receber o pagamento com o consentimento do credor pignoratício, o que importará em extinção do penhor (art. 1.457).

No que tange ao penhor sobre título de crédito, a sua constituição ocorrerá por meio de instrumento público ou particular, ou então por meio do endosso pignoratício, com a respectiva tradição do título ao credor. Deve ser regido pelas Disposições Gerais do Título X, que se referem aos institutos do penhor, hipoteca e anticrese, e pela Seção VII, no que couber (art. 1.458).

O art. 1.459, incisos I ao IV, estabelece que competirá ao credor, no caso de penhor de título de crédito, o direito de:

> I – conservar a posse do título e recuperá-la de quem quer que o detenha;
>
> II – usar dos meios judiciais convenientes para assegurar os seus direitos, e os do credor do título empenhado;
>
> III – fazer intimar ao devedor do título que não pague ao seu credor, enquanto durar o penhor; e
>
> IV – receber a importância consubstanciada no título e os respectivos juros, se exigíveis, restituindo o título ao devedor, quando este solver a obrigação.

Ademais, quando o devedor do título empenhado receber a intimação realizada pelo credor, prevista no inciso III do artigo referido acima, ou comprovar ter conhecimento do penhor, não poderá pagar ao seu credor. Caso faça tal pagamento, deverá responder, solidariamente, por perdas e danos, perante o credor pignoratício (art. 1.460). Sendo assim, caso o credor ofereça quitação ao devedor do título empenhado, deverá, imediatamente, saldar a dívida que se constituiu para o penhor (parágrafo único do art. 1.460).

17.8.1.6 Do penhor de veículos

Esta forma de penhor terá por objeto os veículos empregados em qualquer espécie de transporte ou condução (art. 1.461), sendo que sua constituição se dará mediante instrumento público ou particular, devendo ser registrado no Cartório de Títulos e Documentos do domicílio do devedor e, ainda, anotado no certificado de propriedade (art. 1.462).

Do mesmo jeito que ocorre com o penhor rural, o penhor industrial e mercantil, no penhor de veículo, o devedor poderá emitir cédula de crédito em favor do credor quando prometer realizar o pagamento da respectiva dívida dada em garantia em dinheiro, na forma que a lei especial determinar (parágrafo único do art. 1.462). Além disso, é permitido ao credor verificar o estado em que se encontra o veículo empenhado, podendo inspecioná-los pessoalmente ou por pessoa credenciada (art. 1.464).

Em caso de alienação ou mudança sem a prévia comunicação ao credor, ocorrerá o vencimento antecipado do crédito pignoratício (art. 1.465).

Por fim, o prazo para convencionar o penhor de veículos não pode ultrapassar a dois anos, somente sendo prorrogado pelo mesmo prazo, devendo tal prorrogação ser averbada à margem do registro respectivo (art. 1.466).

17.8.1.7 Do penhor legal

Como o próprio nome já diz, o penhor legal é aquele que decorre da lei, e, conforme art. 1.467, incisos I e II, independentemente de convenção, são credores pignoratícios os hospedeiros, fornecedores de pousada ou alimento, sobre as bagagens, móveis, joias ou dinheiro que os seus consumidores ou fregueses tiverem consigo nas respectivas casas ou estabelecimentos, pelas despesas ou consumo que aí tiverem feito; e o dono do prédio rústico ou urbano, sobre os bens móveis que o rendeiro ou inquilino tiver guarnecendo no mesmo prédio, pelos aluguéis ou rendas. Em ambas as hipóteses estabelecidas no artigo acima, será permitido ao credor, de acordo com art. 1.469, tomar como garantia um ou mais objetos até o valor da dívida.

O Código Civil permite, ainda, que os credores pignoratícios possam realizar o penhor antes de recorrer à autoridade judiciária quando for verificado perigo na demora, disponibilizando aos devedores os comprovantes dos bens de que se apossarem (art. 1.470), podendo o credor, como ato contínuo, proceder com a homologação judicial do penhor (art. 1.471).

Ademais, em conformidade com o art. 1.472, o locatário poderá impedir a constituição do penhor mediante caução idônea.

17.8.2 Hipoteca

A **hipoteca** consiste em modalidade de garantia real que recai, em geral, sobre **imóveis**, mas que também pode recair sobre alguns móveis, enumerados em lei. Ademais, pode recair sobre **direitos reais** (DONIZETTI; QUINTELLA, 2014, p. 858, grifos do autor).

De acordo com art. 1.473, incisos I ao X, poderão ser objeto de hipoteca, *ressaltando-se que* os incisos VIII ao X foram incluídos pela Lei n. 11.481/2007, que também renumerou e incluiu os §§ 1º e 2º:

> I – os imóveis e os acessórios dos imóveis conjuntamente com eles;
>
> II – o domínio direto;
>
> III – o domínio útil;
>
> IV – as estradas de ferro;
>
> V – os recursos naturais a que se refere o art. 1.230, independentemente do solo onde se acham;
>
> VI – os navios;
>
> VII – as aeronaves;
>
> VIII – o direito de uso especial para fins de moradia;
>
> IX – o direito real de uso;
>
> X – a propriedade superficiária.

Quanto aos incisos VI e VII, a hipoteca de navios e aeronaves será regida por lei especial (§ 1º do art. 1.473). Ademais, segundo o § 2º do art. 1.473, do CC: "os direitos de garantia instituídos nas hipóteses dos incisos IX e X do *caput* deste artigo ficam limitados à duração da concessão ou direito de superfície, caso tenham sido transferidos por período determinado".

É importante ressaltar que a hipoteca abrangerá todas as acessões, melhoramentos ou construções do imóvel, subsistindo os ônus reais sobre o mesmo imóvel, mesmo que constituídos e registrados anteriormente à hipoteca (art. 1.474).

O Código Civil considera nula a cláusula que proíbe a alienação do imóvel hipotecado pelo proprietário (art. 1.475), sendo permitido convencionar-se que o crédito hipotecário vencerá se o imóvel for alienado (parágrafo único do art. 1.475).

O Código ainda permite ao dono do imóvel já hipotecado, constituir outra hipoteca sobre o mesmo imóvel, mas mediante um novo título, seja em favor do mesmo credor ou de outro, de acordo com o disposto no art. 1.476. Caso a segunda hipoteca esteja vencida, o credor desta não poderá executar o imóvel antes que a primeira hipoteca esteja vencida, salvo em caso de insolvência do devedor (art. 1.477).

Não será considerado o devedor insolvente pela ausência de pagamento das obrigações garantidas após a primeira hipoteca (parágrafo único do art.

1.477). Nesse caso, cria-se um **direito de preferência** para receber, preferindo o credor da hipoteca mais antiga aos demais. Cumpre lembrar que somente terá direito de preferência o credor que tiver **direito real**, ou seja, aquele que levou a hipoteca a **registro**, sem o que a garantia opera apenas entre ele e o devedor, mas não com relação a terceiros (DONIZETTI; QUINTELLA, 2014, p. 859, grifos do autor).

É necessário atentar-se ao fato de que, na situação em que o devedor não se oferecer para pagar, no vencimento, a obrigação garantida pela primeira hipoteca, abre-se a possibilidade para o credor da segunda hipoteca promover a extinção, citando o primeiro credor para que possa receber a quantia e o devedor para que realize o pagamento, devendo consignar a importância.

Caso o devedor não pague, poderá o segundo credor efetuar o respectivo pagamento e se sub-rogar nos direitos da primeira hipoteca, sem qualquer prejuízo dos que lhe competirem contra o devedor comum (art. 1.478). Agora, caso o primeiro credor esteja promovendo a execução da hipoteca, deverá o credor da segunda hipoteca depositar a quantia do débito, bem como as despesas judiciais (parágrafo único do art. 1.478).

Nada impede que o adquirente do imóvel hipotecado se exonere da hipoteca, abandonando o imóvel, mas somente se não se obrigou, pessoalmente, a pagar as dívidas aos credores hipotecários (art. 1.479).

O adquirente do imóvel hipotecado terá o direito de remir tal imóvel dentro do prazo de 30 (trinta) dias contados do registro do título aquisitivo, devendo ainda citar os credores hipotecários, bem como propor uma importância que não seja inferior ao preço que foi adquirido (art. 1.481). Na situação em que o credor venha a impugnar o preço da aquisição ou a importância oferecida, será necessária a realização de licitação, sendo efetuada a venda judicial para aquele que oferecer o maior preço, assegurando o direito de preferência do adquirente do imóvel (§ 1º do art. 1.481). Todavia, se o credor não impugnar o preço da aquisição ou o preço proposto pelo adquirente, será fixado, definitivamente, para a remissão do imóvel, ficando livre de hipoteca, desde que pago ou depositado o preço (§ 2º do art. 1.481).

Por outro lado, quando o adquirente deixar de remir o imóvel e este se sujeitar a execução, será incumbido ao adquirente o ressarcimento por conta da desvalorização que, por sua culpa, vieram a sofrer os credores hipotecários, bem como o pagamento das despesas judiciais da execução (§ 3º do art. 1.481).

O § 4º do art. 1.481 estabelece que o adquirente que ficar privado do imóvel, em consequência de licitação ou penhora, que tiver realizado o pagamento da hipoteca, ou por causa de adjudicação ou licitação, desembolsar no pagamento da hipoteca importância excedente à da compra, bem como o que suportar custas e despesas judiciais, terão o direito de propor ação regressiva contra o vendedor, ou seja, contra o alienante.

Aos interessados, é lícito demonstrar nas escrituras o valor estabelecido dos imóveis hipotecados, devidamente atualizado, servindo de base para os institutos da arrematação, adjudicações e remições, dispensada a avaliação (art. 1.484).

O Código Civil admite a prorrogação da hipoteca até 30 (trinta) dias, contados da data do contrato por meio da averbação requerida por ambas as partes. Transcorrido tal prazo, somente subsistirá o contrato de hipoteca se for reconstituído um novo título e um novo registro, sendo mantida a precedência que lhe competir (art. 1.485). É possível ainda que o credor e o devedor autorizem, no ato constitutivo da hipoteca, a emissão de cédula hipotecária, conforme os fins previstos em lei especial (art. 1.486).

Somente será possível a constituição da hipoteca para garantia de dívida futura ou condicionada se for determinado o valor máximo do crédito a ser garantido (art. 1.487), dependendo a execução da hipoteca de prévia e expressa concordância do devedor no que se refere à verificação da condição ou ao montante da dívida (§ 1º do art. 1.487).

Ocorrendo divergência entre o credor e o devedor, caberá ao credor realizar prova de seu crédito. Sendo este reconhecido, deverá o devedor responder por perdas e danos por conta da superveniente desvalorização do imóvel (§ 2º do art. 1.487).

Quando o imóvel, dado em garantia hipotecária, for loteado ou, então, constituído nele condomínio edilício, será permitido que o ônus seja dividido, sendo gravado cada lote ou unidade autônoma, desde que tenham requerido, o credor, o devedor ou os donos, ao juiz, devendo obedecer a proporção entre o valor de cada um deles e o crédito (art. 1.488).

Somente poderá o credor opor-se ao pedido de desmembramento do ônus se provar que importará em diminuição de sua garantia (§ 1º do art. 1.488), ressaltando que as despesas judiciais ou extrajudiciais correrão por conta de quem o requereu, salvo se houver disposição em contrário (§ 2º do art. 1.488).

Por fim, de acordo com o § 3º do art. 1.488, o desmembramento do ônus não exonerará o devedor originário da responsabilidade a que se refere o art. 1.430, salvo anuência do credor.

17.8.2.1 Da hipoteca legal

Como o próprio nome já diz, fala-se em **hipoteca legal** quando é a própria **lei**, e não a vontade das partes, que constitui a garantia real (DONIZETTI; QUINTELLA, 2014, p. 863, grifos do autor). Nesse sentido, a lei irá conferir hipoteca, conforme art. 1.489, incisos I ao V do CC/2002:

> I – às pessoas de direito público interno (art. 41) sobre os imóveis pertencentes aos encarregados da cobrança, guarda ou administração dos respectivos fundos e rendas;

> II – aos filhos, sobre os imóveis do pai ou da mãe que passar a outras núpcias, antes de fazer o inventário do casal anterior;
>
> III – ao ofendido, ou aos seus herdeiros, sobre os imóveis do delinquente, para satisfação do dano causado pelo delito e pagamento das despesas judiciais;
>
> IV – ao coerdeiro, para garantia do seu quinhão ou torna da partilha, sobre o imóvel adjudicado ao herdeiro reponente;
>
> V – ao credor sobre o imóvel arrematado, para garantia do pagamento do restante do preço da arrematação.

A constituição da hipoteca legal, seja de qualquer natureza, deverá ser registrada e especializada (art. 1.497), sendo incumbido àquele que se encontra obrigado a prestar a garantia. Contudo, serão permitidos aos interessados promoverem a inscrição da hipoteca, ou, então, solicitar ao Ministério Público que realize a inscrição (§ 1º do art. 1.497), estando tais pessoas sujeitas a perdas e danos pela omissão (§ 2º).

O Código Civil permite que o credor da hipoteca legal ou a pessoa que o represente exija do devedor que seja reforçado com outros, mas desde que prove a insuficiência dos imóveis especializados (art. 1.490). E ainda abre a possibilidade de que, a critério do juiz e a requerimento do devedor, a hipoteca legal seja substituída por caução de títulos da dívida pública federal ou estadual, desde que recebidos pelo valor de sua cotação mínima no ano corrente, ou por outra garantia (art. 1.491).

17.8.2.2 Do registro da hipoteca

O registro da hipoteca deverá ser realizado no cartório do lugar do imóvel, ou, quando o título se referir a mais de um imóvel, o registro será feito no local de cada um deles (art. 1.492), competindo aos interessados requerer tal registro, mas exibido o respectivo título (parágrafo único do art. 1.492).

Tanto os registros como as averbações deverão ser feitos seguindo a ordem como foram requeridos, sendo verificado por meio da numeração sucessiva no protocolo (art. 1.493). Tal numeração determinará a prioridade quanto à preferência entre as hipotecas (parágrafo único do art. 1.493).

Não poderão ser registradas duas hipotecas no mesmo dia ou uma hipoteca e um direito real sobre o mesmo imóvel, em favor de pessoas diversas, exceto se nas escrituras, do mesmo dia, estiverem indicadas a hora em que foram lavradas (art. 1.494).

Se, no momento da apresentação do título de hipoteca ao oficial do registro, o documento demonstre a constituição de uma hipoteca anterior que não foi devidamente registrada, o oficial irá suspender o registro da nova hipoteca, depois de prenotar em até 30 (trinta) dias, devendo aguardar que o interessado realize a inscrição da hipoteca anterior. Caso o interessado não realize tal inscrição dentro deste prazo legal, o oficial irá proceder com o registro da hipoteca posterior, obtendo-se a preferência (art. 1.495).

Ocorrendo dúvida quanto à legalidade do registro requerido, deverá o oficial, mesmo assim, realizar a prenotação do pedido, e, no caso de a dúvida ser julgada improcedente dentro de 90 dias, o registro será efetuado com o mesmo número que teria sido na data da prenotação, mas se for julgada procedente, a prenotação será cancelada, e receberá o registro do número correspondente à data em que se tornar a requerer (art. 1.496).

O registro da hipoteca valerá enquanto perdurar a obrigação. Contudo, a especialização desta deverá ser renovada quando completar 20 (vinte) anos (art. 1.498).

17.8.2.3 Da extinção da hipoteca

Ocorrerá a extinção da hipoteca, em conformidade com o art. 1.499, incisos I ao VI:

> I - pela extinção da obrigação principal;
>
> II - pelo perecimento da coisa;
>
> III - pela resolução da propriedade;
>
> IV - pela renúncia do credor;
>
> V - pela remição; e
>
> VI - pela arrematação ou adjudicação.

Ocorre também a extinção da hipoteca com a averbação, no Registro de Imóveis, do cancelamento do registro, à vista da respectiva prova (art. 1.500).

Cabe frisar que a hipoteca, devidamente registrada, não será extinta por arrematação ou adjudicação, quando os credores hipotecários não tenham sido notificados judicialmente, que não forem de qualquer modo partes na execução (art. 1.501).

17.8.3 Anticrese

Corresponde à modalidade de garantia real que recai sobre bem imóvel, cuja posse é transmitida ao credor, para que perceba frutos e quaisquer outros rendimentos da coisa, em compensação da dívida (DONIZETII; QUINTELLA, 2014, p. 872).

fique ligado!

É necessário o registro deste instituto no Cartório de Registro de Imóveis, justamente porque o objeto da anticrese é bem imóvel, podendo ser hipotecado pelo devedor ao credor anticrético ou a terceiros, bem como poderá ocorrer de o imóvel hipotecado ser dado em anticrese (§ 2º do art. 1.506).

Dessa forma, o art. 1.506 estabelece que "pode o devedor ou outrem por ele, com a entrega do imóvel ao credor, ceder-lhe o direito de perceber, em compensação da dívida, os frutos e rendimentos".

É importante ressaltar que o credor desse direito real de garantia possuirá o direito de reter em seu poder o bem até que a dívida seja paga, e tal direito se extinguirá quando decorridos 15 dias da data da sua constituição (art. 1.423).

O Código Civil admite a possibilidade que os frutos e rendimentos do imóvel sejam percebidos pelo credor à conta de juros. Todavia, no caso de o valor ultrapassar a taxa máxima permitida por lei, o remanescente será imputado ao capital (§ 1º do art. 1.506). O referido código também possibilita que o credor anticrético administre os bens dados em anticrese, bem como usufrua dos seus frutos e utilidades. No entanto, há um limite, devendo o credor anticrético demonstrar um balanço anualmente de sua administração (art. 1.507).

Contudo, pode ocorrer de o devedor anticrético não concordar com o balanço demonstrado pelo credor anticrético, afirmando ser inexato ou ruinosa a administração deste, tendo o direito de impugnar o balanço, e, se quiser, poderá requerer a transformação em arrendamento, devendo o juiz fixar o valor mensal do aluguel, que poderá ser corrigido anualmente (§ 1º do art. 1.507).

O credor anticrético responderá pelas deteriorações que o imóvel veio a sofrer por culpa sua, bem como pelos frutos e rendimentos que por negligência deixou de perceber (art. 1.508).

O Código Civil dá ao credor anticrético o direito de vindicar os seus direitos contra o adquirente dos bens, bem como contra os credores quirografários e os hipotecários posteriores ao registro da anticrese (art. 1.509). No caso de o credor anticrético executar os bens por ausência de pagamento da dívida, ou autorizar que outro credor o execute, sem qualquer oposição ao seu direito de retenção ao exequente, não haverá preferência sobre o preço (§ 1º do art. 1.509).

O credor anticrético também não terá direito de preferência sobre a indenização do seguro quando o prédio seja destruído ou se forem desapropriados os bens atrelados à desapropriação (§ 2º do art. 1.509).

Por fim, o adquirente terá o direito de remir os bens dados em anticrese, antes do vencimento da dívida, devendo pagar a sua totalidade na data do pedido de remição, bem como imitir, quando for o caso, na sua posse (art. 1.510).

QUADRO SINÓTICO

DIREITO DAS COISAS	
NOÇÕES INTRODUTÓRIAS	*O art. 1.225 estabelece um rol taxativo para os direitos reais, não podendo as partes criar novas modalidades. Assim, são direitos reais a propriedade, a superfície, as servidões, o usufruto, o uso, a habitação, o direito do promitente comprador do imóvel, o penhor, a hipoteca, a anticrese, a concessão de uso especial para fins de moradia, a de direito real de uso e a laje.*

DIREITO DAS COISAS	
NOÇÕES INTRODUTÓRIAS	*Tratando-se de bens móveis, quando constituídos ou transmitidos por atos entre vivos (*inter vivos*), os direitos reais são adquiridos mediante a tradição (art. 1.226). Todavia, quando se tratar de direitos reais sobre bens imóveis, o domínio somente ocorrerá com o registro no Cartório de Registro de Imóveis, salvo quando a lei dispuser de outro modo (art. 1.227). Nesse sentido, enquanto não for realizada a tradição ou o registro no cartório, somente existirá uma presunção de domínio.* • **Características dos Direitos Reais:** a) **Absolutismo:** possuem o caráter *erga omnes*, sendo oponíveis contra todos os envolvidos. b) **Sequela:** direito de perseguir a coisa objeto do direito, se ela for subtraída do sujeito. c) **Publicidade:** tanto o registro como a tradição atuam como meios de publicidades da titularidade dos direitos reais. d) **Tipicidade e Taxatividade:** o direito das coisas somente será previsto em lei. e) **Exclusividade:** não se pode haver dois direitos reais, de igual conteúdo, sobre a mesma coisa. f) **Aderência:** estabelece o vínculo entre um sujeito determinado e toda a exclusividade.
CLASSIFICAÇÃO	**I. Direito real sobre a coisa própria:** o titular pleno do direito real é o proprietário do bem, possuindo o direito de usar, gozar e dispor da coisa. **II. Direito real sobre a coisa alheia:** a) **Direito real de gozo ou fruição:** o titular da propriedade transfere a terceiro o direito de usar ou fruir da coisa, estendendo-se o direito de usufruir aos acessórios da coisa (usufruto, servidão, superfície, concessão de uso especial para fins de moradia, uso e habitação). b) **Direito Real de Garantia:** garantia dada ao credor de que a obrigação, estabelecida entre ele e o devedor, seja cumprida (penhor, a hipoteca e a anticrese). c) **Direito Real de Aquisição:** direito de adquirir a coisa alheia em favor de quem se encontra com essa (promessa de compra e venda).
POSSE	Posse é a situação de fato, regulada pelo direito, na qual o possuidor tem o exercício, pleno ou não, de alguns dos poderes inerentes à propriedade. Quando não houver proteção legal da relação com a coisa, o que existe é **mera detenção**. São casos de detenção com previsão expressa: • **Fâmulo da Posse (art. 1.198):** é o gestor da posse, aquele que apreende a coisa por força de uma relação subordinativa para com terceiro ou em razão de uma dependência jurídica.

<table>
<tr><th colspan="2">DIREITO DAS COISAS</th></tr>
<tr><td>POSSE</td><td>
• Atos de Mera Tolerância (art. 1.208): não induzem posse a mera tolerância. A interpretação contrária, seria um abuso de confiança.
• Permissão e Concessão de Uso de Bem Público: a permissão e concessão de uso de bem público não induzem posse, mas mero ato de detenção.
• Teorias da Posse:
a) Teoria Subjetiva: Protagonizada por Savigny. Segundo a teoria, a posse apresentaria 2 elementos constitutivos: corpus (elemento que traduz no controle material da pessoa sobre a coisa) e animus (elemento volitivo, que consiste na intenção do possuidor de exercer o direito como se proprietário fosse);
b) Teoria Objetiva: Desenvolvida por Ihering. Para esta teoria, a posse tem apenas 1 elemento constitutivo. Corpus (elemento que traduz a efetiva apreensão da coisa).
Para o Código de 2002, de acordo com a interpretação do art. 1.196, prevalece a teoria objetiva. Entretanto, faz diversas concessões a teoria subjetiva, como, por exemplo no caso de usucapião, em que o Código exige posse com animus domini.
• Natureza Jurídica da Posse: a posse é vista como um instituto jurídico sui generis, pois, além de não se encaixar nas categorias dogmáticas existentes, também não dá margem à criação de uma categoria própria.
• Classificações da Posse:
a) Posse Direta e Posse Indireta: decorre do desdobramento da posse em virtude da existência de uma relação jurídica negocial ou legal entre: possuidor direto (imediato) - o que recebe o bem e tem contato físico com a coisa; e indireto (mediato) - dono da coisa ou assemelhado; aquele que entrega seu bem a outrem. Ambos podem invocar a proteção possessória, inclusive um perante o outro.
b) Posse Justa e Posse Injusta: a posse pode ser justa quando não há vício objetivo sobre ela. Do contrário, a posse se torna injusta.
c) Posse de Boa-fé e de Má-fé: quando o possuidor ignora o vício ou obstáculo que impede a aquisição da coisa ou do direito possuído, diz-se posse de boa-fé. Se o possuidor está convencido de que sua posse não tem legitimidade jurídica e, nada obstante, nela se mantém, trata-se da posse de má-fé.
d) Posse ad interdicta e Posse ad usucapionem: a primeira pode ser defendida pelos interditos, isto é, pelas ações possessórias quando molestada, mas não conduz à usucapião. A posse ad usucapionem é a que se prolonga por determinado lapso de tempo estabelecido na lei, deferindo a seu titular aquisição de domínio.
• Posse Nova e Posse Velha: Posse nova - menos de ano e dia. Posse velha - de ano e dia ou mais.
• Posse Natural e Posse Civil: a posse natural é aquela que já nasce do contato físico com a coisa possuída. Já a posse civil é a decorrente de uma relação contratual.
</td></tr>
</table>

<table>
<tr><th colspan="2">DIREITO DAS COISAS</th></tr>
<tr><td>POSSE</td><td>

• **Dos Efeitos da Posse:**

a) **Proteção Possessória:** os meios de defesa da posse constituem, na verdade, sua própria essência. A **legítima defesa** ocorre quando a posse é ameaçada, já o **desforço imediato** quando a posse é perdida. Ocorre esbulho quando o possuidor é retirado total ou parcialmente de sua posse. Existe turbação quando se agride a posse sem chegar ao esbulho. As ações possessórias são: **ação de manutenção, reintegração de posse** e **interdito possessório**.

b) **Percepção dos Frutos:** o possuidor, de boa-fé, possui o direito de receber os frutos percebidos, mas enquanto a boa-fé durar.

c) **Indenização pelas Benfeitorias e Direito de Retenção:** o possuidor de boa-fé terá direito à indenização das benfeitorias necessárias, úteis e voluptuária. Se esta última não for paga ao possuidor, podem ser levantadas, desde que sem deterioração da coisa, podendo ainda exercer seu direito de retenção do valor das respectivas benfeitorias necessárias e úteis. Já o possuidor de má-fé somente terá direito de indenização pelas benfeitorias necessárias, não possuindo o direito de retenção pelo valor desta e nem podendo levantar as benfeitorias voluptuárias.

d) **Indenização dos Prejuízos:** o possuidor de boa-fé não responderá por perdas ou por deterioração da coisa que não der causa. Por outro lado, o possuidor de má-fé responderá por eventuais perdas e deteriorações da coisa, mesmo que acidentais, exceto se vier a provar que de qualquer forma ambas as situações poderiam vir a ocorrer na posse do reivindicante.

e) **Usucapião:** a aquisição de propriedade pela usucapião é um dos principais efeitos da posse. Usucapir é adquirir a propriedade pela posse continuada durante certo lapso de tempo.

f) **Composse:** é a situação pela qual duas ou mais pessoas exercem, simultaneamente, poderes possessórios sobre a mesma coisa.

• **Perda da Posse:**

Constituem causas de perda da posse:

a) **Abandono** (ou renúncia);

b) **Tradição**;

c) **Destruição** (ou perecimento do objeto);

d) **Colocação da coisa fora do comércio** (quando a coisa se torna inalienável);

e) **Posse de outrem**;

f) **Constituto possessório**.

</td></tr>
</table>

<table>
<tr><th colspan="2">DIREITO DAS COISAS</th></tr>
<tr><td>PROPRIEDADE</td><td>
É um direito complexo, que consiste em um feixe de atributos (poderes), consubstanciados nas faculdades de usar, gozar, dispor e reivindicar a coisa de quem injustamente a detenha ou possua.

A extensão vertical da propriedade (art. 1.229) abrange o espaço aéreo e o subsolo correspondente, sendo que o seu titular não poderá opor-se injustificadamente à atuação de terceiros sobre o imóvel.

• Faculdades do Direito de Propriedade:
a) Direito de Usar (ius utendi): é a faculdade de o proprietário servir-se da coisa de acordo com a sua destinação econômica.
b) Direito de Gozar (ius fruendi): consiste na exploração econômica da coisa, mediante a extração de frutos (há renovação constante à medida que são retirados) e produtos (vão se exaurindo quando extraídos, sem possibilidade de renovação). Também inserido no ius fruendi está o direito dos proprietários às pertenças.
c) Direito de Dispor (ius abutendi): direito de alterar a própria substância da coisa. A disposição pode ser material ou jurídica.
d) Direito de Reivindicar (ius persequendi): é o elemento externo da propriedade por representar a faculdade de excluir terceiros de indevida ingerência sobre a coisa, permitindo que o proprietário mantenha a sua dominação sobre o bem.

• Atributos da Propriedade:
a) Exclusividade: uma determinada coisa não pode pertencer com exclusividade e simultaneidade a duas ou mais pessoas, em idêntico lapso temporal.
b) Perpetuidade: a propriedade tem duração ilimitada e subsiste independentemente do exercício de seu titular.
c) Elasticidade e Consolidação: pode haver o desmembramento temporário dos poderes da propriedade (direitos reais sobre a coisa alheia), sem que seja desnaturado o direito de propriedade.
d) Função Social da Propriedade: A função social é a materialização do paradigma da Socialidade, constante na exposição de motivos do Código Civil. Busca-se, por seu intermédio, repensar a aplicação das prerrogativas da propriedade, posto que relativiza o caráter autônomo, ilimitado e absoluto do direito da propriedade.

• Aquisição da Propriedade Imóvel:
a) Usucapião: É modo originário de aquisição da propriedade e de outros direitos reais, por meio da posse contínua durante certo lapso de tempo.
b) Registro: Sem registro, não se adquire a propriedade de bem imóvel. O negócio ainda não registrado produz apenas um direito obrigacional.
c) Acessão: É modo originário de aquisição da propriedade em razão do qual o proprietário passa a adquirir a titularidade de tudo o que adere ao bem principal. Pela acessão contínua, uma coisa se une ou se incorpora a outra, em estado permanente, por ação humana ou causa natural, e o proprietário da coisa principal adquire a propriedade daquela que se lhe uniu ou incorporou.
</td></tr>
</table>

DIREITO DAS COISAS	
PROPRIEDADE	• **Aquisição da Propriedade Móvel** a) **Ocupação:** é o modo originário por excelência de aquisição da propriedade móvel pelo qual alguém, imediatamente, apropria-se de coisas sem dono, seja porque nunca foram apropriadas (*res nullius*), seja porque foram abandonadas (*res derelictae*). b) **Achado do Tesouro:** tesouro é o depósito antigo de coisas preciosas ocultas cujo dono é desconhecido. c) **Especificação:** é modo originário de aquisição da propriedade mobiliária que se dá mediante a transformação de matéria-prima em espécie nova por meio do trabalho, se não puder restituir a forma anterior. d) **Comissão, Confusão e Adjunção:** são modos originários de aquisição. **Comissão** é a mistura de coisas secas ou sólidas, pertencentes a diferentes donos, sem que possam ser separadas e sem que se produza coisa nova. **Confusão** é a mistura de coisas líquidas de diferentes pessoas, nas mesmas condições. **Adjunção** é a justaposição de uma coisa sólida à outra, de tal modo que não possam mais ser separadas sem deterioração do bem formado. e) **Usucapião: ordinária** (art. 1.260): requer a posse *ad usucapionem*, que exige posse mansa e pacífica, ininterruptamente e sem oposição, durante três anos, exercida com *animus domini*, justo título e boa-fé, sendo aplicado a este tipo de usucapião o disposto nos arts. 1.243 e 1.244. **Extraordinária** (art. 1.261): depende de posse ininterrupta e pacífica com *animus domini* pelo prazo de cinco anos. Não se exige, portanto, justo título e de boa-fé. f) **Tradição:** é modo derivado de aquisição da propriedade móvel mais comum, consistindo na entrega de bem móvel pelo transmitente ao adquirente, com a intenção de transferir-lhe a propriedade. g) **Descoberta:** A descoberta é o fato jurídico que consiste em alguém encontrar coisa alheia perdida. Ela gera para o descobridor uma obrigação de fazer consistente em entregar a coisa que saiu da esfera de proteção do titular. • **Modos de Perda da Propriedade:** a) **Alienação:** ato pelo qual o proprietário, por vontade própria, de forma gratuita ou onerosa, transfere a outrem seu direito sobre a coisa. b) **Renúncia:** ato unilateral pelo qual o proprietário declara formal e explicitamente o propósito de despojar-se do direito de propriedade. Só se aplica aos bens imóveis, com exceção do patrimônio móvel incluso no direito hereditário objeto de abdicação pelo herdeiro. c) **Abandono:** é o ato material de derrelição pelo qual o proprietário desfaz-se de modo intencional da coisa porque não quer mais ser seu dono (perda voluntária da posse, cuja aparência é a de abandono material). d) **Perecimento:** dá-se pela perda das qualidades essenciais da coisa, correspondendo à exclusão do objeto do direito de propriedade do mundo fático.

DIREITO DAS COISAS	
PROPRIEDADE	e) **Desapropriação:** modo originário de aquisição e perda da propriedade, em face da intervenção estatal na propriedade privada. Ocorre quando o Poder Público necessita de um determinado bem, por razões de finalidade pública ou de interesse social, e, por isso, adquire-o, mediante prévia e justa indenização. f) **Outros Modos de Perda Involuntária:** arrematação, adjudicação, implemento de condição resolutiva, usucapião, casamento pela comunhão universal e confisco. • **Da Propriedade Resolúvel:** quando a duração da propriedade se subordina a acontecimento futuro certo (termo) ou incerto (condição), previsto no próprio título constitutivo, está-se diante de uma propriedade resolúvel. As hipóteses de propriedade resolúvel são: Fideicomisso, retrovenda, doação com cláusula de reversão, compra e venda com reserva de domínio e direitos autorais. • **Da Propriedade Fiduciária:** ocorre quando o credor fiduciário adquire uma propriedade resolúvel, passando a ter a posse indireta de bem móvel recebido em garantia de financiamento efetuado pelo alienante. Este, por sua vez, mantém-se na posse direta da coisa, resolvendo-se o direito fiduciário com a solução da dívida garantida. • **Do Fundo de Investimento:** é uma comunhão de recursos, constituído sob a forma de condomínio de natureza especial, destinado à aplicação em ativos financeiros, bens e direitos de qualquer natureza.
DIREITO DE VIZINHANÇA	O direito de vizinhança destina-se a evitar conflitos de interesses entre proprietários de prédios contíguos. • **Uso anormal da propriedade:** situações que trazem interferências prejudiciais à segurança da propriedade. Tanto o proprietário quanto o possuidor têm o direito de exigir que sejam cessadas todas as atividades nocivas à segurança, sossego e a saúde dos que o habitam, praticados por vizinhos. • **Árvores limítrofes:** são aquelas árvores que o seu tronco está localizado na linha divisória, presumindo pertencer a ambos os donos dos prédios confinantes, sendo permitido ao proprietário, que tiver seu terreno invadido por raízes e ramos de árvore, cortá-los, verticalmente, no plano divisório. • **Passagem forçada:** visa disponibilizar a acessibilidade ao dono de prédio, chamado de encravado, que não possuir acesso à via pública, nascente ou porto. • **Passagem de cabos e tubulações:** quando for impossível ou excessivamente onerosa, o ordenamento jurídico obriga, mediante pagamento de indenização, que o proprietário tolere a passagem de cabos, tubulações e outros condutos subterrâneos de serviços de utilidade pública por meio de seu imóvel, em proveito de proprietários vizinhos. • **Águas:** o dono ou o possuidor do prédio inferior é obrigado a receber as águas que correm naturalmente do superior, não podendo realizar obras que embaracem o seu fluxo.

DIREITO DAS COISAS	
DIREITO DE VIZINHANÇA	• **Limites entre prédios e do direito de tapagem:** possibilita que o proprietário possa cercar, murar, valar ou tapar o seu prédio, seja ele urbano ou rural, e ainda admite constranger o seu confiante a proceder, juntamente com a demarcação entre os dois prédios, bem como aviventar muros apagados e renovar marcos destruídos ou arruinados, ressaltando que as despesas serão repartidas de forma proporcional entre os interessados. • **Direito de construir:** O Código Civil admite o direito de construir, pelo qual qualquer pessoa pode realizar construções que lhe acharem necessárias, mas dentro dos limites estabelecidos pelo referido código.
CONDOMÍNIO	Pode ocorrer de mais de uma pessoa ser titular do mesmo direito de propriedade, situação em que o Código Civil estabelece o instituto do condomínio, dividindo-se em condomínio voluntário, necessário e edilício. • **Condomínio Voluntário:** pode ser instituído por contrato, caso em que se diz convencional, ou por negócio unilateral, como o testamento e a doação. • **Condomínio Necessário:** aquele que abrange paredes, cercas, muros e valas. • **Condomínio Edilício:** consiste em condomínio por unidades autônomas, onde a propriedade é dividida em planos horizontais.
DIREITOS REAIS NA COISA ALHEIA DE GOZO E FRUIÇÃO	• **Superfície:** corresponde ao direito de gozo e fruição de coisa alheia, substituindo o instituto da enfiteuse. O proprietário pode conceder a outrem o direito de construir ou de plantar em seu terreno, por tempo determinado, mediante escritura pública devidamente registrada no Cartório de Registro de Imóveis. • **Servidão:** proporciona utilidade para o prédio dominante, estabelecendo um gravame ao prédio serviente, que pertence a dono diverso. A servidão, portanto, é o ônus suportado por um prédio (serviente) para proporcionar uma vantagem a outro (dominante), de proprietário diferente, nascido de acordo de vontades do dono de um e do outro imóvel. • **Usufruto:** consiste no direito real inalienável concedido a um terceiro, chamado de usufrutuário, de usar e fruir da coisa alheia, por um certo lapso temporal, sem lhe alterar a substância. • **Uso:** é considerado um usufruto restrito, porque ostenta as mesmas características de direito real, temporário e resultante do desmembramento da propriedade. • **Habitação:** assegura ao seu titular o direito de morar e residir na casa alheia. • **Direito Real de Laje:** cessão do direito de construção na parte de cima de um imóvel, com a finalidade de se obter edificação autônoma.

DIREITO DAS COISAS	
DIREITOS REAIS DE GARANTIA	a) **Penhor:** o penhor se constitui pela transferência da posse que, em garantia do débito ao credor ou a quem o represente, faz o devedor, ou alguém por ele, de uma coisa móvel, suscetível de alienação. b) **Hipoteca:** modalidade de garantia real que recai, em geral, sobre imóveis, mas que também pode recair sobre alguns móveis, enumerados em lei. c) **Anticrese:** modalidade de garantia real que recai sobre bem imóvel, cuja posse é transmitida ao credor, para que perceba frutos e quaisquer outros rendimentos da coisa, em compensação da dívida.

18

DIREITO DAS FAMÍLIAS

18.1 CONCEPÇÕES SOBRE O DIREITO DE FAMÍLIA

A **família** é o **instituto basilar da sociedade**, sendo fundamental para o desenvolvimento e amadurecimento da personalidade de seus integrantes, em que se conserva a dignidade da pessoa humana, o respeito entre os familiares. É no ambiente familiar que se define como o ser humano irá se comportar perante a sociedade, pois os primeiros preceitos morais e éticos são absorvidos dentro do núcleo familiar. A própria Constituição de 1988 traz, em seu bojo, a garantia de assistência material e moral, que inclui não somente o dever de sustento financeiro, mas também o afeto, e, consequentemente, o dever de cuidado recíproco entre os pais e seu(s) filho(s), sejam naturais ou adotados, proporcionando-lhes um ambiente harmonioso e apto para o desenvolvimento moral e psíquico, bem como de amparo dos pais na velhice.

Ao longo do tempo, a compreensão do que seja família passou por muitas mudanças e, com o advento da Constituição Federal de 1988, deixou de consagrar como único modelo familiar, a **família tradicional**, admitindo novas entidades familiares, inclusive integrando as famílias **monoparentais** (quando apenas um dos pais arca com as responsabilidades de criar os filhos), **anaparental** (cujo conceito abrange não apenas, mas também as pessoas agregadas. Por exemplo, amiga aposentada), a **homoafetiva** (resulta de uma união entre pessoas do mesmo sexo), e a **eudemonista** (valoriza o afeto em detrimento dos laços de consanguinidade. Por exemplo, o reconhecimento da paternidade socioafetiva).

Ressalta-se, ainda, o reconhecimento da **família extensa** (decorrente da adoção) como o art. 25, parágrafo único do Estatuto da Criança e do Adolescente. Entende-se por família extensa ou ampliada aquela que se estende para além da unidade pais e filhos ou da unidade do casal, formada por parentes próximos com os quais a criança ou adolescente convive e mantém vínculos de afinidade e afetividade. Esse conceito foi incluído pela Lei n. 12.010/2009 (Lei de Adoção).

Outrossim, a mais recente expressão reconhecida de família, com alguns registros civis pelo país, é aquela decorrente do **poliamor** e da **união poliafetiva**, que entra em conflito com a tradicional concepção da monogamia. Nela, admite-se a união de mais de duas pessoas em matrimônio ou união estável. O Código Civil de 2002 ainda integrou a **união estável** (família informal).

Ressalte-se que todas as modalidades familiares devem exercer o poder familiar e arcar com o plexo de obrigações parentais, destacando-se o princípio da afetividade, da paternidade responsável e, principalmente, o da dignidade da pessoa humana como elementos intrínsecos aos laços familiares.

Nesse sentido, pode-se conceituar família como a instituição social primária, podendo ser considerada um regime de relações interpessoais e sociais, com ou sem a presença da sexualidade humana, com o desidrato de colaborar para a realização das pessoas humanas que compõem um determinado núcleo (FARIAS e ROSENVALD, 2014).

Dessa forma, o direito de família tem como objeto de estudo as relações familiares, em que as pessoas são interligadas pelos vínculos do casamento, da união estável, de parentesco ou por conta da tutela e curatela.

fique ligado!

Apesar de ser uma disciplina do direito civil, o direito de família tem natureza jurídica pública, pois demanda intervenção e proteção do Estado.

18.2 PRINCÍPIOS DO DIREITO DE FAMÍLIA

18.2.1 Princípio da igualdade de direitos e deveres entre os cônjuges

Com disciplina no art. 226, § 5º, da CF/88, os direitos e deveres referentes à sociedade conjugal são exercidos igualmente pelo homem e pela mulher.

O princípio da igualdade de direitos e deveres entre os cônjuges dispõe que o casal deve exercer os mesmos direitos e deveres provenientes da paternidade responsável, não podendo se abster de nenhum deles. Inexiste, atualmente, a figura patriarcal do marido, incumbindo igualmente aos pais o exercício dos direitos e deveres disciplinados no art. 1.634, incisos I ao IX, do CC/2002.

tome nota!

Segundo Flávio Tartuce (2021, p. 1168), configuram exemplos práticos do reconhecimento da igualdade de direitos e deveres entre os cônjuges: "o marido ou companheiro pode pleitear alimentos da mulher ou companheira, ou mesmo vice-versa. Além disso, um pode utilizar o nome do outro livremente, conforme convenção das partes (art. 1.565, § 1º, do CC)". Inclusive, o STJ decidiu no REsp. 1.648.858/SP que essa liberdade abrange a possibilidade de inclusão de um segundo nome do outro cônjuge, uma vez que, segundo o julgado, o Código "não impõe limitação temporal para a retificação do registro civil e o acréscimo de patronímico do outro cônjuge por retratar manifesto direito de personalidade".

18.2.2 Princípio da paternidade responsável e do planejamento familiar

Os direitos e deveres parentais estão disciplinados pelo **princípio da paternidade responsável**, que objetiva atribuir aos pais a condução da paternidade de forma responsável, sempre priorizando o estado físico e psíquico dos filhos, e devendo garantir a plena igualdade entre os filhos, sendo vedado qualquer tipo de discriminação.

Por outro lado, o **princípio do planejamento familiar** visa a livre decisão do casal, de modo a evitar que pessoas constituam famílias sem condições de sustento. Sendo assim, todo casal deve ter em mente a quantidade de filhos que pretender ter, suas condições financeiras e psicológicas para cumprir com as responsabilidades de sustento, moradia, educação, entre outros. Encontra-se disciplinado no art. 226, § 7º, da CF/88:

> Fundado nos princípios da dignidade da pessoa humana e da paternidade responsável, o planejamento familiar é livre decisão do casal, competindo ao Estado propiciar recursos educacionais e científicos para o exercício desse direito, vedada qualquer forma coercitiva por parte de instituições oficiais ou privadas.

O art. 1.565, § 2º, do Código Civil também dispõe que o planejamento familiar é de livre decisão do casal, competindo ao Estado propiciar recursos educacionais e financeiros para o exercício desse direito, sendo vedado qualquer tipo de coerção por parte de instituições privadas ou públicas.

18.2.3 Princípio do melhor interesse da criança e do adolescente

O princípio do melhor interesse da criança e do adolescente encontra-se disciplinado no art. 227 da CF/1988, que estabelece que:

> Art. 227. É dever da família, da sociedade e do Estado assegurar à criança, ao adolescente e ao jovem, com absoluta prioridade, o direito à vida, à saúde, à alimentação, à educação, ao lazer, à profissionalização, à cultura, à dignidade, ao respeito, à liberdade e à convivência familiar e comunitária, além de colocá-los a salvo de toda forma de negligência, discriminação, exploração, violência, crueldade e opressão.

Nesse sentido, o art. 4º, *caput* e parágrafo único, do Estatuto da Criança e do Adolescente estabelece que:

> Art. 4º É dever da família, da comunidade, da sociedade em geral e do poder público assegurar, com absoluta prioridade, a efetivação dos direitos referentes à vida, à saúde, à alimentação, à educação, ao esporte, ao lazer, à profissionalização, à cultura, à dignidade, ao respeito, à liberdade e à convivência familiar e comunitária.
>
> Parágrafo único. A garantia de prioridade compreende:
>
> a) primazia de receber proteção e socorro em quaisquer circunstâncias;
>
> b) precedência de atendimento nos serviços públicos ou de relevância pública;
>
> c) preferência na formulação e na execução das políticas sociais públicas;
>
> d) destinação privilegiada de recursos públicos nas áreas relacionadas com a proteção à infância e à juventude.

O princípio do melhor interesse da criança e do adolescente tem como objetivo proporcionar as melhores condições de vida à criança e ao adolescente, devendo assegurar os seus direitos, bem como a proteção ao seu desenvolvimento e sua dignidade.

18.2.4 Princípio da pluralidade das entidades familiares

O princípio da pluralidade das entidades familiares defende a tese de que os novos contornos sociais de constituição familiar devem ser reconhecidos e receber a efetiva proteção jurídica do Estado, sem qualquer repressão do modelo adotado, seja a família natural advinda do casamento, a monoparental, a homoafetiva, entre outros núcleos.

De fato, não se poderia fechar os olhos para a existência de entidades familiares homoafetivas, pessoas (eventualmente de um mesmo gênero sexual) que se unem ao derredor de objetivos comuns, que dedicam amor recíproco e almejam a felicidade, como qualquer outro grupamento heteroafetivo, impondo-se tutelar, juridicamente, tais grupos familiares (FARIAS; ROSENVALD, 2014, p. 97).

Ademais, não existem motivos jurídicos fundamentais para o impedimento de tal reconhecimento, sendo assim, todos os direitos e deveres do direito de família, como todos os campos da área cível, devem ser aplicados a qualquer grupo familiar.

18.3 DO CASAMENTO

18.3.1 Noções gerais

Para efeito de concepção, o casamento corresponde a um contrato inerente ao direito de família, em que duas pessoas visam obter uma comunhão de vida, um vínculo conjugal entre pessoas que se interligam pela vontade de constituição de uma família.

Por conseguinte, casamento é a união legal entre duas pessoas, com o objetivo de constituírem uma família. Atribui-se o efeito de estabelecer "comunhão plena de vida, com base na igualdade de direitos e deveres dos cônjuges" (art. 1.511 do CC). Fica proibida, com isso, a intervenção, seja de pessoa de direito público ou privado, na comunhão de vida instituída pela família (art. 1.513).

Dessa forma, estabelece-se o casamento como uma entidade familiar instituída entre pessoas humanas, merecedora de especial proteção estatal, constituída, formal e solenemente, formando uma comunhão de afetos (comunhão de vida) e produzindo diferentes efeitos no âmbito pessoal, social e patrimonial (FARIAS; ROSENVALD, 2014, p. 179).

jurisprudência

Ressalta-se que não se faz menção ao vínculo entre homem e mulher, pois o STF já se posicionou a respeito e reconheceu expressamente a existência de igualdade entre as uniões heteroafetivas e as homoafetivas, reconhecendo-a como entidade familiar.

Como demonstra o REsp 1.183.378/RS, Rel. Min. Luis Felipe Salomão, j. 25.10.2011:

"Inaugura-se com a Constituição Federal de 1988 uma nova fase do direito de família e, consequentemente, do casamento, baseada na adoção de um explícito poliformismo familiar em que arranjos multifacetados são igualmente aptos a constituir esse núcleo doméstico chamada 'família', recebendo todos eles a 'especial proteção do Estado'. Assim, é bem de ver que, em 1988, não houve uma recepção constitucional do conceito histórico de casamento, sempre considerado como via única para a constituição de família e, por vezes, um ambiente de subversão dos ora consagrados princípios da igualdade e da dignidade da pessoa humana. Agora, a concepção constitucional do casamento - diferentemente do que ocorria com os diplomas superados - deve ser necessariamente plural, porque plurais também são as famílias e, ademais, não é ele, o casamento, o destinatário final da proteção do Estado, mas apenas o intermediário de um propósito maior, que é a proteção da pessoa humana em sua inalienável dignidade."

enunciado

Enunciado 601 da VII Jornada de Direito Civil "É existente e válido o casamento entre pessoas do mesmo sexo."

Dessa forma, não importa se é celebrado por pessoas do mesmo sexo, não sendo interferido por qualquer tipo de religião, importando somente os efeitos civis que irão produzir em consequência de sua celebração. Ademais, apesar do Brasil não disponibilizar de regulamentação expressa acerca do tema, a sua permissão é possível diante da interpretação do texto constitucional por parte do STF.

O casamento tem como finalidade a constituição da família legítima, sendo civil e gratuita a sua celebração (art. 1.512). A **habilitação** para o casamento, o registro e a primeira certidão serão isentos de selos, emolumentos e custas, para as pessoas cuja pobreza for declarada, sob as penas da lei (parágrafo único do art. 1.512 do CC/2002).

Importante observar que a certidão de habilitação será entregue desde que verifique a ausência das causas de impedimentos e suspensões do casamento, sendo entregue pelo oficial e tendo o prazo de eficácia de 90 dias. Caso este prazo expire, será necessária uma nova habilitação.

É de se notar que a habilitação corresponde ao procedimento em que os nubentes devem apresentar um conjunto de documentos necessários, estabelecidos pelo CC/2002 em seu art. 1.525, incisos I ao V, para que possam dar entrada no processo de casamento, com o objetivo de verificar a existência de alguma causa de impedimento que o impossibilite. O processo de habilitação deve ser feito no Cartório de Registro Civil das Pessoas Naturais, conforme art. 67 da Lei n. 6.015/73.

> Art. 67. Na habilitação para o casamento, os interessados, apresentando os documentos exigidos pela lei civil, requererão ao oficial do registro do distrito de residência de um dos nubentes, que lhes expeça certidão de que se acham habilitados para se casarem.

Quanto à **forma do casamento**, em regra, é o **casamento civil** como mencionado acima. Contudo, o Código Civil permite o **casamento religioso** com efeitos civis. Isto é, de acordo com art. 1.515, o casamento religioso poderá ser equiparado ao casamento civil, desde que atenda todas as exigências estabelecidas pela lei para que se possa validá-lo corretamente, sendo obrigatória a apresentação da habilitação e o registro no Registro Civil das Pessoas Naturais, cujos efeitos começarão a produzir a partir da data da sua celebração, demonstrando, assim, um efeito retroativo.

Nesse sentido, é importante atentar-se aos procedimentos necessários para a validação do casamento religioso. Este terá o seu registro submetido aos mesmos requisitos exigidos para o casamento civil (art. 1.516 do CC/2002). Havendo habilitação prévia, deve ser promovido dentro do prazo de 90 dias da realização do casamento religioso, mesmo prazo estabelecido para o casamento civil, e se ultrapassar o tal prazo, deve-se pedir uma nova habilitação, "mediante comunicação do celebrante ao ofício competente, ou por iniciativa de qualquer interessado, desde que haja sido homologada previamente a habilitação regulada neste Código" (§ 1º do art. 1.516).

Ainda com relação ao registro do casamento religioso, quando não realizado dentro das formalidades estabelecidas pelo Código Civil e com habilitação posterior à celebração religiosa, somente produzirá os efeitos civis se requerida por ambas as partes o seu registro, a qualquer tempo, no registro civil, apresentando habilitação prévia perante autoridade competente (§ 2º do art. 1.516 do CC/2002).

Seguindo essa ordem, o § 3º do art. 1.516 estabelece que o registro civil do casamento religioso será considerado nulo quando se verificar que um dos consorciados já havia contraído outro casamento civil.

fique ligado!

No casamento religioso, quando o casal não celebra um pacto antenupcial, o regime de bens que prevalecerá será o da comunhão parcial, salvo disposição em contrário da lei.

18.3.2 Características do casamento

Considerando o que foi exposto até o momento, é imprescindível elencar as importantes características do casamento:

a) **Ato Solene:** o casamento corresponde a um ato solene, pois é necessário que atenda todas as formalidades indispensáveis estabelecidas pelo Código Civil, com a finalidade de proporcionar uma segurança jurídica a seus atos e procedimentos, ressaltando que a inobservância dessas formalidades tornará o casamento inexistente;

b) **Comunhão Plena de Vida:** o próprio art. 1.511 dispõe que o casamento irá estabelecer uma plena comunhão de vida entre o casal, pautada no princípio da igualdade de direitos e deveres dos cônjuges, cuja celebração observará o art. 1.535;

c) **Normas de Ordem Pública:** como foi abordado, o direito de família possui natureza jurídica de ordem pública. Nesse sentido, o casamento será regulado por tais normas, não podendo ser afastadas por motivo nenhum, nem mesmo por acordo entre as partes;

d) **Negócio Jurídico:** o casamento corresponde a um negócio jurídico puro e simples, não podendo estar submetido a condição, termo ou encargo. Com isso, uma vez confirmada a sua validade, naturalmente produzirá efeitos, em face da impossibilidade de controle de suas consequências no plano jurídico (FARIAS; ROSENVALD, 2014, p. 185);

e) **Dissolubilidade:** é possível a dissolução da sociedade conjugal por vontade do casal ou de somente uma das partes por meio do divórcio, que corresponde a uma das causas de dissolução do casamento válido (art. 1.571, inciso IV, § 1º). Nesse aspecto, o art. 226, § 6º, da CF/88 sofreu uma alteração, por conta da Emenda Constitucional 66/2010, que retirou a separação judicial como requisito para a dissolução do casamento, instituindo o **divórcio direto**;

f) **Diversidade de Sexos:** com o entendimento do STJ, é possível o reconhecimento da união homoafetiva e sua conversão em casamento (REsp 1.183.378/RS). Portanto, a diversidade não é mais característica do casamento;

g) **Livre Escolha do Casal:** o casamento é realizado mediante manifestação de vontade do casal, seja de forma pessoal ou por procuração. Não se trata de um instituto imposto por lei, cabendo somente aos consortes a livre escolha de casar-se ou não (art. 1.535).

18.3.3 Do procedimento para o casamento

18.3.3.1 Da capacidade para o casamento

O procedimento de habilitação para casamento encontra-se disciplinado nos arts. 1.517 ao 1.520 do CC/2002. Correspondendo à capacidade para casar, e sendo o casamento um ato solene e formal, é necessário realizar o procedimento da habilitação e a sua celebração.

A capacidade para casar se dá a partir dos 16 anos, mas, para isso, é preciso de autorização de ambos os pais ou do representante legal para a realização do casamento, até que o nubente atinja a maioridade civil (art. 1.517). No caso de ocorrer alguma divergência entre os pais, deverá ser aplicado o parágrafo único do art. 1.631 do CC/2002: "Divergindo os pais quanto ao exercício do poder familiar, é assegurado a qualquer deles recorrer ao juiz para solução do desacordo".

Observe-se que tanto os pais quanto os tutores poderão revogar a autorização para casar até a celebração do casamento (art. 1.518). Se for verificado que a revogação da autorização foi injusta, esta poderá ser suprimida pelo magistrado (art. 1.519).

Atente-se que a capacidade para casar se estende ao enfermo mental, conforme o art. 6º, inciso I do Estatuto da Pessoa com Deficiência (Lei n. 13.146/2015): "A deficiência não afeta a plena capacidade civil da pessoa, inclusive para: I - casar-se e constituir união estável".

No caso de gravidez, excepcionalmente, de acordo com a redação original do art. 1.520, poderia ocorrer a antecipação da idade núbil (16 anos). O casamento do menor de 16 anos seria autorizado quando verificada a gravidez, mas ainda seria necessária a autorização dos pais e representante legal. De acordo com art. 1.551, o casamento de que se resultou de gravidez não será anulado por motivo de idade. Com o advento da Lei n. 13.811/2019, a nova redação do art. 1.520 passou a vedar, em qualquer caso, o casamento de quem não tenha atingido a idade núbil, observado o disposto no art. 1.517.

De mais a mais, aqueles que dependerem de suprimento judicial para se casarem deverão, obrigatoriamente, adotar o regime da separação de bens no casamento (art. 1.641, inciso III do CC/2002), devendo-se comunicar os bens que forem adquiridos na constância do casamento, em conformidade com Súmula n. 377 do STF.

Súmula n. 377 do STF: *"No regime de separação legal de bens, comunicam-se os adquiridos na constância do casamento".*

Em 2018, o STJ fez uma releitura desta Súmula, de modo que se firmou o entendimento de que "no regime de separação legal de bens, comunicam-se os adquiridos na constância do casamento, desde que comprovado o esforço comum para sua aquisição" (EREsp 1.623.858/MG).

enunciado

Enunciado 634 da VIII Jornada de Direito Civil – "É lícito aos que se enquadrem no rol de pessoas sujeitas ao regime da separação obrigatória de bens (art. 1.641 do Código Civil) estipular, por pacto antenupcial ou contrato de convivência, o regime da separação de bens, a fim de assegurar os efeitos de tal regime e afastar a incidência da Súmula n. 377 do STF."

18.3.3.2 Do processo de habilitação para o casamento

O processo de habilitação para o casamento consiste em verificar se os noivos atendem todas as exigências estabelecidas pelo Código Civil, apurando se existe alguma causa de impedimento ou suspeição. É por meio do processo de habilitação que os nubentes apresentam os documentos necessários para o casamento.

posicionamento doutrinário

Nesse sentido:

***A habilitação para o casamento é, assim, o procedimento administrativo, de iniciativa dos nubentes, que tramita perante o Oficial do Cartório do Registro Civil de Pessoas Naturais do domicílio de qualquer deles (Lei de Registros Públicos, art. 67), com o propósito de demonstrar a capacidade para casar e a inexistência de impedimentos matrimoniais e de causas suspensivas** (FARIAS; ROSENVALD, 2014, p. 215).*

Para o requerimento da habilitação, é necessário que este seja firmado pelo casal, de próprio punho ou por seu procurador, devendo apresentar junto com o requerimento, de acordo com art. 1.525, incisos I ao V, do CC/2002, os seguintes documentos:

> I - certidão de nascimento ou documento equivalente;
>
> II - autorização por escrito das pessoas sob cuja dependência legal estiverem, ou ato judicial que a supra;
>
> III - declaração de duas testemunhas maiores, parentes ou não, que atestem conhecê-los e afirmem não existir impedimento que os iniba de casar;
>
> IV - declaração do estado civil, do domicílio e da residência atual dos contraentes e de seus pais, se forem conhecidos;
>
> V - certidão de óbito do cônjuge falecido, de sentença declaratória de nulidade ou de anulação de casamento, transitada em julgado, ou do registro da sentença de divórcio.

Sendo assim, o processo de habilitação deverá ser feito de forma pessoal perante o oficial do Registro Civil, sendo ouvido pelo Ministério Público (art. 1.526). Se houver alguma impugnação do oficial, do Ministério Público ou de terceiro, excepcionalmente, o processo de habilitação será submetido ao juiz (parágrafo único do art. 1.526 do CC/2002).

O requerimento da habilitação deve ser feito no domicílio de um dos nubentes (art. 68 da Lei n. 6.015/73), todavia, no caso de os noivos residirem em domicílios diferentes, o pedido da habilitação poderá ser feito em qualquer um dos domicílios, registrando o edital (§ 4º do art. 67 da Lei n. 6.015/73).

Outro procedimento a ser seguido para a habilitação refere-se à publicação dos **proclamas**. Estando os documentos em consonância com as formalidades, o oficial procederá com o edital dos proclamas e afixará por 15 dias nas circunscrições do Registro Civil de ambos os noivos, bem como, se houver, realizará a publicação do edital na imprensa local (art. 1.527 do CC/2002).

Havendo urgência, a autoridade poderá dispensar a publicação (parágrafo único do art. 1.527). Nesse sentido, o art. 69 da Lei de Registros Públicos (Lei n. 6.015/73):

> Art. 69. Para a dispensa de proclamas, nos casos previstos em lei, os contraentes, em petição dirigida ao Juiz, deduzirão os motivos de urgência do casamento, provando-a, desde logo, com documentos ou indicando outras provas para demonstração do alegado.

Como aduzem Elpídio Donizetti e Felipe Quintella (2014, p. 929), o objetivo desta etapa, obviamente, é dar publicidade à intenção dos nubentes de casar, abrindo a possibilidade de que possam ser arguidos impedimentos, sobretudo os dirimentes públicos. Os proclamas têm por fito cumprir a necessária publicidade da habilitação para o casamento, oportunizando ao interessado a oposição de impedimentos matrimoniais (FARIAS; ROSENVALD, 2014, p. 223).

O oficial do registro deverá esclarecer aos nubentes, conforme o art. 1.528 do CC/2002, sobre os fatos que poderão ocasionar a invalidade do casamento e os tipos de regimes de bens.

Para a oposição das causas de impedimento e de suspeição, é necessário que sejam registradas em declaração por escrito e assinada, devendo ser instruídas com as provas do fato alegado ou com a indicação do lugar onde possam ser obtidas (art. 1.529).

Em contrapartida, ocorrendo a oposição de impedimento, o oficial do registro apresentará, aos nubentes ou ao representante, a nota referente a oposição, demonstrando os fundamentos, as provas e o nome de quem a ofereceu (art. 1.530). Permite-se, com isso, aos nubentes requerer um prazo razoável para que realizem prova contrária dos fatos alegados, podendo promover as ações civis e criminais contra o oponente de má-fé (parágrafo único do art. 1.530 do CC/2002).

A extração de certificado de habilitação será feita depois de cumpridas as formalidades disciplinadas nos arts. 1.526 e 1.527. Verificada a ausência de qualquer fato obstativo, o oficial de registro deverá extrair o certificado de habilitação (art. 1.531 do CC/2002). O referido certificado terá eficácia pelo prazo de 90 dias, a contar da data em que foi extraído (art. 1.532), sendo que, transcorrido esse prazo, os nubentes deverão realizar uma nova habilitação.

18.3.3.3 Da celebração do casamento

A celebração do casamento será feita no dia, hora e lugar convencionados, previamente, pelos noivos e pela autoridade que houver de presidir o ato, sendo requerido pelas partes por meio de petição, desde que munidos do certificado de habilitação e dentro do prazo de 90 dias contados da data da expedição do certificado (art. 1.533). Deve-se observar que será transcrito, de forma integral, na escritura antenupcial, o instrumento da autorização para casar (art. 1.537 do CC/2002).

Em regra, o casamento será celebrado no Cartório em que a habilitação foi processada, devendo ocorrer de portas abertas e com toda publicidade, presentes pelo menos duas testemunhas, parentes ou não dos contraentes (art. 1.534).

Contudo, é possível que a solenidade do casamento seja feita fora do Cartório, em edifício público ou particular escolhido pelas partes, mas com o consentimento da autoridade celebrante. Se o casamento for realizado em prédio particular, deverá ficar acessível ao público durante o ato (§ 1º do art. 1.534 do CC/2002), sendo necessária a presença de 4 (quatro) testemunhas quando algum dos contraentes não souber ou não puder escrever (§ 2º do art. 1.534 do CC/2002).

posicionamento doutrinário

No que se refere à publicidade, Cristiano de Farias e Nelson Rosenvald (2014, p. 252) lecionam:

Ademais, a publicidade do ato deve ser entendida, hodiernamente, de forma mais racional e em harmonia com o caráter aberto e plural da sociedade. Essa publicidade exigida do casamento não tem, por certo, o desídrato de propiciar espetáculo, nem saciar a curiosidade alheia, mas, tão somente, permitir a arguição de impedimentos – o que, aliás, é raríssimo, mais presente nos folhetins de novela do que na vida real.

Imprescindível observar que o casamento será celebrado com a presença dos noivos ou mediante procuração, por instrumento público, com poderes especiais (art. 1.542 do CC/2002).

Quanto à procuração, o mandato poderá ser revogado a qualquer tempo mesmo sem a ciência do mandatário. No entanto, se o casamento vier a ser celebrado sem o conhecimento do mandatário ou contraente da revogação, o mandante deverá responder por perdas e danos (§ 1º do art. 1.542 do CC/2002). Tem eficácia por 90 dias e somente por instrumento público poderá o mandato ser revogado (§§ 3º e 4º do art. 1.542 do CC/2002).

O momento da **celebração** se dará com a **declaração de vontade dos noivos em se casarem**, de forma clara e inequívoca, seja oralmente, por meio de perguntas e respostas (surdo) ou então mediante sinais (mudo), mas todas de forma pessoal.

Dessa forma, estando presentes os noivos ou o procurador especial, bem como as testemunhas e o oficial do registro, ouvida a afirmação dos noivos que pretendem se casar por livre e espontânea vontade, o presidente do ato irá declarar os noivos casados nos seguintes termos: "Art. 1.535. [...] De acordo com a vontade que ambos acabais de afirmar perante mim, de vos receberdes por marido e mulher, eu, em nome da lei, vos declaro casados".

posicionamento doutrinário

Na mesma linha:

"Tendo os nubentes manifestado o consentimento de forma inequívoca, o juiz declarará efetuado o casamento, proferindo as palavras sacramentais discriminadas na segunda parte do art. 1.535 do Código Civil, retrotranscrito. Ao pronunciá-las o celebrante o faz em nome da lei, como representante do Estado, e é nessa qualidade que participa do ato" *(GONÇALVES, 2014, p. 311).*

Saliente-se que o ordenamento jurídico permite o arrependimento da vontade de se casar. Nesse sentido, será imediatamente suspensa a celebração do casamento se algum dos contraentes, de acordo com art. 1.538, incisos I ao III, do CC/2002, recusar a solene afirmação da sua vontade, declarar que esta não é livre e espontânea e manifestar-se arrependido. Ocorrendo umas das causas de suspensão da cerimônia, não será possível a retratação do arrependimento no mesmo dia (parágrafo único do art. 1.538).

Com a celebração do casamento, é necessário realizar o **assentamento** no livro de registro, cuja finalidade é dar publicidade ao ato e, precipuamente, servir de prova de sua realização, bem como do regime de bens.

De acordo com art. 1.536, incisos I ao VII, do CC/2002, com o assento devidamente assinado pelo presidente do ato, pelos cônjuges, pelas testemunhas e pelo oficial do registro, deverão ser exarados:

> I – os prenomes, sobrenomes, datas de nascimento, profissão, domicílio e residência atual dos cônjuges;
>
> II – os prenomes, sobrenomes, datas de nascimento ou de morte, domicílio e residência atual dos pais;
>
> III – o prenome e sobrenome do cônjuge precedente e a data da dissolução do casamento anterior;
>
> IV – a data da publicação dos proclamas e da celebração do casamento;
>
> V – a relação dos documentos apresentados ao oficial do registro;
>
> VI – o prenome, sobrenome, profissão, domicílio e residência atual das testemunhas;
>
> VII – o regime do casamento, com a declaração da data e do cartório em cujas notas foi lavrada a escritura antenupcial, quando o regime não for o da comunhão parcial, ou o obrigatoriamente estabelecido.

Importante ressaltar que o Código Civil dispõe de duas exceções quanto à celebração do casamento. É caso da incidência de **moléstia grave** (disposto no art. 1.539) e **casamento nuncupativo** (disposto no art. 1.540), mas estes não se confundem.

O casamento em caso de moléstia grave de um dos nubentes consiste no casamento em que um dos nubentes se encontra enfermo, impedindo-o de se locomover e ir até a cerimônia. Sendo assim, em conformidade com art. 1.539 do CC/2002: "[...] o presidente do ato irá celebrá-lo onde se encontrar o impedido, sendo urgente, ainda que à noite, perante duas testemunhas que saibam ler e escrever".

Na urgência por causa da saúde do nubente, pode vir a ocorrer a falta ou impedimento da autoridade competente que irá presidir o casamento. Nessa hipótese, será suprida a falta por qualquer um dos substitutos legais. O oficial do Registro Civil designará um oficial *ad hoc*, sendo este nomeado pelo presidente do ato (§ 1º do art. 1.539). O termo avulso, lavrado pelo oficial *ad hoc*, será registrado no respectivo registro dentro em cinco dias, perante duas testemunhas, ficando arquivado (§ 2º do art. 1.539).

No que se refere ao casamento nuncupativo, este corresponde ao casamento em que um dos nubentes se encontra em iminente risco de morte e, por conta deste fato, a celebração do casamento não pode ser realizada atendendo todas as formalidades previstas no Código Civil, como a presença da autoridade competente para presidir o ato. Neste caso, é possível que o casamento seja realizado, mas devendo estar na presença de 6 testemunhas, desde que estas não sejam parentes em linha reta ou colateral até segundo grau dos nubentes (art. 1.540 do CC/2002).

18.3.4 Das provas do casamento

Em regra, a prova do casamento será feita mediante apresentação da **certidão de registro**, de acordo com o art. 1.543. Contudo, o Código Civil admite qualquer outro tipo de prova quando for justificada a falta ou a perda do registro civil (parágrafo único do art. 1.543 do CC/2002), como por exemplo, testemunhas, certidão de nascimento dos filhos, bem como o casamento brasileiro no exterior, a posse do estado de casados, *in dubio pro matrimonio* e a sentença declaratória do casamento.

Quando o casamento brasileiro é realizado no exterior, mas perante as autoridades ou cônsules brasileiros deverá, obrigatoriamente, registrar no prazo de 180 dias, a contar da volta de um ou dos dois cônjuges ao Brasil, no cartório do domicílio destes, ou, no caso de não haver domicílio, deverá ser registrado no 1º Ofício da Capital do Estado em que passarem a residir (art. 1.544 do CC/2002).

No que se refere à posse do estado de casados, este consiste em prova para a comprovação do casamento e corresponde à situação em que as pessoas vivem como casadas (*more uxorio*) e assim são considerados por todos (GONÇALVES, 2014, p. 319). Sendo assim, de acordo com art. 1.545 do CC/2002:

> O casamento de pessoas que, na posse do estado de casadas, não possam manifestar vontade, ou tenham falecido, não se pode contestar em prejuízo da prole comum, salvo mediante certidão do Registro Civil que prove que já era casada alguma delas, quando contraiu o casamento impugnado.

No tocante à prova do casamento por meio de sentença judicial, o art. 1.546 esclarece:

> Quando a prova da celebração legal do casamento resultar de processo judicial, o registro da sentença no livro do Registro Civil produzirá, tanto no que toca aos cônjuges como no que respeita aos filhos, todos os efeitos civis desde a data do casamento.

Por fim, o *in dubio pro matrimonio* significa que, quando há incerteza sobre a existência do matrimônio, ocorrendo dúvida entre as provas favoráveis e contrárias, o magistrado deverá julgar a favor do casamento em que os cônjuges viverem ou tiverem vivido na posse do estado de casados (art. 1.547 do CC/2002).

18.3.5 Dos impedimentos

É certo que, para a validade e existência do casamento, é necessário verificar o cumprimento das formalidades exigidas e disciplinadas na legislação brasileira, como a capacidade para casar, a habilitação, o registro. Ademais, deve-se averiguar a presença ou não das causas de impedimento. Com efeito, para a regularidade do casamento é verificado se os noivos se encontram impedidos de casar.

Os impedimentos correspondem às hipóteses, estabelecidas taxativamente em lei, em que se proíbe a realização do casamento. Em resumo, são situações de ilegitimidade que impedem o casamento entre determinadas pessoas, seja por conta do parentesco, do casamento anterior ou decorrente de crime.

posicionamento doutrinário

"Interessa, pois, à ordem pública o controle dos impedimentos matrimoniais que, como visto, possuem natureza de proibição absoluta, obstando a celebração do casamento entre determinadas pessoas" (FARIAS; ROSENVALD, 2014, p. 199).

A oposição dos impedimentos poderá ser feita por qualquer pessoa capaz, até o momento da celebração do casamento (art. 1.522). Ao tomar ciência da existência de alguma causa de impedimento, o juiz ou o oficial de registro será obrigado a declará-lo (parágrafo único do art. 1.522 do CC/2002), hipótese em que não será expedida a certidão de habilitação.

Portanto, em conformidade com o art. 1.521, incisos I ao VII, do Código Civil de 2002, **não podem casar**:

> Art. 1.521. [...]
>
> I - os ascendentes com os descendentes, seja o parentesco natural ou civil;
>
> II - os afins em linha reta;
>
> III - o adotante com quem foi cônjuge do adotado e o adotado com quem o foi do adotante;
>
> IV - os irmãos, unilaterais ou bilaterais, e demais colaterais, até o terceiro grau inclusive;
>
> V - o adotado com o filho do adotante;
>
> VI - as pessoas casadas;
>
> VII - o cônjuge sobrevivente com o condenado por homicídio ou tentativa de homicídio contra o seu consorte.

Nesse sentido, diante do referido artigo, as causas de impedimento podem ser classificadas da seguinte forma:

I. Impedimentos Resultantes do Parentesco

O impedimento decorrente do parentesco pode ser referente a consanguinidade, a afinidade e a adoção (art. 1.521, incisos I ao V).

O impedimento por consequência da **consanguinidade** encontra-se disciplinado nos incisos I e IV. Relacionam-se ao casamento entre ascendente e descendente (inciso I), independentemente se o parentesco for biológico ou civil, ou seja, não é permitido o casamento entre pai e filho(a), mãe e filho(a), avós e netos, e assim em diante.

Logo, também não é permitido o casamento entre irmãos, bem como os colaterais até o terceiro grau (inciso IV). Irmãos são parentes colaterais em segundo grau, sejam eles havidos ou não de casamento (lembrando que não há distinção entre filhos biológicos e adotados), unilaterais (filho apenas do pai ou da mãe) ou bilaterais (ambos dos mesmos pais). Já os parentes colaterais até o terceiro grau correspondem aos tios e sobrinhos.

De outro modo, o impedimento decorrente de **afinidade** (inciso II) pode ser relacionado aos parentes por afinidade em linha reta, seja por casamento ou união estável. Afinidade é o laço existente entre o cônjuge ou companheiro e os parentes do outro consorte, como sogros e sogras, genro e nora, cunhado e cunhada. É o que dispõe o art. 1.595: "cada cônjuge ou companheiro é aliado aos parentes do outro pelo vínculo da afinidade".

O parentesco por afinidade é limitado a ascendentes, descendentes e aos irmãos do cônjuge ou companheiro (§ 1º do art. 1.595). Merece destaque, ainda, que esse tipo de parentesco não se extinguirá com a dissolução do casamento e da união estável (§ 2º do art. 1.595).

Por fim, o impedimento por conta da **adoção** (art. 1.521, incisos III e V) dita que não é permitido o casamento entre o adotante que foi cônjuge do adotado e o adotado com quem o foi do adotante, bem como o adotado com o filho do adotante. Nesse sentido:

> **A razão da proibição é de ordem moral**, considerando o respeito e a confiança que devem reinar no seio da família. **A adoção, como foi dito, imita a família**. Desse modo, o pai adotivo ou a mãe adotiva não pode casar-se com a viúva do filho adotivo ou com o viúvo da filha adotiva. (GONÇALVES, 2014, p. 291, grifos do autor).

II. Impedimento Resultante de Casamento

O casamento será dissolvido por morte, nulidade ou anulação, pela separação judicial, pelo divórcio, de acordo com art. 1.571. Dessa forma, pessoas que se encontram ainda casadas não poderão contrair outro casamento, configurando causa de impedimento.

III. Impedimento Decorrente de Crime

A última causa de impedimento é aquela que decorre da condenação por homicídio ou tentativa de homicídio contra o seu consorte (art. 1.521, inciso VII), ressaltando que para o impedimento é necessário que o indivíduo tenha sido condenado por sentença transitada em julgada.

18.3.6 Das causas suspensivas

As causas suspensivas, diferentemente das causas de impedimento, não invalidam o casamento. Correspondem a situações em que determinadas pessoas não devem contrair matrimônio, com intuito de evitar uma confusão de patrimônios e, possivelmente, um eventual prejuízo.

posicionamento doutrinário

Nesse desiderato, Cristiano de Farias e Nelson Rosenvald (2014, p. 210) esclarecem que: "as causas suspensivas não têm natureza proibitiva, mas sim inibitória, procurando obstar a realização de matrimônios enquanto não adotadas providências acautelatórias do interesse de terceiras pessoas".

As aludidas situações encontram-se disciplinadas no art. 1.523, inciso I ao IV do CC/2002:

I. *"O viúvo ou a viúva que tiver filho do cônjuge falecido, enquanto não fizer inventário dos bens do casal e der partilha aos herdeiros"*

Visa resguardar o direito de terceiros, evitando assim a confusão patrimonial por conta do novo casamento. O referido inciso tem a finalidade de não promover a partilha dos bens deixados pelo falecido cônjuge, tendo em mira a preservação do interesse patrimonial dos filhos do casamento anterior (FARIAS e ROSENVALD, 2014, p. 212).

Ressalta-se que, enquanto a partilha dos bens não for realizada, tais bens ficarão sujeitos à hipoteca legal, como direito real de garantia, conforme dispõe art. 1.489, inciso II:

> Art. 1.489. A lei confere hipoteca: [...]
>
> II – aos filhos, sobre os imóveis do pai ou da mãe que passar a outras núpcias, antes de fazer o inventário do casal anterior;

Por fim, as causas suspensivas serão afastadas se não houver bens a partilhar ou o falecido não tiver deixado filhos. O sobrevivente, por sua vez, poderá utilizar-se do inventário.

II. ***"A viúva, ou a mulher cujo casamento se desfez por ser nulo ou ter sido anulado, até dez meses depois do começo da viuvez, ou da dissolução da sociedade conjugal"***

Possui a finalidade de preservar o direito do filho que nascer dentro de dez meses da morte, posto que haverá a presunção de paternidade.

III. ***"O divorciado, enquanto não houver sido homologada ou decidida a partilha dos bens do casal"***

Como o inciso I, este inciso tem o objetivo de preservar o direito de terceiro da confusão patrimonial, dispondo que o divorciado somente poderá se casar novamente quando realizar a partilha dos bens do casal.

IV. ***"O tutor ou o curador e os seus descendentes, ascendentes, irmãos, cunhados ou sobrinhos, com a pessoa tutelada ou curatelada, enquanto não cessar a tutela ou curatela, e não estiverem saldadas as respectivas contas"***

Visa resguardar o direito do tutelado e do curatelado, a fim de impedir a influência do tutor ou curador na vontade do tutelado ou curatelado para obter vantagem para si ou para seus parentes (DONIZETTI; QUINTELLA, 2014, p. 927). Quando a tutela ou a curatela cessarem, essa espécie de causa suspensiva também será cessada.

Todavia, se o casamento vier a ser realizado sob alguma causa suspensiva, será imposta a adoção do regime de separação obrigatória de bens, de acordo com art. 1.641, inciso I, independentemente da vontade do casal:

> Art. 1.641. É obrigatório o regime da separação de bens no casamento
>
> I – das pessoas que o contraírem com inobservância das causas suspensivas da celebração do casamento;

súmula

Entretanto, a Súmula n. 377 do STF, como transcrito no subitem 18.3.3.1, dispõe que: "no regime de separação legal de bens, comunicam-se os adquiridos na constância do casamento".

Imprescindível ressaltar que não será imposto o regime de separação de bens nas uniões estáveis quando forem verificadas causas suspensivas, conforme dispõe art. 1.723, § 2º, do Código Civil.

O Código admite que as causas suspensivas sejam afastadas a requerimento dos nubentes. Solicita-se, portanto, ao juiz que não sejam aplicadas as causas suspensivas a que se referem os incisos I, III e IV do art. 1.523, mas desde que seja provada a inexistência de prejuízo para o herdeiro, para o ex-cônjuge e para a pessoa tutelada ou curatelada. No caso do inciso II, a nubente deverá provar nascimento de filho, ou inexistência de gravidez, na fluência do prazo (parágrafo único do art. 1.523 do CC/2002).

Corroborando a legitimidade para a oposição das causas suspensivas, pertencerá o direito aos parentes em linha reta e aos colaterais, consanguíneos ou afins, de um dos nubentes (art. 1.524 do CC/2002), podendo ser suscitadas a requerimento deste. Não sendo permitido, serão feitas de ofício pelo Ministério Público.

Por fim, quanto à forma para a oposição das causas suspensivas, esta será instruída em declaração escrita e assinada, juntamente com as provas das causas ou a indicação do lugar onde possam ser obtidas (art. 1.529 do CC/2002).

18.3.7 Da invalidade do casamento

A invalidade do casamento corresponde ao estudo das causas que ensejam a nulidade ou anulabilidade do casamento, disciplinadas nos arts. 1.548, inciso II e o art. 1.550, incisos I ao VI do Código Civil. Em síntese, são vícios que podem comprometer a validade do casamento, devendo ser sanado conforme estabelecido pelo Código.

Para a invalidade do casamento em decorrência de causa de nulidade ou anulabilidade, é necessária a intervenção do Ministério Público, atuando como fiscal de lei. Ressalte-se, ainda, que não é possível a produção dos efeitos da revelia, conforme art. 345, inciso II do Código de Processo Civil de 2015 (Lei n. 13.105), no caso de o litígio versar sobre direitos indisponíveis.

18.3.7.1 Causas de nulidade

O casamento contraído será considerado nulo, em conformidade com art. 1.548, inciso II do CC/2002, "por infringência de impedimento". Importante ressaltar que o inciso I do art. 1.548 do CC/2002 foi revogado pela Lei n. 13.146 de 2015 (vigência). Por isso, a única causa de nulidade do casamento é a infringência de impedimento, isto é, quando for verificado que houve a prática de uma das causas de impedimento, elencados no art. 1.521 do CC/2002, o casamento será considerado nulo.

A legitimidade para a propositura da ação declaratória de nulidade poderá ser promovida por qualquer interessado ou pelo Ministério Público, mediante ação direta (art. 1.549).

É possível que, antes de promover a ação de nulidade do casamento, a parte requeira a separação de corpos, desde que comprovada a necessidade deste, sendo concedida pelo magistrado (art. 1.562 do CC/2002).

O efeito que tal ação produz é o retroativo (*ex tunc*), atingindo a data da sua celebração, de forma a não prejudicar a aquisição de direitos por terceiros de boa-fé, a título oneroso, nem mesmo a aquisição de direitos resultante de sentença transitada em julgado (art. 1.563 do CC/2002).

18.3.7.2 Causas de anulabilidade

As causas de anulabilidade do casamento estão elencadas no art. 1.550, incisos I ao VI, do CC/2002.

> Art. 1.550. É anulável o casamento:
>
> I – de quem não completou a idade mínima para casar;
>
> II – do menor em idade núbil, quando não autorizado por seu representante legal;
>
> III – por vício da vontade, nos termos dos arts. 1.556 a 1.558;
>
> IV – do incapaz de consentir ou manifestar, de modo inequívoco, o consentimento;
>
> V – realizado pelo mandatário, sem que ele ou o outro contraente soubesse da revogação do mandato, e não sobrevindo coabitação entre os cônjuges;
>
> VI – por incompetência da autoridade celebrante.

Corresponde a situações que trazem vícios em sua formalidade como a ausência de idade núbil (salvo em caso de gravidez, de acordo com o art. 1.551), vício de vontade, entre outros. Outro ponto relevante é o que se refere à pessoa com deficiência mental ou intelectual em idade núbil. Este poderá contrair matrimônio, desde que comprove, expressamente, a sua vontade diretamente ou por meio do seu responsável ou curador (§ 2º do art. 1.550 do CC/2002). Como preleciona Gonçalves (2014, p. 344):

Na maioria dos casos há um consentimento defeituoso, uma manifestação volitiva imperfeita, seja por se tratar de pessoa que se casou inspirada no erro, seja por se tratar de quem, pela sua imaturidade ou defeito mental, não podia consentir desassistido de seu representante.

Destaque-se que o § 1º do art. 1.550 aponta que "equipara-se à revogação a invalidade do mandato judicialmente decretada".

Sendo assim, o casamento será anulável, mediante interposição de ação anulatória, cujo efeito produzido será o *ex nunc* (não retroage), nas seguintes hipóteses:

I. De quem não completou a idade mínima para casar

Como foi estudado, a idade permitida para se casar é de 16 anos, sendo necessária a autorização dos pais ou representantes legais (art. 1.517 do CC/2002).

Antigamente, a legislação civil permitia, de forma excepcional, o casamento do menor de 16 anos quando decorrente de gravidez, porém, com a mudança realizada pela Lei n. 13.811/2019 na redação do art. 1.520 do CC/2002, esta exceção foi retirada do ordenamento jurídico.

A doutrina tem entendido que, mesmo nesses casos, trata-se de hipótese de anulabilidade, podendo ser convalidado o casamento.

Nesse sentido, a legislação concede ao próprio cônjuge menor, aos representantes legais e aos ascendentes o direito à anulação do casamento do menor de 16 anos (art. 1.552 do CC/2002). Todavia, não se anulará, por motivo de idade, o casamento de que resultou gravidez (art. 1.551 do CC), sendo desnecessária a autorização do representante legal. Vale frisar que dispositivo retro se aplica tanto aos menores de 16 anos quanto aos que se encontram na idade núbil, entre 16 e 18 anos. Quanto aos menores de 16 anos, a melhor doutrina posiciona-se no sentido de não ter havido revogação tácita do dispositivo mencionado, já que o seu casamento continua sendo anulável, por força do art. 1.550, inc. I, do CC, que não foi revogado ou alterado pela Lei n. 13.811/2019.

No caso de ser mantido o casamento do menor núbil, é permitido a este confirmar o seu casamento quando completar a idade mínima para casar, dependendo de autorização do seu representante legal (quando necessário) ou com suprimento judicial (art. 1.553 do CC/2002).

O prazo para a interposição da ação anulatória para a presente hipótese será de 2 (dois) anos conforme disposto no art. 179 do Código Civil.

II. Do menor em idade núbil, quando não autorizado por seu representante legal

Ainda no que se refere ao disposto no art. 1.517, para o casamento dos menores de 18 anos e maiores de 16 anos será necessário apresentação da autorização dos seus pais ou dos seus representantes legais.

A ausência desta autorização anulará o casamento, e o prazo para ação anulatória decorrente de casamento do menor em idade núbil será de 180 dias, de acordo com art. 1.555. Contudo, o casamento nessa hipótese não será anulado quando for assistido pelos representantes legais do menor em idade núbil ou de alguma forma, estes demonstraram a sua aprovação (§ 2º do art. 1.555 do CC/2002).

Possuem legitimidade para a interposição da ação anulatória: o incapaz (somente quando cessar a incapacidade), os representantes legais ou os herdeiros necessários. Todavia, o prazo somente começará a contar para o incapaz quando a sua incapacidade for cessada. Para o representante legal, contará a partir do casamento e, para o herdeiro necessário, a partir da morte do incapaz (§ 1º do art. 1.555).

III. Por vício da vontade, nos termos dos arts. 1.556 a 1.558

Esta causa de anulabilidade corresponde ao vício por erro ou por coação. Quanto ao **vício por erro**, o casamento poderá ser anulado quando for verificado o erro essencial sobre a pessoa (*error in persona*), conforme art. 1.556 do Código Civil, em que somente o cônjuge lesado ou que deu causa ao erro possui a legitimidade para pedir a anulação do casamento, frisando que a coabitação não dá causa a anulação do casamento, exceto no que se refere ao art. 1.557, inciso III (art. 1.559 do CC/2002). O prazo para intentar a ação anulatória será de 3 (três) anos (art. 1.560, inciso III, do CC/2002).

Nesse sentido, o art. 1.557, incisos I ao III, elenca as hipóteses em que será considerado erro essencial sobre a pessoa:

> Art. 1.557. Considera-se erro essencial sobre a pessoa do outro cônjuge:
>
> I – o que diz respeito à sua identidade, sua honra e boa fama, sendo esse erro tal que o seu conhecimento ulterior torne insuportável a vida em comum ao cônjuge enganado;
>
> II – a ignorância de crime, anterior ao casamento, que, por sua natureza, torne insuportável a vida conjugal;
>
> III – a ignorância, anterior ao casamento, de defeito físico irremediável que não caracterize deficiência ou de moléstia grave e transmissível, por contágio ou por herança, capaz de pôr em risco a saúde do outro cônjuge ou de sua descendência;

Por fim, o **vício por coação** ocorre, em conformidade com art. 1.558, quando um dos cônjuges der o consentimento para o casamento mediante "fundado temor de mal considerável e iminente para a vida, a saúde e a honra, sua ou de seus familiares". Ao contrário do vício por erro, o prazo para a ação anulatória decorrente de coação será de quatro anos, conforme o art. 1.560, inciso IV.

IV. Do incapaz de consentir ou manifestar, de modo inequívoco, o consentimento

Trata-se da situação dos indivíduos absolutamente incapazes, que não possuem capacidade para exprimir a sua vontade para os atos da vida civil, como o caso do casamento. De acordo com art. 1.560, inciso I, a ação anulatória fundada neste inciso terá o prazo de 180 dias para ser intentada.

Corroborando que o direito de anular o casamento será extinto para os menores de 16 anos dentro de 180 dias. a contar do momento em que cessar a sua incapacidade, para os representantes legais e os ascendentes, este prazo se extinguirá a contar da data do casamento (§ 1º do art. 1.560).

V. Realizado pelo mandatário, sem que ele ou o outro contraente soubesse da revogação do mandato, e não sobrevindo coabitação entre os cônjuges

Como foi estudado, o casamento poderá ser celebrado mediante a presença dos noivos ou mediante procuração por instrumento público, podendo este último ser revogado a qualquer tempo mediante escritura pública (§ 4º do art. 1.542). Todavia, se o mandatário não tiver ciência da revogação, dará causa à ação anulatória do casamento, que terá o prazo para propositura de 180 dias contados da data em que o mandante tiver conhecimento da celebração (§ 2º do art. 1.560).

VI. Por incompetência da autoridade celebrante

Refere-se à ausência de competência da autoridade que celebrou o casamento. O prazo para anular o casamento é de dois anos (art. 1.560, inciso II). Todavia, o art. 1.554 dispõe que:

> Subsiste o casamento celebrado por aquele que, sem possuir a competência exigida na lei, exercer publicamente as funções de juiz de casamentos e, nessa qualidade, tiver registrado o ato no Registro Civil.

Ademais, tanto nas causas de nulidade quanto nas causas de anulabilidade, o casamento que for contraído de boa-fé pelos cônjuges produzirá todos os efeitos até o dia da sentença anulatória, em relação aos cônjuges e aos filhos (art. 1.561). Não obstante, se somente um dos cônjuges contraiu matrimônio de boa-fé, os efeitos do casamento só aproveitarão a este e aos filhos (§ 1º do art. 1.561). Se, porventura, ambos os cônjuges contraíram matrimônio de má-fé, somente aos filhos os efeitos civis aproveitarão (§ 2º do art. 1.561).

Portanto, se por culpa de um dos cônjuges o casamento vier a ser anulado, será imputado ao responsável, em conformidade com art. 1.564, incisos I e II, do CC/2002, a perda de todas as vantagens havidas do cônjuge inocente e a obrigação de cumprir as promessas que lhe fez no contrato antenupcial.

18.3.8 Da eficácia do casamento

O casamento produz inúmeros efeitos para os cônjuges imediatamente após a assunção da condição de consortes, companheiros e responsáveis pelos encargos da família, em consonância com o art. 1.565. Nesse desiderato:

> O casamento irradia os seus múltiplos efeitos e consequências **no ambiente social** e especialmente **nas relações pessoais** e **econômicas** dos cônjuges, e entre estes e seus filhos, como atos de direito de família puros, **gerando direitos e deveres** que são disciplinados por normas jurídicas (GONÇALVES, 2014, p. 364, grifos do autor).

Entre os efeitos provenientes do casamento, a constituição da família é dos mais importantes, conforme o teor do art. 226 da Constituição de 1988, seja ela decorrente do próprio casamento, da união estável ou família monoparental, entre outros tipos de entidades familiares.

O casamento cria a **família legítima ou matrimonial**, passando os cônjuges ao *status* de casados, como partícipes necessários e exclusivos da sociedade que então se constitui. Tal estado gera direitos e deveres, de conteúdo moral, espiritual e econômico, que se fundam não só nas leis como nas regras da moral, da religião e dos bons costumes (GONÇALVES, 2014, p. 375, grifo do autor).

Assegura-se ao cônjuge o direito de acrescer o sobrenome do outro (§ 1º do art. 1.565), o direito ao planejamento familiar disciplinado no § 2º do art. 1.565, nos seguintes termos:

> O planejamento familiar é de livre decisão do casal, competindo ao Estado propiciar recursos educacionais e financeiros para o exercício desse direito, vedado qualquer tipo de coerção por parte de instituições privadas ou públicas.

O casamento também estabelece deveres entre os cônjuges, em conformidade com art. 1.566, incisos I ao V, tais como a fidelidade recíproca; vida em comum, no domicílio conjugal; mútua assistência; sustento, guarda e educação dos filhos; respeito e consideração mútuos.

O art. 1.568 também dispõe a respeito dos deveres dos cônjuges, dispondo que estes serão obrigados a "[...] concorrer, na proporção de seus bens e dos rendimentos do trabalho, para o sustento da família e a educação dos filhos, qualquer que seja o regime patrimonial".

No tocante à direção da sociedade conjugal, o Código Civil incumbiu esta direção somente aos cônjuges, agindo sempre pautados no interesse do casal e dos seus filhos (art. 1.567). Em caso de divergências entre os cônjuges, qualquer um poderá recorrer ao magistrado, o qual deverá decidir observando os respectivos interesses (parágrafo único do art. 1.567).

Ainda no que se refere à sociedade conjugal, o domicílio conjugal será escolhido por ambos. Contudo, a legislação civil permite que um dos cônjuges possa se ausentar deste para atender a encargos públicos, para o exercício de sua profissão ou para cumprir interesses particulares relevantes (art. 1.569).

Entrementes, a direção da sociedade conjugal será exercida exclusivamente por um dos cônjuges, sendo responsável ainda pela administração dos bens do casal, quando o outro se encontrar em lugar remoto ou não sabido, encarcerado por mais de 180 dias, interditado judicialmente ou privado por conta de enfermidade ou acidente (art. 1.570).

18.3.9 Da dissolução da sociedade e do vínculo conjugal

O art. 1.571, incisos I ao IV, do CC/2002 elenca as hipóteses que dão causa ao término da sociedade conjugal, e esta termina pela morte de um dos cônjuges; pela nulidade ou anulação do casamento; pela separação judicial; e pelo divórcio.

Todavia, vale destacar a alteração que a Emenda Constitucional n. 66/2010, deu ao art. 226, § 6º, da CF/88, estabelecendo que: "o casamento civil pode ser dissolvido pelo divórcio", retirando a exigência de prévia separação judicial por mais de um ano ou a comprovação da separação de fato por mais de dois anos (antiga redação do art. 226 da CF/88), instituindo o chamado divórcio direto.

jurisprudência

Em 2017, o STJ, analisando o tema da separação de fato, posicionou-se no sentido de que não se deve confundir a dissolução do casamento pela separação com o divórcio, por entender que seriam institutos autônomos e distintos. Segundo o julgado:

"2. A Emenda à Constituição n. 66/2010 apenas excluiu os requisitos temporais para facilitar o divórcio. 3. O constituinte derivado reformador não revogou, expressa ou tacitamente, a legislação ordinária que cuida da separação judicial, que remanesce incólume no ordenamento pátrio, conforme previsto pelo Código de Processo Civil de 2015 (arts. 693, 731, 732 e 733 da Lei n. 13.105/2015). 4. A opção pela separação faculta às partes uma futura reconciliação e permite discussões subjacentes e laterais ao rompimento da relação. 5. A possibilidade de eventual arrependimento durante o período de separação preserva, indubitavelmente, a autonomia da vontade das partes, princípio basilar do direito privado. 6. O atual sistema brasileiro se amolda ao sistema dualista opcional que não condiciona o divórcio à prévia separação judicial ou de fato" (STJ, REsp 1.431.370/SP).

fique ligado!

*É importante distinguir **sociedade conjugal** do **vínculo conjugal**. Como se sabe, esses dois institutos se estabelecem com o casamento. A sociedade conjugal corresponde ao complexo **de direitos e obrigações que formam a vida em comum dos cônjuges** (GONÇALVES, 2014, p. 375, grifo do autor).*

*Já o vínculo conjugal corresponde ao casamento válido. Ressalta-se que a sociedade conjugal tem fim por meio de **causas terminativas** e o vínculo conjugal pela **dissolução**. Nesse sentido, o vínculo matrimonial somente se dissolverá pela morte ou pelo divórcio, aplicando, quando necessária, a presunção de morte quanto ao ausente (§ 1º do art. 1.571).*

Vejamos com detalhe cada uma das causas terminativas da sociedade conjugal:

I. Morte

Como foi abordado acima, a morte corresponde a uma das hipóteses que levam à dissolução do casamento. Aplicando-se as normas referentes à morte presumida, é permitido ao cônjuge sobrevivente contrair um novo casamento, e, no caso da viúva, esta somente poderá casar-se novamente após o prazo de 10 meses previsto no art. 1.523, inciso II (causa suspensiva), para evitar a confusão sanguínea.

No caso de morte presumida, ocorrendo a decretação da ausência, o cônjuge sobrevivente poderá casar-se novamente. Caso o ausente venha a retornar após o cônjuge sobrevivente contrair novas núpcias, o último casamento será considerado válido.

Contudo, o art. 7º, incisos I e II, do CC, dispõe que a morte presumida poderá ser decretada sem a decretação de ausência:

> I - se for extremamente provável a morte de quem estava em perigo de vida;
>
> II - se alguém, desaparecido em campanha ou feito prisioneiro, não for encontrado até dois anos após o término da guerra.

Neste caso, se o ausente vier a retornar após o cônjuge sobrevivente contrair novas núpcias, o casamento com o ausente ainda será considerado válido, verificando a nulidade do novo casamento e o considerando putativo, tendo o cônjuge do ausente que escolher entre solicitar o divórcio do casamento com o ausente, para assim validar o seu casamento com o outro indivíduo, ou então voltar a conviver com o ausente, como preleciona Gonçalves (2014, p. 383).

II. Causas de Nulidade e Anulabilidade

As causas de nulidade e anulabilidade encontram-se elencadas nos arts. 1.548 e 1.550 do Código Civil, como já abordado, ocorrendo assim a dissolução do casamento.

III. Separação Judicial

O advento da Emenda Constitucional n. 66/2010 (chamada de PEC do Divórcio), como já explicado, trouxe diversas mudanças para a legislação civil, e como aduz Gonçalves (2014, p. 385):

> Suprimiu a prévia separação como requisito; eliminou qualquer prazo para a propositura do divórcio judicial ou extrajudicial; afastou, em consequência, qualquer possibilidade de se discutir a culpa pelo término do casamento.

Entende-se, então, que os arts. 1.572, 1.573, 1.574, 1.576, 1.577, 1.578 e 1.580 do Código encontram-se desatualizados (praticamente revogados), mesmo havendo discordância entre a doutrina e a jurisprudência.

IV. Divórcio

posicionamento doutrinário

"Corresponde a uma das causas que ensejam o término da sociedade conjugal, tendo o condão de dissolver o casamento válido mediante sentença judicial, habilitando as pessoas a contrair novas núpcias" (GONÇALVES, 2014, p. 431).

Com o divórcio, ocorre a extinção do regime de bens, bem como interrompe o direito sucessório, pondo fim aos deveres da sociedade conjugal. Todavia, este não irá modificar os direitos e deveres do poder familiar (art. 1.579), nem mesmo um novo casamento irá alterar os referidos direitos e deveres, conforme a disciplina do art. 1.566, incisos I ao V (parágrafo único do art. 1.579).

Destaque-se que, quando o casamento é dissolvido por meio do divórcio, é permitido ao cônjuge a escolha de manter o nome de casado (§ 2º do art. 1.571).

A presente causa terminativa da sociedade conjugal poderá ser concedida sem prévia partilha de bens, cabendo aos cônjuges propor a ação de divórcio. No entanto, caso o cônjuge seja incapaz para a propositura de tal ação ou se defender desta, caberá a nomeação, como curador, o ascendente ou o irmão (arts. 1.581 e 1582, parágrafo único).

18.4 PARENTESCO

18.4.1 Disposições gerais acerca da relação de parentesco

As relações de parentesco correspondem ao vínculo que une pessoas em uma estrutura familiar, que pode se originar de forma natural ou civil (art. 1.593). O parentesco civil pode se originar também da adoção, em que as pessoas estão ligadas pelo vínculo da socioafetividade.

Nesse sentido, o parentesco natural é aquele que decorre da consanguinidade, enquanto o parentesco civil se origina do casamento ou da união estável, em que cada cônjuge ou companheiro será somente aliado aos ascendentes, aos descendentes e aos irmãos (art. 1.591) de seu cônjuge ou companheiro, são os chamados de parentesco por afinidade (art. 1.595, *caput,* § 1º).

Na linha reta, o parentesco por afinidade não se extinguirá pela dissolução do casamento ou da união estável (art. 1.595, *caput,* §§ 1º e 2º, do CC/2002). Desse modo, "**rompido o vínculo matrimonial permanecem o sogro ou sogra, genro ou nora ligados pelas relações de afinidade**. Significa que, falecendo a esposa ou companheira, por exemplo, o marido ou companheiro continua ligado à sogra pelo vínculo da afinidade. Se se casar novamente, terá duas sogras" (GONÇALVES, 2014, p. 451, grifo do autor).

Contudo, enquanto o vínculo com os sogros, genro e nora não se extinguem, na linha colateral, com a dissolução do casamento ou união estável ou em caso de morte, o vínculo de parentesco será extinto.

Os **parentes em linha reta** são aquelas pessoas que são ascendentes e descendentes uma das outras, ligadas pelo mesmo tronco familiar, tais como: avô, pai/mãe, filho, neto e por assim em diante. Já os **parentes em linha colateral** são aqueles ligados por um ascendente em comum, provenientes de um só tronco, mas sem descender um do outro e somente ligados até o quarto grau (art. 1.592), que são os irmãos (cunhados), tios, sobrinhos e primos.

Importante salientar, que a contagem dos graus de parentesco é feita da seguinte forma, em conformidade com art. 1.594,

> Contam-se, na linha reta, os graus de parentesco pelo número de gerações, e, na colateral, também pelo número delas, subindo de um dos parentes até ao ascendente comum, e descendo até encontrar o outro parente.

Por exemplo, em linha reta, o avô em relação ao neto é parente em 2º grau, enquanto o pai e o filho são parentes em 1º grau.

18.4.2 Filiação

O instituto da filiação decorre do vínculo de parentesco e corresponde à ligação entre os filhos, havidos ou não na constância do casamento ou por meio da adoção, e os seus genitores. Todos os filhos deverão ter os mesmos direitos, sendo vedado qualquer tipo de discriminação entre eles (art. 1.596), conforme previsto no art. 226, § 6º, da CF/88, respaldado sempre no princípio da igualdade dos filhos.

No que se refere à presunção de paternidade (paternidade *pater est*), o Código Civil estabelece e disciplina, no art. 1.597, incisos I ao V, as hipóteses em que se presumem como concebidos, na constância do casamento, os filhos: "I – Nascidos cento e oitenta dias, pelo menos, depois de estabelecida a convivência conjugal".

Corresponde à presunção de paternidade do nascimento do filho proveniente da permanência da sociedade conjugal: "II – Nascidos nos trezentos dias subsequentes à dissolução da sociedade conjugal, por morte, separação judicial, nulidade e anulação do casamento".

Esta hipótese vincula-se à situação em que o nascimento do filho ocorre após ocorrência de alguma das causas de dissolução da sociedade conjugal.

Todavia, caso a mulher contraia um novo casamento antes do prazo previsto no art. 1.523, inciso II, do Código, deve-se ficar atento à presunção. Se o filho nascer dentro de 300 dias a contar da data da dissolução conjugal, presume-se como pai o primeiro marido. Entretanto, se o filho nascer após transcorrido tal prazo, a presunção cairá sob o segundo marido da mulher (art. 1.598).

> III – Havidos por fecundação artificial homóloga, mesmo que falecido o marido;
>
> IV – havidos, a qualquer tempo, quando se tratar de embriões excedentários, decorrentes de concepção artificial homóloga; ou
>
> V – havidos por inseminação artificial heteróloga, desde que tenha prévia autorização do marido.

Correspondem aos filhos gerados por meio da utilização da fecundação artificial, seja por meio da fecundação artificial homóloga ou da inseminação artificial heteróloga.

Fecundação artificial homóloga é aquela em que, em laboratório, o espermatozoide do marido é inserido no óvulo da mulher. São chamados de embriões excedentários, que são mantidos em armazenamento e vêm a ser utilizados futuramente. Por fim, há **inseminação artificial heteróloga** "quando é utilizado material genético da mulher e de um homem terceiro à relação, cuja identidade não deve ser revelada" (DONIZETTI; QUINTELLA, 2014, p. 1019).

enunciado

Enunciado 633 da VIII Jornada de Direito Civil – "É possível ao viúvo ou ao companheiro sobrevivente, o acesso à técnica de reprodução assistida póstuma – por meio da maternidade de substituição, desde que haja expresso consentimento manifestado em vida pela sua esposa ou companheira."

Ainda no tocante à presunção de paternidade, esta será afastada com a prova da impotência para gerar filhos do cônjuge, à época da concepção (art. 1.599). Por outro lado, a confirmação do adultério da esposa, não afastará a presunção de paternidade (art. 1.600), nem mesmo com a confissão da mãe (art. 1.602).

A impugnação da paternidade dos filhos nascidos da esposa somente caberá ao marido, correspondendo a uma ação imprescritível (art. 1.601), e, quando impugnada tal filiação, os herdeiros do impugnante poderão prosseguir na ação (parágrafo único do art. 1.601). Entretanto, quanto a impugnação da maternidade, somente poderá ocorrer quando a mãe provar a falsidade do termo do nascimento do filho ou da declaração que consta neste termo (art. 1.608). Esta situação poderá ocorrer quando a mãe acredita que seu filho pode ter sido trocado no hospital.

Justamente, a filiação é comprovada por meio desse termo registrado no Registro Civil (art. 1.603), o qual somente poderá ser contestado com prova de erro ou falsidade do registro (art. 1.604).

No caso de ausência do termo de registro ou defeito, a prova de filiação pode ser feita, de acordo com art. 1.605, incisos I e II,

> I – quando houver começo de prova por escrito, proveniente dos pais, conjunta ou separadamente;
>
> II – quando existirem veementes presunções resultantes de fatos já certos.

18.4.3 Do reconhecimento dos filhos

O reconhecimento dos filhos ocorre para a prole havida fora do casamento, pois a filiação das crianças de pais casados ou que nasceram na constância do casamento não precisa ser reconhecida por conta da presunção legal da paternidade.

Todavia, para as crianças nascidas fora da constância do casamento, é necessário o reconhecimento de ambos os pais, conjunta ou separadamente, (art. 1.607). O reconhecimento de filiação não poderá ser revogado de forma alguma (art. 1.610), não sendo admitida a condição e o termo contrários ao ato de reconhecimento (art. 1.613), pois trata-se de um ato personalíssimo e irrevogável.

Não obstante, quando o reconhecimento de filiação é feito apenas por um dos cônjuges, a este caberá a guarda do filho menor, mas se ambos reconheceram e não houver acordo, a guarda caberá àquele de que atender ao princípio do melhor interesse do menor (art. 1.612), que será feito de forma voluntária, conforme art. 1.609, incisos I ao IV:

> I - no registro do nascimento;
>
> II - por escritura pública ou escrito particular, a ser arquivado em cartório;
>
> III - por testamento, ainda que incidentalmente manifestado;
>
> IV - por manifestação direta e expressa perante o juiz, ainda que o reconhecimento não haja sido o objeto único e principal do ato que o contém.

O reconhecimento de filho maior de idade não pode ser feito sem o seu consentimento. O filho menor poderá impugnar o reconhecimento da filiação nos quatro anos que se seguirem a sua maioridade civil ou em caso de emancipação (art. 1.614).

Ressalta-se que as formas de reconhecimento de filiação acima expostas são realizadas de forma espontânea, porquanto existe o reconhecimento de filiação de forma judicial por meio da **ação de investigação de paternidade ou maternidade**.

A legitimidade ativa para a ação competirá ao filho, que prova sua filiação enquanto viver, sendo transferido aos herdeiros, se ele morrer, for menor ou incapaz. Quando iniciada pelo filho, repise-se, os herdeiros podem dar continuidade à ação, exceto se este for julgado extinto (art. 1.606, *caput*, parágrafo único). Já a legitimidade passiva recai ao suposto pai ou mãe, sendo permitido a qualquer pessoa contestar a referida ação (art. 1.615).

Se ocorrer o falecimento do suposto pai ou mãe, a legitimidade passiva recairá sobre os herdeiros do falecido, podendo ser ajuizado pelo filho maior ou pelo filho menor, representado ou assistido. É a chamada ação *post mortem*, sendo admitido qualquer tipo de prova para a comprovação da paternidade ou maternidade.

posicionamento doutrinário

No que tange ao inventário do falecido, Donizetti e Quintella (2014, p. 1032) expõem que se este se "encontrar em andamento, admite-se que o filho – por meio de seu representante legal, em geral, a mãe – requeira, por meio de medida cautelar, a reserva de bens do espólio, até que seja julgada a ação declaratória".

Ademais, a sentença que julgar procedente a ação de investigação produzirá os mesmos efeitos do reconhecimento, tendo efeito retroativo à declaração, podendo determinar que o filho seja criado e educado fora da companhia dos pais ou da pessoa que contestou essa qualidade (art. 1.616).

18.5 DO PODER FAMILIAR

No ordenamento jurídico brasileiro, o(s) filho(s) recebe(m) proteção maior, cabendo ao Estado o dever de fiscalizar o seu efetivo cumprimento, visto que o exercício do poder familiar se encontra intrínseco ao desenvolvimento psíquico e emocional. Sendo assim, em conformidade com o art. 1.630: "Os filhos estão sujeitos ao poder familiar, enquanto menores".

As regras desse instituto estão disciplinadas nos arts. 1.630 a 1.633 do Código Civil, em que o legislador buscou proteger os interesses da criança e não a deixar desamparada, sendo obrigação dos pais oferecer toda a base e estrutura necessária para que o filho possa se desenvolver e aprender os valores éticos para a convivência em sociedade.

posicionamento doutrinário

Como bem preleciona Gonçalves (2010, p. 396-398) acerca do conceito do poder familiar:

Poder familiar é o conjunto de direitos e deveres atribuídos aos pais, no tocante à pessoa e aos bens dos filhos menores. [...]

O poder paternal faz parte do estado das pessoas e por isso não pode ser alienado nem renunciado, delegado ou substabelecido.

Nessa linha, a respeito da titularidade, o CC/2002, em seu art. 1.631, conferiu a titularidade e instituíram igualdade de tratamento a ambos os responsáveis pelo menor, "durante o casamento e a união estável, compete o poder familiar aos pais; na falta ou impedimento de um deles, o outro o exercerá com exclusividade".

Consoante à compreensão de que o parágrafo único do art. 1.631 do CC/2002 assegura que "divergindo os pais quanto ao exercício do poder familiar, é assegurado a qualquer deles recorrer ao juiz para solução do desacordo".

Contudo, ainda quanto à titularidade, uma advertência se impõe no tocante ao filho não reconhecido pelo pai, em consonância ao art. 1.633 do CC/2002, "o filho, não reconhecido pelo pai, fica sob poder familiar exclusivo da mãe; se a mãe não for conhecida ou capaz de exercê-lo, dar-se-á tutor ao menor".

Cabe ressaltar as peculiaridades inerentes ao poder familiar, a fim de garantir um efetivo exercício:

a) *munus* público – significa o caráter público, em que o Estado tem o dever de fiscalizar o exercício e o cumprimento do poder familiar, de forma conjunta por ambos os genitores;

b) irrenunciável e indelegável – isto é, os deveres inerentes ao poder familiar não podem, sob hipótese nenhuma, ser abdicados, não podendo ser transferido para outra pessoa, cuja sua perda somente ocorrerá com a prática de alguma das hipóteses estabelecidas nos arts. 1.635 ao 1.638 do CC/2002;

c) incompatível com a tutela – sendo verificado que os genitores praticaram algumas das causas de suspensão ou extinção do poder familiar, não será cabível a nomeação de um tutor para o menor.

18.5.1 Do exercício do poder familiar

Cumpre ressaltar que o exercício do poder familiar compete a ambos os genitores, seja qual for a situação da sociedade conjugal, devendo realizar o pleno exercício do referido instituto, lembrando que ocorrendo alguma divergência entre os pais, caberá ao magistrado decidir a lide.

Nesse sentido, o exercício do poder familiar consiste, em conformidade com art. 1.634, em:

a) **dirigir-lhes a criação e a educação:** cabe aos pais ensinar aos filhos todos os preceitos morais e éticos pertinentes à criação e educação, provendo o desenvolvimento do seu caráter e personalidade;

b) **exercer a guarda unilateral ou compartilhada nos termos do art. 1.584:** não basta somente dirigir-lhes a criação e educação, é importante também que os pais promovam a sua proteção física a moral;

c) **conceder-lhes ou negar-lhes consentimento para casarem; conceder-lhes ou negar-lhes consentimento para viajarem ao exterior; conceder-lhes ou negar-lhes consentimento para mudarem sua residência permanente para outro Município:** o consentimento para o casamento encontra-se interligado com o art. 1.517, dispondo que é necessária a autorização de ambos os pais para que possam contrair matrimônio. Além do consentimento para se casar, aos genitores caberá também a autorização tanto para viajar para o exterior, bem como para se mudar, permanentemente, para outro Município;

d) **nomear-lhes tutor por testamento ou documento autêntico, se o outro dos pais não lhe sobreviver, ou o sobrevivo não puder exercer o poder familiar:** este inciso é essencial para os filhos. Caso ocorra alguma situação grave com um ou ambos os genitores, ou até mesmo o falecimento deste, é essencial que estes tenham deixado em testamento ou em documento autêntico, a nomeação de um tutor;

e) **representá-los judicial e extrajudicialmente até os 16 (dezesseis) anos, nos atos da vida civil, e assisti-los, após essa idade, nos atos em que forem partes, suprindo-lhes o consentimento:** os genitores não podem se ausentar dos atos da vida civil dos filhos, devendo os assistir e representar sempre que necessário;

f) **reclamá-los de quem ilegalmente os detenha:** neste caso, refere-se à situação do filho que se encontra ilegalmente na guarda de outrem;

g) **exigir que lhes prestem obediência, respeito e os serviços próprios de sua idade e condição:** da mesma forma que os genitores devem cumprir com os deveres parentais, os filhos lhe devem obediência e respeito.

18.5.2 Do usufruto e da administração dos bens de filhos menores

O Código Civil prevê que, no exercício do poder familiar, em consonância com art. 1.689, incisos I e II, os genitores são usufrutuários dos bens dos filhos e têm a administração dos bens dos filhos menores sob sua autoridade. Além disso, será de competência de ambos os genitores ou na falta de um deste, representar os filhos menores de dezesseis anos e assisti-los até a maioridade civil ou em caso de emancipação (art. 1.690), devendo decidir, em comum acordo, todas as questões relacionadas aos filhos e aos seus bens.

Ocorrendo qualquer divergência entre os pais, qualquer um deles poderá recorrer ao juiz para que promova uma solução (parágrafo único do art. 1.690 do CC/2002).

Quanto aos bens dos filhos, os pais não poderão alienar ou gravar de ônus real os imóveis destes, ou contrair obrigações que ultrapassem os limites da administração dos bens em nome dos filhos, a não ser que seja verificada a necessidade ou interesse do filho. Para tanto, dependerá da prévia autorização do magistrado (art. 1.691), sendo admitidos pleitear a declaração de nulidade dos atos aludidos acima, os filhos, os herdeiros e o representante legal (parágrafo único, incisos I ao III, do art. 1.691).

No exercício do poder familiar, quando o interesse dos pais colidir com o do filho, o magistrado nomeará um curador especial a requerimento do filho ou do Ministério Público (art. 1.692).

Ademais, cumpre destacar os bens que serão excluídos do usufruto e da administração dos pais. Correspondem aos bens adquiridos pelo filho havido fora do casamento, antes do reconhecimento; os valores auferidos pelo filho maior de dezesseis anos, no exercício de atividade profissional e os bens com tais recursos adquiridos; os bens deixados ou doados ao filho, sob a condição de não serem usufruídos ou administrados pelos pais; e os bens que aos filhos couberem na herança, quando os pais forem excluídos da sucessão, em conformidade com o art. 1.693, incisos I ao IV.

18.5.3 Suspensão, perda e extinção do poder familiar

Conveniente ressaltar que as causas de extinção, perda e suspensão dos direitos e deveres do poder familiar estão elencadas, respectivamente, nos arts. 1.635 ao 1.638. Todavia, correspondem a campos jurídicos distintos.

No que tange ao instituto da **extinção do poder familiar**, esta significa a cessação peremptória do exercício do poder familiar, e encontra-se disciplinada no art. 1.635, incisos I ao V, do CC/2002:

> I – **pela morte dos pais ou do filho**;
>
> II – **pela emancipação**, nos termos do art. 5º, parágrafo único;
>
> III – **pela maioridade**;
>
> IV – **pela adoção**;
>
> V – **por decisão judicial**, na forma do art. 1.638. (Grifos nossos.)

Importante atentar-se para o fato de que, conforme dispõe o art. 1.636:

> Art. 1.636. O pai ou a mãe que contrai novas núpcias, ou estabelece união estável, não perde, quanto aos filhos do relacionamento anterior, os direitos ao poder familiar, exercendo-os sem qualquer interferência do novo cônjuge ou companheiro.

Não exercendo o novo consorte qualquer tipo de direito sobre o filho do seu cônjuge, aplica-se esse artigo ao pai ou mãe solteiros que casarem ou estabelecerem união estável (parágrafo único do art. 1.636).

No que tange à **suspensão do poder familiar**, significa que a interrupção temporária do exercício do poder familiar imposta aos pais, desde que comprovado o abuso da autoridade familiar, caracterizado pela inidoneidade na gestão dos interesses do(s) filho(s) e pela ausência de zelo quanto à segurança e interesses do(s) filho(s) (GONÇALVES, 2010, p. 410).

Nesse sentido, o art. 1.637 estabelece as hipóteses em que ocorrerá a suspensão do poder familiar. Quando for verificado o abuso de autoridade de um dos genitores, comprovando a ausência do cumprimento com os deveres parentais, bem como venha arruinar os bens dos filhos. Sendo assim, cabe ao magistrado ou ao Ministério Público adotar medida com o objetivo de proteger a vida do menor e seus haveres, até suspendendo o poder familiar, quando convenha.

Outra situação que suspenderá o poder familiar é a condenação por sentença irrecorrível em virtude de crime cuja pena exceda a dois anos de prisão (parágrafo único do art. 1.637).

Por fim, a **perda do poder familiar** corresponde a medida extrema de proteção dos filhos imposta pelo direito. Dessa forma, o Código Civil elenca as hipóteses de perda do referido instituto de família no art. 1.638, incisos I ao IV. Por meio de ato judicial, perderá o poder familiar o pai ou a mãe que:

> I – **castigar imoderadamente o filho**;
>
> II – **deixar o filho em abandono**;
>
> III – **praticar atos contrários à moral e aos bons costumes**;
>
> IV – **incidir, reiteradamente, nas faltas previstas** no artigo antecedente;
>
> V – **entregar de forma irregular o filho a terceiros para fins de adoção.** (Incluído pela Lei n. 13.509, de 2017.) (Grifos nossos.)

Em 2018, a Lei n. 13.715 incluiu um parágrafo único ao art. 1.638, que trouxe novas formas de perda do poder familiar:

> Parágrafo único. Perderá também por ato judicial o poder familiar aquele que:
>
> I – praticar contra outrem igualmente titular do mesmo poder familiar:

a) homicídio, feminicídio ou lesão corporal de natureza grave ou seguida de morte, quando se tratar de crime doloso envolvendo violência doméstica e familiar ou menosprezo ou discriminação à condição de mulher;

b) estupro ou outro crime contra a dignidade sexual sujeito à pena de reclusão;

II – praticar contra filho, filha ou outro descendente:

a) homicídio, feminicídio ou lesão corporal de natureza grave ou seguida de morte, quando se tratar de crime doloso envolvendo violência doméstica e familiar ou menosprezo ou discriminação à condição de mulher;

b) estupro, estupro de vulnerável ou outro crime contra a dignidade sexual sujeito à pena de reclusão.

jurisprudência

Acerca do abandono, em 2017, o STJ reconheceu o direito de indenização, inclusive por danos morais, tanto pelo abandono afetivo quanto pelo abandono material do filho pelo pai, pois ao não proporcionar condições dignas de sobrevivência, mesmo tendo amplos recursos, causou-lhe danos à integridade física, moral, intelectual e psicológica (REsp. 1.087.561/RS).

18.6 DO REGIME DE BENS

18.6.1 Do regime de bens entre os cônjuges

Para o casamento, é necessária, antes da celebração deste, a estipulação do regime de bens por ambos os cônjuges, especialmente, no que diz respeito à regulação dos direitos patrimoniais e dos direitos sucessórios para a administração dos mesmos (art. 1.639).

"O regime de bens é conjunto de regras que disciplina **as relações econômicas dos cônjuges**, quer entre si, quer no tocante a terceiros, durante o casamento" (GONÇALVES, 2014, p. 524, grifo do autor). São eles o regime da comunhão parcial de bens, comunhão universal, participação final nos aquestos e o da separação de bens.

A vigência do regime começará a contar da data do casamento (§ 1º do art. 1.639), sendo nula qualquer cláusula que venha a contrariar disposição absoluta de lei (art. 1.655).

A estipulação de regime de bens é de livre escolha dos cônjuges, exceto nas hipóteses estabelecidas pelo ordenamento jurídico, em que é imposto o regime pelo qual o casamento será regido, como disposto no art. 1.641, incisos I ao III. Assim, será obrigatório o regime da separação de bens no casamento:

I – das pessoas que o contraírem com inobservância das causas suspensivas da celebração do casamento;

II – da pessoa maior de 70 (setenta) anos; e

III – de todos os que dependerem, para casar, de suprimento judicial.

O **pacto antenupcial** (contrato em que os nubentes estabelecem disposições patrimoniais anteriores do casamento), deve ser feito por meio de escritura pública, no processo de habilitação (parágrafo único do art. 1.640). Cabe ressaltar que, caso não haja convenção do regime de bens, ou que esta seja considerada nula ou ineficaz, irá vigorar o regime de bens da comunhão parcial de bens entre os cônjuges (art. 1.640).

Se o referido pacto não for feito mediante escritura pública, este será considerado nulo (art. 1.653), bem como não terá efeito perante terceiros se não for registrado, em livro especial, pelo oficial do Registro de Imóveis do domicílio dos cônjuges (art. 1.657).

Para que o pacto antenupcial realizado por menor seja eficaz, é necessária a aprovação dos seus genitores ou de seu representante legal, exceto nas situações em que é obrigatória a adoção do regime de separação de bens (art. 1.654).

enunciado

Enunciado 635 da VIII Jornada de Direito Civil – "O pacto antenupcial e o contrato de convivência podem conter cláusulas existenciais, desde que estas não violem os princípios da dignidade da pessoa humana, da igualdade entre os cônjuges e da solidariedade familiar."

A legislação civil permite a alteração do regime de bens a requerimento de ambos os cônjuges, mas somente mediante a autorização judicial, verificando a procedência nas razões invocadas e resguardando os direitos de terceiros (§ 2º do art. 1.639).

O Código Civil, no art. 1.642, incisos I ao VI, elenca os atos referentes à administração dos bens do casal, em que é permitido aos cônjuges praticar sem autorização do consorte, independentemente do tipo de regime de bens:

a) **prática dos atos de disposição e administração referente a sua profissão**, exceto alienar ou gravar de ônus real os bens imóveis, disposto no art. 1.647, inciso I;

b) **administrar os bens próprios**, ou seja, bens que pertençam, exclusivamente, a um dos cônjuges;

c) **desobrigar ou reivindicar os imóveis** que tenham sido gravados ou alienados **sem o seu consentimento ou sem suprimento judicial.** É o caso do cônjuge praticar o impedimento previsto no art. 1.647, inciso I, sem a autorização do outro;

d) demandar a rescisão dos contratos de **fiança e doação, ou a invalidação do aval**, realizados pelo outro cônjuge, com infração do disposto nos incisos III e IV do art. 1.647;

jurisprudência

"1. O Código Civil de 2002 estatuiu, em seu art. 1.647, inciso III, como requisito de validade da fiança e do aval, institutos bastante diversos, em que pese ontologicamente constituam garantias pessoais, o consentimento por parte do cônjuge do garantidor. 2. Essa norma exige uma interpretação razoável sob pena de descaracterização do aval como

típico instituto cambiário. 3. A interpretação mais adequada com o referido instituto cambiário, voltado a fomentar a garantia do pagamento dos títulos de crédito, à segurança do comércio jurídico e, assim, ao fomento da circulação de riquezas, é no sentido de limitar a incidência da regra do art. 1.647, inciso III, do CCB aos avais prestados aos títulos inominados regrados pelo Código Civil, excluindo-se os títulos nominados regidos por leis especiais. 4. Precedente específico da Colenda 4ª Turma. 5. Alteração do entendimento deste relator e desta Terceira Turma" (STJ, REsp 1.526.560/MG, 3ª Turma, Rel. Min. Paulo de Tarso Sanseverino, j. 16.03.2017, DJe 16.05.2017).

e) **reivindicar** os bens comuns, móveis ou imóveis, **doados ou transferidos** pelo outro cônjuge ao concubino, desde que provado que os bens não foram adquiridos pelo esforço comum destes ou se o casal estiver separado de fato por mais de cinco anos;

f) **praticar todos os atos que não lhes forem vedados expressamente.**

Para as ações fundadas nos incisos III, IV e V do art. 1.642, somente ao cônjuge prejudicado e aos herdeiros competirá o ajuizamento dessas ações (art. 1.645). No caso dos incisos III e IV do aludido artigo, o terceiro que foi prejudicado pela sentença favorável ao autor, possuirá o direito de regresso contra o cônjuge (ou se for o caso, contra os herdeiros destes) que firmou o negócio jurídico (art. 1.646).

São permitidos, ainda, aos cônjuges, independentemente da autorização do outro consorte, em conformidade com art. 1.643, incisos I e II, "comprar, ainda a crédito, as coisas necessárias à economia doméstica; e obter, por empréstimo, as quantias que a aquisição dessas coisas possa exigir". Nesse sentido, os cônjuges serão solidariamente responsáveis pelas dívidas contraídas referentes à economia doméstica (art. 1.644).

Em contrapartida, o Código Civil elenca os atos que são proibidos aos cônjuges praticarem sem a autorização um do outro, tais como: alienar ou gravar de ônus real os bens imóveis; pleitear, como autor ou réu, acerca desses bens ou direitos; prestar fiança ou aval; e fazer doação, não sendo remuneratória, de bens comuns, ou dos que possam integrar futura meação (art. 1.647 do CC/2002). Todavia, são válidas as doações nupciais realizadas aos filhos quando estes casarem ou vierem estabelecer economia separada (parágrafo único do art. 1.647).

É permitido ao juiz suprir a necessidade de autorização conjugal no caso de um dos cônjuges não demonstrar justo motivo para a denegação ou que não seja possível conceder a autorização (art. 1.648). Contudo, quando não houver autorização conjugal e o juiz não a suprir, o ato praticado pelo cônjuge será anulável, podendo o outro cônjuge pedir a anulação do ato dentro de 2 (dois) anos após a dissolução da sociedade conjugal (art. 1.649). Nesse sentido, o parágrafo único do art. 1.649 dispõe que "a aprovação torna válido o ato, desde que feita por instrumento público, ou particular, autenticado".

Cabe ressaltar que, para a invalidação dos atos praticados sem a outorga, consentimento e suprimento do juiz, somente é legitimado o cônjuge que cabia concedê-la, ou, por qualquer outro motivo, os herdeiros deste cônjuge (art. 1.650).

Por fim, é possível que um dos cônjuges se encontre impossibilitado de administrar os bens de sua incumbência, como determinado no regime de bens que rege o matrimônio, cabendo ao outro cônjuge gerir os bens comuns e os do consorte; alienar os bens móveis comuns; e alienar os imóveis comuns e os móveis ou imóveis do consorte, mediante autorização judicial (art. 1.651). Portanto, fica este cônjuge ou o seu herdeiro (quando for necessário) responsável na qualidade de usufrutuário se o rendimento for comum; como procurador, se tiver mandato expresso ou tácito para os administrar; e como depositário, se não for usufrutuário, nem administrador (art. 1.652).

18.6.2 Do regime de comunhão parcial de bens

O regime de comunhão parcial de bens, também conhecido como regime legal ou supletivo, é aquele aplicado nas situações em que os cônjuges não estabeleceram no pacto antenupcial qual tipo de regime iria reger o casamento, ou, no caso da convenção ter sido considerada nula e ineficaz, conforme art. 1.653.

Nesse tipo de regime, existem bens que não se comunicam com outros, como é o caso dos bens adquiridos pelos cônjuges antes do casamento. São aqueles bens particulares de cada um (art. 1.661), apenas se comunicando os bens adquiridos pelo casal na constância do casamento (art. 1.658 do CC/2002), exceto o que dispõe no art. 1.659, incisos I ao VII, do CC/2002, em que se excluem da comunhão:

> **I e II – os bens que cada cônjuge possuir ao casar, e os que lhe sobrevierem, na constância do casamento, por doação ou sucessão, e os sub-rogados em seu lugar:** trata-se, justamente, da incomunicabilidade dos bens adquiridos antes do casamento, bem como aqueles recebidos por doação ou sucessão na constância do casamento. Acrescente-se, inclusive, os bens sub-rogados, que são aqueles em que ocorra a substituição de um determinado bem, ainda que essa sub-rogação ocorra após o casamento. Mesmo assim, não haverá comunicação dos bens (inciso II deste artigo),
>
> **III e IV – as obrigações anteriores ao casamento e as obrigações provenientes de atos ilícitos, salvo reversão em proveito do casal;**
>
> **V – os bens de uso pessoal, os livros e instrumentos de profissão;**
>
> **VI – os proventos do trabalho pessoal de cada cônjuge;**
>
> **VII – as pensões, meios-soldos, montepios e outras rendas semelhantes.**

Por outro lado, no regime de comunhão parcial, os bens que entraram na comunhão, em conformidade com o art. 1.660, incisos I ao V, são:

> I – os bens adquiridos na constância do casamento por título oneroso, ainda que só em nome de um dos cônjuges;

> II - os bens adquiridos por fato eventual, com ou sem o concurso de trabalho ou despesa anterior;
>
> III - os bens adquiridos por doação, herança ou legado, em favor de ambos os cônjuges;
>
> IV - as benfeitorias em bens particulares de cada cônjuge;
>
> V - os frutos dos bens comuns, ou dos particulares de cada cônjuge, percebidos na constância do casamento, ou pendentes ao tempo de cessar a comunhão.

Ressalta-se, ainda, que os bens móveis serão presumidos como adquiridos na constância do casamento, desde que não seja possível comprovar que foram adquiridos antes do casamento (art. 1.662).

No que se refere à administração do patrimônio comum, este será de competência de um dos cônjuges (art. 1.663). Sendo assim, qualquer dívida contraída durante a administração, será de responsabilidade do cônjuge que está incumbido dela, vinculando os bens comuns e particulares deste, juntamente com os bens do outro cônjuge, mas na proporção do proveito que houver auferido (§ 1º do art. 1.663).

Para a cessão do uso ou gozo dos bens comuns do casal, é necessária a anuência de ambos os cônjuges (§ 2º do art. 1.663). Contudo, se for verificada a má administração dos bens (malversação), poderá o magistrado incumbir a administração a apenas um dos cônjuges (§ 3º do art. 1.663).

Quando o casal contrair obrigações para atender aos encargos e sustento da família, bem como para as despesas de administração e as decorrentes de imposição legal, os bens da comunhão respondem por tais obrigações (art. 1.664). Entretanto, quando apenas um dos cônjuges contrair dívidas na administração de seus bens particulares, somente estes responderão pela dívida, não obrigando os bens comuns (art. 1.666).

Dessa forma, como disposto no art. 1.665, "a administração e a disposição dos bens constitutivos do patrimônio particular competem ao cônjuge proprietário, salvo convenção diversa em pacto antenupcial".

18.6.3 Do regime de comunhão universal de bens

O regime de comunhão universal de bens caracteriza-se pela existência de um único patrimônio, que importa em uma espécie de condomínio entre os cônjuges, solúvel pelo fim da vida em comum, integrado por todos os bens presentes e futuros dos cônjuges, inclusive suas dívidas. (DONIZETTI; QUINTELLA, 2014, p. 996). Sendo assim, em conformidade com art. 1.667, cada respectivo cônjuge terá direito à meação do patrimônio.

Observa-se que neste tipo de regime, à administração de bens será aplicada as mesmas regras do regime de comunhão parcial de bens (art. 1.670). Com ressalva ao art. 1.667, o referido código elenca os bens que serão excluídos da comunhão universal (art. 1.668, incisos I ao V):

> I – os bens doados ou herdados com a cláusula de incomunicabilidade e os sub-rogados em seu lugar;
>
> II – os bens gravados de fideicomisso e o direito do herdeiro fideicomissário, antes de realizada a condição suspensiva;
>
> III – as dívidas anteriores ao casamento, salvo se provierem de despesas com seus aprestos, ou reverterem em proveito comum;
>
> IV – as doações antenupciais feitas por um dos cônjuges ao outro com a cláusula de incomunicabilidade;
>
> V – os bens referidos nos incisos V a VII do art. 1.659.

Importante destacar que aos frutos, quando se percebam ou vençam durante o casamento, não se aplica a regra da incomunicabilidade dos bens disciplinada acima (art. 1.669).

Por fim, com a extinção da comunhão, sendo realizada, corretamente, a divisão do ativo e passivo do patrimônio, a responsabilidade de cada um dos cônjuges em relação aos credores um dos outros será cessada, conforme disposto no art. 1.671.

18.6.4 Do regime de participação final nos aquestos

O regime de participação final nos aquestos corresponde a um regime misto, pois cada cônjuge terá seu patrimônio próprio e, com a dissolução da sociedade conjugal, cada um terá direito à metade dos bens adquiridos pelo casal na constância do casamento (art. 1.672).

Aquestos são os bens adquiridos onerosamente na constância do casamento, seja por um dos cônjuges ou por ambos (DONIZETTI; QUINTELLA, 2014, p. 997). Isto é, cada um possui o seu respectivo patrimônio e os bens adquiridos durante o casamento serão divididos entre o casal.

Compõem o patrimônio próprio os bens particulares de cada cônjuge no momento do casamento e os bens adquiridos, a qualquer título, na constância do casamento (art. 1.673), cabendo a cada um dos cônjuges a administração dos seus bens, sendo permitido alienar os bens móveis (parágrafo único do art. 1.673).

Todavia, serão excluídos da soma dos aquestos, quando ocorrer a dissolução da sociedade conjugal, os bens que integram o patrimônio próprio do cônjuge, tais como (art. 1.674, incisos I ao III):

> I – os bens anteriores ao casamento e os que em seu lugar se sub-rogaram;
>
> II – os que sobrevieram a cada cônjuge por sucessão ou liberalidade;
>
> III – as dívidas relativas a esses bens.

Excepcionam-se da regra geral os bens móveis, que serão presumidos como adquiridos na constância do casamento, salvo prova em contrário (parágrafo único do art. 1.674).

Para o montante dos aquestos, serão computados os valores das doações, dos bens referentes aos aquestos, realizadas por um dos cônjuges sem a anuência do outro. Nesse caso, o outro cônjuge ou o seu herdeiro poderá reivindicar o bem doado ou declarar o bem no montante partilhável, por valor equivalente ao da época da dissolução (art. 1.675).

A alienação dos aquestos também dependerá do consentimento do outro cônjuge e, se for feita sem tal autorização, poderá o cônjuge prejudicado ou o seu herdeiro integrá-lo ao monte do valor dos bens alienados ou reivindicá-los (art. 1.676).

Quando os cônjuges forem estipular, no pacto antenupcial, o regime de participação final nos aquestos, poderão, também, convencionar a livre disposição dos bens imóveis, mas desde que particulares (art. 1.656).

No que se refere às dívidas, se estas forem contraídas na constância do casamento por um dos cônjuges, somente este responderá por elas, a não ser que tenham revertido, de forma parcial ou total, em benefício do outro (art. 1.677). Dessa forma, se um dos cônjuges vier a satisfazer a dívida contraída pelo outro com os seus bens, na data da dissolução da sociedade conjugal o valor deste pagamento será atualizado e imputado na meação daquele que as pagou (art. 1.678). Quando as dívidas forem superiores à meação do cônjuge que as contraiu, não obrigará o outro cônjuge ou aos herdeiros deste (art. 1.686).

O art. 1.679 do CC/2002 dispõe que "no caso de bens adquiridos pelo trabalho conjunto, terá cada um dos cônjuges uma quota igual no condomínio ou no crédito por aquele modo estabelecido".

Impende ressaltar os bens móveis e imóveis constantes deste tipo de regime. No que tange aos bens móveis, em face de terceiros, será presumido como proprietário o cônjuge devedor, exceto se for comprovado que o bem móvel é de uso pessoal do outro (art. 1.680). Já os bens imóveis serão do cônjuge que constar no registro deste bem (art. 1.681), mas se for impugnada a sua titularidade, caberá ao cônjuge proprietário provar a aquisição destes bens (parágrafo único do art. 1.681).

Na constância do casamento, o direito de meação não poderá ser renunciado, cedido ou penhorado (art. 1.682). E no caso de não ser possível ou conveniente a divisão dos bens em natureza, será permitido calcular o valor de alguns ou de todos para reposição em dinheiro ao cônjuge não proprietário (art. 1.684). Contudo, se não for possível a reposição em dinheiro a este cônjuge, será permitido alienar os bens, após avaliados e mediante autorização judicial (parágrafo único do art. 1.684).

Quando a sociedade conjugal for dissolvida em decorrência de falecimento de um dos cônjuges, será verificada a meação do cônjuge sobrevivente, sendo deferida aos herdeiros do falecido a herança que lhes cabe (art. 1.685).

18.6.5 Do regime de separação de bens

O regime de separação de bens comporta duas espécies: a legal (ou obrigatória) e a convencional. A convencional é aquela estipulada pelos próprios cônjuges no pacto antenupcial.

Por sua vez, a legal ou obrigatória é aquela estipulada por lei, como as situações disciplinadas no art. 1.641, incisos I ao III, do CC/2002, como a obrigatoriedade do regime da separação de bens para as pessoas que o contraírem com inobservância das causas suspensivas da celebração do casamento; para a pessoa maior de 70 anos; e para todos os que dependerem, para casar, de suprimento judicial.

Com a estipulação do regime de separação de bens, independentemente da espécie, cada um dos cônjuges será responsável pela administração exclusiva de seus bens, sendo-lhe permitido alienar ou gravar de ônus real (art. 1.687).

Dessa forma, ambos os cônjuges ficarão obrigados a contribuir para as despesas familiares, na proporção dos rendimentos do seu trabalho e de seus bens, exceto quando houver estipulação em contrário no pacto antenupcial (art. 1.688).

18.7 DOS ALIMENTOS

Acerca da temática, o STF entende que a existência de paternidade socioafetiva não afasta a responsabilidade do pai biológico de prestar alimentos. Assim, o Supremo Tribunal Federal decidiu, em sede de Recurso Extraordinário (RE n. 898.060/SC), fundado no princípio da paternidade responsável, pela possibilidade de reconhecimento da paternidade simultânea (biológica e socioafetiva), desde que seja de interesse do filho, com todos os efeitos patrimoniais decorrentes.

Quando se fala em alimentos, o pensamento tende a ir para o lado da comida, aos produtos relacionados à alimentação do indivíduo, como leite, arroz, feijão, entre outros, ou seja, alimentos referem-se ao sustento das pessoas. Todavia, para o direito civil, os alimentos não se limitam a este sentido.

Os alimentos podem ser ***in natura*** e ***in pecunia***. Os alimentos *in natura* são a própria comida, as roupas, os itens de higiene, medicamentos etc., fornecidos ao alimentando. Alimentos *in pecunia* são as prestações em dinheiro entregues ao alimentando para custear seus alimentos.

Para o ordenamento jurídico, o instituto do alimento refere-se às condições essenciais e necessárias para todo ser humano, com o objetivo de disponibilizar o mínimo de subsistência para o indivíduo, como a saúde, habitação, educação, alimentação, entre outros, não podendo ser renunciado (art. 1.707) e são irrepetíveis (aquele que disponibiliza os alimentos não pode exigi-los de volta daquele que os recebeu), pelo seu caráter personalíssimo.

Em síntese, são alimentos de que necessitem para viver de modo compatível com a sua condição social, inclusive para atender às necessidades de sua educação, cabendo aos cônjuges ou companheiros solicitar os alimentos uns aos outros (art. 1.694).

Devem os alimentos ser fixados dentro da proporção das necessidades do **alimentante** (quem presta os alimentos) e do **alimentado** (quem recebe os alimentos) (§ 1º do art. 1.694), pois estes serão apenas aqueles que são indispensáveis à subsistência, ainda mais no caso da situação de necessidade resultante de culpa de quem os pleiteou (§ 2º do art. 1.694).

Em regra, os alimentos são oriundos do parentesco, que são aqueles provenientes do vínculo consanguíneo e por afinidade, mas pode se originar também da voluntariedade, quando são estabelecidos pelos cônjuges no momento do divórcio.

Os alimentos, como prelecionam Donizetti e Quintella, são classificados da seguinte forma:

a) **Naturais:** são os alimentos de que a pessoa necessita para sobreviver ("mínimo básico").
b) **Civis:** aqueles que a pessoa necessita para manter sua condição social.
c) **Provisórios e provisionais:** os provisórios são os alimentos fixados sumariamente pelo juiz, na ação de alimentos prevista pela Lei 5.748/1968. Já os provisionais são os alimentos arbitrados de acordo com a lei processual no curso de outra ação, que não a prevista na Lei 5.748/1968 (ação de divórcio), sendo este último fixado pelo juiz, conforme disposto na lei processual (art. 1.706).
d) **Definitivos:** alimentos objeto de obrigação cujo mérito já foi resolvido.
e) **Gravídicos:** alimentos de que necessita a mulher grávida, disciplinados na Lei n. 11.804/2008. De acordo com seu art. 2º:

> Os alimentos de que trata esta Lei compreenderão os valores suficientes para cobrir as despesas adicionais do período de gravidez e que sejam dela decorrentes, da concepção ao parto, inclusive as referentes a alimentação especial, assistência médica e psicológica, exames complementares, internações, parto, medicamentos e demais prescrições preventivas e terapêuticas indispensáveis, a juízo do médico, além de outras que o juiz considere pertinentes.

Observa-se, ainda, que quando o magistrado estiver convencido dos indícios da paternidade, deverá fixar os alimentos gravídicos até o momento do nascimento da criança, equilibrando as prestações às necessidades da autora (art. 6º da Lei n. 11.804/2008), convertendo-se os alimentos gravídicos em pensão alimentícia após o nascimento com vida da criança (parágrafo único do art. 6º da Lei n. 11.804/2008).

Impende frisar que a obrigação dos alimentos será cabível quando aquele que pretendê-los não consegue prover por meio do seu trabalho o seu próprio sustento e quando não houver prejuízo no sustento daquele que irá prover os alimentos (art. 1.695 do CC). É necessário que o reclamante demonstre que seus bens são insuficientes para garantir a sua sobrevivência. E, como percebe-se, para a obrigação alimentar é necessário atentar para a necessidade do reclamante, em confronto com a possibilidade de o reclamado prover os alimentos e a proporção justa para a interposição dos alimentos.

súmula

Súmula n. 594 do STJ – *"O Ministério Público tem legitimidade ativa para ajuizar ação de alimentos em proveito de criança ou adolescente independentemente do exercício do poder familiar dos pais, ou do fato de o menor se encontrar nas situações de risco descritas no art. 98 do Estatuto da Criança e do Adolescente, ou de quaisquer outros questionamentos acerca da existência ou eficiência da Defensoria Pública na comarca" (Súmula n. 594, 2ª Seção, j. em 25/10/2017, DJe 06/11/2017).*

Nesse sentido, após a fixação dos alimentos pode ocorrer alguma mudança na condição financeira do alimentante, não podendo mais provê-los ou então tem a possibilidade de prover mais, ou, ainda, daquele que recebe os alimentos, podendo este prover o seu próprio sustento. Nessa situação, o interessado poderá requerer ao juiz a exoneração, redução ou majoração do encargo (art. 1.699), sendo os valores das prestações da obrigação alimentar atualizados conforme o índice oficial regularmente estabelecido (art. 1.710).

Como foi abordado acima, a obrigação alimentar pode decorrer do parentesco e da dissolução da sociedade conjugal, seja por meio do divórcio ou união estável, ressaltando que a referida obrigação é transmitida aos herdeiros do devedor, conforme disposto no art. 1.694 (art. 1.700).

A obrigação alimentar por vínculo de parentesco é aquela devida entre pais e filhos, sendo extensivo aos ascendentes, devendo recair primeiro nos parentes mais próximos em grau, uns em falta de outro no caso de não possuírem condições para cumprir a obrigação (art. 1.696).

enunciado

Enunciado 342 da IV Jornada de Direito Civil – "Observadas suas condiçoes pessoais e sociais, os avós somente serão obrigados a prestar alimentos aos netos em caráter exclusivo, sucessivo, complementar e não solidário quando os pais destes estiverem impossibilitados de fazê-lo, caso em que as necessidades básicas dos alimentandos serão aferidas, prioritariamente, segundo o nível econômico-financeiro de seus genitores."

súmula

Súmula n. 596 do STJ – *"A obrigação alimentar dos avós tem natureza complementar e subsidiária, somente se configurando no caso de impossibilidade total ou parcial de seu cumprimento pelos pais" (Súmula n. 596, 2ª Seção, j. em 08/11/2017, DJe 20/11/2017).*

Quando não for possível aos ascendentes cumprirem a prestação alimentar, a obrigação será incumbida aos descendentes, resguardando a ordem sucessória, e, na falta destes, caberá aos irmãos germanos ou unilaterais (art. 1.697). Sendo assim, o art. 1.698 dispõe que:

> Se o parente, que deve alimentos em primeiro lugar, não estiver em condições de suportar totalmente o encargo, serão chamados a concorrer os de grau imediato; sendo várias as pessoas obrigadas a prestar alimentos, todas devem concorrer na proporção dos respectivos recursos, e, intentada ação contra uma delas, poderão as demais ser chamadas a integrar a lide.

Em qualquer caso, sem ocasionar prejuízo ao dever de prestar alimentos para a educação, a pessoa que está obrigada a alimentar poderá tanto pensionar o alimentando ou disponibilizar hospedagem e sustento (art. 1.701), cabendo ao magistrado a fixação das prestações (parágrafo único do art. 1.701).

Como é vedado qualquer tipo de distinção e discriminação entre os filhos, tanto os provenientes do casamento quanto os havido fora do casamento, é permitido aos últimos o direito de obter alimentos, acionando o genitor. Pode, porém, a ação de alimentos, facultado ao magistrado, correr em segredo de justiça a requerimento de qualquer uma das partes (art. 1.705 do CC/2002).

Com relação à obrigação alimentar pela dissolução do vínculo conjugal, esta ocorrerá pelo divórcio ou pela dissolução da união estável, e apesar dos arts. 1.702 e 1.704 (a princípio, parcialmente desatualizados) fazerem referência somente à separação judicial litigiosa, ambos os artigos são aplicáveis ao divórcio e a união estável.

Portanto, do mesmo modo que se extingue o direito aos alimentos pelo casamento, união estável ou o concubinato do credor (art. 1.708), este direito se extingue também quando for verificado o procedimento indigno em relação ao devedor (parágrafo único do art. 1.708). Contudo, o novo casamento do cônjuge não extinguirá a obrigação da sentença de divórcio (art. 1.709).

18.8 DO BEM DE FAMÍLIA

O bem de família, interligado ao princípio da dignidade da pessoa humana, corresponde "ao conjunto de bens que servem de moradia à pessoa ou à família, incluindo o imóvel com suas acessões, bem como os móveis que o guarnecem, e que não pode ser penhorado" (DONIZETTI; QUINTELLA, 2014, p. 1070). Encontra-se disciplinado no art. 6º da CF/1988, como direito social:

> Art. 6º São direitos sociais a educação, a saúde, a alimentação, o trabalho, a moradia, o transporte, o lazer, a segurança, a previdência social, a proteção à maternidade e à infância, a assistência aos desamparados, na forma desta Constituição.

O STJ fixou orientação no sentido de que não é possível a penhora de imóvel familiar oferecido como caução imobiliária em contratos de locação:

"De fato, considerando que a possibilidade de expropriação do imóvel residencial é exceção à garantia da impenhorabilidade, a interpretação às ressalvas legais deve ser restritiva, sobretudo na hipótese sob exame, em que o legislador optou, expressamente, pela espécie (fiança), e não pelo gênero (caução), não deixando, por conseguinte, margem a dúvidas" (REsp 866.027/SP).

E como direito social, o bem de família não pode sofrer a penhora, pois tem o intuito de proteger o direito à moradia do ser humano, conforme disposto na Súmula 364 do STJ: "o conceito de impenhorabilidade de bem de família abrange também o imóvel pertencente a pessoas solteiras, separadas e viúvas".

O bem de família possui duas espécies: a legal (prevista na Lei n. 8.009/90) e a convencional (prevista no Código Civil).

a) Legal

É aquele que decorre da lei, dispondo o art. 1º da Lei n. 8.009/90 sobre o acervo do bem de família legal:

> Art. 1º O imóvel residencial próprio do casal, ou da entidade familiar, é impenhorável e não responderá por qualquer tipo de dívida civil, comercial, fiscal, previdenciária ou de outra natureza, contraída pelos cônjuges ou pelos pais ou filhos que sejam seus proprietários e nele residam, salvo nas hipóteses previstas nesta lei.

Observa-se que a referida lei também disciplina a impenhorabilidade do bem de família, em qualquer tipo de processo, conforme art. 3º, aplicando-se em processo de execução civil, fiscal, previdenciária, trabalhista ou de outra natureza, exceto o disposto nos incisos I ao VII deste artigo.

b) Convencional

O bem de família convencional encontra-se regulado nos arts. 1.711 ao 1.722 do Código Civil de 2002, cabendo aos cônjuges ou à entidade familiar (desde que apresente escritura pública ou testamento) instituir bem de família, não podendo ultrapassar a um terço do patrimônio líquido existente ao tempo da instituição, observando as regras sobre a impenhorabilidade do imóvel residencial estabelecida em lei especial (art. 1.711).

É permitido ao terceiro instituir bem de família mediante testamento ou doação, sendo necessária a anuência expressa de ambos os cônjuges beneficiados ou da entidade familiar beneficiada (parágrafo único do art. 1.711), constituindo-se pelo registro de seu título no Registro de Imóveis (art. 1.714).

O acervo do bem de família convencional encontra-se disciplinado no art. 1.712, consistindo em: "prédio residencial urbano ou rural, com suas pertenças e acessórios, destinando-se em ambos os casos a domicílio familiar, e poderá abranger valores mobiliários, cuja renda será aplicada na conservação do imóvel e no sustento da família".

A respeito da impenhoralidade, o bem de família convencional, de acordo com art. 1.715, não poderá ser penhorado por dívidas posteriores à sua instituição, exceto as provenientes de tributos relativos ao prédio ou de despesas de condomínio, e, ocorrendo a execução da dívida, determina-se que o saldo existente será aplicado em outro prédio, como bem de família, ou em títulos da dívida pública, para sustento familiar, salvo se motivos relevantes aconselharem outra solução, a critério do juiz (parágrafo único do art. 1.715).

Quanto aos valores mobiliários, estes não poderão exceder ao valor do prédio que foi instituído em bem de família à época da sua instituição (art. 1.713), devendo ser devidamente individualizados (§ 1º do art. 1.713).

Tratando-se de títulos nominativos, a instituição do bem de família deverá ser registrada nos livros de registro (§ 2º do art. 1.713), sendo permitido ao instituidor do bem de família determinar que a administração dos valores mobiliários seja realizada por uma instituição financeira, estabelecendo a forma de pagamento da renda aos beneficiários, caso em que a responsabilidade dos administradores obedecerá às regras do contrato de depósito (§ 3º do art. 1.713).

Em consonância com art. 1.717: "o prédio e os valores mobiliários, constituídos como bem da família, não podem ter destino diverso do previsto no art. 1.712 ou serem alienados sem o consentimento dos interessados e seus representantes legais, ouvido o Ministério Público".

Quando for verificada a impossibilidade de manutenção do bem de família, requerendo as partes, o juiz poderá extinguir ou autorizar a sub-rogação dos bens, devendo ouvir o instituidor e o Ministério Público (art. 1.719).

A competência para administrar o bem de família pertence a ambos os cônjuges, e quando houver divergência entre este, caberá ao juiz resolver a divergência (art. 1.720). Todavia, em caso de falecimento de ambos os cônjuges, tal administração será incumbida ao filho mais velho, se tiver adquirido a capacidade civil. Se não for maior, caberá ao tutor administrar o bem de família (parágrafo único do art. 1.720).

Atente-se que o bem de família não se extinguirá com a dissolução da sociedade conjugal (art. 1.721), mas se a dissolução for decorrente de morte de um dos cônjuges, poderá o cônjuge sobrevivente solicitar a extinção do bem de família, no caso de ser o único bem do casal (parágrafo único do art. 1.721).

O bem de família se extinguirá com a morte de ambos os cônjuges e com a maioridade dos filhos, não podendo estes estar sujeitos a curatela (art. 1.722).

18.9 DA UNIÃO ESTÁVEL

O instituto da união estável encontra-se disciplinado no Código Civil de 2002, do art. 1.723 ao 1.727. Sobre o tema, merece enfoque que o STF reconheceu a união estável como entidade familiar, independente da diversidade de sexo. Contudo, o conceito de união estável estabelecido no art. 1.723 do CC/2002 está um pouco ultrapassado, porque ainda traz a obrigatoriedade da diversidade de sexos para a instituição da união:

> Art. 1.723. É reconhecida como entidade familiar a união estável entre o homem e a mulher, configurada na convivência pública, contínua e duradoura e estabelecida com o objetivo de constituição de família.

Como na união estável, o casal (independentemente do sexo) visa a constituição também da família, com a comunhão de vida, nas mesmas linhas do casamento, gerando o vínculo conjugal de forma livre. Dessa forma, pode-se caracterizar esta entidade familiar como a "união de pessoas que atam um vínculo conjugal no intuito de dividir uma vida de afeto" (DONIZETTI; QUINTELLA, 2014, p. 1006).

Distingue-se, por conseguinte, a união estável do **namoro qualificado** (expressão cunhada por Zeno Veloso) ou de um **noivado**, tendo em vista que tanto namorados quanto noivos não estão na posse do estado de casados, tampouco constituem família presente, externando, tão somente, um projeto de família no futuro. Por sua vez, o art. 1.727 estabelece que "as relações não eventuais entre o homem e a mulher, impedidos de casar, constituem **concubinato**".

Observa-se que as causas de impedimento para casar (art. 1.521) e as causas suspensivas (art. 1.523) se aplicam à união estável. Dessa forma, verificadas algumas destas causas, não ocorrerá a constituição da aludida entidade familiar, exceto na hipótese do art. 1.521, inciso VI, que não será aplicada à união estável se for verificado que a pessoa casada se encontra separada de fato ou judicialmente (§§ 1º e 2º, respectivamente, do art. 1.723).

No que se refere aos deveres dos companheiros, estes deverão obedecer aos deveres de lealdade, respeito e assistência, de guarda, sustento e educação dos filhos (art. 1.724). Caso os companheiros optem pela conversão da união estável em casamento, deverá ser feita mediante pedido dos companheiros ao magistrado, assentado no Registro Civil (art. 1.726).

Ademais, quanto ao regime de bens, será aplicado à união estável, no que couber, o regime da comunhão parcial de bens, salvo estipulação em contrário pelos companheiros (art. 1.725).

No ano de 2017, o STF firmou a tese de que é inconstitucional a distinção de regimes sucessórios entre cônjuges e companheiros, prevista no art. 1.790 do CC, aplicando-se para ambos o regime estabelecido no art. 1.829 do CC (STF,

Recurso Extraordinário 878.694/MG, Rel. Min. Luís Roberto Barroso). Sobre o tema, é imperioso registrar a lição de Flávio Tartuce (2021, p. 1306):

> Desse modo, para a prática familiarista, passa a ser firme a premissa de equiparação da união estável ao casamento, igualmente adotada pelo Novo CPC, como se verá a seguir. A posição deste autor é que a equiparação diz respeito apenas ao Direito das Sucessões. Assim, por exemplo, o companheiro deve ser tratado como herdeiro necessário, incluído na relação do art. 1.845 do Código Civil. Entretanto, ainda persistem diferenças entre as duas entidades familiares, especialmente no âmbito do Direito de Família, como no caso dos elementos para a sua caracterização. Não nos convence, portanto, a afirmação de que a equiparação feita pelo STF também inclui os devidos fins familiares, sendo total. Essa é a posição defendida, por exemplo, por Mário Luiz Delgado, para quem a união estável passa a ser um casamento forçado.

enunciado

Enunciado 641 da VIII Jornada de Direito Civil – "A decisão do Supremo Tribunal Federal que declarou a inconstitucionalidade do art. 1.790 do Código Civil não importa equiparação absoluta entre o casamento e a união estável. Estendem-se à união estável apenas as regras aplicáveis ao casamento que tenham por fundamento a solidariedade familiar. Por outro lado, é constitucional a distinção entre os regimes, quando baseada na solenidade do ato jurídico que funda o casamento, ausente na união estável."

18.10 DA TUTELA E CURATELA

18.10.1 Da tutela

Como foi estudado anteriormente, o dever de cuidar proveniente do poder familiar é inerente a ambos os pais, devendo ser exercido conjuntamente ou separadamente por estes. A tutela é "o encargo conferido por lei a uma pessoa capaz, para cuidar da pessoa do menor e administrar seus bens" (GONÇALVES, 2014, p. 651).

Contudo, pode ocorrer dos pais falecerem ou serem destituídos do seu poder familiar, como dispõe o art. 1.728, incisos I e II, do CC/2002, ocasião em que

> Os filhos menores são postos em tutela:
>
> I – com o falecimento dos pais, ou sendo estes julgados ausentes;
>
> II – em caso de os pais decaírem do poder familiar.

Nesse caso, será necessária a nomeação de um tutor para o menor, absolutamente incapaz ou relativamente incapaz, com o objetivo de proteger seus interesses, promovendo sempre a sua criação e educação. Todavia, a nomeação deverá ser feita pelos genitores conjuntamente por meio de testamento ou qualquer outro documento autêntico (art. 1.729, parágrafo único), sendo declarado nulo o ato de nomeação de tutor pelos genitores que não detinham o poder familiar (art. 1.730).

Contudo, pode ocorrer de os pais não deixarem testamento ou documento hábil à nomeação de um tutor. Nesse caso, será incumbido aos parentes consanguíneos e socioafetivos do menor, observando, conforme art. 1.731, incisos I e II, a seguinte ordem:

I. aos ascendentes, preferindo o de grau mais próximo ao mais remoto;

II. aos colaterais até o terceiro grau, preferindo os mais próximos aos mais remotos, e, no mesmo grau, os mais velhos aos mais moços; em qualquer dos casos, o juiz escolherá entre eles o mais apto a exercer a tutela em benefício do menor.

Cumpre destacar que, se não houver parentes que possam ser nomeados como tutores, diante da falta de testamento legítimo, quando o tutor for excluído, escusado da tutela ou quando forem removidos por não serem idôneos o tutor legítimo e o testamentário, deverá o juiz nomear um tutor idôneo e que seja residente no domicílio do menor, de acordo com art. 1.732, incisos I ao III. Deve-se ressalvar, ainda, que, quando forem irmãos órfãos, deverá ser nomeado o mesmo tutor para ambos (art. 1.733).

E, por fim, conforme previsto no Estatuto da Criança e do Adolescente (Lei n. 8.069/90), quando as crianças e os adolescentes não tiverem genitores conhecidos, falecidos, que foram suspensos ou destituídos do poder familiar, o juiz irá nomear tutores ou, quando necessário, serão incluídos em programa de colocação familiar (art. 1.734).

18.10.1.1 Dos incapazes de exercer a tutela e da escusa dos tutores

O Código Civil elenca, de forma taxativa, em seu art. 1.735, incisos I ao VI, as pessoas que não são capazes de exercer a tutela. Não podem exercer a tutela sob nenhuma condição, sendo exonerados caso venham a ser nomeados como tutores:

> I – aqueles que não tiverem a livre administração de seus bens;
>
> II – aqueles que, no momento de lhes ser deferida a tutela, se acharem constituídos em obrigação para com o menor, ou tiverem que fazer valer direitos contra este, e aqueles cujos pais, filhos ou cônjuges tiverem demanda contra o menor;
>
> III – os inimigos do menor, ou de seus pais, ou que tiverem sido por estes expressamente excluídos da tutela;
>
> IV – os condenados por crime de furto, roubo, estelionato, falsidade, contra a família ou os costumes, tenham ou não cumprido pena;

V – as pessoas de mau procedimento, ou falhas em probidade, e as culpadas de abuso em tutorias anteriores;

VI – aqueles que exercerem função pública incompatível com a boa administração da tutela.

enunciado

Enunciado 636 da VIII Jornada de Direito Civil – "O impedimento para o exercício da tutela do inc. IV do art. 1.735 do Código Civil pode ser mitigado para atender ao princípio do melhor interesse da criança."

No que se refere à **escusa dos tutores**, que trata da destituição da tutela por motivo justificável, o referido código admite situações em que o tutor pode opor-se ao exercício da tutela, como é o caso das mulheres casadas, maiores de sessenta anos; aqueles que tiverem sob sua autoridade mais de três filhos; os impossibilitados por enfermidade; aqueles que habitarem longe do lugar onde se haja de exercer a tutela; aqueles que já exercerem tutela ou curatela; e militares em serviço.

Como foi visto, na ausência de nomeação de tutor, o exercício da tutela será incumbido aos parentes consanguíneos e socioafetivos do menor, mas, caso uma pessoa, que não tiver parentesco com o menor seja nomeada tutora, não será obrigada a aceitar tal encargo, se for verificado que há parente idôneo, consanguíneo ou afim do menor, que possa exercer a tutela (art. 1.737).

O prazo para a apresentação do motivo da escusa deverá ocorrer nos 10 (dez) dias subsequentes à nomeação, e não sendo demonstrada a escusa dentro deste prazo, será entendido como renunciado o direito de alegá-la. No entanto, se a pessoa vier a apresentar o motivo da escusa que surja após aceitar a tutela, o prazo estabelecido começará a contar do surgimento da escusa (art. 1.738). Todavia, o magistrado pode não aceitar a escusa, devendo o nomeado exercer a tutela até que o recurso seja provido, respondendo pelas perdas e danos que o menor vier a sofrer (art. 1.739).

Da mesma forma, o tutor é responsável pelos prejuízos ocasionados ao menor, que possui o direito de ser ressarcido por todos os gastos que teve durante o exercício da tutela, sendo remunerado na proporção dos bens do tutelado, salvo quando o menor tiver na condição de abandono disposto no art. 1.734 (art. 1.752).

Por fim, se a pessoa vier a aceitar a condição de tutor do menor, deverá, antes de assumi-la, declarar todo o débito que o menor lhe deve. Caso não declare, não poderá cobrar a dívida futuramente, enquanto exerça a tutela, exceto se provar que não tinha conhecimento da dívida quando assumiu o exercício da tutoria (art. 1.751).

18.10.1.2 Do exercício da tutela

O exercício da tutela possui certa semelhança com o exercício do poder familiar, pois, incumbe ao tutor o cumprimento dos deveres inerentes à tutela quanto à pessoa do menor, elencada no art. 1.740, incisos I ao III. Trata-se de:

> I – dirigir-lhe a educação, defendê-lo e prestar-lhe alimentos, conforme os seus haveres e condição;
>
> II – reclamar ao juiz que providencie, como houver por bem, quando o menor haja mister correção;
>
> III – adimplir os demais deveres que normalmente cabem aos pais, ouvida a opinião do menor, se este já contar doze anos de idade.

Cumpre destacar as outras atribuições de responsabilidade do tutor (art. 1.747, incisos I ao V):

> I – representar o menor, até os dezesseis anos, nos atos da vida civil, e assisti-lo, após essa idade, nos atos em que for parte;
>
> II – receber as rendas e pensões do menor, e as quantias a ele devidas;
>
> III – fazer-lhe as despesas de subsistência e educação, bem como as de administração, conservação e melhoramentos de seus bens;
>
> IV – alienar os bens do menor destinados a venda;
>
> V – promover-lhe, mediante preço conveniente, o arrendamento de bens de raiz.

Existem alguns deveres referentes à tutela, em que o tutor dependerá de autorização judicial, como é o caso do pagamento das dívidas do menor, aceitação de heranças, legados ou doações (mesmo com encargos), transigir, vender os bens móveis cuja conservação não convier, os imóveis nos casos em que for permitido; propor em juízo as ações, ou nelas assistir o menor, e promover todas as diligências a bem deste, assim como defendê-lo nos pleitos contra ele movidos (art. 1.748, incisos I ao V). Caso venha praticar algum desses atos sem a autorização do juiz, a sua eficácia dependerá da aprovação ulterior do magistrado (parágrafo único do art. 1.748).

O art. 1.744, incisos I e II, do Código Civil estabelece que a responsabilidade do juiz, quanto à tutela, será **direta** e **pessoal**, quando não tiver nomeado o tutor, ou não o houver feito oportunamente; e **subsidiária**, quando não tiver exigido garantia legal do tutor, nem o removido, tanto que se tornou suspeito.

Por outro viés, mesmo com autorização do juiz, o tutor não poderá, sob pena de nulidade, conforme art. 1.749, incisos I a III:

> I – adquirir por si, ou por interposta pessoa, mediante contrato particular, bens móveis ou imóveis pertencentes ao menor;
>
> II – dispor dos bens do menor a título gratuito;
>
> III – constituir-se cessionário de crédito ou de direito, contra o menor.

18.10.1.3 Da cessação da tutela

A condição de tutela cessará com a maioridade ou a emancipação do menor e, ainda, ao cair o menor sob o poder familiar, no caso de reconhecimento ou adoção, em consonância com art. 1.763. Ocorrerá a interrupção do exercício da tutela (art. 1.764):

> I - ao expirar o termo, em que era obrigado a servir;
>
> II - ao sobrevir escusa legítima;
>
> III - ao ser removido.

A tutela deve ser exercida, obrigatoriamente, pelo nomeado, por dois anos (art. 1.765), mas é possível que o tutor continue no exercício além do referido prazo quando o magistrado julgar conveniente para o menor (parágrafo único do art. 1.765).

Por fim, o tutor será destituído de seu exercício quando negligente, prevaricador ou incurso em incapacidade (art. 1.766).

18.10.1.4 Da administração dos bens do tutelado

No que tange aos bens do tutelado, outro dever incumbido ao tutor, sob a inspeção do magistrado, é a administração destes bens, pautado sempre na boa-fé (art. 1.741). Para fiscalização dos atos do tutor, pode o juiz nomear um **protutor** (art. 1.742). Este terá direito a gratificação pela fiscalização que efetuar (§ 1º do art. 1.752), sendo solidariamente responsável com o tutor por todos os prejuízos ocasionados às pessoas, posto que competia fiscalizar a atividade do tutor, e as que concorreram para o dano (§ 2º do art. 1.752).

Os bens do tutelado servirão para que este seja sustentado e educado, cabendo ao juiz arbitrar a quantia que lhe parecer necessária para as despesas do menor, observando o rendimento da fortuna do tutelado, somente no caso dos pais do menor não terem estipulado (art. 1.746).

Para a entrega dos bens do menor ao tutor, é necessária a apresentação de termo que especifique tanto os bens quanto os seus valores, mesmo quando os pais do menor tenham dispensado essa especificação (art. 1.745). Caso o patrimônio do menor seja de valor considerável, poderá o juiz condicionar o exercício da tutela à prestação de caução bastante, podendo dispensá-la se o tutor for de reconhecida idoneidade (parágrafo único do art. 1.745).

Todavia, a legislação civil permite a venda dos imóveis do tutelado quando for verificada a manifesta vantagem para o menor, mas, para a venda do bem, será imprescindível a prévia avaliação judicial e aprovação do juiz (art. 1.750).

O tutor é obrigado a realizar a prestação de contas da sua administração, de dois em dois anos, bem quando deixar o exercício da tutela ou quando o juiz achar necessário a prestação. Deve, ainda, o tutor demonstrar ao juiz, todo final de ano, o balanço da administração, que será, quando aprovado pelo juiz, anexado aos autos do inventário (arts. 1.755, 1.757 e 1.756).

Outrossim, em conformidade com parágrafo único do art. 1.757, "as contas serão prestadas em juízo, e julgadas depois da audiência dos interessados, recolhendo o tutor imediatamente a estabelecimento bancário oficial os saldos, ou adquirindo bens imóveis, ou títulos, obrigações ou letras, na forma do § 1º do art. 1.753".

Quando cessada a tutela pela emancipação ou maioridade, o menor disponibilizará ao tutor a quitação, a qual não produzirá efeitos antes da aprovação das contas pelo juiz, ficando, até então, o tutor responsável (art. 1.758). Ocorrendo a morte, ausência ou interdição do tutor, as referidas contas deverão ser prestadas pelos seus herdeiros ou representantes (art. 1.759).

As despesas justificadas e reconhecidas como proveitosas para o menor serão levadas a crédito do tutor (art. 1.760), sendo que as despesas que o tutor teve por conta da prestação de contas serão pagas pelo tutelado (art. 1.761). Por fim, em conformidade com art. 1.762, "o alcance do tutor, bem como o saldo contra o tutelado, são dívidas de valor e vencem juros desde o julgamento definitivo das contas".

18.10.2 Da curatela

A curatela é cabível para as pessoas maiores que tenham perdido e seja reduzida sua capacidade de fato, declaradas interditadas por meio de sentença.

A Lei n. 13.146/2015 (Estatuto da Pessoa com Deficiência), trouxe mudanças para o texto legal do Código Civil, especificamente no art. 1.767, incisos I, III e V, revogando os incisos II e IV do referido artigo, bem como revogou os arts. 1.768 ao 1.773 e o art. 1.776 do CC/2002.

Assim, sujeitar-se-ão à curatela aqueles que, por causa transitória ou permanente, não puderem exprimir sua vontade. Recebem, portanto, todo o apoio necessário para ter preservado o direito à convivência familiar e comunitária, sendo evitado o seu recolhimento em estabelecimento que os afaste desse convívio (art. 1.777).

Nesse sentido, aos interditos serão aplicadas as mesmas regras referentes à tutela, ressalvadas as disposições do Código (art. 1.774), sendo a autoridade do curador estendida à pessoa e aos bens dos filhos do curatelado (art. 1.778). No que se refere ao exercício da curatela, igualmente, as mesmas regras do exercício da tutela serão aplicadas ao da curatela (art. 1.781 do CC/2002).

enunciado

Enunciado 637 da VIII Jornada de Direito Civil – "Admite-se a possibilidade de outorga ao curador de poderes de representação para alguns atos da vida civil, inclusive de natureza existencial, a serem especificados na sentença, desde que comprovadamente necessários para proteção do curatelado em sua dignidade."

A curatela será incumbida ao cônjuge ou companheiro, quando um for considerado interditado (art. 1.775), e, na ausência de um deste, será considerado como curador o pai ou a mãe do interdito. Faltando estes, o descendente, mais próximo, que demonstrar maior aptidão para o exercício da curatela (§§ 1º e 2º do art. 1.775). Na ausência das citadas pessoas, caberá ao juiz designar um curador (§ 3º do art. 1.775).

Se a condição de curador couber ao cônjuge e o regime de bens do casamento for de comunhão universal, não será obrigado a prestar contas, salvo por determinação judicial (art. 1.783).

enunciado

Enunciado 638 da VIII Jornada de Direito Civil – "A ordem de preferência de nomeação do curador do art. 1.775 do Código Civil deve ser observada quando atender ao melhor interesse do curatelado, considerando suas vontades e preferências, nos termos do art. 755, II, e § 1º, do CPC."

Ademais, o **pródigo** é o indivíduo que dissipa o seu patrimônio desvairadamente, correndo o risco de ver-se reduzido à miséria. Em conformidade com art. 1.782, a interdição deste somente o privará de emprestar, transigir, dar quitação, alienar, hipotecar, demandar ou ser demandado, e praticar, em geral, os atos que não sejam de mera administração.

QUADRO SINÓTICO

DIREITO DAS FAMÍLIAS	
CONCEPÇÕES SOBRE O DIREITO DE FAMÍLIA	A **família** é o **instituto basilar da sociedade**, sendo fundamental para o desenvolvimento e amadurecimento da personalidade de seus integrantes, em que se conserva a dignidade da pessoa humana, o respeito entre os familiares. A Constituição Federal de 1988 deixou de consagrar, como único modelo familiar, a **família tradicional**, admitindo novas entidades familiares, inclusive integrando as famílias **monoparentais** (quando apenas um dos pais arca com as responsabilidades de criar os filhos), **anaparental** (cujo conceito abrange não apenas, mas também as pessoas agregadas), a **homoafetiva** (resulta de uma união entre pessoas do mesmo sexo), a **eudemonista** (valoriza o afeto em detrimento dos laços de consanguinidade) e a **família extensa** (aquela que se estende para além da unidade pais e filhos ou da unidade do casal, formada por parentes próximos com os quais a criança ou adolescente convive e mantém vínculos de afinidade e afetividade).
PRINCÍPIOS DO DIREITO DE FAMÍLIA	• **Princípio da Igualdade de Direitos e Deveres entre os Cônjuges:** os direitos e deveres referentes à sociedade conjugal são exercidos igualmente pelo homem e pela mulher.

DIREITO DAS FAMÍLIAS	
PRINCÍPIOS DO DIREITO DE FAMÍLIA	**I. Princípio da Paternidade Responsável e do Planejamento Familiar:** o primeiro objetiva atribuir aos pais a condução da paternidade de forma responsável, sempre priorizando o estado físico e psíquico dos filhos, e devendo garantir a plena igualdade entre os filhos, sendo vedado qualquer tipo de discriminação. Por outro lado, o **princípio do planejamento familiar** visa a livre decisão do casal, de modo a evitar que pessoas constituam famílias sem condições de sustento. **II. Princípio do Melhor Interesse da Criança e do Adolescente:** tem como objetivo proporcionar as melhores condições de vida à criança e ao adolescente, devendo assegurar os seus direitos, bem como a proteção ao seu desenvolvimento e sua dignidade. **III. Princípio da Pluralidade das Entidades Familiares:** defende a tese de que os novos contornos sociais de constituição familiar devem ser reconhecidos e receber a efetiva proteção jurídica do Estado, sem qualquer repressão do modelo adotado, seja a família natural advinda do casamento, a monoparental, a homoafetiva, entre outros núcleos.
DO CASAMENTO	O casamento corresponde a um contrato inerente ao direito de família, em que duas pessoas visam obter uma comunhão de vida, um vínculo conjugal entre pessoas que se interligam pela vontade de constituição de uma família. O casamento religioso poderá ser equiparado ao casamento civil, desde que atenda todas as exigências estabelecidas pela lei para que se possa validá-lo corretamente, sendo obrigatória a apresentação da habilitação e o registro no Registro Civil das Pessoas Naturais, cujos efeitos começarão a produzir a partir da data da sua celebração, demonstrando, assim, um efeito retroativo. • **Características do Casamento:** **a) Ato Solene:** é necessário que atenda todas as formalidades indispensáveis estabelecidas pelo Código Civil. A inobservância dessas formalidades tornará o casamento inexistente. **b) Comunhão Plena de Vida:** o casamento irá estabelecer uma plena comunhão de vida entre o casal. **c) Normas de Ordem Pública:** o direito de família possui natureza jurídica de ordem pública, não podendo ser afastada, nem mesmo por acordo entre as partes. **d) Negócio Jurídico:** o casamento corresponde a um negócio jurídico puro e simples, não podendo estar submetido a condição, termo ou encargo. **e) Dissolubilidade:** é possível a dissolução da sociedade conjugal por vontade do casal ou de somente uma das partes por meio do divórcio. **f) Livre Escolha do Casal:** o casamento é realizado mediante manifestação de vontade do casal, seja de forma pessoal ou por procuração. • **Do Procedimento para o Casamento:** **g) Capacidade para o Casamento:** a capacidade para casar se dá a partir dos 16 anos, mas, para isso, é preciso de autorização de ambos os pais ou do representante legal para a realização do casamento, até que o nubente atinja a maioridade civil.

<table>
<tr><th colspan="2">DIREITO DAS FAMÍLIAS</th></tr>
<tr><td>DO CASAMENTO</td><td>

h) **Processo de Habilitação para o Casamento:** sendo o casamento um ato solene e formal, é necessário realizar o procedimento da habilitação e a sua celebração. O processo de habilitação consiste em verificar se os noivos atendem todas as exigências estabelecidas pelo Código Civil, apurando se existe alguma causa de impedimento ou suspeição.

i) **Celebração do Casamento:** o casamento será celebrado com a presença dos noivos ou mediante procuração, por instrumento público, com poderes especiais, no lugar, dia e hora convencionados. O momento da **celebração** se dará com a declaração de vontade dos noivos em se casarem, de forma clara e inequívoca. Com a celebração do casamento, é necessário realizar o **assentamento** no livro de registro, cuja finalidade é dar publicidade ao ato e, precipuamente, servir de prova de sua realização, bem como do regime de bens.

• **Dos Impedimentos:**

a) **Impedimentos Resultantes do Parentesco:** pode ser referente a consanguinidade, a afinidade e a adoção.

b) **Impedimento Resultante de Casamento:** pessoas que se encontram ainda casadas não poderão contrair outro casamento.

c) **Impedimento Decorrente de Crime:** decorre da condenação por homicídio ou tentativa de homicídio contra o seu consorte.

• **Das Causas Suspensivas:**

Diferentemente das causas de impedimento, não invalidam o casamento. Correspondem a situações em que determinadas pessoas não devem contrair matrimônio, com intuito de evitar uma confusão de patrimônios e, possivelmente, um eventual prejuízo.

I. O viúvo ou a viúva que tiver filho do cônjuge falecido, enquanto não fizer inventário dos bens do casal e der partilha aos herdeiros.

II. A viúva, ou a mulher cujo casamento se desfez por ser nulo ou ter sido anulado, até dez meses depois do começo da viuvez, ou da dissolução da sociedade conjugal.

III. O divorciado, enquanto não houver sido homologada ou decidida a partilha dos bens do casal.

IV. O tutor ou o curador e os seus descendentes, ascendentes, irmãos, cunhados ou sobrinhos, com a pessoa tutelada ou curatelada, enquanto não cessar a tutela ou curatela, e não estiverem saldadas as respectivas contas.

• **Da Invalidade do Casamento:**

a) **Causas de Nulidade:** quando for verificado que houve a prática de uma das causas de impedimento.

b) **Causas de Anulabilidade:** corresponde a situações que trazem vícios em sua formalidade como a ausência de idade núbil, vício de vontade, entre outros. Hipóteses:

</td></tr>
</table>

<table>
<tr><th colspan="2">DIREITO DAS FAMÍLIAS</th></tr>
<tr><td>DO CASAMENTO</td><td>I. De quem não completou a idade mínima para casar;
II. Do menor em idade núbil, quando não autorizado por seu representante legal;
III. Por vício da vontade;
IV. Do incapaz de consentir ou manifestar, de modo inequívoco, o consentimento;
V. Realizado pelo mandatário, sem que ele ou o outro contraente soubesse da revogação do mandato, e não sobrevindo coabitação entre os cônjuges;
VI. Por incompetência da autoridade celebrante;

• Dissolução da Sociedade e do Vínculo Conjugal: termina pela morte de um dos cônjuges; pela nulidade ou anulação do casamento; pela separação judicial; e pelo divórcio.
Vale destacar a alteração que a Emenda Constitucional n. 66, de 2010, deu ao art. 226, § 6º, da CF/88, estabelecendo que: "o casamento civil pode ser dissolvido pelo divórcio", retirando a exigência de prévia separação judicial por mais de um ano ou a comprovação da separação de fato por mais de 2 anos. É o chamado divórcio direto.</td></tr>
<tr><td>PARENTESCO</td><td>As relações de parentesco correspondem ao vínculo que une pessoas em uma estrutura familiar, que pode se originar de forma natural, civil ou por adoção.
Parentesco natural é aquele que decorre da consanguinidade, enquanto o parentesco civil se origina do casamento ou da união estável, em que cada cônjuge ou companheiro será somente aliado aos ascendentes, aos descendentes e aos irmãos de seu cônjuge ou companheiro (parentesco por afinidade).
Na linha reta, o parentesco por afinidade não se extinguirá pela dissolução do casamento ou da união estável.
Os parentes em linha reta são aquelas pessoas que são ascendentes e descendentes uma das outras, ligadas pelo mesmo tronco familiar, tais como: avô, pai/mãe, filho, neto e por assim em diante. Já os parentes em linha colateral, são aqueles ligados por um ascendente em comum, provenientes de um só tronco, mas sem descender um do outro e somente ligados até o quarto grau (art. 1.592), que são os irmãos (cunhados), tios, sobrinhos e primos.
Filiação: decorre do vínculo de parentesco e corresponde à ligação entre os filhos, havidos ou não na constância do casamento ou por meio da adoção, e os seus genitores.</td></tr>
<tr><td>DO PODER FAMILIAR</td><td>No ordenamento jurídico brasileiro, o(s) filho(s) recebe(m) proteção maior, cabendo ao Estado o dever de fiscalizar o seu efetivo cumprimento, visto que o exercício do poder familiar se encontra intrínseco ao desenvolvimento psíquico e emocional. Sendo assim, em conformidade com o art. 1.630: "os filhos estão sujeitos ao poder familiar, enquanto menores".</td></tr>
</table>

DIREITO DAS FAMÍLIAS	
DO PODER FAMILIAR	O Código conferiu a titularidade e igualdade de tratamento a ambos os responsáveis pelo menor. Assim, durante o casamento e a união estável, compete o poder familiar aos pais; na falta ou impedimento de um deles, o outro o exercerá com exclusividade. Ocorrendo alguma divergência entre os pais, caberá ao magistrado decidir a lide. A **perda do poder familiar,** por meio de ato judicial, corresponde a medida extrema de proteção dos filhos imposta pelo direito. Já **suspensão do poder familiar** significa que a interrupção temporária do exercício do poder familiar imposta aos pais, desde que comprovado o abuso da autoridade familiar, caracterizado pela inidoneidade na gestão dos interesses do(s) filho(s) e pela ausência de zelo quanto à segurança e interesses do(s) filho(s). Por fim, **extinção do poder familiar** significa a cessação peremptória do exercício do poder familiar.
DO REGIME DE BENS	Para o casamento, é necessária, antes da celebração deste, a estipulação do regime de bens por ambos os cônjuges, especialmente, no que diz respeito à regulação dos direitos patrimoniais e dos direitos sucessórios para a administração deles. Caso não haja convenção do regime de bens, ou que esta seja considerada nula ou ineficaz, irá vigorar o regime de bens da comunhão parcial de bens entre os cônjuges (art. 1.640). O **pacto antenupcial** (contrato em que os nubentes estabelecem disposições patrimoniais anteriores do casamento), deve ser feito por meio de escritura pública, no processo de habilitação (parágrafo único do art. 1.640). **I. Do Regime de Comunhão Parcial de Bens:** também conhecido como regime legal ou supletivo, é aquele aplicado nas situações em que os cônjuges não estabeleceram no pacto antenupcial qual tipo de regime iria reger o casamento, ou, no caso de a convenção ter sido considerada nula e ineficaz. Existem bens que não se comunicam com outros, como é o caso dos bens adquiridos pelos cônjuges antes do casamento. **II. Do Regime de Comunhão Universal de Bens:** caracteriza-se pela existência de um único patrimônio, que importa em uma espécie de condomínio entre os cônjuges, solúvel pelo fim da vida em comum, integrado por todos os bens presentes e futuros dos cônjuges, inclusive suas dívidas. **III. Do Regime de Participação Final nos Aquestos:** corresponde a um regime misto, pois cada cônjuge terá seu patrimônio próprio e, com a dissolução da sociedade conjugal, cada um terá direito à metade dos bens adquiridos pelo casal na constância do casamento. **IV. Do Regime de Separação de Bens:** cada um dos cônjuges será responsável pela administração exclusiva de seus bens, sendo-lhe permitido alienar ou gravar de ônus real. Ambos os cônjuges ficarão obrigados a contribuir para as despesas familiares, na proporção dos rendimentos do seu trabalho e de seus bens, exceto quando houver estipulação em contrário no pacto antenupcial.

DIREITO DAS FAMÍLIAS	
DOS ALIMENTOS	Para o ordenamento jurídico, o instituto do alimento refere-se às condições essenciais e necessárias para todo ser humano, com o objetivo de disponibilizar o mínimo de subsistência para o indivíduo, como a saúde, habitação, educação, alimentação, entre outros, não podendo ser renunciado (art. 1.707) e são irrepetíveis (aquele que disponibiliza os alimentos não pode exigi-los de volta daquele que os recebeu), pelo seu caráter personalíssimo, cabendo aos cônjuges ou companheiros solicitar os alimentos uns aos outros.
DO BEM DE FAMÍLIA	Corresponde ao conjunto de bens que servem de moradia à pessoa ou à família que, em razão do princípio da dignidade da pessoa humana, não pode ser penhorado.
DA UNIÃO ESTÁVEL	Na união estável, o casal (independente do sexo) visa a constituição também da família, com a comunhão de vida, nas mesmas linhas do casamento, gerando o vínculo conjugal de forma livre. As causas de impedimento para casar (art. 1.521) e as causas suspensivas (art. 1.523) se aplicam à união estável. Quanto ao regime de bens, será aplicado à união estável, no que couber, o regime da comunhão parcial de bens, salvo estipulação em contrário pelos companheiros.
DA TUTELA E CURATELA	**a) Tutela:** encargo conferido por lei a uma pessoa capaz, para cuidar da pessoa do menor e administrar seus bens. **b) Curatela:** cabível para as pessoas maiores que tenham perdido ou seja reduzida sua capacidade de fato, declaradas interditadas por meio de sentença.

19

DIREITO DAS SUCESSÕES

19.1 NOÇÕES ACERCA DAS DISPOSIÇÕES GERAIS DA SUCESSÃO

Neste tópico, será estudado outro ramo do direito civil, o direito das sucessões, que trata da transmissão de titularidade do patrimônio, de relações jurídicas essencialmente patrimoniais, em razão da morte, isto é, corresponde a sucessão pela qual uma pessoa (ou várias) assume o lugar do autor da herança, o morto, substituindo-o na titularidade de determinados bens e direitos. A sucessão pode se dar:

I. entre vivos (***inter vivos***): é o ato de vontade dos sujeitos – do sucedendo, que se manifesta no sentido da transmissão, e do sucessor, que a aceita (DONIZETTI; QUINTELLA, 2014, p. 1103), como o casamento, contrato de compra e venda;

II. após a morte (***causa mortis***): que, como o próprio nome já esclarece, é o ato realizado após o falecimento do autor da herança (ou ***de cujus***), transmitindo aos seus sucessores o respectivo patrimônio.

Contudo, a sucessão *inter vivos* importa mais para o direito de família, o direito das coisas, dentre outros ramos do direito civil. Não obstante, para o direito das sucessões, o que importa para a sua fundamentação é a sucessão *causa mortis*, também chamada de sucessão hereditária. Ressalta-se que a sucessão e a legitimidade para suceder serão reguladas pela lei vigente ao tempo da abertura daquela (art. 1.787 do CC).

Na união estável, conforme redação original do CCB, os companheiros participariam da sucessão do outro referente aos bens adquiridos na vigência desta, observando, de acordo com art. 1.790, incisos I ao IV, as seguintes formalidades:

> I – se concorrer com filhos comuns, terá direito a uma quota equivalente à que por lei for atribuída ao filho;

II – se concorrer com descendentes só do autor da herança, tocar-lhe-á a metade do que couber a cada um daqueles;

III – se concorrer com outros parentes sucessíveis, terá direito a um terço da herança;

IV – não havendo parentes sucessíveis, terá direito à totalidade da herança.

Vale destacar, porém, que o STF, apreciando o tema 809 da Repercussão Geral, reconheceu de forma incidental a inconstitucionalidade do art. 1.790 do CC/2002 e declarou o direito da recorrente a participar da herança de seu companheiro em conformidade com o regime jurídico estabelecido no art. 1.829 do Código Civil de 2002, fixando a seguinte tese:

> É inconstitucional a distinção de regimes sucessórios entre cônjuges e companheiros prevista no art. 1.790 do CC/2002, devendo ser aplicado, tanto nas hipóteses de casamento quanto nas de união estável, o regime do art. 1.829 do CC/2002.

enunciado

O Enunciado 641, da VIII Jornada de Direito Civil do CJF aduz:

"A decisão do Supremo Tribunal Federal que declarou a inconstitucionalidade do art. 1.790 do Código Civil não importa equiparação absoluta entre casamento e união estável. Estendem-se à união estável apenas as regras aplicáveis ao casamento que tenham por fundamento a solidariedade familiar. Por outro lado, é constitucional a distinção entre os regimes, quando baseada na solenidade do ato jurídico que funda o casamento, ausente na união estável".

A sucessão *causa mortis* pode ser feita a **título universal** (transmissão de um conjunto de bens não individualizados) e a **título singular** (transmissão de um bem específico).

É importante, antes de adentrar no mérito da abertura da sucessão, da herança e sua administração, entre outros procedimentos a serem seguidos, apresentar o significado dos termos, bem como a classificação da sucessão e dos sucessores, que serão utilizados a partir desse momento:

a) **Autor da Herança (ou *de cujus*):** corresponde àquele que faleceu e deixou bens a serem transmitidos para os seus sucessores.

b) **Herança e Legado:** herança é o patrimônio deixado pelo *de cujus*. Esse patrimônio é chamado de espólio – conjunto de bens, ao qual foi conferida personalidade jurídica (em conjunto com os herdeiros do morto). A herança corresponde ao somatório dos bens e dívidas, créditos e débitos, direitos e obrigações, pretensões e ações de que era titular o falecido, assim como as que contra ela propostas, desde que transmissíveis (GONÇALVES, 2014, p. 695). Já o legado é o bem ou conjunto de bens individualizados na herança (DONIZETTI; QUINTELLA, 2014, p. 1105).

c) **Sucessor:** também chamado de beneficiário, herdeiro ou legatário. É a pessoa que irá receber o patrimônio deixado pelo falecido. É importante diferenciar o herdeiro do legatário; **herdeiro** é aquele, a título universal, que recebe a herança no todo ou uma cota-parte desta, enquanto o **legatário** é aquele que recebe, a título singular, um determinado bem, especificado no legado.

O herdeiro pode ser **legítimo** (aquele indicado pela lei como sucessor - art. 1.829) ou **testamentário** (indicado em testamento, observadas as regras para dispor do patrimônio). Observa-se que o herdeiro legítimo se divide em herdeiros necessários e facultativos. O **herdeiro necessário** é o parente ou o cônjuge com direito a uma quota-parte da herança, da qual não pode ser privado. Incluem-se os **descendentes**, os **ascendentes** e o **cônjuge**. Por outro lado, o **herdeiro facultativo** é aquele que herda na falta de herdeiros necessários e de testamento que disponha sobre o destino do espólio. Essa espécie de herdeiro pode ser excluída da sucessão quando o falecido deixar os seus bens por meio de testamento para outro herdeiro.

No que se refere à classificação da sucessão, de acordo com art. 1.786, esta poderá ocorrer por meio de lei ou por disposição de última vontade, sendo assim, a sucessão pode ser:

a) **Legítima:** a sucessão legítima é aquela que decorre da disposição de lei, observando a ordem de vocação hereditária disposta nos arts. 1.829 ao 1.844. Se uma pessoa vier a falecer sem deixar testamento, a herança será transmitida aos herdeiros legítimos, conforme a ordem de vocação hereditária. O mesmo ocorre com os bens que não forem compreendidos no testamento, ressaltando, ainda, que a sucessão legítima subsistirá no caso em que o testamento vier a caducar ou for verificada alguma nulidade (art. 1.788).

b) **Testamentária:** a sucessão testamentária se dá por disposição de última vontade. É cabível ao testador dispor de sua herança para quem ele quiser. Todavia, havendo herdeiros necessários, somente poderá dispor de metade da herança, sendo a outra metade dividida entre os herdeiros necessários (art. 1.789).

No caso de cônjuges casados no regime da comunhão universal de bens, estes terão seus bens divididos por meação em duas partes. Dessa forma, cada um somente poderá dispor da metade de cada meação, porque somente poderá dispor da metade do seu patrimônio quando houver herdeiros necessários. E como preleciona Gonçalves (2014, p. 798), separa-se, antes da partilha, a do cônjuge sobrevivente. Essa meação não se confunde com a herança, que é a parte deixada pelo *de cujus*. O cônjuge sobrevivo apenas conserva aquilo que já era seu e que estava em condomínio.

Após a divisão do patrimônio do casal, a meação do *de cujus* ainda será dividida em duas partes, a parte legítima, que é destinada aos herdeiros necessários, e a parte disponível, que é aquela em que o testador poderá dispor livremente, independente da presença dos herdeiros necessários.

Quanto à classificação dos sucessores, o **sucessor a título universal** (herdeiro) pode receber o patrimônio por força de lei ou por conta da vontade expressa do autor da herança, manifestada em declaração de última vontade, chamada de testamento. Pode esse sucessor receber a herança por inteira e sozinha, mediante auto de adjudicação (e não partilha) lavrado no inventário, seja em virtude de lei, seja em virtude de renúncia dos outros herdeiros ou de testamento (GONÇALVES, 2014, p. 701). Já o legatário é **sucessor a título singular**, pois recebe um bem especificado, determinado no legado, ou seja, é o patrimônio individualizado.

No que se refere a abertura da sucessão, fundamentado no princípio da ***saisine***, quando aberta, a transmissão da herança ocorrerá desde logo, aos herdeiros legítimos e testamentários (art. 1.784), devendo ser aberta no lugar do último domicílio do falecido (art. 1.785).

No caso de o autor da herança não possuir domicílio certo para a abertura da sucessão, é competente o foro da situação dos bens imóveis. Caso haja vários bens, o foro competente será de qualquer um destes, e, não havendo imóveis, o foro competente será o do local de qualquer dos bens do espólio (art. 48, parágrafo único, incisos I, II e III, do CPC/2015).

Imprescindível que a sucessão para ocorrer depende da comprovação de alguns fatos, como a morte do *de cujus* ou que este tenha deixado herdeiro. A respeito do falecimento do *de cujus*, este pode ocorrer de forma natural ou presumida. Neste último, é necessário um pouco mais de atenção, observando sempre ao disposto nos arts. 6º e 7º do Código Civil.

De outra maneira, outro pressuposto da sucessão é a presença de herdeiro. Caso não haja, a herança será destinada, segundo o art. 1.844 do CC, ao ente público:

> Art. 1.844. Não sobrevivendo cônjuge, ou companheiro, nem parente algum sucessível, ou tendo eles renunciado a herança, esta se devolve ao Município ou ao Distrito Federal, se localizada nas respectivas circunscrições, ou à União, quando situada em território federal.

19.2 DA HERANÇA E DE SUA ADMINISTRAÇÃO

A herança, em conformidade com art. 1.791 do CC/2002, será deferida como um todo unitário, mesmo que existam vários herdeiros. Nesse sentido, o direito à propriedade e posse da herança pertencentes aos coerdeiros será indivisível até a partilha, sendo estes direitos regulados pelas normas referentes ao condomínio (parágrafo único do art. 1.791).

Na administração da herança, os sucessores não serão responsáveis por dívidas que sejam superiores às forças da herança (art. 1.792), lembrando que, no momento do inventário, é necessário que seja realizado um levantamento de todos os bens que compõem o patrimônio do falecido, tanto os bens imóveis e móveis quanto as dívidas contraídas por este. Contudo, se os seus valores ultrapassarem a herança, não se configura a responsabilidade dos herdeiros pelo excedente. Nesse sentido, a partilha dos bens somente ocorrerá após o pagamento das dívidas. Assim, o que restar será dividido entre os sucessores do *de cujus*.

Importante ressaltar que o Código Civil não admite a modalidade da cessão de direitos hereditários, que se trata do negócio jurídico translativo ***inter vivos***, pois só pode ser celebrado depois da abertura da sucessão. No entanto, após a abertura da sucessão, poderá ser objeto de cessão de direito hereditário por meio de escritura pública (art. 1.793). Todavia, o herdeiro somente poderá ceder o seu quinhão, a título universal, antes do julgamento da partilha. Quando esta for julgada, não haverá mais a possibilidade por conta da indivisibilidade dos bens.

No caso de o coerdeiro ceder bem da herança a título singular, a cessão será ineficaz (§ 2º do art. 1.793). Com feito, em 2020, a 3ª Turma do STJ firmou posicionamento no sentido de que a cessão dos direitos hereditários de bens singulares

> [...] desde que celebrada por escritura pública e não envolva o direito de incapazes, não é negócio jurídico nulo, tampouco inválido, ficando apenas a sua eficácia condicionada a evento futuro e incerto, consubstanciado na efetiva atribuição do bem ao herdeiro cedente por ocasião da partilha. Se o negócio não é nulo, mas tem apenas a sua eficácia suspensa, a cessão de direitos hereditários sobre bem singular viabiliza a transmissão da posse, que pode ser objeto de tutela específica na via dos embargos de terceiro (REsp 1.809.548/SP, Rel. Min. Ricardo Villas Bôas Cueva, j. 19.05.2020, *DJe* 27.05.2020).

Também será considerada ineficaz a cessão de bem pertencente ao acervo hereditário que se encontre pendente a indivisibilidade sem a prévia autorização do juiz da sucessão (§ 3º do art. 1.793). O § 1º do referido artigo dispõe que os direitos conferidos ao herdeiro em consequência de substituição ou de direito de acrescer, presumem-se não abrangidos pela cessão feita anteriormente.

A cessão de direito a pessoa estranha à sucessão somente será cabível se o outro coerdeiro não a quiser. Caso contrário, esta não será permitida, pois o outro coerdeiro possui o direito de preferência (art. 1.794).

É necessário que o coerdeiro tenha ciência da cessão de direito hereditário por parte do outro coerdeiro, justamente por causa do direito de preferência. Se este não tiver conhecimento da cessão, poderá reaver a quota cedida ao terceiro estranho à relação, desde que depositado o preço até o prazo de 180 (cento e oitenta) dias após a transmissão (art. 1.795). Sendo vários os coerdeiros a exercer a preferência, entre eles se distribuirá o quinhão cedido, na proporção das respectivas quotas hereditárias (parágrafo único do art. 1.795).

O inventário do patrimônio hereditário deverá ser instaurado dentro de 30 (trinta) dias a contar da abertura da sucessão, devendo ser realizado no juízo competente do lugar em que a sucessão foi aberta para fins de liquidação ou partilha da herança, quando necessário (art. 1.796).

Até o compromisso do inventariante, a administração da herança caberá, de acordo com art. 1.797, incisos I ao IV:

> I – ao cônjuge ou companheiro, se com o outro convivia ao tempo da abertura da sucessão;
>
> II – ao herdeiro que estiver na posse e administração dos bens, e, se houver mais de um nessas condições, ao mais velho;
>
> III – ao testamenteiro; e
>
> IV – a pessoa de confiança do juiz, na falta ou escusa das indicadas nos incisos antecedentes, ou quando tiverem de ser afastadas por motivo grave levado ao conhecimento do juiz.

19.3 DA VOCAÇÃO HEREDITÁRIA

No que tange à vocação hereditária, as pessoas nascidas ou já concebidas no momento da abertura da sucessão possuem a legitimidade para suceder, tanto na sucessão legítima quanto na testamentária, em conformidade com art. 1.798. Entretanto, aquelas pessoas que se encontram, expressamente, impedidas por lei não possuem legitimidade para a sucessão.

Todavia, há, ainda, uma ressalva quanto à sucessão testamentária. Poderá suceder, de acordo com art. 1.799, incisos I ao III:

> I – Os filhos, ainda não concebidos, de pessoas indicadas pelo testador, desde que vivas estas ao abrir-se a sucessão.

Neste caso, após a liquidação ou partilha, a guarda dos bens será confinada ao curador nomeado pelo magistrado (art. 1.800). Entrementes, a curatela caberá à pessoa cujo filho o testador esperava ter por herdeiro e, sucessivamente, às pessoas indicadas no art. 1.775, salvo disposição em contrário (§ 1º do art. 1.800).

O § 2º do art. 1.800 destaca que, no que se refere aos poderes, deveres e responsabilidades do curador, assim nomeado, serão regidos pelas disposições concernentes à curatela dos incapazes, no que couber. Com o nascimento com vida do herdeiro esperado, será deferida a sucessão, bem como os frutos e os rendimentos a partir da morte do testador (§ 3º do art. 1.800).

Entretanto, após o prazo de dois anos da abertura da sucessão, desde que não seja concebido nenhum herdeiro esperado, os bens reservados caberão aos herdeiros legítimos, salvo disposição em contrário do testador (§ 4º do art. 1.800).

> II – As pessoas jurídicas.

Para que estas possam suceder na sucessão testamentária, é necessária a comprovação da existência legal, que ocorre, de acordo com art. 45 do Código Civil, com a inscrição do ato constitutivo no respectivo registro, precedida, quando necessário, de autorização ou aprovação do Poder Executivo, averbando-se no registro todas as alterações por que passar o ato constitutivo.

> III - As pessoas jurídicas, cuja organização for determinada pelo testador sob a forma de fundação.

Refere-se ao fato de ser permitido ao testador criar uma fundação, mediante a dotação de bens livres e desembaraçados, para fins religiosos, morais, culturais ou de assistência (art. 62, parágrafo único).

Por outro lado, o Código Civil estabelece as pessoas que não poderão ser nomeadas como herdeiros e legatários, conforme o art. 1.801, incisos I ao IV:

> I - a pessoa que, a rogo, escreveu o testamento, nem o seu cônjuge ou companheiro, ou os seus ascendentes e irmãos;
>
> II - as testemunhas do testamento;
>
> III - o concubino do testador casado, salvo se este, sem culpa sua, estiver separado de fato do cônjuge há mais de cinco anos; e
>
> IV - o tabelião, civil ou militar, ou o comandante ou escrivão, perante quem se fizer, assim como o que fizer ou aprovar o testamento.

Outro impedimento disposto no referido código é quanto à simulação de contrato oneroso ou a realização de interposição de pessoas. Nesse sentido, serão consideradas nulas todas as disposições testamentárias que forem realizadas em favor de pessoas que não são legitimadas a suceder (art. 1.802).

No que se refere à interposição de pessoas, serão presumidas como interpostas os ascendentes, os descendentes, os irmãos e o cônjuge ou companheiro do não legitimado a suceder (parágrafo único do art. 1.802).

19.4 DA ACEITAÇÃO E RENÚNCIA DA HERANÇA

Com a abertura da sucessão, como foi visto, conforme o art. 1.784, a herança será transmitida logo aos herdeiros, tanto os legítimos quanto os testamentários. Todavia, o Código Civil concede a esses herdeiros a faculdade de aceitar ou renunciar à herança.

No que se refere à aceitação da herança, esta trata-se de uma **confirmação**, uma vez que a aquisição dos direitos sucessórios não depende da aceitação. Nesse sentido, aceitação ou adição da herança é o ato pelo qual o herdeiro anui à transmissão dos bens do *de cujus*, ocorrida por lei com a abertura da sucessão, confirmando-a (GONÇALVES, 2014, p. 723).

Quando a herança é aceita, opera-se o efeito retroativo (*ex tunc*), tornando-se definitiva com a sua transmissão ao herdeiro logo após a abertura da sucessão (art. 1.804), mas, quando o herdeiro renuncia à herança, a transmissão da herança ter-se-á por não verificada (parágrafo único do art. 1.804).

Ressalta-se que, tanto a aceitação quanto a renúncia, não admitem a manifestação de vontade parcial ou sob condição ou termo (art. 1.808). Ambas correspondem a atos irrevogáveis, sendo aceita ou renunciada a herança, não poderão ser revogadas posteriormente (art. 1.812).

A aceitação comporta três espécies: **expressa**, **tácita** e **presumida**. Quando a herança é aceita expressamente, será feita mediante declaração por escrito, enquanto, quando aceita tacitamente, resultará da prática de atos próprios da qualidade de herdeiro (art. 1.805). Atos oficiosos, como é caso do funeral do finado, os meramente conservatórios ou de administração e guarda provisória não expressam o aceite da herança (§ 1º do art. 1.805), bem como a cessão gratuita pura e simples da herança não importará na aceitação (§ 2º do art. 1.805).

A forma presumida da aceitação encontra-se disposta no art. 1.807, estabelecendo que é facultado ao interessado, no prazo de 20 dias após a abertura da sucessão, não ultrapassando 30 (trinta) dias, requerer ao juiz que aquele herdeiro, que não se manifestou, pronuncie-se, sob pena de presumir como aceita a herança.

Por outro lado, a **renúncia da herança**, que corresponde ao **negócio jurídico unilateral**, pelo qual o herdeiro manifesta a intenção de se demitir dessa qualidade (GONÇALVES, 2014, p. 729), somente será feita de forma expressa por meio de instrumento público ou termo judicial (art. 1.806). Como na aceitação, gera-se o efeito retroativo. Nesse sentido, na sucessão legítima, o renunciante terá a sua quota-parte acrescida à dos outros herdeiros da mesma classe, mas quando for o único herdeiro, a quota será distribuída entre os herdeiros da classe seguinte (art. 1.810).

Em caso de morte do herdeiro antes de declarar se aceita ou não a herança, esse direito passará aos sucessores dele, desde que se trate de vocação adstrita a uma condição suspensiva ainda não verificada (art. 1.809). Contudo, os sucessores do herdeiro falecido, para que possam aceitar a primeira herança, têm que concordar em receber a segunda herança (parágrafo único do art. 1.809).

O ordenamento jurídico proíbe a sucessão do herdeiro renunciante, exceto se este for o único herdeiro legítimo da sua classe ou no caso em que todos os herdeiros da mesma classe renunciem à herança. Nessas situações é que será permitida a sucessão dos filhos destes, por direito próprio e por cabeça (art. 1.811).

Caso a renúncia da herança venha a prejudicar os seus credores, será permitido a eles, com autorização do juiz, aceitar a herança em nome do renunciante (art. 1.813). A habilitação deverá ser feita dentro dos 30 (trinta) dias subsequentes ao conhecimento do fato (§ 1º do art. 1.813). Sendo pagas as dívidas, prevalecerá a renúncia quanto ao remanescente, devolvendo-se aos herdeiros (§ 2º do art. 1.813).

Ademais, imprescindível observar que, sendo aceita a herança, incidirá o Imposto sobre Transmissão *Causa Mortis* e Doação – ITCMD.

19.5 DOS EXCLUÍDOS DA SUCESSÃO

Como foi abordado, após a abertura da sucessão, transmite-se a herança aos herdeiros que possuem a legitimidade para suceder. Não possuindo tal legitimidade, não podem adquirir a herança do *de cujus*. O Código Civil elenca as hipóteses de **indignidade**, instituto distinto da **ilegitimidade**.

Dessa forma, a exclusão por indignidade somente **obstaculiza a conservação da herança**, enquanto a falta de legitimação para suceder **impede que surja** o direito à sucessão (GONÇALVES, 2014, p. 740, grifo do autor).

Nesse sentido, o art. 1.814, incisos I ao III, do CC/2002, dispõe que estão excluídos da sucessão por indignidade os herdeiros ou legatários:

> I – que houverem sido autores, coautores ou partícipes de homicídio doloso, ou tentativa deste, contra a pessoa de cuja sucessão se tratar, seu cônjuge, companheiro, ascendente ou descendente.

Nesse caso, basta que o herdeiro ou legatário tenha participado do crime de homicídio ou a tentativa contra a pessoa de que trata a sucessão. Veja que se refere ao homicídio doloso, pois o culposo não será considerado como causa de exclusão.

> II – que houverem acusado caluniosamente em juízo o autor da herança ou incorrerem em crime contra a sua honra, ou de seu cônjuge ou companheiro.

O referido inciso diz respeito à denúncia de calúnia e crimes contra a honra do autor da herança, cônjuge ou companheiro daquele. Corresponde à prática de atos que ferem e ofendem a memória destes, mas, para a efetiva exclusão, é necessário, em decorrência da prática desses crimes, tenha sido acusado em juízo.

> III – que, por violência ou meios fraudulentos, inibirem ou obstarem o autor da herança de dispor livremente de seus bens por ato de última vontade.

A conduta do herdeiro ou legatário implica indignidade, quando a inibição ou impedimento são exercidos mediante violência (ação física) ou fraude (psicológica). A regra em apreço tem por objetivo preservar a liberdade de testar.

Todavia, diante de tudo o que foi exposto, da mesma forma que o ordenamento jurídico prevê as possibilidades de exclusão do herdeiro ou legatário, admite-se o perdão e a possibilidade de reabilitação do excluído. Essa situação será cabível quando o ofendido tiver reabilitado o indigno expressamente em testamento ou ato autêntico, realizado mediante instrumento público ou particular, sendo necessário, para tanto, que o escrivão o autentique (art. 1.818).

Se a reabilitação não tiver sido feita de forma expressa, será considerado o perdão de forma tácita quando o indigno, que se encontrar contemplado em testamento do ofendido, após este conhecer da indignidade. Permite-se, portanto, ao indigno suceder, observando os limites da disposição testamentária (parágrafo único do art. 1.818).

Ressalta-se que, para a exclusão do herdeiro ou legatário, é necessário que esta seja declarada por sentença (art. 1.815). O prazo decadencial para a exclusão será de 4 (quatro) anos contados a partir da abertura da sucessão (§ 1º do art. 1.815), sendo que, "na hipótese do inciso I do art. 1.814, o Ministério Público tem legitimidade para demandar a exclusão do herdeiro ou legatário" (§ 2º do art. 1.815)

A exclusão gera efeitos pessoais, sucedendo os descendentes do herdeiro do excluído. Essa sucessão será como se o excluído estivesse morto antes da abertura da sucessão (art. 1.816), mas este não possuirá o direito ao usufruto e à administração dos bens que couberem aos seus sucessores e nem a sucessão desses bens (parágrafo único do art. 1.816).

O art. 1.817 estabelece que serão **válidas as alienações onerosas de bens hereditários a terceiros de boa-fé, e os atos de administração legalmente praticados pelo herdeiro, antes da sentença de exclusão; mas aos herdeiros subsiste, quando prejudicados, o direito de demandar-lhe perdas e danos**, obrigando o excluído a realizar a restituição dos frutos e rendimento percebidos pela herança. Contudo, possui o direito de ser indenizado pelas despesas que teve por conta da conservação destes (parágrafo único do art. 1.817).

19.6 DA HERANÇA JACENTE

Herança Jacente é aquela herança não reclamada ou a que todos os herdeiros conhecidos renunciaram (DONIZETTI; QUINTELLA, 2014, p. 1130). Ocorre quando, na abertura da sucessão, não há sucessores, nem o conhecimento de testamento ou se todos a renunciarem, sendo a herança do falecido chamada de herança jacente.

Nesse sentido, conforme disposto no art. 1.819, com o falecimento do autor da herança, sem que tenha deixado herdeiros legítimos conhecidos ou testamento, os seus bens ficarão, após a sua arrecadação, sob a guarda e administração de um curador até a sua entrega ao sucessor que se encontrar habilitado ou com a declaração de sua vacância, de acordo com art. 739 do Código de Processo Civil de 2015.

A arrecadação dos bens da herança jacente se fará, em consonância com art. 738 do CPC/2015. O magistrado da comarca do domicílio do falecido deverá proceder com a arrecadação destes. Este procedimento serve para a preservação de tais bens, visando a entrega aos herdeiros que se apresentarem, ou então, quando não se apresentarem herdeiros, os bens serão entregues ao Poder Público. Esta última, somente com a declaração da vacante da herança.

fique ligado!

A declaração de herança vacante é aquela em que, após todas as diligências de arrecadação e inventário, e expedidos editais na forma da lei processual, transcorridos um ano da primeira publicação, não aparecem herdeiros habilitados para sucederem, ou então, quando tal habilitação se encontre suspensa. Dessa forma, a herança será declarada vacante (art. 1.820). No caso de todos os herdeiros renunciarem à herança do autor, esta também será declarada vacante (art. 1.823).

Dessa forma, o art. 741 do CPC/2015, destaca que quando "**ultimada a arrecadação, o juiz mandará expedir edital, que será publicado na rede mundial de computadores, no sítio do tribunal a que estiver vinculado o juízo e na plataforma de editais do Conselho Nacional de Justiça, onde permanecerá por 3 (três) meses, ou, não havendo sítio, no órgão oficial e na imprensa da comarca, por 3 (três) vezes com intervalos de 1 (um) mês, para que os sucessores do falecido venham a habilitar-se no prazo de 6 (seis) meses contado da primeira publicação**", mas sendo a habilitação do herdeiro julgada e reconhecendo a qualidade do testamenteiro ou comprovada a identidade do cônjuge ou companheiro, a referida arrecadação deverá ser convertida em inventário (§ 3º do art. 741 do CPC/2015).

Observa-se que a declaração da vacância da herança não irá prejudicar os herdeiros que estejam legalmente habilitados. O período de vacância, contudo, estabelecido no art. 1.822, é de 5 (cinco) anos da abertura da sucessão, pois, decorrido este prazo, os bens arrecadados serão repassados ao Município ou ao Distrito Federal, se localizados nas respectivas circunscrições. Se não estiverem, serão incorporados ao domínio da União quando situados em território federal (art. 1.822). Não ocorrendo a habilitação até a declaração de vacância, ficarão excluídos da sucessão os colaterais (parágrafo único do art. 1.822).

19.7 DA PETIÇÃO DE HERANÇA

A petição de herança é a ação em que o herdeiro, deixado de fora da sucessão, demanda o reconhecimento de seu direto sucessório, com o objetivo de restituição da herança ou parte dela contra a pessoa que se encontre na qualidade de herdeiro ou até mesmo sem título a possua (art. 1.824).

É interposta somente por um herdeiro e compreenderá todos os bens hereditários (art. 1.825). Como preleciona Gonçalves (2014, p. 761),

> [...] a procedência da ação, decretada em sentença transitada em julgado, gera o reconhecimento da ineficácia da partilha em relação ao autor da ação, dispensada a sua anulação.

Sendo reconhecido o direito sucessório do herdeiro que interpôs a ação, estará o possuidor da herança obrigado a restituir os bens do acervo, sendo fixada a responsabilidade conforme a sua posse, observando o disposto nos arts. 1.214 ao 1.222, referente à transformação, incorporação, fusão e cisão das sociedades (art. 1.826). A partir da citação, de acordo com parágrafo único deste artigo, a responsabilidade do possuidor seguirá as regras concernentes à posse de má-fé e à mora.

Os bens da herança, que estiverem em poder de terceiros, poderão ser demandados pelo herdeiro, sem qualquer prejuízo à responsabilidade do possuidor originário pelo valor dos bens alienados (art. 1.827), sendo consideradas eficazes todas as alienações feitas pelo **herdeiro aparente** (aquele que não possui a titularidade do direito sucessório, mas é considerado como legítimo herdeiro por falta de herdeiro, porém logo se descobre um herdeiro desconhecido) ao terceiro de boa-fé, a título oneroso (parágrafo único do art. 1.827).

Ademais, se o herdeiro aparente realizar o pagamento de um legado de boa-fé, não ficará obrigado à prestação do equivalente ao verdadeiro sucessor, sendo resguardado o direito do herdeiro aparente de proceder contra quem o recebeu (art. 1.828).

19.8 DA SUCESSÃO LEGÍTIMA

19.8.1 Dos herdeiros necessários

De acordo com art. 1.786, a sucessão dá-se por lei ou por disposição de última vontade. Sendo assim, a **sucessão legítima** *(ab intestato)* é aquela que opera por força de lei e que ocorre em caso de inexistência, invalidade ou caducidade de testamento e, também, em relação aos bens nele não compreendidos (GONÇALVES, 2014, p. 766).

Observa-se que a sucessão testamentária não irá excluir a legítima, pois o testador somente poderá dispor da metade de seus bens, havendo herdeiros necessários. De acordo com art. 1.845, são herdeiros necessários os descendentes, os ascendentes e o cônjuge.

Impende ressaltar que existe uma pequena diferença entre herdeiro necessário e o herdeiro legítimo, ambos são constituídos por lei. Contudo, **herdeiro necessário** "é todo parente em linha reta não excluído da sucessão por indignidade ou deserdação, bem como o cônjuge" (GONÇALVES, 2014, p. 797), enquanto o **herdeiro legítimo** é aquele a quem a lei atribui direito sucessório. Além dos herdeiros necessários, são legítimos o companheiro e os colaterais até o quarto grau.

Todavia, deve-se atentar ao fato da possibilidade de exclusão dos herdeiros colaterais, considerados como herdeiros legítimos na ordem de vocação hereditária, bastando apenas que o testador, de acordo com art. 1.850, disponha de seu patrimônio sem os contemplar.

Quanto à disposição dos bens, o falecido tem o direito de dispor da metade de seu patrimônio para a sucessão testamentária. Todavia, não é obrigatório, como dispõe o art. 1.846 que pertence aos herdeiros necessários, de pleno direito, a metade dos bens da herança, constituindo a legítima, a outra parte, chamada de porção disponível. Caso não existam herdeiros necessários, o testador poderá dispor da totalidade de seus bens, sempre observando o tipo de regime de bens, não perdendo o herdeiro necessário o seu direito à legítima, quando o falecido tiver deixado a parte disponível de seus bens em testamento ou legado (art. 1.849).

O Código Civil estabelece a forma como a sucessão legítima será calculada. Sendo assim:

> Art. 1.847. Calcula-se a legítima sobre o valor dos bens existentes na abertura da sucessão, abatidas as dívidas e as despesas do funeral, adicionando-se, em seguida, o valor dos bens sujeitos a colação.

Observa-se que tanto as dívidas quanto as despesas do funeral deverão ser abatidas do patrimônio líquido do autor da herança, somente após o abatimento dos encargos é que será dividido em duas partes iguais, a parte indisponível e a parte disponível.

O Código Civil, ao mesmo tempo em que proíbe a adoção de cláusulas de inalienabilidade, impenhorabilidade e de incomunicabilidade sobre os bens da sucessão legítima, salvo se for comprovada a justa causa para a interposição deste (art. 1.848), declara que, "[...] não havendo ofensa à sucessão legítima, pode o autor da herança realizar a partilha dos bens em vida, ou estipulá-la por disposição de última vontade" (GONÇALVES, 2014, p. 799, grifo do autor).

Admite-se a interposição de cláusulas restritivas, somente sendo possível quando declarada a justa causa por meio do testamento.

Em seu art. 2.014, o Código expressa a possibilidade de o testador indicar os bens e valores que devem compor os quinhões hereditários, deliberando ele próprio sobre a partilha que prevalecerá, salvo se o valor dos bens não corresponder às quotas estabelecidas. Reafirmando o art. 2.018, desde que não haja prejuízo à legítima dos herdeiros necessários, é válida a partilha feita por ascendente, por ato entre vivos ou de última vontade.

O art. 1.848 ainda estabelece restrições quanto aos bens, não permitindo ao testador realizar a conversão dos bens da legítima em outros de espécie diversa (§ 1º do art. 1.848), não sendo possível também que tais bens sejam objeto de **fideicomisso**, pois pertencem aos herdeiros necessários, a quem se faculta o direito de dispor deles por testamento (GONÇALVES, 2014, p. 800).

Todavia, no § 2º deste artigo, é permitida a alienação de bens gravados, convertendo o produto em outros bens, ficando estes sub-rogados nos ônus dos primeiros, mas somente com a apresentação de autorização judicial e demonstrativo de justa causa.

19.8.2 Do direito de representação

Importante ressaltar que o direito das sucessões dispõe de duas maneiras para a sucessão: por meio do direito próprio (*jure proprio*) e o de representação (*jure representationis*). Para sintetizar, se o *de cujus* deixa **descendentes**, sucedem-no estes por **direito próprio**. Se, no entanto, **um dos filhos já é falecido**, o seu lugar é ocupado pelos filhos que porventura tenha, que herdam por **representação ou estirpe** (GONÇALVES, 2014, p. 804).

Difere-se o **direito de representação** do **direito de transmissão** (*jure transmission*). Este corresponde ao direito dos sucessores de um herdeiro morto, após a abertura da sucessão, de receber aquilo que a ele caberia (DONIZETTI; QUINTELLA, 2014, p. 1134). Em síntese, o sucessor originário chega a receber a herança, pois encontrava-se vivo no momento da abertura da sucessão, mas por conta de seu falecimento, transmite esta aos seus herdeiros.

Já o direito de representação, que pode ocorrer em decorrência da morte do herdeiro antes da abertura da sucessão ou por exclusão da sucessão (arts. 1.814 ao 1.816), encontra-se conceituado no art. 1.851 do CC/2002 ao estabelecer que "dá-se o direito de representação, quando a lei chama certos parentes do falecido a suceder em todos os direitos, em que ele sucederia, se vivo fosse".

Ressaltando que os representantes somente irão herdar aquilo que o representado herdaria se estivesse vivo (art. 1.854).

A linha de sucessão pelo direito de representação ocorre em linha reta descendente, não abrangendo a ascendente (art. 1.852). Somente aquele que se encontrar na linha de descendentes e colaterais é que terá a possibilidade do exercício desse direito, como é o caso dos filhos dos irmãos do falecido, quando com irmãos deste concorrerem (art. 1.853). Nesse sentido, o art. 1.840 do dispositivo legal dispõe que "na classe dos colaterais, os mais próximos excluem os mais remotos, salvo o direito de representação concedido aos filhos de irmãos".

Em outras palavras, é o direito dos descendentes de descendentes e dos filhos de irmãos do autor da herança de representar, na sucessão, o sucessor premorto à sua abertura, ou dela excluído, em todos os direitos em que este sucederia (DONIZETTI; QUINTELLA, 2014, p. 1136).

enunciado

Enunciado 610 da VII Jornada de Direito Civil – "Nos casos de comoriência entre ascendente e descendente, ou entre irmãos, reconhece-se o direito de representação aos descendentes e aos filhos dos irmãos."

Outro ponto importante é a respeito da renúncia da herança. O art. 1.856 estabelece que o "renunciante à herança de uma pessoa poderá representá-la na sucessão de outra", ou seja, o renunciante terá direito de representar o falecido em outra sucessão. Pode, assim, haver renúncia à herança do pai (para beneficiar um irmão mais necessitado, por exemplo), sem que tal ato importe renúncia à herança do avô, para a qual o renunciante pode ser chamado, representando seu pai, premorto (GONÇALVES, 2014, p. 807).

Observa-se que o **direito de representação** corresponde ao direito dado às pessoas que não possuíam o direito de suceder, mas por conta das situações acima descritas assume o lugar na sucessão. Dessa forma, como estes irão herdar o que herdaria o representado se estivesse vivo, então, a parte do representado irá se dividir por igual entre os representantes (art. 1.855).

19.8.3 Da ordem da vocação hereditária

O chamamento dos sucessores é feito por meio da **ordem da vocação hereditária**, por meio de classes. Entre os descendentes, os em grau mais próximo excluem os mais remotos, salvo o direito de representação, em conformidade com art. 1.833.

Como foi estudado acima, além dos descendentes, ascendentes e cônjuge (os chamados herdeiros necessários), serão chamados para suceder também os companheiros e os colaterais até o quarto grau (herdeiros legítimos). A depender do caso concreto, a sucessão deste último grupo ocorrerá da seguinte forma: a sucessão por cabeça ou a sucessão por estirpe.

A **sucessão por cabeça** é aquela que ocorre entre herdeiros da mesma classe e grau, em que a divisão dos bens é feita de forma igualitária. Por outro lado, a **sucessão por estirpe** é aquela que ocorre entre herdeiros da mesma classe e graus diferentes ou de classes diferentes, como nos casos em que, após receber a transmissão da herança, o sucessor morre e transmite seus direitos a seus sucessores, de modo que serão chamados à primeira sucessão herdeiros de classes diferentes, ou de graus diferentes, na mesma classe. Os herdeiros que herdam por estirpe dividem entre si aquilo que couber a seu ramo (DONIZETTI; QUINTELLA, 2014, p. 1173).

Dessa forma, a ordem preferencial, de acordo com art. 1.829, incisos I ao IV, do CC/2002, da sucessão legítima ocorrerá da seguinte forma:

> I – Aos descendentes, em concorrência com o cônjuge sobrevivente, salvo se casado este com o falecido no regime da comunhão universal, ou no da separação obrigatória de bens (art. 1.640, parágrafo único); ou se, no regime da comunhão parcial, o autor da herança não houver deixado bens particulares.

Correspondem à primeira ordem na colocação da vocação hereditária, logo quando a sucessão é aberta. Chamam-se, primeiro, os descendentes para suceder, concorrendo com o cônjuge, quando houver. Dependendo do regime de bens, se o casamento for sob regime da comunhão universal, da separação obrigatória ou da comunhão parcial de bens (quando o autor da herança não tiver deixado bens particulares), o cônjuge receberá, por direito, a meação, não sendo chamado à sucessão, ou seja, não concorrerá com o descendente. Mas se o regime de casamento era o da comunhão parcial de bens (quando o autor da herança tiver deixado herança) ou o da participação final nos aquestos, o cônjuge sobrevivente terá direito a concorrer com o descendente.

Sendo assim, respaldado o direito do cônjuge que concorrer com descendente a receber quinhão igual aos dos herdeiros que vierem a suceder por cabeça. Contudo, a quota-parte a que o cônjuge tem direito não poderá ser inferior à quarta parte da herança, se for o caso de ascendente dos herdeiros com que concorrer (art. 1.832).

Na ordem preferencial dos descendentes, se houver filho e neto, o filho é quem irá suceder, e assim por diante. Nesse sentido, conforme art. 1.834, os descendentes da mesma classe têm os mesmos direitos à sucessão de seus ascendentes. E, no que se refere à espécie de sucessão neste caso, os filhos do autor da herança irão suceder por cabeça, já os descendentes do filho do autor irão suceder por cabeça ou por estirpe, no caso de se acharem ou não no mesmo grau (art. 1.835).

observação

Se o descendente chamado a suceder vier a falecer antes da abertura da sucessão ou houver sido excluído desta, os seus descendentes é que irão sucedê-lo por meio do direito de representação, herdando pela sucessão por estirpe. Por outro lado, caso o sucessor do autor da herança venha a falecer após a abertura da sucessão, os seus descendentes irão sucedê-lo por meio do direito de transmissão. Isso porque este, apesar de falecido, chegou a receber a sua quota-parte na herança, sendo esta transmitida aos seus herdeiros por meio da sucessão por estirpe.

II – aos ascendentes, em concorrência com o cônjuge.

Corresponde à segunda colocação na ordem da vocação hereditária, pois, não havendo descendentes (1ª ordem), serão chamados para suceder os ascendentes, concorrendo com o cônjuge sobrevivente, independente do regime de bens (art. 1.836), sendo que o grau mais próximo irá excluir o mais remoto, sem qualquer distinção de linhas (§ 1º do art. 1.836).

No caso de haver igualdade em grau e diversidade em linhas, os ascendentes da linha paterna irão herdar a metade, cabendo a outra metade aos herdeiros da linha materna (§ 2º do art. 1.836). Nessa situação, não caberá o direito de representação (art. 1.852).

No que trata da concorrência com o cônjuge, caso o ascendente, em primeiro grau, venha a concorrer com cônjuge, independentemente do regime de bens, este terá direito a um terço da herança, cabendo a metade da herança, se houver um só ascendente ou se maior for aquele grau (art. 1.837).

III - ao cônjuge sobrevivente.

enunciado

Enunciado 609 da VII Jornada de Direito Civil - "O regime de bens no casamento somente interfere na concorrência sucessória do cônjuge com descendentes do falecido."

De acordo com art. 1.838, na falta de descendentes e ascendentes, será deferida a sucessão por inteiro ao cônjuge sobrevivente, correspondendo este à 3ª ordem da ordem de vocação hereditária.

IV - aos colaterais.

Ressalta-se, neste caso, que são os colaterais até o quarto grau. Não havendo cônjuge sobrevivente, conforme disposto no art. 1.830, estes serão chamados a suceder (art. 1.839), sendo que os mais próximos na classe dos colaterais irão excluir os mais remotos. A sucessão se dará por cabeça, salvo nos casos de direito de representação dos filhos de irmãos, que será por estirpe (art. 1.840).

Na concorrência de irmãos (colateral de segundo grau) bilaterais com os irmãos unilaterais do falecido, cada dos irmãos unilaterais terá direito a herdar metade do que cada um dos irmãos bilaterais vier a herdar (art. 1.841). Na hipótese de não existir concorrência à herança, os irmãos bilaterais, os unilaterais irão herdar, por sucessão por cabeça, em partes iguais (art. 1.842).

Em caso de falecimento dos irmãos, os filhos destes (sobrinhos - colateral de 3º grau), se houver, herdarão no seu lugar, pois caso não haja filhos do irmão, os tios (colateral de 3º grau) que irão sucedê-lo (art. 1.843). Entretanto, se vierem a concorrer à herança somente os sobrinhos, herdarão por cabeça (§ 1º do art. 1.843).

Ocorrendo concorrência entre filhos de irmãos bilaterais e os filhos de irmãos unilaterais, os unilaterais terão direito a herdar metade do que herdarem os bilaterais (§ 2º do art. 1.843). Inexistindo a concorrência, sendo estes da mesma classe, todos herdarão por igual (§ 3º do art. 1.843). Por fim, os colaterais de 4º grau (primos e tios-avôs) herdarão por meio da sucessão por cabeça, não tendo o direito de representação.

enunciados

Enunciado 632 da VIII Jornada de Direito Civil - "Nos casos de reconhecimento de multiparentalidade paterna ou materna, o filho terá direito à participação na herança de todos os ascendentes reconhecidos."

Enunciado 642 da VIII Jornada de Direito Civil - "Nas hipóteses de multiparentalidade, havendo o falecimento do descendente com o chamamento de seus ascendentes à sucessão legítima, se houver igualdade em grau e diversidade em linha entre os ascendentes convocados a herdar, a herança deverá ser dividida em tantas linhas quantos sejam os genitores."

No que tange ao direito sucessório dos companheiros, importante ressaltar que o Código Civil abrange a sucessão do companheiro decorrente de união estável, conforme disposto no art. 1.790, incisos I ao IV:

> Art. 1.790. A companheira ou o companheiro participará da sucessão do outro, quanto aos bens adquiridos onerosamente na vigência da união estável, nas condições seguintes:
>
> I – se concorrer com filhos comuns, terá direito a uma quota equivalente à que por lei for atribuída ao filho;
>
> II – se concorrer com descendentes só do autor da herança, tocar-lhe-á a metade do que couber a cada um daqueles;
>
> III – se concorrer com outros parentes sucessíveis, terá direito a um terço da herança;
>
> IV – não havendo parentes sucessíveis, terá direito à totalidade da herança.

Todavia, o Supremo Tribunal Federal, no julgamento dos Temas 498 e 809, declarou a inconstitucionalidade do art. 1.790 do CC, resultando na necessidade de equiparação sucessória entre a união estável e o casamento, por entender que hierarquizar as entidades familiares viola a Constituição: "É inconstitucional a distinção de regimes sucessórios entre cônjuges e companheiros prevista no art. 1.790 do CC/2002, devendo ser aplicado, tanto nas hipóteses de casamento quanto nas de união estável, o regime do art. 1.829 do CC/2002". Transcreve-se abaixo o teor do citado artigo:

> Art. 1.829. A sucessão legítima defere-se na ordem seguinte: (*Vide* Recurso Extraordinário 646.721) (*Vide* Recurso Extraordinário 878.694)
>
> I – aos descendentes, em concorrência com o cônjuge sobrevivente, salvo se casado este com o falecido no regime da comunhão universal, ou no da separação obrigatória de bens (art. 1.640, parágrafo único); ou se, no regime da comunhão parcial, o autor da herança não houver deixado bens particulares;
>
> II – aos ascendentes, em concorrência com o cônjuge;
>
> III – ao cônjuge sobrevivente;
>
> IV – aos colaterais.

posicionamento doutrinário

Segundo Anderson Schreiber:

"Assentou-se a tese de que a discriminação entre os modelos familiares é inconstitucional. Admite-se a diferença entre casamento e união estável quanto à formação, comprovação e dissolução. Nesse ponto, as formas familiares são realmente diferentes. As discriminações quanto aos efeitos são inconstitucionais, pois hierarquizam os modelos familiares e ferem a dignidade da pessoa humana e, ainda, a isonomia. A decisão teve seus efeitos modulados; só se aplica às sucessões em que não haja escritura pública de inventário já lavrada ou decisão

judicial transitada em julgado. Se o STF efetivamente equiparou os modelos familiares para todos os efeitos, não se pode afirmar com certeza. O que se percebe é que da decisão do STF muitas polêmicas surgiram. A principal delas é se o companheiro passou a ser herdeiro necessário. A doutrina majoritária se posiciona positivamente. Mesmo porque a aplicação pura e simples do art. 1.829, como se lê da ementa da decisão, não reflete todos os princípios constitucionais invocados como fundamentos da decisão. Assim, mesmo o STF tendo se manifestado nos embargos de declaração que a decisão não cuidou da qualidade de herdeiro necessário do companheiro, prosseguimos afirmando que todos os princípios constitucionais invocados pelo STF só levam a esta conclusão: o companheiro é herdeiro necessário a partir da inconstitucionalidade do art. 1.790."

No tocante ao direito real de moradia, dispõe o art. 1.831 do Código Civil:

> Art. 1.831. Ao cônjuge sobrevivente, qualquer que seja o regime de bens, será assegurado, sem prejuízo da participação que lhe caiba na herança, o direito real de habitação relativamente ao imóvel destinado à residência da família, desde que seja o único daquela natureza a inventariar.

Referindo-se ao citado dispositivo legal e primando pela máxima aplicação do direito de moradia do cônjuge ou companheiro (art. 6º da CF), ante a existência de vínculo afetivo e psicológico estabelecido pelos cônjuges/companheiros com o imóvel/lar destinado à residência do casal, o STJ tem afastado a exigência de inexistência de outros bens, seja de que natureza for, no patrimônio próprio do cônjuge/companheiro sobrevivente (STJ, REsp 1.582.178/RJ). Por sua vez, o STJ entende que a proteção ao direito real de habitação não encontra justificativa se existir copropriedade anterior à abertura da sucessão, "visto que de titularidade comum a terceiros estranhos à relação sucessória que ampararia o pretendido direito" (STJ, EREsp 1.520.294/SP).

enunciado

Enunciado 271 da III Jornada de Direito Civil – "O cônjuge pode renunciar ao direito real de habitação nos autos do inventário ou por escritura pública, sem prejuízo de sua participação na herança."

Ademais, para encerrar o presente tópico, não havendo cônjuge, companheiro, ou qualquer parente com direito sucessório, ou seja, na ausência de herdeiros legítimos, ou em caso de ter, todos renunciem à herança, esta será devolvida ao Município ou Distrito Federal, quando localizados nessas circunscrições, e em caso de se encontrarem situadas em território federal, serão devolvidas à União (art. 1.844).

Todavia, lembre-se que a herança somente será repassada ao ente público quando se tornar vacante, e após transcorridos cinco anos da abertura da sucessão. Com efeito, é o que prevê o art. 1.822:

> [...] os bens arrecadados passarão ao domínio do Município ou do Distrito Federal, se localizados nas respectivas circunscrições, incorporando-se ao domínio da União quando situados em território federal.

19.9 DA SUCESSÃO TESTAMENTÁRIA

19.9.1 Do testamento em geral

Como foi abordado anteriormente, a sucessão se dá por força de lei ou por disposição de última vontade (art. 1.787), dividindo-se em **sucessão legítima**, que é aquela que opera por força de lei e que ocorre em caso de inexistência, invalidade ou caducidade de testamento e, também, em relação aos bens nele não compreendidos (GONÇALVES, 2014, p. 766); e a **sucessão testamentária**, que é aquela que se dá por ato de última vontade do *de cujus* (GONÇALVES, 2014, p. 810).

Dessa forma, estudada a sucessão legítima, vamos passar ao exame da sucessão testamentária, que é realizada mediante a manifestação de última vontade do falecido em testamento ou codicilo, observando-se sempre os limites da capacidade de testar por conta da presença de herdeiros necessários (descendentes, ascendentes e cônjuge - art. 1.845).

Lembre-se que essa liberdade de testar somente será cabível à metade do patrimônio do testador, ou seja, havendo herdeiros necessários, este somente poderá dispor da metade de seus bens, passando a outra metade para os herdeiros necessários (art. 1.789), excluindo-se a legítima da liberdade de testar (§ 1º do art. 1.857).

O testamento constitui **negócio jurídico unilateral**, isto é, aperfeiçoa-se com uma única manifestação de vontade, a do testador (declaração não receptícia de vontade), e presta-se à produção de diversos efeitos por ele desejados e tutelados na ordem jurídica (GONÇALVES, 2014, p. 811). Permite-se a toda pessoa, com capacidade para dispor, por meio do testamento, a dotação do destino de totalidade ou parte de seu patrimônio, após a sua morte (art. 1.857). Consideram-se, portanto, válidas todas as disposições testamentárias de caráter patrimonial, mesmo que o testador somente por elas se tenha limitado (§ 2º do art. 1.857).

O referido negócio jurídico possui algumas particularidades; características que são essenciais:

a) **Universalidade:** somente pela manifestação de última vontade do testador, isto é, somente este poderá constituir o testamento, que permite dispor até a totalidade do patrimônio;

b) **Personalíssimo:** conforme art. 1.858, o testamento é ato personalíssimo, sendo permitida a sua mudança a qualquer tempo;

c) ***Causa mortis*:** o efeito do testamento somente se produzirá após a morte do testador;

d) **Revogável:** como disposto no art. 1.858, o testamento pode ser revogado a qualquer tempo;

e) **Gratuito e solene:** é gratuito por não admitir contraprestação do beneficiário e solene por observar as formas prescritas em lei.

Observa-se que a extinção do direito de impugnar o testamento ocorrerá em 5 (cinco) anos, contado da data do seu registro (art. 1.859), mas essa impugnação apenas será possível após a morte do testador, justamente, por se tratar de um ato *causa mortis*.

Ressalte-se que os interessados para o exercício desse direito são os herdeiros legítimos, que, em razão das disposições testamentárias, deixarem de ter direito a bens que lhes caberiam pela sucessão legítima. É de se observar que o prazo será contado do registro do testamento e não da abertura da sucessão. Transcorrido esse prazo, não será permitida mais a impugnação do testamento.

enunciado

Enunciado 600 da VII Jornada de Direito Civil – "Após registrado judicialmente o testamento e sendo todos os interessados capazes e concordes com os seus termos, não havendo conflito de interesses, é possível que se faça o inventário extrajudicial."

19.9.2 Da capacidade de testar

No que tange à capacidade de testar, como o testamento trata-se de um negócio jurídico, para que este seja considerado válido, de acordo com art. 104, inciso I, é necessário que o agente seja capaz, permitindo-se, inclusive, aos maiores de dezesseis anos, conforme dispõe o parágrafo único do art. 1.860.

Nesse sentido, o referido artigo ainda estabelece que não poderão testar os incapazes, disciplinados nos arts. 3º e 4º, bem como os que não tiverem pleno discernimento no ato de fazê-lo.

O art. 1.867 dispõe a respeito da possibilidade dos cegos de testar, mas impõe o cumprimento de algumas formalidades: que o testamento seja público, devendo ser lido em voz alta por duas vezes, uma pelo tabelião ou por seu substituto legal, e a outra por uma das testemunhas, designada pelo testador, fazendo-se de tudo circunstanciada menção no testamento. Importante observar, por outro lado, a respeito dos surdos, os quais são proibidos de testar seus bens em testamento cerrado (art. 1.872).

Ademais, lembre-se que se ocorrer a incapacidade do testador, tal incapacidade superveniente não invalidará o testamento feito ao tempo que este era capaz, mas o testamento do incapaz não será validado com a superveniência da capacidade (art. 1.861).

19.9.3 Dos codicilos

Codicilo, diferentemente do testamento, é ato de última vontade destinado a disposições de pequeno valor ou recomendações para serem atendidas e cumpridas após a morte. Importante frisar que o codicilo tem por objeto bens de pequenos valores e pouca monta.

Observa-se que a abertura do codicilo ocorrerá da mesma forma que o testamento cerrado, caso encontre-se fechado (art. 1.885).

Nesse sentido, o objetivo do codicilo, de acordo com o art. 1.881, é que toda pessoa capaz de testar poderá fazer disposições a respeito do seu enterro, sobre esmolas de pouca monta, legar móveis, roupas ou joias de valor baixo e de uso pessoal (art. 1.881), bem como também nomear ou substituir testamenteiros (art. 1.883).

O Código Civil admite a possibilidade de o codicilo ser realizado sem que o autor da herança tenha deixado testamento no que tange aos atos acima previstos, resguardando direito de terceiro (art. 1.882).

Ademais, quanto à revogação dos atos do codicilo, disciplinados nos artigos acima citados, poderão ser revogados de forma expressa ou tácita. A revogação será expressa quando for constituído outro codicilo ou testamento, devendo este documento conter a intenção de revogar o primeiro codicilo. Já a revogação tácita é aquela em que existe testamento posterior, de qualquer natureza, mas sem a menção de confirmar ou modificar o codicilo (art. 1.884).

19.9.4 Das disposições testamentárias

As disposições testamentárias de que trata o Código Civil correspondem a outros dispositivos que regem a sucessão testamentária, especificamente, o testamento, bem como outras regras que deverão, obrigatoriamente, ser obedecidas.

Imprescindível observar que quando houver interpretações diferentes a respeito da cláusula testamentária, prevalecerá a interpretação que melhor assegurar a observância da vontade do testador (art. 1.899).

O Código Civil, em seu art. 1.897, admite a nomeação de herdeiro ou legatário, de forma pura e simples ou condição, para certo fim ou modo, ou por certo motivo. A forma pura e simples é aquela em que a aquisição do direito sucessório por parte do herdeiro ou legatário se completará com a morte do testador. Já a forma sob condição é aquela que depende de uma determinada imposição estabelecida em testamento.

Lembre-se que, em conformidade com o art. 1.898, "a designação do tempo em que deva começar ou cessar o direito do herdeiro, salvo nas disposições fideicomissárias, ter-se-á por não escrita."

Quanto à distribuição da herança, é possível nomear dois ou mais herdeiros em testamento, mas caso não seja discriminada a parte que cabe a cada um, será partilhada de forma igualitária a parte disponível do testador (lembrando que, havendo herdeiros necessários, o testador somente poderá dispor da parte disponível), em consonância com art. 1.904. Dispondo o testador que não caiba ao herdeiro instituído certo e determinado objeto, dentre os da herança, tocará ele aos herdeiros legítimos (art. 1.908).

Por outro lado, o art. 1.905 estabelece que no caso de o testador não dispor como será a partilha da herança, e nomeando herdeiros individualmente e outros coletivamente, esta será dividida em tantas quotas quantos forem os indivíduos e os grupos designados.

É nula a disposição (art. 1.900):

> I – que institua herdeiro ou legatário sob a condição captatória de que este disponha, também por testamento, em benefício do testador, ou de terceiro;
>
> II – que se refira a pessoa incerta, cuja identidade não se possa averiguar;
>
> III – que favoreça a pessoa incerta, cometendo a determinação de sua identidade a terceiro;
>
> IV – que deixe a arbítrio do herdeiro, ou de outrem, fixar o valor do legado; e
>
> V – que favoreça as pessoas a que se referem os arts. 1.801 e 1.802.

Já as causas de anulabilidade encontram-se previstas nos arts. 1.903 e 1.909. As disposições testamentárias serão anuláveis quando eivadas de erro, dolo ou coação. Dessa forma, o erro quanto à pessoa do herdeiro, do legatário ou da coisa legada anulará a disposição, salvo se for possível a identificação da pessoa ou da coisa através do contexto do testamento ou por outros documentos e fatos inequívocos.

fique ligado!

A nulidade do testamento ocorre quando não são observadas as formalidades legais, enquanto a sua anulabilidade ocorrerá quando as disposições testamentárias estiverem eivadas de erro, dolo ou coação (art. 1.909).

Serão consideradas válidas as disposições testamentárias, de acordo com art. 1.901, incisos I e II:

> I – em favor de pessoa incerta que deva ser determinada por terceiro, dentre duas ou mais pessoas mencionadas pelo testador, ou pertencentes a uma família, ou a um corpo coletivo, ou a um estabelecimento por ele designado; e
>
> II – em remuneração de serviços prestados ao testador, por ocasião da moléstia de que faleceu, ainda que fique ao arbítrio do herdeiro ou de outrem determinar o valor do legado.

Imprescindível observar que, verificada a ineficácia ou a invalidade de alguma das disposições testamentárias, importará na ineficácia das outras que estão interligadas àquela, salvo se estas não forem dependentes das disposições ineficazes (art. 1.910).

Ademais, de acordo com art. 1.911, a cláusula de inalienabilidade implicará impenhorabilidade e incomunicabilidade. Em regra, tal cláusula é imposta aos bens por ato de liberalidade, mas no caso deste bem venha sofrer desapropriação ou alienação, por meio de autorização judicial, importante lembrar que o produto da venda será convertido em outros bens, incidindo as restrições apostas às cláusulas de inalienabilidade, impenhorabilidade e incomunicabilidade (parágrafo único do art. 1.911).

19.9.5 Das formas do testamento

O testamento possui dois tipos de espécies: **ordinário**, disciplinado nos arts. 1.862 ao 1.880, e **especial**, disciplinado nos arts. 1.886 ao 1.896. A forma ordinária é dividida em testamento público, cerrado e o particular, enquanto a forma especial se divide em marítimo, aeronáutico e militar.

19.9.5.1 Das formas ordinárias

São formas ordinárias, de acordo com art. 1.862, incisos I ao III, o testamento público, cerrado e particular, sendo vedada a realização de testamento conjuntivo, independente se for de forma simultânea, recíproco ou correspectivo (art. 1.863).

a) **Público**

O testamento público é aquele levado a termo por um tabelião, ou seu substituto legal, que registrará a vontade do testador na presença de testemunhas. Para a realização deste, é necessária a observação dos seus requisitos essenciais, disciplinados no art. 1.864, incisos I ao III, sem os quais não há como validá-los:

> I – ser escrito por tabelião ou por seu substituto legal em seu livro de notas, de acordo com as declarações do testador, podendo este servir-se de minuta, notas ou apontamentos.

Resta claro que somente o tabelião, ou o seu substituto legal, poderá lavrar o termo de testamento, não sendo permitido que outra pessoa realize tal procedimento, sendo nulo se o fizer dessa forma. Observa-se que o testamento deverá ser escrito conforme todas as declarações do testador, sem qualquer discordância. Contudo, se for verificada tal discordância, deverá quem percebeu de logo apontar, para que não invalide o testamento.

> II – lavrado o instrumento, ser lido em voz alta pelo tabelião ao testador e a duas testemunhas, a um só tempo; ou pelo testador, se o quiser, na presença destas e do oficial.

Esse requisito serve para que certifique a vontade do testador pelo tabelião, com a presença de duas testemunhas e do oficial de justiça, além das descritas acima, quando ele mesmo realizar a leitura de seu testamento.

Ressalta-se que, quando se tratar de pessoa surda, mas que saiba ler o seu testamento, o próprio irá realizar a leitura, mas se não souber, este deverá designar uma pessoa que possa ler em seu lugar, devendo estar na presença de duas testemunhas (art. 1.866). Quanto ao cego, somente lhe será permitida essa forma de testamento, que deverá ser lido em voz alta por duas vezes, uma pelo tabelião e a outra por uma das duas testemunhas, devendo este procedimento ser mencionado no testamento (art. 1.867).

> III – ser o instrumento, em seguida à leitura, assinado pelo testador, pelas testemunhas e pelo tabelião.

No caso em que o testador não souber ou não puder assinar o testamento, deverá o tabelião declarar esse fato no testamento, sendo assinado por uma das testemunhas pronunciado pelo testador (art. 1.865).

É legitimado a qualquer interessado, desde apresente traslado ou certidão do testamento público, requerer ao magistrado que ordene o cumprimento do testamento, observando o disposto nos parágrafos do art. 735 do CPC/2015.

Ademais, o Código Civil, conforme parágrafo único do art. 1.864, permite que o testamento seja escrito manualmente e mecanicamente, como também por meio de inserção da declaração de vontade, devendo o testamenteiro rubricar todas as páginas, quando mais de uma.

Em arremate, como tratado anteriormente, destaca-se que o Provimento n. 100/2020 do Conselho Nacional de Justiça (CNJ) possibilitou a realização da escritura pública do testamento de forma digital ou eletrônica, observados os requisitos de validade do seu art. 3º.

b) Cerrado

Também chamado de secreto ou místico, é aquele testamento elaborado pelo testador ou por pessoa a seu rogo, aprovado pelo tabelião ou seu substituto legal e cerrado. Isto é, fechado, lacrado, para ser aberto somente após a morte do testador, razão pela qual as disposições testamentárias permanecem secretas até tal momento (DONIZETTI; QUINTELLA, 2014, p. 1181), em conformidade com art. 1.868.

Nesse sentido, o artigo aludido, em seus incisos I ao IV, elenca as formalidades indispensáveis:

> I – que o testador o entregue ao tabelião em presença de duas testemunhas;
>
> II – que o testador declare que aquele é o seu testamento e quer que seja aprovado;

III - que o tabelião lavre, desde logo, o auto de aprovação, na presença de duas testemunhas, e o leia, em seguida, ao testador e testemunhas;

IV - que o auto de aprovação seja assinado pelo tabelião, pelas testemunhas e pelo testador.

É permitido que o testamento cerrado seja escrito mecanicamente, mas desde que seja numerado e autenticado pelo subscritor, assinando em todas as páginas (parágrafo único do art. 1.868), bem como é permitido que tal testamento seja escrito em língua nacional ou estrangeira pelo testador ou alguém a seu rogo (art. 1.871). Essa pessoa que o testador escolhe a seu rogo pode ser o próprio tabelião, não ficando impedido de aprovar o testamento (art. 1.870).

Imprescindível observar que, em consonância com art. 1.869, deve o tabelião iniciar o auto de aprovação logo após a última palavra do testador, devendo declarar que o testador entregou o testamento para ser aprovado, diante das testemunhas, sendo devidamente aprovado. Em seguida, será entregue ao testador, lançando o tabelião no livro a nota do lugar, dia, mês e ano em que o testamento foi aprovado (art. 1.874).

Todavia, caso não haja espaço na última folha do testamento para o auto da aprovação, deverá o tabelião juntar nele o seu sinal público, sendo mencionada a circunstância no auto (parágrafo único do art. 1.869).

Nada obsta que o surdo-mudo faça testamento cerrado, conforme art. 1.873, mas desde que o escreva todo e o assine, e quando for entregue ao oficial judicial, na presença de duas testemunhas, ainda escreva na parte externa do papel que o referido documento é seu testamento.

Por fim, com o falecimento do testador, é necessário que o testamento cerrado seja apresentado ao juiz para que seja aberto e registrado, mas este último somente será possível caso não seja verificado qualquer vício que venha ocasionar a nulidade ou a suspeita de falsidade (art. 1.875).

c) **Particular**

O testamento particular é aquele feito pelo testador, podendo ser escrito de próprio punho ou por meio de processo mecânico (art. 1.876), mas existem formalidades que deverão ser observadas. Quando o referido testamento é feito por escrito de próprio punho pelo testador é necessário que este seja lido e assinado por quem o escreveu na presença de três testemunhas, diferentemente do testamento público e cerrado que necessitam somente de duas testemunhas (§ 1º do art. 1.876). Inclusive, o STJ entendeu que o testamento elaborado de próprio punho não seria válido em situação que houve alegação unilateral das testemunhas de que presenciaram o ato, mas não subscreveram o testamento - o não seria suficiente para tal comprovação. (STJ, REsp 1.639.021/SP)

Recentemente, outro julgado digno de nota, diante do avanço tecnológico, o STJ decidiu que a assinatura do testador pode ser digital (STJ, REsp 1.633.254/MG).

Importante ressaltar que é possível que o testamento particular seja escrito em língua estrangeira, mas somente se as testemunhas a compreenderem (art. 1.880).

Por outro lado, se o testamento for feito por processo mecânico, este não poderá conter rasuras ou espaços em branco, sendo necessária a assinatura do testador, após a leitura do testamento na presença de três testemunhas (§ 2º do art. 1.876).

Com o falecimento do testador, o testamento será publicado em juízo, devendo ser feita a citação dos herdeiros legítimos, de acordo com art. 1.877, combinado com o art. 737 do CPC de 2015:

> Art. 737. A publicação do testamento particular poderá ser requerida, depois da morte do testador, pelo herdeiro, pelo legatário ou pelo testamenteiro, bem como pelo terceiro detentor do testamento, se impossibilitado de entregá-lo a algum dos outros legitimados para requerê-la.

Depois de ouvida pelo magistrado, a confirmação, pelas testemunhas, das disposições contidas no testamento ou pelo menos sobre a sua leitura, confirmará o testamento (art. 1.878). Todavia, é necessário atentar-se ao fato de que com a falta de testemunhas, seja por morte ou ausência, e pelo menos uma delas reconhecer o testamento, este será confirmado a critério do juiz, quando houver prova da veracidade do testamento (parágrafo único do art. 1.878).

Por fim, observa-se que o Código Civil prevê a possibilidade de o testamento particular escrito por próprio punho e assinado pelo testador ser confirmado, a critério do juiz, sem a presença de testemunhas, mas essa possibilidade somente ocorrerá em casos excepcionais declarados na cédula (art. 1.879).

enunciado

Enunciado 611 da VII Jornada de Direito Civil – "O testamento hológrafo simplificado, previsto no art. 1.879 do Código Civil, perderá eficácia se, nos 90 dias subsequentes ao fim das circunstâncias excepcionais que autorizam a sua confecção, o disponente, podendo fazê-lo, não testar por uma das formas testamentárias ordinárias."

jurisprudência

Em 2019, o STJ reconheceu a possibilidade do testamento criogênico, não exigindo qualquer formalidade específica para decidir o destino do próprio corpo após a morte. A pessoa pode, por conseguinte, optar pelo procedimento de criogenia (STJ, REsp 1.693.718/RJ).

19.9.5.2 Das formas especiais

O Código Civil prevê, taxativamente, os testamentos especiais que são admitidos pelo ordenamento jurídico (art. 1.887). De acordo com art. 1.886, incisos I ao III, são formas especiais: o testamento marítimo, o aeronáutico e o militar.

a) Marítimo e Aeronáutico

O testamento marítimo é aquele feito em viagem, a bordo de navio nacional, de guerra ou mercante. Pode testar perante o comandante, na presença de duas testemunhas, por forma que corresponda ao testamento público ou ao cerrado (art. 1.888), sendo registrado no diário de bordo (parágrafo único do art. 1.888).

Ressalta-se que o testamento marítimo não será válido quando o testador se encontrava em porto em que pudesse desembarcar e testar de forma ordinária, mesmo que feito no curso de uma viagem (art. 1.892).

Já o testamento aeronáutico é aquele feito em viagem, a bordo de aeronave militar ou comercial, podendo testar perante pessoa designada pelo comandante, observado o disposto no art. 1.888 (art. 1.889).

Ambos os testamentos ficarão sob guarda do comandante, que entregará às autoridades administrativas logo no primeiro porto ou aeroporto nacional, contra recibo averbado no diário de bordo (art. 1.890), e prescreverão se o testador não morrer em viagem, nem nos 90 (noventa) dias subsequentes ao seu desembarque em terra, onde poderá fazer o testamento na forma ordinária (art. 1.891).

b) Militar

O testamento militar é cabível para os militares e demais pessoas a serviço das Forças Armada em campanha dentro do País ou fora dele, assim como em praça sitiada, ou que esteja com comunicações interrompidas. É permitido que seja feito na presença de duas ou três testemunhas, quando o testador não puder ou não souber assinar, caso em que uma das testemunhas irá assinar por ele (art. 1.893). Sabendo o testador escrever, poderá fazer o testamento de próprio punho, desde que date e assine por extenso, apresentando-o aberto ou cerrado, na presença de duas testemunhas ao auditor ou oficial de patente (art. 1.894).

Nesse sentido, o auditor, ou o oficial a quem o testamento se apresente notará, em qualquer parte dele, lugar, dia, mês e ano, em que lhe for apresentado, nota esta que será assinada por ele e pelas testemunhas (parágrafo único do art. 1.894).

O testamento militar irá caducar quando o testador estiver 90 (noventa) dias seguidos em lugar onde possa testar na forma ordinária, exceto se o testamento apresentar as solenidades prescritas no parágrafo único do art. 1.894 (art. 1.895).

19.9.6 Dos legados

Legado é coisa **certa e determinada** deixada a alguém, denominado legatário, em testamento ou codicilo. Diferentemente da herança, que é a totalidade ou parte ideal do patrimônio do ***de cujus*** (GONÇALVES, 2014, p. 888).

Para o legado é necessário que o objeto seja coisa certa e pertença ao testador no momento da abertura da sucessão. Se não for, será ineficaz o legado (art. 1.912). O Código Civil traz a possibilidade de o testador ordenar que o herdeiro ou legatário entregue coisa pertencente a ele para outra pessoa, e caso o herdeiro ou legatário não o faça, importará em renúncia da herança ou legado (art. 1.913).

No caso da coisa legada se encontrar em parte, pertencendo ao testador ou ao herdeiro ou legatário, somente esta parte é que valerá para o legado (art. 1.914).

Quando a coisa, objeto do legado, for determinada por gênero, o instituto do legado deverá ser cumprido mesmo que não exista na herança deixada pelo testador (art. 1.915). Por outro lado, a coisa, quando singularizada pelo testador, somente terá eficácia para o legado se encontrar-se entre os bens da herança, ao tempo do falecimento do testador, mas se a coisa se encontre entre os bens deixados, porém, em quantidade inferior, o legado somente será eficaz na parte existente (art. 1.916).

Ainda quanto à eficácia do legado, se o objeto deste deva ser encontrado em um determinado lugar, somente terá eficácia se for achada no local. Caso não seja, será ineficaz, salvo quando removida a título transitório (art. 1.917).

No que se refere ao legado de crédito e de quitação de dívida, este somente terá eficácia na proporção da dívida ou ao tempo do falecimento do testador, no caso de legado de crédito (art. 1.918), devendo ser cumprido com a entrega do título de quitação ou crédito pelo herdeiro ao legatário (§ 1º do art. 1.918). Frise-se que nesse legado não será compreendido dívidas posteriores ao testamento (§ 2º do art. 1.918).

Já o legado de alimentos, abrange o sustento, a cura, o vestuário e a casa, enquanto o legatário viver, além da educação, se ele for menor (art. 1.920). E, por fim, o legado de usufruto será aquele, de acordo com art. 1.921, deixado ao legatário por toda a sua vida, não havendo fixação de tempo.

Imprescindível pontuar que o legado pode caducar. A caducidade corresponde à extinção do legado sem cumprimento por causa ulterior à elaboração do testamento. As causas que levam a caducidade do legado estão disciplinadas no art. 1.939, incisos I ao V:

> I – se, depois do testamento, o testador modificar a coisa legada, ao ponto de já não ter a forma nem lhe caber a denominação que possuía;
>
> II – se o testador, por qualquer título, alienar no todo ou em parte a coisa legada; nesse caso, caducará até onde ela deixou de pertencer ao testador;

III – se a coisa perecer ou for evicta, vivo ou morto o testador, sem culpa do herdeiro ou legatário incumbido do seu cumprimento;

IV – se o legatário for excluído da sucessão, nos termos do art. 1.815;

V – se o legatário falecer antes do testador.

Portanto, nos legados alternativos, caso uma das coisas venha a perecer, não irá ocasionar a caducidade nas demais, subsistindo estas. Caso venha perecer uma parte de uma coisa, da mesma forma, o legado valerá quanto ao remanescente da coisa (art. 1.940).

19.9.6.1 Dos efeitos do legado e do seu pagamento

É importante lembrar que ao herdeiro legítimo e testamentário é transmitido desde logo a herança, ou seja, tanto a posse quanto a propriedade desta é deferida aos herdeiros, conforme art. 1.784. Com o legado, a transmissão é diferente, respaldada no princípio da *saisine.*

O legatário somente recebe a propriedade da coisa certa, desde a abertura da sucessão, se existente no acervo sucessório, exceto se o legado se encontrar em condição suspensiva (art. 1.923), pois não é deferida a posse da coisa ao legatário (§ 1º do art. 1.923). Nada impede o legatário de exercer seu direito de pedir a posse da coisa.

Todavia, esse direito não será exercido enquanto se litigue sobre a validade do testamento, quando em legados sob condição ou a prazo estes estiverem ainda pendentes da condição ou que o prazo não se vença (art. 1.924).

Ressalta-se que os frutos da coisa legada serão transferidos ao legatário, desde a morte do testador. Contudo, os frutos não serão transferidos se dependerem de condição suspensiva ou termo inicial (§ 2º do art. 1.923).

No caso em que o legado tiver como objeto dinheiro, os juros somente vencerão a partir do momento em que se constituir em mora a pessoa que estava obrigada a prestá-lo (art. 1.925). Já se o objeto do legado consistir em renda vitalícia ou pensão periódica, começará a correr do falecimento do testador (art. 1.926). Sendo periódicas as prestações, só no termo de cada período se poderão exigir (art. 1.928), e se essas prestações forem a título de alimentos, deverão ser pagas no início de cada período, salvo disposição em contrário do testador (parágrafo único do art. 1.928).

Lembre-se que é possível que o legado tenha por objeto coisa determinada pelo gênero, cabendo a escolha ao herdeiro, mas devendo ser observado um meio-termo, entre o melhor e o pior, para essa escolha (art. 1.929).

É importante observar que quando a escolha couber a terceiro, respeitando o disposto no art. 1.929, mas este não quiser ou se encontrar impossibilitado de exercer a escolha, esta será incumbida ao magistrado, respeita a mesma formalidade disposta no art. acima citado (art. 1.930). Por outro lado, se a escolha for do legatário, diferentemente do que ocorre com o herdeiro e o terceiro, poderá escolher a melhor coisa que se encontrar na herança, mas não havendo o bem, cujo gênero foi determinado, será dado outro que chegue mais perto daquele, observando o critério estabelecido no art. 1.929 (art. 1.931).

O legado alternativo é aquele em que o testador dispõe de mais de um objeto para constituir o legado, e a escolha, de acordo com artigo 1.932, cabe ao herdeiro. Falecendo o herdeiro ou legatário, que se encontra incumbido da escolha, antes de exercer tal dever, transmitir-se-á aos seus herdeiros (art. 1.933).

Quando no testamento não houver menção expressa sobre o cumprimento do legado, este será incumbido aos herdeiros. Não havendo herdeiro, passará para os legatários, observando a proporção do que herdaram (art. 1.934).

No que tange ao fato da coisa pertencer a herdeiro ou legatário, conforme disposto no art. 1.913, somente ele é quem poderá cumprir o legado, com direito de regresso contra os coerdeiros, de acordo com a quota-parte de cada um, salvo disposição em contrário do testador (art. 1.935).

Por fim, a coisa legada será entregue juntamente com os seus acessórios, no lugar e no estado em que se achava quando faleceu o testador, sendo repassada ao legatário com todos os encargos (art. 1.937), pois todas as despesas e riscos da entrega da coisa serão de responsabilidade do legatário quando o testador não possa realizar (art. 1.936). Aplica-se, inclusive, aos legados com encargo o disposto a respeito das doações de igual natureza (art. 1.938).

19.9.6.2 Do direito de acrescer entre herdeiros e legatários

O direito de acrescer é aquele direito que têm os herdeiros e legatários beneficiados por disposição conjunta de receber o que caberia ao sucessor testamentário conjunto cujo direito sucessório não chegou a se aperfeiçoar, porquanto caducou, ou foi renunciado (DONIZETTI; QUINTELLA, 2014, p. 1216). Nesse sentido, o art. 1.941 estabelece que quando vários herdeiros são chamados à herança, sem a determinação de seus quinhões, quando um deles não puder ou não quiser a aceitar a herança, a sua parte será acrescida ao outro coerdeiro, salvo direito do substituto (art. 1.941).

Da mesma forma que ocorre para o herdeiro, o direito de acrescer também caberá aos colegatários quando estes forem nomeados em conjunto referente a uma só coisa certa e determinada, ou em casos em que a coisa não pode ser dividida sob risco de desvalorização (art. 1.942).

É importante observar que quando o referido direito não for efetuado, será transmitido aos herdeiros legítimos a parte vaga do nomeado (art. 1.944). Contudo, se não existir o direito de acrescer entre os colegatários, a quota faltante será acrescida à do herdeiro ou legatário responsável por satisfazer o legado, ou então a todos os herdeiros dentro da proporção dos seus quinhões, caso o legado tenha sido deduzido da herança (parágrafo único do art. 1.944).

No que tange à caducidade do direito de acrescer, esta ocorrerá, observado o disposto no art. 1.942, com a morte do coerdeiro ou colegatário antes do testador, se estes renunciarem a herança ou legado, ou tiverem sido excluídos, e ainda em caso da condição da qual foi instituído não se verificar. Sendo assim, a sua quota-parte será acrescida à parte dos outros coerdeiros ou colegatários conjuntos, salvo o direito do substituto (art. 1.943), ficando estes últimos, então, sujeitos às obrigações ou encargos que os oneravam (parágrafo único do art. 1.943).

Por fim, é necessário atentar-se ao legado de usufruto, hipótese em que, quando este for legado em um só, de forma conjunta, a duas ou mais pessoas, a parte faltante será acrescida aos colegatários (art. 1.946). Todavia, não havendo conjunção entre os colegatários, ou se conjunto, somente lhe foi legada parte do usufruto, serão consideradas na propriedade as quotas dos que faltarem na medida em que foram faltando (parágrafo único do art. 1.946).

19.9.7 Das substituições

A substituição é o procedimento em que há a "indicação de certa pessoa para recolher a herança, ou legado, se o nomeado faltar, ou alguém consecutivamente a ele" (GONÇALVES, 2014, p. 920). O Código Civil adota o instituto da substituição de herdeiros e legatários para as situações em que estes não quiserem ou não puderem aceitar a herança, sendo permitido ao testador substituí-los por outra pessoa. Ressaltando que, mesmo que o testador se refira apenas a uma hipótese de substituição, esta será presumida para as duas alternativas acima referidas (art. 1.947). É a chamada **substituição vulgar**.

Substituição vulgar é aquela em que o testador designa uma ou mais pessoas para ocupar o lugar do herdeiro, ou legatário, que não quiser ou não puder aceitar o benefício (GONÇALVES, 2014, p. 920).

A condição ou encargo imposto pelo substituído sujeita o substituto quando não houver disposição em contrário do testador ou não resultar outra coisa da natureza dessa condição ou encargo (art. 1.949). É possível ainda que o testador realize a substituição de várias pessoas por apenas uma (substituição vulgar singular) ou o contrário, ou seja, quando é realizada a substituição de uma pessoa por várias (substituição coletiva), substituindo com ou sem reciprocidade (art. 1.948).

Todavia, o aludido código também dispõe acerca da **substituição recíproca**. É aquela em que o testador nomeia substitutos recíprocos, caso em que o que não puder ou não quiser suceder será substituído pelo outro que puder ou quiser, e vice-versa (GONÇALVES, 2014, p. 1225). Dessa forma, em conformidade com art. 1.950, quando houver muitos coerdeiros ou legatários e entre eles houver partes desiguais e for estabelecida a substituição recíproca, os quinhões fixadas anteriormente serão mantidos na substituição. No caso ainda de ser nomeada mais uma pessoa para a substituição, o quinhão vago irá pertencer aos substitutos em partes iguais.

Observa-se que há dois tipos de substituições, a vulgar e a recíproca, mas ainda existe a **substituição fideicomissária**, que ocorre quando o testador nomeia um favorecido e, desde logo, designa um substituto, que recolherá a herança, ou legado, depois daquele (GONÇALVES, 2014, p. 920). É necessário atentar-se para alguns pontos importantes, como os sujeitos da substituição fideicomissária, como o **fideicomitente**, que é o testador; o **fiduciário**, que é a pessoa chamada a suceder em primeiro lugar para cuidar do patrimônio deixado (GONÇALVES, 2014, p. 920); e tem ainda o **fideicomissário**, que a última pessoa a suceder na herança ou legado.

Nesse sentido, de acordo com o art. 1.951, é permitido ao testador:

> Art. 1.951. [...] instituir herdeiros ou legatários, estabelecendo que, por ocasião de sua morte, a herança ou o legado se transmita ao fiduciário, resolvendo-se o direito deste, por sua morte, a certo tempo ou sob certa condição, em favor de outrem, que se qualifica de fideicomissário.

O Código Civil permite a substituição fideicomissária somente a favor dos não concebidos ao tempo da morte do testador (art. 1.952), mas se houver nascido o fideicomissário ao tempo de morte, este irá adquirir a propriedade dos bens fideicometidos, sendo o direito do fiduciário convertido em usufruto (parágrafo único do art. 1.952).

A titularidade da propriedade da herança ou legado do fiduciário será de forma **restrita** (apresenta limitações) ou **resolúvel** (que pode ocorrer a sua resolução) (art. 1.953), ficando o fiduciário responsável por realizar o inventário dos bens gravados, bem como prestar caução de restituir bens no caso de exigir o fideicomissário (parágrafo único do art. 1.953).

No que se refere à aceitação e renúncia da herança e legado, quando o fiduciário vier a renunciar um destes institutos, salvo disposição em contrário, será deferido ao fideicomissário o poder de aceitar (art. 1.954). Este pode também renunciar à herança ou legado, mas neste caso o fideicomisso irá caducar, deixando a propriedade de ser resolúvel, se não houver disposição contrária do testador (art. 1.955). Aceitando a herança ou legado, o fideicomissário terá direito à parte que, ao fiduciário, em qualquer tempo acrescer (art. 1.956).

Por fim, quanto à caducidade, o fideicomisso irá caducar no caso de o fideicomissário vir a falecer antes do fiduciário ou antes da condição resolutória do direito do fiduciário. Dessa forma, a propriedade irá se consolidar no fiduciário conforme disposto no art. 1.955 (art. 1.958).

enunciado

Enunciado 529 da V Jornada de Direito Civil – "O fideicomisso, previsto no art. 1.951 do Código Civil, somente pode ser instituído por testamento."

19.9.8 Da deserdação

Deserdação é o ato unilateral pelo qual o testador exclui da sucessão **herdeiro necessário**, mediante disposição testamentária motivada em uma das **causas** previstas em lei (GONÇALVES, 2014, p. 927 do CC/2002, grifos do autor). Nesse sentido, conforme o art. 1.961, o ordenamento jurídico permite que os herdeiros necessários possam vir a ser privados da sucessão legítima ou deserdados, em todos os casos em que podem ser excluídos da sucessão.

As causas de deserdação encontram-se previstas no art. 1.814, incisos I ao III, que excluirão os herdeiros ou legatários:

> I – que houverem sido autores, coautores ou partícipes de homicídio doloso, ou tentativa deste, contra a pessoa de cuja sucessão se tratar, seu cônjuge, companheiro, ascendente ou descendente;
>
> II – que houverem acusado caluniosamente em juízo o autor da herança ou incorrerem em crime contra a sua honra, ou de seu cônjuge ou companheiro;
>
> III – que, por violência ou meios fraudulentos, inibirem ou obstarem o autor da herança de dispor livremente de seus bens por ato de última vontade.

O Código Civil disciplina ainda outras causas que autorizam a deserdação dos descendentes por seus ascendentes (art. 1.962, incisos I ao IV) e de ascendentes pelos descendentes (art. 1.963, incisos I ao IV), ressaltando que esses dois tipos de deserdação possuem causas bem parecidas.

A deserdação dos descendentes para os ascendentes ocorre por conta (art. 1.962):

> I – da ofensa física [sem a necessidade de que haja a condenação criminal, basta a comprovação da ofensa];
>
> II – da injúria grave [contra o testador];
>
> III – de relações ilícitas com a madrasta ou com o padrasto;
>
> IV – do desamparo do ascendente em alienação mental ou grave enfermidade.

Quanto à deserdação dos ascendentes pelos descendentes, ocorre por (art. 1.963):

> I – ofensa física;
>
> II – injúria grave;

III - relações ilícitas com a mulher ou companheira do filho ou a do neto, ou com o marido ou companheiro da filha ou o da neta;

IV - desamparo do filho ou neto com deficiência mental ou grave enfermidade.

A deserdação somente será ordenada em testamento com a declaração expressa da prática de alguma das causas acima previstas (art. 1.964), devendo ser provada pelo herdeiro ou a aquele que aproveitar a deserdação a veracidade da causa alegada pelo testador (art. 1.965), sendo que este direito de provar a causa será extinta no prazo de 4 (quatro) anos a contar da data da abertura do testamento (parágrafo único do art. 1.965).

19.9.9 Da revogação do testamento

Inicialmente foram estudadas as características do testamento e uma delas era a revogabilidade. O testamento é passível de revogação, mas somente por outro testamento, do mesmo modo que foi feito, observadas as mesmas formalidades estabelecidas para a sua elaboração (art. 1.969), podendo esta revogação ser total (quando todo o testamento é revogado) e parcial (quando partes do testamento são revogadas) (art. 1.970). Se parcial ou então no caso de o testamento posterior não estabelecer a cláusula revogatória expressamente, o testamento anterior subsistirá em tudo o que não for contrário ao posterior (parágrafo único do art. 1.970).

É necessário salientar que, mesmo que o testamento venha a caducar por motivo de exclusão, incapacidade ou renúncia do herdeiro nomeado, os efeitos da revogação serão produzidos, a não ser que o testamento revogatório venha a ser anulado por omissão ou infração de solenidades essenciais ou por vícios intrínsecos, caso em que tais efeitos não se produzirão (art. 1.971).

Importa observar que será considerado revogado o testamento cerrado que o testador abrir ou dilacerar, ou então que este for aberto ou dilacerado sem o consentimento do testador (art. 1.972).

19.9.10 Do rompimento do testamento

O rompimento do testador é aquele de revogação legal, ou seja, em que é a lei quem revoga o ato, e não o testador (DONIZETTI; QUINTELLA, 2014, p. 1220). Portanto, quando sobrevier descendente sucessível que o testador não o tinha ou não o conhecia quando providenciou o testamento, este será rompido em todas as suas disposições testamentárias, quando o descendente sobreviver ao testador (art. 1.973). Ocorrerá também o rompimento do testamento quando este for elaborado na ignorância de existirem outros herdeiros necessários (art. 1.974).

Dessa forma, impende observar que não ocorrerá o rompimento do testamento quando o testador dispuser da sua parte disponível do patrimônio, não contemplando os herdeiros necessários de que tinha conhecimento ou que tenha os excluídos dessa parte (art. 1.975).

enunciado

Enunciado 643 da VIII Jornada de Direito Civil – "O rompimento do testamento (art. 1.973 do Código Civil) se refere exclusivamente às disposições de caráter patrimonial, mantendo-se válidas e eficazes as de caráter extrapatrimonial, como o reconhecimento de filho e o perdão ao indigno."

19.9.11 Do testamenteiro

Testamentária é a atividade de quem faz cumprir o testamento, e testamenteiro quem a exerce. O Código Civil dispõe, em seu art. 1.976, que é permitido ao testador nomear um ou mais testamenteiros, de forma conjunta ou separada, com intuito de que estes cumpram as disposições de última vontade. Todavia, salienta-se que na ausência de testamenteiro nomeado, a execução da testamentaria será de competência de um dos cônjuges, ou seja, o herdeiro legítimo, e na falta destes ainda, será incumbido ao herdeiro nomeado pelo juiz (art. 1.984).

É importante destacar duas características, imprescindíveis, que são a indelegabilidade e a intransmissibilidade, ambas disciplinadas no art. 1.985. Sendo assim, a atividade testamentária não pode ser transmitida aos herdeiros do testamenteiro, isto é, vindo a falecer este, os seus herdeiros não irão sucedê-lo; e nem pode ser delegado a outra pessoa, se aquele não quiser exercê-la, mas é possível que o testamenteiro seja representado em juízo ou fora dele com a instituição de mandatário com poderes especiais (art. 1.985).

Para o exercício da testamentaria, pode o testador conceder a posse, bem como a administração da herança, ou parte dela, ao testamenteiro, quando não houver cônjuge ou herdeiro necessário (art. 1.977), cabendo ao testamenteiro, na posse e administração dos bens, requerer o inventário, bem como cumprir o testamento (art. 1.978).

O Código Civil também estabelece o direito a qualquer herdeiro de requerer a partilha imediata ou a devolução da herança, mas sob a condição de habilitar o testamenteiro, com os meios necessários, a fim de que cumpra os legados ou dando caução de prestá-los (parágrafo único do art. 1.977).

Cumpre ainda ressaltar que o testamenteiro nomeado ou qualquer pessoa interessada pode requerer, ou em caso de o juiz ordenar de ofício, que o detentor do testamento o leve a registro, conforme o art. 1.979.

Ainda no que se refere ao exercício da testamentaria, deve o testamenteiro, dentro do prazo estabelecido pelo testador, cumprir as disposições testamentárias, bem como dar contas do que recebeu e despendeu, perdurando a responsabilidade enquanto durar a execução do testamento (art. 1.980). Outro dever incumbido ao testamenteiro é a defesa da validade do testamento, seja com ou sem concurso de inventariante (art. 1.981), devendo também fazer cumprir as disposições que o testador conferir, observando os limites da lei (art. 1.982).

O prazo que a lei confere para o cumprimento do testamento e da prestação de contas pelo testamenteiro será de 180 (cento e oitenta) dias contados da aceitação da testamentaria, salvo se o testador conceder prazo maior (art. 1.983), podendo tal prazo ser prorrogado se houver motivo suficiente (parágrafo único do art. 1.983).

Na atividade de testamentaria pode haver, simultaneamente, mais de um testamenteiro, que tenha aceitado o cargo, podendo cada um exercê-la na falta dos outros, ficando todos obrigados, solidariamente, a prestar conta dos bens que lhes forem confiados, exceto no caso em que cada um tiver funções distintas, estabelecidas pelo testamento (art. 1.986).

Em conformidade com art. 1.987 do CC/2002, salvo disposição testamentária em contrário, o testamenteiro, que não seja herdeiro ou legatário, terá direito a um prêmio, que, se o testador não o houver fixado, será de um a cinco por cento, arbitrado pelo juiz, sobre a herança líquida, conforme a importância dela e maior ou menor dificuldade na execução do testamento, sendo tal prêmio pago à conta da parte disponível, no caso de haver herdeiro necessário (parágrafo único do art. 1.987).

É permitido que o herdeiro ou legatário nomeado como testamenteiro opte entre o prêmio e a herança ou legado (art. 1.988). Ressalta-se que o prêmio pode ser revertido em herança no caso do testamenteiro o perder ou ser removido ou por não ter cumprido o testamento (art. 1.989). Ademais, se o testador tiver distribuído a herança em legados, o testamenteiro irá exercer as funções na qualidade de inventariante (art. 1.990).

19.10 DO INVENTÁRIO E DA PARTILHA

19.10.1 Do Inventário

Como foi visto, a herança será transmitida logo com a abertura da sucessão, de acordo com art. 1.784, aos herdeiros legítimos e testamentários, ficando responsável pela administração da herança o inventariante, desde a assinatura do compromisso até a homologação da partilha (art. 1.991). Dessa forma, de acordo com art. 1.797, incisos I ao IV, do CC/2002, ficarão responsáveis pela administração da herança:

> I – ao cônjuge ou companheiro, se com o outro convivia ao tempo da abertura da sucessão;
>
> II – ao herdeiro que estiver na posse e administração dos bens, e, se houver mais de um nessas condições, ao mais velho;
>
> III – ao testamenteiro;
>
> IV – a pessoa de confiança do juiz, na falta ou escusa das indicadas nos incisos antecedentes, ou quando tiverem de ser afastadas por motivo grave levado ao conhecimento do juiz.

Nesse sentido, inventário é o procedimento subsequente à abertura da sucessão, por meio do qual se identificam os bens deixados pelo autor da herança, entre os quais suas dívidas, bem como os sucessores (DONIZETTI; QUINTELLA, 2014, p. 1239).

O inventário possui três espécies: o **judicial**, o **extrajudicial** e o **negativo**. Este último, mesmo que não disciplinado pelo ordenamento jurídico, é aquele que se faz quando o falecido não deixou bens para que realize o inventário, somente para evitar qualquer problema futuramente.

O judicial é aquele que se encontra disciplinado pelo art. 610 do CPC/2015, dispondo que "havendo testamento ou interessado incapaz, proceder-se-á ao inventário judicial".

Sendo assim, o extrajudicial será feito, conforme § 1º do referido artigo,

> Se todos forem capazes e concordes, o inventário e a partilha poderão ser feitos por escritura pública, a qual constituirá documento hábil para qualquer ato de registro, bem como para levantamento de importância depositada em instituições financeiras.

Não é demais lembrar que o Provimento n. 100/2020 do CNJ permite a lavratura da escritura pública do inventário extrajudicial de forma digital ou eletrônica, desde que observadas as regras de validade previstas nos seus dispositivos.

Tanto o inventário quanto a partilha deverão ser instaurados dentro de 2 (dois) meses a contar da abertura da sucessão, devendo ser concluídos nos 12 meses subsequentes, sendo permitido ao magistrado prorrogar tais prazos de ofício ou a requerimento de parte (art. 611 do CPC/2015). Ressalte-se que este requerimento deverá ser feito pela pessoa que se encontra na posse e administração do espólio, no prazo previsto acima (art. 615 do CPC/2015), devendo ser instruído com a certidão de óbito do autor da herança (parágrafo único do art. 615 do CPC/2015).

Em decorrência da pandemia de Covid-19, surgiu a Lei n. 14.010/2020 (institui o Regime Jurídico Emergencial e Transitório das relações jurídicas de Direito Privado no período da pandemia), que, em seu art. 16, prevê a suspensão dos prazos para a instauração e o encerramento dos processos de inventário e de partilha, previstos no art. 611 do CPC/2015. Assim, o termo inicial para instauração foi o dia 30/10/2020, nas sucessões iniciadas a partir de 1.º/02/2020, prazo este mais elástico que os 2 (dois) meses da norma processual. De igual modo, o prazo de 12 (doze) meses para conclusão do inventário ou partilha ficou suspenso do início da vigência da Lei até o dia 30/10/2020.

Possui legitimidade para requerer o inventário e partilha (art. 616, incisos I ao IX do CPC/2015):

> I - o cônjuge ou companheiro supérstite;
>
> II - o herdeiro;
>
> III - o legatário;
>
> IV - o testamenteiro;
>
> V - o cessionário do herdeiro ou do legatário;
>
> VI - o credor do herdeiro, do legatário ou do autor da herança;
>
> VII - o Ministério Público, havendo herdeiros incapazes;
>
> VIII - a Fazenda Pública, quando tiver interesse;
>
> IX - administrador judicial da falência do herdeiro, do legatário, do autor da herança ou do cônjuge ou companheiro supérstite.

Importante registrar que o STJ fixou orientação no sentido de que o pedido de abertura do inventário implica aceitação tácita da herança (STJ, REsp 1.622.331/SP).

A competência para o processamento do inventário, em regra, será do foro do domicílio do autor da herança, no Brasil, conforme art. 48 do CPC/2015, mas se o autor da herança não possuía domicílio certo, o foro competente será o da situação dos bens móveis. Havendo bens imóveis em foros diferentes, qualquer destes. Não havendo bens imóveis, o foro do local de qualquer dos bens do espólio (parágrafo único, incisos I ao III, do art. 48 do CPC/2015).

O magistrado será competente para decidir, em conformidade com art. 612 do CPC/2015, sobre as questões de direito, mas desde que os fatos relevantes estejam provados no documento, somente remetendo as questões que dependerem de outras provas para as vias ordinárias.

A ordem em que o juiz irá nomear o inventariante deverá obedecer a seguinte ordem, prevista no art. 617, incisos I ao VIII, primeiro será chamado o:

> I - cônjuge ou companheiro sobrevivente, desde que estivesse convivendo com o outro ao tempo da morte deste;
>
> II - o herdeiro que se achar na posse e na administração do espólio, se não houver cônjuge ou companheiro sobrevivente ou se estes não puderem ser nomeados;
>
> III - qualquer herdeiro, quando nenhum deles estiver na posse e na administração do espólio;
>
> IV - o herdeiro menor, por seu representante legal;
>
> IV - o testamenteiro, se lhe tiver sido confiada a administração do espólio ou se toda a herança estiver distribuída em legados;
>
> VI - o cessionário do herdeiro ou do legatário;
>
> VII - o inventariante judicial, se houver;
>
> VIII - pessoa estranha idônea, quando não houver inventariante judicial.

É necessário que o inventariante, intimado da nomeação, preste, dentro do prazo de 5 (cinco) dias, o compromisso de bem e fielmente desempenhar a função (parágrafo único do art. 617 do CPC/2015).

Os deveres do inventariante encontram-se disciplinados no art. 618, incisos I ao VIII do CPC/2015, e são eles:

> I – representar o espólio ativa e passivamente, em juízo ou fora dele, observando-se, quanto ao dativo, o disposto no art. 75, § 1º;
>
> II – administrar o espólio, velando-lhe os bens com a mesma diligência que teria se seus fossem;
>
> III – prestar as primeiras e as últimas declarações pessoalmente ou por procurador com poderes especiais;
>
> IV – exibir em cartório, a qualquer tempo, para exame das partes, os documentos relativos ao espólio;
>
> V – juntar aos autos certidão do testamento, se houver;
>
> VI – trazer à colação os bens recebidos pelo herdeiro ausente, renunciante ou excluído;
>
> VII – prestar contas de sua gestão ao deixar o cargo ou sempre que o juiz lhe determinar;
>
> VIII – requerer a declaração de insolvência.

Será incumbido ainda ao inventariante de alienar bens de qualquer espécie, transigir em juízo ou fora dele, pagar dívidas do espólio e fazer as despesas necessárias para a conservação e o melhoramento dos bens do espólio, mas somente com a autorização judicial e ouvidos os interessados, conforme art. 619, incisos I ao IV, do CPC/2015.

Ademais, dentro do prazo de 20 (vinte) dias a contar da data em que prestou o compromisso, deve o inventariante realizar as primeiras declarações, sendo esta declaração lavrada em termo circunstanciado, assinado pelo juiz, escrivão e inventariante, no qual deverão conter as disposições elencadas no art. 620, incisos I ao IV, do CPC/2015.

19.10.2 Dos sonegados

Sonegados são os bens do acervo hereditário que um herdeiro deixa de escrever no inventário (DONIZETTI; QUINTELLA, 2014, p. 1240). Assim, dispõe o art. 1.992 do Código Civil que:

> Art. 1.992. O herdeiro que sonegar bens da herança, não os descrevendo no inventário quando estejam em seu poder, ou, com o seu conhecimento, no de outrem, ou que os omitir na colação, a que os deva levar, ou que deixar de restituí-los, perderá o direito que sobre eles lhe cabia.

A ação de sonegação deve ser requerida e imposta pelos herdeiros ou pelos credores da herança (art. 1.994 do CC/2002), sendo que a sentença desta ação irá beneficiar todos os interessados (parágrafo único do art. 1.994 do CC/2002).

Portanto, é necessário que os bens sonegados sejam restituídos, mas caso não sejam porque o bem sonegado não se encontra mais em poder do sonegador, este será responsável pelo pagamento da importância dos valores que ocultou, além de perdas e danos (art. 1.995 do CC/2002).

19.10.3 Do pagamento das dívidas

O art. 1.997 do CC/2002 estabelece que a

> A herança responde pelo pagamento das dívidas do falecido; mas, feita a partilha, só respondem os herdeiros, cada qual em proporção da parte que na herança lhe coube.

E como foi estudado anteriormente, as despesas funerárias serão descontadas da herança, com ou sem herdeiros legítimos. Já as despesas de sufrágios somente serão descontadas da herança quando ordenadas em testamento ou codicilo (art. 1.998 do CC/2002).

É imprescindível observar que quando houver ação regressiva de herdeiros contra herdeiros, a parte do coerdeiro insolvente será dividida entre os demais (art. 1.999 do CC/2002), e no caso de o herdeiro ser devedor ao espólio, a sua dívida será partilhada igualmente entre todos, exceto no caso de a maioria dos herdeiros consentir que o débito seja imputado de forma integral no quinhão do devedor (art. 2.001 do CC/2002).

19.10.4 Da colação

Colação é o ato pelo qual os herdeiros descendentes que concorrem à sucessão do ascendente comum declaram no inventário as doações que dele em vida receberam, sob pena de sonegação, para que sejam conferidas e igualadas as respectivas legítimas (CC, arts. 2.002 e 2.003). Visa restabelecer a igualdade entre herdeiros legitimários (GONÇALVES, 2014, p. 1000). Com relação ao direito de representação, no exercício deste, quando os netos sucederem aos avós, estarão obrigados a trazer à colação, mesmo que não tenham herdado aquilo que os pais teriam de conferir (art. 2.009 do CC/2002).

O valor de colação dos referidos bens doados deverá ser aquele certo ou estimativo que lhes atribuiu o ato de liberalidade (art. 2.004 do CC/2002). Nesse sentido, o STJ fixou orientação em 2018 de que os bens doados devem ser trazidos à colação com base no valor atribuído no ato de liberalidade (STJ, REsp 1.166.568/SP). Contudo, Se do ato de doação não constar valor certo, nem houver estimação feita naquela época, os bens serão conferidos na partilha pelo que então se calcular valessem ao tempo da liberalidade. (§ 1º do art. 2.004 do CC/2002). Dessa forma, somente os valores dos bens doados é que entrarão em colação, excluindo os valores das benfeitorias acrescidas no bem, cabendo ao herdeiro donatários os rendimentos, os lucros e os danos e perdas (§ 2º do art. 2.004 do CC/2002).

enunciado

Enunciado 644 da VIII Jornada de Direito Civil – "Os arts. 2.003 e 2.004 do Código Civil e o art. 639 do CPC devem ser interpretados de modo a garantir a igualdade das legítimas e a coerência do ordenamento. O bem doado, em adiantamento de legítima, será colacionado de acordo com seu valor atual na data da abertura da sucessão, se ainda integrar o patrimônio do donatário. Se o donatário já não possuir o bem doado, este será colacionado pelo valor do tempo de sua alienação, atualizado monetariamente."

No prazo de 15 dias (art. 627 do CPC/2015), o herdeiro incumbido de realizar a colação, deverá disponibilizar por termo nos autos ou por petição, reportando os bens que recebeu ou que já não os possui mais (art. 639 do CPC/2015).

Poderão ser dispensadas da colação, todas as doações (parte disponível) em que o doador determinar, desde que estas não excedam, computando sempre o seu valor ao tempo da doação (art. 2.005 do CC/2002), bem como as doações remuneratórias de serviços realizados ao ascendente (art. 2.011 do CC/2002), dessa forma, será presumida como imputada na parte disponível a liberalidade feita a descendente que, ao tempo do ato, não seria chamado à sucessão na qualidade de herdeiro necessário (parágrafo único do art. 2.005 do CC/2002), podendo a dispensa ser outorgada pelo doador em testamento ou em próprio título de liberalidade (art. 2.006 do CC/2002).

Os encargos realizados pelo ascendente ao descendente, ainda menor, referentes à educação, estudos, sustento, vestuário, entre outros, bem como as despesas de casamento ou aquelas realizadas no interesse de sua defesa em processo-crime (art. 2.010 do CC/2002). A renúncia à herança ou exclusão dela não impede que sejam conferidas as doações recebidas, com a finalidade de repor o que exceder o disponível (art. 2.008 do CC/2002).

Por fim, em caso de negativa dos bens ou a obrigação de conferi-los por parte dos herdeiros obrigados a realizar à colação, o magistrado deverá decidir à vista das alegações e das provas produzidas, ouvidas as partes no prazo de 15 (quinze) dias (art. 641 do CPC/2015). Quando declarada improcedente a oposição, conforme § 1º do art. 641 do CPC/2015, se o herdeiro não proceder à conferência dentro de 15 (quinze) dias improrrogáveis, deverá o juiz mandar sequestrar os bens sujeitos à colação para que sejam inventariados e partilhados. Se a matéria exigir dilação probatória, o juiz irá remetê-la às partes pelas vias ordinárias (§ 2º do art. 641 do CPC/2015).

19.10.5 Da partilha

O instituto da partilha corresponde ao procedimento por meio do qual os bens do acervo, após a liquidação, são divididos entre os herdeiros, até então condôminos da herança (DONIZETTI; QUINTELLA, 2014, p. 1237). Assim, dispõe o art. 2.017 do CC/2002, que no momento da partilha deverá ser observada a maior igualdade possível.

A partilha poderá ser requerida sempre pelo herdeiro, cessionários e credores, mesmo que o testador não a tenha permitido (art. 2.013 do CC/2002), também sendo admitida a partilha feita pelo ascendente, por ato entre vivos ou de última vontade, mas neste caso somente será permitido se não ocasionar prejuízo a legítima dos herdeiros necessários (art. 2.018 do CC/2002).

Ressalta-se que este procedimento também se divide, como o inventário, em judicial e extrajudicial. A partilha extrajudicial, também chamada de partilha amigável, encontra-se disciplinada no art. 2.015 do CC/2002, e ocorre quando os herdeiros forem capazes, realizando assim a partilha amigável, por meio da escritura pública ou termo nos autos do inventário ou escrito particular, mas este último deverá se encontrar homologado pelo magistrado, conforme também com art. 657 do CPC/2015.

Por outro lado, a partilha judicial está disposta no art. 2.016 do CC/2002, e ocorrerá quando houver divergência entre os herdeiros ou quando se estes forem incapazes. Também se encontra disciplinada nos arts. 647 ao 673 do CPC/2015.

Quando os bens não forem suscetíveis de divisão cômoda, aqueles bens que não caibam na meação do cônjuge sobrevivente ou no quinhão de um só herdeiro deverão ser vendidos judicialmente, devendo ser partilhado o valor apurado, exceto se não houver acordo para serem adjudicados a todos (art. 2.019 do CC/2002). Observa-se que a venda judicial não será feita no caso do cônjuge sobrevivente quando um ou mais herdeiros vierem a requerer que seja adjudicado o bem, mas devendo repor em dinheiro aos demais (§ 1º do art. 2.019 do CC/2002). Na hipótese de mais de um herdeiro requerer a adjudicação, deve-se observar o processo da licitação (§ 2º do art. 2.019 do CC/2002)

Imprescindível frisar que o Código Civil permite a **sobrepartilha** (possibilidade de realização de uma nova partilha), em seu art. 2.022, ficando sujeitos a este instituto, de acordo com art. 669, incisos I ao IV do CPC/2015, os bens:

> I – sonegados;
>
> II – da herança descobertos após a partilha;
>
> III – litigiosos, assim como os de liquidação difícil ou morosa;
>
> IV – situados em lugar remoto da sede do juízo onde se processa o inventário.

Estes últimos bens serão reservados à sobrepartilha, ficando sob a guarda e administração do inventariante ou de diverso, sendo necessário o consentimento da maioria dos herdeiros (parágrafo único do art. 669 do CPC/2015). Na sobrepartilha, deve-se sempre observar as disposições do processo de inventário e partilha, ocorrendo nos autos do inventário do autor da herança (art. 670, parágrafo único, do CPC/2015).

19.10.5.1 Da anulação da partilha

A partilha será passível de anulação quando verificados vícios e defeitos que a invalidam, em geral, característicos dos negócios jurídicos (art. 2.027 do CC/2002), ressaltando que o direito de anular a partilha se extinguirá no prazo de 1 (um) ano (parágrafo único do art. 2.027 do CC/2002), inclusive para as partilhas amigáveis judiciais nos casos de dissolução de casamento ou união estável.

enunciado

Enunciado 612 da VII Jornada de Direito Civil – "O prazo para exercer o direito de anular a partilha amigável judicial, decorrente de dissolução de sociedade conjugal ou de união estável, extingue-se em 1 (um) ano da data do trânsito em julgado da sentença homologatória, consoante dispõem o art. 2.027, parágrafo único, do Código Civil de 2002, e o art. 1.029, parágrafo único, do Código de Processo Civil (art. 657, parágrafo único, do Novo CPC)."

No que se refere à partilha extrajudicial, poderá ser anulada quando comprovado o dolo, coação, erro essencial ou intervenção de incapaz, sendo observado o disposto no art. 966, § 4º do CPC/2015 (art. 657 do CPC/2015), extinguindo o direito de anulação desta partilha em 1 (um) ano, contado esse prazo:

I – no caso de coação, do dia em que ela cessou;

II – no caso de erro ou dolo, do dia em que se realizou o ato;

III – quanto ao incapaz, do dia em que cessar a incapacidade (parágrafo único, incisos I ao III do art. 657 do CPC/2015).

Por fim, a partilha judicial será rescindida, de acordo com o art. 658, incisos I ao III do CPC/2015, nos casos mencionados no art. 657 e:

I – nos casos mencionados no art. 657;

II – se feita com preterição de formalidades legais;

III – se preteriu herdeiro ou incluiu quem não o seja.

QUADRO SINÓTICO

DIREITO DAS SUCESSÕES	
NOÇÕES GERAIS	A sucessão após a morte (***causa mortis***) é o ato realizado após o falecimento do autor da herança (ou *de cujus*), transmitindo aos seus sucessores o respectivo patrimônio.

DIREITO DAS SUCESSÕES	
NOÇÕES GERAIS	A sucessão pode ser feita a **título universal** (transmissão de um conjunto de bens não individualizados) e a **título singular** (transmissão de um bem específico). O herdeiro pode ser **legítimo** (aquele indicado pela lei como sucessor – art. 1.829) ou **testamentário** (indicado em testamento, observadas as regras para dispor do patrimônio). Observa-se que o herdeiro legítimo se divide em herdeiros necessários e facultativos. O **herdeiro necessário** é o parente ou o cônjuge com direito a uma quota-parte da herança, da qual não pode ser privado. Incluem-se os **descendentes**, os **ascendentes** e o **cônjuge**. Por outro lado, o **herdeiro facultativo** é aquele que herda na falta de herdeiros necessários e de testamento que disponha sobre o destino do espólio. Essa espécie de herdeiro pode ser excluída da sucessão quando o falecido deixar os seus bens por meio de testamento para outro herdeiro.
CLASSIFICAÇÃO	• **Legítima:** decorre da disposição de lei, observando a ordem de vocação hereditária. Se uma pessoa vier a falecer sem deixar testamento, a herança será transmitida aos herdeiros legítimos. • **Testamentária:** a sucessão testamentária se dá por disposição de última vontade. É cabível ao testador dispor de sua herança para quem ele quiser. Todavia, havendo herdeiros necessários, somente poderá dispor de metade da herança, sendo a outra metade dividida entre os herdeiros necessários.
DA HERANÇA E DE SUA ADMINISTRAÇÃO	A herança será deferida como um todo unitário, mesmo que existam vários herdeiros. Nesse sentido, o direito à propriedade e posse da herança pertencentes aos coerdeiros será indivisível até a partilha, sendo estes direitos regulados pelas normas referentes ao condomínio. Na administração da herança, os sucessores não serão responsáveis por dívidas que sejam superiores às forças da herança. Nesse sentido, a partilha dos bens somente ocorrerá após o pagamento das dívidas. Assim, o que restar será dividido entre os sucessores do *de cujus*. O Código Civil não admite a modalidade da cessão de direitos hereditários, que se trata do negócio jurídico translativo ***inter vivos***, pois só pode ser celebrado depois da abertura da sucessão. Contudo, após a abertura da sucessão, poderá ser objeto de cessão de direito hereditário por meio de escritura pública.
DA VOCAÇÃO HEREDITÁRIA	Poderão suceder: **I.** Os filhos, ainda não concebidos, de pessoas indicadas pelo testador, desde que vivas estas ao abrir-se a sucessão. **II.** As pessoas jurídicas. **III.** As pessoas jurídicas, cuja organização for determinada pelo testador sob a forma de fundação.
DA ACEITAÇÃO E RENÚNCIA DA HERANÇA	No que se refere à aceitação da herança, esta trata-se de uma **confirmação**, uma vez que a aquisição dos direitos sucessórios não depende da aceitação. Quando a herança é aceita, opera-se o efeito retroativo (*ex tunc*), tornando-se definitiva com a sua transmissão ao herdeiro logo após a abertura da sucessão (art. 1.804), mas, quando o herdeiro renuncia à herança, a transmissão da herança ter-se-á por não verificada (parágrafo único do art. 1.804).

DIREITO DAS SUCESSÕES	
DA ACEITAÇÃO E RENÚNCIA DA HERANÇA	Quando a herança é aceita, opera-se o efeito retroativo (*ex tunc*), tornando-se definitiva com a sua transmissão ao herdeiro logo após a abertura da sucessão (art. 1.804), mas, quando o herdeiro renuncia à herança, a transmissão da herança ter-se-á por não verificada (parágrafo único do art. 1.804). Tanto a aceitação quanto a renúncia, não admitem a manifestação de vontade parcial ou sob condição ou termo (art. 1.808). Ambas correspondem a atos irrevogáveis, sendo aceita ou renunciada a herança, não poderão ser revogadas posteriormente (art. 1.812).
DOS EXCLUÍDOS DA SUCESSÃO	O Código Civil elenca as hipóteses de **indignidade**, instituto distinto da **ilegitimidade**. A exclusão por indignidade somente **obstaculiza a conservação da herança**, enquanto a falta de legitimação para suceder **impede que surja** o direito à sucessão. • **Causas de exclusão dos herdeiros ou legatários:** I. que houverem sido autores, coautores ou partícipes de homicídio doloso, ou tentativa deste, contra a pessoa de cuja sucessão se tratar, seu cônjuge, companheiro, ascendente ou descendente. II. que houverem acusado caluniosamente em juízo o autor da herança ou incorrerem em crime contra a sua honra, ou de seu cônjuge ou companheiro. III. que, por violência ou meios fraudulentos, inibirem ou obstarem o autor da herança de dispor livremente de seus bens por ato de última vontade.
DA HERANÇA JACENTE	Ocorre quando, na abertura da sucessão, não há sucessores, nem o conhecimento de testamento ou se todos a renunciarem, sendo a herança do falecido chamada de herança jacente. Os bens ficarão, após a sua arrecadação, sob a guarda e administração de um curador até a sua entrega ao sucessor que se encontrar habilitado ou com a declaração de sua vacância. O período de vacância, contudo, estabelecido no art. 1.822, é de 5 (cinco) anos da abertura da sucessão, pois, decorrido este prazo, os bens arrecadados serão repassados ao Município ou ao Distrito Federal, se localizados nas respectivas circunscrições.
DA PETIÇÃO DE HERANÇA	A petição de herança é a ação em que o herdeiro, deixado de fora da sucessão, demanda o reconhecimento de seu direto sucessório, com o objetivo de restituição da herança ou parte dela contra a pessoa que se encontre na qualidade de herdeiro ou até mesmo sem título a possua.
DA SUCESSÃO LEGÍTIMA	**a) Herdeiros Necessários:** a sucessão testamentária não irá excluir a legítima, pois o testador somente poderá dispor da metade de seus bens, havendo herdeiros necessários. De acordo com art. 1.845, são herdeiros necessários os descendentes, os ascendentes e o cônjuge. **b) Direito de Representação:** corresponde ao direito dado às pessoas que não possuíam o direito de suceder, mas por conta de determinadas situações assumem o lugar na sucessão. Dessa forma, como estes irão herdar o que herdaria o representado se estivesse vivo, então, a parte do representado irá se dividir por igual entre os representantes.

DIREITO DAS SUCESSÕES	
DA SUCESSÃO LEGÍTIMA	c) **Ordem da Vocação Hereditária:** o chamamento dos sucessores é feito por meio da ordem da vocação hereditária, por meio de classes. Entre os descendentes, os em grau mais próximo excluem os mais remotos, salvo o direito de representação. A **sucessão por cabeça** é aquela que ocorre entre herdeiros da mesma classe e grau, em que a divisão dos bens é feita de forma igualitária. Por outro lado, a **sucessão por estirpe** é aquela que ocorre entre herdeiros da mesma classe e graus diferentes ou de classes diferentes.
DA SUCESSÃO TESTAMENTÁRIA	É realizada mediante a manifestação de última vontade do falecido em testamento ou codicilo, observando-se sempre os limites da capacidade de testar por conta da presença de herdeiros necessários. Essa liberdade de testar somente será cabível à metade do patrimônio do testador. **Codicilo**, diferentemente do testamento, é ato de última vontade destinado a disposições de pequeno valor ou recomendações para serem atendidas e cumpridas após a morte. No tocante às **disposições testamentárias**, quando houver interpretações diferentes a respeito da cláusula testamentária, prevalecerá a interpretação que melhor assegurar a observância da vontade do testador. • **Das Formas do Testamento:** a) **Público:** aquele levado a termo por um tabelião, ou seu substituto legal, que registrará a vontade do testador na presença de testemunhas. b) **Cerrado:** aquele testamento elaborado pelo testador de forma lacrada, para ser aberto somente após a morte do testador. c) **Particular:** feito pelo testador, podendo ser escrito de próprio punho ou por meio de processo mecânico. d) **Marítimo e Aeronáutico:** feito em viagem, a bordo de navio nacional, de guerra ou mercante. Pode testar perante o comandante, na presença de duas testemunhas, por forma que corresponda ao testamento público ou ao cerrado (art. 1.888), sendo registrado no diário de bordo (parágrafo único do art. 1.888). Já o testamento aeronáutico é aquele feito em viagem, a bordo de aeronave militar ou comercial, podendo testar perante pessoa designada pelo comandante. e) **Militar:** o testamento militar é cabível para os militares e demais pessoas a serviço das Forças Armada em campanha dentro do País ou fora dele, assim como em praça sitiada, ou que esteja com comunicações interrompidas. • **Dos Legados:** Legado é coisa certa e determinada deixada a alguém, denominado legatário, em testamento ou codicilo. Difere, portanto, da herança que é a totalidade ou parte ideal de um patrimônio. • **Do Direito de Acrescer entre Herdeiros e Legatários:** quando vários herdeiros são chamados à herança, sem a determinação de seus quinhões, quando um deles não puder ou não quiser aceitar a herança, a sua parte será acrescida ao outro coerdeiro, salvo direito do substituto.

<table>
<tr><th colspan="2">DIREITO DAS SUCESSÕES</th></tr>
<tr><td>DA SUCESSÃO TESTAMENTÁRIA</td><td>
• Do Direito de Acrescer entre Herdeiros e Legatários: quando vários herdeiros são chamados à herança, sem a determinação de seus quinhões, quando um deles não puder ou não quiser aceitar a herança, a sua parte será acrescida ao outro coerdeiro, salvo direito do substituto.
• Das Substituições: o Código Civil adota o instituto da substituição de herdeiros e legatários para as situações em que estes não quiserem ou não puderem aceitar a herança, sendo permitido ao testador substituí-los por outra pessoa.
• Da Deserdação: o ordenamento jurídico permite que os herdeiros necessários possam vir a ser privados da sucessão legítima ou deserdados, em todos os casos em que podem ser excluídos da sucessão.
• Da Revogação do Testamento: o testamento é passível de revogação, mas somente por outro testamento, do mesmo modo que foi feito, observadas as mesmas formalidades estabelecidas para a sua elaboração (art. 1.969), podendo esta revogação ser total (quando todo o testamento é revogado) e parcial (quando partes do testamento são revogadas).
• Do Rompimento do Testamento: quando sobrevier descendente sucessível que o testador não o tinha ou não o conhecia quando providenciou o testamento, este será rompido em todas as suas disposições testamentárias, quando o descendente sobreviver ao testador (art. 1.973). Ocorrerá também o rompimento do testamento quando este for elaborado na ignorância de existirem outros herdeiros necessários (art. 1.974).
</td></tr>
<tr><td>DO INVENTÁRIO E DA PARTILHA</td><td>
• Do Inventário: inventário é o procedimento subsequente à abertura da sucessão, por meio do qual se identificam os bens deixados pelo autor da herança, entre os quais suas dívidas, bem como os sucessores.
• Dos Sonegados: são os bens do acervo hereditário que um herdeiro deixa de escrever no inventário.
• Do Pagamento das Dívidas: a herança responde pelo pagamento das dívidas do falecido; mas, feita a partilha, só respondem os herdeiros, cada qual em proporção da parte que na herança lhe coube.
• Da Colação: é o ato pelo qual os herdeiros descendentes que concorrem à sucessão do ascendente comum declaram no inventário as doações que dele em vida receberam, sob pena de sonegação, para que sejam conferidas e igualadas as respectivas legítimas.
• Da Partilha: procedimento por meio do qual os bens do acervo, após a liquidação, são divididos entre os herdeiros.
</td></tr>
</table>

BIBLIOGRAFIA

ALVES, José Carlos Moreira. *A Parte Geral do Projeto de Código Civil brasileiro*. São Paulo: Saraiva, 2003.

ALVIM, Agostinho. *Da inexecução das obrigações e suas consequências*. São Paulo: Saraiva, 1949.

AMARAL, Francisco. *Direito civil*: introdução. 5. ed. Rio de Janeiro: Renovar, 2003. v. 2.

AMARAL, Francisco. *Direito civil*: introdução. Rio de Janeiro: Renovar, 2011.

AZEVEDO, Álvaro Villaça. *Teoria geral das obrigações*. 9. ed. São Paulo: Revista dos Tribunais, 2001.

AZEVEDO, Álvaro Villaça; VENOSA, Silvio de Salvo. *Código Civil anotado e legislação complementar*. São Paulo: Atlas, 2004.

AZEVEDO, Antônio Junqueira de. *Negócio jurídico*: existência, validade e eficácia. São Paulo: Saraiva, 2002.

AZEVEDO, Antônio Junqueira de. *Negócio jurídico*. 4. ed. São Paulo: Saraiva, 2010.

BEVILÁQUA, Clóvis. *Código Civil dos Estados Unidos do Brasil*. Ed. histórica. Rio de Janeiro: Ed. Rio, 1977. t. 1.

BONAVIDES, Paulo. *Ciência política*. São Paulo: Malheiros, 2008.

BRASIL. Código Civil brasileiro – Lei 10.406/2002. Disponível em: www.planalto.gov.br.

BRASIL. Código Civil brasileiro de 1916 – Lei 3.071/1916. In: CAHALI, Yussef Said (Org.). *Constituição – Código Civil – Código de Processo Civil*. 4. ed. São Paulo: RT, 2002.

BRASIL. Código de Defesa do Consumidor – Lei n. 8.078/1990. Disponível em: www.planalto.gov.br.

BRASIL. Código de Processo Civil - Lei n. 13.105/2015. Disponível em: www.planalto.gov.br.

BRASIL. Constituição Federal de 1988. Disponível em: www.planalto.gov.br.

BRASIL. Estatuto da Criança e do Adolescente - Lei n. 8.069/1990. Disponível em: www.planalto.gov.br.

BRASIL. Estatuto da Pessoa com Deficiência - Lei n. 13.146/2015. Disponível em: www.planalto.gov.br.

BRASIL. Estatuto do Idoso - Lei n. 10.741/2003. Disponível em: www.planalto.gov.br.

BRASIL. Lei de Introdução às Normas do Direito Brasileiro - Decreto-lei n. 4.657/1942. Disponível em: www.planalto.gov.br.

BRASIL. Lei de Contravenções Penais - Decreto-lei n. 3.688/1941. Disponível em: www.planalto.gov.br.

BRASIL. Conselho da Justiça Federal. Enunciados. Disponível em: http://www.cjf.jus.br/enunciados/.

BRASIL. Superior Tribunal de Justiça. Súmulas. Disponível em: www.stj.jus.br.br.

BRASIL. Supremo Tribunal Federal. Súmulas. Disponível em: www.stf.jus.br.br.

CAHALI, Yussef Said. *Fraudes contra os credores*: fraude contra credores, fraude à execução, ação revocatória falencial, fraude à execução fiscal e fraude à execução penal. 4. ed. São Paulo: Revista dos Tribunais, 2008.

CAVALIERI FILHO, Sérgio. *Programa de responsabilidade civil*. 7. ed. São Paulo: Atlas, 2007.

CAVALIERI FILHO, Sérgio. *Programa de responsabilidade civil*. São Paulo: Atlas, 2010.

DELGADO, Mário Luiz; ALVES, Jones Fiqueirêdo. *Código Civil anotado*. São Paulo: Método, 2003.

DIAS, José de Aguiar. *Da responsabilidade civil*. Rio de Janeiro: Lumen Juris, 2012.

DIDIER JÚNIOR, Fredie. *Regras processuais no Novo Código Civil*. São Paulo: Saraiva: 2004.

DINIZ, Maria Helena. *Curso de direito civil brasileiro*: teoria geral. São Paulo: Saraiva, 2002.

DINIZ, Maria Helena. *Curso de direito civil brasileiro*: teoria geral das obrigações. São Paulo: Saraiva, 2003.

DINIZ, Maria Helena. *Curso de direito civil brasileiro*: teoria das obrigações contratuais e extracontratuais. 25. ed. São Paulo: Saraiva, 2009. v. 3.

DINIZ, Maria Helena. *Código Civil anotado*. 15. ed. São Paulo: Saraiva, 2010.

DINIZ, Maria Helena. *Curso de direito civil brasileiro*: responsabilidade civil. São Paulo: Saraiva, 2010.

DONIZETTI, Elpídio; QUINTELLA, Felipe. *Curso didático de direito civil*. 3 ed. São Paulo. Atlas. 2014.

FACHIN, Luiz Édson. *Estatuto Jurídico do Patrimônio Mínimo*. Rio de Janeiro: Renovar, 2006.

FARIAS, Cristiano Chaves; ROSENVALD, Nelson. *Curso de direito civil*: parte geral e LINDB. 10. ed. Salvador: JusPodivm, 2012. v. 1.

FARIAS, Cristiano Chaves de; ROSENVALD, Nelson; NETTO, Felipe Peixoto Braga. *Curso de direito civil*: responsabilidade civil. Salvador: JusPodivm, 2015.

FARIAS, Cristiano Chaves de; ROSENVALD, Nelson; NETTO, Felipe Peixoto Braga. *Curso de direito civil*: direito das famílias. Salvador: JusPodivm, 2014.

FARIAS, Cristiano Chaves de; ROSENVALD, Nelson; NETTO, Felipe Peixoto Braga. *Curso de direito civil*: direito das sucessões. Salvador: JusPodivm, 2015.

GAGLIANO, Pablo Stolze; PAMPLONA FILHO, Rodolfo. *Novo curso de direito civil*: parte geral. 6. ed. São Paulo: Saraiva, 2005. v. 1.

GAGLIANO, Pablo Stolze; PAMPLONA FILHO, Rodolfo. *Novo curso de direito civil*: Parte Geral. São Paulo: Saraiva, 2012.

GAGLIANO, Pablo Stolze; PAMPLONA FILHO, Rodolfo. *Novo curso de direito civil*: responsabilidade civil. São Paulo: Saraiva, 2013.

GAGLIANO, Pablo Stolze; PAMPLONA FILHO, Rodolfo. *Manual de direito civil*: volume único. São Paulo: Saraiva, 2017.

GODOY, Cláudio Luiz Bueno de. *Código Civil comentado*. Coord. Ministro Cezar Peluso. São Paulo: Manole, 2007.

GODOY, Cláudio Luiz Bueno. *Código Civil comentado*. 3. ed. Coord. Min. César Peluso. São Paulo: Manole, 2009.

GOMES, Orlando. *Direitos reais*. 19. ed. atual. por Luiz Edson Fachin. Rio de Janeiro: Forense, 2004.

GOMES, Orlando. *Obrigações*. 16. ed. atual. por Edvaldo Brito. Rio de Janeiro: Forense, 2004.

GOMES, Orlando. *Contratos*. 26. ed. atual. por Antonio Junqueira de Azevedo e Francisco Paulo de Crescenzo Marino. Coord. Edvaldo Brito. Rio de Janeiro: Forense, 2007.

GOMES, Orlando. *Contratos*. Rio de Janeiro: Forense, 2008.

GOMES, Orlando. *Introdução ao direito civil*. Rio de Janeiro: Forense, 2010.

GONÇALVES, Carlos Roberto. *Direito civil brasileiro*: direito de família. 7. ed. rev. e atual. São Paulo: Saraiva, 2010.

GONÇALVES, Carlos Roberto. *Direito civil brasileiro*: contratos e atos unilaterais. 7. ed. São Paulo: Saraiva, 2010. v. 3.

GONÇALVES, Carlos Roberto. *Direito civil esquematizado*. 2. ed. rev. e atual. São Paulo: Saraiva, 2014. v. 2.

KELSEN, Hans. *Teoria geral das normas*. Porto Alegre: Sergio Antônio Fabris Editor, 1986.

KELSEN, Hans. *Teoria pura do direito*. Tradução de J. Cretella Jr. e Agnes Cretella. 2. ed. São Paulo: RT, 2002.

LARENZ, Karl. *Base del negocio juridico y cumplimiento de los contratos*. Madrid: Revista de Derecho Privado, 1956.

LARENZ, Karl. *Derecho de obligaciones*. Madrid: Revista de Derecho Privado, 1959. 2 t.

LÔBO, Paulo Luiz Netto. *Teoria geral das obrigações*. São Paulo: Saraiva, 2005.

LOPES, Miguel Maria de Serpa. *Curso de direito civil*. 6. ed. Rio de Janeiro: Freitas Bastos, 2001.

LOTUFO, Renan. Da oportunidade da codificação civil. *Revista do Advogado*, São Paulo, v. 22, n. 68, dez. 2002.

MARTINS-COSTA, Judith. *Comentários ao novo Código Civil*. Coord. Sálvio de Figueiredo Teixeira. Rio de Janeiro: Forense, 2003. v. 5. t. 1.

MELLO, Marcos Bernardes de. *Teoria do fato jurídico*: plano da existência. 7. ed. São Paulo: Saraiva, 1995.

MELLO, Marcos Bernardes de. *Teoria do fato jurídico*. São Paulo: Saraiva, 2013.

MONTEIRO, Washington de Barros. *Curso de direito civil*: direito das obrigações. 2. Parte. 34. ed. atual. por Carlos Alberto Dabus Maluf e Regina Beatriz Tavares da Silva. São Paulo: Saraiva, 2003. v. 5.

MONTEIRO, Washington de Barros; PINTO, Ana Cristina de Barros Monteiro França. *Curso de direito civil*: parte geral. 42. ed. São Paulo: Saraiva, 2009. v. 1.

MONTEIRO, Washington de Barros; PINTO, Ana Cristina de Barros Monteiro França. *Curso de direito civil*. São Paulo: Saraiva, 2012.

MORAES, Maria Celina Bodin de. *Dilemas de direito civil constitucional*. Rio de Janeiro: Renovar, 2012.

NEGREIROS, Teresa. *Teoria do contrato*: novos paradigmas. Rio de Janeiro: Renovar, 2006.

NERY JR., Nelson; NERY, Rosa Maria de Andrade. *Código Civil comentado*. 3. ed. São Paulo: Revista dos Tribunais, 2005.

PEREIRA, Caio Mário da Silva. *Lesão nos contratos*. Rio de Janeiro: Forense, 1959.

PEREIRA, Caio Mário da Silva. *Instituições de direito civil*. Rio de Janeiro: Forense, 2001. v. I.

PEREIRA, Caio Mário da Silva. *Instituições de direito civil*. 20. ed. Rio de Janeiro: Forense, 2004. v. 1.

PEREIRA, Caio Mário da Silva. *Instituições de direito civil*: teoria geral das obrigações. Atualizador: Luiz Roldão de Freitas Gomes. Rio de Janeiro: Forense, 2011.

PEREIRA, Caio Mário da Silva. *Instituições de direito civil*: contratos. 16. ed. rev. e atual. por Regis Fichtner. Rio de Janeiro: Forense, 2012. v. 3.

PEREIRA, Caio Mário da Silva. *Instituições de direito civil*: contratos. Rio de Janeiro: Forense, 2013.

PEREIRA, Caio Mário da Silva. *Instituições de direito civil*: direitos reais. Rio de Janeiro: Forense, 2014.

PEREIRA, Caio Mário da Silva. *Instituições de direito civil*: teoria geral das obrigações. 32. ed. Rio de Janeiro: Forense, 2020.

PONTES DE MIRANDA, Francisco Cavalcanti. *Tratado de direito privado*. 4. ed. São Paulo: Revista dos Tribunais, 1974. t. 4.

PONTES DE MIRANDA, Francisco Cavalcanti. *Tratado de direito privado*. São Paulo: RT, 1983.

PORTO, Odyr José Pinto; OLIVEIRA JR., Waldemar Mariz de. *Ação de consignação em pagamento*. São Paulo: RT, 1986.

REALE, Miguel. Exposição de motivos do anteprojeto do Código Civil. In: NERY JR, Nelson; NERY, Rosa Maria de Andrade. *Código Civil anotado*. 2. ed. São Paulo: Revista dos Tribunais, 2003.

REALE, Miguel. *Lições preliminares de direito*. São Paulo: Saraiva, 2009.

RIZZARDO, Arnaldo. *Parte Geral do Código Civil*. Rio de Janeiro: Forense, 2011.

RIZZARDO, Arnaldo. *Responsabilidade civil*. Rio de Janeiro: Forense, 2019.

RODRIGUES, Silvio. *Direito civil*: parte geral. 32. ed. São Paulo: Saraiva, 2002.

RODRIGUES, Silvio. *Direito civil*: parte geral e obrigações. São Paulo: Saraiva, 2007.

RUGGIERO, Roberto de. *Instituições de direito civil*. 2. ed. Campinas: Bookseller, 2005.

SAMPAIO, Rogério Marrone de Castro. *Direito civil*: responsabilidade civil. São Paulo: Atlas, 2007.

SAMPAIO, Rogério Marrone de Castro. *Direito civil*: responsabilidade civil. São Paulo: Atlas, 2014.

SCHREIBER, Anderson. *Código Civil comentado*: doutrina e jurisprudência. Rio de Janeiro: Forense, 2019.

SCOGNAMIGLIO, Renato. *Contributo alla teoria del negozio giuridico*. 2. ed. Napoli: Jovene, 1969.

SILVA, Clóvis V. do Couto e. *Obrigação como processo*. São Paulo: FGV, 2006.

SIMÃO, José Fernando. *Código Civil comentado*: doutrina e jurisprudência. Rio de Janeiro: Forense, 2019.

STOCO, Rui. *Tratado de responsabilidade civil*: doutrina e jurisprudência. São Paulo: Revista dos Tribunais, 2014.

TARTUCE, Flávio. *Direito civil*: Lei de Introdução, Parte Geral e obrigações. São Paulo: Método, 2014.

TARTUCE, Flávio. *Direito civil*: teoria geral dos contratos e contratos em espécie. 14. ed. Rio de Janeiro: Forense, 2019. v. 3.

TARTUCE, Flávio. *Direito civil*: Lei de Introdução e parte geral. 17. ed. Rio de Janeiro: Forense, 2021. v. 1.

TARTUCE, Flávio. *Manual de direito civil*: volume único. Rio de Janeiro: Forense; Método, 2021.

TEPEDINO, Gustavo. A *Parte Geral do Novo Código Civil*: estudos na perspectiva civil-constitucional. Rio de Janeiro: Renovar, 2003.

TEPEDINO, Gustavo; BARBOZA, Heloísa Helena; MORAES, Maria Celina Bodin de. *Código Civil interpretado.* Rio de Janeiro: Renovar, 2014. v. 4.

VARELA, João de Matos Antunes. *Das obrigações em geral.* Almedina, 2010.

VENOSA, Sílvio de Salvo. *Parte Geral e obrigações.* São Paulo: Atlas, 2003.

VENOSA, Sílvio de Salvo. *Direito civil*: parte geral. 3. ed. São Paulo: Atlas, 2003. v. 1.

VENOSA, Sílvio de Salvo. *Código Civil interpretado.* 2. ed. São Paulo: Atlas, 2011.

WALD, Arnoldo. *Curso de direito civil brasileiro*: obrigações e contratos. São Paulo: Revista dos Tribunais, 1999.

WALD, Arnoldo et al. *Direito civil*: direito das obrigações e teoria geral dos contratos. São Paulo: Saraiva, 2013.

2022/01